COMENTARIOS BÍBLICOS CON APLICACIÓN

COLOSENSES Y FILEMON

del texto bíblico
a una aplicación
contemporánea

DAVID E. GARLAND

NVI

Vida

COMENTARIO BÍBLICO CON APLICACIÓN NVI: COLOSENSES Y FILEMÓN

Editorial Vida – ©2012

Publicado en Nashville, Tennessee, Estados Unidos de América.

Este título también está disponible en formato electrónico

Originally published in english under the title:
The NIV Application Commentary: Colossians/Philemon
Copyright © 2000 by David E. Garland
Published by permission of Zondervan, Grand Rapids, Michigan.
All rights reserved.

Traducción: *Pedro L. Gómez Flores*
Edición: *Anabel Fernández Ortiz y Juan Carlos Martín Cobano*
Diseño interior: *José Luis López González*
Diseño de cubierta: *Pablo Snyder*
Editor de la serie: *Dr. Matt Williams*

CATEGORÍA: Comentario bíblico / Nuevo Testamento

Contenido

Introducción a la serie

Los Comentarios Bíblicos con aplicación: Serie NVI son únicos. La mayoría de los comentarios bíblicos nos ayudan a recorrer el trecho que va desde el siglo XXI al siglo I. Nos permiten cruzar las barreras temporales, culturales, idiomáticas y geográficas que nos separan del mundo bíblico. Sin embargo, solo nos ofrecen un pasaje de ida al pasado y asumen que nosotros mismos podemos, de algún modo, hacer el viaje de regreso por nuestra cuenta. Una vez nos han explicado el *sentido original* de un libro o pasaje, estos comentarios nos brindan poca o ninguna ayuda para explorar su *significado contemporáneo*. La información que nos ofrecen es sin duda valiosa, pero la tarea ha quedado a medias.

Recientemente, algunos comentarios han incluido un poco de aplicación contemporánea como *una* de sus metas. No obstante, las aplicaciones son a menudo imprecisas o moralizadoras, y algunos volúmenes parecen más sermones escritos que comentarios.

La meta principal de *Los Comentarios Bíblicos con aplicación: Serie NVI* es ayudarte con la tarea, difícil pero vital, de trasladar un mensaje antiguo a un contexto moderno. La serie no se centra solo en la aplicación como un producto acabado, sino que te ayuda también a pensar detenidamente en el *proceso* por el que se pasa del sentido original de un pasaje a su significado contemporáneo. Son verdaderos comentarios, no exposiciones populares. Se trata de obras de referencia, no de literatura devocional.

El formato de la serie ha sido concebido para conseguir la meta propuesta. El tratamiento de cada pasaje se lleva a cabo en tres secciones: *Sentido original, Construyendo puentes* y *Significado contemporáneo*.

Sentido Original — Esta sección te ayuda a entender el significado del texto bíblico en su contexto del primer siglo. En este apartado se tratan —de manera concisa— todos los elementos de la exégesis tradicional, a saber, el contexto histórico, literario y cultural del pasaje. Los autores analizan cuestiones relacionadas con la gramática, la sintaxis y el significado de las palabras bíblicas. Se esfuerzan asimismo en explorar las principales ideas del pasaje y el modo en que el autor bíblico desarrolla tales ideas.[1]

---

1. Obsérvese, por favor, que cuando los autores tratan el sentido de alguna palabra en las lenguas bíblicas originales, en esta serie se utiliza el método general de transliteración en lugar del más técnico (sirviéndose de los alfabetos griego y hebreo).

Tras leer esta sección, el lector entenderá los problemas, preguntas y preocupaciones de los *primeros receptores* y el modo en que el autor bíblico trató tales cuestiones. Esta comprensión es fundamental para cualquier aplicación legítima del texto en nuestros días.

Construyendo Puentes Como indica el título, en esta sección se construye un puente entre el mundo de la Biblia y el de nuestros días, entre el contexto original y el moderno, analizando tanto los aspectos circunstanciales del texto como los intemporales.

La Palabra de Dios tiene un aspecto *circunstancial*. Los autores de la Escritura dirigieron sus palabras a situaciones, problemas y cuestiones específicas. Pablo advirtió a los Gálatas sobre las consecuencias de circuncidarse y los peligros de intentar justificarse por la Ley (Gá 5:2–5). El autor de Hebreos se esforzó en convencer a sus lectores de que Cristo es superior a Moisés, a los sacerdotes aarónicos, y a los sacrificios veterotestamentarios. Juan instó a sus lectores a «probar los espíritus» de quienes enseñaban una forma de gnosticismo incipiente (1Jn 4:1–6). En cada uno de estos casos, la naturaleza circunstancial de la Escritura nos capacita para escuchar la Palabra de Dios en situaciones que fueron *concretas* y no abstractas.

No obstante, esta misma naturaleza circunstancial de la Escritura crea también problemas. Nuestras situaciones, dificultades y preguntas no están siempre relacionadas directamente con las que enfrentaban los primeros receptores de la Biblia. Por ello, la Palabra de Dios para ellos no siempre nos parece pertinente a nosotros. Por ejemplo, ¿cuándo fue la última vez que alguien te instó a circuncidarte, afirmando que era una parte necesaria de la Justificación? ¿A cuántas personas de nuestros días les inquieta la cuestión de si Cristo es o no superior a los sacerdotes aarónicos? ¿Y hasta qué punto puede una «prueba» diseñada para detectar el gnosticismo incipiente ser de algún valor en una cultura moderna?

Afortunadamente, las Escrituras no son únicamente documentos circunstanciales, sino también *intemporales*. Del mismo modo que Dios habló a los primeros receptores, sigue hablándonos a nosotros a través de las páginas de la Escritura. Puesto que compartimos la común condición de humanos con las gentes de la Biblia, descubrimos una *dimensión universal* en los problemas a los que tenían que hacer frente y en las soluciones que Dios les dio. La naturaleza intemporal de la Escritura hace posible que ésta nos hable con poder en cualquier momento histórico y en cualquier cultura.

Quienes dejan de reconocer que la Escritura tiene una dimensión circunstancial y otra intemporal se acarrean muchos problemas. Por ejemplo, quienes se sienten apabullados por la naturaleza circunstancial de libros como Hebreos o Gálatas pueden soslayar su lectura por su aparente falta de sentido para nuestros días. Por otra parte, quienes están convencidos de la naturaleza intemporal de la Escritura, pero no consiguen percibir su aspecto circunstancial, pueden «disertar elocuentemente» sobre el sacerdocio de Melquisedec a una congregación muerta de aburrimiento.

El propósito de esta sección es, por tanto, ayudarte a discernir lo intemporal (y lo que no lo es) en las páginas del Nuevo Testamento dirigidas a situaciones temporales. Por ejemplo, si la principal preocupación de Pablo no es la circuncisión (como se nos dice en Gálatas 5:6), ¿cuál *es* entonces? Si las exposiciones sobre el sacerdocio aarónico o sobre Melquisedec nos parecen hoy irrelevantes, ¿cuáles son los elementos de valor permanente en estos pasajes? Si en nuestros días los creyentes intentan «probar los espíritus» con una prueba diseñada para una herejía específica del primer siglo, ¿existe alguna otra prueba bíblica más apropiada para que podamos hoy cumplir este propósito?

No obstante, esta sección no solo descubre lo intemporal de un pasaje concreto, sino que también nos ayuda a ver *cómo* lo hace. El autor del comentario se esfuerza en hacer explícito lo que en el texto está implícito; toma un proceso que es normalmente intuitivo y lo explica de un modo lógico y ordenado. ¿Cómo sabemos que la circuncisión no es la principal preocupación de Pablo? ¿Qué claves del texto o del contexto nos ayudan a darnos cuenta de que la verdadera preocupación de Pablo está en un nivel más profundo?

Lógicamente, aquellos pasajes en que la distancia histórica entre nosotros y los primeros lectores es mayor, requieren un tratamiento más extenso. Por el contrario, los textos en que la distancia histórica es más reducida o casi inexistente requieren menos atención.

Una clarificación final. Puesto que esta sección prepara el camino para tratar el significado contemporáneo del pasaje, no siempre existe una precisa distinción o una clara división entre ésta y la sección que sigue. No obstante, cuando ambos bloques se leen juntos, tendremos una fuerte sensación de haber pasado del mundo de la Biblia al de nuestros días.

Significado Contemporáneo

Esta sección permite que el mensaje bíblico nos hable hoy con el mismo poder que cuando fue escrito. ¿Cómo podemos aplicar lo que hemos aprendido sobre Jerusalén, Éfeso, o Corinto a nuestras necesidades contemporáneas en Los Ángeles, Lima o Barcelona? ¿Cómo podemos tomar un mensaje que se expresó inicialmente en griego y arameo, y comunicarlo con claridad en nuestro idioma? ¿Cómo podemos tomar las eternas verdades que en su origen se plasmaron en un tiempo y una cultura distintos, y aplicarlos a las parecidas, pero diferentes, necesidades de nuestra cultura?

Para conseguir estas metas, esta sección nos ayuda en varias cuestiones clave.En primer lugar, nos permite identificar situaciones, problemas o preguntas contemporáneas que son verdaderamente comparables a las que la audiencia original hubo de hacer frente. Puesto que las situaciones de hoy rara vez son idénticas a las que se dieron en el siglo primero, hemos de buscar escenarios semejantes para que nuestras aplicaciones sean relevantes.

En segundo lugar, esta sección explora toda una serie de contextos en los que el pasaje en cuestión puede aplicarse en nuestro tiempo. Buscaremos aplicaciones personales, pero seremos asimismo estimulados a pensar más allá de nuestra situación personal considerando cuestiones que afectan a la sociedad y a la cultura en general.

En tercer lugar, en esta sección seremos conscientes de los problemas o dificultades que pueden surgir en nuestro deseo de aplicar el pasaje. Y caso de que existan varias maneras legítimas de aplicar un pasaje (cuestiones en las que no exista acuerdo entre los cristianos), el autor llamará nuestra atención al respecto y nos ayudará a analizar a fondo las implicaciones.

En la consecución de estas metas, los colaboradores de esta serie intentan evitar dos extremos. El primero, plantear aplicaciones tan específicas que el comentario se convierta rápidamente en un texto arcaico. El segundo, evitar un tratamiento tan general del sentido del pasaje que deje de conectar con la vida y cultura contemporáneas.

Por encima de todo, los colaboradores de esta serie han realizado un diligente esfuerzo para que sus observaciones no suenen a perorata moralizadora. *Los Comentarios Bíblicos con aplicación: Serie NVI* no pretenden ofrecerte materiales listos para ser utilizados en sermones, sino herramientas, ideas y reflexiones que te ayuden a comunicar la Palabra de Dios con poder. Si conseguimos ayudarte en esta meta se habrá cumplido el propósito de esta serie.

Los editores

Prefacio del editor

La tentación de depositar nuestra confianza en objetos que son indignos de ella es fuerte. Puede que las monedas que llevamos en el bolsillo lleven inscrita la leyenda «Nuestra confianza está en Dios», sin embargo rara vez está el sentido de esta expresión grabado en las paredes de nuestros corazones. Confiamos en todo menos en Dios; a menudo depositamos nuestra confianza en objetos indignos de ella.

Entre tales objetos están la prosperidad material, las opiniones de nuestros amigos, la cultura, las filosofías humanas, incluso la comida especial, las dietas y el ejercicio. Confiamos en estas cosas porque nos sentimos inseguros y buscamos la seguridad que nos ofrecen los vendedores de ideas y productos.

Colosenses nos insta a poner nuestra confianza en objetos dignos de ella o, para ser más exactos, en una persona que lo es, Jesucristo. David Garland nos lleva una y otra vez a esta verdad central: los colosenses estaban confiando en objetos erróneos y, para ser cristianos, hay que confiar en Jesucristo.

Esta no es una lección fácil para ninguno de nosotros, como tampoco lo fue para los colosenses. Estaban bloqueados por el hecho de que el cristianismo era una religión minoritaria, nueva y sin arraigo en su cultura. Cuando las circunstancias se complicaban, era difícil aferrarse a la esperanza ofrecida en Jesucristo. Era más fácil cubrirse las espaldas y volver a alguno de los sistemas aceptados, ya fuera alguna de las religiones mistéricas, filosofías griegas, o incluso a los ritos y ceremonias del judaísmo tradicional.

También nosotros hemos de salvar obstáculos para desarrollar una confianza esencial en Cristo Jesús, aunque por razones distintas. Para nosotros el cristianismo no es nuevo y extraño, sino antiguo y familiar. Vivimos en una cultura que nos ofrece una gran abundancia de opciones, tan rica en artículos materiales que resulta tentador ceder al tono publicitario con que se nos venden: asegurar nuestra salud con nuestros recursos médicos, nuestra economía con seguros financieros y nuestro futuro con planes de jubilación. Tenemos incluso la propuesta de los mercaderes religiosos: asegura tu destino eterno siguiendo las reglas de nuestra religión.

En sí misma ninguna de estas «seguridades» es mala. La medicina, los seguros, la planificación económica y la religión son cosas buenas. Pero se convierten en malas cuando pasan a ocupar el primer lugar en nuestra vida. Como valores esenciales no son adecuadas. Los medicamentos no curan todas las enfermedades, los seguros no cubren todas las contingencias, los planes financieros no alivian las angustias que traen los desastres, y la religión sin sumisión a Jesucristo se convierte en mera psicología de autoayuda.

El tipo de sufrimiento que Pablo presenta en Colosenses es distinto del que expresa en otros de sus escritos. Lo que nos mueve a perseguir cada apariencia de certeza que ofrece este mundo es un sufrimiento crónico de baja intensidad producido por la inseguridad, una leve falta de confianza, un descenso de la esperanza. Sin embargo, la naturaleza persistente y crónica de este sufrimiento lo hace aún más doloroso y real. Es particularmente doloroso en un mundo cuyo ideal es una escurridiza felicidad formada por una parte de prosperidad, una parte de amor, una parte de fama y otra de seguridad. La predicación el Evangelio está llamada a producir estos cuatro elementos, pero no lo conseguirá a no ser que reinterpretemos los conceptos de prosperidad, amor, fama y seguridad mediante el único principio hermenéutico válido que tenemos, Jesucristo.

Este andamiaje de nuestra cultura, estructurado alrededor de estas «seguridades» casi esenciales disfrazadas de respuestas definitivas son los verdaderos poderes elementales del Universo (*ta stoicheia tou kosmou*). Hemos convertido simples comodidades humanas en dioses que controlan nuestras vidas. Intentamos apaciguar las inseguridades producidas por nuestro excesivo individualismo, y apelamos a estos poderes elementales creados por nosotros mismos para obtener seguridad. Naturalmente no nos la aportan. Solo Jesucristo puede darnos esta seguridad. Este es el mensaje de Colosenses.

Cuando tenemos que enfrentarnos a un problema específico, como por ejemplo el de Pablo con la situación de Filemón, el apóstol nos enseña lo que hemos de hacer: orientar todos los problemas sociales dentro del contexto de nuestra humildad esencial delante de Jesús, y cumplir con nuestras responsabilidades sociales en vista de la seguridad eterna ofrecida en Jesús. De repente, lo que parecía un problema irresoluble se aclara en vista de la obra reconciliadora de Dios, con Jesucristo como centro.

Terry C. Muck

Prefacio del autor

Un comentarista bíblico ha escrito: «es posible que los comentarios sean solo apasionantes para quienes los escriben». Para mí, escribir sobre Colosenses y Filemón ha sido una tarea apasionante, y mi petición a Dios es que este comentario contribuya a que la lectura de estas cartas sea más estimulante y significativa. En una de las novelas de David Lodge aparece un personaje llamado Morris Zapp que es profesor de inglés en una gran escuela pública. Zapp se ha propuesto un ambicioso proyecto académico. Pretende analizar las novelas de Jane Austen desde «toda perspectiva concebible: histórica, biográfica, retórica, mítica, freudiana, jungiana, existencialista, marxista, estructuralista, cristiano-alegórica, ética, exponencial, lingüística, fenomenológica, arquetípica, etc.; su propósito es que, una vez terminado cada comentario, no haya nada más que decir sobre la novela en cuestión». La idea, «después de Zapp, el silencio», le motivaba y satisfacía hondamente.

A diferencia del profesor Zapp, el que suscribe no tiene la pretensión de ofrecer un trabajo exhaustivo. Solo aspiro a ayudar a los lectores a extraer por sí mismos la gran cantidad de riquezas espirituales que hay en Colosenses y Filemón y a entender cómo aplicarlas en nuestro mundo contemporáneo. El poder espiritual de estas cartas no permite ni decir la última palabra, ni el silencio. Mi meta es ayudar a los lectores a desarrollar sus propias reflexiones sobre el texto de Colosenses y Filemón, para que en el mundo puedan sonar de nuevo los mensajes de la suficiencia de Cristo y la fraternidad que procede de estar en Cristo, que atraviesa todas las barreras.

Esta obra no habría sido posible sin la ayuda de muchos amigos. Me gustaría expresar mi más profundo cariño y gratitud a Steve Dwinnells, quien me ayudó de manera especial en la elaboración del manuscrito, y a David Drinnon, por su ayuda en la documentación de las referencias. Quiero también expresar mi más sincero afecto a los siguientes estudiantes que, junto con Dwinnells y Drinnon, han sido una estimulante fuente de gozo e inspiración en el estudio conjunto del texto: Brian Anderson, Stephen Awoniyi, Troy Bryant, Gary Cost, Brian Curry, Jeff Douglas, Jeff Elieff, Gerald Feulmer, Cal Hampton, David Hewitt, Teruaki Hirao, Gregg Hodge, Jeff Jordan, Matt Lockett, Alan Lusk, Lamar McAbee, Keith McKinley, Yoon Jung Na, Cory Pitts, Jonathan Propes, Rob Schettler, Michael Sharp, Scott Tilton, Bert Walker y Mark Webb. Me gustaría expresar una gratitud especial a Paul Debusman, bibliotecario de referencia, por los muchos años que viene prestándome su generosa e inestimable ayuda en muchos proyectos de investigación y, especialmente, en éste.

Estoy especialmente en deuda con Klyne Snodgrass por su detenida lectura del manuscrito, que le ha permitido aportar un sabio y abundante asesoramiento. Aprecio también en gran manera los comentarios y estímulo de Jack Kuhatschek y Terry Muck, y el cuidadoso y sabio trabajo de edición de Verlyn Verbrugge. Doy gracias también a F. Matthew Schobert Jr. por su ayuda para compilar el índice. Naturalmente ninguna de estas personas son responsables de las debilidades de este comentario, sin embargo su lectura y la de los estudiantes que he mencionado anteriormente me han proporcionado una enorme ayuda y estímulo, igual que todos los que han escrito sobre este texto antes que yo.

Quiero también dar las gracias a mi esposa, Diana, por su constante amor y apoyo, y a mis hijos, Sarah y John, que han traído gran gozo y deleite a mi vida. Este libro está dedicado a la memoria de Ruth Garland, una fiel misionera de Cristo y una amorosa madre.

David E. Garland
Profesor de Biblia
George W. Truett Theological Seminary,
Baylor University

Abreviaturas

AB	Anchor Bible
ABD	Anchor Bible Dictionary
ABW	*Archaeology in the Biblical World*
ACNT	Augsburg Commentary on the New Testament
ANRW	*Aufstieg und Niedergang der römischen Welt*
ATR	*Anglican Theological Review*
BBR	*Bulletin for Biblical Research*
BCBC	Believers Church Bible Commentary
Bib	*Biblica*
BibLeb	*Bibel und Leben*
BibRes	*Biblical Research*
BJRL	*Bulletin of the John Rylands University Library*
BSac	*Bibliotheca Sacra*
BTB	*Biblical Theology Bulletin*
CBQ	*Catholic Biblical Quarterly*
CGTC	The Cambridge Greek Testament Commentary
CNT	Commentaire du Nouveau Testament
DPL	*Dictionary of Paul and His Letters*
EKKNT	Evangelisch-Katholischer Kommentar zum Neuen Testament
EvQ	*Evangelical Quarterly*
ExpTim	*Expository Times*
FRLANT	Forschungen zur Religion und Literatur des Alten und Neuen Testaments
GTJ	*Grace Theological Journal*
HNT	Handbuch zum Neuen Testament
HTR	*Harvard Theological Review*
ICC	International Critical Commentary
IDBS	Interpreter's Dictionary of the Bible Supplementary Volume
Int	*Interpretation*
jb	Jerusalem Bible
JBL	*Journal of Biblical Literature*
JES	*Journal of Ecumenical Studies*
JETS	*Journal of the Evangelical Theological Society*
JR	*Journal of Religion*
JSJ	*Journal for the Study of Judaism*
JSNT	*Journal for the Study of New Testament*
JSNTSup	Journal for the Study of New Testament Supplement Series
JTS	*Journal of Theological Studies*
kjv	King James Version

LCL	Loeb Classical Library
lxx	Septuagint
nasb	New American Standard Bible
NCBC	New Century Bible Commentary
NEASB	*Near East Archaeological Society Bulletin*
neb	New English Bible
NICGT	New International Commentary on the Greek Testament
NICNT	New International Commentary on the New Testament
NIDNTT	New International Dictionary of New Testament Theology
NIV	New International Version
NIVAC	NIV Application Commentary
njb	New Jerusalem Bible
NovTSup	Novum Testament, Supplements
nrsv	New Revised Standard Version
NTS	*New Testament Studies*
NVI	Nueva Versión Internacional
RB	*Revue biblique*
reb	Revised English Bible
RevExp	*Review and Expositor*
RSR	*Researches de science religieuse*
SBLASP	Society of Biblical Literature Abstract and Seminar Papers
SBLMS	Society of Biblical Literature Monograph Series
SJLA	Studies in Judaism in Late Antiquity
SJT	*Scottish Journal of Theology*
SNT	Studien zum Neuen Testament
SNTSMS	Society for New Testament Studies Monograph Series
SNTU	*Studien zum Neuen Testament und seiner Umwelt*
SUNT	Studien zur Umwelt des Neuen Testaments
TDNT	*Theological Dictionary of the New Testament*
tev	Today's English Version
TNTC	Tyndale New Testament Commentary
TrinJ	*Trinity Journal*
TToday	Theology Today
TynB	Tyndale Bulletin
USQR	Union Seminary Quarterly Review
WBC	Word Biblical Commentary
WPC	Westminster Pelican Commentaries
WUNT	Wissenschaftliche Untersuchungen zum Neuen Testament
WTJ	*Westminster Theological Journal*
ZNW	Zeitschrift für die neutestamentliche Wissenschaft
ZTK	Zeitschrift für Theologie und Kirche

Introducción a Colosenses

Poco sabemos sobre la localidad rural de Colosas en el tiempo de Pablo, a excepción de su ubicación en la ribera sur del río Lico en el territorio de Frigia (Turquía actual), a unos 180 kilómetros al este de Éfeso. En otro tiempo había sido una ciudad notable; sin embargo en la época de Pablo las ciudades adyacentes de Laodicea, unos dieciocho kilómetros al Noroeste, y Hierápolis, unos veinte, también al Noroeste, pero al otro lado del río, la habían superado en importancia. Colosas estaba situada en una región pro-clive a los terremotos, y en el año 61-62 d.C. se produjo un fuerte seísmo que causó severos daños y posiblemente destruyó la ciudad. Laodicea fue también devastada por el temblor, pero se recuperó con rapidez. Es posible que Colosas no fuera reconstruida, puesto que, según Reicke, no hay refe-rencias a esta ciudad en fuentes cristianas o paganas después del año 61 d.C.[1] Por consiguiente, Pablo hubo de escribir esta carta antes de la fecha en que el terremoto destruyó la ciudad.

Hay una notable escasez de datos sobre la ciudad. En 1835, W. J. Hamilton identificó su emplazamiento, que había estado en ruinas desde su destrucción por los turcos en el siglo XII. El montículo ha sido objeto de prospecciones, pero no ha sido excavado, y solo han sobrevivido algunas referencias literarias y un pequeño número de inscripciones.[2] Es probable que este yacimiento contenga una valiosa información que podría ayudar-nos a interpretar la carta.

Paternidad literaria

En los últimos dos siglos, muchos eruditos han cuestionado que Pablo escri-biera Colosenses. Consideradas en su conjunto, las diferencias de vocabula-rio, estilo y teología en relación con las cartas reconocidamente paulinas han llevado a muchos a esta conclusión.[3] Lohse, por ejemplo, afirma que tales

1. Bo Reicke, «The Historical Setting of Colossians» [El escenario histórico de Colosenses] *RevExp* 70 (1973): 430.
2. Ver W. H. Mare, «Archaeological Prospects at Colossae» [Perspectivas arqueológicas en Colosas] *NEASB* 7 (1976): 39–59.
3. Walter Bujard, *Stilanalytische Untersuchungen zum Kolosserbrief als Beitrag zur Methodik von Sprachvergleichen*, SUNT 11 (Göttingen: Vandenhoeck & Ruprecht, 1973), desafía como inadecuado el precedente análisis estilístico de Ernst Percy, *Die Probleme der Kolosser- und Epheserbriefe* (Lund: C. W. K. Gleerup, 1946), que defendía la autoría paulina. Bujard investiga la impronta del lenguaje en Colosenses, que encontramos en cosas como las conjunciones, la estructura de las frases y la pro-gresión del pensamiento, y concluye que no son de Pablo. Mark Kiley, *Colossians as Pseudepigraphy* [Colosenses como obra pseudoepigráfica], The Biblical Seminar (Sheffield: JSOT, 1986) añade un nuevo criterio. Las siete cartas reconocidamente

diferencias apuntan a otra persona como autor: «no a un mero secretario, sino a un teólogo de corte paulino con un criterio y voluntad independientes».[4]

La carta a Filemón revela que Pablo mantenía cierta relación con Colosas, y la destrucción de la ciudad en el terremoto podría haber ofrecido una excelente oportunidad para que alguien urdiera una imaginaria correspondencia con una iglesia que ya no existía. Algunos sostienen que las alusiones a Timoteo y demás colegas de Pablo fueron recabadas de la carta a Filemón para realzar la autenticidad del documento. El mandamiento de enviar la carta a Laodicea (4:16) fue concebido como un inteligente recurso para explicar la razón por la que había aparecido en aquella ciudad.

Sin embargo, ¿qué razón tendría alguien para llevar a cabo una artimaña así? La carta no demanda acciones específicas ni reprende a ninguna persona en concreto. Algunos sostienen que fue redactada para introducir a Pablo a Asia Menor puesto que Tíquico y Onésimo han de contar «con detalle» cómo le va a Pablo y ponerles al corriente «de todo lo que sucede aquí». (4:7, 9). Una carta así serviría para consolidar la posición apostólica de Pablo y para conceder autoridad a sus partidarios.[5] Esta conclusión sobre el doble propósito de Colosenses como documento pseudoepigráfico no es demasiado convincente. Si se consideran los datos que aporta la carta a Filemón, Pablo no era ningún desconocido en aquella zona, y no había ninguna necesidad de darle a conocer. Si éste fuera el objetivo de algunos partidarios de Pablo de un periodo posterior, ¿por qué no decidieron distribuir al menos una de sus cartas genuinas?[6] La carta no tiene aspecto de introducción al pensamiento de Pablo, y las noticias sobre el apóstol que se mencionan en 4:7 (cf. v. 9) hacen solo referencia a su situación en la cárcel, no a su vida y ministerio. Tíquico y Onésimo van a informar a la congregación sobre la situación de Pablo, no a introducir su perspectiva teológica.

---

paulinas hablan de transacciones económicas a favor de su misión. Ninguna de las cartas disputadas, afirma Kiley, menciona esta cuestión.

4. Eduard Lohse, «Pauline Theology in the Letter to the Colossians» [La teología paulina en la carta a los Colosenses], *NTS* 15 (1969): 217–18.

5. Lohse, *Ibíd.*, 218, concluye que el autor desconocido «redactó la carta con la intención de dar a conocer las palabras del apóstol en la situación que había surgido con la aparición de lo que se ha dado en llamar filosofía en las iglesias de Asia Menor. Del mismo modo que Pablo tenía vínculos con las comunidades locales a través de las cartas, así también éstas eran adecuadas para que sus estudiantes dieran a conocer a las iglesias las posiciones y afirmaciones vinculantes». La lista de colaboradores que aparece en 4:7–17 les certifica como los legítimos portadores de la tradición paulina.

6. Barth y Blanke, *Colossians* [Colosenses], 144, también preguntan: «Si a fin de falsificar el manuscrito el autor intentó engañar a los lectores acerca de su verdadera autoría, es incomprensible que hubiera descuidado las 'mejores' posibilidades, como por ejemplo, imitar el típico estilo paulino, especialmente en el prefacio».

Si el propósito de esta carta, como afirman algunos, fuera también certificar una «sucesión de maestros» acreditados por el apóstol (4:7–15), ¿por qué habrían de ser casi idénticas las listas de nombres que aparecen en Filemón y Colosenses? Pocorný afirma que Tíquico y Onésimo «representaban el legado apostólico en el valle del Lico».[7] Sin embargo, la descripción de Onésimo consignada en Colosenses no le confiere ningún papel ministerial; le presenta sencillamente como cristiano. El acento que encontramos en 4:8 no está en la confirmación de estos dos hermanos, sino en el consuelo de los colosenses. Además, hemos de preguntarnos también qué razón tendría el falsificador para poner a Demas en la lista (ver 2Ti 4:10) y mencionar a Ninfas en Laodicea. Todo este asunto de la «sucesión» parece una anacrónica imposición sobre el texto.

¿Qué podemos decir en defensa de Pablo como autor de esta carta?

(1) Una buena parte del supuesto vocabulario «no paulino» aparece en la sección relativa a la «filosofía». No sería lógico esperar que Pablo se expresara del mismo modo y con las mismas ideas en todas las circunstancias. Este argumento contra la autoría paulina asume que el apóstol era incapaz de introducir una determinada innovación teológica en una situación nueva.[8] ¿Cómo delimitamos los parámetros de lo que Pablo habría o no podido decir? ¿Cómo podemos hacer juicios sobre las ideas que Pablo podría o no haber concebido, especialmente si tenemos en cuenta su afirmación de que él se adaptaba a las especificidades de todos los hombres a fin de salvar a algunos de ellos por todos los medios posibles (1Co 9:22)? La peculiaridad del vocabulario es un criterio poco confiable para descartar la paternidad literaria de Pablo.

(2) Nada de lo que encontramos en Colosenses es totalmente inconsistente con la teología de Pablo expresada en sus cartas reconocidas.[9] Algunas de las que se han dado en llamar diferencias teológicas se han llevado demasiado lejos. Por ejemplo, Lincoln sostiene que a la afirmación de que los

---

7. Pokorný, *Colossians* [Colosenses], 191. No explica por qué solo Epafras recibe una recomendación completa. Es a Epafras, y no a Tíquico ni a Onésimo, a quien se identifica como siervo de Cristo que ayuda a Pablo en su servicio (1:7) y como siervo de Cristo Jesús (4:12).

8. La pequeña muestra de vocabulario paulino de sus cartas no es exhaustiva. Arnold, *The Colossian Syncretism* [El sincretismo colosense], 7, comenta: «Cuando se tiene en cuenta la capacidad del apóstol Pablo para expresarse en distintos registros, los argumentos contra la autenticidad de la carta basados en cuestiones de estilo y la presencia de *hapax legomena* pierden cierta validez». Cannon, *The Use of Traditional Materials in Colossians* [El uso de materiales de la tradición en Colosenses], defiende la autoría paulina, puesto que Colosenses contiene un alto porcentaje de material pre-paulino.

9. Ver también las conclusiones de Stanley E. Porter y Kent D. Clarke, «Canonical-Critical Perspectives and the Relationship of Colossians and Ephesians» [Perspectivas canónico-críticas y la relación entre Colosenses y Efesios] *Bib* 78 (1997): 57–86.

creyentes ya han resucitado con Cristo (2:12) se le ha dado un sentido que no está en el texto.[10] Aunque esta afirmación contrasta con el testimonio de Pablo en Romanos 6:5, 8 en el sentido de que la resurrección con Cristo aguarda en el futuro, Lincoln sostiene de manera persuasiva que ambos pasajes representan dos polos contrarios en el pensamiento de Pablo sobre la vida de resurrección: el «ya» y el «todavía no». Los creyentes entran en esta vida de resurrección cuando son unidos a Cristo, sin embargo «su consumación sigue estando en el futuro».[11]

Colosenses subraya el aspecto realizado de la escatología por dos razones. (a) Contrarresta cualquier duda sobre si los cristianos colosenses han conseguido ya alguna dimensión celestial por medio de Cristo. (b) Hace innecesarias las visiones y la mortificación de la carne ofrecida por la filosofía rival para alcanzar un plano espiritual más elevado (2:18). Además, el aspecto «todavía no» está presente en Colosenses en la afirmación de que nuestra vida en Cristo está escondida, y no será revelada hasta que aparezca en gloria (3:3–4). El sentido paulino de urgencia escatológica aparece también en 4:5. «Encaja con el sentido que tiene Pablo del periodo de su misión como colmado de importancia escatológica, que hay que utilizar al máximo en la proclamación del Evangelio».[12] Las presuntas diferencias teológicas no inclinan la balanza contra la paternidad literaria de Pablo.

(3) Las diferencias de estilo son problemáticas, pero podrían explicarse de distintas maneras.[13] Pablo podría haber trabajado con un secretario de

---

10. Andrew Lincoln, *Paradise Now and Not Yet: Studies in the Role of the Heavenly Dimension in Paul's Thought with Special Reference to His Theology* [Paraíso ya y todavía no: estudios sobre el papel de la dimensión celestial en el pensamiento de Pablo con especial referencia a su teología], SNTSMS 43 (Cambridge: Cambridge Univ. Press, 1981). Erich Grässer, «Kol. 3,1–4 als Beispiel einer Interpretation secundum homines recipientes», *ZTK* 64 (1967): 139–46, plantea esta clase de argumento.

11. Lincoln, *Paradise Now and Not Yet* [Paraíso ya y todavía no], 122–23.

12. Dunn, *The Epistles to the Colossians and to Philemon* [Las epístolas a los Colosenses y a Filemón], 266. Las afinidades de Colosenses con las cartas reconocidamente paulinas son significativas: el punto de vista que tenía Pablo de su llamamiento (1:1, 25) como siervo y apóstol a los gentiles (1:27; cf. Gá 1:15–16; 2:7); la idea de sus sufrimientos a favor de la Iglesia (Col 1:24; cf. 2Co 1:1–7); su predicación basada en la revelación de un misterio (Col 1:26; cf. 1Co 2:1); su meta de llevar a las iglesias a la madurez (Col 1:28; cf. 1Co 1:26; 14:20; Fil 3:15); su concepción de la Cruz y la Redención (Col 1:14, 20, 22; 2:14); su concepción de la exaltación de Cristo (2:10, 15; cf. Fil 2:10–11); su concepción del papel de Cristo en la Creación (Col 1:15–16; cf. 1Co 8:6); su concepción del bautismo (Col 3:12; cf. Ro 6:1–14); su comparación de la Iglesia con un cuerpo y la identidad de Cristo vinculada a esta imagen (Col 1:18; 3:15; cf. 1Co 12). Los paralelismos de vocabulario e ideas con Filipenses, otra carta redactada desde la cárcel, son también muy sorprendentes.

13. La carta sigue el patrón paulino. Terence Y. Mullins, «The Thanksgivings of Philemon and Colossians» [Las acciones de gracias de Filemón y Colosenses], *NTS* 30 (1984): 288–93, muestra que la sección de acción de gracias en Colosenses no es una amplia-

confianza que habría elaborado la línea general del pensamiento, para que el apóstol la firmara después. Algunos eruditos de nuestro tiempo atribuyen las diferencias de estilo y vocabulario a Timoteo. Este colaborador de Pablo se identifica como coautor de la carta, pero podría ser su autor. Dunn concluye que Pablo no escribió la carta, pero su autoridad está tras ella:

> Aunque la erudición moderna está convencida, debido a las diferencias de estilo y acento, de que la carta no pudo haber sido redactada/dictada por Pablo, queda aun así la posibilidad de que Pablo (imposibilitado en la cárcel) aprobara la redacción de una carta escrita en su nombre y que pusiera voluntariamente su firma en un documento cuya idea y estructura principal aprobaba, aunque los detalles no se expresaran exactamente como él lo hubiera hecho.[14]

Este punto de vista permite que Timoteo sea una especie de «comodín» teológico y estilístico. Su participación puede explicar cualquier diferencia con las demás cartas paulinas.

Estas diferencias de estilo podrían explicarse también de otro modo. El que Pablo escribiera a una congregación que no había fundado y a la que no conocía de un modo personal podría ser un factor clave para entender tales diferencias. Si consideramos Colosenses, Efesios y Filemón, entenderemos lo que quiero decir.[15] La carta a Filemón se acepta como genuinamente paulina, mientras que las otras dos son cuestionadas. Sin embargo, los distintos propósitos y receptores de las tres cartas —que en mi opinión se escribieron más o menos por el mismo tiempo— explican sus variaciones de estilo y tono. Filemón es una carta muy personal dirigida a tres

---

ción del mismo patrón de Filemón, como algunos han asumido. Mediante un diagrama de los temas de las acciones de gracias, Mullins muestra que en Colosenses hay diez temas y que esta carta solo incorpora cinco de los nueve temas de Filemón, mientras que Filipenses contiene seis de ellos. También muestra que la acción de gracias de Colosenses manifiesta los rasgos característicos de las acciones de gracias paulinas anunciando los temas esenciales que se van a tratar en la carta. Mullins concluye: «Desde un punto de vista estructural, Colosenses es una unidad cuyas relaciones temáticas siguen el modelo característico de Pablo».

14. Dunn, *The Epistles to the Colossians and to Philemon* [Las epístolas a los Colosenses y a Filemón], 44. Respecto a la utilización de un secretario por parte de Pablo, ver la obra de E. R. Richards, *The Secretary in the Letters of Paul* [El secretario de las cartas de Pablo], WUNT 2/42 (Tubinga: J. C. B. Mohr [Paul Siebeck], 1991).

15. Sobre la compleja cuestión de la relación entre Colosenses y Efesios, ver John B. Polhill, «The Relationship Between Ephesians and Colossians» [La relación entre Efesios y Colosenses], *RevExp* 70 (1973): 439–50; y aquellos que deseen considerar un punto de vista distinto y más reciente, pueden ver el trabajo de Ernest Best, «Who Used Whom? The Relationship of Ephesians and Colossians» [¿Quién utilizó a quién? La relación entre Efesios y Colosenses], *NTS* 43 (1997): 72–96.

individuos para presentar ciertas peticiones. Trata de un delicado asunto privado con explosivas consecuencias sociales. Colosenses se dirige a toda una iglesia que Pablo no ha fundado y que posiblemente nunca ha visitado.[16] El apóstol se siente obligado a escribirles sobre un problema específico para reforzar su fe. Efesios es una carta circular redactada para varias comunidades cristianas locales en distintos contextos.

Los temas teológicos de las tres cartas también difieren. Filemón no trata un asunto del ámbito teológico, sino social. En Colosenses y Efesios se abordan cuestiones teológicas similares desde un enfoque distinto. Johnson sostiene de manera convincente:

> Los temas e imágenes de Colosenses se sitúan dentro de la estructura de una exposición teológica acerca de la obra reconciliadora de Dios en el mundo. La relación entre Efesios y Colosenses es casi la misma que la que existe entre Romanos y Gálatas; las cuestiones que se forjan en la controversia son elevadas al nivel de afirmación magistral.[17]

Algunos sostienen que los acuerdos entre Pablo y sus seguidores posteriores que escribieron en su nombre sobrepasan tanto a las diferencias que el asunto de la paternidad literaria de Pablo carece de importancia.[18] Hay que señalar, no obstante, que si Pablo no tuvo nada que ver con la redacción de Colosenses, esta carta ha de considerarse como una deliberada falsificación. El falsificador habría utilizado deliberadamente nombres de la carta a Filemón para dar verosimilitud a Colosenses y hacer creer a los lectores que era una auténtica carta de Pablo.[19] A diferencia de Filemón, que se limita a consignar una lista de nombres, el autor de Colosenses añade un

---

16. Pablo no había tenido un vínculo directo y personal con la iglesia (2:1), y los paralelismos con Romanos, una iglesia a la que Pablo tampoco conocía de un modo personal, son importantes. En ambas cartas, el apóstol comienza con una confesión cristológica (Ro 1:3–4; Col 1:15–20). Se refiere a su comisión apostólica a proclamar el Evangelio entre los gentiles (Ro 1:8–15; Col 1:5–8, 24–29). Subraya que el cristiano está unido a la muerte de Cristo en el bautismo (Ro 6:1–11; Col 2:11–13). La exhortación ética sigue un patrón parecido (Ro 12:1–15:6; Col 3:1–4:6). Pablo concluye ambas cartas con una lista de saludos de amigos para reforzar sus vínculos con la congregación (Ro 16; Col 4:7–18). Véase Lohse, «Pauline Theology» [Teología paulina], 219.

17. Luke Timothy Johnson, *The Writings of the New Testament* [Los escritos del Nuevo Testamento], (Filadelfia: Fortress, 1986), 352.

18. Ver, por ejemplo, Johannes Lähnemann, *Der Kolosserbrief, Komposition, Situation, and Argumentation*, SNT 3 (Gütersloh: Mohn, 1971), 174–77.

19. Esta conclusión presupone que la carta a los Colosenses se escribió pensando en iglesias distintas de las de Colosas y Laodicea. Cabría esperar que con la carta a los Efesios, de naturaleza más general, sucediera esto mismo, sin embargo, a excepción de la mención de Tíquico, el portador de la carta, no se menciona a ningún otro colaborador. Johnson, *Writings* [Escritos], 352, plantea una pregunta perspicaz: «¿Por qué se habría esperado que la imitación de ciertos detalles biográficos aleatorios en una

resumen de las circunstancias y trabajo en las iglesias de cada una de las personas que se consignan. Este supuesto implica un engaño intencionado; «sería la obra de un inteligente trapacista».[20] Al parecer, el falsificador no creía que el mandamiento de no mentir (3:9) se aplicaba en su caso. Este problema se elimina si Pablo es el autor de la carta. La estrecha conexión entre Filemón y Colosenses hace que ésta sea la conclusión más razonable.

Procedencia

Pablo podría haber escrito esta carta desde Éfeso, Cesarea o Roma, y se han presentado argumentos a favor de cada uno de estos lugares. Hasta épocas recientes, se daba por sentado que la carta se redactó en Roma. La estrecha conexión que existe entre Colosenses y Filemón significa que lo que decidamos sobre Filemón determinará el lugar de redacción de Colosenses. En la introducción a Filemón veremos de un modo más completo los argumentos a favor de Roma como ciudad en la que ambas cartas fueron redactadas.

Situación

A través de sus cartas, Pablo mantiene conversaciones con las iglesias receptoras y éstas son una forma de sustituto para su presencia personal (2:5). Los receptores de su carta no tenían necesidad de que Pablo les explicara las situaciones eclesiales que motivaban su redacción, sin embargo nosotros desearíamos que el apóstol hubiera aportado más información para tener una idea más clara. Solo podemos leer entre líneas para adivinar lo que sucedía, y la carta a los Colosenses es especialmente enigmática. Cualquiera que haya oído por casualidad una conversación telefónica, e intentado adivinar quién llamaba y lo que estaba diciendo la persona que estaba al otro lado de la línea sabe por experiencia lo fácil que es sacar conclusiones erróneas.

Al parecer, la congregación de los colosenses se veía amenazada por una «filosofía», y ello producía cierta preocupación a Pablo y a Epafras, los misioneros que fundaron la iglesia. No sabemos cómo oyó Pablo acerca de las circunstancias que se daban en Colosas. A no ser que el apóstol hubiera recibido una noticia de último momento de alguien de la iglesia, es posible

---

oscura nota privada, que probablemente no había tenido una amplia circulación, señalara la carta como paulina?»

20. Barth y Blanke, *Colossians* [Colosenses], 144. Johnson, *Writings* [Escritos], 357, señala que la pseudonimia era casi siempre «una ficción transparente, que se servía del nombre de una persona conocida cuya muerte mucho tiempo atrás era de dominio público (Enoc, por ejemplo, en obras apocalípticas, o Sócrates en las cartas cínicas). En contraste con esta idea, tenemos aquí una escuela que produce una carta poco después de la muerte de Pablo, en la que se utilizan deliberadamente ciertas marcas — su firma, la lista de nombres relacionados— que hacen que dicha epístola haya de ser calificada más de deliberada falsificación que de obra pseudónima».

que fuera el propio Epafras quien le informara sobre los problemas que se estaban gestando en Colosas.[21] Puede que el encarcelamiento de Epafras con Pablo (Flm 23) le impidiera ir en persona a la iglesia para intervenir.

En el pasado, era común aludir al problema como la «herejía colosense». Sin embargo, la utilización de este término induce al error, puesto que, con este término, se asume anacrónicamente que en el tiempo de Pablo existían ya criterios ampliamente aceptados para juzgar la ortodoxia. Se da también por sentado que los oponentes son cristianos que están corrompiendo la fe de los colosenses. Arnold utiliza la palabra «sincretismo» para evitar juzgar la enseñanza como «mala, herética o heterodoxa».[22] Pablo, no obstante, la llama «filosofía» (2:8). Entrecomillar este término impide que lo entendamos como un sistema lógico de verdades y principios y permite que podamos aplicarlo a una forma de vida religiosa. La naturaleza de esta «filosofía» y el modo en que amenazaba a la congregación han venido llamando la atención de los eruditos por algún tiempo, pero no se ha alcanzado ningún consenso al respecto.[23]

Para identificar la «filosofía» en cuestión solo disponemos de algunos retazos en una sección corta, pero claramente polémica (2:8, 16–23). El problema se complica porque esta sección es el pasaje más ambiguo de la carta. Muchos intérpretes buscan datos fuera del texto, en el entorno de Pablo, que ayuden a ensamblar todas las declaraciones para que formen un patrón coherente. Pero es como buscar una aguja en un pajar. Y lo que es peor, las conjeturas ponen de relieve que los eruditos están buscando esta aguja mágica en pajares muy distintos. Cuando se examinan todas las propuestas en conflicto de los eruditos que reúnen impresionantes evidencias para apoyar sus argumentos, las contrapuestas explicaciones parecen relatos de hombres ciegos que se esfuerzan en describir un elefante mien-

---

21. Este mismo verbo, «nos contó» (*deloo*) en 1:8, aparece en 1Co 1:11, donde Pablo dice que los de Cloé le habían dado un informe oral sobre los problemas de Corinto. Es posible que Tíquico u Onésimo transmitieran a Pablo noticias acerca de la iglesia.

22. Arnold, *The Colossian Syncretism* [El sincretismo colosense], xiii, n. 1.

23. La mayoría ha asumido que Pablo escribe una réplica a las falsas doctrinas que han invadido la iglesia o la han puesto en jaque. Morna Hooker, «Were There False Teachers in Colossae?» [¿Había falsos maestros en Colosas?], en *Christ and Spirit in the New Testament*, ed. Barnabas Lindars y Stephen S. Smalley (Cambridge: Cambridge Univ. Press, 1973), 315–31, no obstante, se opone fuertemente a este planteamiento. Hooker afirma que la ausencia de cualquier referencia clara al supuesto error o de señales de angustia por parte de Pablo (ningún arrebato indignado, o indicios de rechazo), indican que no hay falsas doctrinas en la comunidad. Declara: «La enseñanza de Colosenses 1 es completamente positiva, y lo que lleva a los comentaristas a asumir que lo que Pablo afirma, otros lo han negado, es solo la suposición de una situación como la que hemos esbozado» (316). La descripción que hace Pablo de la preeminencia de Cristo en la Creación y la Redención en 1:15–20, por ejemplo, no requiere que Pablo se oponga a ciertas falsas doctrinas que sostienen lo contrario.

tras tocan partes distintas del animal.[24] Esto no significa que si elaboramos una composición con todas las propuestas vamos a obtener la respuesta que buscamos. La evidencia es confusa y enigmática.

La naturaleza del error tiene una relevancia vital por lo que respecta al modo en que se interpreta todo el tono de la carta y alguna de sus expresiones individuales, sin embargo no podemos reconstruirla a partir de una lista de términos que tienen algún paralelo en otros movimientos religiosos o filosóficos del momento.[25] Hemos de ser conscientes de que Pablo podría estar utilizando ironía, caricatura y exageración. Su propósito, al fin y al cabo, no era explicar a los colosenses las enseñanzas en cuestión, sino disuadirles de ser seducidos por ellas.[26]

También hemos de ser cautos y resistirnos a ver alusiones a dicha «filosofía» en cada texto de la carta. Es posible que Pablo recoja algunos de los términos favoritos de los falsos maestros, que a continuación utiliza hábilmente para sus propios intereses. Sin embargo, casi todas las palabras de la carta han sido identificadas por algún comentarista como un eco de las enseñanzas de los oponentes. Tales argumentos tienden a ser circulares.[27] Podemos esperar que Pablo aluda a las falsas doctrinas en la dura sección

24. J. J. Gunther, *St. Paul's Opponents and Their Background* [Los oponentes de San Pablo y su trasfondo], NovTSup 35 (Leiden: Brill, 1973), 3–4, enumera 44 sugerencias distintas, y desde entonces se han propuesto algunas más. Cuatro importantes monografías sobre este tema en inglés publicadas recientemente llegan a cuatro conclusiones muy distintas. Sappington, *Revelation and Redemption at Colossae* [Revelación y redención en Colosas], (1991), arguye que el error es «una devoción ascético mística del apocalipticismo judío». DeMaris, *The Colossian Controversy* [La controversia colosense] (1994), sostiene que se trata de «una mezcla característica de elementos platónicos, judíos y cristianos que se aglutinan alrededor de una búsqueda de sabiduría». Arnold, *The Colossian Syncretism* [El sincretismo colosense], (1995), presenta buenos argumentos para postular una «religión popular sincretista». Martin, *By Philosophy and Empty Deceit* [Mediante vana y engañosa filosofía] (1996), argumenta que tras el error en cuestión hay cínicos errantes. El problema se complica por el hecho de que la ciudad de Colosas no ha sido todavía excavada. Existen numerosas posibilidades; nuestro conocimiento específico es limitado.

25. Fred O. Francis, «The Christological Argument of Colossians» [El argumento cristológico de Colosenses], en *God's Christ and His People: Studies in Honor of Nils Alstrup Dahl*, ed. Jacob Jervell y Wayne Meeks (Oslo/Bergen/Tromsö: Unversitetsforlaget, 1977), 193.

26. J. Gewiess, «Die apologetische Methode des Apostels Paulus im Kampf gegen die Irrlehre in Kolossa» *BibLeb* 3 (1962): 264, sostiene que, a menudo, Pablo presenta caricaturas de sus oponentes y lleva las consecuencias de su enseñanza a expresiones prácticas que ellos no imaginaban para presentarlas desde la peor óptica posible.

27. Hooker, «Were There False Teachers in Colossae?» [¿Había falsos maestros en Colosas?], 319, nos recuerda el inevitable peligro de la circularidad en este proceso: «Es muy fácil utilizar los indicios que hay en una carta para construir una falsa imagen de los acontecimientos, y utilizarlos después para interpretar lo que se dice».

polémica (2:8, 16–23), sin embargo no hemos de esperar encontrar alusiones a ella a lo largo de toda la carta.[28] Por tanto, al definir la naturaleza de la «filosofía», hemos de limitarnos a las afirmaciones directas que encontramos en la sección polémica de la carta y a la evaluación crítica que Pablo hace de ella. También deberíamos considerar los directos mandamientos de Pablo a los colosenses.

(1) Las afirmaciones directas de la sección polémica ponen de relieve lo siguiente sobre la «filosofía».

(a) Juzga a los colosenses por no someterse a la observancia de ciertos días santos y a restricciones alimentarias y rituales (2:16). Dejarse llevar por estas cosas les descalificará de algún modo o les privará del premio (2:18). Al parecer, los creyentes colosenses todavía no se han sometido a ellos puesto que los oponentes les menosprecian en estas cuestiones.[29]

(b) Sus prácticas están vinculadas a reglamentaciones sobre comidas y bebidas, y la observancia de ciertos festivales, sabats y lunas nuevas (2:16; 2:23). Impone ciertas prohibiciones: «No tomes en tus manos, no pruebes, no toques» (2:21).[30]

(c) Tiene cierto interés en la humillación de uno mismo, ángeles y visiones (2:18).

(2) La valoración negativa del error que hace Pablo pone de relieve lo siguiente:

(a) La «filosofía» en cuestión es un engaño vacuo, se basa en tradiciones humanas y en los espíritus (o principios) elementales del Universo, y no es según Cristo (2:8). Se desvía claramente de la enseñanza cristiana.

---

28. Colin J. A. Hickling, «Is the Second Epistle to the Corinthians a Source for Early Church History?» [¿Es la Segunda Epístola a los Corintios una fuente válida para la historia de la Iglesia Primitiva?], *ZNW* 66 (1975): 284–87, propone una provechosa advertencia. «No deberíamos asumir que la elección de los temas y la fraseología por parte de Pablo fue dictada por los argumentos de sus competidores» (285). Pablo expone con más frecuencia la verdad que el error. Ver también la obra de Jerry Sumney, «Those Who Pass Judgment: The Identity of the Opponents in Colossians», [Los que juzgan: la identidad de los oponentes en Colosenses] *Bib* 74 (1993): 377–78. El acento de la carta en la suficiencia de Cristo, por ejemplo, no sirve de mucho cuando se trata de identificar a los oponentes. Solo podemos deducir que alguien, dentro o fuera de la iglesia, había tomado a la ligera, malentendido, o rechazado esta verdad.

29. El tiempo futuro que Pablo utiliza en 2:8 traducido literalmente («tengan cuidado no sea que alguien les llevará cautivos») indica que se trata de un peligro en ciernes, no de algo que ya ha sucedido.

30. Hemos de decidir si Pablo está citando sus demandas o ridiculizando su posición. No cabe duda de que la posición de los oponentes se relaciona con alguna forma de abstinencia. En 2:23 se confirma una cierta medida de ascetismo, en el que la «humildad» y el «severo trato del cuerpo» se vinculan con el control de «los apetitos de la naturaleza pecaminosa».

(b) Tiene «apariencia de sabiduría» (2:23). Los oponentes presentan argumentos persuasivos, y que suenan muy bien (2:4) que pueden llevar cautivos a los incautos (2:8). Puede que los oponentes identifiquen su enseñanza como «sabiduría», o que Pablo ridiculice su engañoso aspecto como poseedora de ella.

(c) Los oponentes «no se mantienen firmemente unidos a la Cabeza» de la cual procede el crecimiento que Dios imparte (2:19). Hemos de decidir si los opositores habrían estado en desacuerdo con esta afirmación si eran cristianos, o de acuerdo si no lo eran.

(d) Las reglamentaciones sobre comidas, bebidas y la observancia de días santos son solo una sombra de las cosas futuras, la sustancia de las cuales se encuentra en Cristo (2:17).

(e) Los dogmas se basan en «los principios esenciales [o espíritus elementales] de este mundo», de los cuales quienes están en Cristo han sido liberados (2:8).

(f) Tales preceptos son rechazados como «reglas y enseñanzas humanas» (2:22; cf. v. 8), que no pueden compararse con la revelación divina.

(g) Las alusiones en 2:18 a su «falsa humildad» (nrsv, «humillación voluntaria»), «adoración de ángeles» (o «adoración con ángeles»), y a «sus alardes de lo que no han visto […] envanecidos» son las expresiones más controvertidas de la carta; pero todas ellas se vinculan a una mente «carnal [NVI, razonamiento humano]».

(3) Pablo da las siguientes órdenes directas a los colosenses, que aportan más luz sobre la naturaleza de dicha «filosofía» y la relación de los colosenses con ella.

(a) Pablo aplica el material poético de 1:15–20 a los colosenses en 1:22–23 y les dice que han de permanecer firmes en la enseñanza que habían oído. No les dice que hayan de renunciar a ciertos errores.

(b) Pablo afirma en 2:9–10 que están ya completos, por la plenitud que han recibido en Cristo. Esta afirmación permite deducir que alguien pretende que tal plenitud no ha sido alcanzada, que necesitan algo más.

(c) Pablo transmite a los colosenses la certeza de su posición ante Dios en Cristo, «que es la cabeza de todo poder y autoridad» (2:10) y el artífice del perdón de sus pecados.[31] De esta frase podemos inferir que,

---

31. A estos poderes se alude como «el dominio de la oscuridad» (1:13), «las cosas […] invisibles […] tronos, poderes, principados o autoridades» (1:16; cf. 2:10, 15), y *ta stoicheia tou kosmou* (2:8, 20), y quizá «ángeles» en 2:18.

hasta cierto punto, los colosenses han perdido confianza en su posición, bien porque han comenzado a dudar de ella o porque alguien del exterior ha sembrado dudas al respecto.

(d) Pablo insiste en que Cristo es absolutamente suficiente para su salvación.

(4) Conclusión. En lugar de repasar todas las opciones que los eruditos han propuesto para explicar la naturaleza de la «filosofía», solo presentaré los argumentos de una de ellas.[32] Los datos no sugieren que algunas personas ajenas al círculo de los cristianos se hubieran introducido de algún modo en la iglesia, o que algunos obstinados miembros de la comunidad cristiana hubieran sido seducidos por algún culto o práctica externa. Los oponentes son personas foráneas. La mayoría de los intérpretes ha argumentado que el error tiene cierta dimensión judía. Utilizando la navaja de Occam, podemos deshacernos de la innecesaria multiplicación de suposiciones que postulan un cierto mejunje pagano con guarnición judía. El punto de vista más actualizado y que explica más adecuadamente todos los datos es que algunos gentiles recién convertidos de Colosas estaban siendo importunados acerca de su fe por polemistas judíos que se sentían afrentados por sus reivindicaciones.[33] Los judíos podían presentar persuasivamente sus argumentos a partir de las mismas Escrituras utilizadas por los cristianos.[34] Por consiguiente, tales argumentos serían mucho más inquietantes y devastadores para una iglesia joven y en desarrollo que una filosofía pagana sincretista, una religión mistérica o una religiosidad popular con un revoltijo de supersticiones y prácticas.[35]

---

32. Para identificar a los oponentes se han propuesto las siguientes categorías generales: un judaísmo gnóstico incipiente; una religión mistérica gnóstica; un judaísmo ascético y místico; una forma de filosofía helenista; una amalgama sincretista de cultura y religiosidad helenista.

33. Cuando hablamos de judaísmo, hemos de reconocer que los judíos del primer siglo expresaban su fe de distintas maneras, especialmente en la Diáspora. La sinagoga de Dura Europos (Siria) proporciona abundantes pruebas de cuán multicolor era el judaísmo.

34. Ver Tito 1:13–14: «Por eso, repréndelos con severidad a fin de que sean sanos en la fe y no hagan caso de leyendas judías ni de lo que exigen esos que rechazan la verdad».

35. N. T. Wright, «Poetry and Theology in Colossians 1.15–20», [Poesía y teología en Colosenses 1:15-20], en *The Climax of the Covenant: Christ and the Law in Pauline Theology* (Minneapolis: Fortress, 1992), 118, concluye que «el autor no se opone a una herejía real que afecta a la iglesia, sino que escribe para advertir a una iglesia joven contra los halagos de la sinagoga que habían demostrado ser tan devastadores para la joven iglesia de Galacia». Daniel J. Harrington, «Christians and Jews in Colossians» [Cristianos y judíos en Colosenses], en *Diaspora Jews and Judaism. Essays in Honor of, and in Dialogue with A. Thomas Kraabel*, South Florida Studies in the *History of Judaism*, ed. J. Andrew Overman and Robert S. MacLennan (Atlanta: Scholars, 1992), 154, escribe: «No hay indicación de que estos cristianos gentiles conocieran mucho

Al hacerse cristianos, los colosenses habían creído que ahora eran herederos de las promesas de Israel. Pablo afirma que son «escogidos de Dios, santos y amados» (3:12), un lenguaje que, en la Escritura, se vincula claramente a la identidad judía. Tiene más sentido que los judíos se ofendieran con la presunción de los cristianos gentiles y respondieran replicando que su esperanza era falsa.[36] Si tenemos en cuenta los datos que aporta el libro de los Hechos, lo más probable es que los oponentes fueran judíos indignados, puesto que la mayor parte de los incidentes conflictivos se producían con ellos.[37] Los contendientes de una sinagoga local no estarían animando a los cristianos colosenses a seguir su liderazgo, sino informándoles de que, según la Ley, no reunían las cualificaciones necesarias para formar parte del pueblo de Dios.

No hay razón para creer, no obstante, que ya hubieran conseguido desatar a los colosenses de sus amarras teológicas en Cristo. La preocupación de Pablo es que consiguieran menoscabar la esperanza de los nuevos cristianos. Por consiguiente, el apóstol escribe para controlar la insidiosa influencia de una «falsa filosofía» y confirmar la fe de los colosenses (2:4–5). Han de tener cuidado de que nadie haga presa de ellos y les seduzca (2:8). La advertencia contra cuestiones de comida y bebida, festivales, adoración de

---

sobre el judaísmo antes de hacerse cristianos. No hay debate sobre la interpretación de textos bíblicos [...] Da la impresión de que hubieran conocido el judaísmo tras su conversión al cristianismo y se sintieran atraídos por él». En 2:13, Pablo identifica a los colosenses como «muertos en sus pecados y en la incircuncisión de su carne» [NVI], «antes de recibir esa circuncisión, ustedes estaban muertos en sus pecados». Este juicio se debe a la habitual consideración judía de los gentiles como sin ley y fuera del pacto de Dios (ver Ef 2:12). Esta acusación habría perturbado a cristianos gentiles recién convertidos e inseguros.

36. Dunn, «Colossian Philosophy» [La filosofía colosense] 156, contempla también la posibilidad de «una sinagoga judía o representante de la congregación, consciente de la antigüedad y respetabilidad de la comunidad que, de este modo, hablaría despectivamente de una secta cuasi judía que había aparecido en escena tan recientemente». Dunn concluye (179):

En el caso de que hubiera, de hecho, judíos en Colosas confiados en su religión (2:18), subrayando la importancia de la fidelidad a lo que eran observancias tradicionales judías (2:16, 21–23), no debe soprendernos que, en su diálogo y debate con otros colosenses, expresaran tales afirmaciones. Y si allí, entre ellos, había crecido una nueva versión de su propia enseñanza, que proclamaba un Mesías judío y el cumplimiento de las antiguas esperanzas de Israel (1:12 y 3:12), pero que se dirigía a los gentiles, a pesar de «su incircuncisión» e ignorancia de la Ley y tradiciones judías, entonces, de nuevo, no sería extraño que algunos de los miembros más francos y convencidos de las sinagogas hablaran despectivamente de las creencias, devoción y praxis del nuevo movimiento en comparación con las suyas.

37. Ver Hechos 9:22–23; 13:45, 50 (Antioquía de Pisidia); 14:2 (Iconio); 14:19 (Listra y Derbe); 17:5, 13 (Tesalónica); 18:4, 12 (Corinto); 18:19; 19:33 (Éfeso); 20:3 (Grecia); 20:19. Ver también Apocalipsis 2:9 y 3:9 como referencia a la sinagoga de Satanás en Esmirna y Filadelfia.

ángeles y visiones pone implícitamente de relieve que no están ya practicando estas cosas (2:16, 18), puesto que los oponentes les están juzgando por no hacerlo. La respuesta de Pablo es, por consiguiente, una señal de advertencia, pero, más importante, es también una vacuna diseñada para inyectarles una certeza mayor.

En 4:12 Pablo menciona la preocupación de Epafras por sus amigos de Colosas: «siempre luchando en oración por ustedes, para que, plenamente convencidos, se mantengan firmes, cumpliendo en todo la voluntad de Dios». La expresión clave es «plenamente convencidos». El tema de la carta se expresa en la declaración de 2:6–7: «Por eso, de la manera que recibieron a Cristo Jesús como Señor, vivan ahora en él, arraigados y edificados en él, confirmados en la fe como se les enseñó, y llenos de gratitud». Estas palabras muestran que Pablo se preocupa de la crisis de confianza de la congregación.[38] Bajo una avalancha de crítica hostil, los colosenses podían comenzar a percibir el cristianismo como una mera forma de judaísmo abreviado y ser embaucados por la idea de que únicamente el judaísmo ofrecía la plenitud que tanto anhelaban, así como protección de las fuerzas malignas. Pablo responde que los cristianos solo encontrarán plenitud en Cristo (2:10) y que han sido ya liberados de los poderes y autoridades.

Los siguientes datos apoyan el punto de vista de que los oponentes son contendientes judíos.

(1) Hacia finales del siglo III a.C., Antíoco III (223–187 a.C.) transportó un número sustancial de pobladores judíos desde Mesopotamia y Babilonia a Lidia y Frigia (Josefo, *Antigüedades* 12.3.4 § § 147–53 de la versión inglesa). Cicerón informa que en el año 62 a.C. Flaco, el gobernador de Asia, confiscó veinte libras de oro que habían sido recaudadas de aquella zona para el impuesto del templo (Flaco 28.68); calculando a partir de esta suma obtenemos la existencia de una población judía de más de 10.000 varones. Los judíos de la Diáspora no se apartaban en juderías marginadas, sino que se integraban en la sociedad y tenían tratos abiertos con sus vecinos gentiles. La iglesia, por tanto, tendría contactos informales con los judíos de la ciudad, y es probable que ese contacto creara fricción. Los judíos devotos, que se negaban a aceptar a Jesús como Mesías y vituperaban un Evangelio que aceptaba a los gentiles como coherederos, no iban a quedarse de brazos cruzados mientras, en su opinión, los gentiles plagiaban sus Escrituras y les robaban sus esperanzas.[39]

---

38. Esto explica la evidente falta de urgencia de la carta. Los oponentes no procuraban convertir a los cristianos en prosélitos judíos, sino sencillamente rechazar y denigrar sus afirmaciones.

39. Para apreciar su reacción, podemos comparar la humillación que experimentan los cristianos de hoy con las nuevas sectas o cultos que adoptan ciertas características cris-

(2) En 2:8, Pablo identifica el error como una «filosofía». Aquellos que defendían el judaísmo del influjo del mundo grecorromano elogiaban su antigua tradición como una venerable filosofía.[40] Éstos hacían hincapié en que el judaísmo era racional y que sus leyes estaban de acuerdo con la Naturaleza, no contra ella. El judaísmo se ganó también una gran reputación como sistema sapiencial, por sus elevadas normas éticas y su conocimiento esotérico (cf. 2:23).

(3) La mención de la circuncisión, sabats, lunas nuevas, leyes alimentarias y reglamentaciones sobre la pureza no son elementos aleatorios seleccionados por un culto sincretista pagano o una filosofía enamorada del judaísmo. Se trata más bien de los característicos indicadores de identidad que, en el mundo antiguo, apartaban a los judíos y confirmaban su especial posición como pueblo escogido de Dios. En la obra de Justino Mártir, *Diálogo con el judío Trifón*, el rabino Trifón ¡insta a Justino a circuncidarse y a «observar la celebración del Sabat, los festivales y las lunas nuevas de Dios»![41]

Al hacer referencia a estas prácticas —comidas y bebidas, festivales religiosos, celebraciones de luna nueva y días de reposo— como «una sombra de las cosas que tenían que venir», a saber, Cristo (2:17), difícilmente podría Pablo estar haciendo referencia a rituales o reglamentacio-

---

tianas, pero rechazan la fe cristiana ortodoxa.

40. DeMaris, *The Colossian Controversy* [La controversia colosense], 48, cita el acento de Filón sobre la correspondencia entre la devoción judía y la filosofía griega y sostiene que la celebración del Sabat permite la búsqueda de la filosofía (*Vida de Moisés* 2.39 §211–16). Ver además Filón, *De los cambios de nombre* 39, 223; *De la vida contemplativa*, 26; *Embajada a Gayo* 23, 33, 156, 245; *De los sueños* 2.18. 127. Ver también, *Epístola de Aristeas* 256. Josefo utilizó este término para clasificar las «filosofías» más importantes del judaísmo (*Guerra de los judíos* 2.8.2 § 119; *Antigüedades* 18.2.2 §1, 11, 23). El rechazo del judaísmo por parte del tirano Antíoco en 4 Mac 5:11 suena paulino: «¿Cuándo despertarás de tu necia filosofía, disiparás tus futiles razonamientos, adoptarás una mente apropiada para tu edad, filosofarás según la verdad de lo que es provechoso?» A lo cual Eleazar replica:

> «Te burlas de nuestra filosofía como si vivir por ella fuera algo irracional, sin embargo ella nos enseña dominio propio, de manera que nos hace dueños de los placeres y deseos; también nos educa en el valor, de modo que soportamos voluntariamente cualquier sufrimiento; nos instruye en la justicia, y por ella, en todos nuestros tratos actuamos de manera imparcial, y nos enseña devoción, por la cual, con la debida reverencia adoramos al único Dios vivo.» (4 Mac 5:22–24, nrsv).

41. *Diálogo con el judío Trifón* 8.4. El rabino Trifón expresa sorpresa ante la forma de vida de los cristianos en el mundo: «Sin embargo, lo que más nos sorprende es que ustedes, profesando ser piadosos, y creyendo ser mejores que los demás, no son en ningún sentido distintos de ellos, y no alteran su modo de vivir de las naciones, por cuanto no observan los santos festivales o los sabats, y no practican el rito de la circuncisión» (*Diálogo con el judío Trifón* 10).

nes paganas. El apóstol ha de estar aludiendo al Antiguo Testamento.[42] Por otra parte, si está hablando de ordenanzas judías, Pablo no podría renunciar a ellas como cosas completamente inútiles. Eran, sin duda, inadecuadas para conseguir salvación o perfección, pero apuntaban ciertamente hacia el perdón, la reconciliación y la nueva vida hecha realidad en Cristo.

(a) En 2:11 Pablo plantea el asunto de la circuncisión para reafirmar que los cristianos gentiles no estaban en desventaja ni descalificados por permanecer incircuncisos, como algunos judíos podían afirmar. Ellos habían recibido una circuncisión espiritual en Cristo, que les había hecho parte de los escogidos de Dios.

(b) Las prohibiciones alimentarias de 2:16 encajan mejor con las leyes judías sobre comidas, que eran también importantes indicadores de identidad.[43] El comentario de carácter parentético de 2:22 en el sentido de que las prohibiciones que se enumeran en 2:21 se basan en «reglas y enseñanzas humanas» alude a Isaías 29:13. Jesús apeló a este pasaje en su censura a las interpretaciones farisaicas de las leyes alimentarias y la pureza ritual (Mt 15:9; Mr 7:7).

(c) En la literatura judía los sabats, lunas nuevas y festividades suelen ser expresiones alusivas a las principales celebraciones del judaísmo.[44] Estas fiestas, según Ezequiel 20:18–20; 22:8, 26, «preservan la identidad de esta nación como pueblo de Dios de un modo especial, y muestran que Yahveh es el Dios de esta nación».[45] La mención de los días de reposo es una prueba contundente, puesto que era una celebración característica de los judíos.

(d) La referencia a no tocar (2:21. NVI, «no tomes en tus manos») refleja el temor a la impureza ritual por contacto físico (Lv 5:2–3; 7:19, 21; 11:8, 24–28; Is 52:11). Dunn cita un paralelismo en la *Carta de Aristeas* 142:

---

42. Barth y Blanke, *Colossians* [Colosenses], 340. Ver Gá 3:19–26.

43. Ver Dn 1:3–16; 1 Mac 1:62–63; 10:3; Tobías 1:10–12; Judit 12:2, 19; Ad. Est. 14:17; *José y Asenat* 7:1; 8:5; Josefo, *Contra Apión* 2.31 § 282. Algunos sostienen que la referencia a la comida y la bebida no alude a las leyes judías sobre comidas puesto que el Antiguo Testamento no contiene ninguna prohibición sobre la bebida. Sin embargo, Romanos 14:17, 21 alude a beber junto con la comida (ver también la *Carta de Aristeas* 142, que se cita más adelante).

44. 1Cr 23:31; 2Cr 2:4; 31:3; Is 1:13–14; Ez 45:17; 46:4–6; Os 2:11 (en el orden contrario, como en Col 2:16); 1 Mac 10:23; 1 Esdras 5:52; Judit 8:6; 1 Enoc 82:7–10; Jubileos 1:10, 14; 2:9–10; 6:34–38; 23:19. En Números 28–29 se enumeran los sacrificios que han de llevarse a cabo en las lunas nuevas, la primera de cada mes. Ver también 3:14–15; 1QM 2:4–6; y 1QS 9:26–10:8, que se refiere a una revelación especial sobre «los santos sabats y las fiestas gloriosas». T. C. G. Thornton, «Jewish New Moon Festivals: Galatians 4:3–11 and Colossians 2:16» [Festivales judíos de luna nueva: Gálatas 4:3–11 y Colosenses 2:16], *JTS* 40 (1989): 97–100, sugiere que los cristianos de Colosas podrían ser criticados por no mantener el calendario judío.

45. Barth y Blanke, *Colossians* [Colosenses], 339.

«Así pues, para evitar que nuestro ser se pervierta por el contacto con otros o por mezclarse con malas influencias, Él nos protegió por todas partes con purificaciones relacionadas con la carne y la bebida y con el tacto, el oído y la vista en términos de la Ley».[46]

(e) Es sumamente difícil de dilucidar el sentido de la expresión «adoración de ángeles» que se consigna en 2:18. No alude a un específico culto angélico, sino que, en mi opinión, encaja con las extendidas especulaciones judías sobre los ángeles. Los judíos creían que la Ley había sido entregada por medio de ángeles (Hch 7:53; Gá 3:19; Heb 2:2), e insistir en una estricta obediencia a la Ley podía compararse con la veneración de ángeles.[47] En varias corrientes del judaísmo se refleja también un gran interés en los seres angélicos.[48] Cuando uno lee los «Cánticos del sacrificio sabático» (4Q 400–405) de los Rollos del Mar Muerto o el *Testamento de Salomón* en los escritos seudoepigráficos, por ejemplo, es inevitable la impresión de que los ángeles eran objeto de veneración.[49]

(f) Los oponentes no son cristianos. La afirmación de Pablo en 2:20, «Si con Cristo ustedes ya han muerto a los principios de este mundo, ¿por qué, como si todavía pertenecieran al mundo, se someten a preceptos tales como [...]» parece implicar que, a diferencia de los cristianos colosenses, los oponentes no habían muerto con Cristo. En opinión de Pablo, los oponentes «no se mantienen firmemente unidos a la Cabeza» (2:19). Según parece, se aferran a otras cosas, como por ejemplo las tradiciones humanas (ver también Mr 7:8).

(g) La reafirmación de la relación de los colosenses con Cristo por parte de Pablo tiene lógica como respuesta a un desafío judío. Dios les ha revelado el misterio, oculto durante las eras y generaciones pasadas, que es las buenas nuevas de que el Mesías está entre los gentiles (1:26–27). Los creyentes gentiles tienen «derecho» a la herencia de los santos, la herencia de Israel (1:12). Pablo afirma en términos categóricos que «no hay judío ni griego, circunciso o incircunciso» para aquellos que se van «renovando

---

46. Dunn, «Colossians Philosophy» [La filosofía colosense] 166.

47. Caird, *Paul's Letters from Prison* [las cartas de Pablo desde la prisión], 199.

48. Además de los Rollos del Mar Muerto, ver Pseudo-Filón, *Antigüedades bíblicas* 13:6; 1 Enoc 48:5; 62:6, 9; *Apocalipsis de Sofonías* 6:16; *Apocalipsis de Abraham* 17:2; *Ascensión de Isaías* 7:21; *Adán y Eva* 13–15; Filón, *De la huida y el hallazgo* 212; *De los sueños* 1,232, 238. Las advertencias contra una desequilibrada veneración de los ángeles en la literatura rabínica puede ofrecer evidencias de que en realidad se practicaba (*t. Hul.* 2:18). Más adelante los cristianos acusaron a los judíos de adorar ángeles; ver las pruebas en Dunn, *The Epistles to the Colossians and to Philemon* [Las epístolas a los Colosenses y a Filemón], 179.

49. La expresión *ta stoicheia tou kosmou* («los principios esenciales [o espíritus elementales] del mundo») en 2:8, 23, está vinculada con el judaísmo en Gálatas 4:3, 9.

en conocimiento a imagen de su Creador» (3:10–11). Por consiguiente, los gentiles se han convertido en «escogidos de Dios, santos y amados» (3:12). Así, los colosenses han de recordar que su bautismo en la muerte de Cristo es una circuncisión mucho más efectiva que cualquier intrascendente incisión hecha en la carne. Sus oponentes no tienen realmente nada que ofrecerles y no han de sentirse azorados por ninguna de las críticas que se les dirigen.

El sentido contemporáneo de Colosenses

La carta a los Colosenses fue escrita para una insignificante comunidad cristiana frigia hace casi dos mil años, y sin embargo sigue hablando de manera pertinente en nuestro tiempo. Da testimonio «del carácter definitivo, idoneidad y absoluta suficiencia del Cristo cósmico. Todas las cosas fueron hechas por y para él, encuentran su coherencia en él; asimismo, la vida del cristiano y de la iglesia están ocultas con él en Dios».[50] Esta verdad nunca pasará de moda.

Sin embargo, la situación a la que tenían que hacer frente los colosenses se parece también a la de nuestro tiempo. Ellos tenían que enfrentarse a oponentes que cuestionaban y menospreciaban la suficiencia de Cristo y su esperanza. Los cristianos de hoy viven en una sociedad secular, que constantemente pretende ridiculizar la fe cristiana. Muchos cristianos de Occidente se sienten cada vez más inseguros de su fe y, por tanto, la profesan con incertidumbre. Los ácidos de la crítica son capaces de corroer los fundamentos de una fe débil y vacilante. Por otra parte, cada vez existen menos fuerzas culturales para mantener a las personas en la Iglesia. Cuando se ven enfrentados a las risas y burlas de los modernos escarnecedores, los miembros nominales de la Iglesia podrían ser tentados a capitular, abandonando su fe o cambiándola según la última creencia de moda. En el lenguaje de Pablo, regresarían a la oscuridad en la que los gobernantes de esta era ejercen su dominio.

Cuando los cristianos no entienden su fe, sucumbirán probablemente a la tentación de aguar el Evangelio y adaptarlo a ciertas expectativas culturales. Extirparán cualquier artículo de fe que sea ofensivo o añadirán otros de carácter especioso, más de acuerdo con la moda de esta era.[51] Pablo escribió a los colosenses para ayudarles a entender con más firmeza quién es Cristo y la riqueza y gloria de todo lo que Dios ha hecho en él.

Cuando los cristianos tienen poca confianza en su fe, serán excesivamente vacilantes en sus convicciones y se verán fácilmente sacudidos

---

50. James S. Stewart, «A First-Century Heresy and Its Modern Counterpart» [Una herejía del primer siglo y su contrapartida moderna], SJT 23 (1970): 420.
51. Ibíd., 423, menciona el peligro de sustituir «inmanencia por Encarnación, evolución por Redención, subjetividad psicológica por el Espíritu Santo, progreso por el Reino de Dios».

por los desafíos. Pablo esperaba fortalecer a los colosenses en su certeza de la esperanza que tenían en Cristo. La carta afirma que la Creación de Dios tiene un propósito, que verá su cumplimiento en y a través de Cristo. Declara la supremacía y suficiencia de Cristo como plenitud de Dios y como Creador y Redentor nuestro.

Cuando los cristianos no viven con un profundo sentido de gratitud por lo que Dios ha hecho por ellos en Cristo, se verán agobiados por la ansiedad y serán tentados a buscar su seguridad en algo aparte de Cristo. Pablo instó repetidamente a los colosenses a estar agradecidos por la victoria que la Cruz y la resurrección de Cristo habían ya obtenido y les brindaban. La salvación solo puede hallarse en Cristo, y los cristianos no necesitan nada más. La Cruz nos trae la redención, el perdón de los pecados, y el triunfo sobre todos los poderes que pretenden oprimir la vida humana. Todo creyente está completo cuando se sitúa bajo el completo Señorío de Cristo, y todas las dolencias espirituales de nuestro mundo solo encuentran su cura en él.

Cuando los cristianos no viven de manera distinta de quienes no conocen a Dios o desafían sus mandamientos, desacreditan su fe y llevan a otros a pensar que sus afirmaciones son falsas. La carta a los Colosenses sostiene que los cristianos no solo han de estar fundamentados firmemente en su fe, sino que han de ser también intachables desde un punto de vista ético. Los cristianos juiciosos, confiados, agradecidos y éticamente coherentes viven de una manera digna del Señor, son agradables a Dios, y darán frutos espirituales en un mundo espiritualmente emponzoñado y estéril. En esta carta Pablo pretende ayudar a la formación de esta clase de creyente.

Bosquejo de Colosenses

I. Salutación y acción de gracias (1:1–23)

  A. Salutación (1:1–2)

  B. Acción de gracias (1:3–23)

    1. Acción de gracias por la recepción del Evangelio en Colosas y en todo el mundo (1:3–8)

    2. Intercesión de Pablo por los colosenses (1:9–23)

      a. Viviendo una vida digna del Señor (1:9–14)

      b. Exaltación poética de Cristo (1:15–20)

        (1) La imagen del Dios invisible, el primogénito de toda Creación (1:15–17)

        (2) La cabeza de la Iglesia, el primogénito de entre los muertos (1:18–20)

      c. Permaneciendo firmes y cimentados en la fe (1:21–23)

II. Cuerpo de la carta (1:24–2:23)

  A. Comisión, mensaje y lucha de Pablo (1:24–2:5)

  B. El error colosense (2:6–23)

    1. Declaración del tema: Lealtad a Cristo como Señor (2:6–7)

    2. Primera advertencia (2:8)

    3. La suficiencia de Cristo (2:9–15)

    4. Refutación del error (2:16–23)

      a. Segunda advertencia (2:16–17)

        (1) Las cuestiones utilizadas para condenar a otros: Comida, bebida, fiestas, lunas nuevas, sabats (2:16)

        (2) Evaluación de Pablo: Son solo sombras de una realidad que ya está aquí (2:17)

      b. Tercera advertencia (2:18–19)

        (1) Las cuestiones utilizadas para condenar a otros: Humillación voluntaria, adoración de ángeles y visiones (2:18a–b)

        (2) Evaluación de Pablo: Conducen a la arrogancia y a la separación de la cabeza (2:18c–19)

      c. Pregunta retórica y respuesta (2:20–23)

III. Amonestaciones éticas (3:1–4:6)

   A. Estableciendo sus corazones en las cosas de arriba (3:1–4)

   B. La antigua moralidad y la nueva (3:5–17)

     1. Los vicios de la antigua moralidad a los que hay que renunciar (3:5–9)

     2. La nueva Creación (3:10–11)

     3. Las virtudes de la nueva moralidad que hay que abrazar (3:12–14)

     4. La nueva adoración (3:15–17)

   C. Mandamientos sobre la familia (3:18–4:1)

     1. Esposas y maridos (3:18–19)

     2. Hijos y padres (3:20–21)

     3. Esclavos y amos (3:22–4:1)

   D. Mandamientos a una oración incansable y a una conducta sabia (4:2–6)

IV. Saludos finales (4:7–18)

   A. Introducción de los portadores de la carta: Tíquico y Onésimo (4:7–9)

   B. Saludos de los colaboradores de Pablo (4:10–14)

   C. Saludos a otros cristianos de la zona (4:15–17)

   D. Salutación de la propia mano de Pablo (4:18)

Bibliografía selecta sobre Colosenses

Comentarios

Baggott, L. J. *A New Approach to Colossians* [Un nuevo acercamiento a Colosenses], Londres: A. R. Mowbray, 1961.

Barth, Markus, y Helmut Blanke, *Colossians* [Colosenses], AB. Nueva York: Doubleday, 1994.

Beare, Francis. «The Epistle to the Colossians: Introduction and Exegesis» [La epístola a los Colosenses: introducción y exégesis], en *The Interpreter's Bible*. Nashville: Abingdon, 1955, 11:132–241.

Bruce, F. F. *The Epistles to the Colossians, to Philemon, and to the Ephesians* [Las epístolas a los Colosenses, a Filemón y a los Efesios], NICNT. Grand Rapids: Eerdmans, 1984.

Caird, G. B. *Paul's Letters from Prison* [Las cartas de Pablo desde la prisión], New Clarendon Bible. Oxford: Clarendon, 1976.

Calvino, Juan, *Commentaries on the Epistles of Paul the Apostle to the Philippians, Colossians and Thessalonians* [Comentarios a las epístolas del apóstol Pablo a los Filipenses, Colosenses y Tesalonicenses], Ed. John Pringel. Grand Rapids: Eerdmans, 1948.

Dodd, C. H. «Philemon» [Filemón] en *The Abingdon Bible Commentary.* Ed. F. C. Eiselen, E. Lewis, y D. G. Downey. Nueva York/Nashville: Abingdon, 1929, 1250–62.

Dunn, James D. G. *The Epistles to the Colossians and to Philemon: A Commentary on the Greek Text* [Las epístolas a los Colosenses y a Filemón: un comentario del texto griego], NIGTC. Grand Rapids: Eerdmans, 1996.

Harris, Murray J. *Colossians and Philemon* [Colosenses y Filemón], Grand Rapids: Eerdmans, 1991.

Houlden, J. L. *Paul's Letters from Prison: Philippians, Colossians, Philemon and Ephesians* [Las cartas de Pablo desde la prisión: Filipenses, Colosenses, Filemón y Efesios], WPC. Filadelfia: Westminster, 1970, 1977.

Hultgren, Arland J. «Colossians» [Colosenses], en *The Deutero-Pauline Letters. Proclamation Commentaries*. Ed. Gerhard Krodel. Rev. ed. Minneapolis: Fortress, 1993, 24–38.

Lightfoot, J. B. *Saint Paul's Epistles to the Colossians and to Philemon* [Las epístolas de San Pablo a los Colosenses y a Filemón], Grand Rapids: Zondervan, 1959 (de la edición revisada de 1879).

Lohse, Eduard. *Colossians and Philemon* [Colosenses y Filemón], Traducido por William R. Poehlmann y Robert J. Karris. Hermeneia. Filadelfia: Fortress, 1971.

Lucas, R. C. *The Message of Colossians and Philemon* [El mensaje de Colosenses y Filemón], Downers Grove, Ill.: InterVarsity, 1980.

MacLeod, G. Preston. «The Epistle to the Colossians: Exposition» [La epístola a los Colosenses: exposición], en *The Interpreter's Bible*. Nashville: Abingdon, 1955, 10:132–241.

Martin, Ernest D. *Colossians and Philemon* [Colosenses y Filemón], BCBC. Scottsdale, Penn./ Waterloo, Ont.: Herald, 1993.

Martin, Ralph P. *Colossians and Philemon* [Colosenses y Filemón], NCB. Londres: Oliphants, 1974.

_____. Ephesians, *Colossians and Philemon* [Efesios, Colosenses y Filemón], Interpretation. Atlanta: John Knox, 1991.

Moule, C. F. D. *The Epistles to the Colossians and to Philemon* [Las epístolas a los Colosenses y a Filemón]. CGTC. Cambridge: Cambridge Univ. Press, 1968.

O'Brien, Peter T. *Colossians, Philemon* [Colosenses, Filemón], WBC. Waco, Tex.: Word, 1982.

Patzia, Arthur G. *Ephesians, Colossians and Philemon* [Efesios, Colosenses y Filemón]. New International Commentary. Peabody, Mass.: Hendrickson, 1984, 1990.

Pocorný, Petr. *Colossians: A Commentary* [Colosenses: un comentario], Traducido por Siegfried Schatzmann. Peabody, Mass.: Hendrickson, 1991.

Radford, L. B. *The Epistle to the Colossians and the Epistle to Philemon* [La epístola a los Colosenses y la epístola a Filemón], Westminster Commentaries. Londres: Methuen, 1931.

Reumann, John H. P. *Colossians* [Colosenses], ACNT. Minneapolis: Augsburg, 1985.

Robertson, A. T. *Paul and the Intellectuals: The Epistle to the Colossians* [Pablo y los intelectuales: la epístola a los Colosenses]. Ed. W. C. Strickland Nashville: Broadman, 1959.

Schweizer, Eduard. *The Letter to the Colossians* [La carta a los Colosenses], Traducido por Andrew Chester. Minneapolis: Augsburg, 1982.

Scott, E. F. *The Epistles to the Colossians, to Philemon, and to the Ephesians* [Las epístolas a los Colosenses, a Filemón y a los Efesios], Londres: Hodder y Stoughton, 1930.

Stockhausen, Carol L. *Letters in the Pauline Tradition: Ephesians, Colossians, I Timothy, II Timothy and Titus* [Cartas en la tradición paulina: Efesios, Colosenses, I Timoteo, II Timoteo y Tito], Message of Biblical Spirituality. Wilmington, Del.: Michael Glazier, 1989.

Thurston, Bonnie. *Reading Colossians, Ephesians & 2 Thessalonians: A Literary and Theological Commentary* [Leyendo Colosenses, Efesios & 2 Tesalonicenses: un comentario literario y teológico], Nueva York: Crossroad, 1995.

Wall, Robert W. *Colossians and Philemon* [Colosenses y Filemón], *The IVP New Testament Commentary.* Downers Grove, Ill.: InterVarsity, 1993.

Wright, N. T. *Colossians and Philemon* [Colosenses y Filemón], TNTC. Grand Rapids: Eerdmans, 1986.

Yates, Roy. *The Epistle to the Colossians* [La epístola a los Colosenses]. Epworth Commentaries. Londres: Epworth, 1993.

Monografías

Arnold, Clinton E. *The Colossian Syncretism* [El sincretismo colosense], WUNT 2/77. Tübinga: J. C. B. Mohr (Paul Siebeck), 1995.

Barclay, William. *The All-Sufficient Christ: Studies in Paul's Letter to the Colossians* [El Cristo Omnisuficiente: estudios en la carta de Pablo a los Colosenses], Filadelfia: Westminster, 1963.

Best, Ernest. *One Body in Christ: A Study in the Relationship of the Church to Christ in the Epistles of the Apostle Paul* [Un cuerpo en Cristo: un estudio de la relación de la Iglesia con Cristo en las Epístolas del apóstol Pablo], Londres: SPCK, 1955.

38 *Colosenses*

Cannon, George E. *The Use of Traditional Materials in Colossians* [El uso de materiales de la tradición en Colosenses], Macon, Ga.: Mercer Univ. Press, 1983.

Crouch, J. E. *The Origin and Intention of the Colossian Haustafel* [El origen y propósito de las Haustafel colosenses], FRLANT 109. Göttingen: Vandenhoeck & Ruprecht, 1972.

DeMaris, Richard E. *The Colossian Controversy: Wisdom in Dispute at Colossae* [La controversia colosense: una discusión sobre la sabiduría en Colosas], JSNTSup 96. Sheffield: JSOT, 1994.

Francis, F. O., y Wayne Meeks, eds. *Conflict at Colossae* [Conflicto en Colosas], Sources for Biblical Study 4. Missoula: Society of Biblical Literature, 1973.

Jones, Maurice. *The Epistle of St. Paul to the Colossians* [La epístola de San Pablo a los Colosenses]. Londres: SPCK, 1923.

Martin, Troy W. *By Philosophy and Empty Deceit: Colossians As Response to a Cynic Critique* [Mediante vana y engañosa filosofía: Colosenses como respuesta a una crítica cínica]. JSNTSup 118. Sheffield: JSOT, 1996.

Sappington, Thomas J. *Revelation and Redemption at Colossae* [Revelación y redención en Colosas], JSNTSup 53. Sheffield: JSOT, 1991.

Colosenses 1:1-8

Pablo, apóstol de Cristo Jesús por la voluntad de Dios, y el hermano Timoteo, 2 a los santos y fieles hermanos en Cristo que están en Colosas: Que Dios nuestro Padre les conceda gracia y paz. 3 Siempre que oramos por ustedes, damos gracias a Dios, el Padre de nuestro Señor Jesucristo, 4 pues hemos recibido noticias de su fe en Cristo Jesús y del amor que tienen por todos los santos 5 a causa de la esperanza reservada para ustedes en el cielo. De esta esperanza ya han sabido por la palabra de verdad, que es el evangelio 6 que ha llegado hasta ustedes. Este evangelio está dando fruto y creciendo en todo el mundo, como también ha sucedido entre ustedes desde el día en que supieron de la Gracia de Dios y la comprendieron plenamente. 7 Así lo aprendieron de Epafras, nuestro querido colaborador y fiel servidor de Cristo para el bien de ustedes. 8 Fue él quien nos contó del amor que tienen en el Espíritu.

Sentido Original Las dos primeras secciones de la carta de Pablo a los Colosenses consisten en su habitual salutación (1:1–2) y oración de acción de gracias que el apóstol dirige a Dios a favor de los creyentes en las iglesias (1:3–23). Estas secciones ayudan a establecer el programa del resto de la carta.

La salutación (1:1–2)

Pablo comienza su salutación identificándose como «un apóstol de Cristo Jesús por la voluntad de Dios». No escribe desde un punto de vista particular, sino como apóstol de Cristo que habla con autoridad. Al identificarse de esta manera, Pablo no pretende establecer sus credenciales o dominar a sus lectores. Su autoridad no aumenta por la utilización del título de apóstol, del mismo modo que no se ve reducida cuando lo omite (1Ts 1:1; 2Ts 1:1) o lo sustituye por el de «siervo» (Fil 1:1) o «prisionero» (Flm 1). El término apóstol describe simplemente lo que es.

Por consiguiente, no hemos de asumir, como hacen algunos, que cuando Pablo alude a sí mismo como apóstol, está siempre defendiendo su llamamiento contra una amarga oposición.[1] No todos los receptores de las cartas

---

1. Ver la obra de Schweizer, *Colossians* [Colosenses], 28. Wall, *Colossians and Philemon* [Colosenses y Filemón], 34, hace esta afirmación sin aportar ninguna prueba: «Aunque el apóstol todavía no ha conocido personalmente a sus lectores colosenses, hay sin duda oposición a su ministerio y enseñanza entre ellos». Pablo no está intentando defender su apostolado a los colosenses, puesto que en 1:23 alude a sí mismo como un mero «siervo» (*diakonos*) del Evangelio (como Epafras, 1:7). El apóstol se presenta como un «colaborador» con otros (1:7; 4:7). Según parece, un copista posterior creía

de Pablo albergaban sospechas sobre sus capacidades o idoneidad como apóstol, y él no estaba siempre a la defensiva. El apóstol elogia a los colosenses por ser una comunidad amorosa y comprensiva, no un grupo contencioso, murmurador y rencoroso (1:8; Flm 5). Aunque muchos miembros de la iglesia de los colosenses no conocían a Pablo personalmente, la lectura de la carta deja la impresión de que le tenían aprecio tanto a él como a su colaborador Epafras, quien les había llevado el Evangelio.[2] Pablo les escribe porque ya aceptan su autoridad, que se deriva del Evangelio que ha sido llamado a predicar, un Evangelio que han aprendido de Epafras.

Cuando Pablo afirma que su llamamiento como apóstol fue «por la voluntad de Dios», expresa su convicción esencial de que Cristo le llamó y fortaleció para perseverar en la divina tarea que fue confiada solo a unos pocos. En el Antiguo Testamento, Dios se apareció a los profetas y les envió a proclamar su palabra. En el caso de Pablo, Cristo se le apareció y le envió a proclamar un Evangelio específico (Gá 1:12, 16; 1Co 15:8–10). No fue él quien decidió entrar en el ministerio apostólico, sino que entendió haber sido apartado por Dios desde la matriz de su madre para llevar el Evangelio a las naciones (Gá 1:15–16).[3] Su autoridad era única porque procedía directamente de Cristo, sin embargo Pablo no se veía a sí mismo como apartado para desempeñar un alto cargo desde el que podría llevar la batuta y promulgar alegremente directrices divinas (ver 1Co 4:9). Dios le asignó una tarea, no una posición.

Como apóstol de Cristo, Pablo no está vinculado a ninguna congregación en particular, sino obligado a todas, particularmente a las gentiles (Ro 11:13; Gá 2:7; Ef 3:1–2). El mundo es su campo de misión. Todo lo que hace como apóstol de Cristo implica a su Iglesia. Por consiguiente, su comisión a predicar el Evangelio y edificar el cuerpo de Cristo prestando ayuda a los creyentes en sus luchas con la obediencia, le lleva a intervenir en la controversia colosense.

Pablo menciona a Timoteo, «nuestro hermano», como coautor de la carta,[4] condición que tiene también en otras cinco epístolas: 2 Corintios, Filipenses y Filemón, 1 y 2 Tesalonicenses (con Silvano). Según Hechos 16:1–2, Pablo conoció a este joven durante su ministerio en Derbe o Listra. Puesto que la madre de Timoteo era judía, Pablo le hizo «oficialmente»

---

que la posición de Pablo como simple siervo no era lo suficientemente distinguida; El texto de ℵ* dice «predicador y apóstol» (*kerux kai apostolos*) y refleja una preocupación más tardía con los títulos y la autoridad.

2. O'Brien, *Colossians, Philemon* [Colosenses y Filemón], 16.
3. Estas imágenes literarias recuerdan al llamamiento de los profetas en el Antiguo Testamento (ver Is 49:1; Jer 1:5).
4. Otras personas que Pablo designa como «hermanos» son Cuarto (Ro 16:23), Sóstenes (1Co 1:1) y Apolos (1Co 16:12). Ver también 2Co 8:18; 9:3, 5; 12:18.

judío circuncidándole (Hch 16:3). Timoteo acompañó a Pablo en sus viajes misioneros, y Pablo le ensalzó como hijo amado (1Co 4:17; Fil 2:22) confiando en él como fiel emisario y enviándole a varias iglesias para confortar a los convertidos que estaban bajo presión, o apagar los fuegos del conflicto (1Co 4:17; Fil 2:19; 1Ts 3:2, 6). Aunque Timoteo no era un apóstol, Pablo le confirma como alguien que comparte con él la misma obra (1Co 16:10) y la misma predicación (2Co 1:19).

No tenemos noticias de que Timoteo estuviera directamente vinculado a los Colosenses. Es posible que su nombre aparezca en la salutación porque escribió la carta siguiendo el dictado de Pablo, o la redactó según sus instrucciones. Su inclusión también deja claro que lo que sigue no es la peculiar opinión de Pablo. El apóstol no trabaja independientemente y no es el único que defiende las convicciones que expresa. Pablo forma parte de un equipo de ministros, y esta carta refleja el consenso de quienes están con él (ver 4:10–14).

El apóstol saluda a la iglesia dirigiéndose a ella con la expresón: «santos y fieles hermanos en Cristo».[5] El término santidad tiene que ver con ser apartado del mundo para Dios y no implica que estos creyentes formen parte de una categoría superior de creyentes especialmente virtuosos. Igual que, como apóstol de Cristo, Pablo pertenece a Dios, también los colosenses le pertenecen como su pueblo en Colosas. En el Antiguo Testamento, la palabra «santo/s» se aplicaba a Israel, y Pablo incorpora deliberadamente a los cristianos gentiles a esta categoría.[6] Significa que también ellos forman parte del pueblo escatológico de Dios, a quien se aplican todas las promesas.

Pablo identifica normalmente a los receptores de sus cartas como «santos», pero por regla general se dirige a ellos como «fieles».[7] Esta expresión se refiere probablemente a su perseverancia bajo la presión. Algunos comentaristas consideran que, con este término, Pablo quiere decir exactamente lo contrario de lo que dice. Sugieren que Pablo está reprendiendo sutilmente a aquellos miembros de la iglesia que han sido infieles abandonando el ver-

---

5. La NVI considera la palabra «santo» como un adjetivo. Podría también traducirse como un sustantivo, «santos» (nrsv). Pablo utiliza este término como sustantivo al dirigirse a las iglesias en sus cartas a los Romanos, 1 y 2 Corintios, Filipenses y Efesios, y tiene este significado en 1:4. Puesto que un solo artículo determinado gobierna tanto a «santos» como a «fieles», es probable que el apóstol pretenda transmitir un sentido adjetival; pero también podría tratarse de un uso negligente que sencillamente omite el artículo.

6. Dunn, *The Epistles to the Colossians and to Philemon* [Las epístolas a los Colosenses y a Filemón, 48.

7. La excepción es Ef 1:1.

dadero Evangelio para seguir la llamada «filosofía».[8] Esta lectura asume que Pablo está siendo insincero. Su alabanza se convierte en un elogio con la doble intención de advertirles: «No estoy del todo convencido de que estén siendo fieles, de modo que ¡tengan cuidado!». De un modo exagerado, algunos comentaristas han visto la amenaza de la «filosofía» tras cada expresión de Colosenses. Sin embargo, no todas las declaraciones de Pablo contienen matices ocultos. Si los colosenses no fueran fieles o estuvieran al borde del abandono de su fe, Pablo es perfectamente capaz de advertirles de manera directa. En Efesios 1:1, el apóstol no utiliza la palabra «fieles» con intención reprobatoria, ni tampoco tiene ningún sentido oculto cuando se sirve de ella para referirse a sus colaboradores Epafras, Tíquico y Onésimo (Col 1:7; 4:7, 9; ver también Ef 6:21).

Por tanto, deberíamos aceptar el evidente significado del texto: los colosenses son genuinamente «fieles», y esta es la razón de su acción de gracias. Su fe no está próxima a desaparecer, atrapada en el error, o a merced de los marchantes de falsas doctrinas. Están firmemente asidos a la cabeza (2:19), y Pablo únicamente les advierte respecto a otros que no lo están. No obstante, su fe no es completa y Pablo quiere fortalecerla y revitalizarla en su crecimiento. Con este saludo, el apóstol establece sus compromisos comunes para, de este modo, pasar a instruirles y advertirles. Su meta es asegurarse de que siguen estando bien cimentados en la fe (1:23) y creciendo en conocimiento (1:10).

La traducción de la NVI, «A los santos y fieles hermanos en Cristo que están en Colosas» (1:2), podría oscurecer el paralelismo del texto griego que literalmente dice: «en Colosas [...] en Cristo». Dicho paralelismo da a entender que, aunque los receptores residen en Colosas, lo más importante es que viven en la esfera de Cristo. En los escritos de Pablo aparece frecuentemente la expresión «en Cristo» y otras afines, y este concepto es central para su concepción de nuestra salvación.

(1) Estar en Cristo significa estar incorporado a él, por lo que Cristo abarca toda la vida del creyente. Los receptores son colosenses, sin embargo la única identidad realmente relevante para Dios es que son cristianos. Esto significa que Cristo determina todos los aspectos de sus vidas. Más ade-

---

8. Lightfoot, *Saint Paul's Epistles to the Colossians and to Philemon* [Las epístolas de San Pablo a los Colosenses y a Filemón], 130, sugiere que Pablo les llamó fieles con la esperanza de evitar alguna otra infidelidad. Lightfoot sostiene que al llamarles fieles, Pablo «revela de soslayo la defección» que ya ha tenido lugar entre algunos cuya adhesión ha sido puesta en jaque (132). Wall, *Colossians and Philemon* [Colosenses y Filemón], 38, coincide con este punto de vista: «Al hablar de fieles hermanos, es posible que Pablo tuviera en mente la confusión religiosa de sus receptores».

lante Pablo dejará claro que la muerte de Cristo se convierte en la de ellos, lo mismo que su sepultura, resurrección y victoria (2:6–23).

(2) Estar en Cristo significa que los colosenses están unidos a él de un modo exclusivo. No se puede estar «en Isis», «en Artemisa», o en cualquier otro dios o diosa y estar también en Cristo.

(3) Estar en Cristo significa que es él quien determina la conducta de los creyentes. No se puede estar en «el mundo» o «en la magia, o las drogas», por ejemplo, y estar también «en Cristo». En otros pasajes Pablo se sirve de esta idea esencial para denunciar la inmoralidad: «¿No saben que sus cuerpos son miembros de Cristo mismo? ¿Tomaré acaso los miembros de Cristo para unirlos con una prostituta? ¡Jamás!» (1Co 6:15).

(4) Estar en Cristo significa que los creyentes están unidos a él de manera inseparable. Pablo expresa esta verdad con gran intensidad en Romanos 8:38–39: «Pues estoy convencido de que ni la muerte ni la vida, ni los ángeles ni los demonios, ni lo presente ni lo por venir, ni los poderes, ni lo alto ni lo profundo, ni cosa alguna en toda la Creación, podrá apartarnos del amor que Dios nos ha manifestado en Cristo Jesús nuestro Señor».

(5) Estar en Cristo significa que los creyentes están también unidos a una nueva familia en la que las líneas divisorias que separan y categorizan a las personas han sido borradas (ver Ro 12:5). Su común fe en Cristo ha creado un parentesco espiritual que sustituye a los vínculos de sangre.

Más que su raza, nacionalidad o clan, lo que da a los cristianos su verdadera identidad es estar en Cristo. Por consiguiente, Pablo llama «hermanos» a los colosenses. Los judíos se dirigían a sus compatriotas judíos como hermanos (Hch 2:29, 37; 3:17; 7:2, 26; 13:15; Ro 9:3); sin embargo, el que un judío devoto llamara hermanos a personas gentiles, muchas de las cuales ni siquiera conocía personalmente, pone de relieve las radicales consecuencias de un Evangelio que había eliminado todos los prejuicios raciales que aislaban a las personas entre sí (ver Col 3:11; cf. Gá 3:28; Flm 16).

Como muchos han observado, el habitual saludo de las cartas, *chairein* («saludos», Hch 15:23; 23:26; Stg 1:1), se convierte en una promesa de «gracia» (*charis*). La propia carta pretende ser un medio de gracia, y la palabra reaparece cuando el apóstol expresa su deseo final en Colosenses 4:18. «Paz» era el tradicional saludo hebreo (*shalom*).[9] La paz que Pablo tiene en mente es aquella que solo viene con la salvación de Dios, a saber, armonía, integridad y serenidad. Son cosas que ni la fuerza humana, ni el

---

9. La paz aparece en todos los saludos de las cartas atribuidas a Pablo (Ro 1:7; 1Co 1:3; 2Co 1:2; Gá 1:3; Ef 1:2; Fil 1:2; 1Ts 1:1; 2Ts 1:2; 1Ti 1:2; 2Ti 1:2; Tit 1:4; Flm 4) y en muchas de sus bendiciones de clausura (Ro 16:20; 2Co 13:11; Gá 6:16; Ef 6:23; Col 1:2; 2Ts 3:16; ver Fil 4:9).

equilibrio armamentístico entre las superpotencias pueden instaurar. Pablo muestra una ardiente preocupación para que los efectos de esta paz que procede de Dios sean evidentes en la vida de las comunidades cristianas.[10] «La paz» deviene un elemento clave de su exhortación moral y aparece en su llamamiento a los colosenses en 3:15.[11]

Pablo confiesa que tanto la gracia como la paz proceden «de Dios nuestro Padre». La acción de gracias que sigue se basa en todo lo que Dios ha hecho y seguirá haciendo (1:7, 12–13). La imagen del padre transmite poder, autoridad y tierno cuidado. La cercanía y amor de Dios como Padre era algo particularmente valorado por los cristianos y, como en 1:3, en general, Pablo alude a Dios como Padre de Jesucristo.[12] Para los cristianos, Dios es nuestro Padre puesto que lo es de Jesucristo a quien pertenecemos.[13] El Padre no es un Dios impenetrable e invisible, sino alguien que se da a conocer por medio de su Hijo (ver Mt 11:27). Incluso aquellos llamados desdeñosamente «niños» por quienes el mundo considera «sabios e instruidos» pueden conocer al Padre y al Hijo (Mt 11:25).

La estructura de la acción de gracias (1:3–23)

Según las convenciones de las cartas de la Antigüedad, en ellas se dirigía una oración de gratitud a los dioses. Pablo adoptó esta costumbre y la transformó haciéndola más extensa y llenándola de significado cristiano. Su acción de gracias no es una superficial genuflexión a las divinidades por las bendiciones recibidas y las desgracias evitadas. Es una oración para ser leída en voz alta en la adoración cristiana y, por ello, se convierte en un testigo de la fe y un medio de instrucción. Pablo nunca recurre a oraciones tópicas y generales, sino que las confecciona cuidadosamente a medida para la situación de la iglesia a la que se dirige. Con las hebras del progreso en la fe de la iglesia, sus necesidades, y sus esperanzas para ellos, el apóstol entreteje con sensibilidad un hermoso tapiz de alabanza y acción de gracias a Dios.[14] No hemos de ignorar las acciones de gracias preliminares de las

---

10. Buttrick, «Philemon» [Filemón] 563, comenta: «La gracia es el favor gratuito e inmerecido de Dios concedido a personas pecaminosas por medio de la Cruz que perdona, y de la resurrección de su Hijo que capacita, y la paz es la consecuente reconciliación de los hombres con Dios».

11. Ver Ro 12:18; 14:17, 19; 1Co 7:15; 14:33; 2Co 13:11; Ef 4:3; 1Ts 5:13; 2Ti 2:22; ver también Ro 3:17; 8:6; Ef 2:14–17; Col 1:20.

12. Ver Ro 1:7; 1Co 1:3; 2Co 1:2; 11:31; Gá 1:3; Ef 1:2; 6:23; Fil 1:2; 2Ts 1:2; Flm 3. Podría ser que Pablo deje aquí de mencionar a Jesucristo porque quiere afirmar su monoteísmo antes del himno cristológico.

13. Barth y Blanke, *Colossians* [Colosenses], 168.

14. Caird, *Paul's Letters from Prison* [las cartas de Pablo desde la prisión], 165, observa con perspicacia que iniciar su escrito con una acción de gracias, permite a Pablo informar a los lectores de que está contento con ellos «al tiempo que les protege de la petu-

cartas de Pablo como triviales meditaciones devocionales desconectadas de los temas clave de la carta. Estas secciones establecen el fundamento de lo que sigue, anticipando los principales temas de la carta, así como su escenario y tono.

La acción de gracias de Colosenses se extiende desde 1:3 hasta 1:23 e incluye el himno cristológico en prosa de 1:15–20. Las ideas clave de «fe», «esperanza» y «oír» en la apertura (1:4–6), se repiten en 1:23 para formar una *inclusio*, a saber, un recurso retórico que consiste en repetir en su parte final el comienzo de una sección. La acción de gracias se divide en dos partes, 1:3–8 y 1:9–23. La primera parte trata sobre los efectos del Evangelio en Colosas y en todo el mundo; la segunda contiene la intercesión de Pablo por los colosenses y su celebración de la salvación conseguida por Cristo.

En 1:3–5, Pablo dice a los colosenses que él siempre da gracias a Dios por ellos por su fe en Jesucristo y su amor por todos los santos. La perspectiva de la comunidad cambia de repente en 1:6 y pasa a todo el mundo en una exultante exclamación del apóstol por los efectos universales del Evangelio. En 1:7–8 Pablo regresa al modo en que el Evangelio echó raíces en Colosas mediante el ministerio de Epafras. La primera sección de la acción de gracias forma un quiasmo, un patrón literario en el que se declaran varias palabras, expresiones o ideas (dos o más) y a continuación se repiten en el orden contrario (ab ba):

A   v. 4: hemos recibido noticias de su *fe* en Cristo Jesús y del amor que tienen por todos los santos

   B   v. 5: a causa de la esperanza reservada para ustedes en el cielo. De esta esperanza ya han sabido por la palabra de verdad, que es el evangelio

      C   v. 6a: que ha llegado hasta ustedes. Este evangelio está dando fruto y creciendo en todo el mundo

   B´   v. 6b: como también ha sucedido entre ustedes desde el día en que supieron de la Gracia de Dios y la comprendieron plenamente [lit. en en verdad]

A´   vv. 7–8: Así lo aprendieron de Epafras, nuestro querido colaborador y fiel servidor de Cristo para el bien de ustedes. Fue él quien nos contó del amor que tienen en el Espíritu.

---

lancia recordándoles que su fe y vida cristiana son producto de la gracia inmerecida de Dios».

En esta estructura, el meollo de la primera parte de la oración es el versículo 6a, en el que Pablo da gracias por el modo en que el Evangelio se ha propagado por todo el mundo.

La segunda sección de la acción de gracias consiste en la intercesión de Pablo por los colosenses (1:9–14). Pablo repite que no deja de orar por ellos (1:9; cf. 1:3), y en 1:9–11 reitera en orden contrario las expresiones clave de 1:3–6. El apóstol repite la expresión «desde el día en que lo supimos» (1:9; 1:6, «desde el día en que supieron de la Gracia de Dios») y a continuación menciona los elementos de su intercesión por ellos. Pide que den «fruto en toda buena obra» y crezcan «en el conocimiento de Dios» (1:10; cf. 1:6) y que Dios «les haga conocer plenamente su voluntad» (1:9; cf. 1:10, «de Dios»; ver 1:6, de «la Gracia de Dios»). En 1:11–12 Pablo pide también que sean «fortalecidos en todo sentido con su glorioso poder» y que puedan dar gracias con gozo.

En 1:12–14 menciona tres razones para dar gracias.[15] Algunos cuestionan que 1:12–14 forme parte de la oración y tratan este fragmento como un introito que conduce al himno a Cristo de 1:15–20. No obstante, Pablo no sigue un bosquejo exacto y hemos de considerar 1:12–14 como parte de su intercesión. Nos da las razones para dar gracias a Dios con gozo y conduce de manera natural a glorificar a Cristo. Por consiguiente, estos versículos sitúan 1:15–20 en el contexto de la celebración de la redención más que en el de oscuras reflexiones metafísicas.[16]

El himno de 1:15–20, en prosa y dirigido a Cristo, que declara su supremacía absoluta y universal, estalla como una supernova, cuyo resplandor eclipsa todo lo demás. Sin embargo, los versículos que rodean esta celebración poética, expresan también alabanza por lo que Dios ha hecho por nosotros a través de Cristo. Dios ha facultado a los colosenses para participar en una herencia a la que antes, como gentiles, no tenían derecho (1:12). Les ha rescatado del dominio de la oscuridad (la condición de los paganos) y les ha llevado a un nuevo Éxodo, al reino del Amado Hijo de Dios (1:13). Les ha redimido y ha perdonado sus pecados (1:14) y les ha reconciliado a través de Cristo para presentarles santos, irreprensibles y libres de acusación (1:22).

---

15. La tradicional división estructural coloca la expresión «con alegría» de 1:11 y la conecta con lo que precede, «para que desarrollen una gran perseverancia y paciencia con alegría». La NIV traduce correctamente la frase preposicional con el participio que sigue. Esto se corresponde con un patrón sintáctico que encontramos en 1:10–11: (lit.) «en toda buena obra dando fruto», «creciendo en el conocimiento de Dios», «con todo poder siendo fortalecidos», y «gozosamente dando gracias».

16. Lohse, *Colossians and Philemon* [Colosenses y Filemón], 33; y Yates, *The Epistle to the Colossians* [la Epístola a los Colosenses], 10.

En los últimos versículos de la acción de gracias (1:21–23), Pablo reitera el modo en que los colosenses aceptaron esta reconciliación (1:21–22). El apóstol menciona de nuevo (1:23) la esperanza que se nos ofrece en el Evangelio (ver 1:5), el hecho de que los colosenses la habían escuchado (1:5), y el modo en que ésta había sido proclamada a toda la Creación debajo del cielo (1:6), para que pueda dar fruto y crecer. Concluye la acción de gracias con una mención de su papel como siervo de este Evangelio (1:23), un tema que le ocupará en la sección siguiente (1:24–2:5). Esta acción de gracias —larga y rapsódica— establece el fundamento para la exhortación que se inicia en 2:6.[17]

En resumidas cuentas, 1:3–23 es como un caudaloso río que discurre a lo largo de un terreno increíblemente hermoso. Con el fin de apreciar completamente este paisaje teológico, tendremos que fraccionar la unidad de este pasaje tratándolo en distintas secciones del comentario.

Acción de gracias por la recepción del Evangelio por parte de los colosenses (1:3–8)

Pablo informa a los colosenses de sus constantes oraciones por la iglesia y sus acciones de gracias por ellos.[18] Dar gracias a Dios por su fe y amor implica que el apóstol atribuye el mérito de estas cosas a Dios, no a ellos. El tema de la acción de gracias representa un importante aspecto de esta carta y reaparece en 1:12; 2:7; 3:15, 16, 17; 4:2. Aquí Pablo da gracias por tres acontecimientos de su vida espiritual.

(1) El apóstol está agradecido por su fiel aceptación del Evangelio, que se ha derramado en su amor por los demás.[19] Si Pablo está escribiendo desde

---

17. Wright, *Colossians and Philemon* [Colosenses y Filemón], 48.
18. El «nosotros» de 1:9 podría ser un plural literario, un «nosotros» regio, lo cual significaría que Pablo se refiere solo a sí mismo. Puesto que en 1:24 el apóstol pasa del plural al singular, lo más probable es que que el «nosotros» se refiera también a sus compañeros de trabajo (ver Barth y Blanke, *Colossians* [Colosenses], 166–68). El «siempre» puede acompañar a la expresión «damos gracias» a Dios (NIV) o a «oramos por ustedes» (así lo entiende la NVI). La traducción de la NIV da a entender que cada vez que Pablo oraba por los colosenses daba gracias por ellos (ver 1Co 1:4; Ef 1:16; 1Ts 1:2). Wright, *Colossians and Philemon* [Colosenses y Filemón], 50, sostiene, no obstante, que «siempre» han de acompañar a «orar». Pablo quiere transmitir que «no ora de manera fortuita solo cuando le apetece, sino que mantiene ciertos tiempos regulares de oración (es probable que mañana, tarde y noche), y que menciona siempre a la iglesia de Colosas». Dunn, *The Epistles to the Colossians and to Philemon* [Las epístolas de Colosenses y Filemón], 56, imagina que Pablo oraba durante sus viajes o sus largas horas de trabajo en la confección de tiendas. Es también posible que Pablo mantuviera la tradición judía de orar en las tres horas de la oración (Ver Dn 6:11; Hch 3:1; 10:3).
19. Pablo da gracias por las mismas cosas en Filemón 5.

Roma, las noticias de su fidelidad habrían llegado hasta el capitolio mismo del Imperio. El activo amor que expresan es señal de una fe genuina basada en una sólida esperanza. Tenemos aquí la familiar tríada de la fe, el amor y la esperanza (ver 1Co 13:13; 1Ts 1:3; 5:8), aunque aquí no están coordinadas. La fe y amor de los colosenses se deben a «la esperanza reservada [...] en el cielo». En esta carta, la esperanza se convierte en «la más excelente» de estas tres virtudes (ver 1Co 13:13), por cuanto es precisamente lo que los críticos judíos han desprestigiado: ¿Qué esperanza tienen los gentiles? (ver Ef 2:12). Pablo no está preocupado por lo que se ha llamado una «falsa doctrina» que «tendía a despojarles de su esperanza».[20] Lo que desea es responder a quienes han menospreciado y derrengado la esperanza de los colosenses, lo cual ha llevado a algunos de ellos a desarrollar ciertas dudas persistentes. Este trasfondo explica mejor la razón por la que la primera acción de gracias subraya su esperanza de gloria (1:5, 23; ver 1:27). Pablo quiere revivir su fe en la certeza de lo que el Evangelio promete (1:23).

La fe que Pablo elogia en 1:5 no es una fe en general, sino fe en Cristo Jesús.[21] Alude concretamente a la creencia de que Dios resucitó a Jesús de entre los muertos y ofrece a todos los creyentes, judíos y gentiles por igual, esta misma promesa de vida. En 2:12, Pablo recuerda a sus lectores que, por medio de la fe en el poder de Dios, que resucitó a Cristo de los muertos, también ellos fueron resucitados con él. Esta fe no es algo que pueda poseerse como una propiedad o conservarse en un credo. Es una fuerza vibrante que se expresa en el modo en que vivimos. Por consiguiente, Pablo les elogia por una fe que se expresa mediante tangibles demostraciones de amor a los santos (ver 2Co 8:1–15; 9:6–16). El apóstol se regocija en su firmeza (Col 2:5), sin embargo le gustaría verles establecidos de un modo más firme todavía (1:23; 2:7).

Con la palabra «amor» Pablo alude al amor recíproco que los cristianos se profesan unos a otros, una virtud cristiana esencial. La fe que tiene como objeto a Jesucristo se encarna en un amor dirigido a los demás. Se trata de

---

20. Ver Lightfoot, *Saint Paul's Epistles to the Colossians and to Philemon* [Las epístolas de San Pablo a los Colosenses y a Filemón], 134.

21. Dunn, *The Epistles to the Colossians and to Philemon* [Las epístolas a los Colosenses y a Filemón], 57, señala que, normalmente, Pablo no utiliza el sustantivo «fe» seguido por la preposición *en* además del dativo, «fe en Jesucristo», sino la expresión «fe de Jesucristo». (Ro 3:22, 26; Gá 2:16, 20; 3:22; Fil 3:9). Pablo utiliza el verbo «creer» seguido de la frase «en Jesucristo» (Ro 10:14; Gá 2:16; Fil 1:29). La expresión «fe en Jesucristo» aparece en las cartas que muchos eruditos afirman ser post-paulinas (Ef 1:15; 1Ti 3:13; 2Ti 1:13; 3:15). W. H. P. Hatch, *The Pauline Idea of Faith* [La idea paulina de la fe] (Cambridge, Mass.: Harvard Univ. Press, 1917) 46, sostiene que las expresiones «fe de Cristo», «fe en [*en*] Cristo», y «fe en [*eis*] Cristo» significan esencialmente lo mismo (comentario de Harris, *Colossians and Philemon* [Colosenses y Filemón], 16).

un «amor sobrenatural, dado por Dios», puesto que en 1:8 se refiere a él por segunda vez como «el amor que tienen en el Espíritu».[22] Los cristianos no están únicamente unidos por un interés mutuo en la salvación personal sino por el amor. Este amor es una fuerza interior que desea expresarse en la entrega de uno mismo a los demás, no un vacío que pretende egoístamente llenarse de lo que otros pueden darnos. Los verdaderos discípulos de Cristo, inspirados por el amor, procuran que cada acción aporte algún beneficio a los demás.[23] La fuente de la fe y el amor es una esperanza segura.[24] Lo interesante de esta formulación es que la esperanza no se fundamenta en la fe, sino al revés: es la fe la que se fundamenta en la esperanza. Por consiguiente, la «esperanza» no alude a una «subjetiva actitud de expectación», sino al objeto esperado en sí.[25] Pablo no clarifica lo que es exactamente esta esperanza; solo precisa que está reservada en el cielo (ver Ro 8:24; Tit 2:13; Heb 6:18).[26] Podemos asumir que lo que tiene en mente es el glorioso futuro que Cristo ha preparado para los creyentes (ver Col 3:4, 24; cf. Ro 8:18). La «esperanza de gloria» que se menciona en Colosenses 1:27 se basa en el hecho de que Cristo está en nosotros. Cristo es la imagen de Dios, aquel en quien fueron creadas todas las cosas, y el primogénito de entre los muertos. La implicación de Colosenses es que los cristianos están también siendo transformados a imagen de Dios y experimentarán la resurrección de entre los muertos. Esta esperanza condensa «la palabra de verdad, que es el evangelio» (1:5).

(2) El segundo rasgo por el que Pablo da gracias es el impacto universal del Evangelio en su extensión por toda la Tierra, lo cual incluye también

---

22. Caird, *Paul's Letters from Prison* [las cartas de Pablo desde la prisión], 169. El amor encabeza la lista del fruto del Espíritu (Gá 5:22; ver Ro 5:5). Esta referencia al Espíritu en 1:8 es la única de la carta. Schweizer, *Colossians* [Colosenses], 38–39, ofrece una atractiva explicación:

    Es extraordinariamente difícil controlar al Espíritu utilizando criterios objetivos. En toda clase de movimientos sectarios que hacen de Cristo algo incidental o un mero número se apela al Espíritu. Por el contrario, en cristología los criterios para distintinguir las verdaderas doctrinas de las falsas son más objetivas.

23. Pablo muestra su amor por los demás arriesgándose a ser encarcelado en sus esfuerzos por propagar el Evangelio y perfeccionar la fe de los convertidos para que éstos puedan ser intachables delante del Señor. Encontramos una clara ilustración de lo que Pablo quiere decir cuando habla de amor en su carta a Filemón. El apóstol espera que, por amor, Filemón ignore las convenciones sociales y sus intereses económicos personales, y responda a su llamamiento a favor de Onésimo (Flm 8–9).

24. La NIV parafrasea bien la frase griega «a causa de la esperanza» al traducirla «la fe y amor que brotan de la esperanza» (La NVI consigna la traducción literal).

25. Ver 2Co 3:12; Gá 5:5; Ef 1:18; 4:4; 2Ts 2:16; ver también Tit 1:2; 3:7.

26. La expresión «reservada para vosotros en los cielos» puede connotar una idea tanto espacial como temporal: aludiendo a algo que está *dispuesto* para su futura utilización.

a Colosas.[27] Los efectos del Evangelio dan testimonio de su verdad. Pablo aplica dos criterios para juzgar el genuino poder del Evangelio: su «carácter universal y efectividad».[28] (a) Pablo observa que el Evangelio ha traspasado rápidamente las barreras de carácter geográfico y racial. Contra todo pronóstico, ha encontrado una buena recepción por todo el mundo; y este poder para superar la resistencia de los provincianismos da testimonio de su veracidad.[29] El mensaje del amor de Dios para toda la humanidad y la muerte expiatoria de Jesús para redimirnos por gracia se hacen oír en cualquier idioma o cultura. Hablan a la condición universal de cada ser humano: hombre o mujer, esclavo o libre, judío o gentil (y a cualquier otra división que puedan crear los seres humanos). Las «iglesias individuales» formadas por gentiles convertidos «eran para Pablo signo del ámbito universal de los propósitos salvíficos de Dios y, por ello, de cosas futuras aún mayores».[30]

(b) La verdad del Evangelio es también efectiva, lo cual se expresa «dando fruto y creciendo en todo el mundo» (1:6). Schweizer comenta que «del mismo modo que un árbol que no produce fruto ni crece no es un árbol, así tampoco un evangelio que no llevara fruto dejaría de ser un evangelio verdadero».[31] El Evangelio, no obstante, continúa produciendo cosecha tras cosecha.[32] Desde Crisóstomo, la expresión «dando fruto» se

---

27. La visión de Pablo lo abarca todo; en el texto griego la palabra «todo» aparece en 1:4, 6, 9, 10, 11.
28. Caird, *Paul's Letters from Prison* [Las cartas de Pablo desde la prisión], 168.
29. Wright, *Colossians and Philemon* [Colosenses y Filemón], 51, comenta que Pablo presenta el Evangelio «casi como la personificación de una fuerza»; viene, y da fruto como una planta.
30. Ibíd., 53. Lightfoot, *Saint Paul's Epistles to the Colossians and to Philemon* [Las epístolas de San Pablo a los Colosenses y a Filemón], 134–35, arguye que, por el contrario, «los evangelios falsos son consecuencias naturales de circunstancias locales, de idiosincrasias especiales; el verdadero Evangelio es el mismo en todas partes. Los evangelios falsos se dirigen a círculos limitados; el verdadero Evangelio se proclama con audacia por todo el mundo. En el mejor de los casos, las herejías son de carácter étnico: La verdad es esencialmente universal».
31. Schweizer, *The Letter to the Colossians* [La carta a los Colosenses], 37.
32. El orden de dar fruto y crecer lo encontramos en la parábola del sembrador (ver Marcos 4:8). Wright, *Colossians and Philemon* [Colosenses y Filemón], 53–54, conecta la imaginería de una planta que crece con Gn 1:22, 28, donde tanto el reino animal como el hombre y la mujer han de crecer y multiplicarse. Wright escribe:

    Este tema del relato de la Creación reaparece en varios momentos clave de la narración de la formación de Israel, la familia de Abraham, dando realce a la creencia judía de que en el llamamiento de Israel Dios estaba cumpliendo sus propósitos para todo el mundo, deshaciendo el pecado de Adán al crear para sí un pueblo santo. Está totalmente en línea con el replanteamiento que, en vista del Evangelio, Pablo hace de la creencia judía, en el sentido de que ha de transferir a tal Evangelio ideas relativas a la Creación del mundo, y al propósito divino de recrearlo. Pablo nos da un destello anticipado de la posición

ha interpretado como una referencia a «una cosecha de buenas obras», sin embargo, lo que Pablo tiene en mente son personas convertidas (ver Ro 1:13; Fil 1:22).

Pero la mayoría de nosotros no habríamos calificado precisamente de éxito el avance del Evangelio en el mundo grecorromano. La Iglesia no estaba tomando el mundo por asalto. En su historia de las guerras judías y sus escritos sobre los judíos a finales del siglo I d.C., el historiador judío Josefo apenas menciona a los cristianos. Tácito, el historiador romano, solo menciona a los cristianos como chivos expiatorios de Nerón por la quema de Roma. En contraste con estas valoraciones, Pablo podía ver otra dimensión. Se había sembrado una semilla tan pequeña como la de la mostaza, y ésta produciría un fruto enorme porque Dios es quien da el crecimiento (1Co 3:7). El Evangelio estaba irrumpiendo por medio de pequeños grupos de cristianos, y esto sucedía tanto en centros tan vitales del Imperio como Roma, Corinto y Éfeso como en pueblos en decadencia como Colosas, tanto en los corazones de propietarios de esclavos como Filemón, como en el de esclavos evadidos como Onésimo. El Evangelio crecía del mismo modo en que se extiende el *kudzu* en ciertos lugares del sur de los Estados Unidos. Al principio, el *kudzu* se importó como una planta que ayudaría a prevenir la erosión de la tierra, pero hoy lo ha invadido todo. La diferencia es que el Evangelio no es un ente extraño que hemos importado, o una epidemia tóxica, sino algo profundamente arraigado en la necesidad humana y en los propósitos de Dios para toda la Creación.

(3) La tercera causa de la acción de gracias de Pablo es el hecho de que Epafras había establecido un sólido fundamento para los colosenses en el verdadero Evangelio (1:7–8). El Evangelio solo puede dar buenos frutos cuando es fielmente proclamado y se responde a él con entendimiento y obediencia. Esta es la única sección de acción de gracias en la que Pablo menciona el nombre de una persona específica. El apóstol identifica a Epafras como «nuestro querido colaborador», aquel que les había enseñado el Evangelio, y como «fiel servidor de Cristo para el bien de ustedes».[33]

---

teológica que pronto explicará en profundidad (1:15–20). Dios está haciendo por medio del Evangelio lo que siempre ha tenido en mente. Está sembrando buena semilla en el mundo y preparándose para obtener los frutos de una cosecha de vidas humanas creadas de nuevo para reflejar su gloria.

La imagen de un árbol que crece podría también concordar con la de la Sabiduría echando raíces y floreciendo que encontramos en Eclo. 24:13–17.

33. Nuestra palabra «diácono» se deriva del sustantivo griego *diakonos*, que aquí se utiliza para referirse a Epafras, aunque en este contexto no describe un oficio formal. Una variante textual consigna fiel siervo de Cristo «a favor de ustedes». Supuestamente, la pronunciación de las dos palabras «de ustedes/su» y «nuestro» era idéntica, lo cual explica el gran número de variantes que las confunden. La NVI refleja la lectura de los mejores testigos textuales (p46, א, A B, D^gr, G it^g, Ambrosiaster).

Pablo no creía que, por su condición de apóstol, él fuera el único capacitado para predicar el Evangelio. Fue comisionado por Dios para predicar a los gentiles, pero no podía estar en todas partes. Rápidamente equipó a sus convertidos para que propagaran el Evangelio en aquellos lugares a los que el apóstol no podía desplazarse personalmente. Al parecer, Epafras representaba a Pablo en su región natal y puede que fuera el fundador de las tres iglesias situadas en el valle del Lico: Colosas, Laodicea y Hierápolis (Col 4:13).[34] Pablo creía firmemente en la unidad del esfuerzo misionero (1Co. 3:5–9), y aquí se identifica con Epafras como «colaborador» de Cristo. El apóstol considera lo que este siervo ha hecho en Colosas como una extensión de su ministerio, sin querer apropiarse del mérito, puesto que ambos trabajan juntos en el mismo campo. No considera que Epafras sea uno de sus subordinados, sino que le trata como a un colaborador y clarifica que ambos sirven a Cristo. Epafras no tiene dos amos, Cristo y Pablo, sino solo uno: Cristo.

Algunos afirman que Pablo menciona a Epafras porque este último necesitaba un estímulo especial procedente de una figura externa de autoridad.[35] Sin embargo, no se sigue necesariamente que siempre que Pablo elogia a alguien, ello se deba a que una tercera persona le haya estado condenando. Aunque es cierto que Pablo podría tener en mente que Epafras está haciendo frente a los maestros de filosofía con su falsa sabiduría (2:8), el apóstol lo menciona principalmente porque es su contacto para dirigirse a una congregación que no ha fundado personalmente. La estrecha relación de Pablo con Epafras y la entrañable relación de este último con los colosenses es el vínculo mutuo que permite que el apóstol les escriba esta carta amigable llena de instrucciones. ¿Cómo podría Pablo haber mencionado la labor pionera de Epafras en Colosas sin elogiarle?

Construyendo Puentes

En este primer párrafo, como ayuda para salvar el vacío entre el contexto del primer siglo y el nuestro, consideraremos dos asuntos. En los siglos anteriores a Pablo se le ha reverenciado como a un santo, mientras que en el nuestro, su autoridad ha sido cada vez más cuestionada. Consideraremos también esta cuestión desde el punto de vista de profesar una verdad exclusiva en un tiempo de relativismo.

34. Pablo podría haber comisionado a Epafras para evangelizar las zonas más periféricas mientras que él se concentraba en las ciudades más importantes.
35. Ver , por ejemplo, Wall, *Colossians and Philemon* [Colosenses y Filemón], 42–43. C. Masson, *L'Épître de Saint Paul aux Colossiens* [La Epístola de San Pablo a los Colosenses] (CNT 10; Neuchâtel: Delachaux, 1950), 156, fue aún más lejos al decir que Epafras tenía reputación de incompetente y perezoso, lo cual facilitó el éxito de los falsos maestros. No hay datos sólidos que apoyen este tipo de especulaciones.

La autoridad de Pablo. Nuestra generación no acepta de buen grado las tradiciones históricas o la autoridad tradicional. Pablo ha sido una víctima de estos recelos. He descubierto que muchos cristianos albergan opiniones negativas sobre Pablo. Algunos tienen la falsa impresión de que Pablo era excesivamente insistente, hiriente y autoritario. En nuestro tiempo, serían pocos los que se expresarían sobre Pablo con tanta elocuencia como Crisóstomo al final de sus homilías a los romanos, cuando afirmó que, para él, lo más preciado de la ciudad de Roma no era el oro, sus columnas o cualquier otra de sus maravillas, sino el hecho de que Pablo estaba sepultado en ella.

> Ojalá se me concediera abrazar el cuerpo de Pablo, y ser unido a su sepulcro, y ver el polvo de este cuerpo que «cumplió lo que faltaba» de las aflicciones de «Cristo» (Col 1:24), llevó sus «marcas» (Gá 6:17) sembró el Evangelio por todas partes, ¡sí, el polvo de aquel cuerpo con el que corrió de acá para allá! el polvo del cuerpo a través del que Cristo habló, y la Luz resplandeció más intensa que la de cualquier relámpago […] De buena gana vería yo el polvo de aquellas manos que fueron encadenadas, por cuya imposición se impartía el Espíritu, y con las cuales se escribieron los escritos divinos […] De buena gana vería yo el polvo de aquellos ojos que fueron gloriosamente cegados, y que recuperaron de nuevo la vista para la salvación del mundo; que incluso en el cuerpo fueron tenidos por dignos de ver a Cristo, que veían las cosas terrenales, mas sin verlas, que veían lo que no se ve, que no dormían, que estaban vigilantes a la medianoche, que no sufrían los mismos efectos que sufren los ojos. Me gustaría también ver el polvo de aquellos pies, que corrieron por el mundo y no se cansaban; que estaban atados al cepo cuando la cárcel tembló, caminaron por lugares habitados o desiertos, y que anduvieron en tantos viajes.[36]

Otros, posteriores al periodo de la Ilustración, han mantenido ideas profundamente hostiles sobre Pablo. Nietzsche le llamó un apóstol «muy perturbado mentalmente y digno de compasión, pero que había también sido muy desagradable consigo mismo y con otros».[37] George Bernard Shaw escribió: «Jamás se ha perpetrado imposición más monstruosa que la de las limitaciones del alma de Pablo sobre las del alma de Jesús».[38] William James

---

36. Juan Crisóstomo, «Epistle to the Romans», [Epístola a los Romanos] en *A Select Library of the Nicene and Post-Nicene Fathers of the Christian Church*, ed. Philip Schaff (Grand Rapids: Eerdmans, 1980), 11:562.

37. Friedrich Nietzsche, «The First Christians» [Los primeros cristianos] en *The Writings of St. Paul*, ed. Wayne A Meeks (Nueva York/ Londres: W. W. Norton, 1972), 289.

38. George Bernard Shaw, «The Monstrous Imposition Upon Jesus» [La monstruosa imposición sobre Jesús] en *The Writings of St. Paul*, 300.

rechazó la visión de Pablo camino de Damasco expresando que se trataba de «una lesión de la corteza occipital», puesto que Pablo era «epiléptico».

En nuestra cultura, el recelo es ahora un fenómeno muy extendido, y los textos y personajes bíblicos no son una excepción. Algunos podrían pensar que Pablo encaja en el patrón evolutivo del gurú (que según el sánscrito significa «uno que saca luz de la oscuridad»), como ha propuesto Anthony Storr, un psiquiatra británico.[39] Storr sugiere que los gurús comparten las siguientes características: una infancia aislada, narcisismo extremo, un sentido de predestinación personal, enfermedad, depresión mental y a veces física, «conversión», y la inquebrantable convicción de tener un profundo discernimiento de la naturaleza de la realidad y una misión de conducir a otros.

No sabemos nada de la infancia de Pablo, sí sabemos, no obstante, que el apóstol experimentó una profunda conversión, que poseía una claro sentido de predestinación personal, que padecía por una enfermedad (un aguijón en la carne que, entre otras muchas suposiciones, algunos eruditos han vinculado con la depresión), que tenía una inquebrantable convicción de discernir la naturaleza de la realidad, y un apremiante sentido de la misión de conducir a otros a la verdad. Después de su llamamiento/conversión, Pablo desarrolló una nueva concepción de quién era Dios, cuáles eran sus propósitos, y su forma de proceder. A medida que Dios hacía resplandecer la luz en la oscuridad de su propio corazón, creía que Dios le llamaba a inundar un mundo oscuro con aquella misma luz. ¿Pero que es lo que le hace distinto de tantos otros que han abarrotado el escenario de la Historia?

Pablo no era narcisista ni estaba centrado en su propia vida o intereses. Dice en 1:23 que se ha convertido en siervo (ministro) del Evangelio; la ausencia del artículo determinado muestra que el apóstol no se consideraba el ministro. No era una persona independiente, sino alguien que se sabía vinculado a los demás de la comunidad. En su carta a los Colosenses, la mención de tantos colaboradores muestra que el apóstol no impartía su opinión personal sobre los temas de que escribe, sino que hablaba cuestiones consensuadas con todos los que estaban con él. Mencionando a Timoteo como coautor añade un segundo testigo a su control y exhortación de la comunidad (cf. Dt 17:6; 19:15; Mt 18:16).[40] Apenas menciona

---

39. Anthony Storr, *Feet of Clay: Saints, Sinners and Madmen: A Study of Gurus* [Pies de barro: santos, pecadores y dementes: un estudio sobre los gurús] (Nueva York: Free Press, 1996).

40. Pocorný, *Colossians* [Colosenses], 33. Caird, *Paul's Letters from Prison* [Las cartas de Pablo desde la prisión], 169, observa que en sus cartas Pablo menciona a catorce colaboradores, cuatro compañeros de cárcel, dos soldados, dos esclavos, y un compañero. Wright, *Colossians and Philemon* [Colosenses y Filemón], 54, nos recuerda, «En una era individualista hacemos bien en recordar las muchas veces que Pablo utiliza el

las condiciones de su encarcelamiento y solo pide sus oraciones para tener la libertad de extender sus oportunidades misioneras (4:2). Toda su vida estuvo consumida por esta meta misionera.

Pablo no utilizó el Evangelio para manipular, es decir, como herramienta para ejercer un poder egoísta. No era un personaje autárquico: la complementaria carta a Filemón lo hace evidente. Ciertamente, Pablo escribía a sus iglesias como apóstol, con una autoridad que le había sido delegada por Cristo, y no simplemente como una parte interesada. Su consejo, aunque *autoritativo*, no era *autoritario*. No tenía ninguna intención de enseñorearse de sus iglesias (2Co 1:23). Pablo deja claro a los colosenses que tiene el derecho de hablarles porque:

- Es un siervo del Evangelio, que ellos han oído y que se ha predicado en todo el mundo (1:23).

- Ha estado orando a diario por ellos.

- Ha luchado por su bien (1:24; 2:1) cumpliendo la divina comisión de presentar la Palabra de Dios a todo ser humano, y también a ellos (1:25, 28).

Pablo escribe a los colosenses porque éstos necesitan recordatorios de su fe y esperanza, para profundizar y fortalecer su madurez en Cristo (1:28), no su compromiso con él. El apóstol está preocupado (ver 2Co 11: 28) y quiere ayudarles a enfrentar el descrédito que los oponentes hacen de su esperanza y a rechazar la fatal atracción de la «filosofía».

La verdad en un tiempo de relativismo.

En los primeros versículos de Colosenses, Pablo alude a entender «la Gracia de Dios en toda su verdad» (1:6). Los cristianos solían creer que la verdad no cambia como un caleidoscopio; no obstante, el relativismo pragmático domina cada vez más la cultura de nuestro tiempo y ha llegado incluso a emponzoñar las percepción que muchos creyentes tienen de las cosas. Este relativismo asume que una idea no puede ser intrínsecamente verdadera, pero es buena si funciona. En nuestros días son menos los cristianos que presuponen que el cristianismo proporciona el estándar de verdad y moralidad con el que evaluar todos los aspectos de la vida y las demás religiones. Muchos asumen que todos adoramos al mismo Dios y que cualquier cosa que alguien decida creer sobre ese Dios es válida, o tan buena como lo que crea otro. Cuestionar el sistema de valores de alguien se considera un acto imperdonablemente crítico e intolerante.

---

plural "ustedes", con el cual no alude simplemente a una serie de individuos, sino a una unidad colectiva, al cuerpo de Cristo».

En general, la mayoría sigue ahora el principio de que cualquier cosa que funcione para mí o para ti ha de ser verdadero. Robert Wuthnow ha documentado esta perturbadora tendencia de la espiritualidad moderna:

> La espiritualidad no es ya verdadera o buena porque cumpla unas normas absolutas de verdad o bondad, sino porque a mí me ayuda a estar bien. Yo soy el juez de su valor. Si me ayuda a encontrar aparcamiento, sé que voy por el buen camino. Si me conduce al desierto llamándome a hacer frente a peligros que preferiría no enfrentar, será entonces una forma de espiritualidad que muy probablemente no escogeré.[41]

Wade Clark Roof confirma estos hallazgos. Roof observa que las personas no se acercan a la verdad objetivamente; quieren saber qué ventajas les ofrece y cómo pueden disfrutarlas de un modo más eficiente.[42] Una mentalidad consumista permite que cada cual elija su específica marca de verdad del mismo modo que puede elegir una cierta marca de automóvil o de pasta dentífrica, según sus preferencias y percepción de sus necesidades. A continuación cada uno actúa de acuerdo con las normas escogidas. En una novela de Malcolm Bradbury, el profesor Treece cavila: «Es un tiempo divertido, ¿no? Existen tantas literaturas, tantas religiones, tantas culturas, tantas filosofías, que uno no sabe adónde ir».[43]

En nuestro tiempo muchos asumen que cualquier religión es tan buena como otra. El cómico norteamericano Bob Hope expresa la mentalidad general con este agudo comentario: «Mantengo una buena relación con todas las religiones; me molestaría cargarme la otra vida por una cuestión técnica». Incluso los teólogos cristianos comparan las distintas creencias con un arco iris. John Hick sostiene que existen muchas creencias, pero solo un objeto final de la fe, de modo que las refracciones de luz que produce el arco iris proceden de una sola fuente de luz. «¿Quién puede decir —pregunta Hick—, que una banda del arco iris sea mejor que otra?»[44]

41. Robert Wuthnow, «Small Groups Forge New Notions of Community and the Sacred» [Los grupos pequeños forjan nuevas nociones de comunidad y de lo sagrado], *The Christian Century 110* (Dic. (8 de dic. de 1993): 1239–40. El libro de Wuthnow, *Sharing the Journey: Support Groups and America's New Quest for Community* [Compartir el viaje: los grupos de apoyo y la nueva búsqueda de la comunidad en los Estados Unidos], (Nueva York: The Free Press, 1994), muestra que los participantes de grupos de estudio bíblico tendían a utilizar la Biblia como libro de autoayuda. La Biblia se considera veraz porque le ha ayudado a uno a conseguir lo que quería.
42. Wade Clark Roof, *A Generation of Seekers* [Una generación que busca respuestas] (San Francisco: HarperCollins, 1993), 195.
43. Malcolm Bradbury, *Eating People Is Wrong* [Está mal comerse a las personas] (Nueva York: Alfred A. Knopf, 1960), 133.
44. John Hick, *The Rainbow of Faiths* [El arco iris de las creencias] (Londres: SCM, 1995), ix–x.

Pannenberg observa que «un clima público de secularismo menoscaba la confianza de los cristianos en la verdad de lo que creen».[45] Pannenberg cita la obra de Peter Berger, *A Rumor of Angels* [Un rumor de ángeles] (1969), que sostiene que la norma de los creyentes para el conocimiento se aparta de lo que se da por sentado en público y va contracorriente de lo que creen quienes les rodean. Sin embargo, los cristianos que viven en una cultura dominada por el secularismo enfrentan una colosal presión psicológica para adaptarse a las perspectivas y creencias de quienes les rodean. En este entorno profano, no tenemos que vérnoslas necesariamente con el rechazo categórico de las enseñanzas cristianas: «Un gran número de personas no tienen la más remota idea de lo que son estas enseñanzas». El resultado de esta ignorancia es una mayor intolerancia hacia el cristianismo. «En la medida en que se extiende la ignorancia sobre el cristianismo, crecen también los prejuicios contra él».[46]

En una parodia, dos cómicos británicos representan la recepción de una carta de Pablo por parte de los efesios que expresa una mezcla de ignorancia y prejuicios contra Pablo:

> Queridos Jorge, Susana y familia. Por favor, dejen de pasárselo bien. Renuncien a salir de pícnic. Cúbranse de cenizas y comiencen inmediatamente un programa de flagelación. Hasta nueva orden. Firmado, Pablo.[47]

Es evidente que Pablo nunca dijo nada parecido, pero puede haber una impresión generalizada de que sí. Pannenberg afirma que cuando tales personas se apartan del vacío espiritual y la superficialidad de la cultura secular, no se vuelven hacia el cristianismo, sino que muestran interés en «religiones alternativas». El problema, arguye, se agrava por «la relativización cultural de la propia idea de verdad». En nuestro tiempo, muchos —y los cristianos no son una excepción— asumen que «las doctrinas cristianas son meras opiniones que pueden o no afirmarse de acuerdo con las preferencias individuales, o según hablen o no a sentidas necesidades personales».[48] Pannenberg afirma:

> La disolución de la idea de verdad —de una verdad que no requiere mi aprobación para ser cierta— menoscaba severamente la concepción cristiana de la evangelización o la misión.

45. Wolfhart Pannenberg, «How to Think About Secularism» [Qué pensar del secularismo], *First Things* 64 (junio/julio 1996): 27.
46. Ibid.
47. Peter Cook and Dudley Moore, «Religions» [Religiones] en *Dud and Peter: The Dagenheim Dialogues* (Londres: Methuen, 1971), 139, citado por Brian J. Dodd, *The Problem with Paul* [El problema con Pablo], (Downers Grove, Ill.: InterVarsity, 1996), 10.
48. Pannenberg, «How to Think About Secularism» [Qué pensar del secularismo], 27.

La proclamación misionera se entendía en otro tiempo como
llevar la verdad a otras personas, y era por consiguiente una
tarea legítima y extraordinariamente importante. Sin embargo,
en nuestro tiempo, para muchos la obra misionera implica la
imposición de nuestras preferencias personales y de nuestros
prejuicios culturalmente condicionados, y es por consiguiente
no solo ilícito, sino también moralmente ofensivo.[49]

Muchos han concluido que el cristianismo es sencillamente una opción
entre muchas otras que conduce al mismo punto, y puede que ni siquiera
sea la mejor opción. En un estudio de la religión realizado en 1978, en
Middletown, EE. UU., los investigadores descubrieron un cambio drástico en relación con un sondeo hecho en 1924. Escriben que «más o menos
la mitad de los adolescentes de Middletown que son miembros activos de
una iglesia creen en Jesús, en la Biblia, y en el más allá, no reivindican
ninguna validez universal para las creencias cristianas que profesan y no
tienen ninguna inquietud por la conversión de los no cristianos».[50]

Lo extendido de este punto de vista se me confirmó cuando oí por casualidad a un adolescente que se había trasladado recientemente desde otra
parte del país comentar su visita a una nueva clase de escuela dominical. El
adolescente se sintió ultrajado porque en la clase se afirmó que el Islam era
erróneo. «¿Cómo lo saben?», fue la indignada respuesta. Muchos que han
crecido en hogares e iglesias cristianas no han entendido que hay algo especial en el cristianismo. Han aceptado la idea imperante de que «mi verdad
es tan buena como la tuya si a mí me es útil». Esta ambigüedad sobre la
verdad universal de la fe cristiana se complica por los muy divulgados fracasos morales de algunos cristianos profesantes. Tales caídas evocan una
respuesta común: los no cristianos se comportan más cristianamente que
los cristianos. Esta afirmación es, no obstante, muy reveladora. El cristianismo aporta el criterio por el que se valora la conducta de las personas.

Al abordar esta tarea de contextualización hemos de recordar que el contexto de Pablo no era menos pluralista y relativista que el nuestro. Los problemas que tenemos en nuestra cultura son muy similares a los que los
colosenses tenían que hacer frente. Los valores populares de su cultura se
oponían a los compromisos de su fe; y, además, fuera de sus círculos se
sometía su fe a una crítica deshonrosa.

---

49. Ibíd., 27–28.
50. Theodore Caplow, Howard M. Bahr, Bruce A. Chadwick (et al.), *All Faithful People:
    Change and Continuity in Middletown's Religion* [Todos los fieles: cambio y continu-
    idad en la vida religiosa de Middletown], (Minneapolis: Univ. of Minnesota Press,
    1983), 98.

En general, los griegos primero y más adelante los romanos, eran tolerantes en su actitud hacia varias religiones y culturas. Cada nación tenía sus tradiciones ancestrales y sus templos y dioses. Tras sus conquistas, los romanos no insistían en que todos tenían que adorar únicamente a los dioses griegos o romanos. Desde un punto de vista práctico, esta política habría alienado innecesariamente a los seguidores de las deidades regionales dentro del Imperio. En teoría, la élite intelectual asumía que los dioses eran representantes simbólicos de un cierto absoluto. Por consiguiente, decían, pueden seguir adorando a sus dioses y diosas; nosotros también les adoraremos, y ustedes pueden adorar los nuestros. De este modo no desairaremos a los dioses de nadie. Esta actitud abierta hacia otros dioses se refleja en el altar al dios desconocido (Hch 17:24): «A cualquier dios que hayamos podido olvidarnos de honrar, lo sentimos. No nos lo tengan en cuenta».

Había un relativo desinterés en la doctrina y un mayor acento en la utilidad de los dioses para mejorar la vida humana. Por consiguiente, en el mundo antiguo, la mayoría de las personas podían incorporar un amplio popurrí de dioses y diosas a sus convicciones religiosas, y la selección era ciertamente grande en el gran crisol religioso del Imperio Romano. Muchos consideraban que era más seguro estar en un grupo numeroso. Cuanto mayor fuera el número de religiones profesadas y deidades veneradas, tanto mejor. El templo de Deméter en Pérgamo, por ejemplo, tenía altares a los dioses Hermes, Helios, Zeus, Asclepio y Heracles.[51]

En la parte occidental del Imperio, muchos sentían una gran fascinación y atracción por los más misteriosos e impresionantes dioses orientales. Estos dioses no eran como las vampiresas del panteón del Olimpo y hablaban con voces más temibles. Nuevos y extraños rituales les ofrecían también otras formas de experimentar con la religión y la adoración. Sin embargo, muchos otros miraban por encima del hombro a las religiones orientales, como supersticiones, igual que los modernos estadounidenses pueden ver a los chiítas o a los seguidores de Krishna. Los funcionarios romanos solo se sentían molestos con las religiones extranjeras cuando se las percibía como una amenaza para la paz y la seguridad, cuando fomentaban una exacerbada inmoralidad, o apartaban a los ciudadanos de sus deberes cívicos normales.

En el contexto de este pluralismo, los judíos y los cristianos sobresalían. Se diferenciaban de cualquier otro grupo por su inquebrantable adhesión a

---

51. En un fragmento de papiro, el autor dice: «Pido a todos los dioses» (P. Oxy. 1766 [18]); una inscripción dice: «Enaltecemos a todos los dioses» (SIG 1153). S. Angus, *The Mystery-Religions and Christianity* [Las religiones místicas y el cristianismo], (Nueva York: Charles Scribner's Son, 1925), 192, habla de la capilla privada del emperador Alejandro Severo, que albergaba santuarios de Orfeo, Abraham, Apolonio de Tiana y Jesús.

un solo Dios. Esta «intolerancia» religiosa condujo a otros a calificar a los cristianos de «ateos» porque no creían en los dioses, sino solo en su Dios único. En su novela, Apuleyo describe a la esposa de un panadero como «una enemiga de la fe y la castidad» porque «despreciaba a todos los dioses a los que los demás veneraban» (*Metamorfosis* [«El Asno de Oro»] 9.14). A los cristianos se les califica de «misántropos, aborrecedores de la Humanidad», porque se negaban a participar de la adoración y de los banquetes rituales que se oficiaban en los templos paganos en honor de los dioses locales, o en los grandes festivales que se celebraban en los pueblos y ciudades.

Los cristianos no eran simplemente rechazados como aguafiestas de las festividades religiosas; se consideraba que su negación de los dioses tenía serias consecuencias para la comunidad. Puesto que los dioses eran también reverenciados como protectores del Estado y del orden, rechazarles hacía a la comunidad susceptible de la desaprobación y juicio divinos. Se les consideraba también extraños porque no tenían templos locales o nacionales; se reunían en hogares por la noche, se saludaban unos a otros con un beso santo, y comían el cuerpo y bebían la sangre de alguien que había sido ejecutado por las autoridades romanas en no se sabe dónde. Pero afirmaban con audacia que conocían la verdad acerca del único Dios verdadero, y que a este Dios solo podía conocérsele de un modo completo por medio de Jesucristo, a quien Dios había resucitado de entre los muertos.

En otras palabras, Pablo no vivió en una era menos pluralista que la nuestra, y no era menos escandaloso que los cristianos rechazaran la idolatría dominante y pretendieran poseer una verdad exclusiva en una cultura que valoraba en gran medida la tolerancia. Pablo no se sonroja por decir que la plena revelación de Dios se concreta en Cristo y que esta revelación es más verdadera y más moral que ninguna otra. Pokorný observa que, en los primeros versículos de Colosenses, Pablo no introduce a Dios de un modo especulativo.[52] No presenta a Dios como el mero creador y gobernante de la Naturaleza o como el Dios de Abraham, Isaac y Jacob (Éx 3:6). El Dios que Pablo adora no es tampoco un cierto dios genérico, un divino campo de fuerza, sino aquel que actúa en la Historia y que ha actuado concretamente en la vida, muerte y resurrección de Jesús de Nazaret, su hijo amado.[53] Stewart cita la «Oración Universal» de Alexander Pope:

---

52. Pocorný, *Colossians* [Colosenses], 37.
53. Wright, *Colossians and Philemon* [Colosenses y Filemón], 50 comenta: «Aunque el judaísmo conocía a Dios como Padre, la exacta naturaleza de su amor paternal no podía concebirse hasta su revelación en la Cruz del Mesías. Por su parte, tampoco esta cruz podría entenderse, hasta la revelación de que era el clímax del plan salvífico del Dios de Israel, y que por tanto este Dios había ahora exaltado al crucificado y le había dado el título de 'Señor'».

¡Padre de todo! en toda edad,
   En toda región adorado
Por santo, salvaje, y sabio,
   ¡Jehová, Júpiter, o Señor!

Stewart comenta: «No está muy lejos de las antiguas palabras: '¡Yo, el Señor tu Dios soy Dios celoso'!, un divino *logion* que la revelación cristiana ha iluminado, pero en modo alguno desalojado».[54]

Significado Contemporáneo	Pablo llama al Evangelio «la palabra de verdad» (1:5). En primer lugar hablaremos de cómo hemos de proclamar esta palabra de verdad en el mundo de hoy, y después

consideraremos la permanente relevancia de la tríada de la fe, el amor y la esperanza.

Proclamar la palabra de verdad. Pannenberg sostiene: «La idea de verdad es absolutamente vital para la fe cristiana».[55] El cristiano no busca la verdad, sino que parte de ella. No podemos, por tanto, acobardarnos ante el desafío que supone refutar el error conceptual de que toda verdad es relativa —un punto de vista que legitima la cultura secular—, y presentar la verdad peculiarmente bíblica de un modo verosímil y persuasivo. Pablo no se limitó meramente a rechazar la «filosofía» como error o herejía; el apóstol presentó argumentos razonados para sostener que la fe cristiana es mejor. El primer párrafo de Colosenses tiene mucho que decir a nuestra necesidad contemporánea de entender, sostener y proclamar la visión cristiana de la verdad.[56]

(1) Los expertos en la detección de billetes falsificados aprenden todo lo que pueden sobre los verdaderos; este mismo principio se aplica a la distinción entre la verdad y la falsedad. Antes de poder reconocer lo que es falso hemos de conocer bien la verdad. Nuestro relativismo pragmático ha desdibujado la distinción entre ambas cosas. Sin embargo, para poder funcionar como Dios desea, hemos de conocer la verdad inmutable de Dios. Pablo hace hincapié aquí en nuestra necesidad de entendimiento y crecimiento «en el conocimiento de Dios» (ver 1:6, 10; 2:2). Solo por medio

---

54. James S. Stewart, «A First-Century Heresy and Its Modern Counterpart» [Una herejía del primer siglo y su contrapartida moderna], *SJT* 23 (1970): 424.

55. Pannenberg, «How to Think About Secularism» [Qué pensar del secularismo], 28.

56. J. Richard Middleton y Brian J. Walsh, *Truth Is Stranger Than It Used to Be* [La verdad es más extraña de lo que solía ser], (Downers Grove, Ill.: InterVarsity, 1995), aborda el problema de reivindicar verdad en un escenario posmoderno. Alister McGrath, *A Passion for Truth* [Pasión por la verdad] (Downers Grove, Ill.: InterVarsity, 1996) plantea el terreno en que el evangelicalismo puede involucrar de manera constructiva al mundo en su visión de la verdad.

de este conocimiento podemos poner en evidencia lo que es falso. Hemos de estar completamente arraigados en nuestra fe histórica para que ésta pueda producir sus frutos. También hemos de guardarnos de la ignorancia y superficialidad de una cultura que sustituye los engaños de una era con otros nuevos. No ganaremos a otros al Evangelio mediante chapuceros ajustes a las modas culturales de nuestro tiempo. Durante los primeros siglos, los cristianos atraían a otras personas por su monoteísmo, su poderoso Dios de amor, su oferta de esperanza, su valoración de la alienada condición humana, y la solución a esta comprometida situación que ofrecía el perdón mediante la muerte de Cristo.

(2) Hemos de ofrecernos apoyo social mutuo para sustentar y reforzar nuestra fe (1:4). En nuestra cultura muchos experimentan una sensación de aislamiento y soledad. Por ello, muchos cristianos pueden llegar a pensar que están solos en su fe. Pero no estamos solos, y hemos de trabajar juntos y estimularnos unos a otros en la fe. En Cristo los individuos hemos sido unidos a otros en una comunidad de amor con vínculos por todo el mundo.

(3) El mejor argumento a favor de la fe cristiana es que los creyentes vivan sus principios: Vivir «de manera digna del Señor, agradándole en todo» (1:10). Los argumentos bien razonados y persuasivos son eficaces, pero lo serán mucho más si los demás pueden ver pruebas de lo que afirmamos en el modo en que vivimos. Esta es la razón por la que Colosenses contiene una extensa sección de exhortación ética. Hasta que los cristianos no actúen como tales, siguiendo a su Señor e imbuidos de su Espíritu, tendrán poco o ningún impacto en su mundo.

(4) Hemos de vivir la vida con acción de gracias y gozo. Uno se pregunta si las personas no se sentirían más atraídas a la fe cristiana por nuestra gozosa acción de gracias que por nuestros dogmas y controversias.

(5) Hemos de ejercer gracia cristiana en nuestra proclamación de la verdad y tener cuidado de no caer en la arrogancia (ver 1P 3:15). Cuando a un estudiante del seminario se le preguntó cómo serviría a personas que pensaran de manera distinta a él, éste respondió, que de ningún modo, no tenía intención de hacerlo. «Ellos tendrían que adoptar mi punto de vista —afirmó—, porque yo tengo la razón». Cometemos una grave injusticia contra nuestra fe cuando nos instalamos en actitudes imperialistas, paternalistas, estrechas de miras y fanáticas hacia los demás. Wright reconoce: «afirmar en nuestro tiempo que el Dios Creador se ha revelado de un modo completo y final en Jesucristo significa arriesgarse a ser criticados como arrogantes o intolerantes».[57] Tenemos la verdad, pero hemos de recordar

---

57. Wright, *Colossians and Philemon* [Colosenses y Filemón], 79. Wright añade que el cristianismo «no consigna a los cristianos a la proposición de que no existe verdad en

las palabras de Pablo en el sentido de que no lo hemos conseguido todo, ni somos perfectos (Fil 3:12–16).

Fe, amor, esperanza.

Fe. Mark Twain dijo que «fe es creer lo que sabes que no es así». Si este fuera el caso con nuestra fe, ésta no conseguiría sobrevivir al primer desafío. En el Nuevo Testamento, la fe sabe que Dios habló de una vez y para siempre en Jesús. R. Buckminster Fuller ha dicho: «La fe es mucho mejor que la creencia. La creencia supone que es otro quien ha hecho el trabajo de pensar». La fe requiere más que un mero asentimiento intelectual en que la plenitud de la deidad habita en Cristo, por ejemplo. Sobre Colosenses 2:12 Wright comenta que la fe no se identifica como fe en Jesucristo, sino como «fe en el poder de Dios». «Creer que Dios resucitó a Jesús de entre los muertos es creer en el Dios que resucita a los muertos. Esta fe no se limita a asentir a un hecho sobre Jesús, sino que reconoce una verdad sobre Dios».[58]

La fe no es simplemente algo sobre lo que pensar y hablar, sino algo que ha de vivirse. La fe actúa con base en lo que cree. Vincent J. Donovan habla de una conversación con un anciano masái sobre cómo habría de traducirse la palabra «fe» a su idioma. El anciano aseveró que la palabra escogida era poco satisfactoria por cuanto solo significaba «aceptar». Aquella palabra —dijo—, era

> como cuando un cazador blanco dispara a un animal con un rifle a una gran distancia. Solo sus ojos y sus dedos participan de lo que hace. Teníamos que encontrar otra palabra. Dijo que cuando un hombre cree realmente es como cuando un león va tras su presa. Con la nariz, los ojos y los oídos la hace suya. Sus patas le dan la velocidad para capturarla. Toda la energía de su cuerpo se concentra para elevarse en un terrible salto letal y asestar, con una de sus garras delanteras, un colosal zarpazo en el cuello, el zarpazo que produce la muerte del animal. Y mientras su presa se desploma, el león la envuelve con sus brazos (los africanos aluden a las patas delanteras de los animales como sus brazos), lo atrae hacia sí, y lo hace parte

---

otras religiones». Estas pueden reflejar una parte de la verdad, pero son en el mejor de los casos «portales» de la única verdad, que es Cristo.

58. Ibíd., 108. Schweizer, *Colossians* [Colosenses], 35, nos recuerda que, en este contexto, verdad no alude a algo que pueda ser mostrado a partir de «pruebas empíricas o deducciones lógicas», sino al concepto de «fiabilidad». La verdad en la que los creyentes ponen su fe no decepciona ni fracasa.

de sí mismo. Así es como mata el león. Y así es también como cree una persona. Esto es la fe.[59]

Amor. El tema del amor domina la música popular: «Lo que necesitas es amor»; «El amor está a tu alrededor»; «El amor es la respuesta». En nuestra cultura, «amor» ha llegado a significar una emoción, un sentimiento. En el Nuevo Testamento, sin embargo, el amor es un mandamiento. Los sentimientos no son susceptibles de órdenes. El amor del Nuevo Testamento no tiene que ver con las emociones, sino con las acciones orientadas a mejorar el bienestar de los demás. Sigue el patrón de un Dios amante que dio a su Hijo para salvar a un mundo perdido.

El poema de William Blake «The Clod and the Pebble» [El terrón y el guijarro] recoge este significado y lo contrasta con un amor de este mundo que es como un vacío que ansía llenarse y solo desea a los demás para sí.

«El amor no busca contentarse a sí mismo
  Ni tiene por sí mismo cuidado alguno,
  Sino que a otro da su paz
  Y construye un cielo en la desesperación del infierno».

Así cantaba un pequeño terrón de arcilla
  Hollado por las patas del ganado;
  Mas un guijarro del arroyo
  Murmuró estos versos justos:
El amor busca tan solo su propio placer,
  Y somete a otro a su deleite,
  Goza cuando otro pierde su paz,
  Y un infierno construye a despecho del cielo».[60]

El poder del nuevo amor que tenemos en Cristo es que transforma la naturaleza del antiguo amor y despide el anhelo de las cosas de este mundo caído. Observando a una enfermera que limpiaba y vendaba las gangrenosas heridas de los caídos en la batalla, un soldado le dijo: «Yo no haría este trabajo ni por un millón de dólares». «Yo tampoco», fue la respuesta de la enfermera.

Esperanza. En nuestra cultura, la esperanza se ha asociado con un optimismo ciego sin fundamento alguno: «Espero que el River Plate gane la liga». O, como dijo Lloyd George, dirigiéndose a la Cámara de los Comunes en el Día del Armisticio (el 11 de noviembre de 1918): «Espero

59. Vincent J. Donovan, *Christianity Rediscovered* [El redescubrimiento del cristianismo], (2a ed.; Maryknoll, N.Y.: Orbis, 1982), 63.

60. William Blake, «Songs of Experience» [Cantos de experiencia], en *The Complete Writings of William Blake* (Nueva York: Random House, 1957), 211.

que podamos decir en esta funesta mañana que todas las guerras han llegado a su fin». En estos ejemplos, «esperar» quiere decir realmente «¡ojalá!». En respuesta a esta clase de resignada aspiración, Alexander Pope escribió: «Bienaventurado el que no espera nada, porque nunca sufrirá una desilusión».

En el Nuevo Testamento, la esperanza se refiere a la confiada expectativa de que Dios cumplirá sus promesas, no nuestros sueños personales. Los cristianos lo esperamos todo, y esta esperanza no será defraudada. Pablo no alude a una experiencia subjetiva de esperanza, sino a una realidad que Dios todavía tiene que manifiestar plenamente. La esperanza que Pablo tiene en mente se relaciona con el glorioso futuro que Cristo ha establecido para los cristianos. Alude a algo que existe objetivamente más allá de nuestra existencia en esta vida.[61] Se sitúa «en el cielo» y reconoce lo que Schweizer llama «la naturaleza trascendente de la salvación». Esta afirmación puede ser difícil de transmitir a una generación, la nuestra, que concede tanto valor a la experiencia personal. Sin embargo —como reconoce Schweizer—, dicha afirmación pone en jaque «la subjetividad de una fe fundamentada solo en sí misma y sustentada en los atisbos de la propia alma; y, además, entiende la esperanza como una efectiva acción que produce realmente fe y amor». Schweizer comenta además:

> A los seres humanos, que habitan en una tierra convertida en un lugar sin cielo, se les dice que su vida deriva de que todo significado existencial no está ni en el propio ser, ni en la Humanidad, ni en la Naturaleza, sino en Aquel que encontramos en todas ellas (aunque está también más allá de ellas).[62]

Puede que algunos malinterpreten la afirmación de que la salvación, nuestra esperanza, se sitúa fuera de este mundo. Puede conducir a un gnosticismo que niega el mundo, o a una tolerancia del mal solo mitigada por promesas de «una mejor situación en el futuro». No obstante, la creencia de que la salvación solo ha de encontrarse en las posibilidades de este mundo no es menos peligrosa. Una humanidad caída en un mundo caído no ofrece esperanza alguna. Muchas personas de nuestro tiempo ponen su confianza en la ciencia, sin embargo lo único que han generado nuestros grandes adelantos son tantos problemas como se han solucionado. En muchos sentidos, la ciencia ha hecho añicos la esperanza. Para algunos se ha hecho más difícil creer en un Dios que pueda preocuparse de nuestra existencia, o siquiera notarla. Por consiguiente, muchas personas viven sin ninguna esperanza de salvación para esta vida, y mucho menos para la vida del más allá.

---

61. Pocorný, *Colossians* [Colosenses], 100, observa que uno de los problemas es que la obstinada y pecaminosa humanidad no quiere aceptar que depende totalmente «de un don procedente del exterior».
62. Schweizer, *Colossians* [Colosenses], 34.

Pablo afirma que Cristo está tras la Creación, y que su muerte a nuestro favor revela el amor de Dios y asegura nuestra esperanza. La esperanza, como señala Moule, no son sueños, sino confianza.[63] En Romanos 4:18–21, Pablo identifica a Abraham como prototipo de la esperanza y la confianza. Hayes observa que «Abraham luchó con sus dudas, no tuvo en cuenta su experiencia personal, rechazó el escepticismo y se aferró a la promesa de Dios», y se convirtió de este modo en el modelo para la comunidad de la fe.[64] La esperanza es segura porque Dios la garantiza, y es nuestra por su Gracia.

---

63. Moule, *Colossians and Philemon* [Colosenses y Filemón], 84.
64. Richard B. Hayes, «Salvation By Trust? Reading the Bible Faithfully», [¿Salvación por confianza? Leyendo fielmente la Biblia] *Christian Century* 114/7 (feb. 26, 1997): 219.

Colosenses 1:9-14

Por eso, desde el día en que lo supimos no hemos dejado de orar por ustedes. Pedimos que Dios les haga conocer plenamente su voluntad con toda sabiduría y comprensión espiritual, 10 para que vivan de manera digna del Señor, agradándole en todo. Esto implica dar fruto en toda buena obra, crecer en el conocimiento de Dios 11 y ser fortalecidos en todo sentido con su glorioso poder. Así perseverarán con paciencia en toda situación, 12 dando gracias con alegría al Padre. Él los ha facultado para participar de la herencia de los santos en el reino de la luz. 13 Él nos libró del dominio de la oscuridad y nos trasladó al reino de su amado Hijo, 14 en quien tenemos redención, el perdón de pecados.

Sentido Original — Pablo continúa la sección de acción de gracias (1:3–23) informando a los colosenses de cómo él y Timoteo interceden específicamente por ellos en oración. El éxito inicial del Evangelio en Colosas no les lleva a flaquear en sus esfuerzos de oración por los Colosenses. Todo lo contrario, les conduce a una oración aún más intensa. Han seguido orando por ellos por lo que Dios ha hecho ya a su favor y por su fe y amor («por eso», 1:9).[1] Al hablarles de sus peticiones a su favor, Pablo les lleva a recordar de nuevo sus bendiciones, sus obligaciones, y su potencial en Cristo.

Intercesión por los colosenses (1:9–14)

Pablo pide que Dios llene a los colosenses con el conocimiento de la voluntad de Dios mediante todo tipo de sabiduría y discernimiento espiritual.[2] El conocimiento que Pablo tiene en mente no tiene nada que ver con secretas tradiciones reservadas únicamente para la élite o claves ocultas que sirven para desentrañar los misterios del Universo o del ser interior. Para Pablo, comprender la voluntad de Dios conlleva el reconocimiento de que Cristo es el cumplimiento de los propósitos redentores de Dios (1:27;

---

1. Pablo pone en práctica lo mismo que después pedirá a los colosenses, «Dedíquense a la oración: perseveren en ella con agradecimiento» (4:2). Wright, *Colossians and Philemon* [Colosenses y Filemón], 57 comenta: «Él no ofrecerá enseñanza, asesoramiento, y ánimo excepto en el contexto de la oración».
2. La idea de que una persona sea llenada por Dios nos prepara para el concepto de plenitud que encontraremos en 1:19 y 2:9 y, probablemente, Pablo no está aquí introduciendo el lenguaje de los falsos maestros. Caird, *Paul's Letters from Prison* [Las cartas de Pablo desde la prisión], 170, observa que los tres términos conocimiento, sabiduría y entendimiento aparecen juntos en el Antiguo Testamento (Éx 31:3; 35:31; Is 11:2; ver también Eclo 1:19; 1QS 4:4; 10:9, 12; 1QSb 5:21; 1QH 2:18; 11:17–18; 12:11–12). En Ef 1:17; Fil 1:9; Flm 6, donde no hay indicios de falsos maestros, aparecen oraciones similares.

2:2), que la salvación de Dios está abierta a todas las personas, y entender cómo quiere Dios que vivan los cristianos en cualquier situación en que se encuentren.

En el judaísmo, el conocimiento de la voluntad de Dios se encuentra exclusivamente por medio de la Ley (ver Ro 2:17–20; Bar 3:24–4:4; Eclo 24:23). Para Pablo, Cristo es el fin de la Ley (Ro 10:4), y la voluntad de Dios se encarna en la persona de Cristo.[3] El conocimiento pleno solo se adquiere a través del Espíritu y nuestro compromiso total con Jesucristo.[4] Este conocimiento es extraordinariamente importante en la situación de los colosenses. Si entienden con suficiente claridad que toda la Creación de Dios y su plan para la redención del Cosmos gira por completo alrededor de Cristo, no se sentirán confundidos por los desafíos de los oponentes o engañados por atractivas nociones que tienen apariencia de sabiduría (2:8).

Pablo no quiere que sus lectores adquieran conocimiento *per se*. El conocimiento de la voluntad de Dios siempre tiene implicaciones éticas, porque requiere que pongamos nuestra conducta cotidiana y nuestro pensamiento en línea con él.[5] Esta realidad puede explicar por qué muchas personas no quieren conocer esta voluntad o por qué intentan tranquilizarse con una sabiduría más agradable y, aparentemente, más sofisticada. Sin embargo, la sabiduría que excluye o subordina a Cristo es falsa. La meta de ser llenos del conocimiento de Dios es vivir «de manera digna del Señor, agradándole en todo» (lit. «para todo agradarle»). La «sabiduría y comprensión espiritual» nos ayudan a saber lo que es verdaderamente importante en la vida desde la perspectiva de Dios, quien nos da conocimiento para llevarnos a una fe más profunda, a una mayor virtud, y a un servicio más devoto.

Pablo enumera cuatro rasgos de la vida espiritual que agradan al Señor, cada uno de ellos expresado por medio de un gerundio vinculado a una frase preposicional:

- «dando fruto en toda buena obra».
- «creciendo en el conocimiento de Dios».[6]

---

3. En los Rollos del Mar Muerto (1QS 11:18–19), el plan salvífico de Dios está oculto; para Pablo, ha sido completamente revelado en Cristo (Col 1:15–20).

4. Caird, *Paul's Letters from Prison*, [Las cartas de Pablo desde la prisión], 170, comenta: «En el reino espiritual no hay conocimiento sin compromiso».

5. La palabra *epignosis* («conocimiento») puede también aludir a «perspicacia moral y religiosa, reconocimiento, aquiescencia». El adjetivo «espiritual» rige a los sustantivos «sabiduría» y «comprensión» y se refiere a algo dado por el Espíritu, lo cual contrasta con lo que surge de una mente meramente humana (2:18).

6. La expresión que en la NVI se traduce como «crecer en el conocimiento de Dios», puede también traducirse como «crecer por el conocimiento de Dios». El crecimiento no lo es en conocimiento, sino que se produce como resultado de él, en concreto del conocimiento de Dios. Como explica Patzia, *Ephesians, Colossians, Philemon*

- «fortalecidos[7] con todo poder según su gloriosa fuerza[8] para obtener toda perseverancia y paciencia».
- «con gozo dando gracias al Padre».

En 1:12–14, Pablo especifica tres razones para «dar gracias con gozo» por lo que Dios Padre ha hecho en Cristo. Cada una de ellas se expresa con un verbo en aoristo.[9] (1) Pablo dice que Dios les «ha facultado para participar de la herencia de los santos».[10] La expresión «La participación de la herencia» (trad. lit.), se identificó inicialmente con la tierra prometida que fue repartida proporcionalmente a cada tribu tras la conquista.[11] Después del exilio algunos judíos utilizaron este lenguaje de la herencia para aludir a un legado divino más allá de la Historia y lo vincularon a la futura vida de resurrección.[12] Casi todos los judíos consideraban la herencia como prerrogativa exclusiva de Israel y, como la mayoría de los herederos, no querían compartir con los extranjeros y los enemigos (1:21) lo que creían que, en buena ley, les pertenecía solo a ellos.[13] Los gentiles no tienen un derecho natural a la herencia, sin embargo por medio de Cristo se han convertido en

---

[Efesios, Colosenses, Filemón], 23, «el crecimiento moral y espiritual procede de conocer y hacer la voluntad de Dios».

7. La voz pasiva indica que la fuerza viene por completo de Dios. Pocorný, *Colossians* [Colosenses], 49, comenta que Pablo se refiere al poder redentor por el que Dios es capaz de llevar a cabo la transformación de la situación de la humanidad pecaminosa, y que se expresa en palabras como «liberar», «trasladar al reino de su amado Hijo» (1:13), «reconciliar», y «presentar ante él» (1:22).

8. La expresión «su glorioso poder» dice literalmente: «según el poder de su gloria». Ver el poder de Dios en Ef 1:19; 3:7, 16, 20; 6:10.

9. Lohse, *Colossians and Philemon* [Colosenses y Filemón], 34, señala que el término «gracias» no aparece muchas veces en la LXX y que a menudo se consigna en su lugar la palabra que se traduce como confesión. Lohse cita la observación de Orígenes, «decir 'confieso' es lo mismo que decir 'doy gracias'» (Orat. 6).

10. Pablo utiliza el verbo *hikanoo* y sus cognados para describir el modo en que Dios le prepara (2Co 2:16, «competente», NVI; 2Co 3:5–6, «competente», NVI) para un ministerio para el cual el apóstol se sentía «inadecuado» (1Co 15:9, «ni siquiera merezco» NVI).

11. Ver Nm 18:20; Dt 10:9; 12:12; 14:27, 29; 18:1; Jos 13:1–19:51.

12. James D. G. Dunn, «The Colossian Philosophy: A Confident Jewish Apologia» [La filosofía colosense: una confiada apología judía], *Bib* 76 (1995): 158, citando Dn 12:13; Sabiduría 5:5; 1 Enoc 48:7; 1 QS 11:7–8; 1QH 11:10–12.

13. Algunos afirman que «los santos» (1:12) se refiere a ángeles, «los santos en el reino de la luz» (Ver Dn 7:18, 22; Sabiduría 5:5; 1QH 11:7–8), y que Pablo comienza aquí a debilitar la errónea veneración que los colosenses profesaban a los ángeles afirmando que éstos son coherederos con ellos. No obstante, en otros pasajes de Colosenses, el término «santos» (*hagioi*) alude a los creyentes (1:2, 4, 26; 3:12); y Pablo utiliza siempre esta palabra para aludir a santos humanos (1Ts 3:13; 2Ts 1:10). En Efesios 1:18; 2:19, *hagioi* se refiere a los judíos que creen. Este pasaje se corresponde con el discurso de Pablo a los ancianos de Éfeso en Hechos 20:32 y a Agripa en 26:15–18, que se refiere a los humanos santificados en Cristo.

herederos legales de pleno derecho (ver 3:24; Ro 8:16–17; Gá 3:29; 4:1–7).
La expresión «en el reino de la luz» es literalmente «en la luz».[14] La palabra
«reino» no aparece en el texto griego, sin embargo esta traducción puede
ayudar al lector a ver que Pablo se refiere a la salvación de Dios que ha sido
inaugurada por Cristo.

(2) Pablo afirma que Dios les «libró» del implacable gobierno del poder
de la oscuridad.[15] Pablo se refiere a la vida de los gentiles antes de hacerse
cristianos como una oscuridad ética y teológica (Ef 5:8; 1Ts 5:4–5; ver
también 1P 2:9; 1Jn 1:5–7).[16] La inmoralidad, la ira, los conflictos, la ven-
ganza, la violencia y la opresión medran en tales tinieblas. Los gentiles eran
esclavos del príncipe de la oscuridad (el que falsifica la luz, 2Co 11:14) y
su mal dominio (ver Ef 6:12). La descripción que hace C. S. Lewis del
mundo imaginario de Narnia, donde siempre era invierno y nunca Navidad,
expresa esta misma idea con una imaginería distinta. Todos los humanos
necesitan liberación de una vida perdida en el pecado y de los poderes
cósmicos que les mantienen cautivos en él. Cuando el populacho va con
espadas y palos a arrestar a Jesús en Getsemaní, él afirma que aquella es la
hora del poder de las tinieblas (Lc 22:53), el tiempo en que domina la violencia. En Cristo, Dios arranca a los creyentes de las garras de este oscuro
poder y los traslada a la luz.

(3) Como los reyes victoriosos que desarraigan poblaciones enteras y
las establecen en otras tierras, Dios ha liberado a los creyentes del tiránico
gobierno de las tinieblas y les ha trasladado «al reino de su amado Hijo»,
(lit., «el Hijo de su amor»). Un cambio de señorío significa un cambio
de reino. La imagen describe lo contrario de un exilio.[17] El territorio de
Dios está lleno de luz, y su fuero es el amor. Puesto que Dios ama su Hijo,
todos los que le pertenecen son también objetos de su amor. Los siguientes versículos afirman que Cristo reina sobre todos los poderes malévolos
del Universo, y en Romanos Pablo afirma que ninguna fuerza en el Cielo
o en la Tierra, natural o sobrenatural, puede separar a sus seguidores del
Amor de Dios (Ro 8:34–39). Puesto que estos poderes no pueden bloquear

---

14. La traducción concuerda con la interpretación de Abbott, *Epistles to the Ephesians and Colossians* [Epístolas a los Efesios y Colosenses], 207.
15. La expresión «dominio de la oscuridad» (*exousia tou skotous*) se refiere a una esfera en la que se ejerce el poder (ver Ef 2:2).
16. Pablo se aplica la imagen a sí mismo (2Co 4:6). Vivía en una oscuridad teológica antes de que el velo fuera quitado para poder ver a Cristo. En el Antiguo Testamento, la oscuridad representa la muerte (Job 10:22; Sal 143:3), el Seol (Sal 88:12), y el juicio de Dios (Sal 105:28; Jer 23:12; Ez 32:8; Am 5:18, 20; Sof 1:15).
17. Muchos han observado que Josefo utiliza el verbo *methistemi* para relacionar el modo en que Tiglath-Pileser, el rey asirio, llevó a cautiva a la población conquistada, «tras-ladándoles a su reino» (*Antigüedades* 9.11.1 § 235).

nuestra relación con Dios, los cristianos no tienen por qué temerles y no han de rendirles tributo.

Pablo culmina la mención del amado Hijo de Dios con los beneficios que nos ha otorgado, a saber, la «redención, el perdón de pecados».[18] Cristo ha eliminado la barrera del pecado. Wright nos ayuda a ver que el perdón de los pecados «no es solo una buena noticia para conciencias atribuladas». Jeremías (31:31–34) y Ezequiel (36:16–36) hablan de este asunto como «una de las bendiciones específicas del Nuevo Pacto».[19] Las bendiciones de nuestra redención final han irrumpido ya en el presente. El perdón de los pecados no es una mera liberación del pasado; nos libera también para el presente y el futuro. Abre la posibilidad de vivir una vida digna del Señor (Col 1:10). Pablo afirma que, en el pasado, las vidas de los colosenses habían sido entregadas al pecado, lo cual solo acarrea la ira de Dios (3:5–7), sin embargo, sus vidas están ahora en manos de Cristo, y esto produce gozo y luz (2:6).

Construyendo Puentes Es relativamente fácil trasladar este pasaje a nuestra cultura, sin embargo hemos de prestar especial atención a tres cuestiones: la imaginería del Éxodo, la insistencia en avanzar en el conocimiento de Dios, y la idea de llevar fruto en toda buena obra.

La imaginería de la liberación.

Los profetas del Antiguo Testamento conceptualizaban la nueva era en términos de un nuevo Éxodo. Al formular su convicción de que la nueva era prometida ha comenzado en Cristo, Pablo se sirve de la imaginería de los inicios de Israel, cuando la nación fue rescatada de la esclavitud egipcia y conducida a la tierra prometida. Los paralelismos son claros. En primer lugar, Dios rescató al pueblo hebreo de la esclavitud y la tiranía que soportaba en Egipto. Ahora, Dios ha rescatado a un renovado Israel del dominio de poderes más tenebrosos y perversos, que oscurecen el presente orden del mundo. Dios les ha liberado para participar de una nueva herencia, una tierra prometida espiritual inmune a las invasiones de los despóticos y diabólicos asaltos: el reino de Cristo. Pablo compara la entrada de Israel a Canaán, cuando cada tribu recibió su porción de territorio, con el nuevo Israel, formado por judíos y gentiles que entran en el reino de Cristo, el territorio de la luz. La diferencia es que esta emancipación no lo es de una

---

18. A algunos puede parecerles sorprendente que Pablo rara vez se refiera concretamente al perdón de los pecados (ver Ef 1:7).
19. Wright, *Colossians and Philemon* [Colosenses y Filemón], 63. Ver también 1QS 3:6–12; 11:2–5.

esclavitud física o una tiranía política, sino del pecado.[20] Esta liberación incluye también a los gentiles.[21]

La mayoría de los estadounidenses de nuestro tiempo conocen la historia del Éxodo por la película «Los Diez Mandamientos», emitida muchas veces por televisión durante las festividades religiosas. Por ello, para muchos las imágenes del Éxodo se ha hecho insípidas y superficiales. Podría ser útil recuperar el impacto de esta imaginería recurriendo a otras imágenes de liberación más vívidas para que ésta tenga su efecto. Podríamos comparar también el éxodo cristiano, por ejemplo, con la liberación de los campos de concentración por parte de las tropas aliadas tras la Segunda Guerra Mundial. Las pavorosas imágenes de los montones de cadáveres y los demacrados y escuálidos supervivientes ofrecen una buena idea de lo que sucede a los humanos bajo el poder del pecado. No obstante, el mundo no recibió a quienes sobrevivieron al Holocausto con los brazos abiertos, y éstos siguieron sufriendo penalidades y humillaciones. Los cristianos, aunque liberados del poder del pecado, siguen viviendo en un mundo dominado por el pecado. Han de seguir padeciendo y teniendo paciencia. La diferencia es que su esperanza permanece segura en un reino de luz invulnerable al fuego cruzado de la política internacional y los estragos del pecado.

Crecer en el conocimiento de Dios.

El llamativo título del libro *All I Needed to Know I Learned in Kindergarten* [Todo cuanto tenía que saber lo aprendí en el parvulario] refleja lamentablemente las actitudes de algunos cristianos hacia la necesidad de crecer en el conocimiento espiritual. Piensan que en sus días de escuela dominical ya aprendieron todo lo que tenían que saber y tienen una actitud indolente y apática respecto a avanzar más allá de su conocimiento elemental. Muchos dejan pronto las cuestiones de la fe y la doctrina para que otros se ocupen de ellas y les digan lo que han de creer. El resultado es que siguen siendo tristemente ignorantes sobre lo que creen y por qué, y viven con una desdibujada percepción de Dios. Calvino escribió: «La fe no descansa en la ignorancia, sino en el conocimiento. Y conocimiento, no solo de Dios, sino de su voluntad».[22]

---

20. Caird, *Paul's Letters from Prison* [Las cartas de Pablo desde la prisión], 172.

21. En mi opinión, la imaginería del Éxodo es particularmente adecuada por cuanto Pablo desea responder las objeciones judías a la inclusión de los gentiles en la salvación. Desde la óptica judía, los cristianos gentiles estaban usurpando sus esperanzas, que ellos interpretaban como derechos y privilegios que les pertenecían únicamente a ellos.

22. Juan Calvino, *Institución de la religión cristiana,* Barcelona (España): Fundación editorial de Literatura reformada. 1999. Tomo 1 de la p. 545 de la edición inglesa (John

Para Pablo, el que los cristianos crezcan en el conocimiento de Dios y su voluntad es vital por dos razones: (1) Conocer a Dios es esencial para poder vivir adecuadamente. No es que carezcamos de ciencia e información en nuestro tiempo; precisamente hemos asistido a una gran explosión de conocimiento que, sin embargo, no se ha traducido en vidas más sabias. Poseemos un enorme patrimonio de saber profesional, pero se concede muy poco valor a saber quién hizo las cosas tal como son, o a dónde se dirige la Historia. Aquellos que en su mente son enemigos de Dios (1:21) se han confinado en una oscura ignorancia y han producido una sociedad donde la inmoralidad y otras conductas perversas campan a sus anchas. En una sociedad así, para poder ser «santos, intachables e irreprochables delante de él» (1:22) necesitamos un discernimiento espiritual que nos dirija para ir contracorriente.

Este conocimiento de Dios no tiene una función salvífica; somos salvos por la fe (1:12). El conocimiento, no obstante, es un medio por el que crecemos en la fe, lo cual, a su vez, conduce a una vida que agrada a Dios. Ambrose Bierce definió la fe como «creer sin pruebas lo que alguien afirma sin conocer, sobre cosas sin precedentes».[23] Puede que esta definición se aplique a ciertas personas, sin embargo esta clase de fe es poco más que superstición. Una fe sólida requiere que seamos capaces de reconocer la verdad, considerarla con detenimiento, y permitir que impregne nuestras vidas. Lo contrario de entender la voluntad de Dios es una vida entregada a lo absurdo (Ef 5:18).

(2) Un concienzudo conocimiento de la voluntad de Dios nos capacita para protegernos de las falsas doctrinas. El grave peligro de quienes no están firmemente fundamentados en su fe es que, inconscientemente, permitan que los valores y prácticas de nuestra cultura la diluyan hasta hacerla irreconocible. Acabamos en un estado de romántico sentimentalismo o peor, con extrañas ideas robustecidas por una mentalidad gregaria. Es posible que los cristianos no seamos lumbreras, pero sí hemos de ser personas sabias que conocen la realidad.

Dando fruto en toda buena obra.

La expresión de 1:10, «dando fruto en toda buena obra», nos permite recordar a los cristianos que, como tales, han de desarrollar su fe mediante su manera de vivir. Cierto es que algunos asumen erróneamente que han de hacer algo más para ganarse la salvación. Asisten fielmente a la iglesia, ofrendan sacrificadamente y acumulan un extenso registro de buenas obras

---

T. McNeill, trad. Ford L. Battles, Filadelfia: Westminster, 1960).

23. Ambrose Bierce, «The Devil's Dictionary» [El diccionario del diablo] en *The Collected Writings of Ambrose Bierce* (Nueva York: Citadel, 1946), 237.

para sentirse dignos ante Dios. Pablo denuncia la idea de una salvación basada en las obras de la Ley (Ro 3:28) y ello ha hecho que muchos consideren tales intentos como un esfuerzo inútil. Sin embargo, otros se equivocan al pensar que no han de hacer nada. Asumen erróneamente que lo único que Dios requiere de nosotros es la expresión de una adhesión simbólica a Cristo bautizándonos, haciéndonos miembros de una iglesia, asistiendo ocasionalmente a los servicios y actividades, y ofrendando por un sentido de obligación.

La denuncia de las «obras» que hace Pablo no implica que los cristianos puedan ignorarlas impunemente (ver Ef 2:8–10). Siempre que Pablo contrastó la fe con las obras, lo hizo utilizando el plural «obras» y se refirió generalmente a las «obras de la Ley» (lit., Ro 3:28, NIV, «la observancia de la Ley»; cf. Gá 3:2–10). Tales obras incluían actos rituales de devoción, como por ejemplo la circuncisión y la observancia de las leyes alimentarias. Pablo estaba respondiendo a quienes creían que, cuando obedecían dichas leyes, ponían a Dios en deuda con ellos: «He cumplido con mi obligación, y ahora Dios me debe algo». La meta esencial de los seres humanos es agradar a Dios (Ro 8:8; 12:1–2; 1Co 7:32; 2Co 5:9; Ef 5:10; Fil 4:18), pero esto no puede conseguirse mediante una calculada obediencia a una serie de normas y reglamentaciones susceptibles de manipulación (ver 2:21).

El problema tal y como lo expuso Pablo es que, para la salvación algunos descansaban en su obediencia a la Ley. Esta era la idea que en otro tiempo motivaba la vida de Pablo, y para el ahora apóstol era fácil recitar de un tirón una larga lista de logros religiosos de los que se enorgullecía (Fil 3:5–6; cf. Gá 2:13–14). Si alguien tenía motivos para enorgullecerse de sus credenciales religiosas, este era el apóstol Pablo. Sin embargo, cuando Cristo se le reveló, supo que su jactancia no tenía sentido, que seguía siendo un pecador. Aprendió también que Cristo «dio su vida por mí» (Gá 2:20), y por consiguiente la salvación procede solo del gratuito don de Dios. Para Pablo, la fe es una actitud abierta y confiada hacia lo que Dios ha hecho por nosotros en Cristo. Sin embargo, cuando contrastó la fe y las obras (en Romanos, Gálatas, y Filipenses 3), estaba considerando cómo se recibe la salvación, no cómo se expresa ésta en nuestra vida diaria.

Pablo no se oponía a la obediencia moral a la Ley, ni siquiera a la obediencia ritual de los judíos, siempre, eso sí, que no se creyera que la salvación procede de los propios logros o de nuestra herencia racial. El apóstol utiliza el singular «obra» con un sentido positivo para referirse al modo en que la salvación se expresa en nuestras vidas diarias. En 1 Tesalonicenses 1:3 se refiere a «la obra realizada por su fe». También afirma que la fe obra por medio del amor (Gá 5:6) y arguye que, aunque no somos salvos por las obras, somos creados para realizarlas (Ef 2:10; ver «buena obra [acto]» en 2Co 9:8; 2Ts 2:17).

El discurso de Pablo en Hechos 26:20 recoge su creencia esencial. El apóstol insta a su audiencia a arrepentirse, a volverse a Dios, y a hacer obras coherentes con su arrepentimiento. En Romanos 2:13 Pablo sostiene que Dios no considera justos a los que oyen la Ley, sino a los que la cumplen.[24] Arguye también que Dios resucitó a Cristo de entre los muertos para que podamos llevar fruto para Dios (Ro 7:4), y para que en el día de Cristo podamos estar «llenos del fruto de justicia que se produce por medio de Jesucristo, para gloria y alabanza de Dios» (Fil 1:11).

Como el propietario de la viña que planta una higuera y espera una contrapartida de frutos por sus cuidados (Lc 13:6–9), Dios espera también frutos de cada cristiano. Jesús advirtió a sus discípulos que aquellos árboles que no dan buen fruto serán talados y arrojados al fuego (Mt 7:19; ver 3:10; 12:33–35). Los malvados arrendatarios de la viña, que no entregan los frutos en el debido momento, serán destruidos (21:41, 43). En el contexto del Evangelio, dar frutos alude a la obediencia a los mandamientos de Jesús, sin embargo nuestra obediencia a sus órdenes solo puede proceder de una vida que ha sido transformada en su mismo núcleo. ¿Cómo puede alguien afirmar haber sido salvo si lo que le hace ser quien es y y hacer lo que hace sigue totalmente inalterado? Tan solo es salvífica la verdad que entra en nuestra existencia y la transforma. Un árbol que da buen fruto lo produce de manera natural y espontánea, puesto que forma parte de la naturaleza de un buen árbol producir buenos frutos. Un árbol inútil, al margen de lo saludable que pueda estar, sigue siendo un árbol inútil. Únicamente una existencia cristiana verdadera puede producir fruto. Si existe una continuidad entre el ser de una persona y sus obras, esto es buen fruto. Donde no existe tal continuidad, la espiritualidad es una farsa.

Significado Contemporáneo

La primera acción de gracias nos permite ver la importancia de la oración en la vida de Pablo y nuestro llamamiento a agradar a Dios. Al aplicar este texto a la situación de nuestro tiempo, consideraremos el modo en que Pablo desarrolla estas dos cuestiones.

La relevancia de la oración. Las secciones de acción de gracias de las cartas de Pablo revelan lo importante que era la oración para el apóstol. El hábito de Pablo de orar constantemente por los demás nos permite aprender varias cosas.

---

24. Acerca de las «buenas obras» en Pablo, ver Ro 2:7; 13:3; 1Co 3:14; 2Co 9:8; Gá 6:10; Ef 2:10; Fil 1:6; 2:12; 1Ts 1:3; 2Ts 2:17; Tit 1:16.

(1) *Orar con regularidad.* E. D. Martin señala que «Las oraciones de Pablo eran regulares, intensas, específicas e intencionadas. La naturaleza deliberada de esta clase de oración está en marcado contraste con la insípida sugerencia de orar que se expresa en el comentario, 'pensaré en ti'».[25] Es fácil imaginar a Pablo orando con regularidad por una lista de iglesias, quizá mientras trabajaba en la fabricación de tiendas. Somos proclives a orar solo en situaciones de emergencia: por los necesitados, los que tienen problemas o se encuentran en circunstancias difíciles. Pablo oraba constantemente por sus iglesias; cuando se suscitaban problemas les escribía cartas. La fortaleza espiritual depende de la regularidad en la oración.

(2) *Orar con alabanza y acción de gracias.* Pablo siempre alaba y da gracias a Dios en sus oraciones. A veces, cuando presentamos nuestras oraciones carecemos de gozo y gratitud porque estamos demasiado preocupados con el mal que, según tememos, acecha a la vuelta de la esquina. En ocasiones, recurrimos a la oración únicamente cuando nos sentimos oprimidos, y en estos casos nos centramos solo en nuestros problemas. Pablo daba gracias en toda situación, porque veía siempre, por todas partes, la resplandeciente Gracia de Dios en acción.

(3) *Orar por los demás.* Una importante faceta de nuestra fe comunitaria es que oramos los unos por los otros. Esta preocupación mutua se hace crucial durante aquellos periodos sombríos en los que, por distintas razones, nos sentimos incapaces de orar. Podemos descansar en la seguridad de que nuestra familia de la fe nos cuida, ora por nosotros y nos apoya. Sin embargo, tendemos a recordar a los demás en oración solo cuando sabemos que hay cuestiones urgentes que requieren nuestra intercesión. Entonces le pedimos al Señor que intervenga. E. D. Martin observa que, en sus oraciones intercesorias, Pablo «no se dedica a pedir a Dios que arregle los problemas de las personas por las que ora». Mas bien se consagra a lo que podríamos llamar «mantenimiento preventivo». La mayoría tendríamos que admitir que Martin está en lo cierto: «Con demasiada frecuencia la intercesión espera a que haya algún problema».[26] Cuando las cosas parecen irnos bien —a nosotros o a los demás—, solemos descuidar la oración. C. S. Lewis era consciente de este peligro y le escribió a su amiga, la monja anglicana Penelope Lawson:

> Tengo especial necesidad de tus oraciones porque, como el peregrino de Bunyan, estoy atravesando «una llanura llamada

---

25. E. D. Martin, *Colossians and Philemon* [Colosenses y Filemón], 46.
26. Ibíd., 56.

Comodidad». Todas las cosas de fuera y una buena parte de las de dentro están maravillosamente bien en este momento.[27]

(4) *Orar por desarrollo espiritual.* Pablo reconoce que lo que más necesitan sus iglesias es crecer en el conocimiento que después regirá su fe y sus decisiones. El apóstol pide que sean llenos de sabiduría espiritual, que conozcan la esperanza a la que Dios les ha llamado, y que vivan de un modo coherente. Deberíamos observar que, en este pasaje, Pablo ora concretamente por el desarrollo espiritual de los colosenses. Pide que florezcan en el suelo de la gracia divina para que agraden a Dios. El apóstol proporciona un modelo de oración intercesoria que no imitamos con mucha frecuencia.

Agradar a Dios. Pablo pide primero que los colosenses agraden en todo a Dios, y a continuación enumera cuatro formas esenciales de hacerlo.

(1) *Dando fruto en toda buena obra.* Una abundante cosecha de buen fruto revela que un determinado árbol frutal está saludable. Una abundante cosecha de buenas obras revela la salud espiritual de un cristiano. Las buenas nuevas del perdón de pecados y la promesa de una herencia de Dios han de cambiar nuestras vidas. «Sin duda, las verdades que hemos de creer (*credenda*) tienen una gran importancia. Pero las cosas que hemos de hacer (*agenda*) también la tienen».[28]

Lamentablemente, los cristianos no siempre ponemos en práctica las verdades que creemos. Siguiendo la obra de Neil Postman *Amusing Ourselves to Death* [Divirtiéndonos hasta el hastío], Marva J. Dawn sostiene «que la televisión ha habituado a sus espectadores a una baja relación entre información y acción, que las personas se habitúan a 'aprender' buenas ideas (incluso de sermones) sin hacer nada al respecto».[29] Aprendemos a hablar sobre estas cosas de manera inteligente, pero no pasamos a la acción. Muchas veces los predicadores creen que han cumplido con su deber simplemente presentando la información o la necesidad. Pablo no alaba a los colosenses solo porque han aprendido la verdad que les comunicó Epafras (1:7), sino porque su fe ha producido resultados concretos. La prueba de la fe es si cambia o no el modo en que vivimos y tratamos a los demás.

(2) *Creciendo en el conocimiento de Dios.* El axioma de que los ricos se enriquecen más es particularmente cierto en la esfera espiritual: con el conocimiento de la voluntad de Dios viene todavía más conocimiento y

---

27. W. H. Lewis, ed., *Letters of C. S. Lewis* [Las cartas de C. S. Lewis], (Nueva York: Harcourt, Brace and World, 1966), 232.

28. Robertson, *Paul and the Intellectuals* [Pablo y los intelectuales], 33.

29. Marva J. Dawn, *Reaching Out Without Dumbing Down: A Theology of Worship for the Turn-of-the-Century Culture* [Alcanzar sin simplificar: una teología de la adoración para la cultura de finales de siglo], (Grand Rapids: Eerdmans, 1995), 21.

crecimiento espiritual. El pecado se convierte en un ciclo perverso, puesto que nos hunde más y más en la degradación. Por el contrario, el conocimiento de Dios deviene un ciclo virtuoso que nos lleva cada vez a mayores profundidades en el cumplimiento de los soberanos propósitos de Dios. En palabras de Wright: «El entendimiento dará alas a la santidad, y la santidad añadirá profundidad al entendimiento».[30]

Vivir como desea Dios conduce a un mayor conocimiento. E. D. Martin esquematiza un patrón progresivo:

> Recibir el Evangelio es comenzar a conocer a Dios.
> Conocer a Dios es hacer su voluntad.
> Hacer su voluntad es saber cada vez más de él.[31]

La meta es avanzar más aún hacia la mente de Cristo, lo cual automáticamente afecta a todo lo que hacemos (1Co 2:16; Fil 2:5). Nunca podemos sentirnos satisfechos por haber alcanzado plenamente esta realidad (Fil 3:12), y la madurez espiritual de Pablo destaca en su ferviente deseo de conocer mejor a Cristo y compartir sus sufrimientos (3:10).

Conocer a Dios se convierte en algo aún más crucial en un tiempo que valora todo el conocimiento menos el de Dios. Un miembro del patriarcado de Moscú de la Iglesia Ortodoxa Rusa respondió a una reciente cacería de brujas en la que una mujer fue asesinada y cuatro de sus cinco hijos recibieron una brutal paliza:

> En este país hemos experimentado un periodo muy largo con una ausencia total de educación espiritual, y las gentes se han olvidado totalmente del verdadero sentido de la religión […] Las personas han perdido su inmunidad espiritual para resistir el mal. Están confusos y a menudo tienen problemas para saber lo que es bueno y lo que es malo.[32]

En nuestro tiempo, muchas personas que tienen un sofisticado conocimiento tecnológico son también terriblemente ingenuos e ignorantes cuando se trata de cuestiones teológicas. Aquellos que no tienen un sólido fundamento doctrinal son candidatos al naufragio, puesto que nunca acaban de trazar un claro rumbo, debatiéndose en un mar de dudas.

(a) Cada crisis espiritual se debe a una negativa a conocer a Dios. Cuando las personas exluyen a Dios de su conocimiento, Dios les entrega «a la depravación mental, para hacer lo que no deben» (Ro 1:28). Cuando esto

---

30. Wright, *Colossians and Philemon* [Colosenses y Filemón], 58.
31. E. D. Martin, *Colossians and Philemon* [Colosenses y Filemón], 47.
32. Michael Specter, «In Modern Russia, a Medieval Witch Hunt» [Una medieval cacería de brujas en la Rusia de hoy], en *The New York Times*, 146 (Apr. 5, 1997): 1, 4.

sucede se produce inevitablemente el catálogo de males sociales que se enumeran en Romanos 1:29–32.

(b) Todos los cristianos necesitan avanzar más allá de los fundamentos rudimentarios (Heb 5:12, 14) y confesiones superficiales para que nuestra fe tenga algún efecto en nuestra forma de pensar o vivir.[33]

(c) El fruto de nuestro conocimiento ha de ser más que un mero discernimiento del bien y el mal: ha de concretarse en la práctica del bien. El conocimiento lleva a una relación transformada con Dios y con los demás. Cuando los cristianos entienden la voluntad de Dios, se espera que la lleven a cabo (ver Lucas 6:46: «¿Por qué me llaman ustedes 'Señor, Señor', y no hacen lo que les digo?»).

(d) El conocimiento de Dios hace que entendamos lo que sucede a nuestro alrededor, de modo que los acontecimientos no nos toman por sorpresa o nos conmocionan. Sabemos con toda seguridad que Dios está llevando a cabo sus propósitos para el mundo y a menudo de formas inesperadas. Comprender la voluntad de Dios nos capacita para ver el propósito de Dios en cada nueva circunstancia.

Para que los cristianos crezcan en el conocimiento de Dios, la Iglesia ha de ser un campo de capacitación rigurosamente bíblico y moral. La necesidad de discernimiento moral que se deriva del cristianismo bíblico no podría ser mayor. Ciertos sondeos han revelado que la Biblia tiene un increíble grado de penetración en los hogares norteamericanos. Nueve de cada diez estadounidenses posee un ejemplar de la Biblia, sin embargo la mayoría de ellos rara vez la lee y, por consiguiente, no sabe prácticamente nada sobre ella. No han permitido que la verdad bíblica penetre en sus corazones y mentes. No la leen personalmente; y cuando lo hacen, no siguen un orden sistemático ni se sitúan en su contexto para poder entenderla. La hojean superficialmente con la esperanza de encontrar algo significativo, como si la Biblia fuera una especie de tabla de güija. El resultado es un lamentable grado de ignorancia bíblica que tiene graves consecuencias. Los cristianos han de estar dispuestos a estudiar la Palabra de Dios para conseguir una mayor comprensión de su fe.

(3) *Ser fortalecidos en todo sentido con su glorioso poder*. El mero conocimiento no faculta la obediencia. Pablo pide a Dios que imparta a sus lectores no solo un discernimiento espiritual de su voluntad, sino también el divino poder para llevarla a cabo. Este poder se ha revelado en la resurrección: «Cristo resucitó por el poder del Padre» (Ro 6:4). Ese mismo poder es el que imparte a Pablo la fuerza para esforzarse por el Evangelio (1:29) y capacita a otros cristianos para vivir vidas que agradan a Dios. El cris-

---

33. Wall, *Colossians and Philemon* [Colosenses y Filemón , 51–52.

tianismo no es una religión de autoayuda; el creyente solo puede ser fuerte por medio de Dios. E. D. Martin afirma que «la salvación no consiste solo en restaurar nuestra posición con Dios; es una transformación en la que Dios obra en los creyentes y a favor de ellos».[34]

Pablo reconoce, no obstante, que la vida y el crecimiento cristianos «se llevan a cabo en un mundo que se opone a su fe y a sus buenas obras».[35] Los cristianos tendrán que hacer frente a la adversidad y la aflicción, y esto requerirá una «gran perseverancia y paciencia». Como reconoce Pokorný, no se trata de «meras virtudes pasivas; son más bien expresiones del poder del Resucitado, quien hace posible la vida de la Iglesia como una vida de compañerismo dentro de las comunidades cristianas».[36]

(a) En este contexto, la «perseverancia» se dirige hacia las circunstancias. Se alude al poder de hacer frente a la vida y a contentarse en cualquier situación (Fil 4:11–13), aun cuando seamos inundados por el sufrimiento. Es, por tanto, lo contrario de quejarse, refunfuñar o sentirse descorazonado. Cuando nuestra fe en Cristo no nos aporta comodidad o mayor gratificación terrenal, sino persecución y sufrimiento, perseverar implica no cambiar nuestra fe por algo que parece menos exigente y más prometedor. La perseverancia tiene que ver con seguir adelante en los tiempos difíciles.

Robert Coles proporciona un hermoso ejemplo de perseverancia en su relato de la experiencia de Tessie, una de las cuatro niñas afroamericanas que en 1961 comenzaron el proceso de integración escolar en Nueva Orleans. Tenían seis años, y durante varios meses hubieron de ser escoltadas hasta la escuela por funcionarios de la policía judicial. Cada mañana tenían que soportar una lluvia de obscenidades pronunciadas por personas adultas mientras atravesaban las filas de una multitud de manifestantes. Más de una vez, tuvieron que escuchar furiosas amenazas de muerte procedentes de alguien de la multitud. Un día en que Tessie estaba agotada por la tensión y trataba de escabullirse para no ir a la escuela, su abuela habló con ella para animarla. La abuela sentía no poder ir con ella y «llamar a aquellas personas a mi lado, y leerles la Biblia, y decirles, recordarles, que él está ahí, Jesús, cuidándonos a todos, no importa quiénes seamos ni cuál sea el color de tu piel». Coles consigna que la anciana dejó de hablar un momento para dar un palmetazo a una abeja que zumbaba por la cocina. La tomó con los dedos, aún estaba viva; pero en lugar de rematarla la llevó al jardín y la dejó libre. A continuación relacionó el rescate de la abeja con la situación de su nieta:

---

34. E. D. Martin, *Colossians and Philemon* [Colosenses y Filemón], 299.
35. Caird, *Paul's Letters from Prison* [Las cartas de Pablo desde la prisión], 171.
36. Pokorný, *Colossians* [Colosenses], 49.

Mira, mi niña, ¡tienes que ayudar al buen Señor con su mundo! Él nos ha puesto aquí y nos pide que le ayudemos. La abeja no pertenece a este lugar; su territorio está fuera. Tú formas parte de la Escuela McDonogh, y llegará el día en que todos lo sabrán, incluso aquella pobre gente ¡Señor, te pido por ellos! Aquella pobre, pobre gente que se desgañita gritándote. Tu eres una hija de Dios, formas parte de su pueblo; él ha puesto su mano sobre ti, y te ha llamado; un llamamiento al servicio ¡en su nombre! Y ahí está toda esa gente, locos de miedo; para cuando termines tu estancia en esa escuela se habrán calmado, y no se acordarán de ti, cariño. Eso te lo aseguro; y será así, ¡como te lo estoy diciendo![37]

Esta sabia abuela nos ofrece una aguda reflexión sobre cómo soportar las dificultades. (i) Necesitamos una conciencia de haber sido llamados, la convicción de que hemos sido designados por Dios y por ello podemos resistir la opresión. La abuela de Tessie estaba diciendo: «nosotros somos los afortunados por haber sido llamados, y hemos de demostrar que podemos hacer lo que el Señor nos pide, que estamos dispuestos a hacerlo». Sus palabras son un eco de aquellas que pronunciaron los primeros discípulos cuando hubieron de soportar el sufrimiento. Tras la concesión del tercer grado penitenciario por parte del Sanedrín, salieron «llenos de gozo por haber sido considerados dignos de sufrir afrentas por causa del Nombre» (Hch 5:41).

(ii) Necesitamos una conciencia del llamamiento al servicio, no solo a nuestros amigos sino también a quienes nos tratan desconsideradamente. Hemos de ver este tipo de situaciones como una oportunidad de servir a Dios más que como problemas que nos gustaría evitar. Deberíamos vernos a nosotros mismos como mucho más que meros beneficiarios de la Gracia de Dios; somos benefactores por medio de quienes Dios alcanza a otros con su Gracia.

(iii) Necesitamos una conciencia de estar vinculados a lo que Dios está haciendo en el mundo. Tessie fue entendiendo despacito la lección de la abuela. Tras pensar un poco, la niña dijo: «Si puedo ayudar al buen Señor y hago un buen trabajo, entonces todo saldrá bien, y no habré perdido el tiempo».[38]

(b) La «paciencia» se distingue de la perseverancia en que se ejerce hacia las personas (ver 3:12). Se niega a sucumbir a los sentimientos de amargura o a devolver el golpe cuando es herida por personas maliciosas.

---

37. Robert Coles, *The Call of Service: A Witness to Idealism* [Llamamiento al servicio: un testigo del idealismo] (Boston/Nueva York: Houghton Mifflin, 1993), 3–4.
38. Ibíd., 5.

Agustín afirmó que aquel que muestra paciencia «prefiere soportar la hostilidad para no ser hostil antes que serlo para no soportarla».[39] Paciencia es lo que Pablo espera que Filemón muestre hacia Onésimo, su esclavo descarriado. Sin embargo, el sentido de la paciencia y la perseverancia se acercan puesto que podemos también ser pacientes en nuestras circunstancias. Pablo también espera que Onésimo ejerza paciencia. Nouwen afirma:

> La palabra paciencia representa la disposición a permanecer donde estamos y vivir en plenitud la situación que nos toca en la convicción de que, en su momento, algo que está oculto se manifestará. Las personas impacientes están siempre esperando que Dios se manifieste en algún otro lugar y, por ello, siempre quieren estar en otro lugar. El presente es vacío. Sin embargo, las personas pacientes se atreven a quedarse donde están.[40]

(4) *Dar gracias con gozo.* Se dice que Stalin consideraba la gratitud como una enfermedad que padecían los perros. Esta actitud puede explicar su perversa naturaleza y las espeluznantes purgas que llevó a cabo con su pueblo. Sin embargo, para los cristianos es esencial desarrollar un talante gozoso y agradecido. M. Scott Peck dice que en una ocasión le comentó a Theodore Gill que la gratitud era una de las características de los verdaderos cristianos. Gill replicó: «no es que la gratitud sea una de las características de los cristianos; es la principal». Peck sigue diciendo: «De hecho, la gratitud es tan esencial que es como la propia salvación».[41] G. K. Chesterton ha observado: «cuando se trata de la vida, la cuestión decisiva es si das las cosas por sentadas, te las tomas con indiferencia o si las recibes con gratitud».[42]

El agradecimiento es más que un feliz sentimiento que nos hace saltar de alegría. Si consideramos que para Pablo la acción de gracias es un mandamiento —no un sentimiento que no podemos controlar—, se trata entonces de algo que podemos decidir practicar o no, y por tanto de algo que puede llegar a ser una disciplina susceptible de ser desarrollada. Los quejosos crónicos no están nunca satisfechos y se sienten siempre, de algún modo, engañados. Se hacen también más vulnerables a las herejías en su desesperado deseo de encontrar un ideal. Los verdaderos cristianos experimentan intensamente la Gracia de Dios y permiten que su gratitud por lo que Dios

39. Agustín, *De la paciencia* 2; citado por E. D. Martin, *Colossians and Philemon* [Colosenses y Filemón], 287.
40. Henri J. M. Nouwen, «A Spirituality of Waiting: Being Alert to God's Presence in Our Lives» [Una espiritualidad de la espera: atentos a la presencia de Dios en nuestras vidas], *Weavings* 1 (1986), 9.
41. M. Scott Peck, *What Return Can I Make?* [¿Cómo puedo corresponder?] (Nueva York: Simon y Schuster, 1985), 162.
42. G.K. Chesterton, *Irish Impressions* [Impresiones irlandesas], (Londres: Collins, 1919), 24.

ha hecho en Cristo configure toda su su vida. Esta gratitud hace que la vida sea más rica, más feliz, y más sorprendente.

Según Nouwen:

> En su sentido más profundo, la gratitud es vivir la vida como un don que se recibe con agradecimiento. Sin embargo, la gratitud tal y como el Evangelio la describe abarca toda la vida: lo bueno y lo malo, el gozo y el dolor, lo santo y lo que no lo es tanto.[43]

Por ello, la gratitud es una difícil disciplina. El desgaste de la vida diaria puede ir minando nuestra confianza en Dios y nuestra apreciación de la abundancia de la vida en Cristo.

Uno de mis estudiantes planteó la pregunta: «¿Por qué me es tan fácil encontrar motivos de queja y, al mismo tiempo, permanecer impávido ante las bendiciones que recibo? ¿Qué es lo que hay en mí que me hace tan insatisfecho?» Puede que nuestra cultura materialista promueva el descontento. Los publicistas nos estimulan a desear siempre más de lo que tenemos, y nos prometen que la satisfacción, la dicha y el bienestar están a nuestro alcance con una sola llamada telefónica. A fin de conseguir estas cosas mágicas, muchos «agotan» múltiples tarjetas de crédito y se hipotecan hasta el cuello. La ansiedad que crea este estilo de vida basado en el endeudamiento extremo ahoga automáticamente cualquier sentido de gratitud. Quienes son capaces de apreciar la respuesta de Jesús a la tentación del diablo: «Escrito está: 'no solo de pan vive el hombre, sino de toda palabra que sale de la boca de Dios'» (Mt 4:4), saben que la vida abundante no procede de una abundancia de cosas (cf. Lc 12:15–21). La vida actual no lo es todo.

A veces olvidamos, no entendemos plenamente, o no valoramos lo que Dios ha hecho por nosotros en Cristo. Cuando sí lo recordamos y valoramos sobre todas las cosas, nos inunda un sentido de gratitud hacia Dios que se derrama también hacia los demás. Un espíritu agradecido nos hace conscientes de que nuestras vidas dependen completamente de Dios, no de nosotros. Echa fuera el orgullo y refrena la ansiedad y el temor. Dirige nuestros sentimientos fuera de nosotros mismos, hacia los demás en vez de hacia adentro, donde pueden convertirse fácilmente en duros y viscosos bloques de autocompasión.

Pablo menciona dos cosas por las que los cristianos estarán eternamente agradecidos: una «herencia [...] en el reino de la luz» y nuestra «redención, el perdón de pecados» (1:12, 14). Cristo hace que esta vida presente sea soportable, y promete una nueva vida en su reino celestial. Helen Keller, que quedó ciega y sorda a los 19 meses de edad, escribió en su autobiogra-

---

43. Henri J. M. Nouwen, «All Is Grace» [Todo es Gracia] *Weavings* 7 (1992), 39.

fía: «Cada día de mi vida doy gracias a Dios por tres cosas: gracias porque me ha concedido conocer sus obras; muchas gracias porque en mi oscuridad encendió la lámpara de la fe; muchas, muchísimas gracias porque tengo otra vida por delante: una gozosa vida con luz y flores y una canción celestial». Helen afirmaba que se le había dado tanto que no tenía tiempo de pensar acerca de lo que se le había negado. En el Evangelio de Juan se consigna que Lázaro experimentó un anticipo del poder que traerá esta nueva vida (Jn 11:28–44). En la obra de O'Neill «Lazarus Laughed» [Lázaro se rió] un huésped recuerda la escena que se produjo después de que Jesús resucitó a Lázaro de los muertos.

> Y entonces Lázaro se arrodilló ante Jesús y besó sus pies, y
> ambos sonrieron, y Jesús le bendijo y le llamó «mi hermano»
> y se marchó; y Lázaro, siguiéndole con la vista, ¡comenzó a
> reírse dulcemente como un hombre enamorado de Dios![44]

El perdón de los pecados que disfrutamos por medio de Cristo debería avivar el gozo que, sin palabras, derramó la mujer que lavó los pies de Jesús con sus lágrimas (Lc 7:36–50). El pecado nos deja incapacitados; la Gracia de Dios en Cristo nos hace libres. Diane Komp, una oncóloga pediátrica, cuenta la historia de Arthur, a quien se le diagnosticó un cáncer cuando tenía tres años. Durante un periodo de cinco años tuvo múltiples recaídas y estuvo muchas veces al borde de la muerte. Sus padres eran personas maravillosas, dice Komp: pacientes con su tratamiento, sin perder nunca la esperanza.

Un día la madre de Arthur llamó a la médico para preguntarle algo que había estado sopesando durante varios años. Le contó que durante los primeros años de su matrimonio, había tenido una aventura amorosa y dejó a su marido por otro hombre. Ella quedó embarazada, y cuando su compañero lo supo, le dio a beber una poción para provocar un aborto. Aquello no funcionó, y él la abandonó. Ella volvió a su marido, embarazada de Arthur y le pidió perdón; él la perdonó. Su marido sabía la verdad, pero siempre amó y trató a Arthur como si fuera su hijo biológico. Su pregunta a la oncóloga fue: «¿Cree usted que el brebaje que ingerí para abortar produjo el cáncer?» Sabiamente, la doctora Komp respondió que era imposible saber lo que había producido el cáncer. Pero los médicos no pueden sanar la culpa, y la madre sufrió muchos años con aquella terrible carga. En lo profundo de su alma sentía que su pecado había producido todo aquel sufrimiento de su hijo.

---

44. Eugene O'Neill, *The Plays of Eugene O'Neill* [Los juegos de Eugene O'Neill], (Nueva York: Random House, 1955), 1:277.

Más adelante, la madre de Arthur escribió a la doctora Komp y le explicó que había crecido en una iglesia en la que se predicaba el perdón por medio del sacrificio de Cristo. A pesar de esta tradición religiosa:

> No había podido perdonarse y había rechazado el perdón que Dios le ofrecía en Jesús. No había nadie en su iglesia con quien pudiera compartir su carga. Cuando finalmente se perdonó, subrayó todos los pasajes de la Biblia que aluden al perdón de Dios y se asombró de que, por fin, la carga desapareciera. La sanidad de los recuerdos y de la culpa es a veces más difícil que la del cáncer.[45]

Arthur fue uno de los primeros enfermos del país que recibió un nuevo fármaco experimental. El medicamento funcionó. La madre de Arthur llamó a la doctora Komp para invitarla a la boda de su hijo. Es fácil imaginar que fue una gran celebración. ¿De qué otro modo se puede responder a los dones de Dios?

---

45. Diane M. Komp, «Hearts Untroubled» [Corazones serenos], *TToday* 45 (1988): 278.

Colosenses 1:15-23

Él es la imagen del Dios invisible, el primogénito de toda Creación, 16 porque por medio de él fueron creadas todas las cosas en el cielo y en la tierra, visibles e invisibles, sean tronos, poderes, principados o autoridades: todo ha sido creado por medio de él y para él. 17 Él es anterior a todas las cosas, que por medio de él forman un todo coherente. 18 Él es la cabeza del cuerpo, que es la iglesia. Él es el principio, el primogénito de la resurrección, para ser en todo el primero. 19 Porque a Dios le agradó habitar en él con toda su plenitud 20 y, por medio de él, reconciliar consigo todas las cosas, tanto las que están en la tierra como las que están en el cielo, haciendo la paz mediante la sangre que derramó en la cruz. 21 En otro tiempo ustedes, por su actitud y sus malas acciones, estaban alejados de Dios y eran sus enemigos. 22 Pero ahora Dios, a fin de presentarlos santos, intachables e irreprochables delante de él, los ha reconciliado en el cuerpo mortal de Cristo mediante su muerte, 23 con tal de que se mantengan firmes en la fe, bien cimentados y estables, sin abandonar la esperanza que ofrece el evangelio. Éste es el evangelio que ustedes oyeron y que ha sido proclamado en toda la Creación debajo del cielo, y del que yo, Pablo, he llegado a ser servidor.

Sentido Original

La mención del reino del amado hijo de Dios en 1:13 conduce a la alabanza poética de Cristo en 1:15-20. Esta sección se divide en dos partes, cada una de ellas con su propio tema: Cristo es mediador de la Creación, vencedor sobre los poderes, y Señor de toda la Creación de Dios (1:15-17); y también Señor del nuevo orden de Dios, la Iglesia, donde los humanos encuentran reconciliación (1:18-20). Cada parte del Cosmos creado, visible e invisible, fue creada en él, por él y para él; y cada una de ellas será tocada por la obra reconciliadora de Cristo en la Cruz. La supremacía cósmica de Cristo fundamenta y fortalece la posición y el poder de quienes han sido llevados a su reino. La hegemonía universal de Cristo se corresponde con el carácter universal del Evangelio (1:6) y afirma a los creyentes en la suficiencia de Cristo.[1]

¿Es Colosenses 1:15-20 un antiguo himno cristiano?

Durante su gestión como comisionado especial en el Ponto y Bitinia, Plinio el Joven escribió al Emperador Trajano pidiéndole consejo sobre el procedimiento a seguir con los cristianos. Plinio explica que éstos se

---

1. Jones, *The Epistle of St. Paul to the Colossians* [La epístola de San Pablo a los Colosenses], 73.

reunían «en un día fijo antes del amanecer, y cantaban antifonalmente un himno a Cristo como a un Dios» (*Epístolas* 10.96; ver Ef 5:19; Col 3:16). La mayoría de los eruditos sostienen que, en 1:15–20, Pablo ha preservado un fragmento procedente de una antigua colección de himnos cristianos.[2] No hay, sin embargo, consenso sobre la estructura, autor original, trasfondo y propósito del presunto himno, o de las posibles glosas insertadas por el autor de Colosenses.

Por mi parte, yo me uno a la opinión de la minoría que no opina que Pablo absorbiera una tradición litúrgica y la insertara (con sus anotaciones) en esta carta.[3] Nuestro pasaje es indiscutiblemente poético, sin embargo creo que es mejor considerarlo como prosa hímnica compuesta por el propio apóstol, basándose quizá en material de la tradición. Aunque R.P. Martin sostiene que se trata de un himno litúrgico, concede que «el discurso religioso tiende a ser poético en su forma; y la meditación sobre la persona y lugar de Jesucristo en la vida y experiencia de la iglesia y el creyente no se expresa de un modo frío y calculado, sino más bien rapsódico y florido».[4] Inicialmente, el verbo griego «cantar himnos» (*hymno*) solo significaba «alabar», y se utilizaba para expresar la alabanza de algo que trascendía lo humano.[5]

---

2. Fundamentan esta conclusión en el uso de la cláusula relativa, que comienza con «quien es / él es», como una forma corriente de comenzar himnos cristológicos, las unidades equilibradas desde un punto de vista rítmico, la gran cantidad de palabras poco comunes en un espacio tan corto («visible», «tronos», «forman un todo coherente», «principio», «supremacía/ser en todo el primero», «reconciliar», «la sangre que derramó en la cruz» [lit., «la sangre de la cruz»]), y el contenido independiente que tiene sentido por sí mismo aparte del contexto de la carta.

3. Ver por ejemplo, J. C. O'Neill, «The Source of the Christology in Colossians» [La fuente de la cristología en Colosenses], *NTS* 26 (1979): 87–100; Seyoon Kim, *The Origin of Paul's Gospel* [El origen del Evangelio de Pablo], (Grand Rapids: Eerdmans, 1981), 144–47; John F. Balchin, «Colossians 1:15–20: An Early Christian Hymn? The Arguments from Style» [Colosenses 1:15–20: ¿un antiguo himno cristiano? Argumentos sobre el estilo] *Vox Evangelica* 15 (1985): 65–93; Steven M. Baugh, «The Poetic Form of Col 1:15–20» [La forma poética de Colosenses 1:15–20] *WJT* 47 (1985): 227–44; y N.T. Wright, «Poetry and Theology in Colossians 1.15–20», [Poesía y teología en Colosenses 1:15–20], en *The Climax of the Covenant: Christ and the Law in Pauline Theology* (Minneapolis: Fortress, 1992), 99–119. El mero hecho de que el tema sea cristológico no significa que se derive de una tradición litúrgica formada con anterioridad. Balchin, «Colossians 1:15–20», [Colosenses 1:15-20], 76, comenta que tal conclusión «equivaldría a decir que los autores del Nuevo Testamento eran incapaces de hacer afirmaciones sobre Cristo cuando la ocasión lo demandaba sin citar material litúrgico».

4. R.P. Martin, «Aspects of Worship in the New Testament» [Aspectos de la adoración en el Nuevo Testamento] *Vox Evangelica* 2 (1963): 21.

5. Edgar Krentz, «*Epideiktik* and Hymnody: The New Testament and Its World» [*Epideiktik* e Himnodia: el Nuevo Testamento y su mundo], *Biblical Research* 40 (1995): 52, 83. Descrito como una obra en progreso, Krentz aporta el tratamiento más útil en inglés del formato de himno y su utilización en el Nuevo Testamento.

Pablo no escribió esta carta como un documento para ser estudiado en un seminario o interpretado en un comentario, sino como un texto que sería leído en voz alta como parte de la adoración de una iglesia local. Con esta idea en mente, podía expresar su fe con majestuosa poesía.[6] Sus cartas ponen de relieve que el apóstol sabía escribir como profeta y salmista, y que es un maestro del «estilo litúrgico, que se eleva por encima de la polvorienta prosa de lo cotidiano, y que en el lenguaje de quien está contemplando otro mundo, da testimonio del maravilloso secreto de ese otro mundo».[7] Puesto que 1:12–14 también exhibe este estilo elevado, los eruditos disienten sobre la extensión del material litúrgico propuesto que adopta el autor. Algunos comienzan en el versículo 12; otros, en el 13. Una conclusión más razonable considera 1:12–23 como un pasaje que procede por completo de la alabanza de Pablo a su Redentor.[8] Acotado por alusiones a la redención ofrecida en Cristo (1:14, 21–22), el poema encaja bien en este contexto.

No deberíamos imponer a este pasaje nuestras modernas suposiciones sobre lo que constituye un himno. El gran número de propuestas para determinar la estructura del himno indican, por ejemplo, que su ordenación métrica no es inmediatamente evidente.[9] Muchos han extirpado cualquier

---

6.   Ver Ro 8:31–39; 11:33–36; 16:25–27; 1Co 1:18–31; 13:1–13; 2Co 4:7–10; 6:3–10; 11:33–36; Gá 5:16–26; Fil 2:5–11; 1Ts 5:14–22. Sobre Filipenses 2:5–11, Ver Gordon D. Fee, «Philippians 2:5–11: Hymn or Exalted Pauline Prose?» [Filipenses 2:5–11: ¿Himno o exaltada prosa paulina?], *BBR* 2 (1992): 29–46. Dunn, *The Epistles to the Colossians and to Philemon* [Las epístolas a los Colosenses y a Filemón], 83–84, admite que, «nunca podrá demostrarse de manera definitiva que en este pasaje se haya compilado material preformado. Es muy posible que el pensamiento de todo lo que los cristianos debemos a Cristo inspirara en Pablo un lenguaje poético (1:13–14) o simplemente que redactara un pasaje de estilo recargado». Werner Georg Kümmel, *Introduction to the New Testament* [Introducción al Nuevo Testamento], ed. rev., traducido por Howard Clark Kee (Nashville: Abingdon: 1975), 343, concluye que es mucho más probable «que el autor de Colosenses formara este himno utilizando material tradicional». Algunas expresiones esenciales de este pasaje pueden encontrarse en otros pasajes de las cartas de Pablo; ver Ro 5:1; 8:29; 11:36; 1Co 2:8; 8:6; 2Co 4:4.
7.   Adolf Deissmann, *The New Testament in Modern Research* [El Nuevo Testamento en la Investigación Moderna], (Garden City, N.Y.: Doubleday, Doran, 1929), 98.
8.   Balchin, «Colossians 1:15–20», [Colosenses 1:15–20], 69, señala que si en el contexto se ha insertado un himno tradicional, la línea introductoria «quien es» omite el antecedente; y ha de comenzar por tanto con la segunda línea del himno. En el contexto, sin embargo, el pronombre relativo no señala una ruptura sintáctica, sino una continuidad natural con lo que precede.
9.   Balchin (Ibíd., 78) enumera veinticinco propuestas distintas. Pierre Benoit, «L'hymne christologique de Col 1, 15–20» [El himno cristológico de Colosenses 1, 15-20] en *Christianity, Judaism and Other Greco-Roman Cults*, ed. Jacob Neusner, SJLA 12 (Leiden: Brill, 1975), 1:226–63, diagrama veinte reconstrucciones. Wright, «Poetry» [Poesía], 106, n. 25, comenta que pocos eruditos plantean siquiera la cuestión de «qué clase de ritmo sería razonable esperar». Balchin, *Colossians 1:15–20*, [«Colosenses

palabra o expresión que no encaja en su reconstrucción de una hipotética, forma pre paulina más métrica.[10] En mi opinión, este tipo de especulación no nos lleva a ninguna parte. El problema no es solo su improbabilidad como hipótesis, sino también que crea un extraño panorama. Si el himno fuera familiar para los colosenses, los pequeños ajustes de Pablo servirían probablemente más para desconcertarles que para iluminarles.[11] Wright crítica la noción de Schweizer en el sentido de que la comunidad reconocería las primeras palabras y se uniría a su recitación, y también su hipótesis de que el autor interpoló fragmentos muy cortos. «Nada sería más susceptible de desconcertar a una congregación que la manipulación de un himno que utilizan en su adoración».[12]

Puesto que muchos lo consideran un pasaje que contiene material tradicional primitivo, han intentado trazar sus orígenes en el multifacético mundo filosófico del helenismo o en las diferentes corrientes del judaísmo. Ninguna de estas opciones nos ayuda a interpretar su significado en Colosenses. Conocer, pongamos por ejemplo, la fuente de las pinturas de la paleta que Vincent van Gogh utilizó para pintar sus «Girasoles», no nos ayuda a apreciar más su representación de la naturaleza rebosante de vida.

Sin embargo, estoy convencido de que la reflexión veterotestamentaria y judía precristiana sobre la sabiduría proporciona el semillero que alimentó

1:15–20», 68) sostiene que la cuidadosa estructura paralela se explica mejor como procedente de alguien «impregnado del trasfondo poético del Antiguo Testamento, donde de forma paralela se consignan, no solo himnos, sino también material profético [...] No debería sorprender que el apóstol se expresara en aquellas formas que, por su crianza, siempre había relacionado con el mensaje divino».

10. Schweizer, *Colossians* [Colosenses], 57, por ejemplo, borra cuatro expresiones —«tronos o dominios o principados o autoridades», «la iglesia», «para que en todo sea preeminente», «haciendo la paz por la sangre de su cruz»— para regresar al himno original. Véase más recientemente la obra de Jerome Murphy-O'Connor, «Tradition and Redaction in Col 1:15–20» [Tradición y redacción en Colosenses 1:15–20] *RB* 102 (1995): 231–41. El que Pablo se sirviera de un himno precristiano y herético para, con algunas alteraciones, expresar sus argumentos, parece muy poco probable (ver Barth y Blanke, *Colossians* [Colosenses], 244). ¿Por qué citar una tradición cuya teología uno se siente obligado a corregir?

11. Larry R. Helyer, «Recent Research on Col 1:15–20», [Investigación reciente sobre Colosenses 1:15–20], *GTJ* 12 (1992): 67, lo expresa con mayor contundencia: «Mucho tiempo y energía se han invertido en el vano intento de recuperar, reorganizar y explicar el himno original y su trasfondo». O'Neill, «The Source of the Christology in Colossians» [La fuente de la cristología en Colosenses], 89, expone la falacia que supone la constante propuesta de hipótesis y «la pretensión de que las otras teorías hacen que las primeras hipótesis sean más probables y no menos».

12. Wright «Poetry» [Poesía], 100. El intento de cambiar la familiar expresión «que salvó a un miserable como yo» en la primera estrofa del entrañable himno «Amazing Grace» [Sublime gracia] por una versión con palabras más actualizadas y un sentido más elevado de autoestima, «que me salvó y fortaleció», ha suscitado un gran revuelo y protestas en algunas iglesias.

las ideas de este pasaje.[13] La mejor explicación para la aparición de un poema tan majestuoso como este podría ser la hipótesis de Burney que lo ve como una derivación de una intrincada exposición de las primeras palabras del relato bíblico de la Creación en Génesis 1:1, «Dios, en el principio, creó los cielos y la tierra» y de la exaltación poética de la Sabiduría y su participación en la Creación en Proverbios 8:22: «El Señor me concibió como comienzo de su camino, predecesora de sus obras, antiguas» (traducción de Burney).[14]

La primera palabra de Génesis, «en el principio» (*br 'shyt*), se amplifica jugando con tres significados de la preposición hebrea *b*ᵉ, «en», «por», y «para». Se nos dice que todas las cosas fueron creadas «en» (*en*) Cristo, «por » (*dia*) Cristo, y «para» (*eis*) Cristo (1:16). En el poema se desarrollan todos los significados de la palabra hebrea *r 'shyt* («principio», «suma total», «cabeza», y «primicias»). Cristo «es antes de todas las cosas» (principio); «por medio de él forman un todo coherente» (suma total); «él es la cabeza del cuerpo»; y es «el primogénito [primicias] de entre los muertos». Cristo, cumple por tanto todos los posibles significados del término *br 'shyt*, la primera palabra de la Biblia.

En Proverbios 8:22–31, se alaba a la Sabiduría como el agente preexistente que estuvo presente en la ordenación de Dios y dirigió la Creación (ver Eclo 1:4; Sabiduría 9:9). El poema afirma que Cristo realiza y reem-

---

13. Helyer, «Recent Research» [Investigación reciente] 66, concluye que «la cristología cósmica de Pablo tiene sus orígenes en la enseñanza veteroestamentaria de un Dios creador y redentor, y en el encuentro personal de Pablo con Jesús el Señor en el camino de Damasco». Wright («Poetry» [Poesía], 108) sostiene que el poema debería leerse teniendo en cuenta toda la cosmovisión judía: «Existe un solo Dios, que hizo el mundo, y que no está identificado con él (como en el panteísmo y sus varios primos paganos) ni desvinculado de él (como en el dualismo); ha establecido un pacto con Israel; y, en cumplimiento de este pacto, reclamará y redimirá a toda su Creación de aquello que en este momento la corrompe o la amenaza». Tiene mucho más sentido pensar que tras este poema subyacen las tradiciones del Antiguo Testamento que plantear superficiales paralelismos con el gnosticismo, el estoicismo u otra literatura helenista. Pablo estaba más familiarizado con las técnicas y tradiciones exegéticas judeo palestinas de lo que reconocen muchos comentaristas. Wright sigue adelante argumentando que aunque el poema puede contener «ecos verbales de ideas actualmente en uso en otras cosmovisiones, su acento general se sitúa dentro de la amplia y rica tradición del salterio judío».

14. C. F. Burney, «Christ as the ARXH of Creation: Pr 8, 22, Col 1,15-18, Rev 3, 14» [Cristo como el ARXH de la Creación: Pr 8, 22, Col 1,15-18, Ap 3, 14] *JTS* 27 (1925–26): 160–77. Ver también la obra de W. D. Davies, *Paul and Rabbinic Judaism* [Pablo y el judaísmo rabínico], (Londres: SPCK, 1948), 150–52; Frederic Manns, «Col 1, 15–20: Midrash Chrétien de Gn. 1, 1», RSR 53 (1979): 100–10; T. E. Pollard, «Colossians 1:12–20: A Reconsideration», [Colosenses 1:12–20: una reconsideración] NTS 27 (1981): 572–75; y Wright, «Poetry» [Poesía], 107–13.

plaza todas las nociones asociadas con la Sabiduría.[15] Cristo es el agente de Dios en la Creación, la Revelación, y la Redención; y todos los propósitos de Dios para el Universo se cumplen por medio de él.

Estructura del pasaje

Otro asunto objeto de debate tiene que ver con la estructura del poema. Yo lo divido en dos estrofas.

15 Él es la imagen del Dios
                                    invisible,
        el primogénito de toda Creación,
16   porque por medio de él   fueron creadas todas las cosas
                                           en el cielo y en la tierra,
                                           visibles e invisibles,
                                           sean tronos, poderes,
                                           principados o autoridades:
                                           todo ha sido creado por medio de
                                             [*dia*] él y para [*eis*] él.
17   Él es   anterior a todas las cosas, que por
                                           medio de él forman un todo
                                           coherente.
18   Él es   la cabeza del cuerpo, que es la
                                           iglesia.
18b Él es el principio,
        el primogénito de la resurrección,
                    para ser en todo el primero.
19   Porque a Dios   le agradó habitar en él con toda
                                           su plenitud
20   y, por medio de [*dia*] él, reconci-
                                           liar consigo todas las cosas,
                                           tanto las que están en la tierra
                                             como las que están en el cielo,
                                           haciendo la paz mediante la
                                             sangre que derramó en la cruz.[16]

---

15. A la sabiduría se la vincula con la Creación en Pr 8:22–30; Eclo 1:4; 24:9; Sabiduría 9:9; sin embargo no se afirma en ningún lugar algo que se parezca a «todas las cosas fueron creadas en ella», como se afirma sobre Cristo (1:16, «por él [NVI, por medio de él] todas las cosas fueron creadas»). Sobre la Sabiduría no encontramos en ninguna parte algo como «todas las cosas forman por medio de ella un todo coherente», como se afirma de Cristo en 1:17. Según Sabiduría 1:7, es el Espíritu del Señor, no la Sabiduría, quien ha llenado el mundo y sostiene todas las cosas. Ver Sappington, *Revelation and Redemption at Colossas* [Revelación y redención en Colosas], 174.
16. El paralelismo ha sido adaptado del trabajo de Wright, «Poetry» [Poesía], 104.

La primera estrofa comienza con la afirmación «Él es» (1:15), seguida de una explicación, «porque» (1:16), y que concluye con otro testimonio «Él es» (1:17). La segunda continúa con otra afirmación sobre la identidad de Cristo «Él es» (1:18a), seguida de otra declaración introducida en el original por la expresión «quien es» (1:18b), que termina con una explicación «porque» (1:19–20). Las dos estrofas trazan un paralelismo entre la Creación de todas las cosas y la nueva Creación. Juntas afirman que el Creador de todas las cosas del Cielo y la Tierra es aquel que los colosenses conocen como su Redentor. Las ideas clave se unen en la parte central del pasaje (1:17–18a): Cristo es preeminente sobre la Creación natural. No es sencillamente uno más entre algunos poderes espirituales; Él es supremo. Cristo es también preeminente sobre su nueva Creación moral, la Iglesia. En Cristo, su comunidad experimenta reconciliación con Dios como un hecho consumado, y aguarda la reconciliación cósmica de todas las cosas.[17]

La imagen del Dios invisible, el primogénito de toda la Creación (1:15–17)

La primera estrofa proclama que Cristo es el primogénito de toda la Creación y su agente; concluye con la majestuosa afirmación de que todas las cosas forman en él un todo coherente.

(1) **La imagen del Dios invisible**. El poema comienza con la afirmación de que Cristo es «la imagen del Dios invisible» (ver 2Co 4:4; Fil 2:6; Heb 1:3). Puede que esto nos suene extraño. ¿Cómo puede algo que es invisible tener imagen? En la filosofía griega, sin embargo, la imagen tiene una participación en la realidad que la expresa y puede decirse que es la realidad. La imagen no se consideraba como algo distinto del objeto que representaba, en el sentido en que no lo es un facsímil o una reproducción.[18] En tanto que imagen de Dios, Cristo es una representación exacta y visible de Dios (Col 1:19; 2:9), que ilumina la esencia divina.[19]

En Romanos, Pablo insiste en que «desde la Creación del mundo las cualidades invisibles de Dios, es decir, su eterno poder y su naturaleza divina, se perciben claramente a través de lo que él creó, de modo que nadie tiene excusa» (Ro 1:20). Como representación y representante de Dios, Cristo aporta claridad a nuestras imprecisas nociones del Dios invisible e inmortal, que habita en luz inaccesible (1Ti 1:17; 6:16).[20] En Cristo vemos quién

17. En Efesios se subraya la reconciliación entre judíos y gentiles, en Colosenses, la del Cosmos.
18. Hermann Kleinknecht, «εἰκών», *TDNT*, 2:389.
19. Harris, *Colossians and Philemon* [Colosenses y Filemón], 43.
20. Esta creencia fundamental se expresa de maneras diferentes en otros pasajes del Nuevo Testamento (Jn 1:14, 18; 6:46; 8:19; 12:45; 14:9; Heb 1:1–3). La sabiduría de Dios se consideraba también como su imagen: «Porque ella es una reflejo de eterna

es Dios: Creador y Redentor; cómo es: misericordioso y amante; y qué hace: envía a su Hijo para redimir a los seres humanos del dominio de las tinieblas y lleva a cabo la reconciliación de toda la Creación por medio de su muerte en una Cruz. Calvino comenta que en Cristo Dios nos muestra «su justicia, bondad, sabiduría, poder, en pocas palabras, todo su ser».[21]

Los seres humanos también están hechos a imagen de Dios (Gn 1:26–27), pero el Hijo es la única semejanza satisfactoria de Dios. Como imagen perfecta de Dios, Cristo nos enseña lo que quería que fuéramos los humanos: «renovados en conocimiento en la imagen de [nuestro] Creador» (Col 3:10; ver 1Co 15:45; 2Co 3:18).

(2) **El primogénito de toda la Creación**. Cristo es también aclamado como «primogénito de toda la Creación».[22] Por regla general, el término primogénito lo relacionamos con el nacimiento, y connota el primer hijo. Este es el significado que tiene el término en Lucas 2:7; Jesús es el hijo «primogénito» de María. Sin embargo, el uso de Pablo tiene un sentido bastante distinto. Aunque implica prioridad en el tiempo, no significa que Cristo fuera el primero en ser creado o en nacer. En el Antiguo Testamento este título expresa posición. Aparece en el Salmo 89:27 como un título de soberanía: «Yo le daré los derechos de primogenitura, la primacía sobre los reyes de la tierra». Dios otorgó este título a Israel por su divina elección (Éx 4:22; Is 64:8; Jer 31:9; Salmos de Salomón 18:4; 4 Esd 6:58). La metáfora distingue, por consiguiente, a Cristo de todas las cosas creadas como anterior a ellas y como Supremo.[23] Él excede en posición a todo lo creado. La NVI traduce correctamente la expresión griega (lit., «de toda Creación») como un genitivo de subordinación, el «primogénito sobre toda

---

luz, un espejo sin mancha de la obra de Dios, y una imagen de su bondad» (Sabiduría 7:26). Filón consideraba al Logos como la imagen de Dios y el primogénito de la Creación (*Allegorical Interpretation* [Interpretación alegórica] 1.43; *On the Confusion of Tongues,* [De la confusión de las lenguas] 97). En el pensamiento de Pablo, Cristo ha asumido todas las funciones de la Sabiduría de Dios.

21. Calvino, *Commentaries on the Epistles of Paul the Apostle to the Philippians, Colossians and Thessalonians* [Comentarios a las epístolas del apóstol Pablo a los Filipenses, Colosenses y Tesalonicenses], 150.

22. En la carta a los Laodicenses en Ap. 3:14, a Cristo se le llama «Soberano de la Creación de Dios» (*arche*, «origen de la Creación de Dios», nrsv).

23. Véase la exposición que Filón hace de Logos en su *On the Confusion of Tongues* [La confusión de las lenguas] 62–63; *On Husbandry* [De la labranza] 51; *Who's the heir* [¿Quién es el heredero?] 205–6; *Allegorical Interpretation* [Interpretación alegórica] 3.175; *Questions and Answers on Exodus* [Preguntas y respuestas sobre el Éxodo], 2.117.

la Creación».[24] Pablo afirma la «primacía [de Cristo] sobre la Creación, y no solo dentro de la Creación».[25]

(3) **Todas las cosas creadas en él**. La siguiente declaración explica la razón por la que Cristo es preeminente sobre toda la Creación (1:16–17). El versículo 16 contiene una serie de frases preposicionales: todas las cosas fueron creadas «en [*en*] él», «por medio de [*dia*] él», y «para [o con respecto a, *eis*] él».[26] La NVI traduce la primera preposición como un dativo agente (instrumental), «por él». Es mejor, sin embargo, entenderlo como un dativo de esfera (locativo), «en él». Pablo utiliza frecuentemente la expresión «en Cristo» o «en él» con este sentido. Puesto que la última parte de este versículo afirma que todas las cosas han sido creadas por medio de él (*dia*), es poco probable que el apóstol pretenda repetir la idea de la agencia de Cristo en la Creación. La primera frase preposicional sostiene que Cristo era «la ubicación a partir de quien todo llegó a existir y en quien se contiene toda la Creación».[27]

La imponente enumeración de poderes visibles e invisibles creados por Cristo acentúa el alcance universal de su papel en la Creación: todas las cosas en el Cielo y en la Tierra. En el mundo antiguo el Cielo no se percibía como una especie de destacamento distante que no tenía impacto alguno sobre la vida humana en la Tierra. Por el contrario, los poderes invisibles ejercían sus influencias para bien o para mal (ver Ef 6:12). El patrón de la estructura es quiásmico:

---

24. La gramática es importante. Arrio, que negaba la divinidad de Cristo, malinterpretó la expresión como si se tratara de un genitivo partitivo, «primogénito de entre la Creación», reduciendo a Cristo a la posición de ser creado. Pablo no ve a Cristo como «la primera» de las obras del Señor en la Creación, como se afirma de la Sabiduría en Pr 8:22. Ver la obra de Larry R. Helyer, «Arius Revisited: The Firstborn Over All Creation (Col 1:15)», [Nueva consulta a Arrio: El primogénito de toda la Creación (Col 1:15)] *JETS* 31 (1988): 59–67.

25. Dunn, *The Epistles to the Colossians and to Philemon* [Las epístolas a los Colosenses y a Filemón], 90.

26. Esto puede compararse con el himno de alabanza estoico dirigido a toda la Naturaleza en la obra de Marco Aurelio, *Meditaciones* 4.23.2: «Oh Naturaleza, de ti todas las cosas, en ti todas las cosas, para ti todas las cosas». Ver Filón *Sobre los querubines* 125–26. Aunque las palabras son similares, expresan ideas bastante distintas.

27. H. Wayne House, «The Doctrine of Christ in Colossians» [La doctrina de Cristo en Colosenses], *BSac* 149 (1992): 182. Ver también Harris, *Colossians and Philemon* [Colosenses y Filemón], 44–45. Wall, *Colossians and Philemon* [Colosenses y Filemón], 68, sostiene que la expresión «en Cristo/en él» es una «metáfora que alude a relaciones personales restauradas o, aún más en concreto, a la casa espiritual de quienes pertenecen a Cristo, donde él (y no el maligno) gobierna sus vidas (v. 13)». En 1:17, se «supone que el destino de todo el orden creado —tanto su esfera espiritual como la física— está ligado al destino de Cristo».

cielo

   tierra

     visible

 invisible

Podemos ver a los tangibles poderes de la Tierra, pero no a las invisibles fuerzas del Cielo. A las cosas invisibles se las identifica como «tronos [...] poderes [...] principados [...] autoridades» y con estos términos se alude quizá a las huestes celestiales.[28] Pueden ser poderes buenos o malos, es decir, mediadores del conocimiento de Dios, perversos enemigos aliados con el Reino de las Tinieblas (1:13), o meros patrones humanos de autoridad (ver 1Co 8:6). Lo que Pablo celebra es que Cristo posee majestad y poder sobre todos ellos, cualquiera que sea la forma que adopten (ver Col 2:10, 15). Éstos, como todo lo demás, fueron creados por él y para él.

(4) El principio rector de toda la Creación. Esta primera estrofa concluye con una reiteración de la preeminencia universal de Cristo: «Él es anterior a todas las cosas, que por medio de él forman un todo coherente». Cristo precede a todas las cosas en términos de tiempo y posición y es una especie de adhesivo divino o fuerza de gravedad espiritual que une y da coherencia a la Creación.[29] Dios no se limitó meramente a iniciar las cosas

---

28. Los textos judíos utilizan los mismos términos para aludir a los poderes angélicos. Ver las referencias en Arnold, *The Colossian Syncretism* [El sincretismo colosense], 253. Encontramos en *Jubileos* 2:2 la creencia de que el primer día Dios no solo creó los cielos, la tierra y las aguas sino también «todos los espíritus que ministran delante de él»:

> Los ángeles de la presencia, los ángeles de la santificación, y los ángeles del espíritu del fuego, y los ángeles del espíritu de las nubes y la oscuridad y la nieve y el granizo y la escarcha, y los ángeles del retumbar y de los truenos y los relámpagos, y los ángeles de los espíritus del frío y el calor, del invierno y la primavera y la cosecha y el verano, y todos los espíritus de sus criaturas que están en el cielo y en la tierra.

Los «tronos» aluden a los potentados angélicos que se sientan en los tronos celestiales. Los «poderes ... gobernantes ... autoridades» son aquellos virreyes sobrenaturales que ejercen su señorío, gobierno y control en las regiones celestiales. Esta misma lista de poderes aparece en 2 Enoc 20:1 (además de «querubines» y «serafines»), y la diferencia en el orden sugiere que Pablo no los enumera en orden jerárquico.

29. Esta idea encuentra un paralelismo en la filosofía estoica y hace su aparición también en los autores judíos. Sirac concluye un largo poema de alabanza al orden natural (Eclo 42:22–43:26) con una referencia al Logos: «Por su palabra todas las cosas se mantienen unidas» (43:26; ver Sabiduría 1:7). Fred B. Craddock, «'All Things in Him': A Critical Note on Col. I. 15–20», ['Todas las cosas en él': una nota crítica sobre Col. I. 15–20], *NTS* 12 (1965): 79, señala, no obstante, que la similitud es engañosa porque se presenta a Cristo como preexistente:

> No es él quien está en todas las cosas sino todas las cosas en él. El Logos de los estoicos daba unidad, orden y significado a todas las cosas porque las impregnaba como principio *dia-existente*; el himno colosense alaba a aquel

para, a continuación, apartarse de su Creación; Cristo continúa sustentando todo el Universo. Como lo expresó de manera memorable H. C. G. Moule, «Impide que el Cosmos se convirtiera en un caos».[30]

Sin embargo, esto podría ser una simplificación excesiva del asunto. El verbo «forman [un todo coherente]» (*synistemi*) puede implicar que tienen su existencia en él. Cristo es más que la fuerza que preserva la ordenada disposición del Cosmos; es su fundamento, rima y razón de ser. Wink lo interpreta en el sentido de que Cristo es «el Sistema de sistemas».[31] Es el principio operativo esencial que controla la existencia.[32] El Universo no es autosuficiente (como sucede en el modelo deísta), ni lo son tampoco los individuos, por mucho que puedan engañarse a sí mismos con la ilusión de que es así.[33] Incluso aquellos que no reconocen el reinado de Cristo y quienes se le oponen activamente, son completamente dependientes de él.

La cabeza de la Iglesia, el primogénito de los muertos (1:18–20)

La primera estrofa ensalza a Cristo como esfera, mediador, preservador, controlador y objetivo de la Creación. Pero Pablo no se regocija en una especie de abstracción celestial. La segunda estrofa del poema trae al Cristo cósmico a la Tierra, donde la sangre fluye de su cuerpo clavado a una cruz. Los cristianos conocen al supremo Creador y Sustentador de todas las cosas como el Señor crucificado y resucitado. Pablo fija la supremacía del Cristo cósmico a la historia de la salvación y a su señorío sobre

---

en quien todas las cosas comienzan, continúan y concluyen porque son en él, por medio de él y para él como ser preexistente.

30. H.C.G. Moule, *Colossians Studies* [Estudios colosenses], (Londres: Doran, 1898), 78. Schweizer, *Colosenses*, 129–30, señala ciertas evidencias de que algunos judíos creían que todo el Cosmos se disgregaría de no ser por el festival del año nuevo judío, que cada año reconciliaba a los elementos los unos con los otros y mantenía la armonía del mundo superior y el inferior. Las vestiduras santas del sumo sacerdote tenían bordados los símbolos del Cosmos, que le servían para recordarle el Universo a Dios siempre que entraba en el templo. Cristo supera al sumo sacerdote y al templo.

31. Walter Wink, *Naming the Powers* [Dar nombre a los Poderes] (Filadelfia: Fortress, 1984), 115.

32. Podemos compararlo con la placa base de un ordenador, el sistema operativo que lo hace funcionar. No puede ejecutarse ningún programa en el ordenador sin que este interactúe con dicho sistema operativo.

33. Harris, *Colossians and Philemon* [Colosenses y Filemón], 45, sostiene que el uso del tiempo perfecto «han sido creadas» (*ektistai*, «fueron creadas» NVI)

subraya el estado resultante del pasado suceso de la Creación, apuntando, no a constantes actos de Creación (verdaderos, aunque tal idea puede tener un sentido limitado), sino al permanente «carácter» de la Creación como tal. Todas las cosas han sido creadas, y permanecen en su existencia creada, por medio de Cristo y para él. De este modo el Universo (τὰ πάντα) tiene una continua relación con Cristo.

la Iglesia. La imagen del Dios invisible entró en el plano de la experiencia humana para reconciliar todas las cosas del Cielo y de la Tierra por medio de su humillante muerte. Cristo establece su señorío tanto en congregaciones reunidas en casas, células en la cárcel, y familias, como en los límites más remotos de los cielos. Su muerte expiatoria muestra que «la razón fundamental del mundo está más en el generoso derramamiento del amor sacrificado y redentor (1:14) que en la avaricia y ambición tan características del 'dominio de la oscuridad' (1:13)».[34] Cristo revela también más del objetivo final de este Dios invisible.

(1) **Cabeza de la Iglesia**. La segunda estrofa comienza proclamando que Cristo es «la cabeza del cuerpo, que es la iglesia». No era infrecuente, en la época de Pablo, que los filósofos compararan al Cosmos con un cuerpo, Pablo, sin embargo, lo aplica a la Iglesia, una entidad histórica.[35] Si Cristo es cabeza de la Iglesia, entonces el destino de ésta está unido al de la Creación y los propósitos de Dios para todo lo creado se gestan en la vida comunitaria de la Iglesia.[36] La Iglesia no existe para satisfacer las necesidades de sus miembros o para asegurar su supervivencia institucional, sino para cumplir los propósitos redentores de Cristo, su cabeza. Debe, por tanto reflejar la imagen del Cosmos divinamente ordenado. El principio creativo florece en la Iglesia en la medida que da fruto por todo el mundo (1:6) por medio de su predicación del Evangelio y de una vida digna de Cristo.

Sin embargo, el centro es Cristo, no la Iglesia. Cuando Pablo utiliza la metáfora del cuerpo en otros pasajes (ver 3:15; Ro 12:4–5; 1Co 12:12–31), subraya la interdependencia de los miembros de la Iglesia. En este pasaje, El apóstol subraya la relación orgánica y dependiente entre el cuerpo y Cristo como cabeza (ver también Ef 4:15; 5:23).[37] Las palabras «cabeza», «principio», y «primogénito» se derivan de la misma raíz en hebreo (*r'shyt*). Cada una de ellas afirma la soberanía de Cristo tanto en la nueva Creación como en la antigua. Es más, la palabra «cabeza» puede también indicar las ideas de fuente u origen.[38] Cristo es la fuente de la vida de la Iglesia. La metáfora

---

34. Dunn, *The Epistles to the Colossians and to Philemon* [Las epístolas a los Colosenses y a Filemón], 94.
35. Véase Lohse, *Colossians and Philemon* [Colosenses y Filemón], 53–55; Best, One Body in Christ [Un Cuerpo en Cristo], 123.
36. Wall, *Colossians and Philemon* [Colosenses y Filemón], 57. Wall comenta que «la nueva Creación ha surgido en medio de otra caída, y las prometidas bendiciones de la nueva era se están ahora materializando dentro de la Historia de la Iglesia» (70).
37. Wright, Colossians and Philemon [Colosenses y Filemón], 74.
38. Este significado del término cabeza ha suscitado mucho debate. Véase Stephen Bedale, «The Meaning of Kephale in the Pauline Epistles» [El significado de Kefalé en las epístolas paulinas], *JTS* 5 (1954): 211–15; Wayne A. Grudem, «Does Kephale Mean 'Source' or 'Authority over' in Greek? A Survey of 2,336 Examples», [¿Qué significa Kefalé: 'Fuente' o 'Autoridad sobre' en griego? Un compendio de 2.336 ejem-

de la «cabeza» le designa como supremo sobre la iglesia y como fuente de su vida. En la imagen de un cuerpo vivo, la cabeza no solo lo dirige y gobierna, sino que le da también vida y fuerza. Best comenta:

> La vida de la Iglesia es nueva; no es la vida de la antigua o primera Creación sino la de la nueva, conseguida por medio de su cruz y resurrección. De modo que Cristo es preeminente en todas las cosas.[39]

Esta segunda estrofa incorpora tres declaraciones que explican por qué Cristo es cabeza de la Iglesia.

(2) **El principio y primogénito de entre los muertos.** El poema pasa de la Creación a una nueva Creación identificando a Cristo como «el principio, el primogénito de la resurrección».[40] La resurrección de Cristo es la fuente de la nueva vida para otros. Él es el primero de una secuencia que abre nuevas posibilidades para otros que siguen: «Y porque yo vivo, también ustedes vivirán» (Jn 14:19).

Wright extrae las implicaciones escatológicas de esta perspectiva. En lugar de ver la resurrección como un «único suceso a gran escala, al final de los tiempos», como creían muchos judíos, Pablo «creía que Dios presentó la inauguración de la 'era venidera,' la era de la resurrección, en medio de la 'era presente,' para que el poder de la nueva era pudiera ser desatado sobre el mundo mientras todavía había tiempo de que éste fuera salvo.[41]

La meta de la resurrección no es simplemente dar a los creyentes una esperanza individual en el sentido de que también ellos pueden derrotar a la muerte. Dios no está satisfecho con que Cristo sea cabeza solo de un pequeño grupo de consagrados seguidores. La meta que se expresa en 1:18b es mucho más imponente: Cristo es el primogénito de los muertos «para que en todo pueda tener la supremacía».

Esto plantea una paradoja. ¿Acaso Cristo no tiene ya la supremacía como primogénito sobre toda la Creación? Wright ofrece una valiosa explica-

---

plos], *TrinJ* 6 NS (1985): 38–59; Richard S. Cervin, «Does Kephale Mean 'Source' or 'Authority' in Greek Literature? A Rebuttal» [¿Significa Kefalé 'fuente' o 'autoridad' en la literatura griega? Una refutación] *TrinJ* 10 NS (1989): 85–112; Joseph A. Fitzmyer, «Another Look at KEPHALE in 1Cointhians 11.3» [Otra mirada a KEPHALE en 1 Corintios 11.3], *NTS* 35 (1989): 503–11; Clinton E. Arnold, «Jesus Christ: 'Head of the Church' [Jesucristo: 'Cabeza de la Iglesia']» en *Jesus of Nazareth: Lord and Christ*, eds. M.M.B. Turner y J.B. Green (Grand Rapids: Eerdmans, 1994), 346–66.

39. Best, *One Body* [Un cuerpo], 129–30.

40. Cristo no nace de entre los muertos, sino que resucita, y el término primogénito significa que es el primero en hacerlo (Hch 26:23; 1Co 15:20, 23; Ap 1:5).

41. Wright, *Colossians and Philemon* [Colosenses y Filemón], 74–75.

ción: Lo que Cristo tenía por derecho natural todavía no lo había ejercido. «El rompecabezas es producido por el pecado: aunque siempre Señor por derecho, él [Cristo] ha de convertirse en Señor de hecho, derrotando al pecado y a la muerte».[42] El poema asume que la Creación está de algún modo fuera de armonía, caída, desordenada, y fracturada, sin recordar cómo llegó a este deplorable estado.[43] Toda la Creación aguarda el fin de los tiempos, cuando experimentará una completa armonía con el Padre. La muerte y resurrección de Cristo formaban parte de los propósitos de Dios para conseguir este fin, y todos pueden ahora ver este misterio. Mientras tanto, Cristo ejerce su gobierno por todo el mundo en su Iglesia.

(3) **La plenitud de Dios.** La siguiente cláusula de 1:19 explica que Cristo difiere de otras emanaciones supuestamente divinas (como por ejemplo los ángeles). Él es una total —no parcial— encarnación de Dios (ver 2:9, «Toda la plenitud de la divinidad habita en forma corporal en Cristo»).[44] En el Antiguo Testamento, Dios escogió un lugar para que habitara su nombre y para expresar su preocupación por su pueblo.[45] El Señor decidió especialmente habitar en Sión (Sal 68:16; 132:13–14; Is 8:18).[46] Dios también llena el Cielo y la Tierra (Is 6:3; Jer 23:23). La palabra «plenitud» es un circunloquio para referirse a Dios: solo en Cristo Dios se complace en morar completa y permanentemente. Cristo sustituye al templo, o a cualquier otra casa

---

42. Ibíd., 75. La filiación de Cristo se demuestra en la Cruz y en la resurrección (Ro 1:3–4).
43. Hemos de ir a los primeros capítulos del Génesis para leer sobre la precipitación provocada por el pecado humano: enemistad entre marido y mujer, entre humanos y animales, entre los humanos y la tierra (Gn 3:15–19), y entre hermanos (4:1–16).
44. La traducción de la NVI, «porque a Dios le agradó habitar en él con toda su plenitud», presenta a «Dios» como sujeto elíptico del verbo. La palabra «Dios» no aparece en el texto griego, y el sujeto es «toda la plenitud». Traducirlo de manera literal, «toda la plenitud se agradó en habitar», hace de Dios el agente no expresado que lleva a cabo su voluntad sobre la Creación. Preserva el paralelismo de esta cláusula *hoti* con la de la primera estrofa (1:16), que expresa la agencia de Dios con una pasiva divina, «en él [no por medio de él, NVI] fueron creadas todas las cosas». El verbo «agradó» está en aoristo, pero alude a una acción intemporal; hace referencia al propósito de Dios, y no debería forzarse su sentido como una referencia a cierto momento específico de la vida de Jesús. El verbo expresa la voluntad de Dios en el Antiguo Testamento (ver Sal 44:3; 147:11; 149:4). Cuando se dice que Dios se «complace» o expresa su «beneplácito», se refiere a un «decreto inescrutable», en la soberanía y misterio de la elección de Dios (B. W. Bacon, «Notes on New Testament Passages» [Notas sobre pasajes del Nuevo Testamento], *JBL* 16 [1897]: 136–39; «Supplementary Note on the Aorist εὐδόκησα, Mark i. [Nota adicional sobre el aoristo εὐδόκησα, Marcos i], 11», *JBL* 20 [1901]: 28–30). Ver Lc 12:32; Ef 1:4–9; 1Co 1:21; Gá 1:15; 2P 1:17.
45. Ver Dt 12:5, 11; 14:23; 16:2, 6, 11; 26:2; Jer 7:7; 2 Mac 14:35; 3 Mac 2:16; Hch 7:48–50.
46. Eclo 24:3–12 se refiere a Sión, donde le agradó habitar a la Sabiduría.

hecha por manos, y representa a Dios en persona.[47] Como afirma Bruce, «todos los atributos y actividades de Dios —su espíritu, palabra, sabiduría y gloria— se manifiestan en él».[48] Vemos especialmente el poder redentor de Dios en Cristo.[49]

(4) Aquel que reconcilia toda la Creación a través de su muerte. La secuencia «en él […] por medio de él […] para él» (trad. lit.) de 1:16 se repite en 1:19–20.[50] En el principio, Dios creó todas las cosas por medio de Cristo, y al final las reconciliará igualmente por medio de él. La majestad de Cristo tiene sus orígenes en el amor de Dios, mostrado en la realidad terrenal e histórica de la Cruz. No es el Señor de una especie de inframundo espiritual, ajeno u hostil a esta esfera material, sino alguien que asumió la carne de la Creación. El cristianismo no ha sido fundado sobre una dramatización mítica de la salvación, como sí sucedía con las religiones mistéricas rivales del tiempo de Pablo. Nuestra redención fue conseguida por un atroz sufrimiento en la Historia (ver 2:14–15, «clavándola en la cruz»).

La muerte de un desconocido judío, sobre un desangelado cerro, en un olvidado rincón del Imperio Romano, no atrajo la atención de los historiadores del tiempo, y sin embargo fue el acontecimiento que reconcilia al Cielo con la Tierra. Puede que el mundo haya sido corrompido, desordenado, y asolado por el pecado, sin embargo Dios sigue amándolo, y

---

47. Obsérvese la posición enfática en que se encuentra «en él» (*en auto*): Dios habita en él. *La Epístola a Diogneto* de finales del siglo segundo proporciona un apropiado comentario de lo que significaría esta afirmación en el mundo antiguo. Dios no instauró su verdad en la Tierra

> enviando un ángel o gobernante, o uno de quienes dirigen los asuntos terrenales, o uno de aquellos a quienes se confía alguna administración en el cielo, sino al propio artífice y creador del Universo, por medio de quien hizo los cielos, por quien encerró al mar dentro de sus límites, cuyos misterios todos los elementos [*ta stoicheia*] guardan fielmente; de quien el sol recibió la medida que ha de guardar en su diaria carrera, a quien obedece la luna cuando le manda brillar en la noche, a quien obedecen las estrellas que son el séquito de la luna en su carrera; aquel por quien todo fue ordenado, delimitado y sometido: los cielos y lo que en ellos se contiene, la tierra y cuanto en la tierra existe, el mar y lo que en el mar se encierra, el fuego, el aire, el abismo, lo que está en lo alto, lo que está en lo profundo y lo que está en medio. A éste envió Dios a los hombres (7:2).

48. Bruce, *The Epistles to the Colossians, to Philemon, and to the Ephesians* [Las epístolas a los Colosenses, a Filemón, y a los Efesios], 207.

49. H. Wayne House, *The Doctrine of Christ in Colossians* [La doctrina de Cristo en Colosenses], comenta: «A Dios Padre le agradó que todo el poder redentor morara en Cristo».

50. Obsérvese que la NVI ha omitido la expresión «por medio de él» después de «su cruz». Aunque pueda sonar un poco extraño, ello «destaca de nuevo el hecho de que la reconciliación se logró solo por medio de Cristo» (Wright, *Colossians and Philemon* [Colosenses y Filemón], 76).

pretende que su destino en Cristo se cumpla plenamente.[51] El pecado ha desfigurado la obra de Cristo en la Creación, pero él vino para anular sus consecuencias y para traer concordia a un Universo hostil a Dios.

La sombría referencia a la «sangre» y a la «Cruz» de Cristo nos hace descender de las sublimes alturas de la preeminencia y la plenitud a las míseras profundidades del dolor y sufrimiento humanos. Estas dos palabras se combinan para expresar las ideas de coste y violencia. La sangre alude a una muerte violenta (ver Mt 23:30, 35; Ap 6:10; 19:2); La Cruz hace referencia a la humildad y la vergüenza (Fil 2:8). El cabeza de la Iglesia es aquel que fue crucificado de un modo bochornoso (ver Col 2:9, 14, 20; 3:3). Estas últimas líneas afirman, no obstante, que el propósito final de Dios no es juzgar y destruir, sino reconciliar y renovar: hacer la paz (ver Ro 5:1–5; 2Co 5:19).[52]

Pablo utiliza también la palabra «sangre» para referirse a la obra del sacrificio expiatorio de Cristo.[53] La Cruz establece una nueva relación entre Dios y los humanos, que se impone sobre la ruptura creada por el pecado: separación de Dios, de los demás humanos, y de las cosas creadas. Esta paz solo puede encontrarse ahora en su cuerpo. Aunque todavía no es un hecho consumado en el Cosmos, el «propósito, medio, y forma» en que Dios hace la paz ha sido ya establecido.[54]

La pacificación de todas las cosas, humanas y no humanas, no significa que los enemigos de Dios hayan sido sujetados a él de manera efectiva. No se trata de una paz entre iguales, «sino de una pacificación conseguida a la fuerza por un triunfante vencedor».[55] Cuando Pablo promete que toda rodilla se doblará en el nombre de Jesús y confesará que es el Señor (Fil 2:10–11), quiere decir que todos los seres reconocerán finalmente que es el Señor del Universo. La rendición incondicional de las tropas del Eje en la Segunda Guerra Mundial produjo el cese de las hostilidades, sin embargo

---

51. El lamento de Ezequiel 33:11 capta la paciencia y persistencia de Dios: «Diles: 'Tan cierto como que yo vivo —afirma el Señor omnipotente—, que no me alegro con la muerte del malvado, sino con que se convierta de su mala conducta y viva. ¡Conviértete, pueblo de Israel; conviértete de tu conducta perversa! ¿Por qué habrás de morir?'»

52. Me siento atraído por la interpretación de la *Epístola a Diogneto* 7:3–5, que dice que Dios no mandó al Creador del Universo «en soberanía, temor y terror» sino «en benevolencia y mansedumbre», «salvando y persuadiendo», no «coaccionando», «llamando, no persiguiendo», «amando, no juzgando».

53. Ro 3:25; 5:9; Ef 1:7; 2:13; ver también Heb 9:14; 10:29; 13:12; 1P 1:19; 1Jn 1:7; Ap 1:5.

54. Dunn, *The Epistles to the Colossians and to Philemon* [Las epístolas a los Colosenses y a Filemón], 103.

55. Lars Hartman, «Universal Reconciliation (Col 1, 20)» [Reconciliación universal (Colosenses 1, 20)], *SNTU* 10 (1985): 120.

los tribunales penales de guerra esperaban aún a quienes habían perpetrado los crímenes para juzgarlos (ver Ro 8:19–21; 1Co 15:24–28).

Relación entre el himno de prosa y el argumento de Colosenses

Lo importante para interpretar Colosenses es entender, no la hipotética prehistoria o redacción de este himno dirigido a Cristo, sino el modo en que éste encaja en la carta. Las afirmaciones clave de 1:15–20 apoyan los argumentos de Pablo contra los oponentes que aparecen más adelante en la carta.

(1) Si Cristo es la imagen de Dios (1:15) y toda la plenitud de la deidad habita en él (1:19), entonces los colosenses no encontrarán plenitud en ninguna otra cosa (2:10).

(2) Si «todas las cosas en el cielo y en la tierra, visibles e invisibles, sean tronos, poderes, principados o autoridades» fueron creadas por medio de él (1:16), las presuntas amenazas planteadas por estos poderes quedan reducidas a nada.

(3) El plan de Dios anterior a la Creación era reconciliar todas las cosas por medio de Cristo, y este propósito no ha cambiado. Los colosenses no tienen necesidad de un plan de salvación complementario y no pueden alcanzar esta paz y reconciliación por medio de visiones celestiales o riguroso ascetismo (2:16–23). No solo no necesitan tales cosas, sino que, de hecho, prestarles atención puede descalificarles.

(4) Cristo es supremo sobre todas las cosas, sin embargo esta supremacía se manifiesta de un modo más visible en la Iglesia. Cristo es la cabeza del cuerpo, la Iglesia (1:18), y aquellos que abandonan su conexión con él, en virtud de quien «todo el cuerpo, sostenido y ajustado mediante las articulaciones y ligamentos, va creciendo como Dios quiere». (2:19), se marchitarán y morirán. Podemos seguir con vida aunque nos sea amputada cualquier extremidad del cuerpo; pero no la cabeza.

(5) La supremacía de Cristo sobre todo el Cosmos aporta confianza a los creyentes acerca de la suficiencia de su Señor. Por consiguiente, no deben permitir que su esperanza en Cristo, el primogénito de los muertos, se tambalee cuando otros la cuestionen o denigren.

(6) Si Cristo sustenta todo el Universo, puede entonces sostener individualmente a cada creyente.

Permaneciendo firmes y cimentados en la fe (1:21–23)

Colosenses 1:21–23 concluye la primera sección de acción de gracias. Las palabras clave «fe», «esperanza», y «saber de [lit. oír antes]» (1:23) se repiten desde los primeros versículos (1:4–6). Estos versículos también formulan de nuevo el tema de 1:12–14, en el sentido de que la redención se produce en Cristo. Por ello, este tema circunscribe el poema de 1:15–20.[56] Estas palabras finales de acción de gracias recuerdan el pasado de los creyentes («en otro tiempo», 1:21), su presente («ahora», 1:22), y futuro («si», 1:23). Ellas declaran también los medios de su redención («los ha reconciliado», 1:22), sus efectos («santos», «intachables», e «irreprochables», 1:22), y la extensión de su impacto («toda la Creación debajo del cielo», 1:23).[57]

Esta conclusión contiene también una advertencia. Para que en el futuro los creyentes puedan ser santos, intachables e irreprochables, en el presente han de permanecer firmes en la fe. No pueden tomarse a la ligera su nueva posición, ser indiferentes con respecto a sus responsabilidades, o aceptar la idea errónea de que existen otras vías para relacionarse con Dios. Solo Cristo ofrece la solución para la alienación humana del mundo.

La palabra «alejados» (1:21) implica una realidad de aislamiento, soledad, y un profundo sentido de no pertenecer. La expresión «de Dios» no está en el texto griego, pero encaja precisamente en la perspectiva judía de que todos los gentiles, por definición, vivían apartados del único Dios verdadero. Clarifica la esencia del problema que acucia a la Humanidad (ver Ef 4:18). Los humanos han adorado a falsos dioses y se han esclavizado al pecado de tal modo que los caminos del único Dios verdadero les parecen extraños. Ser «enemigos» [Lit. «enemigos en su mente». Cf. Ro 5:10; 8:17) no limita la hostilidad únicamente al aspecto intelectual de nuestras vidas. Vivir al margen de una relación con Dios echa a perder todas las facetas de nuestra vida. Los pensamientos y la conducta están entretejidos. Una conducta pecaminosa habitual deforma la mente de manera que ésta deviene más enemiga de Dios, y una mente trastornada nos lanza a una depravación aun mayor. Acto seguido, la mente depravada elogia la conducta perversa como buena, natural o como un estilo de vida alternativo. Produce y excusa el temor y el recelo hacia los demás y un impulso a dañarles y destruirles. Ser enemigo de Dios significa convertirse en lacayo del pecado, y el pecado solo les inflige destrucción llevando sus vidas a una progresiva espiral de desconcierto y desorganización.

---

56. Los versículos 21–22a son otro modo de decir que los creyentes han sido liberados del dominio de las tinieblas (ver 1:13) y han recibido el perdón de los pecados (ver 1:14). El versículo 22b es otra forma de decir que Dios les ha capacitado para compartir la herencia de los santos en el reino de la luz (1:12–13).

57. Lohse, *Colossians and Philemon* [Colosenses y Filemón], 66, comenta, «El ámbito cósmico del acontecimiento de Cristo, tal y como se desarrolló en el himno, se aplica de este modo al Evangelio que se dirige a todo el mundo».

La reconciliación en Cristo rompe el ciclo del pecado, sana nuestra mal-trecha relación con Dios, y nos pone en armonía con su santo carácter y propósito (1:22). Al hacer referencia al cuerpo físico de Cristo (lit., «el cuerpo de su carne»), Pablo destaca de nuevo que aquel que está completa-mente identificado con Dios (1:19; 2:9) lo está también, del mismo modo, con la humanidad pecaminosa. Él compartió nuestra vida, experimentó nuestro sufrimiento, llevó nuestro pecado, y soportó todo el embate de sus consecuencias, es decir, la muerte (Ro 5:10a). Los miembros del cuerpo de Cristo descubren que su pecado ha sido ya cancelado por su muerte (3:14–15) y que el dominio de la oscuridad —con sus amenazadores poderes y autoridades— ha sido ya derrotado (3:15).

La imagen literaria de ser «intachables» procede del mundo de los sacri-ficios. Los animales que se ofrecían en sacrificio a Dios tenían que ser sin tacha. Caird nos recuerda que «cuando un hombre ofrecía un animal en sacrificio, le imponía las manos como signo de su identificación con su ofrenda y para expresar sus aspiraciones de ser santo y sin mancha».[58] Pablo cree, sin embargo, que esta aspiración se ha hecho realidad. Por medio del sacrificio de Cristo, quien no conoció pecado, nosotros, pecado-res culpables, hemos recibido «la justicia de Dios» (2Co 5:21). Esto lleva a la imaginería del tribunal. Cuando nos presentemos ante el tribunal de Dios, no habrá ninguna acusación contra nosotros. En Cristo seremos irre-prochables.

Pablo subraya que es Cristo quien nos ha conseguido esta perfección; no procede de nuestros esfuerzos. Sin embargo, la divina meta de hacer-nos personas santas e irreprensibles en Cristo sigue siendo una obra en pro-greso, y requiere una cierta respuesta por nuestra parte. Los cristianos han de reconocer que han sido reconciliados con Dios para vivir una vida que Él aprueba. Moule expresa con lucidez la verdad de la doctrina neotesta-mentaria de la reconciliación: «Cristo hace por nosotros lo que nosotros no podemos hacer; sin embargo, por nuestra parte, nosotros hemos de hacer lo que él no hará por nosotros. Cristo nos 'ofrece' a Dios, pero se trata al mismo tiempo de nuestra propia ofrenda».[59]

Por tanto, la promesa de irreprochabilidad no es incondicional. Si los colosenses permiten que personas extrañas les desalojen de su fundamento en el Evangelio —que habían oído y recibido de Epafras— se verán desti-tuidos de su esperanza. Por tanto, han de establecerse más profundamente en la fe que primero oyeron predicar y que se está proclamando por todo el mundo, a fin de que no se conviertan en la semilla que cayó en la tierra

---

58. Caird, *Paul's Letters from Prison* [Las cartas de Pablo desde la prisión], 182.
59. Moule, *Colossians and Philemon* [Colosenses y Filemón], 73.

poco profunda, que brota enseguida, pero que, bajo la persecución, se seca rápidamente y muere (Mr 4:16–17).[60]

Al concluir su acción de gracias, Pablo expresa su más profunda convicción de que el plan de Dios para el mundo —escondido desde la aurora de la Historia hasta ahora—, se ha desvelado finalmente en Cristo.[61] «[Este misterio revelado] ha sido proclamado en toda la Creación debajo del cielo», una expresión que recuerda el lenguaje veterotestamentario (ver Ro 10:18 = Sal 19:4), pero que Pablo no pretende interpretar de un modo literal.[62] Significa que el Evangelio no es algo oscuro o un cierto misterio secreto. Este versículo define también el ámbito de la misión de la iglesia: el Evangelio ha de llegar a todos los lugares y a todas las personas.

Construyendo Puentes La acción de gracias por nuestro Señor Jesucristo se convierte en la alabanza y cristología más elevadas de esta sección. Puede que no seamos capaces de sondear completamente su profundidad teológica, pero sí podemos apreciar su gran calado. Examinaremos la declaración poética de la preexistencia, encarnación y gobierno universal de Cristo como cuestiones que requieren más atención para contextualizar este pasaje.

El Cristo preexistente. La poética alabanza de Cristo que encontramos en 1:15–20 le ensalza como regente y reconciliador de toda la Creación. Caird plantea una pregunta vital: «¿Cómo pueden hacerse afirmaciones de esta magnitud con respecto a alguien que había muerto hacía poco más de treinta años, y que era recordado como un amigo personal por hombres y mujeres que seguían vivos en el momento de redacción de la carta?»[63] Es decir, ¿cómo podía alguien creer que Jesús de Nazaret era la imagen del

---

60. La palabra «fe» podría aludir a los principios establecidos de la fe tal y como se esbozan, por ejemplo, en el himno de prosa (ver Gá 1:23), que Cristo hace visible al Dios invisible, que es el agente, centro y corona de la Creación de Dios, y lleva a cabo los objetivos divinos de reconciliar al mundo por medio de su Cruz. Podría también aludir a la fe personal de los colosenses (ver NVI). Esta última opción es la más probable. Pablo está hablando de algo que ha de llevar fruto y crecer, no algo fijado en un credo. Los colosenses han de aceptar por la fe el divino acto de la reconciliación en la muerte y resurrección de Cristo, perseverar en sus convicciones, y crecer en su discernimiento de los propósitos de Dios.

61. Pablo se ve a sí mismo como un siervo de este Evangelio reconciliador, y no más que cuando intenta reconciliar a un esclavo evadido con su dueño en la carta a Filemón. Al utilizar un término tan genérico como siervo, Pablo subraya el servicio abnegado en contraposición con la alta posición de su llamamiento.

62. Ver Gn 1:9; 6:17; 7:19; Éx 17:4; Dt 2:25; 4:19; 9:14; 25:19; Ver Lc 17:24; Hch 2:5; 4:12.

63. Caird, *Paul's Letters from Prison* [Las cartas de Pablo desde la prisión], 175.

Dios invisible y el preexistente agente de la Creación? Es más fácil aceptar que este Jesús se ofreció a sí mismo como sacrificio para la redención del mundo en la Cruz que creer que estuvo también activo en la Creación.

El poema contiene una paradoja envuelta en un misterio que ha desconcertado a los teólogos a lo largo de los siglos. Afirma la completa humanidad de Jesús, quien derramó su sangre en una Cruz, y su plena divinidad, en quien habita la plenitud de Dios y que constituye el agente y la meta de todas las cosas creadas. Caird comenta lo difícil que es «para criaturas sujetas al espacio y al tiempo hablar sobre la eternidad sin utilizar de un modo erróneo imaginería temporal o espacial. Al aparecer en el tiempo, Cristo representa y revela tan completamente el propósito y sabiduría divinos que solo el lenguaje de la eternidad puede hacerle justicia».[64] Puede que la poesía sea el único medio capaz de expresar esta verdad. No obstante, al intentar transmitir la idea de preexistencia a nuestro tiempo y cultura hemos de ser conscientes de ciertas cuestiones clave.

(1) Las cualidades atribuidas a la Sabiduría en la tradición judía han influenciado el lenguaje que utiliza el poema para glorificar a Cristo. Esta tradición consideraba a la Sabiduría como mucho más que una sensata filosofía de la vida. Los autores judíos describían a la figura de la Sabiduría como la personificación de la voluntad de Dios, como el principio subyacente del Universo, que compartía la misma esencia que Dios, pero que, no obstante, era distinta de él.

La Sabiduría se origina en Dios como aliento de su poder, una pura emanación de su gloria, un reflejo de su luz eterna, un espejo impoluto de su forma de actuar, y una imagen de su excelencia (Sabiduría 7:25–26; Eclo 1:1; 24:9). La Sabiduría impregna y penetra todas las cosas (Sabiduría 7:24), renueva todas las cosas (7:27), y ordena bien todas las cosas (8:1). La Sabiduría comparte el trono de Dios (9:4; 1 Enoc 84:3), estaba con él desde el comienzo (Job 28:25–27; Sabiduría 9:9; Eclo 1:4), fue el agente de la Creación (Pr 3:19–20; 8:22–31; Sabiduría 8:4–6), y lo es de la providencia (Sabiduría 1:7; 8:1, 4) y de la revelación (7:26–27; 11:1). Dios envía a la Sabiduría al mundo (Bar 3:37; Sabiduría 9:10–17; Eclo 24:8) para salvar (Sabiduría 10:1–21), y la Sabiduría regresa de nuevo al cielo (1 Enoc 42:1–2). La Sabiduría busca entre los humanos y hace afirmaciones y promesas de carácter personal (Pr 1:20–33; 8:1–21; 9:4–6), se le asocia con el Espíritu (Éx 31:3; Is 11:2; Sabiduría 1:6; 7:7, 22; 9:17; Eclo 39:6), y es un agente de juicio (Sabiduría 1:8).[65]

---

64. Ibíd., 179.
65. Ver Balchin, «Paul, Wisdom and Christ» [Pablo, Sabiduría y Cristo], 208.

El poema de Colosenses afirma que Cristo cumple todo lo que se atribuye a la Sabiduría en esta tradición judía, así como también otros aspectos. Estos «otros aspectos» tienen que ver especialmente con su encarnación. La Sabiduría ocupaba una ambigua posición entre un principio racional que abarcaba toda la verdad y un etéreo ser individual. La Sabiduría personificada «oscila entre ser un atributo de Dios (una forma pintoresca de decir 'Dios en su sabiduría') y el plan divino para la vida humana, que, dicho sea de paso, es el plano de planta del Universo, susceptible de ser identificado con la Torá (Eclo 24:7–12, 23)».[66] En esta tradición, la Sabiduría se encarnaba solo en la Ley. Por el contrario, Cristo es un ser personal que devino completamente humano y derramó su sangre sobre una cruz.

(2) El poema fluye desde la Creación a la redención, pero solo podemos entender la Creación recorriendo el camino hacia ella desde la redención. Pablo afirma que de igual modo que la redención comienza con Cristo, así el propósito de Dios en la Creación se inició también con Él. Podemos dar testimonio de la intención creadora de Dios en la muerte redentora de Cristo, que es la fuente de la nueva Creación. El mismo poder creativo que triunfó en la Cruz en Cristo, creó y sostiene nuestro mundo. «La Cruz establece firmemente el acontecimiento central de los propósitos de Dios para toda la Creación en la *terra firma* de la Historia»: en un acontecimiento «situado y fechado en la Historia».[67] Revela la esencia de Dios y muestra que el Creador de todas las cosas es también el Redentor de todas las cosas. El poema afirma que la plenitud de la presencia y poder de Dios presentes en la obra reconciliadora de Cristo y en su resurrección eran la misma presencia y poder que obraron en la Creación.

(3) Lo «preexistente no es Cristo en persona, sino el poder de Dios que se hizo activo en él».[68] Wright comenta que el poema no dice que Jesús «preexistiera en forma humana», sino que «era absolutamente apropiado que él, como el preexistente, se hiciera hombre». Se explica con una analogía. Si alguien dice que la reina Elizabeth II nació en 1926, esto no significa que fuera reina cuando nació. Lo que afirma tal persona es que aquella que hoy conocemos como la reina Elizabeth II nació en esa fecha. Pablo está diciendo algo parecido. La persona que conocemos como Jesús, el Mesías, fue «el preexistente agente de Dios» en la Creación.[69] Wright arguye que cualquier idea de preexistencia *humana* habría sido totalmente ajena a este

66. Caird, *Paul's Letters from Prison* [Las cartas de Pablo desde la prisión], 177.
67. Fred B. Craddock, *The Pre-Existence of Christ in the New Testament* [La preexistencia de Cristo en el Nuevo Testamento], (Nashville/Nueva York: Abingdon, 1968), 97–98, 166.
68. John Ziesler, *Pauline Christianity* [Cristianismo paulino] (Oxford: Oxford Univ. Press, 1983), 124.
69. Wright, *Colossians and Philemon* [Colosenses y Filemón], 68–69.

mundo de pensamiento.[70] Lo que en realidad afirma el pasaje es que Jesús es «el predestinado señor humano del mundo»; él «se ha convertido en lo que siempre fue». «El preexistente señor del mundo se ha convertido en el señor humano del mundo, y al hacerlo ha reflejado completamente, ante los ojos del mundo, al Dios cuya imagen humana ha venido ahora a presentar».[71] Cristo encarnó los propósitos salvíficos de Dios desde antes de la Creación.

(4) Pablo atribuye a Jesús lo que el Antiguo Testamento atribuye a Dios como Creador (ver Sal 96:5; 146:5–6; Is 40:12–31). Jesús no desplaza al Dios del Antiguo Testamento o se convierte en un segundo Dios, «sino que le ha dado a conocer».[72] Wright sostiene que en este poema Pablo «no abandona las doctrinas judías del monoteísmo y la elección, sino que las redefine». Encaja en lo que Wright llama «monoteísmo cristológico» (ver 1Co 8:6). Pablo modifica «el monoteísmo judío para situar a Jesucristo dentro de la descripción, casi definición, del Dios único».[73] Según Wright, el poema contiene «una forma de monoteísmo judío que antes no se había concebido, en el cual el propio Mesías es el lugar de la morada de la sabiduría divina, la inmanente presencia del Dios trascendente, la imagen visible del Dios invisible».[74] Esto significa que cualquiera que afirme conocer a Dios y no le reconozca en Jesucristo no conoce al único Dios verdadero. Cualquiera que afirme escuchar a Dios y no le oiga hablar en Jesucristo está sordo al mensaje de Dios.

(5) Pablo quería dejar claro que el agente de Dios en el mundo es Cristo, no la Sabiduría o la Ley. Todas las cosas fueron creadas por y para él y le están sujetas. Según Wright, el poema menoscaba las pretensiones del judaísmo. Todo lo que ellos «esperaban conseguir creyendo en el único Dios, cuya sabiduría les había sido impartida en la forma de la Torá, se ha conseguido ahora por medio de Cristo».[75] El poema expone también el error del dualismo y el politeísmo: hay un solo Dios Creador y Redentor, no una incontable multitud de dioses con distintos poderes y deberes.

El Cristo de carne y sangre. Puesto que el poema sostiene que Cristo reconcilia todas las cosas consigo mismo, da a entender que todas las cosas estaban previamente en un estado de enemistad. Asume que el mundo está

---

70. Bo Reicke, «πρό», *TDNT*, 6:687, sostiene que la idea de la «preexistencia» no se relaciona con «un concepto abstracto de intemporalidad, sino con el dominio que Dios tiene del mundo y de la Historia». Afirma «que Dios preordinó 'antes de todos los tiempos' o 'antes de la fundación del mundo'».

71. Wright «Poetry» [Poesía], 116.

72. Wright, *Colossians and Philemon* [Colosenses y Filemón], 66.

73. Ibíd., 67.

74. Wright «Poetry» [Poesía], 118.

75. Ibíd.

caído y que el pecado ha asolado la imagen de Dios en la Humanidad y ha precipitado al mundo en una maraña de discordia. El pecado ha creado un abismo entre Dios y la Creación. El poema afirma que Cristo ha salvado la sima que existe entre Dios y la Humanidad, entre el Cielo y la Tierra, al dar a conocer la presencia, poder, amor, y gracia de Dios a toda la Creación. Es más, la vida, muerte, y resurrección de Cristo no sirvieron meramente para rectificar la caída, sino para crear en un ser humano la imagen que Dios siempre había pretendido que se reflejara en la Humanidad.[76]

Esta reconciliación no podía haberse logrado mediante seres intermedios, sino solo a través de aquel cuyo amor «mueve las estrellas y dirige el Universo hacia su meta determinada» y cuyo amor le llevó a tomar sobre sí nuestra carne y a morir por nosotros en la Cruz. Stewart explica por qué tal reconciliación solo podría llevarse a cabo en el Cristo de carne y sangre: «Porque él es el más eminente y el más humilde, completamente histórico y, al mismo tiempo, ajeno a todas las categorías normales de los hombres: ésta es precisamente la verdad por la que más adelante y de un modo distinto los teólogos nicenos contendieron tan enérgicamente.[77] El poema exalta a Cristo como imagen de Dios y agente de la Creación, pero refrena cualquier perspectiva extremista que pudiera enaltecer la naturaleza divina de Jesús en detrimento de su naturaleza humana.

Sigue siendo un misterio de nuestra fe el modo en que esto puede hacerse. C. S. Lewis observa:

> No podemos concebir cómo habitaba el divino Espíritu dentro del creado y humano espíritu de Jesús; pero tampoco podemos concebir cómo pudo su espíritu humano, o el de cualquier hombre, habitar dentro de su organismo natural. Lo que sí podemos entender, si la doctrina cristiana es verdadera, es que nuestra compleja experiencia no es la total anormalidad que podría parecer, sino una pálida imagen de la propia encarnación de Dios: este mismo tema en una clave mucho menor.

Lewis sigue diciendo que ello revela

> el poder del Altísimo, precisamente porque es de verdad más alto, para descender, el poder del mayor para contener menos. Así, los cuerpos sólidos ejemplifican muchas verdades de la geometría plana, pero las figuras de la geometría plana no son verdades de la geometría sólida; muchas proposiciones sobre lo inorgánico se aplican a los organismos, sin embargo, ninguna

---

76. Caird, *Paul's Letters from Prison* [Las cartas de Pablo desde la prisión], 175.
77. James S. Stewart, «A First-Century Heresy and Its Modern Counterpart» [Una herejía del primer siglo y su contrapartida moderna], *SJT* 23 (1970): 432–33.

proposición sobre el mundo orgánico se aplica a los minerales;
Montaigne jugaba con su gatito, sin embargo nunca le habló
de filosofía. Por todas partes lo grande penetra en lo pequeño:
su poder para hacerlo es casi la prueba de su grandeza.[78]

Puede que nunca comprendamos completamente el milagro de la
Encarnación, sin embargo tiene una enorme relevancia para nosotros hoy.
(1) Pone de relieve la verdadera majestad de Dios. En palabras de Guthrie:

> No es como un rey que preserva su majestad y honor solo para
> encerrarse en el esplendor de su palacio, seguro y aislado del
> sufrimiento de los pobres campesinos y de la amenaza de sus
> enemigos fuera de la fortaleza. Su majestad es la majestad de
> un amor tan grande que le lleva a abandonar el palacio y los
> símbolos de su realeza para vivir entre sus súbditos como uno
> de ellos, compartiendo su condición aun a riesgo de hacerse
> vulnerable a los ataques de sus enemigos. Si queremos encon-
> trar a este rey, le encontraremos entre los débiles y humildes,
> su genuina majestad, revelada y oculta en su elección de com-
> partir su vulnerabilidad y sufrimiento, su culpa e impotencia.[79]

(2) Revelarse a sí mismo escondiéndose en carne y sangre humana afirma
la excelencia de su Creación. Cuando las personas siguen considerando el
mundo de la Creación como «un barco podrido navegando por aguas pes-
tilentes (y esperemos que no se hunda)», tienen necesidad de escuchar esta
palabra.[80] Pensemos, por ejemplo, en estas sectas basadas en el culto a los
OVNIS que aparecen en los titulares de los periódicos por protagonizar
un suicidio en masa, destruyendo de buen grado lo que ellos llaman sus
envases corporales. Anhelan escapar de este mundo y evolucionar hacia
una forma de vida más elevada: en este caso específico, haciendo auto-
stop a una nave espacial que, según ellos, le seguía la pista al cometa Hale-
Bopp. Tales creencias pueden parecernos estrafalarias, pero son el reflejo
de un antiquísimo desdén gnóstico hacia este mundo material y el cuerpo
humano. Encontramos los mismos sentimientos expresados en un pasaje
de la literatura hermética, que explica cómo podemos contemplar completamente a Dios:

---

78. C.S. Lewis, *Miracles: A Preliminary Study* [Milagros: un estudio preliminar] (Nueva
    York: Macmillan, 1947), 134.
79. Shirley C. Guthrie, Jr., «The Nearness and Distance of God» [La cercanía y distancia
    de Dios], *International Documentation* 71 (1976): 41–42.
80. Artemio M. Zabala, «Advent Reflections on Colossians 1:15–20 in the Philippine
    Setting», [Reflexiones de Adviento sobre Colosenses 1:15–20 en un marco filipino]
    Asian Journal of Theology 3 (1989): 316.

Pero primero has de rasgar estas ropas que vistes: este manto de oscuridad, esta telaraña de ignorancia, este [sostén] del mal, este vínculo de corrupción, esta muerte en vida, este cadáver consciente, este sepulcro que llevas sobre ti, este ladrón que tienes en tu casa, este enemigo que aborrece las cosas que tú buscas, y que se resiste a darte aquello que deseas.[81]

Al abordar esta tarea de contextualización hemos de dejar claro que, bien entendida, el cristianismo es una religión que afirma la excelencia del mundo. La Creación de Dios es buena, y la salvación no se halla procurando escapar del cuerpo. El poema de Pablo en Colosenses 1 afirma que el Creador y Sustentador del Universo se hizo carne y sangre y reconciliará consigo este mundo.

El Cristo universal. Markus Barth pregunta: «¿Tiene realmente sentido hablar de un gobierno cósmico de Jesucristo y de la reconciliación de todas las cosas, todo el Universo, por medio de él? ¿O acaso su persona y su obra se relacionan únicamente con la salvación de la Humanidad?»[82] Muchos eruditos han argumentado que hemos de evitar las afirmaciones cosmológicas sobre Jesús y centrarnos únicamente en lo que su muerte significa para la salvación de los individuos, la Iglesia, y la sociedad. Este punto de vista asume que la naturaleza no se beneficia de la obra de Cristo y que la Humanidad tiene el monopolio sobre la divina misericordia de Cristo. La naturaleza fue únicamente el escenario sobre el que se representó el drama de la salvación y no forma parte de la redención. Barth arguye que este punto de vista es el legado de dos acontecimientos de índole intelectual: La desmitologización e interpretación existencial del Nuevo Testamento por parte de Bultmann, y el concepto mecánico de la naturaleza de Kant, que ve a la naturaleza como gobernada por leyes generales y solo la esfera del espíritu regida por libertad.

Hace algunos años, J. B. Phillips planteó que a menudo considerábamos a Dios como un ser demasiado pequeño. Lo mismo puede decirse sobre Cristo. Ciertos estudios populares acerca del Jesús histórico han empequeñecido aún más a Cristo, hasta un punto incongruente. Se ha calificado a Jesús de revolucionario político, conspirador mesiánico, campesino errante, cruzado contracultural, o carismático santón galileo. Por regla general, al Jesús de la Historia se le presenta con un sorprendente parecido

81. *The Corpus Hermeticum* [El Corpus Hermeticum], 7.2b, en Walter Scott, ed., *Hermetica* (Oxford: Clarendon: 1924), 1:173.
82. Markus Barth, «Christ and All Things» [Cristo y todas las cosas], *Paul and Paulinism: Essays in Honor of C.K. Barrett*, ed. M.D. Hooker y S.G. Wilson (Londres: SPCK, 1982), 160.

a la imagen teológica de los historiadores. Dejan poco espacio para la divinidad de Cristo, y mucho menos para su gobierno universal.

Tales perspectivas se desvían sustancialmente de las de Pablo. Para él, Cristo era mucho más que un reformador judío. Es Señor sobre toda la Creación (ver Ro 8:37–39; 1Co 8:5–6; Fil 2:10), quien cargó sobre sí la brecha entre Dios y la Creación y unificó a todo el Universo. No podemos reducirle a la categoría de mero campesino mediterráneo que anduvo haciendo bienes y proclamando sucintas máximas, sin destruir la histórica confesión cristiana que la Iglesia ha sostenido a lo largo de los siglos. El poema de Pablo refrena el punto de vista extremista que entendería el significado de Cristo solo en términos humanos descuidando su naturaleza divina y significado universal.

Este himno afirma que no existe esfera en la Creación sobre la que Cristo no sea soberano. Las conjeturas sobre la presencia de vida inteligente en otros planetas de este enorme Universo se han multiplicado. Las posibles evidencias de restos microbianos dentro de un diminuto meteorito supuestamente procedente de Marte y que cayó en la Antártida dan pábulo a las especulaciones. Si en otros lugares existe vida inteligente, los seres en cuestión no conocerán a Cristo como Jesús de Nazaret; sin embargo, la teología cristiana insiste en que sí le conocerán como Señor. Al suscitar esta cuestión, C. S. Lewis citó el poema de Alice Meynell, «Cristo y el Universo»:

> [...] en las eternidades
> sin duda compararemos, oiremos
> un millón de extraños Evangelios, narrando de qué guisa
> pisó las Pléyades, la Lira, la Osa.[83]

Lewis cuestionó la expresión «sin duda», pero la idea está bien planteada. Nada queda fuera de la órbita del gobierno de Cristo. Esta cristología tiene implicaciones éticas. Si Cristo reina sobre todas las cosas y las reconcilia, entonces cada aspecto de nuestras vidas ha de situarse bajo su gobierno.

Significado Contemporáneo

Los seres humanos siguen preguntándose si hay un Dios y si este mundo tiene algún propósito. En Romanos 1:19–20 Pablo da por sentado que, observando la Creación, los hombres pueden aprender de Dios; sin embargo, la clave para comprender quién es Dios y todo lo que ha hecho, está haciendo, y hará se encuentra en Cristo.

---

83. C.S. Lewis, «Religion and Rocketry» [Religión y cohetería] en *The World's Last Night* (New York: Harcourt, Brace, 1960), 86.

Cristología, cosmología, y alabanza. Puede que la mejor forma de intentar captar el misterio de la Creación, la encarnación, y la redención esté en la poesía de nuestros himnos. Este poema resplandece en la exultante celebración de la obra creativa y redentora de Cristo. Alaba quién es, lo que ha hecho, y lo que hará. Forma la base de la intercesión e instrucción de Pablo en la carta, que está llena de exhortaciones a ser agradecidos.

Lamentablemente, los cantos de alabanza a Dios y a Cristo han sufrido un declive y puede que hasta nos hayamos olvidado de hablar el lenguaje de la adoración. Quienes han perdido un sentido de la presencia y gloria de Dios tienden a convertirle en objeto de estudio y tema de teorías más que de alabanza y adoración. Schweizer sostiene que «Dios no es un objeto susceptible de ser analizado y descrito con exactitud. Dios es siempre Dios en acción, y la vida, muerte y resurrección de Jesús concretizan esta acción como acción de amor».[84] Este amor en acción por nosotros y por todo el mundo ha de llevarnos a la sorpresa, al pasmo, al sobrecogimiento, y a la alabanza.

Miller afirma que «la doxología celebra imposibilidades humanas que devinieron posibilidades de Dios».

> En un mundo que asume que el *estatus* es *quo*, que las cosas han de ser como son y que no hemos de tener demasiadas esperanzas de que mejoren, las doxologías del pueblo de Dios son indicadores fundamentales de que los prodigios no han cesado, que posibilidades todavía no soñadas se harán realidad, y que la esperanza es una postura auténtica.[85]

Ser capaces de articular esta alabanza a Cristo es señal de una fe segura y profundamente arraigada. Nos entusiasmamos porque sabemos que no vivimos en un mundo que es indiferente hacia Dios. Nos entusiasmamos también por cuanto sabemos que no tenemos nada que temer. Dios está con nosotros por medio de Cristo, y en él nos librará. Hemos de cultivar más el espíritu de alabanza que observamos en los salmistas (Sal 8; 19; 33; 104) y en la poética alabanza del Nuevo Testamento que glorifica a Cristo.

La supremacía de Cristo. Aunque la naturaleza humana no ha cambiado, el mundo moderno difiere enormemente del de Pablo. Puede que en nuestro tiempo algunos se pregunten si el Jesús que anduvo por los polvorientos caminos de Palestina hace tantos años tiene alguna relevancia para el mundo moderno tan lleno de prodigios tecnológicos como los ordena-

---

84. Eduard Schweizer, «Christ in the Letter to the Colossians» [Cristo en la carta a los Colosenses], *RevExp* 70 (1973): 457.
85. Patrick D. Miller, Jr., «In Praise and Thanksgiving» [En alabanza y acción de gracias], *TToday* 45 (1988): 186.

dores, las comunicaciones instantáneas, la energía nuclear, y las estaciones espaciales. Un niño preguntó en la escuela dominical, «Si Jesús regresara hoy, ¿sabría utilizar los ordenadores?» Este muchacho entendía que su mundo era completamente distinto del mundo que conoció Jesús, no obstante su pregunta expresa también un temor oculto de que Jesús pudiera sentirse abrumado y perdido en esta era moderna. Quería tener la certeza de que Jesús podía ser también relevante para nuestro mundo de hoy: que él es Señor también de todas estas cosas.

Los comentarios de Stewart en este sentido son especialmente oportunos:

> Las personas de esta era tienden a ser más conscientes de los logros del hombre que de la Palabra de Dios por la que tales logros son juzgados; y tienden a sentirse más intimidados por la presión de fuerzas inexorables que animados por la exultación del Evangelio.[86]

Cuando estamos tan impresionados con nuestras propias conquistas y genio científico, capaz de controlar y utilizar las tremendas fuerzas de la naturaleza, Cristo puede ciertamente parecer irrelevante. Puede ser fácilmente rechazado como una efímera reliquia de una pretérita devoción religiosa, que nada tiene que ofrecer a las cuestiones sin precedentes a las que hoy hemos de hacer frente. ¿Qué tiene Cristo que decir a un mundo en el que los humanos tienen la capacidad de clonar animales y alterar su estructura genética y la de las plantas? Stewart reconoce que Colosenses responde a estas cuestiones desde un punto de vista teológico y ético. La carta afirma que solo en Cristo podemos aspirar a desvelar el misterio del propósito de Dios en nuestro mundo. Colosenses afirma también que Cristo es «la fuerza cohesiva que penetra en toda la Creación y la fundamenta».[87]

La carta tiene también una idea general de carácter ético. Pablo insiste en que «en última instancia, la vida solo funciona por un camino, a saber, el camino de Dios manifestado en la humanidad de Jesús, de una vez y para siempre».[88] Si ignoramos o desdeñamos este camino, tendremos que hacer frente a un desenlace similar al de quienes contruyeron la torre de Babel, que se exaltaron a sí mismos por encima de su Creador. La única forma de entender la vida y encontrar nuestro camino en ella es reconocer que Cristo es el punto de convergencia de la actividad del Dios trascendente en la palestra de la historia humana. Él es la clave interpretativa para entender tanto el significado de la Creación como el propósito y meta de la vida (Jn 14:6).

---

86. Stewart, «A First-Century Heresy and Its Modern Counterpart» [Una herejía del primer siglo y su contrapartida moderna], 421.

87. Ibíd.

88. Ibíd.

Los científicos continúan buscando el «santo grial» de la ciencia, la «hipótesis de todo», una sencilla serie de leyes que explique todos los complejos detalles de nuestro Universo. En un sentido, este poema profesa precisamente esto, que Cristo es la «hipótesis teológica de todo». Es la clave que abre el significado y propósito del Universo. Pero no se trata de una serie de leyes físicas, sino de una persona, que ha mostrado su amor hacia nosotros dando su vida. Wink afirma que este pasaje nos ofrece el principio unificador del Universo, «un corazón», un «propósito», y un «rostro».[89] Conocerle a él tampoco es un privilegio confinado a un círculo elitista de genios científicos. Dios no esperó hasta la llegada del método científico para dar a conocer a los humanos sus propósitos y su amor. Se han dado a conocer por medio de la Cruz de Cristo y a través de su Iglesia, en la que él reina como cabeza.

El himno afirma que todas las cosas «forman un todo coherente» en Cristo, y este hecho justifica nuestros intentos de llevar orden a la vida de las personas y de la sociedad en su conjunto. El himno afirma que Dios reconciliará todas las cosas por medio de Cristo, y este hecho bendice todos nuestros esfuerzos por llevar la reconciliación a otros. Nos identificamos con lo que Dios está haciendo en el mundo a través de Cristo cuando nos esforzamos en ser instrumentos de paz. El himno afirma que la buena voluntad triunfa sobre el mal. Cuando entregamos nuestras vidas a Cristo, sin calcular el coste, sabemos que venceremos con él.

¿Tiene acaso este mundo algún propósito? Igual que los pequeños que en la guardería aprenden a sobrellevar la, para ellos, dura realidad de que no son el centro del Universo, nosotros los humanos estamos aprendiendo que nuestro planeta, la Tierra, no es el centro de la realidad creada. Hoy sabemos que nuestra Tierra es un diminuto planeta, situado en un pequeño sistema solar, en los aledaños de una modesta galaxia, entre miles de millones de ellas. La insignificancia física de la Tierra ha llevado a algunos a deducir erróneamente que nuestro planeta es también irrelevante desde un punto de vista espiritual. ¿Cómo es posible que a un Dios le pueda preocupar lo que suceda en un planeta tan minúsculo de un Universo tan inmenso? Muchos han expresado su desaliento en el sentido de que, todo el conocimiento derivado de los descubrimientos científicos sobre el Universo y las teorías que éste ha suscitado, parecen acentuar la impresión de que no tiene sentido.

Los científicos de nuestro tiempo describen el comienzo del Universo en términos de un «Big Bang», en que el Cosmos explosionó en una ciega

---

89. Walter Wink, «The Hymn of the Cosmic Christ» [El himno del Cristo cósmico], en *The Conversation Continues: Studies in Paul and John*, ed. R.T. Fortna y B.R. Gaventa (Nashville: Abingdon, 1990), 242.

dispersión de materia inanimada. Muchos aceptan por fe que, en nuestro planeta, la vida surgió de un proceso espontáneo, impersonal, impredecible y natural de corrientes químicas y físicas, que fortuitamente resultó en reunir todas las condiciones apropiadas para ello. Algunos científicos, que afirman haber descifrado una parte del código cósmico, atribuyen la llegada de los humanos al complejo resultado de mutaciones accidentales. Pero aun quienes defienden apasionadamente este punto de vista han de recordarse constantemente a sí mismos sobre el peligro de ser engañados por evidencias en sentido contrario. Francis Crick, por ejemplo, admite: «los biólogos han de tener siempre en mente que lo que ven no ha sido diseñado, sino que es más bien el producto de una evolución».[90]

Aparte de cualquier herencia religiosa que pueda influenciarnos, la evidencia interna de que este Universo tiene algún propósito divino es, en el mejor de los casos, ambigua. Cuanto más sabemos, menos vemos algún patrón divino. Algunos han borrado totalmente a Dios de la Creación y viven como si la única realidad que importara es lo que ellos experimentan y lo que puede explicarse en términos científicos. Otros han relegado el papel de Dios a ocuparse de la supuesta otra vida. Las leyes de la Naturaleza han ocupado el lugar de Dios como gobernante del mundo. Puesto que la ciencia describe y analiza estas fuerzas, suele recurrirse frecuentemente a ella para obtener respuestas a las cuestiones de la vida. La ciencia se ha convertido en el camino sagrado del conocimiento y ha sustituido a la Revelación como respuesta final. Los físicos y genetistas han llegado a ser los nuevos sumos sacerdotes de nuestro conocimiento. La respuesta que ofrecen es que vivimos en un universo matemático, cautivo de un absurdo baile de átomos y de la fortuita ordenación del ADN. La supervivencia es de los especímenes mejor dotados en una lucha que no es ni ética ni espiritual, que aprueba la crueldad y pasa por alto a los débiles.

Combinado con esta sensación de que la vida es solo un fortuito concurso de átomos está el temor de que nuestro mundo es un lugar peligroso. El estado anímico de muchas personas de nuestro tiempo se parece mucho a la desesperación de la época de Pablo. Muchos se sienten desamparados por Dios, aunque son ellos quienes primero han abandonado a Dios. Los dioses locales parecían completamente impotentes ante el poder de Roma y completamente ausentes en el enorme y creciente Imperio. ¿Cómo podían tales personas detener la caótica corriente que, según su creencia, amenazaba siempre con aprisionar el mundo? Los dioses supremos que podían tener poder para interceder estaban tan lejos como el Emperador y tan indife-

---

90. Francis Crick, *What Mad Pursuit* [Qué loco propósito]. 1ª ed. Metatemas; 19: Tusquets, Barcelona, (New York: Basic Books, 1988), 138. Agradezco esta referencia a C. Ben Mitchell.

rentes como éste al destino de los individuos. Esta sensación de sinsentido se expresaba frecuentemente en términos cósmicos, sin embargo seguía habiendo un anhelo de salvación que trajera armonía al mundo y liberación del futuro colapso.

Puede que en nuestro tiempo no temamos las mismas cosas o expresemos nuestros temores del mismo modo, pero la mayoría cree que vivimos en un mundo amenazador. Algunos renuncian a cualquier esperanza; otros buscan alguna forma de seguridad donde guarecerse. La antigua angustia generada por el miedo a la desintegración de los elementos en un caos total se corresponde con el moderno temor a un holocausto nuclear o a la colosal colisión de un asteroide con la Tierra que la desmenuzaría. La velocidad con que nos llegan las noticias de los desastres locales y a nivel mundial — atentados terroristas, asesinatos en serie, disparos desde vehículos, quemas de iglesias, ajustes de cuentas entre bandas, inundaciones, tornados, huracanes, terremotos y sequías— hacen que nuestra ansiedad sea cada vez mayor. Este tipo de noticias refuerza nuestra impresión de que el mundo es un lugar oscuro y peligroso. La violencia gratuita contribuye a la creencia de que nada en este mundo tiene propósito. Se hace más difícil de creer que esta Creación, que parece deteriorarse por momentos, pueda ser redimida por su Creador y Sustentador, y más fácil de aceptar que éste no exista. A algunos les puede parecer que quien gobierna no es Cristo, sino lo fortuito.

Uno se pregunta si algún día se le devolverá el «meta» a la palabra física. Pero la búsqueda científica para conocerlo todo llegará a un callejón sin salida. Esto es lo que confiesa Jastrow, un astrónomo agnóstico, al describir a un científico escalando los montes de la ignorancia y ascendiendo ahora a la cima más elevada, a saber, el principio del tiempo. «Al superar la última roca, un grupo de teólogos que llevan allí varios siglos le dan la bienvenida».[91] Ferguson explica la ironía: No es que los teólogos hayan comprendido todas estas cosas desde hace mucho tiempo, sino que llevan siglos diciendo que «estamos ante un misterio que los seres humanos nunca serán capaces de explicar y que, ahora, los científicos, tras mucho esfuerzo por encontrar una explicación, han llegado, para su desazón, a esta misma conclusión».[92]

G. K. Chesterton admitió lo mismo por lo que respecta a su propia búsqueda de lo evidente:

> Yo soy aquel que, con sumo atrevimiento, descubrió lo que
> ya antes había sido descubierto [...] Confieso francamente

91. Robert Jastrow, *God and the Astronomers* [Dios y los astrónomos], (Londres: W.W. Norton, 1978; reimpr. 1992), 107; Citado por Ferguson, *The Fire in the Equations* [El fuego en las ecuaciones], 97.
92. Ferguson, *The Fire in the Equations* [El fuego en las ecuaciones], 97.

ser culpable de todas las ridículas ambiciones de finales del siglo XIX. Por mi parte, y al igual que todos los demás solemnes muchachitos, quería anticiparme a los tiempos. Como ellos, intentaba también ir unos diez minutos por delante de la verdad. Y descubrí que me encontraba unos mil ochocientos años tras ella.[93]

El conocimiento puede convertirse en error y ceguera si no está arraigado en Cristo.

En todo esto, los cristianos están sustentados por su fe en que los generosos propósitos de la Gracia de Dios para este mundo se están llevando a cabo. Nuestro destino está determinado por un Dios benevolente y amoroso, no por los inciertos caprichos del azar. Pablo afirma que el mundo no es un accidente sin sentido en el laboratorio químico del Universo. Sin embargo, deja también claro que no podemos entender a Dios, la Creación, o sus propósitos para ella sin Cristo. Si la Creación ha sido obra de Cristo y existe para él, nunca carece entonces de sentido. Pertenecer a Cristo, significa tener también un lugar en el relato cósmico. La Historia no es simplemente una sucesión cronológica de acontecimientos; tiene un propósito y se dirige hacia un punto específico. Las pruebas de esto nunca aparecerán en un experimento de laboratorio, en las imágenes de un telescopio espacial, o en las de un microscopio atómico.

En nuestra condición actual vemos por un espejo, oscuramente (cf. 1Co 13:12), pero cuando se trata de encontrar el significado de la vida, la ciencia es un espejo todavía más oscuro. Ha conseguido desentrañar muchos misterios relacionados con la vida, sin embargo no podrá jamás esclarecer *el* misterio de la vida. La ciencia puede observar, describir, y analizar lo que ya existe; pero no puede decirnos el porqué. C. S. Lewis escribió: «*en toda la historia del Universo, las leyes de la Naturaleza nunca han producido un solo suceso*. Ellas son el patrón al que tiene que adaptarse cada acontecimiento, siempre que éste pueda ser inducido». Cuando una bola de billar toca otra bola de billar está siguiendo las leyes de la Física, sin embargo, no son tales leyes las que la ponen en movimiento; esto lo hizo alguien que tiene un taco. «Las leyes son el patrón al que se conforman los acontecimientos: la fuente de ellos hemos de buscarla en otro lugar».[94] En otras palabras, el significado del Universo solo puede encontrarse fuera de la Creación. Los cristianos solo pueden tener cierta comprensión de sus

---

93. Gilbert K. Chesterton, *Orthodoxy* [Ortodoxia], (Nueva York/Londres: John Lane, 1909), 18.
94. C.S. Lewis, «The Laws of Nature» [Las leyes de la Naturaleza], en *Undeceptions: Essays on Theology and Ethics*, ed. Walter Hooper (Londres: Geoffrey Bles, 1971), 53–54.

propósitos por su conocimiento en Cristo, quien trasciende a la Creación aunque está dentro de ella.

Los cristianos hemos de dejar claro a nuestro mundo de principios de siglo, con su dominio y terror de la tecnología, y su gran prosperidad y desesperación económica, que nuestro Universo no es una especie de casa de juego impersonal y sin Dios. Jesucristo es su centro, origen y destino.[95] La «victoria de la divina resurrección en Cristo» se fundamenta «en el mismo tejido del Cosmos».[96] A pesar de las apariencias en sentido contrario, Dios sigue teniendo planes para esta Tierra, tenebrosa y horrible, asfixiada por el odio y la violencia, y él conseguirá realizar sus gloriosos propósitos que tiene desde el principio. Este es nuestro lugar, y Dios no ha dejado este mundo al capricho de fuerzas impersonales.

Un concepto erróneo de la Creación conduce a una idea equivocada de la Humanidad, el pecado y la salvación. Es posible que muchas personas de nuestro tiempo perciban de manera menos aguda alguna forma de defecto cósmico que algún defecto en sus propias vidas. Aunque todo vaya extraordinariamente bien en su trayectoria profesional y en su familia, tienen la sensación de que les falta algo. En la película *Amor y muerte: la última noche de Boris Grushenko* [Love and Death] dos personajes analizan la vaciedad de su vida.

Boris: Siento un vacío en el centro de mi ser.

Amigo: ¿Qué clase de vacío?

Boris: Este es un vacío, vacío. Hace un mes sentí un vacío lleno, pero era solo algo que había comido.[97]

Muchos sienten esta clase de vacío porque no tienen una verdadera relación con aquel que les ha creado. Intentan llenarse con cualquier cosa que promete satisfacción y ahogar el silbido del vacío que absorbe todo el significado de sus vidas con el bullicio de ocupaciones sin sentido.

He oído a Fred Craddock utilizar a la caracola como ilustración de nuestra necesidad de Dios. Cuando nos ponemos la caracola en el oído, siempre oiremos el sonido del mar hasta que regrese a él. También nosotros escucharemos siempre el vacío timbrazo de un furioso torrente dentro de nosotros hasta que regresemos a Dios. Como afirma el salmista: «Cual ciervo jadeante en busca del agua, así te busca, oh Dios, todo mi ser» (Sal 42:1). Pablo se alegra de que Dios no sea un terrateniente ausente, sino tan cercano como la confesión de nuestros labios (Ro 10:6–13).

---

95. Stockhausen, *Las cartas en la tradición paulina*, 61.

96. Wink, «The Hymn of the Cosmic Christ» [El himno del Cristo cósmico], 242.

97. Citado por Gary Commins, «Woody Allen's Theological Imagination» [La imaginación teológica de Woody Allen], *TToday* 44 (1987): 236.

Tiene todo el mundo en sus manos. Los cristianos podemos cantar emocionados la canción «He Has the Whole World in His Hands» [Tiene todo el mundo en sus manos], y sin embargo podemos no creerlo. Esto se debe a que tendemos a subrayar solo la obra de Cristo en la Redención y pensamos en la salvación de un modo demasiado individualista, como si fuera algo que solo me afecta a mí y a mi Señor. Otro himno que suele cantarse apasionadamente contiene la frase, «¿me preguntas cómo sé que él vive? Lo sé porque vive en mi corazón». Puede que esto sea cierto, sin embargo, no podemos reducir el reino de Cristo a los confines de nuestra pequeña existencia como si se tratara de nuestro director espiritual personal. Stewart afirma: «No puedes tener a Cristo en el corazón y mantenerle fuera del Universo».[98] El ámbito de la salvación de Dios es universal. Dios comenzó con toda la Creación y acabará del mismo modo. Cristo reina supremo sobre todas las cosas; todo el Universo está en sus amorosas manos.

Si Cristo es Señor sobre toda la Creación, lo es también sobre todos los aspectos de la vida humana.[99] Esto incluye nuestro mundo social, nuestra comunidad cristiana y nuestro medio ambiente físico. El perdón de Dios forma parte de su propósito para todo el Cosmos de reconciliar consigo a toda la Creación. Dios no limita esta reconciliación a un segmento de la Creación, a saber, los humanos. Toda la Creación gime y anhela la revelación de los hijos de Dios (Ro 8:15–29), cuando el mundo será conducido nuevamente a su «orden divinamente creado y determinado».[100]

Esta redención tiene una relevancia ecológica, y los cristianos se están dando cuenta ahora de la necesidad de implicarse en estos asuntos y de situarse a la vanguardia de ellos. El proverbio de los indios americanos en el sentido de que no heredamos la tierra de nuestros antepasados, sino que la tomamos prestada de nuestros hijos suena verdadero. La Palabra de Dios acerca de Nínive revela un amor para con su Creación que no se limita meramente a los humanos: «Y de Nínive, una gran ciudad donde hay más de ciento veinte mil personas que no distinguen su derecha de su izquierda, y tanto ganado, ¿no habría yo de compadecerme?» (Jon 4:11).

En *Los Hermanos Karamazov*, el padre Zosima dice:

> Hermanos míos [...] Amad a toda la Creación en conjunto y a cada uno de sus elementos: amad a cada hoja del ramaje, a cada rayo de luz, a los animales, a las plantas [...] Amando a las cosas comprenderéis el misterio divino de todas ellas. Y una vez comprendido, penetraréis en esta comprensión cada

---

98. Stewart, «First-Century Heresy» [Herejía del primer siglo], 420.
99. Wall, *Colossians and Philemon* [Colosenses y Filemón], 64–65.
100. O'Brien, *Colossians and Philemon* [Colosenses y Filemón], 56.

vez más. Y terminaréis por amar al mundo entero con un amor universal. Amad a los animales, ya que Dios les ha dado un principio de pensamiento y una alegría apacible. No los molestéis, no los atormentéis quitándoles esta alegría, pues ello sería oponerse a los propósitos de Dios. Hombre, no hagas sentir tu superioridad a los animales, que están exentos de pecado, mientras tú manchas la tierra, dejando a tus espaldas un rastro de podredumbre. Así proceden casi todos los hombres, por desgracia.[101]

Dios no pretende que eludamos, violemos o avasallemos a la Creación como como si se tratara de un enemigo. Toda la Creación está también destinada a ser reconciliada en Cristo, y hemos de tratarla teniendo en cuenta este hecho.

Victoria en la Cruz. La primera mitad del poema afirma que Cristo es Soberano sobre toda la Creación como aquel en quien y para quien todas las cosas fueron creadas. La segunda mitad del poema explica que Cristo ejerce su Soberanía reconciliando al mundo mediante el derramamiento de su sangre en una cruz. Pailin contrasta el modo en que los niños entienden la Soberanía observándoles jugar al «rey del castillo» sobre un montículo de arena en una playa.

Un niño se sitúa en la parte superior del castillo y se burla de los demás proclamando, «soy el rey del castillo» […] Acto seguido, los demás intentan destronar al rey asaltando el castillo y desbancando al titular. El resultado es un confuso forcejeo con agarrones y empujones durante el cual la mayoría de los niños descubren que su mandato como rey del castillo es precario y breve. Al final, el juego ha de parar porque el castillo ha sido destruido por los asaltos de que ha sido objeto.[102]

El juego muestra lo que los niños entienden por reinar, y también proporciona una parábola para nuestro mundo. La lucha por el dominio entre los poderes e individuos acaba generando destrucción. Esto contrasta de forma muy significativa con lo que vemos en Cristo y su Cruz. Cristo logra su victoria y es proclamado rey cuando es levantado en una cruz.

Bonhoeffer dice que Dios se deja empujar a la Cruz por el mundo. Él se hace débil e impotente en el mundo, y esta es precisamente la forma, la única forma, en que está con nosotros y nos ayuda. Nos ofrece el deste-

---

101. Fyodor Dostoevsky, *Los Hermanos Karamazov*, Barcelona: Bruguera, 1983. Página 332 de la edición original en inglés.
102. David A. Pailin, «On the Significance of the Sovereignty of God» [Sobre la importancia de la Soberanía de Dios], *TToday* 53 (1996): 35.

llo de un plan divino a una escala tan enorme que no podemos sondearlo. Revela el medio de llevarlo a cabo, que para la mente humana es escandaloso y necio. Una parte de este gran misterio es que el agente y sustentador de la Creación pueda ser hallado en el grupo humilde y diminuto de los cristianos colosenses que forman su cuerpo. Este misterio es proclamado por alguien que adopta el papel de siervo humilde, está encadenado en una cárcel y experimenta aflicciones y sufrimiento. Pablo entiende que la victoria se consigue a través del sufrimiento y de la entrega de la vida, no de su protección.

Para la belleza de la Tierra. En su reseña de tres libros escritos por padres que intentaban explicar las trágicas circunstancias y el dolor atroz que supone perder un hijo, Travis observa un denominador común en el esfuerzo de estos autores por entender bien las cosas. Intentando explicarse por qué suceden tales calamidades, asumen que Dios, o bien no existe, o es «cómplice de asesinato». Los autores no encuentran ninguna comunidad o marco de referencia religioso o filosófico que les ayude a entender lo sucedido y que haga las muertes de sus hijos más soportables. El antídoto para su desesperación procede más bien de «las pruebas de la Naturaleza». Uno de los escritores recibe aliento de «la flor dorada que asoma sobre la nieve que cubre hasta los tobillos». Otro «observa el firmamento por encima de las colinas», pensando que quizás su hija esté por allí, en algún lugar. Un tercero ve que «la luz que destella tras los árboles era luz primaveral». Travis termina su reseña: «Cada uno de los libros concluye con su autor perdido y solo pensando en su hija, todos ellos consolados por la Naturaleza, pero no por otro ser humano».[103]

Los humanos pueden detectar algo de Dios en la Naturaleza (Hch 17:24–29), pero han pervertido sistemáticamente lo que aprenden al convertirlo en idolatría (Ro 1:21–23). Sin duda, la Naturaleza está llena de maravillosos prodigios, hermosos de contemplar. Todo el mundo puede pensar probablemente en algún lugar paradisíaco donde la belleza de la Tierra irradia la gloria de Dios. Para mí, uno de estos lugares es las Montañas Rocosas. Los nevados picos resplandecen; el aire es tonificante y el firmamento claro; las flores silvestres florecen, soberbias, en prados donde pacen alces y ciervos. El viento silba entre los pinos, sofocando a veces las charlas de las ardillas y tamias. Los coyotes aúllan siguiendo ciclos regulares; ocasionalmente, una osa y sus cachorros hacen visitas de medianoche. Los pumas y gatos monteses están ahí, aunque nunca se dejan ver.

Sin embargo, he visto también este mismo cielo lleno del humo de virulentos incendios forestales. A los cazadores disparando a los alces; los

---

103. Carol Travis, «After Great Pain» [Tras un gran dolor], *New York Times Book Review* (May 12, 1996), 20.

depredadores han dado caza y descuartizado a ciervos. Mi propio perro ha conseguido atrapar y matar alguna ardilla listada sin saber luego qué hacer con el cadáver del animalillo; su instinto le llevó a perseguirlos y matarlos, sin otra razón. Algunos campistas han muerto sepultados bajo toneladas de roca por los desprendimientos. Puede que la Naturaleza sea hermosa; sin embargo es también fría e insensible, y el consuelo que ofrece en tiempos de luto es escaso. La evidencia de Dios en la Naturaleza es, en el mejor de los casos, ambigua; a Dios solo puede conocérsele de un modo completo por medio de Cristo.

Puesto que la Creación se ha visto afectada por la caída, solo podemos conocer plenamente a Dios mediante el proceso de la redención. Es posible ver la gloria de Dios en la Naturaleza, sin embargo vemos también su estado malogrado. La Naturaleza no es Dios. C. S. Lewis escribió: «La Naturaleza nunca me enseñó que existiera un Dios glorioso y cuya majestad es infinita. Estas cosas las he tenido que aprender de otras maneras. No obstante, la Naturaleza ha hecho que, para mí, el término gloria adquiera significado».[104]

La Naturaleza puede darnos una imagen de la gloria, sin embargo no nos brinda ningún «camino directo» que nos lleve a un creciente conocimiento de Dios.

El camino desaparece casi de repente. Los terrores y los misterios, toda la profundidad de los consejos divinos y toda la maraña de la historia del Universo, lo desdibujan. No conseguimos abrirnos paso; no de este modo. Hemos de tomar un desvío: abandonar los montes y los bosques y volver a nuestros estudios, a la Iglesia, a la Biblia, a la oración. De otro modo, el amor a la Naturaleza comienza a convertirse en una religión. Y, aunque no nos conduzca a oscuras deidades, nos llevará a numerosos escenarios absurdos.[105]

Los cristianos no buscan el consuelo de una Creación impersonal sino el de un Creador personal, que crea también una comunidad. Al Señor vivo, fuente de nueva vida, se le experimenta en la adoración y la actividad de su Iglesia viva.

Redención solo en Cristo. El lenguaje del distanciamiento que se expresa en 1:21 implica una relación que ha fracasado rotundamente. El pecado hace un desastre de la armonía creada y presenta batalla a la divina obra de restauración. Pero, sobre todo, el pecado destruye por completo nuestra crucial relación con Dios en una infinita variedad de complejas formas. Somos mentalmente hostiles a Dios, maliciosos en nuestras acciones hacia todo el mundo.

---

104. C.S. Lewis, *Los cuatro amores*, Madrid: Rialp, 1991.
105. Ibíd., 38.

Es sorprendente la rapidez con que el pecado puede hacerse con el control de algo que iba a ser bueno y corromperlo. La llegada de los ordenadores ha cambiado muchas vidas para bien, sin embargo la informática ha sido también utilizada para la propagación más rápida y amplia de rumores maliciosos, teorías conspiratorias, odio racial y letales virus electrónicos que pretenden la destrucción de datos. Otros la han utilizado para incitar a los niños a la pornografía o para captar a almas débiles y vacilantes para sectas de control mental. Los intentos de controlar los excesos por medio de leyes son bienintencionados, pero nunca consiguen llegar a la raíz del problema. El pecado no es simplemente lo que hacemos; es quienes somos. En su reseña del excelente libro de Plantinga sobre el pecado, Roberts observa con perspicacia:

> Las prácticas e ideas de las psicologías modernas se han mezclado de manera tan generosa e indiscriminada con la concepción cristiana de las personas que muchas iglesias propagan ahora espiritualidades completamente ajenas a sus tradiciones. Las prácticas e ideas del mundo del espectáculo y la mercadotecnia dominan hasta tal punto a las congregaciones y los ministerios públicos que lo que son serios ministerios cristianos basados en la Palabra y los sacramentos parecen desfasados, y una espiritualidad basada en el arrepentimiento, la disciplina y la Gracia tiene el aspecto de mórbida y poco rentable. Unificando estos dos elementos contaminantes tenemos la idea de que toda religión está (o debe estar) a nuestro servicio: ha de hacernos ricos, felices, divertidos, prácticos, creativos, integrados y proporcionarnos una elevada autoestima.

Uno de los primeros conceptos que queda neutralizado en esta romántica mezcla es el del pecado, a saber, la idea de que nos corrompemos constantemente a nosotros mismos y a los demás, que hemos arrasado el hermoso orden que Dios estableció en la Creación. No somos solo pobres víctimas de la maldad, sino, todos sin excepción, activos autores de ella, que hemos ofendido a Dios y nos hemos cortado de su comunión y bendiciones.[106]

Los temas de la rebeldía y el pecado humanos son un ininterrumpido hilo rojo que corre por toda la Biblia y conduce al pie de la Cruz. Allí ha sido cercenado. En las primeras palabras de Colosenses, Pablo proclama que Cristo ha traído esperanza a una situación desesperada, rescate de la oscuridad, y el perdón de los pecados, que nos separan de Dios y el uno del otro. Nuestra confiada respuesta a lo que Cristo ha hecho nos establece firme-

---

106.   Robert C. Roberts, «Review of *Not the Way It's Supposed to Be: A Breviary of Sin* by Cornelius Plantinga, Jr». [Reseña de *No cómo deberían ser las cosas: un breviario del pecado* de Cornelius Plantinga, Jr.] *Int* 50 (1996): 324.

mente en el grandioso propósito divino de reconstituirnos para ser lo que teníamos que ser: santos e irreprensibles.

La afirmación de Pablo en 1:23 contiene también una advertencia implícita, «con tal de que se mantengan firmes en la fe». Si entendemos que por medio de Cristo ganamos una nueva relación con Dios, reconoceremos también que las relaciones personales no pueden nunca permanecer estáticas. Crecen o mueren. Cuando nos casamos, iniciamos una nueva relación. La mayoría de quienes han experimentado el matrimonio entienden que el desarrollo de una relación matrimonial próspera exige esfuerzo. Es posible seguir casados, pero la relación matrimonial puede morir si no la trabajamos. Lo mismo se aplica a nuestra relación con Dios. Si la descuidamos o coqueteamos con otras atracciones, la hacemos peligrar.

Colosenses 1:24–2:5

Ahora me alegro en medio de mis sufrimientos por ustedes, y voy completando en mí mismo lo que falta de las aflicciones de Cristo, en favor de su cuerpo, que es la iglesia. 25 De ésta llegué a ser servidor según el plan que Dios me encomendó para ustedes: el dar cumplimiento a la palabra de Dios, 26 anunciando el misterio que se ha mantenido oculto por siglos y generaciones, pero que ahora se ha manifestado a sus santos. 27 A éstos Dios se propuso dar a conocer cuál es la gloriosa riqueza de este misterio entre las naciones, que es Cristo en ustedes, la esperanza de gloria.28 A este Cristo proclamamos, aconsejando y enseñando con toda sabiduría a todos los seres humanos, para presentarlos a todos perfectos en él. 29 Con este fin trabajo y lucho fortalecido por el poder de Cristo que obra en mí. 1 Quiero que sepan qué gran lucha sostengo por el bien de ustedes y de los que están en Laodicea, y de tantos que no me conocen personalmente. 2 Quiero que lo sepan para que cobren ánimo, permanezcan unidos por amor, y tengan toda la riqueza que proviene de la convicción y del entendimiento. Así conocerán el misterio de Dios, es decir, a Cristo, 3 en quien están escondidos todos los tesoros de la sabiduría y del conocimiento. 4 Les digo esto para que nadie los engañe con argumentos capciosos. 5 Aunque estoy físicamente ausente, los acompaño en espíritu, y me alegro al ver su buen orden y la firmeza de su fe en Cristo.

Sentido Original

Esta sección, que da inicio al cuerpo de la carta, encaja en un patrón típico de Pablo: tras la sección de acción de gracias el apóstol pone a los receptores de sus cartas al corriente de los detalles de sus esfuerzos misioneros y de su preocupación por ellos (ver Ro 1:11–15; 2Co 1:8–2:4; Fil 1:12–26; 1Ts 2:17–3:11). No todos los destinatarios de Colosenses conocen a Pablo de un modo personal, de manera que esta sección funciona como una especie de introducción. El apóstol no está tratando de instaurar su autoridad para respaldar lo que se dispone a decir esbozando su llamamiento como apóstol de Cristo.[1] Su autoridad es algo evidente. Se limita a desarrollar su última afirmación de 1:23, «del que yo, Pablo, he llegado a ser servidor» y a subrayar la divina revelación del misterio de Dios, que predica.

---

1. Jerry Sumney, «Those Who Pass Judgment: The Identity of the Opponents in Colossian» [Los que juzgan: la identidad de los oponentes en Colosenses] *Bib* 74 (1993): 368, entre otros muchos, sostiene que Pablo establece su autoridad como preparación de su ataque a los oponentes.

Pablo quiere restaurar la confianza de los colosenses en su esperanza y armarles teológicamente contra los simplistas argumentos de quienes venden a bajo precio las afirmaciones de los cristianos (2:4, 8) o alardean de su superioridad (2:16, 18).[2] Todos los tesoros de la sabiduría y el conocimiento se encuentran en Cristo, y ningún folleto publicitario de tres al cuarto debe persuadirles de que miren en otras direcciones. También quiere expresarles su preocupación por ellos. Aunque físicamente ausente, el apóstol está espiritualmente presente con ellos. Sufre por ellos (1:24); fue comisionado para servirles (1:25); y mantiene una gran lucha a su favor (2:1).

Aunque es posible que en 1:24–2:5 Pablo no tuviera en mente una estructura quiásmica, puede ayudarnos a seguir mejor su línea de pensamiento trazar el bosquejo de estos versículos según un criterio quiásmico.[3]

A Los sufrimientos del apóstol por ellos para bien del cuerpo de Cristo (1:24)

    B Comisión del apóstol: Presentar completamente la Palabra de Dios (1:25a-c)

      C Mensaje del apóstol: Las gloriosas riquezas del misterio de Cristo en ustedes, la esperanza de gloria (1:25d–27)

    B´ Llevar a cabo la comisión del apóstol: Proclamar, amonestar y enseñar con toda sabiduría para presentar perfectos en Cristo a todos (1:28)

A´ Los esfuerzos y luchas del apóstol vigorizados por Cristo (1:29)

A Las luchas del apóstol por ellos, aunque muchos no le conocen de un modo personal (2:1)

    B Comisión del apóstol: animarles y proporcionarles un entendimiento completo (2:2a)

      C Mensaje del apóstol: El misterio de Dios, es decir, Cristo (2:2b–3)

    B´ Comisión del apóstol: Impedir que sean engañados por argumentos que suenan bien (2:4)[4]

A´ La presencia del apóstol en espíritu aunque ausente en el cuerpo (2:5)

---

2. Dunn, *The Epistles to the Colossians and to Philemon* [Las epístolas a los Colosenses y a Filemón], 114.

3. Ver F. Zeilinger, *Der Erstgeborene der Schöpfung. Untersuchungen zur Formalstruktur und Theologie des Kolosserbriefes* (Vienna: Herder, 1974), 44–46.

4. Con la expresión «les digo esto» de 2:4 no se inicia un nuevo párrafo, sino que se refiere a lo que se ha dicho. Esta frase anticipa el tema de la siguiente sección, 2:6–23, igual que 1:23 («del que yo, Pablo, he llegado a ser servidor») preparaba para la sección siguiente, 1:24–2:5.

Este bosquejo quiásmico nos ayuda a ver el modo en que Pablo desarrolla su comisión apostólica, e ilumina su propia concepción de dicha comisión. Surgen algunas ideas clave:

- Sus sufrimientos (1:24), esfuerzos y luchas (1:29; 2:1)
- Su comisión como siervo de Dios (1:25, 28; 2:2, 4)
- El misterio que proclama (1:26; 2:2)

Los sufrimientos y luchas del apóstol (1:24, 29; 2:1)

El «ahora» de nuestra reconciliación (1:20, 22) y la revelación del misterio —el señorío de Cristo sobre toda la Creación (1:26)— no ha cambiado el «ahora» del encarcelamiento de Pablo. Pero es probable que el sentido de la palabra «ahora» de 1:24 sea lógico, no temporal: ahora Pablo se regocija en sus sufrimientos por causa de la verdad que les ha presentado.[5] Pablo vincula directamente su sufrimiento a sus esfuerzos para Cristo. En el libro de los Hechos se declara explícitamente la conexión entre su sufrimiento y su llamamiento por parte de Dios: —¡Ve! —Insistió el Señor—, porque ese hombre es mi instrumento escogido para dar a conocer mi nombre tanto a las naciones y a sus reyes como al pueblo de Israel. Yo le mostraré cuánto tendrá que padecer por mi nombre.» (Hch 9:15–16; ver 1Co 4:9–13; 2Co 11:23–33; 13:4; Gá 6:17).

Pero cuando nos disponemos a interpretar la afirmación de Pablo en 1:24 acerca de su sufrimiento, nos encontramos inmediatamente con complejas cuestiones exegéticas. Una traducción literal nos ayuda a clarificar los problemas: «Ahora me gozo en los sufrimientos a vuestro favor y lleno completamente lo que falta en las aflicciones de Cristo en mi carne a favor de su cuerpo, que es la Iglesia». Hay varias preguntas que requieren una respuesta. ¿En qué sentido puede Pablo vincular sus sufrimientos a las aflicciones de Cristo? ¿Cómo puede entenderse que tales sufrimientos fueran por causa de los colosenses, una iglesia que el apóstol no había fundado y que posiblemente ni siquiera había visitado? ¿Cómo puede Pablo atreverse a pensar que puede sufrir por los demás como lo hizo Cristo? Más preguntas específicas conciernen al significado de varias palabras y expresiones: ¿Qué significa el verbo «completar»? ¿Qué significa la expresión «las aflicciones de Cristo»? ¿Qué es lo que «falta» en las aflicciones de Cristo que sus sufrimientos completarán? Consideraremos primero los asuntos específicos del sentido de los términos y a continuación volveremos a las preguntas más extensas.

Algunos sostienen que la preposición *anti* que acompaña al verbo «completar» (*antanapleroo*) hace que signifique «en lugar de», de modo que

---

5.   Barth y Blanke, *Colossians* [Colosenses], 253, cita 1Co 5:11; 12:20; 2Co 7:9.

Pablo alude a un «completar vicario». Es decir, el apóstol completa el sufrimiento que de lo contrario los colosenses, y todos los gentiles, habrían tenido que soportar.[6] Otros argumentan que este prefijo significa que el suministro procede de un lugar contrario a la deficiencia; lo que completa sustituye a lo que falta.[7] Pero el prefijo no es un elemento decisivo para interpretar el significado del versículo, y el verbo *antanapleroo* no significa algo distinto de *anapleroo*.[8] Quiere decir que Pablo «completa» aquello que Cristo no puede. Pero este significado conduce a otra pregunta: ¿Qué es lo que faltaba en las aflicciones de Cristo? La palabra «todavía» que añade la NIV no está en el texto e induce al error.

Los intérpretes han trabajado con los diversos usos del genitivo en la expresión *tou Christou* («de Cristo») para llegar a una respuesta satisfactoria. Algunos lo interpretan como un genitivo objetivo, es decir, sufrimientos «por causa de Cristo». Otros lo describen como un genitivo de calidad, o sea, sufrimientos como los de Cristo. La cuestión en ambos casos es cómo se puede decir que faltan los sufrimientos de Cristo. Lightfoot lo interpreta con el sentido de las aflicciones «que Cristo soportó». Hace una distinción entre la eficacia expiatoria de su sufrimiento y su impacto paradigmático. No participamos en los sufrimientos que nos reconciliaron con Dios, sin embargo, sí compartimos sus reiterados actos de negación propia que construyen la Iglesia.[9] Lightfoot arguye que aquellos sufrimientos que soportamos para la edificación de la Iglesia están incompletos. El problema de este punto de vista es que el Nuevo Testamento no establece ninguna diferencia entre los sufrimientos de Cristo, y Pablo no sugiere que sus sufrimientos sirvan para edificar la Iglesia. El apóstol dice meramente que sufre en favor del cuerpo.

Otros eruditos han argumentado que la frase «aflicciones del Mesías» (Cristo) es una expresión técnica que se refiere a los ayes mesiánicos (o dolores de parto) de los últimos días que anteceden a la nueva era. Hace referencia a una cierta medida de aflicciones que tenían que completarse antes de que Cristo regresara en gloria.[10] El uso del artículo determinado

---

6. Moule, *Colossians and Philemon* [Colosenses y Filemón], 78–79; O'Brien, *Colossians and Philemon* [Colosenses y Filemón], 80.
7. Lightfoot, *Saint Paul's Epistles to the Colossians and to Philemon* [Las epístolas de San Pablo a los Colosenses y a Filemón] , 162–63; Ver Bruce, *The Epistles to the Colossians and to Philemon* [Las epístolas a los Colosenses y a Filemón], 215. W.R.G. Moir, «Colossians 1,24» [Colosenses 1,24] *ExpTim* 42 (1930–31): 480, sostiene que el prefijo significa «uno tras otro», «en rápida sucesión».
8. Barth y Blanke, *Colossians* [Colosenses], 255–56.
9. Lightfoot, *Saint Paul's Epistles to the Colossians and to Philemon* [Las epístolas de San Pablo a los Colosenses y a Filemón], 163.
10. Ver, por ejemplo, Best, *One Body in Christ* [Un cuerpo en Cristo], 132–36; R. J. Bauckham, «Colossians 1:24 Again: The Apocalyptic Motif» [De nuevo Colosenses

en la expresión «*las* aflicciones de Cristo» puede también sugerir algo muy conocido, como por ejemplo los dolores de parto del Mesías.[11] La literatura apocalíptica judía predecía los desastres que vendrían sobre el mundo como preludio del tiempo del fin que marcaba el inicio de la nueva era.[12] Si alguien da por sentado que el pueblo de Dios tenía que soportar una cierta cuota de sufrimiento antes de que se cumplieran los propósitos de Dios (ver Ap 6:11; ver 4 Esd 4:33–43), entonces Pablo se estaría alegrando por su creencia de que sus sufrimientos se unen a la suma total y aceleran la llegada del fin.

Varios problemas hacen que esta interpretación sea poco probable. Los colosenses tendrían que deducir todo esto de su presunto conocimiento de las expectativas apocalípticas judías, porque Pablo no lo dice explícitamente, ni se extiende con especulaciones sobre el tiempo del fin en otros pasajes de la carta.[13] ¿Cómo habrían podido saber los colosenses que la expresión «aflicciones del Mesías» era una frase técnica? Ningún texto del tiempo del Nuevo Testamento o de un período anterior alude específicamente a «las aflicciones» o «los ayes del Mesías». En ningún otro lugar de Colosenses, el término «Cristo» alude al «Mesías», sino que aparece sistemáticamente como una referencia al personaje histórico de Jesucristo (ver 2:11, 17; 3:15–16; 4:3; ver también 1:1; 4:12).

Además, Pablo cree que el sufrimiento es una experiencia inherentemente cristiana (1Ts 3:3; ver Hch 14:22). El apóstol nunca afirma que su sufrimiento reduzca el que han de soportar sus compañeros cristianos. Pablo intenta ayudar a los corintios a reconocer que él ha sido afligido para que ellos puedan ser consolados; sin embargo, puesto que éstos comparten los mismos sufrimientos, las aflicciones del apóstol no les ayudan a evitar las

---

1:24: el tema apocalíptico], *EvQ* 47 (1975): 168–70.

11. Los eruditos argumentan que la palabra que elige Pablo para hablar de las «aflicciones» (*thlipsis*) no es el término normal para describir los sufrimientos que Jesús soportó en su Pasión (*pathemata*). Sin embargo, Heinrich Schlier, «θλίβω, θλίψις», *TDNT*, 3:143–44, y Wilhelm Michaelis, «πάσχω, κτλ», *TDNT*, 5:933, muestran que ambas palabras son sinónimas; ver 2Co 1:5. Andrew Perriman, «The Pattern of Christ's Sufferings: Colossians 1:24 and Philippians 3:10–11» [El patrón de los sufrimientos de Cristo: Colosenses 1:24 y Filipenses 3:10-11] *TynB* 42 (1991): 67, n. 15, señala también que los «sufrimientos se han transferido de Cristo a Pablo; está haciendo referencia a sus sufrimientos, no los de Cristo».

12. Ver Dn 7:21–22, 25–27; 12:1; Jubileos 23:13; 4 Esdras 13:16–19; 2 *Apocalipsis de Baruc* 25–30; Mr 13:20; Ap 7:14; 12:13–17. Algunos textos rabínicos posteriores aluden a los ayes del Mesías (*Mekilta Vayassa* 5 a Éx 16:25; b. *Sabb.* 118a; b. *Pesah* 118a; b. *Sanh* 97a).

13. A diferencia de los eruditos modernos, los colosenses no disponían de un compendio de los textos relevantes sobre las expectativas de la literatura apocalíptica y probablemente ni siquiera conocían bien el discurso escatológico de Jesús consignado en los Evangelios.

suyas (2Co 1:5–7). ¿Cómo podría Pablo haber pensado que su sufrimiento, como apóstol a los gentiles, podría reducir de manera significativa la tribulación universal de los tiempos del fin?[14] Si el apóstol creía que su sufrimiento completaba una cuota de aflicción y aceleraba el amanecer de la gloria futura, ¿por qué no habría de querer que el mayor número posible de cristianos sufriera para apresurarlo aún más? Cuando Pablo habla en otros pasajes acerca de su sufrimiento, no lo relaciona con un cierto número de aflicciones divinamente establecido. El sufrimiento es una consecuencia lógica del servicio en el Evangelio: «Pues a nosotros, los que vivimos, siempre se nos entrega a la muerte por causa de Jesús, para que también su vida se manifieste en nuestro cuerpo mortal». (2Co 4:11; ver 1Co 4:9–13; 1Ts 2:1–2; ver Mr 13:10–13).[15] La meta que expresa Pablo no es la de completar una cuota de sufrimiento, sino dar a conocer completamente la Palabra de Dios (Col 1:25). Su lucha por cumplir esta meta deja tras sí una estela de sufrimiento, y el apóstol entiende estas aflicciones «en un sentido extraño, no como algo suyo, sino de Cristo».[16]

Hay algo más siniestro, y es que esta interpretación reabre la puerta a la falsa doctrina de un depósito de méritos del que pueden extraerse indulgencias para otros. Da a entender erróneamente que el sufrimiento de Pablo hace innecesario que otros sufran penalidades. Pablo se regocija, más bien, porque sobrelleva su parte de sufrimiento para el beneficio de la Iglesia, que todos aquellos que están unidos a Cristo han de soportar.

Puede defenderse con mejores argumentos una traducción literal que conecta la expresión «en mi carne» con lo inmediatamente precedente: «Completo lo que falta en las aflicciones de Cristo en mi carne». Houlden comenta: «Lo que se completa no es los sufrimientos de Cristo, sino los sufrimientos de Cristo *en Pablo*».[17] Lo que falta o está incompleto es la

---

14. Perriman, «Program» [Programa] 64–65. Si esta interpretación fuera correcta, es más probable que Pablo hubiera dicho que «completaba la medida de las aflicciones de Cristo» (ver Ap 6:11), en lugar de «voy completando en mí mismo lo que falta».

15. Michaelis, «πάσχω», 933, n. 20, sostiene que «la idea de una cantidad predeterminada de sufrimiento que todavía haya de ser satisfecha no está presente en Pablo . . . ni en otros pasajes del Nuevo Testamento, ni tampoco la sugieren suposiciones contemporáneas». El Nuevo Testamento contiene referencias a una cuota de maldad (Mt 23:32; 1Ts 2:16), una cuota de gentiles (Ro 11:25), y una cuota de mártires (Ap 6:11), pero no una cuota de sufrimientos.

16. Wright, *Colossians and Philemon* [Colosenses y Filemón], 86.

17. Houlden, *Paul's Letters from Prison* [Las cartas de Pablo desde la prisión], 180. Así también Edwyn C. Hoskyns y Noel Davey, *The Riddle of the New Testament* [El enigma del Nuevo Testamento], (Londres: Faber y Faber, 1958), 158; L. P. Trudinger, «Further Brief Note on Colossians 1:24» [Breve nota adicional sobre Colosenses 1:24] *EvQ* 45 (1973): 36–38; W. F. Flemington, «On the Interpretation of Colossians 1:24» [Sobre la interpretación de Colosenses 1:24], en *Suffering and Martyrdom in the New*

experiencia personal que Pablo tiene de las aflicciones de Cristo, no algo defectuoso en el sufrimiento de Cristo. Esta interpretación asevera que Pablo se alegra porque lo que ahora sufre en aras de la Iglesia de Cristo le permite saldar su propia deuda.

En mi opinión, el pensamiento de Pablo refleja su sentido de unidad con Cristo, algo que el apóstol subraya en la carta. Los cristianos han sido sepultados con Cristo, y asimismo resucitados y vivificados con él (2:12–13, 20; 3:1, 3).[18] En tanto que cuerpo de Cristo, la Iglesia tiene una personalidad colectiva. Si los cristianos participan de la muerte y resurrección con Cristo, comparten también sus sufrimientos (Ro 8:17; 2Co 1:5–6; 4:10–12; Fil 1:29; 3:10; ver 1P 4:13) y él los de ellos.[19] Cristo, por tanto, sigue sufriendo en su cuerpo, la Iglesia (ver Hch 9:4–5). Esta afirmación refleja la profunda convicción de Pablo en el sentido de que en su ministerio está representando a Cristo (2Co 5:20). Cristo vive en él (Gá 2:20), y él sirve en su lugar como alguien que murió con él y vive para él (2Co 5:14). Describe «nuestros sufrimientos presentes» como una participación en los padecimientos de Cristo (Ro 8:17–18). No supone un gran salto, pues, para el apóstol hacer referencia al sufrimiento que soporta por su servicio a Cristo y como miembro de su cuerpo con la expresión «las aflicciones de Cristo».

¿Pero qué es lo que falta a los sufrimientos de Cristo? La palabra «falta» (*hysterema*) aparece nueve veces en el Nuevo Testamento y se utiliza para aludir a «necesidad» o «pobreza» (Lc 21:4; 2Co 8:14; 9:12; 11:9), «lo que le falta» (1Ts 3:10), y «completar lo que falta en la ausencia de un grupo en representación de él» (cf. 1Co 16:17; Fil 2:30). Este último uso encaja en nuestro pasaje, puesto que la misma raíz verbal «completar» (*anapleroo*) aparece con el sustantivo «falta». Pablo habla a los corintios de su alegría con la llegada de Estéfanas, Fortunato y Acaico, «porque ellos han suplido lo que ustedes no podían darme» (1Co 16:17). El apóstol les dice a los filipenses que Epafrodito arriesgó su vida «para completar lo que faltaba de su servicio a mí» (Fil 2:30; trad. lit.).

El lector moderno podría pensar que Pablo se quejaba con descortesía de que el servicio de los filipenses (su ofrenda a Pablo) era de algún modo deficiente, y que Epafrodito había tenido que poner algo de sus propios

---

Testament (Cambridge: Cambridge Univ. Press, 1981), 84–90; Perriman, «Pattern» [Patrón], 62–79.

18. C. H. Dodd, *The Epistle to the Romans* [La Epístola a los Romanos], Moffat New Testament Commentary (Nueva York: Harper & Row, 1932), 86, da fe de que Cristo es el representante inclusivo de la humanidad redimida. «Aquello que Cristo hizo y padeció a favor de la humanidad es la experiencia del pueblo de Dios que se concentra en él». Observación de Henry Gustafson, «The Afflictions of Christ: What Is Lacking?» [Las aflicciones de Cristo: ¿qué es lo que falta?], *BibRes* 8 (1963): 29.

19. Pablo insiste también en que cuando un miembro del cuerpo sufre, todos los demás sufren con él (1Co 12:26).

ingresos para complementar su ofrenda poco generosa. La NVI suaviza correctamente la aspereza de la traducción literal. Pablo no se está quejando de que hayan dejado de suministrarle ayuda material. Lo que falta es su presencia personal con Pablo, y esto es lo que suple Epafrodito, como representante suyo. Este mismo significado es el que se aplica a nuestro texto. Lo que falta es la presencia corporal de Cristo. El sufrimiento físico de Pablo como miembro del cuerpo de Cristo representa el permanente sufrimiento de Cristo por el mundo a través de sus siervos.

Ahora podemos dar respuesta a las preguntas. Esta conclusión explica cómo conecta Pablo sus sufrimientos con las aflicciones de Cristo. El apóstol sufre como representante de Cristo, que está ausente en cuerpo, pero presente en espíritu (ver 2:5). «Lo que falta» no tiene nada que ver con una cierta medida que debe completarse, sino que se trata de un modismo para representar corporalmente a Cristo (ver Fil 1:20). El sufrimiento de Pablo por la causa de Cristo es un rasgo característico de su ministerio, que se conforma «al patrón del sufrimiento de Cristo que concluyó en la Cruz».[20] El apóstol se presenta a sí mismo como un ejemplo del misterio interno de la Cruz de Cristo desarrollándose en una vida humana, y hace la extraordinaria afirmación de que está sufriendo por ellos igual que Cristo sufriría de estar corporalmente presente.

¿Cómo puede entenderse que tales sufrimientos fueran por causa de los colosenses? El sufrimiento de Pablo, a diferencia de la muerte de Cristo en la Cruz, no les salva de sus pecados. Está más bien vinculado con su misión a los gentiles y es un subproducto de la predicación del Evangelio a un mundo pagano, hostil. Pablo estaba en la cárcel por su proclamación del Evangelio (ver Ef 3:1), y esta lucha a su favor (Col 2:1) les ha hecho llegar a ellos los beneficios del Evangelio.[21] Estos sufrimientos no obstaculizaron la predicación del Evangelio, sino que formaban parte de su promoción (ver Fil 1:12–14). Pablo también cree firmemente en la solidaridad mutua entre los cristianos. Puede estar presente con ellos en espíritu (2:5) porque todos ellos viven en Cristo. También cree que cuando un miembro del cuerpo sufre, todos los demás sufren con él (1Co 12:26); cuando un miembro es consolado, todos los miembros lo son igualmente (2Co 1:3–7). Tanto el sufrimiento como el gozo se propagan de un miembro a todos los demás.

---

20. Wright, *Colossians and Philemon* [Colosenses y Filemón], 88. Por utilizar las imágenes literarias de los Evangelios Sinópticos, Pablo bebe la misma copa y es bautizado con el mismo bautismo de sufrimiento que abrumó a Jesús (Mr 10:38–39).
21. Lightfoot, *Saint Paul's Epistles to the Colossians and to Philemon* [Las epístolas de San Pablo a los Colosenses y a Filemón], 171, nos dirige en la buena dirección: «Si San Pablo se hubiera conformado con predicar un evangelio exclusivo, podría haberse ahorrado más de la mitad de los problemas de su vida».

Comisión de Pablo como siervo de la Iglesia
(1:25, 28; 2:2, 4)

Pablo se identifica de nuevo a sí mismo como «siervo» en 1:25 (ver 1:23). Era un administrador comisionado para llevar a cabo un deber para su Señor.[22] En el mundo antiguo, por regla general, los administradores de las haciendas eran esclavos. Pablo no considera, pues, su comisión como un nombramiento para ocupar un alto cargo, sino como el exaltado privilegio y deber de llevar el Evangelio a los gentiles. Lo reconoce ciertamente como un don divino que lleva consigo el poder divino para su desempeño.[23] La misma fuerza divina que resucitó a Jesús de entre los muertos (2:12) le da la energía necesaria para llevar a cabo su misión, soportar el esfuerzo y la tensión, y aceptar gozosamente el sufrimiento (ver 1:11; 1Co 15:10; Fil 2:12–13; 4:13).

El mandamiento que Pablo ha recibido es «dar cumplimiento a la palabra de Dios» (lit., «a ustedes para cumplir la palabra de Dios»). Esta expresión puede significar que a Pablo le fue encomendada la predicación de todo el consejo de Dios (Hch 20:27), acabar la tarea de dar a conocer la Palabra de Dios de un modo completo (Hch 14:26; Ro 15:19; ver Col 4:17), o proclamar la Palabra de Dios y poner en movimiento el pleno efecto de su poder (2Ti 4:17). Pablo creía que su primera responsabilidad —aquello para lo que Dios le había comisionado— era «proclamar» a Cristo como Señor (Col 1:28). Esta tarea central está ligada a un doble acento en «amonestar y enseñar».

La meta de la predicación, enseñanza y amonestación es «presentarlos a todos [los seres humanos] perfectos en él» (ver 1Ts 2:19–20). La idea griega de perfección como algo sin deficiencias o como una virtud moral auto adquirida ha influenciado nuestra comprensión de este término. Para la mayoría, pues, la perfección es un ideal imposible que nadie alcanzará nunca. Para los hebreos, no obstante, algo era «perfecto» cuando cumplía con su propósito. La Escritura describe a aquellas personas que son sin-

---

22. La expresión «el plan que Dios me encomendó» puede aludir al oficio de administrador (mayordomo, ver Lucas 16:1–3) o a la actividad de administrar. Ver 1Co 4:1–2; 9:17; Gá 2:9 (la «gracia» que se me ha dado); Ef 3:2, 9. Respecto al término comisión ver John Reumann, «OIKONOMIA 'Covenant': Terms for Heilsgeschichte in Early Christian Usage» [OIKONOMIA 'Pacto': términos para Heilsgeschichte en su uso cristiano antiguo] *NovT* 3 (1959): 282–92; «OIKONOMIA: Terms in Paul in Comparison with Lucan Heilsgeschichte», [OIKONOMIA: términos en Pablo comparados con la Heilsgeschichte lucana] *NTS* 13 (1966–67): 147–67.

23. En el griego, Pablo utiliza cognados: «según su energía que se energiza en mí en poder». Caird, *Paul's Letters from Prison*, [Las cartas de Pablo desde la prisión], 187, comenta: «El esfuerzo es de Pablo, pero la energía es de Cristo. El apóstol es más él mismo cuando depende menos de sus propios recursos».

ceras y entusiastas, y tienen una correcta relación con Dios como perfectas. La obra de Cristo tiene como objeto «presentarlos santos, intachables e irreprochables delante de él» (1:22). Esta santidad está vinculada con estar «cimentados y estables» en la propia fe (1:23). La expresión «presentarlos a todos perfectos en él» (1:28) significa algo similar. Pablo no ofrece un programa de diez pasos que conduce a alguna forma de quintaesencia espiritual. Quienquiera que pertenece al Cristo exaltado y tiene una confianza inquebrantable en que es Señor sobre los otros poderes y fuerzas será «perfecto en Cristo».[24] La perfección no puede encontrarse en ninguna otra cosa, y los colosenses no han de permitir que otros desalienten su fe en esta esperanza o les inciten con argumentos fascinantes a probar otros caminos.

La palabra «todos» se repite tres veces en 1:28 en el texto griego (también en la NVI) para subrayar el carácter inclusivo del Evangelio. Igual que todo el Universo forma parte de la redención de Cristo, así también la misión salvífica de la Iglesia se extiende a toda la Humanidad. El Evangelio rompe con toda discriminación étnica, exclusivismo sectario y arrogancia intelectual, abriendo las puertas de esta perfección a cualquiera que se sujete a Cristo. El acento en «todos» significa también que ninguna parte de la enseñanza cristiana está reservada solo para los iniciados. «Toda la verdad de Dios es para todo el pueblo de Dios».[25] Todos, no solo los integrantes de un círculo privilegiado, han de llegar a la madurez en Cristo.

Los cristianos no tenían que ser melindrosos con respecto a quiénes podían responder a la Gracia de Dios y, en teoría, no podían excluir a nadie que se arrepintiera y confesara a Jesús como Señor. Esta aceptación generalizada de convertidos potenciales de cualquier raza o estrato social contrasta con el evidente exclusivismo de sus críticos judíos y podría haber evocado su censura burlesca. La enseñanza del Evangelio no es una cierta doctrina misteriosa que ha de mantenerse inviolable bajo un sello de secretismo y confidencialidad, como sucedía con las religiones de misterio. Es como el *shareware* o programas de libre descarga: gratuitos para cualquiera que quiera descargarlos a su PC. Dios comisiona a sus siervos para que lo proclamen por todo el mundo, en las plazas públicas y desde los tejados.

El propósito de Pablo es llevar a los demás a la madurez en Cristo de modo que puedan rechazar las falsas doctrinas (2:2). (1) En esta tarea, el apóstol lucha por ellos para que puedan ser estimulados y consolados en sus corazones.[26] El desaliento puede hacer que los colosenses busquen res-

---

24. Lohse, *Colossians and Philemon* [Colosenses y Filemón], 78.
25. Bruce, *The Epistles to the Colossians and to Philemon* [Las epístolas a los Colosenses y a Filemón], 87.
26. En inglés se utilizan las palabras «animar» y «consolar» para traducir un mismo verbo en griego, *parakaleo*; ver Ro 15:4–5; 2Co 1:4, 6; 13:11; 1Ts 3:2; 4:18.

puestas en otros lugares, y Pablo quiere aplacar las mentes desasosegadas y vivificar los espíritus desanimados.

(2) Pablo desea fortalecer las cadenas del amor que les mantienen unidos. La convicción y el entendimiento que no están fermentados por el amor son estériles y vacíos (ver 1Co 13:2). El amor lo ensambla todo en una unidad perfecta (Col 3:14). Wright comenta apropiadamente: «Vivir en una comunidad amorosa y perdonadora ayudará al crecimiento en entendimiento, y viceversa, a medida que la verdad se confirma en la práctica y la práctica hace posible que la verdad se exprese en la acción y pueda por ello entenderse completamente (cf. 1:9–11)».[27]

(3) Pablo quiere llevar a los colosenses a «toda la riqueza que proviene de la convicción y del entendimiento» del misterio de Dios. Este entendimiento no es un mero ejercicio intelectual, como la comprensión de un teorema matemático. Implica tanto el corazón como la mente. Pablo está pensando en la plena certeza que viene con el entendimiento. Una mayor comprensión de los propósitos salvíficos de Dios en y a través de Cristo capacitará a sus lectores para rechazar las falsas doctrinas con más contundencia. Si están firmemente arraigados en el entendimiento del rico misterio de su fe, los colosenses no pueden ser engañados o embaucados por argumentos aunque éstos sean persuasivos o verosímiles.

El misterio oculto durante edades y generaciones (1:26; 2:2)

Pablo quiere que los colosenses conozcan «el misterio de Dios» (2:2; cf. 1:26–27; 4:3).[28] En su sentido moderno, la palabra «misterio» nos lleva a pensar en una novela de suspense o en un enigma insondable. En el medio religioso pagano de los colosenses, el término «misterio» aludía a información sobre los rituales y símbolos iniciáticos: cosas que habían de ocultarse de los no iniciados. La utilización que hace Pablo de esta palabra concuerda con el uso judío. El misterio es algo relacionado con los propósitos de Dios, que solo puede ser impartido por revelación divina. Los humanos no pueden conocer o descubrir este misterio por sí mismos, por inteligen-

---

27. Wright, *Colossians and Philemon* [Colosenses y Filemón], 94–95. El verbo que se traduce como «unidos» (*symbibazo*) puede también significar «enseñados» o «instruidos» (ver 1Co 2:16). Beare, «The Epistle to the Colossians» [La Epístola a los Colosenses], 184, comenta que «Pablo les instruye en amor, no como un dictador espiritual, sino como amigo y compañero (cf. 2Co 1:24); y confía que ellos recibirán su instrucción en el espíritu en que les es ofrecida, no resentidos por su intervención».

28. Las quince variantes textuales de 2:2 dan fe de la dificultad de la última frase, que literalmente dice, «el misterio de Dios, de Cristo», lo cual ha suscitado intentos de clarificarla. La NVI opta correctamente por traducir *Christou* como un genitivo epexegético, «el misterio de Dios, es decir, Cristo». Ver 1:27, donde el misterio se explica con una cláusula relativa, «que es Cristo en ustedes».

tes que sean. Durante mucho tiempo, nadie, ni siquiera las generaciones de judíos fieles, adivinaron el curso que Dios estaba tomando, aunque a lo largo del camino había ciertos postes indicadores (Ro 11:33–36). Todo cuanto Dios quería hacer era completamente inconcebible para la mente humana. El misterio iba contra toda razón humana simplemente porque estaba por encima de ella.

En el Nuevo Testamento, el misterio se refiere a un secreto otrora oculto pero que ahora ha sido revelado y entendido (Mt 13:11, 17; Ro 16:25–26). De hecho, Dios llama a los apóstoles a darlo a conocer a todos los que tengan oídos para oír y ojos para ver. Abraham recibió un avance del Evangelio (Gá 3:8), y los profetas captaron algunos destellos de él (Ef 2:17; Heb 1:1; 1P 1:10); pero los apóstoles vivieron en el tiempo de su cumplimiento y fueron los primeros en descubrir completamente su gloria.[29] En lugar de mantener este secreto oculto de los demás, lo proclamaron a todo mundo. Dios no llamó a los cristianos a controlar el monopolio de la verdad, sino a compartirlo con los demás.

El elemento clave del misterio que se subraya en este texto es que las riquezas de la gloria de Dios están entre los gentiles: «Cristo en ustedes» (1:27). Lo que hacía que fuera tan misterioso para muchos judíos era su convicción de que la «adopción como hijos […] la gloria divina, los pactos, la recepción de la ley […] y las promesas» pertenecían a Israel y solo a Israel (Ro 9:4). El «Cristo» también pertenecía al linaje de Israel (9:5), y la mayoría de los israelitas daban por sentado que el propósito de su venida era restaurar la gloria y los privilegios de Israel (ver Hch 1:6). Un Cristo entre los gentiles y para los gentiles menoscababa seriamente la mayoría de las expectativas judías. En el mejor de los casos parecía una traición; de ser cierto, Dios estaba actuando en contradicción con un curso de acción acordado. Los gentiles estaban «separados de Cristo, excluidos de la ciudadanía de Israel y ajenos a los pactos de la promesa, sin esperanza y sin Dios en el mundo» (Ef 2:12), y muchos asumían que Dios quería dejar las cosas de este modo. Cuando, por tanto, los gentiles comenzaron a responder al Evangelio, ello ultrajaba a muchos judíos y creaba una seria crisis de identidad para muchos cristianos de origen judío. También ponía en tela de juicio la integridad de Dios. ¿Acaso Dios había renegado de sus promesas a Israel y les había abandonado por los gentiles?[30]

---

29. Radford, *The Epistles to the Colossians and to Philemon* [Las epístolas a los Colosenses y a Filemón], 203, nos ayuda a entender por qué el misterio estaba oculto. «Las experiencias humanas y los procesos históricos han de desarrollarse y converger primero en el punto de tiempo y espacio en que la revelación sería apropiada y comprensible, y desde el cual ésta podría viajar a todos los niveles de la civilización».

30. Pablo se enfrenta a este asunto en Romanos (esp. Ro 9–11).

El misterio revelado a Pablo era que Dios había querido salvar a los gentiles desde el mismo principio. Cristo «entre los gentiles» no era el plan B tras el rechazo del Evangelio por parte de los judíos. Al contrario, era el eterno propósito de Dios. La carta a los Efesios desarrolla esta idea de un modo más completo: «Esto lo hizo para crear en sí mismo de los dos pueblos una nueva humanidad al hacer la paz, para reconciliar con Dios a ambos en un solo cuerpo mediante la cruz, por la que dio muerte a la enemistad» (Ef 2:15b–16). La idea de Cristo «entre los gentiles» y que «la esperanza de gloria» fuera también para ellos, era una noticia sorprendente para muchos judíos. Para los gentiles, aquellas eran las buenas nuevas que les hacían gozarse. Pablo se regocija porque Dios le ha escogido a él para dar a conocer este misterio a los gentiles de todas partes. Aunque le ha costado un enorme tributo en términos de sufrimiento, Pablo se regocija por ser un activo participante en el sorprendente plan de Dios para la Creación.

Construyendo Puentes Al abordar esta tarea de contextualización hemos de considerar que las interpretaciones erróneas de la expresión «completando [...] lo que falta de las aflicciones de Cristo» han producido graves errores teológicos. A continuación examinaremos las raíces bíblicas del término «misterio», que en nuestra cultura transmite una connotación distinta.

Completar lo que falta en los sufrimientos de Cristo. Interpretar erróneamente la difícil referencia a «lo que falta de las aflicciones de Cristo, en favor de su cuerpo» puede producir problemas. Puede inferirse erróneamente que Pablo sugiere que la obra redentora de Cristo era insuficiente y requería un suplemento. Nada podría estar más lejos del pensamiento de Pablo. (1) Este punto de vista prestaría credibilidad a los argumentos de la «filosofía» opositora que denigraba la esperanza cristiana y menoscabaría todo el argumento que desarrolla en el capítulo 2. (2) En este pasaje Pablo no está haciendo referencia a la obra redentora de Cristo. Cuando en otros pasajes sí lo hace, el apóstol señala su «sangre», «cruz», o «muerte», no sus aflicciones. (3) Pablo acaba de alabar a Cristo por reconciliar todas las cosas consigo en la Cruz (1:20, 22). Entiende que esta obra redentora ha quedado terminada, completada, perfeccionada. No queda nada por hacer, y el sufrimiento de los seguidores de Cristo no añade el toque final al triunfo del Calvario. (4) Pablo no cree que el sufrimiento tenga ningún beneficio expiatorio, ni para sí mismo, ni para los demás. Sí sirve, no obstante, «para incrementar el conocimiento vital que Pablo tiene de Cristo».[31]

---

31. Best, *One Body in Christ* [Un Cuerpo en Cristo], 134.

La clásica interpretación errónea de este versículo apareció en la doctrina católica de un tesoro de méritos. La bula papal *Unigenitus*, promulgada por Clemente VI en 1343, echó mano de este texto para apoyar sus argumentos.[32] Un punto de vista tan erróneo debería rechazarse de plano. Contradice la enseñanza de Pablo sobre los logros definitivos de la muerte de Cristo y prepara el camino para que la adoración debida a Cristo se dirija erróneamente a los santos.

En nuestro tiempo, la mayoría de las personas ven el dolor y el sufrimiento como una maldición. Cuando éste invade sus vidas lo encajan mal, y hacen todo lo posible por mantenerlo a distancia. Quizá sin darse cuenta, los profesionales de la salud nos han llevado a creer que el sufrimiento físico puede ser aliviado si gastamos suficiente dinero en el tratamiento correcto. Pero nadie es inmune al dolor. Muchos autores populares de temáticas de autoayuda batallan con la pregunta: ¿Por qué permite un Dios Todopoderoso que sufra la gente buena? Si en lugar de ello nos hacemos otra pregunta implícita en la anterior, «¿Por qué no hizo Dios un mundo donde todos podamos disfrutar de un placer interminable?», la respuesta se hace más evidente.

Willimon propone que el «sufrimiento es parte del precio que hemos de pagar por nuestra humanidad y libertad».[33] Esto es más cierto aún en un mundo caído donde el pecado causa estragos. Pero el Nuevo Testamento no tiene interés en responder preguntas sobre el porqué del sufrimiento humano, y el padecimiento del que habla Pablo en 1:24 no es el tipo que sorprende indistintamente a cualquier persona. Pablo no ofrece ayuda para las preguntas que nos hacemos sobre el sufrimiento. Solo trata del sufrimiento que se escoge voluntariamente por haber contraído un sincero compromiso con la predicación del Evangelio. Siempre que decidimos enfrentarnos a las numerosas manifestaciones del mal que hallamos en este mundo por causa del Evangelio como hacía Pablo, la persecución y el sufrimiento nos seguirán inevitablemente. La devoción de Pablo a su comisión como siervo de Cristo, asignada con la tarea de llevar el Evangelio a los gentiles, significaba que estaba dispuesto a asumir en su vida el sufrimiento de Cristo. No intentaba explicarlo, simplemente se encontraba con él y se alegraba mientras lo vivía.

En nuestros días esperamos que las personas se alegren en sus logros, sus bendiciones, su paz, su salud y su prosperidad. Por consiguiente, el regocijo de Pablo en su sufrimiento sacude una concepción del mundo que valora el

---

32. Observación de Beare, «The Epistle to the Colossians» [La Epístola a los Colosenses], 177.
33. William H. Willimon, *Sighing for Eden: Sin, Evil and the Christian Faith* [Suspirando por el Edén: el pecado, el mal y la fe cristiana], (Nashville: Abingdon, 1985), 161.

consuelo y la facilidad como su bien más preciado. Hemos de observar que Pablo no dice que se regocija a pesar de sus sufrimientos, sino en ellos. No se goza cuando terminan las pruebas, sino durante ellas. Es evidente que el apóstol no veía su sufrimiento como un problema o como algo a evitar, como lo podríamos ver nosotros hoy. Ni tampoco generan el resentimiento, odio, desesperanza, o cinismo que tan a menudo acompañan a las penalidades. Pablo aceptó el sufrimiento como un llamamiento de Dios, y este llamamiento le llevó a ver las cosas desde una nueva perspectiva.

Pablo reconocía que Cristo había reinado desde una cruz sobre el Gólgota y que Dios le resucitó de la muerte. Tras la muerte y resurrección de Jesús por el poder de Dios, el sufrimiento de sus seguidores adquirió una nueva dimensión de significado. Pablo entendía el sufrimiento cristiano como una necesidad divina (1Ts 3:4) en la lucha apocalíptica entre Dios y el mal y como la continuación de las aflicciones que padecía el propio Cristo. Entendía que su apostolado significaba «trabajar y soportar sufrimientos para que el cuerpo de Cristo fuera edificado y su vida propagada a los nuevos miembros».[34]

El misterio. La utilización que hace Pablo del término misterio puede ser causa de confusión para los lectores de hoy que suelen entender esta palabra como aludiendo a un acertijo o algo incomprensible. Este término deriva de la tradición judía de Pablo, pero su uso difiere de ésta en tres aspectos importantes. (1) En el Antiguo Testamento, el misterio se le revela al «sabio». Por el contrario, Pablo dice que ha sido «manifestado a los santos». Es posible que el apóstol tenga en mente a ciertos santos en concreto, como los santos apóstoles (Ef 3:2–6); pero es más probable que se refiera a todos los creyentes en general (Ef 3:9).

Pablo afirma en esta carta que los gentiles han aprendido este misterio porque Dios quería dárselo a conocer (1:27). El apóstol se ve a sí mismo como un siervo nombrado por Dios comisionado para publicar este misterio por todo el mundo. El misterio está, por tanto, abierto al público. Cualquier persona, al margen de su raza, clase social, género, intelecto, pasado, o edad puede comprenderlo.

Esta publicación universal del misterio hace que el cristianismo sea antipático a cualquiera que quiera ser parte de un grupo de élite con prerrogativas exclusivas: sea un pueblo especial y santo que excluye a los gentiles, o como individuos excepcionales que gestionan un conocimiento único inaccesible para las masas. Ferguson escribe, «Descubrir que la experiencia de

---

34. Barnabas Mary Ahern, «The Fellowship of His Sufferings (Phil 3,10): A Study of St. Paul's Doctrine on Christian Suffering» [La comunión de sus padecimientos (Fil 3,10): Un estudio de la doctrina de San Pablo sobre el sufrimiento cristiano], *CBQ* 22 (1960): 28.

Dios que describe un científico aeroespacial o un santo puede coincidir en buena medida con la experiencia de Dios que cuenta un jornalero analfabeto, un roquero *punk*, o Miss Venezuela es algo discordante para nuestro sentido de lo apropiado».[35] Sin embargo, por muy discordante que pueda ser para algunos, el misterio de Dios no es un misterioso acertijo solo descifrable para los prodigios de la erudición. Ha sido revelado a todos (ver Mt 11:25–27; 1Co 1:18–2:5).

(2) El término misterio se utilizaba en la tradición apocalíptica judía para aludir a los planes secretos de Dios para los últimos días.[36] Pablo no lo aplica al críptico programa de los acontecimientos finales sino a una persona, Cristo (2:3).[37] Su encarnación y muerte en la Cruz son el corazón de dicho misterio. En Efesios y Colosenses, este término se aplica a los propósitos salvíficos de Dios para la redención de la Humanidad en Cristo, e incluye la incorporación al cuerpo de Cristo de los creyentes judíos y gentiles. En 1:27 Pablo define este misterio como «Cristo en [o entre] ustedes» (ver Ro 8:10; 2Co 13:5; Gá 4:19). El misterio implica también, por tanto, la inclusión de gentiles y judíos en una misma salvación.

Efesios desarrolla esta idea de un modo más completo.[38] Los gentiles no son incorporados a la comunidad del Mesías como huéspedes temporales o como un pueblo auxiliar. Comparten una posición de igualdad con los creyentes judíos. Pablo apela a este misterio en Romanos 15:8–12 (citando Is 49:6) para estimular a sus lectores a aceptarse mutuamente como Cristo les aceptó a ellos con el fin de que den alabanza a Dios.[39]

---

35. Kitty Ferguson, *The Fire in the Equations: Science, Religion, and the Search for God* [El fuego en las ecuaciones: Ciencia, Religión y la búsqueda de Dios] (Grand Rapids: Eerdmans, 1994), 244.

36. C. C. Rowland, *The Open Heaven: A Study of Apocalyptic in Judaism and Early Christianity* [El cielo abierto: un estudio de la literatura apocalíptica en el judaísmo y el cristianismo primitivo], (Nueva York: Crossroad, 1982), 160–76. Ver por ejemplo, Dn 2:18, 19, 27, 28, 29, 30, 47; 4:9; 1QpHab 7:4–14; 4 Esdras 14:5; 2 *Apocalipsis de Baruc* 81:4. Pocorný *Colossians* [Colosenses], 102) comenta: «En el apocalipticismo la revelación del misterio de Dios no se produce hasta el cataclismo escatológico (1 Enoc 104:11–13). En esta era los misterios solo se dan a conocer a los sabios (4 Esd 14:26)». Según el Nuevo Testamento, este cataclismo escatológico ya tuvo lugar en Cristo, y la nueva era ha irrumpido en el presente de modo que el misterio, oculto desde la eternidad pasada, es ahora proclamado.

37. Wright, *Colossians and Philemon* [Colosenses y Filemón], 91.

38. Pablo se refiere a la «esperanza» por tercera vez en Col 1:27 («la esperanza de gloria», ver 1:5, 23). Aquí se refiere claramente al glorioso destino que Dios planea para los seres humanos a pesar de que estos están destituidos de la gloria de Dios (Ro 3:23).

39. En nuestros días podemos tomarnos este hecho a la ligera, sin embargo para un judío del primer siglo, la gloria de la revelación de Dios se manifestaba de un modo muy claro en la transformación de los paganos. Caird, *Paul's Letters from Prison*, [Las cartas de Pablo desde la prisión], 186, comenta: «Si el Cristo que mora en el cre-

(3) Pablo afirma que en Cristo «están escondidos todos. . . los tesoros». En el texto griego, el adjetivo «escondidos» aparece al final de la oración gramatical para subrayar lo que acababa de decir: «en quien todos los tesoros están escondidos». La expresión «en quien» recuerda a la exaltación poética de Cristo en 1:14, 16, 19. Pablo cree que, aparte de Cristo, los humanos no pueden conocer ni a Dios ni sus propósitos. En Cristo, no obstante, «tenemos acceso a los ilimitados depósitos de la verdad, que son por naturaleza 'secretos'; no son patrimonio público de la Humanidad, sino que forman parte de lo profundo de Dios (1Co 2:10)».[40] Las cosas profundas que ponen al descubierto el corazón de Dios no están ocultas de la vista, sin embargo no podemos verlas sino por la fe en Cristo. Todo lo que podemos saber sobre Dios y sus propósitos se resume por tanto en Cristo. Cristo nos abre los ojos para que veamos las riquezas de la Gloria (Ro 9:23; Ef 1:18; 3:16; Fil 4:19), Sabiduría (Ro 11:33) y Gracia (Ef 1:7; 2:7) de Dios.

Significado Contemporáneo

La concepción que Pablo tiene de su propio sufrimiento por Cristo puede ayudarnos a entender el sufrimiento de nuestro mundo. Asimismo, su punto de vista de su llamamiento puede ayudarnos a mejorar nuestra comprensión del propósito de la Iglesia en el mundo.

Sufrimiento con propósito. Chamberlain sostiene que el mayor defecto de la Iglesia moderna es su cobarde alejamiento de las elevadas demandas de la fe cristiana al buscar refugio en los sentimientos afables. Nuestro tiempo no es distinto del de Pablo en sus demandas de heroísmo, atrevimiento y sacrificio de parte de los cristianos.[41] La notable afirmación de Pablo en 1:24 nos permite plantearnos de nuevo nuestra idea del sufrimiento y nuestro compromiso con Cristo.

(1) Wright sostiene que la Iglesia es «el cuerpo del Mesías crucificado», algo que la iglesia moderna ha olvidado.[42] Este cuerpo sigue sufriendo, puesto que la reconciliación es «un negocio costoso».[43] Nadie sabía esto mejor que Pablo, que creía que todos los cristianos han de participar en el sufrimiento de su Señor. Menno Simons también entendió esto y escribió: «Si la cabeza hubo de padecer tal tortura, angustia, sufrimiento, y dolor,

---

yente puede trascender las divisiones sociales, políticas y religiosas más profundas que separan a la Humanidad, no puede ponerse ningún límite al cumplimiento final de su propósito».

40. Beare, «The Epistle to the Colossians» [La Epístola a los Colosenses], 186.
41. W.D. Chamberlain, *The Meaning of Repentance* [El significado del arrepentimiento], (Filadelfia: Westminster, 1943), 104.
42. Wright, *Colossians and Philemon* [Colosenses y Filemón], 89.
43. Caird, *Paul's Letters from Prison* [Las cartas de Pablo desde la prisión], 183.

¿cómo van sus siervos, hijos, y miembros a esperar paz y libertad por lo que a su carne se refiere?»[44] Puesto que el siervo no es mayor que su Señor y dado que el mundo no ha cambiado en su hostilidad para con Dios, los cristianos no pueden esperar un mejor trato que el que recibió su Señor. El sufrimiento es pues inherente al llamamiento cristiano.

Una vez más, los comentarios de Wright son apropiados, «lo mismo que el Mesías iba a ser conocido por el camino de sufrimiento que libremente escogió —y en su cuerpo resucitado se le reconoce por las marcas de los clavos (Lc 24:39; Jn 20:20, 25, 27)—, así su pueblo ha de ser reconocido por los sufrimientos que soporta».[45] Cristo no nos promete inmunidad contra la aflicción; solo nos asegura que él estará con nosotros en ella. Roston da en el clavo con este comentario:

> En el modelo bíblico de ambos Testamentos, ser escogido por Dios no significa ser protegido del sufrimiento, sino experimentarlo y ser librado al pasar por él. La elección es la de *luchar* con y para Dios, lo cual se ve en la misma etimología del nombre Israel, «un pueblo que cojea».[46]

Esta verdad se hace evidente en las narraciones bíblicas de la primera etapa de la Historia de la Iglesia. En palabras de House: «Sin sufrimiento el Libro de los Hechos no tiene propósito, argumento, estructura, ni Historia».[47] Sin embargo, todos los esfuerzos humanos por frustrar la propagación del Evangelio e intimidar y aterrorizar a los cristianos han sido contraproducentes. Nada impide el avance del Evangelio, y el sufrimiento de los cristianos solo redunda en más y mayores victorias.

(2) Pablo no creía que su sufrimiento fuera algo heroico o que le facultara para unirse a la larga línea de los justos que siempre han padecido (ver Mt 5:11–12). Veía en él la marca del padecimiento de Jesús en la Cruz. Afirmaba que, en su cuerpo, llevaba siempre la muerte de Jesús y estaba siempre entregado a la muerte por causa de Jesús (2Co 4:10–11). ¿De qué modo? «En el sentido de que el apóstol reflejaba en su persona la debilidad y humildad de Cristo y por ello había de soportar la misma —si no exactamente en esencia, al menos en principio— clase de ridiculización y burlas,

44. Wright, *Colossians and Philemon* [Colosenses y Filemón], 88.

45. Holmes Roston III, «Does Nature Need to Be Redeemed?» [¿Necesita redención la Naturaleza?], *Zygon* 29 (1994): 220.

46. Paul House, «Suffering and the Purpose of Acts» [El sufrimiento y el propósito del libro de los Hechos], *JETS* 33 (1990): 321.

47. Timothy B. Savage, *Power Through Weakness: Paul's Understanding of the Christian Ministry in 2Cointhians* [Poder por medio de la debilidad: la concepción paulina del ministerio cristiano en 2 Corintios], *SNTSMS* 86 (Cambridge: Cambridge Univ. Press, 1996), 175.

y hasta abusos físicos, que experimentó Jesús en su muerte en la Cruz».[48] Esto le permite llegar a ser como Cristo en su muerte (Fil 3:10; cf. 2Co 4:10–11). Conocemos mejor a Jesús cuando compartimos con él su más profunda humillación. Es el espejo en el que vemos a Dios de un modo más claro.

Quienes opinan que lo que hizo Pablo fue atraer sobre sí el fuego enemigo a propósito para proteger a los colosenses de la persecución, no comprenden el sentido de sus palabras. Cada discípulo ha de llevar sobre sí la cruz de Cristo, y Pablo no creía poder aligerar, de ningún modo, la carga de los demás. Ni tampoco lo quería. Pablo llevó gozosamente su sufrimiento porque sabía que pertenecía a Cristo. Su sufrimiento por el Evangelio lo confirmaba. Ser conformado a la muerte de Jesús era serlo a la semejanza de Dios y avanzar de un nivel de gloria a otro (2Co 3:18; 4:11). Las cicatrices de Pablo revelaban más de la gloria y poder de Dios que sus títulos y cargos, o sus credenciales y diplomas públicos.

(3) Cuando sufría, Pablo no se replegaba en sí mismo. El apóstol creía que su vida tenía un propósito especial para los demás, y entendía el sufrimiento como un privilegio (cf. Hch 5:41). Pablo no experimentaba su sufrimiento como una disciplina privada que le aportaría ciertos beneficios espirituales personales. Lo importante para el apóstol eran los beneficios que su padecimiento traería a los demás. Sufría por ellos (Col 1:24); luchaba por ellos (2:1) y lo hacía por causa del cuerpo de Cristo, la Iglesia. En Efesios 3:13, el apóstol pide a sus lectores «que no se desanimen a causa de lo que sufro por ustedes, ya que estos sufrimientos míos son para ustedes un honor» (ver 2Ti 2:10). Pablo no esperaba que las iglesias le sirvieran; era él quien les servía a ellas (Mr 10:45). Confiaba en que su sufrimiento haría más fuerte la fe de otros. Su gozo brotaba del profundo pozo de esta disposición a perder su vida por el bien de los demás.

Carrigan describe este mismo espíritu en la respuesta de Jean Donovan a sus amigos que le suplicaban que no regresara a El Salvador, donde le esperaba una muerte segura.

> Me encanta vivir y amo la vida. Varias veces he decidido marcharme. Y casi podría hacerlo, si no fuera por los niños, pobres víctimas magulladas por la locura de los adultos. ¿Qué corazón podría ser tan cerrado como para optar por lo razonable en el mar de sus lágrimas y su penuria? No el mío, querido amigo. ¡No el mío![49]

48. Ana Carrigan, *Salvador Witness* [Testimonio salvador], (Nueva York: Ballantine, 1984), 212, citado por James McGinnis, «Living the Vulnerability of Jesus» [Viviendo la vulnerabilidad de Jesús], *Weavings* 8 (1993): 40.
49. Savage, *Power Through Weakness* [Poder a través de la debilidad], 181.

Vivimos mejor cuando ponemos en primer lugar los propósitos de Dios y las necesidades de los demás, aunque ello signifique peligro y preocupaciones para nuestras vidas. El sufrimiento de nuestras vidas es más fácil de sobrellevar cuando, en medio de él, tendemos la mano para ayudar a otras personas en lugar de centrarnos en nuestro dolor y angustia.

(4) Para Pablo, el sufrimiento cristiano formaba parte de la estrategia para derrocar esta presente era de maldad. El sufrimiento de los cristianos no es absurdo; encuentra su sentido cuando lo consideramos en vista del plan general de Dios. Quienes afligen al apóstol pertenecen al antiguo orden con sus poderes raquíticos y débiles. La superioridad del poder de Dios, que obra por medio de él, es aplastante. Cuando la oposición ha terminado con sus burlas, tortura, e instrumentos de muerte, no tiene nada más; pero los recursos de Dios están intactos. Su poder, que resucitó a Cristo de entre los muertos y convirtió a la piedra rechazada en preciosa piedra angular, nos resucitará para reinar con Cristo.

(5) Pablo sabía que su sufrimiento producía una fe mayor. Savage recoge la espiral de la fe:

> Por la fe, Pablo predica el Evangelio, lo cual produce aflicción; ésta a su vez crea en él una fe más sólida, que redunda en una mayor audacia para predicar, lo cual entonces provoca una nueva aflicción. Para el ministro de Cristo, el patrón de creer - hablar - sufrir es ineludible y perpetuo.[50]

Los oponentes intentan aplastar esta fe por medio de la opresión, sin embargo la opresión se vuelve contra ellos puesto que genera una fe todavía mayor. Pablo expresa esta paradoja en Romanos 5:3–5: «Y no solo en esto, sino también [nos gozamos] en nuestros sufrimientos, porque sabemos que el sufrimiento produce perseverancia; la perseverancia, entereza de carácter; la entereza de carácter, esperanza. Y esta esperanza no nos defrauda». Ante el sufrimiento es más importante entender el origen de esta devoción, valor y confianza, que comprender el origen del mal.

La identidad y propósito de la Iglesia. Pablo esboza su comprensión de la comisión que Dios le ha dado. Él es un siervo, y su concepto del ministerio proporciona una buena guía para establecer la identidad y propósito de los cuerpos eclesiales locales y nacionales. Dios le ha ordenado:

• Presentar la Palabra de Dios en su plenitud y dar a conocer sus gloriosas riquezas.

• Proclamar a Cristo, y amonestar y enseñar en toda sabiduría para que los creyentes estén firmes en la fe.

50. Wall, *Colossians and Philemon* [Colosenses y Filemón], 89.

- Formar creyentes entusiastas, unidos en amor, y llenos de entendimiento.

- Alcanzar con las Buenas Nuevas a aquellos que algunos podrían considerar indignos o excluidos.

Igual que Pablo servía a los demás con dedicación y sacrificio, las iglesias de nuestro tiempo han de asumir seriamente su papel de servicio en el mundo. Las iglesias no están aquí para servirse a sí mismas o solo a Cristo. Han de servir igual que Cristo como instrumentos de la reconciliación de Dios.[51] Hanson afirma:

> La Iglesia no es una curiosa o lamentable reliquia del pasado que se esfuerza por justificar su existencia apelando a una arcaica edad de oro o intentando parecer más progresista y radical que el último movimiento de protesta, sino un agente de reconciliación y sanidad que basa su identidad en su concienca de estar presente en este mundo allí donde Dios lo está, y para los mismos propósitos.[52]

La Iglesia ha de cumplir las mismas tareas que Pablo entendió como suyas. Esta tarea no consiste en extender el paraguas institucional de la Iglesia, sino en propagar la fe.

(1) Presentar la Palabra de Dios en su plenitud y dar a conocer sus gloriosas riquezas. Para Pablo, «la palabra de Dios» es sinónimo de las buenas nuevas de que las promesas de Dios se han cumplido en Jesucristo (Ro 9:6; 2Co 2:17; 4:2; 2Ti 2:9). Para nosotros, la Palabra de Dios ha sido canonizada en las Escrituras. Muy a menudo, solo leemos porciones seleccionadas de esta Palabra, o intentamos remodelarla para que encaje en nuestras preconcepciones en lugar de permitir que nos desafíe y nos juzgue. Con gran perspicacia, un predicador tituló uno de sus sermones: «Este es el Señor que el día ha hecho» (es una referencia irónica a la primera línea de un conocido corito evangélico que dice: «Este es el día que ha hecho el Señor». N. del T.). Aunque es cierto que hemos de llevar a las personas del mundo a la Iglesia, nos hemos de guardar de introducir en ella la mentalidad pagana del mundo. La Escritura nos proporciona la única arma efectiva contra la incursión de valores basados en la cultura. Si la escuchamos de un modo correcto, ella nos protege del peligro de confundir nuestras esperanzas falsas y egoístas con la verdad de Dios, y de remodelar al verdadero Señor para convertirlo en uno falso.

---

51. Paul D. Hanson, «The Identity and Purpose of the Church» [La identidad y propósito de la Iglesia], *TToday* 42 (1985): 342–52.
52. «Families and Faith Development» [Las familias y el desarrollo de la fe], patrocinado por Lilly Endowment, Inc.

En el mundo de hoy, la proliferación de sucedáneos de la verdad hace que sea todavía más vital que la Iglesia presente al mundo la verdad revelada en Jesucristo. Un popular programa televisivo estadounidense de ciencia ficción repite monótonamente que la verdad está por ahí fuera; a lo que alguien ha respondido con sorna: «pero las mentiras las tienen bien plantadas en la cabeza». Antes de poder percibir lo falso, hemos de entender la verdad. Lamentablemente, muchos cristianos no conocen suficientemente la Palabra de Dios. Nos jactamos de vivir en la «era de la información», pero son demasiados los que están tristemente desinformados del contenido de la Biblia. Cuando los problemas irrumpen en sus vidas, no consiguen recordar nada de la Escritura.

Mi esposa está llevando a cabo una investigación sobre las familias y el desarrollo de la fe.[53] Me habló de su sorpresa al entrevistar a familias cristianas y preguntarles con qué personaje o relato bíblico se identificaban más: ¡a muchas de ellas no se les ocurría ninguno! La explicación ha de ser que no estudian la Escritura, ni oyen con alguna regularidad mensajes basados en la verdad y los relatos bíblicos.

Me convencí de este hecho durante mi visita a una congregación un Domingo de Resurrección. Me sentí muy decepcionado al escuchar un sermón que consistió solo en largos resúmenes de argumentos de películas recientes, que fueron luego aplicados a una sinopsis de las noticias de la semana. La Escritura se leyó, pero después fue totalmente ignorada en el sermón. Si bien es cierto que las películas y la literatura pueden ser de ayuda para ilustrar, apoyar y corroborar la Escritura, estas cosas no pueden nunca sustituirla. Pueden ayudarnos a entender mejor la situación humana, pero no nos llevan a Dios. Únicamente la Palabra de Dios tiene el poder y la autoridad para hacerlo y para cambiar vidas. Otro pastor se jactaba en una revista de ámbito nacional de que él no predicaba sobre los antiguos y rancios relatos de la Biblia, sino acerca de cosas como «Bosnia, la paz, y la justicia». Al parecer, este dirigente no se da cuenta de que los antiguos relatos de la Biblia definen nuestra comprensión de la paz y la justicia. Aprendemos a actuar con los demás a partir del modo en que Dios ha actuado con nosotros en la historia de la salvación.

A lo largo de la Historia, incontables personas han dado testimonio de que una sola línea de la Biblia ha cambiado sus vidas, les ha sustentado, o consolado en momentos difíciles. Muchos han atestiguado que las Escrituras no solo han resuelto sus temores, necesidades y preocupaciones, sino que les han llevado ante Dios. La Biblia pone en jaque nuestra censurable injusticia, constantes disputas y arrogante autocomplacencia.

---

53. George A. Buttrick, *The Parables of Jesus* [Las Parábolas de Jesús], (Grand Rapids: Baker, 1973), 253.

Nos ayuda también a llevar a cabo un nuevo propósito para nuestras vidas. Nuestra tarea es, pues, presentar de tal manera la Palabra de Dios que los demás puedan ver sus riquezas ocultas, unas riquezas que vamos descubriendo a medida que la estudiamos. Armados de esta Palabra escrita en nuestros corazones, los cristianos no seremos vulnerables a las imitaciones de la verdad. La tendencia a descuidar las Escrituras para prestar atención a los entretenimientos y amenidades del momento augura una catástrofe para la Iglesia.

Buttrick cuenta la historia de un muchacho

> que oyó hablar de una ladera cuyas rocas, vistas desde la distancia, se asemejaban a un monumental escudo que hubiera sido en ellas tallado, como si algún gigante lo hubiera dejado apoyado en medio de las inclinadas praderas. El escudo, le habían dicho, era un lugar de visión y determinación; y él fue a buscarlo. Sin embargo, tan pronto como había cruzado el valle, echando la vista atrás, vio el escudo delineado con toda claridad en la misma ladera donde vivía. Una de sus partes era el jardín en el que él jugaba.[54]

Podemos ser tentados a buscar en otros lugares las palabras de vida eterna, pero ya las tenemos en nuestra Escritura. Una irreflexiva familiaridad con ella puede hacer que parezca anticuada. Y un informal descuido puede hacernos pensar que es prescindible. Solo una presentación de la Palabra de Dios en su plenitud nos ayuda a sondear sus inmensas riquezas.

(2) Proclamar a Cristo, y amonestar y enseñar en toda sabiduría para que los creyentes estén firmes en la fe. Pablo vincula la proclamación de Cristo con un doble acento sobre la amonestación y la enseñanza (1:28).[55] Entendemos la tarea de enseñar, sin embargo el término amonestar puede sugerirnos la imagen de regañar a los transgresores. Sin duda, Pablo utiliza el verbo (*parakaleo*) con este sentido disciplinario (1Co 4:14; 1Ts 5:14; 2Ts 3:15; ver la forma sustantivada en Tit 3:10); no obstante, puede también significar «instruir» o «recordar». Según Hechos 20:31, Pablo pasó tres años «amonestando» a los efesios. Evidentemente, el apóstol no pasó todo este tiempo recriminándoles, sino instruyéndoles (cf. Col 3:16). Por tanto, amonestar comporta alentar, instruir y motivar, así como reprender cuando

---

54. El asunto de amonestar y enseñar volverá a surgir en 3:16 y se tratará de nuevo en la sección «Significado contemporáneo» de este pasaje.
55. Eugene C. Roehlkepartain, *The Teaching Church: Moving Christian Education to Center Stage* [La Iglesia que enseña: llevar la educación cristiana a un primer plano] (Nashville: Abingdon, 1993), 45.

sea necesario. Notemos también que Pablo no creía que esta tarea fuera solo responsabilidad de él; lo era de toda la comunidad (ver 3:16 de nuevo).

Roehlkepartain informa sobre algunas creencias poco ortodoxas que avanzan entre los miembros de las iglesias tradicionales. Observa que «una tercera parte de personas adultas cree que 'a través de la meditación y el dominio propio descubro que toda la verdad espiritual y la sabiduría están dentro de mí.' Un nueve por ciento cree en la Reencarnación y la Astrología. Y un siete por ciento cree que es posible comunicarse con los muertos».[56] La tarea de enseñar y amonestar sigue siendo urgente para que los cristianos tengan un sólido conocimiento de su fe y su fundamento bíblico.

(3) Formar creyentes entusiastas, unidos en amor, y llenos de entendimiento. La mayoría de las personas quieren experimentar crecimiento, sentirse valoradas y respetadas. Quieren también tener un sentido de comunidad, de pertenencia. Quieren desarrollar relaciones personales más profundas que absorban la soledad y el aislamiento que nuestro mundo moderno parece intensificar. Nos equivocamos si creemos que las personas buscan simplemente iglesias amigables; lo que buscan es amigos. Anhelan relacionarse con otras personas que les den ánimo y apoyo.

Obsérvese lo mucho que Pablo anima a los colosenses en esta carta. Nunca les riñe, sino que les dice: «Aunque estoy físicamente ausente, los acompaño [no les controlo] en espíritu, y me alegro al ver su buen orden y la firmeza de su fe en Cristo» (2:5). La mayoría de las personas responde mejor al ánimo que a los reproches. Pablo nos ofrece un modelo de ello en esta carta. El apóstol afirma públicamente los puntos fuertes de los colosenses y les alaba por ello. Quiere que su fe florezca aún más bajo la lluvia que suponen las severas críticas de sus oponentes. Más que corregirles por sus errores, el apóstol les plantea con mayor claridad la verdad a la que han entregado sus vidas.

La Iglesia debería ser un lugar de esperanza y buen ánimo, un espacio en el que otros afirman las áreas de crecimiento de nuestras vidas y nos ayudan a madurar, el lugar en que nos fortalecemos para la batalla cotidiana en medio de la desesperación y la falta de esperanza y, también, el lugar donde nosotros hacemos lo mismo para los demás. En *El Progreso del Peregrino* de Bunyan, cuando los peregrinos cruzan el río en la última etapa de su viaje, Cristiano comienza a hundirse en medio de terribles temores. Su compañera, Esperanza, hace todo lo que puede por mantener su cabeza por encima del agua:

---

56. Eugene C. Roehlkepartain, *The Teaching Church: Moving Christian Education to Center Stage* [La Iglesia que enseña: llevar la educación cristiana a un primer plano] (Nashville: Abingdon, 1993), 45.

Mucho trabajo, pues, costaba a Esperanza conservar la cabeza de su hermano por encima del agua; algunas veces se le sumergía enteramente, después de lo cual salía casi medio muerto; trataba de consolarle, hablándole de la puerta y de los que en ella le estaban esperando; pero la respuesta de Cristiano era:
—Es a ti a quien esperan; has sido siempre Esperanza todo el tiempo que te he conocido; ¡ah!, de seguro que si yo fuera acepto a Él, ahora se levantaría para ayudarme; pero por mis pecados me ha traído al lazo y me ha abandonado en él. Nunca —contestó Esperanza—; ¿has olvidado sin duda el texto en que dice de los malos: «No hay ataduras para su muerte; antes su fortaleza está entera; no están ellos en trabajo humano ni son azotados con los otros hombres?». Esas aflicciones y molestias, por las cuales estás pasando en estas aguas, no son señal alguna de que Dios te haya abandonado, sino que son enviadas para probarte y ver si te acuerdas de lo que anteriormente has recibido de sus bondades, y vives de él en tus aflicciones».

(4) Alcanzar con las Buenas Nuevas a aquellos que algunos podrían considerar indignos o excluidos. Pablo padeció por su condición de apóstol de los gentiles. La mayor parte de su oposición procedía de los judíos, que veían su Evangelio como un mensaje que ponía peligrosamente en entredicho sus privilegios y especial identidad. Pero Dios nunca pretendió que la Iglesia fuera un gueto santo donde nos reunimos «las personas como nosotros». Su propósito ha quedado ahora claro como el agua: la Iglesia ha de estar abierta a todas las personas, atraer a aquellos con quienes no tengamos quizás mucho en común o nos gusten mucho. No podemos trazar límites acerca de quiénes cumplen o no los requisitos para acceder a la gloria de Dios, ni poner condiciones para la comunión que no coinciden con las que Dios establece para la salvación.

Finalmente, Pablo murió como mártir por esta visión de la Gracia de Dios, que barría las divisiones más apreciadas y venerables a fin de congregar en Cristo a quienes eran archienemigos. La Iglesia ha de encarnar esta reconciliación en su aceptación de todos aquellos que invocan a Cristo como Salvador, en su misión de alcanzar a todas las personas, y en su enseñanza para llevarles a la madurez en Cristo.

Colosenses 2:6–15

Por eso, de la manera que recibieron a Cristo Jesús como Señor, vivan ahora en él, 7 arraigados y edificados en él, confirmados en la fe como se les enseñó, y llenos de gratitud. 8 Cuídense de que nadie los cautive con la vana y engañosa filosofía que sigue tradiciones humanas, la que va de acuerdo con los principios de este mundo y no conforme a Cristo. 9 Toda la plenitud de la divinidad habita en forma corporal en Cristo; 10 y en él, que es la cabeza de todo poder y autoridad, ustedes han recibido esa plenitud. 11 Además, en él fueron circuncidados, no por mano humana sino con la circuncisión que consiste en despojarse del cuerpo pecaminoso. Esta circuncisión la efectuó Cristo. 12 Ustedes la recibieron al ser sepultados con él en el bautismo. En él también fueron resucitados mediante la fe en el poder de Dios, quien lo resucitó de entre los muertos.13 Antes de recibir esa circuncisión, ustedes estaban muertos en sus pecados. Sin embargo, Dios nos dio vida en unión con Cristo, al perdonarnos todos los pecados 14 y anular la deuda que teníamos pendiente por los requisitos de la Ley. Él anuló esa deuda que nos era adversa, clavándola en la cruz. 15 Desarmó a los poderes y a las potestades, y por medio de Cristo los humilló en público al exhibirlos en su desfile triunfal.

Sentido Original

La sección intermedia de la carta (2:6–4:6) se inicia con una declaración del tema en 2:6–7.[1] Las creencias que no tienen un impacto sobre nuestra conducta son inútiles, y la declaración del tema conecta la fe con la práctica. Desde el punto de vista de la fe, los colosenses han recibido a Cristo Jesús como Señor (lit., «Cristo Jesús el Señor») y se les ha enseñado la fe. Por lo que respecta a la práctica, han de seguir viviendo y edificándose en él, fortalecidos en la fe y rebosantes de gratitud. A esta declaración del tema le sigue en 2:8 la primera advertencia específica sobre ser engañados por una «filosofía» vacía y engañosa (cf. 2:4). Pablo establece a continuación la absoluta suficiencia de Cristo (2:9–15). Su argumento proporciona el apoyo teológico para la directa refutación de los oponentes en 2:16–23.

En 2:9–15 Pablo afirma que la salvación viene solo a través de Cristo, algo que se subraya por la repetición de las frases preposicionales «en él/

---

1. Wright, *Colossians and Philemon* [Colosenses y Filemón], 96–97; Dunn, *The Epistles to the Colossians and to Philemon* [Las epístolas a los Colosenses y a Filemón], 136. Cada paso del argumento de la carta comienza con la partícula conclusiva (*oun*): 2:6 («Por eso»); 2:16 («Así que»); 3:1 («Ya que»); 3:5 («Así que»); 3:12 («Por lo tanto»).

Cristo» (2:6, 7, 9, 10, 11, 15) y «con él/Cristo» (2:12, 13).[2] Toda la plenitud de la deidad habita en Cristo, y en él —mediante su muerte y resurrección— a los creyentes se les ha dado la plenitud de la salvación.[3] Por nosotros mismos, no hay nada que podamos o tengamos que hacer para conseguirla. Ninguna disciplina autoimpuesta, solemne ritual o visión de otro mundo puede hacer de nosotros miembros más completos de la comunidad de los santos (1:12), librarnos más completamente de nuestros pecados, o impartirnos una esperanza mejor o más segura.

Por consiguiente, no hemos de añadir ejercicios u observancias religiosas como si estas cosas fueran complementos vitamínicos espirituales que puedan corregir algunas deficiencias de la salvación. Hacer esto traiciona nuestra unión con Cristo. En la Cruz, Cristo ha triunfado sobre todo lo que se levanta contra nosotros: destructivas acusaciones y los amenazadores poderes y autoridades. La victoria de Cristo les ha derrotado y desarmado, y los cristianos no tienen nada que temer de tales poderes; tampoco tienen que apaciguarles, ni tenerles en cuenta.

Lealtad a Cristo como Señor (2:6–7)

La primera declaración de esta sección afirma que los colosenses han recibido a «Cristo Jesús como Señor» y esto les distingue de sus oponentes.[4] Ellos reconocen que Jesús es el Señor, no un héroe divino, un dios familiar menor, o el miembro de un panteón de señores. Puesto que están vinculados a él como Señor, le deben también obediencia. Jesús requiere que su conducta sea consistente con su señorío.[5] Estar en Cristo transforma, por tanto, el modo en que viven los cristianos.[6] Tras advertirles en 2:8, 16–23 contra los atractivos desvíos ofrecidos por los oponentes, que les descarriarían de su exclusiva lealtad a Cristo llevándoles a peligrosas arenas move-

---

2. En 2:15, la NIV traduce la expresión «en él» (*en auto* [NVI, «por medio de Cristo»]) como «mediante la cruz» y ofrece la lectura «en él» como traducción alternativa. Ver más adelante.
3. El fundamento del argumento de Pablo, el señorío de Cristo y el tema de morir y resucitar con Cristo en el bautismo, aparece de nuevo en 2:20 y 3:1.
4. Wright, *Colossians and Philemon* [Colosenses y Filemón], 57 comenta que son pertinentes: Cristo no es una «simple cifra vacía: es el Cristo de 1:15–20, en quien está la verdadera madurez (1:28), aquel que es 'el misterio de Dios' (2:2), su eterno plan secreto para crear y redimir al mundo».
5. En contraste, las religiones de misterio solo se preocupaban por las cuestiones ceremoniales, no por la conducta moral.
6. La traducción de la NVI, «vivan ahora en él», traduce al verbo griego *peripateo*; (lit., «andar»), que alude a la conducta ética. El uso de la palabra «ahora» recoge la fuerza del tiempo presente en este imperativo. Dunn, *The Epistles to the Colossians and to Philemon* [Las epístolas a los Colosenses y a Filemón], 140, sostiene que esta expresión es «equivalente» a «andar en el Espíritu» en Gá 5:16. Contra esta interpretación, ver Pocorný, *Colossians* [Colosenses], 111.

dizas, Pablo regresa en 3:1–4:6 a las instrucciones sobre cómo han de vivir los creyentes.

En 2:7, el apóstol enumera cuatro características de lo que quiere decir «vivir en [el Señor]» (2:6), expresada cada una de ellas con un participio. El primero de ellos («arraigados») aparece en tiempo perfecto (expresando los permanentes resultados de una acción llevada a cabo en el pasado); los tres siguientes («edificados», «fortalecidos [confirmados, NVI. N. del T.]», y «llenos de gratitud») están en tiempo presente. Pablo da fe de que aquello que les ha sido enseñado a los creyentes (ver 1:7) les ha «arraigado» de manera efectiva en la fe. La imagen de esta palabra recuerda la bendición de Jeremías sobre aquel que confía en el Señor y cuya confianza está en él (Jeremías 17:8):

Será como un árbol plantado junto al agua,
    que extiende sus raíces hacia la corriente;
no teme que llegue el calor,
    y sus hojas están siempre verdes.
En época de sequía no se angustia,
    y nunca deja de dar fruto.

En la descripción de la siguiente característica se mezclan dos metáforas, pasando de una planta que extiende sus raíces a un edificio que se construye sobre Cristo. Puede que la raíz, en tanto que fundamento de una planta, inspirara la combinación de ambas imágenes (ver 1Co 3:9; Ef 3:17). La expresión «edificados» da a entender que los creyentes siguen estando en un proceso de construcción y no son todavía un producto acabado.

La tercera característica, «fortalecidos [confirmados, NVI] en la fe», podría significar que los colosenses son fortalecidos por su fe o con respecto a ella. Las dos opciones no son mutuamente excluyentes. A medida que somos fortalecidos en la fe, ella nos fortalece a nosotros. Estos tres primeros participios están en voz pasiva, «dando a entender que la acción divina es esencial en el crecimiento cristiano».[7] No han sido los propios lectores de Pablo quienes se han arraigado, edificado, o fortalecido a sí mismos; lo ha hecho Dios.

La cuarta característica, «llenos de gratitud», está en voz activa y esto significa que la acción de Dios en las vidas de los cristianos ha de evocar una acción de gracias abrumadora. De igual modo que unas lustrosas hojas verdes son señal de salud en una planta, una acción de gracias abundante es «la infalible marca de una vida espiritual saludable».[8] Quienes rebosan

---

7. Harris, *Colossians and Philemon* [Colosenses y Filemón], 89.
8. Beare, «The Epistle to the Colossians» [La Epístola a los Colosenses], 189.

de gratitud por lo que Dios ha hecho ya no son presa fácil de la ansiedad y la duda. No tienen la necesidad ni el deseo de buscar satisfacción en algún otro lugar y no pueden ser captados por falsas promesas o sacudidos por fanáticos detractores.

La «filosofía» corrupta (2:8)

La advertencia de 2:8 proporciona la primera indicación directa de la carta en el sentido de que la iglesia de los colosenses está haciendo frente a un peligro externo.[9] En comparación con Gálatas, la polémica que sigue es relativamente suave. Este coto sugiere que Pablo no tiene la impresión de que los colosenses estén invocando al desastre con la misma intensidad que los gálatas. No obstante, sí necesitan que se les advierta sobre los sutiles peligros de ser encandilados.

Pablo describe a la potencial abductora como una «vana y engañosa filosofía».[10] Deberíamos ser prudentes para no convertir este repudio de una específica y vacua «filosofía» en un rechazo de la filosofía en general. El término filosofía tenía un sentido más amplio en el mundo antiguo que en el nuestro. No se limitaba a los especulativos sistemas de pensamiento que conocemos de la filosofía griega y romana; podía también aludir a toda clase de grupos, tendencias y puntos de vista, incluidas las prácticas esotéricas.[11] Este amplio significado del término y el hecho de que Pablo describa dicha «filosofía» en términos de prácticas religiosas, como por ejemplo apreciaciones sobre comida y bebida y la observancia de festivales y sabats, hace que el término «religión» resulte una traducción más adecuada para nosotros.

Pablo plantea varios contrastes entre el Evangelio y esta «filosofía». El Evangelio es la palabra de verdad (1:5–6); la «filosofía» es engaño. Cristo

---

9. La expresión «cuídense de que» (*blepete me*) da a entender que los colosenses no habían sucumbido. El uso del pronombre indefinido singular, «nadie» (*tis*), no significa que Pablo tenga en mente a un dirigente del grupo en concreto (contrástese con Gá 1:7). Es verdaderamente indefinido.

10. Literalmente, el texto dice «por medio de filosofía y vacío engaño»; La NVI considera correctamente que la segunda expresión modifica a «filosofía». Ver también la advertencia de 1Ti 6:20–21.

11. Lohse, *Colossians and Philemon* [Colosenses y Filemón], 94. Günther Bornkamm, «The Heresy of the Colossians» [La herejía de los colosenses] en *Conflict at Colossae*, ed. Fred O Francis y Wayne A Meeks, 126, afirma: «El pensamiento sincretista ha dejado de designar al aprendizaje racional, y ha llegado a ser equivalente a doctrina revelada y magia». En la introducción argumentamos que la «filosofía» que Pablo tiene en mente es el judaísmo de una sinagoga rival en Colosas. Ciertos escritores judíos helenistas presentaban el judaísmo al mundo grecorromano como una «filosofía», como dice Lohse, «para atraer y cortejar al mundo que le rodeaba» («La teología paulina en la carta a los Colosenses», *NTS* 15 [1969]: 211).

rescata y libera a personas cautivas (1:13); La «filosofía» cautiva a los ingenuos, los hace esclavos del error, y les arrastra de nuevo hacia el dominio
de la oscuridad (1:13).[12] Es como el enrevesado argumento de una novela
o película en la que el héroe es capturado por los malos y, tras ser rescatado, vuelve a caer de nuevo en sus manos. La definición de la «filosofía» se complementa en 2:8 con tres frases preposicionales con *kata* («que
sigue», «que va de acuerdo con», «conforme a»), pero, en esta sección,
Pablo no tiene la intención de ofrecernos una completa descripción de sus
rasgos. El apóstol pretende únicamente acentuar las glorias que los colosenses ya poseen en Cristo a fin de que puedan ver hasta qué punto es deficiente dicha «filosofía».

(1) La «filosofía . . . sigue tradiciones humanas». En el mundo de Pablo,
las tradiciones antiguas aseguraban la excelencia y santidad del conocimiento. Si era antigua, se la consideraba buena y no debía ser rechazada a
la ligera. En nuestro tiempo, estamos convencidos de que la tendencia más
novedosa es la mejor. Asumimos que «nuevo» es sinónimo de «mejorado»;
por consiguiente, nos sentimos inclinados a interesarnos por lo novedoso.
En el periodo helenista, la antigüedad de una religión la autenticaba y la
hacía merecedora de honra por cuanto había soportado la prueba del tiempo.

No hay nada intrínsecamente erróneo en la tradición humana. Sin
embargo, Pablo desacredita dicha «filosofía» como una tradición derivada de lo humano (ver Mr 7:8) y la contrasta con la revelación divina que
los colosenses han recibido en Cristo. En 2:6, Pablo afirma que «recibieron a Cristo Jesús como Señor». En sus cartas, el apóstol utiliza el verbo
«recibir» (*paralambano*) como una palabra técnica para aludir a la transmisión de enseñanzas o tradiciones.[13] El contraste es claro: los colosenses no
habían recibido una tradición creada por los humanos sino a una persona,
el Señor Jesús, el regente y reconciliador de toda la Creación.

---

12. El cuadro es el de unos siniestros traficantes de esclavos llevando a sus víctimas como
botín (Caird, *Paul's Letters from Prison* [Las cartas de Pablo desde la prisión], 189).
Esta imaginería produciría verdaderos escalofríos a los contemporáneos de Pablo, que
vivían con el temor a ser secuestrados y vendidos como esclavos, una posibilidad
que, aunque remota, era muy real. En nuestro tiempo, las personas siguen teniendo
el temor de ser secuestrados y sujetos a perversa violencia. Este es el único lugar del
Nuevo Testamento en que aparece la palabra *sylagogeo* («llevar cautivo»); y Wright,
Colossians and Philemon [Colosenses y Filemón], 100, propone que Pablo la utiliza
para hacer «un despectivo juego de palabras con la palabra sinagoga». El sustantivo *syla* se utilizaba para denotar un botín o saqueo, sin embargo la forma verbal no
aparece en la LXX ni en la literatura de aquel tiempo. Su carácter fuera de lo común
añade credibilidad a la posibilidad de que Pablo recurra a un amargo juego de palabras
para debilitar las pretensiones de una sinagoga rival.
13. 1Co. 11:23; 15:1, 3; Gá 1:9, 12; Fil 4:9; 1Ts 2:13; 4:1; 2Ts 3:6; Ver Mr 7:4.

(2) La «filosofía . . . va de acuerdo con . . . los espíritus elementales del mundo» («los principios de este mundo», NVI). La expresión «espíritus elementales del mundo» (*ta stoicheia tou kosmou*) no representa la descripción de un importante rasgo de la enseñanza de los oponentes, sino que se deriva, más bien, de la sarcástica valoración que Pablo hace de dicha «filosofía». Esta expresión concuerda con las otras descripciones peyorativas utilizadas para desacreditar una «filosofía» que «cautiva», es «vacía y engañosa», y «sigue tradiciones humanas».[14] Del mismo modo que la palabra clave de la expresión «tradición de los hombres» (NVI, «tradiciones humanas») es «de los hombres», el término clave de esta frase es «del mundo».[15] Pablo pone en evidencia la «filosofía» como perteneciente a la esfera material creada por Cristo, pero alienada ahora de Dios y necesitada de redención y reconciliación. Pertenece al dominio de la carne, el pecado y la muerte, donde los poderes demoníacos ejercen todavía su influencia.

El sentido exacto que Pablo quería dar a la expresión *ta stoicheia tou kosmou* es objeto de mucho debate. El sustantivo *stoicheion* se deriva del verbo *stoicheo*, que significa «estar en línea» (ver Fil 3:16) y alude a los elementos esenciales que configuran un todo, algo parecido a los eslabones de una cadena. Este sustantivo aparece en la literatura antigua para designar las letras del alfabeto, los principios fundamentales de una ciencia o institución, los rudimentos o base inicial de algo, los elementos físicos del cuerpo (ver 4 Mac 12:13), y los componentes físicos del mundo (tierra, aire, fuego, agua).[16] ¿Se refiere acaso la expresión de 2:8, 20 a algo introductorio, como en la enseñanza, o más bien a algo elemental, como en lo que respecta a los elementos fundamentales que regulan el mundo presente? ¿Aluden a sustancias elementales de carácter impersonal o a poderes personales, como por ejemplo los espíritus estelares?

La traducción de la NIV zanja la cuestión para el lector interpretando la frase como una referencia a los principios elementales (i.e. «impersonales».

---

14. Contra Lohse, *Colossians and Philemon* [Colosenses y Filemón], 99, quien afirma que «'los elementos del Universo' deben de haber desempeñado un especial papel en la enseñanza de los 'filósofos'».

15. Francis, «Christology» [Cristología], 206, 208, n. 43; Ver, Arnold, *The Colossian Syncretism* [El sincretismo colosense], 190. En Gá 4:3 y Col 2:8, 20, el genitivo *tou kosmou* («del mundo») califica a la palabra *stoicheia*. En Gá 4:9 está ausente. *Stoicheia tou kosmou* es, por tanto, no una expresión técnica, sino la descripción de Pablo de los *stoicheia*. Obsérvese que si se acepta la hipótesis de Galacia del Sur para Gálatas, este término solo aparece en las cartas de Pablo a iglesias del interior de Asia Menor, todas en un radio de relativa proximidad entre sí (Col 2:8, 20; Gá 4:3, 9).

16. Josef Blinzler, «Lexicalisches zu dem Terminus *ta stoicheia tou kosmou*», en *Studiorum Paulinorum Congressus Internationalis Catholicus II* (Roma: Instituto Bíblico Pontificio, 1963), 427–43. En el Nuevo Testamento aparece toda una gama de significados diversos: los elementos del universo físico (2P 3:10, 12), la enseñanza elemental (Heb 5:12), y una conexión con las prácticas religiosas judías y paganas (Gá 4:3, 9).

Así lo consideran también la nasb y la bj). Podrían aludir a los principios esenciales, el abecé religioso, común a todas las religiones. La referencia a una «filosofía» y a la tradición humana sugiere una cierta forma de instrucción; y la circuncisión, la observancia de festividades, y las distinciones sobre la comida (2:16) pueden situarse bajo la categoría de reglas elementales. Otros argumentan que en la literatura escrita antes de Pablo esta palabra designa las sustancias elementales que forman el Cosmos.

No obstante, el sentido de la palabra *stoicheia*, aludía de manera más amplia a los cuerpos celestiales, que en general se consideraban, bien gobernados por ángeles o como personificaciones de poderes divinos inferiores (ver Dt 4:19).[17] Podría en tal caso aludir a ciertos seres espirituales malévolos (ver nrsv, neb, tev) y sería otra forma de referirse a los poderes celestiales que se mencionan en 1:16 y de nuevo en 2:15.[18] Dunn sostiene que la expresión *ta stoicheia tou kosmou* alude a una creencia común en el sentido de «que los seres humanos tenían que vivir sus vidas bajo la influencia o dominio de elementales fuerzas cósmicas, aunque éstas fueran conceptualizadas con exactitud... ».[19] Tales poderes celestiales forman parte de la

---

17. Filón reconocía que podían personificarse como espíritus y se les podía dar nombres de deidades (*De la vida contemplativa* 3; *Del Decálogo* 53; *De la eternidad del mundo* 107–9). Sabiduría 13:2 condena esta idolatría:

    pero ellos suponían que el fuego, el viento o el aire,

    o el círculo de las estrellas, o las aguas turbulentas,

    o las lumbreras del cielo eran los dioses que gobernaban el mundo.

    Ver Jue 5:20; Job 38:7; Dn 8:10; 1 Enoc 80:7; 86; Filón, *De la Creación* 73; *La obra de Noé como sembrador* 12; ver Ap 1:20; 9:1; Hermas, *Visiones* 3.1.3.3. Además, los textos judíos aluden a ángeles que controlaban los elementos (ver Jubileos 2:2; 1 Enoc 75:1; 43:1–2; 2 Enoc 4:1; 19:1–4; *Testamento de Abraham* 13:11).

18. Este punto de vista ha sido criticado como anacrónico, sin embargo Arnold, *The Colossian Syncretism* [El sincretismo colosense], 158–94, y «Returning to the Domain of the Powers: *Stoicheia* as Evil Spirits in Galatians 4:3, 9», [Volver al dominio de los poderes: los *stoicheia* como espíritus malignos en Gálatas 4:3, 9], *NovT* 38 (1996): 57–59, recopila evidencias de que, durante el tiempo de Pablo, este término se aplicaba a los espíritus astrológicos. Los papiros mágicos griegos utilizan el término en referencia con «fuerzas espirituales personales que tienen una influencia significativa en la existencia diaria» (*The Colossian Syncretism* [El sincretismo colosense], 173). El *Testamento de Salomón* refleja un judaísmo influenciado por la magia, y propone recetas para invocar a ángeles que desarticulen las estratagemas de demonios hostiles. En 18:1, 2 (ver 8:2; 15:5), el término *stoicheia* se utiliza para aludir a los decanos astrales, que gobernaban más de 10 de los 360 grados del zodíaco y producían enfermedades físicas y mentales. Son reducidos de la condición de deidades a la de demonios perversos, que pueden ser derrotados por medio de un conocimiento y unos rituales especiales. Otra obra judía se refiere a los ángeles que gobiernan la Creación regulando el orden de las estrellas y las eras. Son vigilantes en contra de las actividades perversas y restauran el orden y la armonía con el Cosmos (2 Enoc 19:1–5).

19. Dunn, *The Epistles to the Colossians and to Philemon* [Las epístolas a los Colosenses y a Filemón], 150. Este autor arguye: «es muy posible, pues, concebir una 'filosofía'

Creación, ejercen un control regulador sobre la Naturaleza, y gobiernan un mundo corrompido por el pecado.

Por mi parte, yo entiendo que esta expresión alude a espíritus en cierto modo demoníacos a los cuales los humanos, neciamente, han brindado su lealtad y veneración (ver Hch 7:42). El contraste de 2:8 entre «según» los *stoicheia tou kosmou* y según Cristo puede expresar que Pablo les considera como rivales de Cristo. Pablo sostiene que la «filosofía» contra la que advierte se basa en estos poderes creados y malignos, y no en el benéfico Creador. Observa fiestas establecidas, lunas nuevas, y sabats: unas divisiones de tiempo gobernadas por los movimientos de los cuerpos celestiales, animados, a su vez, por los espíritus elementales.[20] El apóstol no desestima a estos poderes astrales como no existentes o míticos (ver 1Co 8:5), pero afirma que todos ellos están supeditados a Cristo (aunque puede que todavía no lo reconozcan, 15:24–25). Puesto que son «del mundo» han sido creados en, por medio de, y para Cristo y están pues supeditados a él (Col 1:15–17). Pablo reafirma que Cristo es «la cabeza de todo poder y autoridad» (2:10).

(3) Pablo también describe la «filosofía» como carente de verdad. Esta opinión refleja la profunda convicción de Pablo en el sentido de que toda enseñanza que desestime a Cristo está vacía en su núcleo más profundo. Puesto que es una enseñanza «vacía», la «filosofía» en cuestión no puede llenar a nadie sino con más vaciedad. En contraste, los colosenses han recibido la Palabra de Dios en su plenitud (1:25), tienen todas las riquezas del completo entendimiento en Cristo (2:2; ver 1:9), y se les ha dado plenitud en Cristo (2:10).[21] Los humanos, no obstante, se ven constantemente engañados por las apariencias y altisonantes memeces. La mencionada «filosofía» puede cautivar a las personas y llevarles a creer que tienen la verdad.

---

esencialmente judía en Colosas que se inspiraba en estas tradiciones como una forma de recomendar sus prácticas religiosas a sus conciudadanos».

20. Según Gn 1:14–18, Dios creó a los cuerpos celestiales para que gobernaran la noche y el día y para que regularan el calendario. T. C. G. Thornton, *Jewish New Moon Festivals: Galatians 4:3–11 and Colossians 2:16* [Festivales judíos de luna nueva: Gálatas 4:3–11 y Colosenses 2:16], JTS NS 40 (1989): 100, nos recuerda que en el tiempo de Pablo «las fronteras entre la Astronomía, la Astrología y la adoración de los cuerpos celestiales eran bastante ambiguas y se cruzaban con facilidad». Aunque en nuestro tiempo la mayoría de las personas ven a la luna, el sol y las estrellas desde una perspectiva astronómica neutral, la mayoría de las gentes del siglo primero consideraban a estos astros como «poderosos señores espirituales», que no solo controlaban el calendario, sino también las vidas humanas.

21. Puede inferirse del acento en la «plenitud» (2:9) que el grupo de opositores prometía alguna forma de plenitud mediante distintos medios, probablemente los rituales y prácticas que se describen en 2:16–18. En 2:10, el perifrástico perfecto «han sido llenados» [NVI «han recibido esa plenitud»] (*este ... pepleromenoi*) subraya una acción completada en el pasado con resultados que siguen activos en el presente.

El Cristo Omnisuficiente (2:9–12)

Para responder a la atracción de la «filosofía», Pablo reitera en 2:9 lo que ya ha dicho sobre Cristo en 1:19: él es «la plenitud» de Dios.[22] En el Antiguo Testamento, el concepto de «plenitud» alude a la presencia de Dios (Is 6:3). La afirmación esencial del cristianismo es que, en Jesús, Dios estaba completamente presente dentro de la Historia. En escritos posteriores, el sustantivo que se traduce por «deidad» (*theotes*) se distingue de *theiotes*, que denota uno de los atributos de la deidad (ver Ro 1:20).[23] Si esta distinción se aplica aquí, Pablo distingue a Cristo de la jerarquía de seres intermediarios y angélicos, que poseen pizcas de atributos divinos. La plenitud de la deidad habita en él. No cabe duda de que los colosenses no pueden poner a Cristo Jesús junto a la galaxia de seres divinos inferiores. Él es, en un sentido único «la presencia de Dios y su propio ser» y no «una segunda y distinta deidad».[24]

La palabra que se traduce como «corporal» puede tener varios significados.[25] Puede aludir a la Encarnación: Dios asumiendo «forma corporal», «con una manifestación corporal». Utilizando esta definición, el término describe «la corporeidad de Cristo durante su existencia terrenal» (ver 1:22).[26] La palabra puede también aludir al cuerpo de Cristo, la Iglesia (1:18, 24; 3:15). El sustantivo «cuerpo», no obstante, se utiliza en 2:17 «para denotar la sólida realidad de la nueva era en contraste con su imprecisa anticipación en los sistemas legales de la pasada».[27] La NVI traduce el término como «realidad». Es posible que este significado encaje mejor con el adverbio de 2:9: «En Cristo toda la plenitud de la deidad habita en sólida realidad» (o «realmente»). La realidad de la morada de Dios en Jesús, el

---

22. En 1:19 Pablo utilizó el tiempo pasado, «Porque a Dios le agradó habitar en él con toda su plenitud». Aquí el apóstol se sirve del presente, «vive». Se trata de un presente intemporal y alude a la permanente residencia de la deidad en el Señor viviente (Harris, *Colossians and Philemon* [Colosenses y Filemón], 98).

23. En palabras de Lohse, *Colossians and Philemon* [Colosenses y Filemón], 100, *theotes* describe «la cualidad del ser divino», mientras que *theiotes* alude a «la naturaleza divina». Rara vez utiliza Pablo terminología abstracta como esta para referirse a Dios.

24. Wright, *Colossians and Philemon* [Colosenses y Filemón], 103. Pocorný (*Colossians* [Colosenses], 102) comenta: «En Cristo encontramos la verdadera y auténtica plenitud de Dios, frente a la cual todas las especulaciones, experiencias y demás concepciones de lo divino son cosas secundarias». Las implicaciones son claras: «No hay necesidad de que los hombres propaguen su adhesión entre una serie de manifestaciones de la autoridad divina, puesto que la naturaleza y propósitos de Dios se ven completos en Cristo» (Caird, *Paul's Letters from Prison* [Las cartas de Pablo desde la prisión], 191).

25. Barth y Blanke, *Colossians* [Colosenses], 312–15, analizan siete posibles interpretaciones de esta palabra, *somatikos*.

26. Ibíd., 314.

27. Caird, *Paul's Letters from Prison* [Las cartas de Pablo desde la prisión], 191–92.

hombre, no es una sombra o, utilizando un modismo moderno, una realidad virtual. Es algo sólido, genuino y verdadero.[28]

La principal idea de Pablo, no obstante, es que «ustedes han sido completados en él» (NVI, «han recibido esa plenitud», 2:10).[29] Puesto que Cristo es la plenitud de Dios y los creyentes están en él, éstos tienen toda la plenitud que los humanos pueden poseer. Los arrogantes corintios tenían que hacer frente al peligro de la jactancia por su idea de que en Cristo ya habían llegado (1Co 4:8; ver Fil 3:12–16). Pablo intentó mostrarles que estaban llenos de sí mismos y no de Cristo (cf. Col 2:18). Sin embargo, en el caso de los colosenses sucedía lo contrario. Al parecer corrían más peligro de desalentarse. Sus oponentes intentaban desengañarles en el sentido de que la plenitud que tanto anhelaban era inasequible por medio de Cristo o solo por medio de él. Pablo argumenta que, en Cristo, poseen toda la plenitud que necesitan y no tienen necesidad de buscar en ningún otro lugar.

Los colosenses han sido hechos completos en Cristo y, en él, han sido también circuncidados por Dios. La mención por parte de Pablo de la «circuncisión de Cristo» (trad. lit.) se debe probablemente a la afirmación de los oponentes en el sentido de que los cristianos gentiles de Colosas carecían de esta señal esencial que les identificaría como pueblo de Dios. La exposición que hace Pablo de esta cuestión plantea ciertas dificultades exegéticas centradas en el significado de la «circuncisión no hecha con manos», el «despojarnos del cuerpo de la carne», y «la circuncisión de Cristo» (2:11, trad. lit.); sin embargo, afirma algunas verdades cristianas fundamentales.[30]

La «circuncisión no hecha por manos» (NVI, «circuncidados, no por mano humana») se refiere a algo hecho por Dios en contraste con la cir-

---

28. El adverbio también se ha interpretado dándole el sentido de «encarnado» en la vida colectiva de la Iglesia y «en la unidad orgánica». Pero la cuestión es que la deidad no está parcelada en una jerarquía de poderes, sino es confinada a una persona real, Cristo.

29. En otros pasajes Pablo utiliza el verbo «cumplir» para aludir al hecho de que los cristianos son llenos de «todo gozo y paz» y de «bondad» y «conocimiento» (Ro 15:13–14), del «Espíritu» (Ef 5:18); y del «fruto de justicia» en el día de Cristo (Fil 1:10–11).

30. Pablo no se enfrasca en un ataque contra la circuncisión de los cristianos como hace en Gálatas, y la carta no contiene evidencias de que nadie estuviera presionando a los colosenses para que se circuncidaran. Dunn, *The Epistles to the Colossians and to Philemon* [Las epístolas a los Colosenses y a Filemón], 156, presenta el panorama más verosímil: los colosenses tenían que hacer frente a una vigorosa apologética judía que justificaba y exaltaba la circuncisión (quizá como hace Filón en *De las Leyes Especiales* 1:1–11 y *Preguntas sobre Génesis* 3:46–62) más que a algún intento específico de convertirles en prosélitos judíos. Éstos rechazaban cualquier pretensión de que los gentiles tuvieran esperanza alguna de salvación sin la circuncisión. Pablo rebate esta afirmación con el argumento de que ellos tienen la única circuncisión que cuenta, la divina circuncisión en Cristo.

cuncisión física llevada a cabo por los hombres (ver Hch 7:48; 17:24; 2Co 5:1; Ef 2:11; Heb 9:11). Por tanto, esta «circuncisión» se contraponía al rito externo que tan mala fama daba al judaísmo en el mundo antiguo.[31] La circuncisión física era una operación menor que consistía en extirpar una pequeña porción de carne, sin embargo, para los judíos tenía un significado esencial como señal de la obediencia al pacto de Dios. Significaba que quien era objeto de ella era incorporado al pueblo de Dios y pasaba a ser beneficiario de las promesas del pacto a Abraham. La circuncisión era la señal que Dios le dio a Abraham como pacto en la carne (Gn 17:1–14) y significaba la marca de pertenencia a su nación escogida.

Para la mayoría de los judíos del siglo primero, la circuncisión se había convertido en la fundamental insignia de identidad que acreditaba la membresía en el pueblo de Dios. En tiempos de persecución, los judíos la consideraban tanto una confesión de fe como un acto de obediencia a la santa Ley de Dios. Dios había ordenado a Israel que fuera un pueblo separado, y la circuncisión hacía precisamente esto: apartaba a los judíos de los paganos idólatras que les circundaban. El propio apóstol utiliza los términos circuncisión e incircuncisión para aludir de manera abreviada a la distinción entre judíos y gentiles (Ro 2:25–27; 3:30; 4:9–12; Gá 2:7–8). Como sello de la elección de Israel, la circuncisión aseguraba también la bendición de Dios sobre el pueblo como beneficiarios de las promesas del pacto.

Desde la radical perspectiva de Pablo, la circuncisión física se había convertido en poco más que una marca tribal. En Romanos 2:25–29, el apóstol arguye que la circuncisión, base de la confianza judía, es una señal sin sentido, a no ser que vaya acompañada de un corazón purificado; y prosigue argumentando que el corazón purificado solo puede proceder de Cristo.[32] La verdadera circuncisión (Fil 3:2) no tiene nada que ver con la amputación de un pedacito de carne física; es algo relacionado con Cristo y forjado por el Espíritu de Dios.

La traducción de la NIV de 2:11, «en él fueron circuncidados, no por mano humana sino con la circuncisión que consiste en despojarse del cuerpo pecaminoso. Esta circuncisión la efectuó Cristo», induce al error. (1) Al traducir la frase griega «la separación del cuerpo de carne» como «que consiste en despojarse del cuerpo pecaminoso», la NVI interpreta la

---

31. Tácito afirmaba que los judíos adoptaban la circuncisión «para distinguirse de otros pueblos por esta diferencia» (*Historias* 5,5); Ver Dunn, *The Epistles to the Colossians and to Philemon* [Las epístolas a los Colosenses y a Filemón], 154.

32. La espiritualización de la circuncisión está también en la tradición veterotestamentaria (Dt 10:16; 30:6; Lv 26:41; Jer 4:4; 6:10; 9:26; Ez 44:7, 9). Ver también los Rollos del Mar Muerto (1QS 5.4–5, 26; 1QpHab 11,13).

expresión «cuerpo de carne» como algo inmoral, «el cuerpo pecaminoso».[33] En el uso de Pablo el término carne (*sarx*) no tiene siempre una implicación pecaminosa. Puede utilizarlo para referirse simplemente al cuerpo físico sin ninguna connotación negativa. Hasta este punto de la carta todos los usos de *sarx* han aludido a la carne física (1:22, 24; 2:1, 5). La expresión «cuerpo de carne» es un genitivo adjetival (hebraico y cualitativo); en este tipo de expresiones, a fin de modificar un sustantivo se utiliza otro sustantivo abstracto en caso genitivo en lugar de un adjetivo. Así, «cuerpo de carne» es otra forma de decir «cuerpo físico». La otra única ocasión en que esta expresión aparece en el Nuevo Testamento es en 1:22, y la NVI la traduce correctamente como «el cuerpo mortal [físico] de Cristo». En el texto que nos ocupa, tiene este mismo significado y no alude a la naturaleza pecaminosa.

(2) El segundo problema que plantea la traducción de la NVI en 2:11 es la decisión que toma en el sentido de que despojarse de la carne alude a una experiencia del creyente. Interpreta la frase griega «la circuncisión de Cristo» como un genitivo subjetivo, «la circuncisión llevada a cabo por Cristo». Esta traducción impide que el lector pueda interpretar la frase como una referencia a una circuncisión metafórica del corazón, que arranca los deseos de la carne (ver también reb, tev).[34] La traducción alternativa, que interpreta la frase como un genitivo objetivo, es más probable: es una circuncisión experimentada por Cristo, por lo cual estaría haciendo referencia, metafóricamente, a su muerte.[35]

---

33. Respecto a los distintos usos de los términos «carne» y «cuerpo» por parte de Pablo ver R. J. Erickson, «carne» [carne] en *DPL,* 303–6. El verbo «despojar» (*apekdyomai*) aparece en 3:9 y tiene al «viejo ser» como objeto. La expresión «viejo ser» alude a la naturaleza humana que ha sido invadida por el pecado, pero no es sinónima de «cuerpo de la carne». Podemos añadir que la frase «naturaleza pecaminosa» puede también llevar al lector a inferir erróneamente que tenemos una «naturaleza libre de pecado». Cuando Pablo utiliza el término «carne» en un sentido negativo, se refiere a la persona degenerada en su conjunto (incluidas las pasiones carnales), que se ha dispuesto en rebeldía contra Dios. Es lo que los humanos llegan a ser aparte de la Gracia regeneradora de Dios. Sin embargo, en este caso Pablo se sirve del término *sarx* («carne») en un sentido neutral para aludir al cuerpo humano. Aquellos que deseen considerar una interpretación bastante distinta, pueden ver Wright, *Colossians and Philemon* [Colosenses y Filemón] 106, quien sostiene que el «cuerpo» alude a un grupo de personas como en «el cuerpo de Cristo». Ser despojado del cuerpo pecaminoso, arguye, se refiere a romper con las antiguas solidaridades carnales. Arnold, *The Colossian Syncretism* [El sincretismo colosense], 296, sostiene que Pablo se refiere a la escisión de «su solidaridad con Adán, 'el cuerpo del pecado' (Ro 6:6), la Humanidad bajo el gobierno del pecado y la muerte».

34. En otros pasajes Pablo siempre atribuye la circuncisión del corazón al Espíritu (Ro 2:29; 2Co 3:3; Fil 3:3).

35. Moule, *Colossians and Philemon* [Colosenses y Filemón], 95, 96; Barth y Blanke, *Colossians* [Colosenses], 364–65.

En el resto de sus cartas, Pablo utiliza la imagen de despojarnos y vestirnos para hablar de la muerte (1Co 15:53–54; 2Co 5:1–4). Sin embargo, la imagen de «apartar el cuerpo de carne» es mucho más intensa y vívida. Dunn afirma que Pablo escogió esta imagen para subrayar la naturaleza física de la muerte de Cristo, y también, podemos añadir, para poner de relieve su horror.[36] La expresión «la circuncisión de Cristo» es, pues, una metáfora gráfica. Se refiere a la «circuncisión» que Cristo sufrió en su crucifixión cuando su cuerpo físico fue arrancado con violencia en su muerte.[37] La afirmación es, pues, paralela a 1:22, que alude también a la muerte de Cristo: «Él les reconcilió en el cuerpo de su carne [NVI, cuerpo mortal] por medio de la muerte».

Esta interpretación en el sentido de que la «circuncisión de Cristo» es una vívida imagen de su muerte en la Cruz explica también mejor la progresión poco común de la circuncisión a la sepultura y a la resurrección que se expresa en 2:11–12. Si la circuncisión de Cristo alude a la muerte de Cristo, entonces la secuencia resume las afirmaciones esenciales del cristianismo: Cristo murió, fue sepultado, y resucitado (ver 1Co 15:1–4). En este pasaje Pablo interpreta la muerte de Cristo como una circuncisión vicaria para nosotros (ver 2Co 5:14–15).[38]

Este párrafo apela a lo que Cristo consiguió a favor nuestro en su obra de salvación en la Cruz, que ha puesto el fundamento para el perdón de pecados (2:13–14). Los cristianos se identifican con lo que Cristo ha hecho y aceptan sus beneficios por medio de su bautismo y fe.[39] «Fueron circuncidados» significa que «murieron» en su muerte.[40] A lo largo del pasaje se subraya la unión del creyente con Cristo en su muerte, sepultura y resurrección («sepultados con él», «resucitados con él», vivificados «en unión con Cristo» 2:12–13; «con Cristo ustedes ya han muerto», 2:20; «han resucitado con Cristo», 3:1; «su vida está escondida con Cristo en Dios», 3:3).

---

36. Dunn, *The Epistles to the Colossians and to Philemon* [Las epístolas a los Colosenses y a Filemón], 157. La expresión «clavándola en la cruz» (2:14) es otra vívida imagen de este pasaje.

37. Así lo entiende Moule, *Colossians and Philemon* [Colosenses y Filemón], 96; R. P. Martin, *Colossians and Philemon* [Colosenses y Filemón], 82; O'Brien, *Colossians and Philemon* [Colosenses y Filemón], 117.

38. Roy Yates, «'The Worship of Angels'» [La adoración de los ángeles], *ExpTim* 97 (1987): 14, comenta: «Lo que el místico intentaba conseguir por medio de la liberación del cuerpo, Cristo lo ha logrado para todos en el 'cuerpo mortal [lit. de carne] de Cristo mediante su muerte' (Col 1:22, cf. 2:11)».

39. Lohse, *Colossians and Philemon* [Colosenses y Filemón], 103, está en lo cierto con respecto a que «la circuncisión de Cristo, que cada miembro de la comunidad ha experimentado, no es otra cosa que ser bautizado en la muerte y resurrección de Cristo».

40. O'Brien, *Colossians and Philemon* [Colosenses y Filemón], 116. Pablo no ve el bautismo cristiano como una sustitución más eficaz para el rito judío de la circuncisión.

Dios pone de relieve su poder para vencer e imponerse a la muerte en la resurrección de Jesús, y este poder se pone al alcance de quienes ponen su confianza en él (ver Ef 1:19–23). Los cristianos mueren con Cristo y entran con él al sepulcro, y el mismo Dios poderoso que resucitó a Cristo de entre los muertos promete resucitarnos con él.

Lo que Dios ha hecho (2:13–15)

En 2:13–15 Pablo equilibra la tríada de la muerte, sepultura y resurrección de Cristo concretando tres cosas que Dios ha conseguido en Cristo.[41] Estos logros se expresan por medio de los verbos finitos de cada afirmación:

* Estaban muertos en sus pecados, *Dios les [...] dio vida en unión con Cristo* (2:13).

* El código escrito que nos era contrario, *lo «canceló»* (2:14).

* Habiendo despojado (NVI, «desarmado») a los poderes y a las potestades por medio de Cristo, *los humilló en público al exhibirlos en su desfile triunfal* (2:15).

La unión de los creyentes con Cristo en su muerte significa que la incircuncisión física de los gentiles no implica ya su muerte espiritual (2:13) y su condenación futura.[42] Estar unidos a Cristo garantiza que el acta de las acusaciones que les era contraria ha sido borrada y que él les promete libertad de los poderes mortales a quienes Cristo ha vencido (2:15).[43] El acento recae sobre lo que Dios ha hecho en Cristo, lo cual convierte cual-

---

41. Este punto de vista da por sentado que Dios es el sujeto de todos los verbos finitos. Los participios aoristos «habiendo perdonado» (NVI, «al perdonarnos» 2:13), «habiendo cancelado» (2:14), «habiendo clavado» (NVI,«anuló», «clavándola», 2:14), «habiendo despojado», (NVI, «desarmó», 2:15), «habiendo revelado» (NVI, «los humilló en público», 2:15) también tienen a Dios como sujeto y utilizan metáforas sorprendentes para expresar lo que Dios ha hecho por nosotros en Cristo.

42. La palabra griega que en 2:13 se traduce como «pecados» es más exactamente «transgresiones» (*paraptomata*), que puede implicar una desobediencia deliberada. En otro tiempo estaban moral, espiritual y teológicamente cortados de Dios.

43. Algunos eruditos pretenden ver una inconsistencia entre 2:12 y 3:1, que afirman la presente experiencia de la resurrección, y 1Co 15, donde Pablo insiste en que la resurrección «todavía no» es. En Colosenses, Pablo utiliza la resurrección como una imagen de conversión y transformación. Describe una nueva vida que procede de morir al pecado en el bautismo, no una resurrección para ser glorificado. La esperanza sigue «reservada para ustedes en el cielo» (1:5) y la victoriosa resurrección del creyente «está oculta con Cristo en Dios». La afirmación de 3:4 lo deja claro: «Cuando Cristo, que es la vida de ustedes, se manifieste, entonces también ustedes serán manifestados con él en gloria». Sin embargo, en ocasiones Pablo puede utilizar un aoristo («él. . . glorificó», Ro 8:30) para proclamar la presente certeza de nuestro destino futuro.

quier intento humano de propiciar a estos poderes mediante ciertos rituales y duro trato del cuerpo en recursos pobres y ridículos.

Pablo describe la vida de los colosenses antes de su unión con Cristo como una forma de no existencia en la esfera de los muertos. Los epítetos «muertos en sus pecados» y «la incircuncisión de su carne [NVI, cuerpo pecaminoso]» reflejan la típica valoración judía de la posición de los gentiles como ajenos al pacto de Dios. El que uno estuviera muerto o vivo dependía de la relación de tal persona con la única fuente de la vida (ver Lucas 15:24, 32).

La NVI considera la expresión de la incircuncisión del «cuerpo pecaminoso» (lit., «la incircuncisión de su carne») como otra metáfora para aludir a la alienación de Dios, algo que se aplica a judíos y gentiles por igual (Ro 2:25). Es más probable que Pablo utilice esta expresión como una categoría étnica (ver Col 3:11; también Ro 3:30; 4:9, 11; 1Co 7:18; Gá 2:7; Ef 2:11). La expresión «muertos en sus pecados» se refiere a la condición espiritual de los gentiles; la expresión «incircuncisión de su carne» alude a su incircuncisión física. Puesto que los judíos entendían la circuncisión como la señal tangible del pacto y favor eterno de Dios (Gn 17:13; Jos 5:2–9), la ausencia de esta señal en los gentiles denotaba su distanciamiento de Dios (1:21). Significaba también su exclusión de la salvación. Pablo afirma que la ausencia de la circuncisión física ha sido rectificada por una circuncisión espiritual (no hecha con manos).[44]

El perdón de Dios en Cristo nos da una nueva vida. Aquí Pablo cambia de «ustedes» («cuando estaban muertos») a «nosotros»: «Él nos perdonó». Pablo es muy consciente de que Dios no se limitó a perdonar a los gentiles con su larga historia de pecaminosidad e idolatría, sino que había impartido también su perdón a los judíos cuya historia de rebeldía y pecado no era menos extensa (ver Ro 1:18–3:20).

Pablo prosigue utilizando una imagen comercial para referirse a este perdón: Dios «anuló esa deuda que nos era adversa». La palabra que se traduce como «código escrito» (*cheirographon*) se refiere a un pagaré, una nota que reconoce la obligación de pagar una deuda firmada por el

---

44. Dunn, *The Epistles to the Colossians and to Philemon* [Las epístolas a los Colosenses y a Filemón], 163–64, defiende que Pablo no intenta refutar esta descripción judía de la posición de los gentiles ante Dios:

    Por el contrario, el apóstol reafirma el punto de partida cristiano-judío, en el sentido de que Israel estaba por encima de las demás naciones en virtud de la divina elección de Israel para que fuera su pueblo especial. La diferencia es que el desfavorecido estado de «incircuncisión» ha sido remediado por una circuncisión «no por mano humana» (2:11) en lugar de por la «circuncisión en la carne».

deudor.[45] La carta a Filemón proporciona un buen ejemplo de esta clase de documento: «Yo, Pablo, lo escribo de mi puño y letra: te lo pagaré; por no decirte que tú mismo me debes lo que eres» (Flm 19).

No obstante, la traducción que la NIV hace de 2:14 asume que Pablo tiene en mente la Ley mosaica con sus decretos legales, lo cual establecería un paralelismo con la expresión de Efesios 2:15, «la Ley con sus mandamientos y requisitos».[46] Como humanos que somos, nuestro problema con la Ley es su incapacidad para reflejarse en una curva porcentual. Aunque la observemos en un 99,99 por ciento sigue pronunciando sobre nosotros un «insuficiente» con su correspondiente sentencia de muerte (ver Éx 24:3; Dt 27:14–26). Yates ha objetado a esta interpretación afirmando que la característica esencial de un *cheirographon* era que éstos se escribían del propio puño y letra para autenticar un trato. Yates arguye que esta imagen no se aplica a la Ley.

Haríamos mejor, pues, en no interpretar el *cheirographon* como una metáfora alusiva al código escrito de la Ley, sino como una referencia a la deuda que tanto judíos como gentiles reconocen ante Dios. En Romanos 1–2, Pablo argumenta que los judíos comparten el mismo dilema de pecado que los gentiles. Los judíos tienen la ventaja de poseer la ley escrita, la cual —observa Pablo—, les dice que nadie es justo (3:9–20). Los gentiles, sin la ley escrita, tienen la voz interior de la conciencia que da testimonio de la Ley de Dios. Tanto judíos como gentiles, por tanto, reconocen de maneras diferentes su deuda con la Ley de Dios. Ambos son culpables de la misma desobediencia intencionada. Como concluye Yates, «el *cheirographon* está contra nosotros puesto que, evidentemente, hemos fracasado en el cumplimiento de nuestra obligación».[47] Judíos y gentiles están por igual bajo la maldición de la Ley (Gá 3:13), la sentencia de muerte ha sido pronunciada sobre aquellos que violan sus ordenanzas. Sin embargo, el incumplimiento de nuestras responsabilidades y nuestra bancarrota, han sido satisfechos por las riquezas de la misericordia y fidelidad de Dios.

---

45. Ver Roy Yates, «Colossians 2,14: Metaphor of Forgiveness» [Colosenses 2,14: metáfora del perdón], *Bib* 71 (1990): 248–59.

46. Hemos de excluir por completo esta interpretación, que fue elaborada exclusivamente por la imaginación de Orígenes, en el sentido de que alude a un mítico pacto que Adán hizo con Satanás. Es también poco verosímil que Pablo tenga en mente un libro, guardado en el cielo por un ángel, en el que se consignan las transgresiones de todo el mundo. Aunque esta idea puede encontrarse en la literatura apocalíptica judía (ver Éx 32:32–33; Sal 69:28; Dn 12:1; Ap 3:5; y 1 Enoc 89:61–64, 70–71; 108:7; *Apocalipsis de Sofonías* 7:1–8; *Apocalipsis de Abraham) 12:7*–18; 13:9–14; (B) 10:7–11:7; 2 Enoc 53:2–3; *Odas de Salomón* 23:5–9; *Evangelio de la Verdad* 19:17), Pablo utiliza la imagen de un pagaré que todos sus receptores gentiles podían reconocer claramente.

47. Yates, «Col 2,14», 252.

Pablo utiliza a continuación otra vívida metáfora para referirse a la misericordia de Dios hacia los pecadores: Dios clavó en la Cruz la incriminatoria lista de deudas impagadas. El pagaré impagado demandaba una sentencia: la muerte. Sin embargo, la nota en cuestión no fue simplemente arrancada y tirada con los desperdicios. En la muerte de Cristo se exigió el total cumplimiento de la sentencia. La metáfora de clavarla en la cruz puede aludir a la práctica de colgar la acusación contra el criminal en la cruz en la que era ajusticiado (Jn 19:19–22). La diferencia es que las partes culpables no fueron clavadas a la cruz con ellas, solo lo fue Cristo, quien ocupó nuestro lugar, tomando nuestro pecado sobre sí y llevando nuestra culpa. A cambio, nosotros llevamos su justicia. Martín Lutero exclamó: «Tú, Cristo eres mi pecado y mi maldición, o más bien, yo soy tu pecado, y tu maldición, tu muerte, tu ira de Dios, tu infierno; y por el contrario, tú eres mi justicia, mi bendición, mi vida, mi Gracia de Dios y mi cielo».[48] Si morimos con Cristo, quien llevó el veredicto de condenación contra nosotros, entonces nuestra deuda ha sido plenamente satisfecha.[49] La deuda de quienes están en Cristo ha sido ya plenamente saldada (ver Ro 8:1).[50]

En una tercera metáfora Pablo describe lo que sucedía «entre bastidores» en la crucifixión de Jesús en el Gólgota; algo que no era visible para ninguno de los espectadores.[51] El verbo que se traduce como «desarmó» (*apekdyomai*) en 2:15 es el mismo que en 3:9 se traduce «quitado» y está en el mismo grupo de palabras que el sustantivo traducido «despojarse» en 2:11. Personalmente lo traduciría como «separar, arrancar». Dios despoja a los poderes y autoridades de su poder, importancia, y de cualquier otra cosa que condujera a los humanos a honrarles o temerles.[52]

---

48. Martín Lutero, *A Commentary on St. Paul's Epistle to the Galatians* [Un comentario de la Epístola de San Pablo a los Gálatas], ed. Philip S. Watson (Londres: James Clarke, 1953), 283.

49. El verbo «anuló» (*erken*) está en tiempo perfecto, subrayando la permanencia de la acción.

50. Barclay, *The All-Sufficient Christ* [El Cristo Omnisuficiente], 79, presiona la imagen del verbo que se traduce «anular» (*exaleifo*) en 2:14. El término significa «limpiar con un paño o una esponja», algo que un escriba haría para corregir su escritura. Barclay señala que otra forma en que podría anularse un bono era tachándolo con una X. Sin embargo, bajo la marca, la acusación seguía siendo legible. Barclay sugiere que la elección de los verbos por parte de Pablo implica que el acta en cuestión ha sido borrada.

51. Houlden, *Paul's Letters from Prison* [Las cartas de Pablo desde la prisión], 188.

52. Consideramos que Dios es el sujeto del verbo, y que la voz media significa que tiene una fuerza activa no reflexiva (i.e., «despojándoles en interés propio»). Si Cristo es el sujeto, la voz media sería reflexiva; y significaría que Cristo se despojó de los poderes que habían arremetido contra él, derrotándoles en la Cruz. Esta interpretación era muy frecuente entre los antiguos Padres griegos. La interpretación de Lightfoot, que refleja este punto de vista, ha sido citada o parafraseada muchas veces: «los poderes del mal, que se habían aferrado como una túnica de Neso a su humanidad, fueron arran-

Esta imagen recoge lo que Pablo llama sabiduría secreta de la crucifixión (1Co 2:6–8). Los captores de Jesús le llevaron a rastras por la ciudad, le desnudaron, le expusieron al desprecio, y clavaron a su cruz las acusaciones que había contra él; sin embargo, mientras esto sucedía, Dios les estaba haciendo esto mismo a ellos. Dios les convirtió en un ejemplo público, mostrando lo absolutamente impotentes que eran ante esta divina demostración de amor y perdón así como para reprimir el divino poder que resucita a los muertos.

En la NVI, la última imagen de la cláusula se traduce «los humilló en público al exhibirlos en su desfile triunfal».[53] El verbo *thriambeuo* puede significar «triunfar sobre, marchar en un desfile triunfal, dar a conocer, o revelar». En Efesios 4:8, Pablo utiliza la imagen de una procesión triunfal, citando el Salmo 68:18: «Cuando [Cristo] ascendió a lo alto, se llevó consigo a los cautivos y dio dones a los hombres». Si tiene en mente la imagen de un emperador romano celebrando sus victorias encabezando un cortejo de enemigos derrotados, la ironía es muy sorprendente. En palabras de Lightfoot: «La paradoja de la crucifixión se sitúa de este modo bajo la luz más intensa: triunfo en la impotencia y gloria en la vergüenza. El patíbulo del condenado se convierte en el carro del vencedor».[54] Calvino no es menos elocuente en sus comentarios: «Porque no hay tribunal más magnificente, trono más majestuoso, exhibición de triunfo más distinguida, ni carro más elevado, que el patíbulo en el que Cristo ha subyugado a la muerte y al diablo, más aún, los ha hollado por completo bajo sus pies».[55]

---

cados y puestos a un lado para siempre» (*Saint Paul's Epistles to the Colossians and to Philemon* [Las epístolas de San Pablo a los Colosenses y a Filemón], 190; ver una variación de esta postura en Dunn, *The Epistles to the Colossians and to Philemon* [Las epístolas a los Colosenses y a Filemón], 167–68).

53. La NIV interpreta la expresión griega *en auto* («en él» o «en ello») como una referencia a la Cruz («por la Cruz»). Sin embargo, si Dios es el sujeto de todos los verbos de 2:13–15 sería mejor traducir «en él», es decir, en Cristo (esta es la opción que sigue la NVI. N. del T.).

54. Lightfoot, *Saint Paul's Epistles to the Colossians and to Philemon* [Las epístolas de San Pablo a los Colosenses y a Filemón], 192. Roy Yates, «Colossians 2:15: Christ Triumphant» [Colosenses 2:15: el Cristo triunfante], *NTS* 37 (1991): 573–91, afirma que la imaginería del triunfo describe una «festiva procesión» de una victoria militar romana. Los que participan del triunfo no son «cautivos derrotados, conducidos delante del carro del vencedor, sino romanos liberados, danzantes, coros y multitudes que aclaman. Se trata de los acompañantes del *vencedor* que celebran los frutos de la victoria en el triunfo». Yates afirma que los poderes no son despojados o llevados en triunfo, sino que forman parte de «las multitudes festivas». El cortejo se convierte en un anticipo de su reconciliación (1:19).

55. Calvino, *Commentaries on the Epistles of Paul the Apostle to the Philippians, Colossians and Thessalonians* [Comentarios a las epístolas del apóstol Pablo a los Filipenses, Colosenses y Tesalonicenses], 191.

Dios ha triunfado por medio de la muerte de Cristo en la Cruz sobre todo poder y autoridad. Los gobernantes le condenan a morir sin saber que por medio de su muerte les vencería y escaparía de su gobierno (1Co 2:6–8). Han sido desarmados, despojados de su dignidad y consignados a la reta-guardia en el cortejo de la victoria de Cristo. Se sientan ante la corte como los criminales de guerra que fueron llevados ante el tribunal de Nuremberg al final de la Segunda Guerra Mundial, y ahí están: inmóviles, débiles, y míseros. Cristo reina supremo sobre estos gobernantes y autoridades (ver Col 1:16), y todos los que están en Cristo nunca han de tener temor de ellos ni venerarlos. Los cristianos pertenecen a Cristo, quien gobierna el Cosmos y les protege de toda amenaza.

Construyendo Puentes Este pasaje combina la primera advertencia a los colosenses sobre la «vana y engañosa filoso-fía» (2:8) a la que tenían que hacer frente con un vigoroso recordatorio de lo que han recibido a través de Cristo cuando fueron bautizados en él (2:9–15). El acento teoló-gico recae sobre tres cuestiones vitales. (1) Pablo subraya la absoluta sufi-ciencia de Cristo para nuestra salvación. Cristo es aquel en quien «toda la plenitud de la divinidad habita en forma corporal» (2:9) y «la cabeza de todo poder y autoridad» (2:9). Su preeminencia sobre toda la Creación ha de eliminar cualquier inquietud en el sentido de que puedan ser necesarios otros libertadores. Su muerte y resurrección son los medios definitivos por los que Dios ha reconciliado al mundo, y los cristianos que han sido bauti-zados en esta muerte serán, con Cristo, resucitados de la muerte. No nece-sitamos más mediador que Cristo.

(2) Pablo subraya que Dios ha dado a los cristianos completo perdón y plenitud en Cristo. Todas las acusaciones contra nosotros fueron erradica-das por su muerte expiatoria. Por consiguiente, los cristianos no tienen que buscar panaceas que prometen salvación, o hacer vanos intentos de cancelar la deuda con sus propias obras. Solo en Cristo podemos acceder al perdón y no necesitamos ninguna otra «plenitud», sino la que se nos da en él.

(3) Pablo afirma que, por medio de la Cruz y resurrección de Cristo, Dios derrotó de forma aplastante a todos los amenazadores poderes organiza-dos contra nosotros. Esta victoria debería apaciguar cualquier temor de que tales poderes tengan todavía algún dominio sobre los cristianos. No nece-sitamos ningún otro poder, sino el poder de Cristo.

El mensaje presentado en 2:6–15 es central a la fe cristiana. Los cristia-nos hemos de escucharlo repetidamente para que llegue a formar parte de nuestra comprensión del mundo y de nosotros mismos hasta tal punto que no seamos presa de la falsa propaganda, religiosa o secular. El problema es, no obstante, que Pablo formula este mensaje cristiano esencial con unas imágenes literarias que son extrañas a la mayoría de los lectores modernos. Nuestro desconocimiento de tales metáforas complica la traducción e interpretación de este texto. Hay tres cuestiones que merecen especial atención al tender el puente desde el primer siglo hasta nuestra cultura moderna: qué quiere decir Pablo cuando habla de «recibir a Cristo Jesús como Señor», (2:6), qué significa la expresión de 2:11 «la circuncisión de Cristo» (trad. lit. NVI «la circuncisión que consiste en despojarse del cuerpo pecaminoso»), y cuál es la naturaleza de una «vana y engañosa filosofía» (2:8). Después de examinar estas cuestiones, consideraremos el difícil problema de contextualizar el significado de *ta stoicheia tou kosmou* («espíritus elementales» o «principios esenciales») y el temor de los «poderes y autoridades».

Recibir a Cristo Jesús como Señor. Wright advierte del peligro de interpretar la expresión «recibir a Cristo Jesús como Señor» de un modo anacrónico. En nuestro tiempo, los cristianos evangélicos utilizan esta expresión con el sentido de «hacerse cristiano». Los creyentes reciben a Cristo invitándole a «entrar en sus corazones y vida». Sin embargo, el verbo «recibir» (*paralambano*) que aparece en 2:6, es una palabra técnica tomada del judaísmo que alude a la «transmisión de enseñanza de una persona o generación a otra» (ver 1Co 11:2; 15:1–5; Fil 4:9; 1Ts 4:1; 2Ts 3:6). Saber esto nos hace ver su conexión con la cláusula «como se les enseñó» (2:7).[56] Esta expresión se refiere «a la aceptación por parte de los colosenses de la proclamación de Jesús el Señor, con su consecuente confesión de fe, y su nueva posición como miembros del cuerpo de Cristo (ver 2:19)».[57]

La afirmación de Pablo en 1 Corintios 15:3–4: «Porque ante todo les transmití a ustedes lo que yo mismo recibí: que Cristo murió por nuestros pecados según las Escrituras, que fue sepultado, que resucitó al tercer día según las Escrituras», es paralela a lo que dice Pablo a los colosenses en 2:6, 11–12. Los colosenses han «recibido» la proclamación acerca de Cristo el Señor: él murió por ellos (Pablo utiliza la imagen de la circuncisión y la separación de su cuerpo físico), fue sepultado, y resucitó. Tras recibir los hechos cruciales de lo que Cristo ha hecho por ellos, los colosenses han de seguir viviendo (imperativo presente) en él.

Dunn apela a este texto para argumentar contra el punto de vista de que Pablo tenía poco interés en la vida y ministerio de Jesús aparte de su muerte y resurrección. Los eruditos modernos han llegado a esta conclusión puesto que Pablo se refiere rara vez a acontecimientos de la vida de Jesús o a su

56. Wright, *Colossians and Philemon* [Colosenses y Filemón], 98.
57. Ibíd., 99.

enseñanza. Dunn hace una importante observación en el sentido de que si los colosenses creían que Cristo Jesús era el Señor, «habría sido necesario darles cierta información sobre este Jesús y su ministerio en la tierra de los judíos».[58] Utilizando un lenguaje lleno de intensidad afirma:

> No es demasiado creíble que hubiera podido reunirse un nuevo movimiento solo en torno a un nombre, sin el relato de una historia que identificara a ese nombre y explicara su significado, ofreciendo de este modo el fundamento (observemos la metáfora que se utiliza en 2:7) y la identidad de dicho movimiento. Y para los gentiles que vivían en Asia Menor, pero conocían el judaísmo y se sentían quizá atraídos por sus prácticas (cf. particularmente 2:16), esta historia debe haber incluido una cantidad aceptable de información sobre la vida y ministerio de Jesús (que habían transcurrido menos de treinta años atrás) y no simplemente el hecho de su muerte y resurrección.[59]

Pablo creía que las tradiciones históricas sobre Jesús, lo que dijo e hizo, proporcionaban el fundamento y las directrices para la vida de los colosenses como han de seguir siéndolo para la nuestra. Los relatos de salvación que había tras las antiguas religiones mistéricas en liza con el cristianismo primitivo estaban arraigados en mitos no históricos. En contraste, el relato del cristianismo tiene sus orígenes en la Historia, y puede resumirse en pocas palabras: Cristo murió bajo el gobierno de Poncio Pilato, fue sepultado, y resucitó al tercer día por el poder de Dios. Los colosenses habían «recibido» estos hechos sobre la muerte de Cristo y estaban arraigados, edificados y cimentados en la fe. Una cosa es dar nuestro asentimiento a los hechos de que Cristo dio su vida por nosotros y fue resucitado por Dios, pero otra muy distinta es que esta verdad impregne toda nuestra vida de modo tal que controle todo lo que creemos y hacemos.

Pablo anima a sus lectores a que entiendan de un modo más completo lo que significan estos hechos para su salvación y a que permitan que esta nueva realidad penetre en su alma, y les lleve a prorrumpir en acciones de gracias a Dios. El apóstol reconoce que cuando los cristianos valoran plenamente el significado de los hechos de su salvación, están más agradecidos a Dios por todo lo que han recibido y son menos vulnerables frente a los desaires o seducciones de las ideologías en liza. Por otra parte, si los cristianos se toman a la ligera, quitan importancia, u olvidan lo que han recibido de Cristo, se convierten en presa fácil de «filosofías» erróneas que les esclavizan con sus falsas promesas y seducción. Por consiguiente, las

---

58. Dunn, *The Epistles to the Colossians and to Philemon* [Las epístolas a los Colosenses y a Filemón], 141.
59. Ibíd., 142.

doctrinas de lo que Dios nos ha conseguido en Cristo han de estar cinceladas en nuestra mente para que inspiren y sostengan constantemente nuestras vidas.

La circuncisión de Cristo. La situación específica de los colosenses suscitó la referencia de Pablo a la circuncisión que hemos recibido en Cristo (2:11). El apóstol escogió esta metáfora poco común para referirse a la muerte de Cristo a fin de combatir las nociones de sus oponentes sobre la circuncisión. Probablemente, los lectores modernos la encuentren un tanto confusa. Según entiendo la situación de los colosenses, la iglesia había sido desafiada por algunos judíos de la zona, heterodoxos y contenciosos, que se negaban a aceptar la validez de la esperanza de los cristianos gentiles en Cristo.

Probablemente, estos antagonistas judíos defendían que, a menos que se convirtieran completamente al judaísmo y se circuncidaran, los cristianos gentiles estarían eternamente «excluidos de la ciudadanía de Israel y ajenos a los pactos de la promesa, sin esperanza y sin Dios en el mundo» (Ef 2:12). Desde su perspectiva, los gentiles que no se habían hecho completos prosélitos del judaísmo no tenían el derecho de reclamar, mejor dicho, de robar las promesas que en buena ley solo pertenecían a Israel. Si recordamos lo que significaba la circuncisión para los judíos como marca distintiva del pueblo pactado de Dios, podemos entender su resentimiento con los cristianos gentiles incircuncisos que reivindicaban esta misma esperanza de gloria que le había sido prometida a Israel. ¿Cómo podían los gentiles ser beneficiarios de las promesas divinas sin pasar por los canales ordenados por Dios en la Escritura?

Aunque Pablo no negaba que la circuncisión pudiera ser apropiada para los cristianos de ascendencia judía (ver Hch 16:3; Ro 3:1–2), el apóstol defendía vehementemente que el rito físico no era un prerrequisito para la inclusión de los gentiles en el pueblo de Dios. El apóstol estuvo dispuesto a pagar un alto precio por su clara visión de la verdad del Evangelio (Gá 2:5). Todos los que confían en Cristo (2:16) y han sido crucificados con él (2:20) son ahora el auténtico Israel, los verdaderos herederos de las promesas divinas (Ro 9–11; Gá 6:16; Fil 3:2).

En su carta a los Gálatas, Pablo se ocupa de los judaizantes cristianos e insiste en que los gentiles no tienen por qué tomar el desvío del judaísmo para llegar a Cristo y no deben hacerlo. Tal desvío no es sino un callejón sin salida que les dejará muertos en sus pecados. Llegamos a ser hijos de Abraham, justificados y bendecidos con él por la fe y solo por la fe (Gá 3:6–9). Aquí en Colosenses, Pablo se ocupa de un grupo de oponentes procedentes del exterior y sostiene que los gentiles han experimentado una

circuncisión espiritual. El apóstol entiende que esta circuncisión es, metafóricamente, la muerte de Cristo. En nuestro bautismo, aceptamos aquella
muerte como para nosotros. Hemos sido crucificados con Cristo al ser bautizados en su muerte y hemos llegado a ser plenos receptores de la salvación
de Dios. Los colosenses no tienen necesidad de una circuncisión física para
llegar a ser herederos de las promesas o recibir el perdón de sus pecados.

La muerte de Cristo ha sustituido este rito. El pueblo escogido de Dios
no es ya identificado por una pequeña incision física, que solo afecta a los
varones, sino por la confianza en Cristo y la incorporación en su muerte y
vida de resurrección. Ser miembro de este cuerpo requiere ahora la extirpa-
ción esencial de lo antiguo, a saber, la muerte. El bautismo cristiano representa todo esto.[60]

Lo más importante, no obstante, es la afirmación de Pablo de que esta
circuncisión espiritual, recibida de manera vicaria por medio de la muerte
de Cristo, resuelve un problema para el que la circuncisión física es absolutamente impotente. El rito físico no podía liberar ni a judíos ni a gentiles del poder del pecado. Alguien podía ser circuncidado en la carne y
aun así seguir siendo incircunciso en el espíritu (ver Ro 2:25–29). Pablo
insiste en que la verdadera circuncisión es espiritual, «del corazón» (Ro
2:29). Cristo, que fue «circuncidado» (crucificado) por los colosenses, les
ha impartido el elemento real, no el metafórico. Es más, esto quiere decir
que a los creyentes se les han perdonado sus delitos. Todas las acusaciones
contra nosotros, que atormentan a cualquier conciencia sensible ante Dios,
han sido borradas por la muerte de Cristo.

Hoy son pocos los cristianos (si es que los hay) acosados por oponentes
que pretendan que su salvación es deficiente por no haber experimentado
el ritual de la circuncisión. Sin embargo, los cristianos sí son a menudo ato-
sigados por ciertos grupos, dentro o fuera de la iglesia, que insisten en que
les falta algo necesario para la salvación. Estas personas sostienen que los
cristianos bautizados siguen teniendo que hacer esto o aquello: algo, les
prometen, que les ayudará a remediar lo que les falta. En este texto, Pablo
proclama que todo lo que pudiera ser necesario para nuestra salvación,
Dios lo consiguió de una vez y para siempre por medio de la muerte y resurrección de Cristo. Reclamamos esta salvación cuando confiamos en lo que
Dios ha hecho por nosotros. Dios nos circuncidó no «por mano humana»
(2:11). A quienes estábamos muertos en nuestros pecados Dios nos dio vida
en Cristo (2:13). Dios eliminó todas los cargos que nos acusaban y conde-
naban a una separación eterna de Dios (2:14). Por ello, a quienes están en
Cristo no les falta nada.

---

60. Caird, *Paul's Letters from Prison* [Las cartas de Pablo desde la prisión], 194.

Los verbos en voz pasiva de 2:6 implican que es Dios quien nos ha arraigado y edificado en Cristo y fortalecido en la fe. A los cristianos se nos ha dado todo lo que Dios nos demanda y todo lo que podría dársenos. Nuestra tarea es, pues, seguir viviendo exclusivamente en Cristo y abundar en acciones de gracias por lo que Dios ha hecho por nosotros mediante Cristo. Cualquier principio religioso o filosofía de la vida que ofrezca el perdón de los pecados, un conocimiento «más profundo», liberación, o los últimos toques de la salvación a través de cualquier medio que no sea la muerte y resurrección de Cristo es esencialmente corrupto y peligroso para la salud espiritual de los cristianos. Esto nos lleva al siguiente asunto: el peligro de una atractiva y falsa «filosofía» que pueda cautivarnos y apartarnos de Cristo.

Falsas filosofías. La disciplina de la Filosofía ha sido a menudo objeto de escarnio. Ambrose Bierce definía la Filosofía como «una ruta de muchos caminos que conduce desde ninguna parte a la nada».[61] Medio en serio, se afirma que la filosofía transforma las soluciones en problemas y las cosas más sencillas en las más incomprensibles. Algunos cristianos han apelado a la afirmación de Pablo en 2:8 para argumentar que los cristianos no deberían tener nada que ver con especulaciones filosóficas de ningún tipo. Dicen que hemos de depender solo de la fe y no de la razón.

Sin embargo, este texto no debería utilizarse como versículo probatorio en contra de la Filosofía. Pablo no rechaza la Filosofía por principio, ni descarta el valor de un sano aprendizaje o de la investigación intelectual.[62] El apóstol rechaza una específica manifestación de «filosofía» en Colosas, una posición religiosa que pretendía una sabiduría que no poseía. La disciplina de la Filosofía no es intrínsecamente vacía, engañosa, o peligrosa. Phillips parafraseó 2:8 del siguiente modo: «Tengan cuidado de que nadie desvirtúe su fe por medio del intelectualismo o de altisonantes tonterías». No hay nada de malo en el intelectualismo, a excepción de que tiene la tendencia de convertirse en altisonantes tonterías.

En el contexto de Pablo, lo que hacía de aquella «filosofía» algo sin valor era su carácter «vano y engañoso», y contrario a Cristo. La religión,

---

61. Ambrose Bierce, «The Devil's Dictionary» [El diccionario del diablo] en *The Collected Writings of Ambrose Bierce* (Nueva York: Citadel, 1946), 325.
62. Esto no quiere decir que Pablo intentara ajustar su teología al pensamiento filosófico de su tiempo (1Co 1:21–25). Una comparación de Pablo con Filón de Alejandría — casi contemporáneo de Pablo—, pone de relieve un sorprendente contraste en el modo en que ambos usaron la filosofía. Terence P. Paige, «Philosophy» [Filosofía] *DPL*, 718, señala que Pablo conocía las corrientes intelectuales de su tiempo; sin embargo, a diferencia de Filón, el apóstol no tenía intención de reconciliar su mensaje con los valores y aspiraciones de la filosofía helenista. Paige comenta, «Pablo sostiene que el Evangelio es el único medio de la sabiduría de Dios (1Co 1:21; 2:6–16; Ef 1:15–18)».

por ejemplo, no es mala, pero si es vana y engañosa sí lo es. MacLeod comenta que los cristianos no han de «menospreciar el conocimiento, ni el amor al conocimiento, ni la búsqueda de un conocimiento más amplio. Sin embargo, se les llama a acercarse a todo conocimiento a la luz de Cristo».[63] Cualquier cosa que nos aparte de Cristo o procure la salvación fuera de él es algo vacío y vano.

Pablo no menosprecia el pensamiento crítico o la investigación racional de las verdades y principios del ser, el conocimiento, o la conducta, siempre que se ajuste a Cristo. Por consiguiente, pongo las referencias a la «filosofía» colosense entre comillas a fin de distinguirla de la disciplina de la Filosofía. Al contextualizar este aspecto, la palabra «filosofía» se aplica a cualquier sistema de valores o forma de vida que compite por conseguir la lealtad solo debida a Cristo; aunque pretenda venerar a Cristo o incorporar elementos de una enseñanza bíblica. La clave es que no es según Cristo (2:8)

Tales «filosofías» de vida, abiertamente hostiles a Cristo, son fáciles de reconocer. Ponen en tela de juicio su nombre y hostigan a sus seguidores. ¿Cómo puede detectarse si cierta «filosofía» «no es conforme a Cristo» cuando es posible que ésta incorpore algunas o muchas creencias cristianas? Por regla general, su carácter espúreo se pone de relieve siempre que se expresa en estas líneas: «La fe en Cristo está bien hasta cierto punto, pero, realmente, no estarás en una buena relación con Dios (o serás aceptado o protegido por él) a no ser que también […]». No importa cómo termine la frase; se trata de una «filosofía» falsa y no conforme a Cristo.

Los espíritus elementales, y los poderes y autoridades. En esta sección Pablo afirma que Cristo «es la cabeza de todo poder y autoridad» (2:10) y que, por medio de la Cruz, Dios «desarmó a los poderes y a las potestades, y [...] los humilló en público al exhibirlos en su desfile triunfal». (2:15). En Cristo no solo tenemos el perdón de pecados y un nuevo comienzo con Dios. Él nos ha liberado también de todo poder que pretenda cualquier derecho sobre nuestras vidas, poseernos, o en general hacernos algún daño. Personalmente incluiría a los *stoicheia tou kosmou* («los espíritus elementales»; NVI, «los principios») en esta categoría de poderes opresivos, sin embargo esta interpretación de la expresión no es necesaria para que sea válida la afirmación general del texto. Hemos sido liberados de la esclavitud de los poderes malignos y de las fuerzas implacables.

El amplio desacuerdo que existe entre los eruditos sobre lo que significaba en el siglo primero la expresión *ta stoicheia tou kosmou* que aparece en 2:8, 20 presenta ciertas dificultades en relación con su aplicación en

---

63. MacLeod, «The Epistle to the Colossians: Exposition» [La Epístola a los Colosenses: exposición] 190.

nuestros días. Cruzar el puente a nuestro contexto se hace aún más difícil cuando adoptamos una posición que no está de acuerdo con la traducción que se suele utilizar, y las distintas traducciones difieren de forma significativa. Si nosotros hablamos de los «espíritus elementales del mundo» y aquellos a quienes nos dirigimos leen en su traducción «principios de este mundo», es probable que se sientan confusos. Mi conclusión es que los datos del contexto sugieren que la expresión hace referencia a los dioses de las estrellas, que, según los antiguos, controlaban el mundo para bien y para mal. Pero esta interpretación puede crear nuevos problemas para traer a nuestro mundo el significado de esta expresión.

Tras la llegada del hombre a la luna y la sorprendente exploración de nuestro sistema solar, podemos asumir que la mayoría de las personas de nuestra cultura ven la luna, los planetas y las estrellas como «materia inerte, movida por energías que son tan impersonales como indiferentes hacia nuestras vidas y destino en la Tierra».[64] El tremendo auge que ha experimentado el interés en la Astrología pone en tela de juicio esta suposición. Un sondeo llevado a cabo a finales de los años 90 pone de relieve que un 48 por ciento de los estadounidenses creen que la Astrología es «probablemente» o «sin duda» válida. Se ha sabido que algunos importantes mandatarios de Estados Unidos, Rusia y la India han consultado a astrólogos para que les ayuden en la toma de decisiones. Muchos ciudadanos corrientes creen que el movimiento de las estrellas y los planetas determina cosas que van más allá del calendario; afectan también a nuestras almas y gobiernan nuestras vidas. Algunas personas llevan consigo fichas de referencia que consignan los días que, según el movimiento de las estrellas, son favorables para cada actividad. En nuestros días, la mayoría de quienes apoyan la Astrología consideran que los tránsitos planetarios y signos solares son una manera apropiada y útil de explorar su vida y anhelos interiores, y de prepararse para acontecimientos futuros. En contraste, muchas personas del tiempo de Pablo consideraban las estrellas de un modo más siniestro, como potentes señores espirituales que podían tratar con despotismo o beneficiar las vidas humanas a placer.

Es posible que el error colosense prometiera resolver un dilema humano fundamental que desasosegaba a todas las gentes del mundo helenista: ¿Cómo sobreviven los seres humanos «en un mundo lleno de fuerzas sobrenaturales hostiles»?[65] Sea o no correcta esta perspectiva de la situación colosense, el texto alude a temores que pesaban mucho en la mente de muchas personas del tiempo de Pablo. Creían que el mundo estaba acosado

---

64. Stockhausen, *Letters in the Pauline Tradition* [Cartas en la tradición paulina], 39.
65. Arnold, *The Colossian Syncretism* [El sincretismo colosense], 183.

por varias clases de duendes. Estas fuerzas invisibles se enfrentaban a los humanos y controlaban sus vidas de un modo caprichoso, y habían de ser propiciadas. Los malos estaban por todas partes, y muchos estaban convencidos de ser impotentes títeres bajo el férreo control de estos poderes que gobernaban el Cosmos. Los versos de A. E. Housman describen apropiadamente la misma desazón que sentían muchas personas del tiempo de Pablo:

> Yo, extraño y asustado
> En un mundo que no he creado.[66]

Estas pesimistas líneas redactadas en el siglo XX ponen también de manifiesto que, a pesar de los muchos avances científicos y tecnológicos, el problema del punzante malestar espiritual del hombre no ha desaparecido.

En el mundo antiguo, las gentes se preocupaban por neutralizar a los poderes del mal e intentaban explotar a los adalides divinos en pro de sus propios beneficios. En todos los niveles de la sociedad las personas recurrían a la magia (ver Hch 19:19). Savage observa que «campesinos y senadores por igual se colgaban amuletos para ahuyentar a los espíritus malignos». Según el relato que Suetonio hace de Nerón, el emperador «pidió a los magos que llevaran a cabo rituales que le ayudaran a escapar del espíritu de su madre» (*Nerón* 34.4). Savage concluye: «la Astrología, oráculos, portentos y sueños llenaban una atmósfera de hechicería. La abundancia de pruebas sugiere que un enorme segmento de la sociedad del primer siglo estaba fascinado por artimañas sobrehumanas y abrumado por la superstición».[67] Podemos asumir con seguridad que estas mismas actitudes prevalecían en Colosas.

La mayoría de las personas apelaba a deidades subalternas, personajes de poca monta en el mundo espiritual, para que les ayudaran en la vida diaria. Este acercamiento surgía de vagas nociones de un organigrama del mundo divino que asignaba a los diferentes poderes sus roles y grado de potencia. En la parte superior estaban los dioses del Olimpo de la antigua Grecia o los dioses y diosas de las poderosas religiones mistéricas, como por ejemplo Isis, Serapis, Cibeles y Artemisa, que hablaban con voces aterradoras. En la parte inferior de esta pirámide había una enorme colección de dioses y espíritus inferiores.

---

66. A.E. Housman, *The Collected Poems of A.E. Housman* [Una recopilación de los poemas de A.E. Housman], (Nueva York/Chicago/San Francisco Holt, Rinehart y Winston, 1965), 111.

67. Timothy B. Savage, *Power Through Weakness: Paul's Understanding of the Christian Ministry in 2 Corinthians* [Poder por medio de la debilidad: la concepción paulina del ministerio cristiano en 2 Corintios], *SNTSMS* 86 (Cambridge: Cambridge Univ. Press, 1996), 27.

Probablemente, muchos creían que una de las deidades reinaba suprema sobre este reino espiritual igual que el emperador romano lo hacía sobre su imperio terrenal. Pero asumían que la deidad o deidades de la parte superior de la pirámide eran también como el emperador romano en el sentido de que no se preocupaban de las vidas diarias de la gente corriente. Las deidades inferiores, creían, sí se implicaban directamente en los asuntos de la vida diaria. Tenían un impacto en cuestiones como la enfermedad, la suerte, el amor, y el éxito en los negocios. Por consiguiente, la mayoría pensaba que era más importante ganarse el favor de estas deidades que, aunque subordinadas, eran más accesibles. No era seguro descuidar a los dioses de rango más alto; sin embargo, prestar atención a estos poderes más inminentes era una mejor inversión para tener un buen rendimiento en la vida diaria. Otros podían insistir en que solo había un Dios todopoderoso. Pero la creencia de que este Dios supremo era un ser distante, que obraba a través de un surtido de intermediarios angélicos o dioses estelares abría la puerta para que se colara toda una serie de nociones paganas.[68] Incluso algunos judíos creían que los planetas eran ángeles de Dios y que las reglas de la Astrología eran una evidencia de las leyes divinas.[69]

Puede que los cristianos de Colosas hubieran, de algún modo, querido venerar o apaciguar a los dioses estelares. Aun si este no fuera el caso, Pablo sugiere tres problemas clave de tales intentos. (1) Al intentar protegerse de la esfera de estas sombrías fuerzas, las personas quedaban, de hecho, prendidas en su telaraña. (2) Los creyentes malgastan su atención en unos impotentes poderes en lugar de poner la mira en la realidad de Dios revelada en Cristo, su Cabeza. (3) Las personas asumen erróneamente que los principales problemas que acucian a los seres humanos son estas fuerzas espirituales que nos controlan. El verdadero problema es el pecado humano, que nos hace susceptibles a los gobernantes y poderes. La salvación no es redención de los espíritus elementales, del destino, o de la carne, sino del pecado. Este pasaje conecta las influencias de los poderes sobre las vidas humanas directamente con el pecado. Al rebelarse contra Dios, los humanos se sujetan a las fuerzas de la oscuridad.

---

68. Arnold, *The Colossian Syncretism* [El sincretismo colosense], 218, cita la mención en Hipólito (*Haeresies* [Herejías] 9.11) de la enseñanza herética de Elchasai, que vivió durante el tiempo de Trajano (98-117 d.C.). Elchasai mezclaba un nomismo judío con las creencias y prácticas astrológicas y advertía contra las malvadas estrellas de impiedad y sus días de soberanía. Elchasai enseñaba que había que celebrar el Sabat puesto que en aquel día prevalecían los poderes de tales estrellas.

69. Lester J. Ness, «Astrology in Judaism in Late Antiquity» [La Astrología en el judaísmo de la Antigüedad tardía] *ABW* 2 (1992): 47, cita la «Carta de Roboam», datada alrededor del año 100 d.C., que pretende ser las instrucciones de Salomón a su hijo para conseguir los servicios de ángeles y demonios. Incluye oraciones pidiendo a Dios que haga que los planetas sean obedientes y prescribe las ofrendas para cada planeta.

Pablo deja claro que Dios no es una cierta fuerza impersonal y universal, displicente y distante. Dios no gobierna el Universo por medio de las estrellas y los planetas, ni ha enviado a sus humildes intermediarios a redimirnos o ayudarnos. Ha creado y sostiene el Universo a través de Cristo (1:16–17), en quien habita la plenitud de la deidad (1:19; 2:9). Él tomó sobre sí nuestra carne y murió por nosotros en la Cruz (1:20; 2:11, 14). Cristo reina ahora supremo sobre poderes y autoridades (2:10). Todos fueron creados en él (1:16), y todos fueron despojados de su fuerza por medio de su muerte (2:15).

Los logros de la muerte de Cristo van más allá de manifestar a un mundo perverso hasta qué punto lo ha amado Dios. Lo que es más importante, la muerte de Cristo imparte el perdón de pecados (2:13–14) y consigue la derrota del mal, incluido el diabólico. En la Cruz la deuda por nuestros pecados fue cancelada y los poderes fueron puestos bajo control. Ya que los cristianos hemos muerto con Cristo, hemos sido liberados totalmente de estos adversarios. La consecuencia de la salvación del pecado es la liberación de la tiranía de los poderes del mal y de las llamadas fuerzas inexorables. Quienes están en Cristo no son ya juguetes de las fuerzas y los poderes —al margen de cómo los conceptualicemos— que parecen fuera de nuestro control.

Pablo no especifica lo que son los espíritus elementales, y en ocasiones es difícil transmitir el conglomerado de antiguas creencias sobre el mundo sobrenatural a unos receptores modernos. Si concluimos que Pablo estaba haciendo referencia a los dioses estelares, esto no significa que solo podamos entenderlos en este sentido cuando aplicamos el pasaje a nuestro contexto (especialmente cuando traducciones como la NVI ofrecen un punto de vista alternativo). El mejor procedimiento es examinar el texto para ver lo que hacen estos poderes de modo que podamos discernir los paralelismos y aplicarlos a algún fenómeno contemporáneo que incorpora tales aspectos.

En Colosenses, los *stoicheia tou kosmou* están vinculados a una «filosofía» que hace presa de las personas (2:8), las juzga (2:16), descalifica (2:18), y establece reglamentaciones legalistas (2:20). Podemos esbozar las siguientes características importantes:

- Se trata de cosas que quieren asumir el papel de señor. Por consiguiente, se convierten en rivales de Cristo. Los humanos les conceden erróneamente una posición divina y se sujetan a ellas, aunque por naturaleza no son dioses (ver Gá 4:3, 8).

- Esclavizan y van en busca de control (Gá 4:3). La obediencia a sus presuntas demandas no lleva a la realización humana, sino a una mayor esclavitud.

- Frustran los propósitos creativos de Dios a favor de los humanos.

- Crean un clima de temor y elevan el terror de la existencia para los humanos haciéndonos sentir que estamos a su merced.

- Acentúan el sentido de la insignificancia e impotencia humana.

- Acentúan la sensación de determinismo y crean el sentimiento de que los humanos no son sino marionetas bajo el control de ciertas fuerzas externas.

Los *stoicheia*, poderes y autoridades se presentan con toda clase de apariencias, y en cada cultura reciben nombres y definiciones distintos. Comparten, sin embargo, una característica común en el hecho de que los humanos los consideran fuerzas implacables que ahogan y sofocan nuestra felicidad. Y lo que es más importante, las personas se abren a su poder por medio del pecado y la ignorancia. Sin embargo, para quienes están en Cristo, estas fuerzas, poderes y autoridades son totalmente impotentes.

Significado Contemporáneo Los colosenses tenían que hacer frente al peligro teológico de unos oponentes que ofrecían persuasivos argumentos religiosos que minaban su confianza en la verdad que habían recibido acerca de Cristo. Cada generación de cristianos ha de hacer frente a estas amenazas. La mejor defensa que tienen los cristianos contra este tipo de acometidas es estar sólidamente fundamentados en lo esencial de su fe en Cristo y entender plenamente el significado de su muerte y resurrección y de nuestro bautismo. Estaremos entonces mejor parapetados para defendernos de la seducción de las falsas ideologías y no sentiremos ansiedad acerca de los poderes externos que controlan o destruyen nuestras vidas.

Reiterar la verdad del Evangelio. En esta sección Pablo rebate los ataques dirigidos contra la esperanza cristiana y mitiga los temores de los colosenses examinando de nuevo el sentido de la muerte y resurrección de Cristo y lo que Dios ha hecho por nosotros en Cristo. El apóstol reitera la verdad del Evangelio con vívidas imágenes.

Las enseñanzas sobre el pecado humano y la muerte, resurrección y triunfo de Cristo, que nos reconcilian con Dios, no eran algo nuevo para los colosenses. Epafras les había enseñado estas cosas (1:7) y habían «recibido a Cristo» (2:6), es decir, lo que le había sucedido a Cristo y su significado. Sin embargo, Pablo entiende que tenían que escucharlas de nuevo. Esta necesidad se hace particularmente urgente cuando los cristianos se ven agobiados por quienes se burlan de ellos, les ridiculizan, o intentan desacreditar su fe.

A veces los pastores y maestros concentran toda su energía en atacar a la oposición en lugar de fortalecer primero la comprensión que los cristianos tienen de su fe y su confianza en su carácter veraz. Es posible que los pastores den por hecho que sus oyentes conocen las doctrinas esenciales de la fe cristiana y que por ello no las prediquen con regularidad. El resultado inevitable es que muchos creyentes se sienten cada vez menos familiarizados y seguros de los transformadores distintivos de la fe cristiana. Esto no quiere decir que los predicadores hayan de ser como discos rayados, que repiten las mismas cosas una y otra vez. Pero sí es importante que se organicen para tratar las doctrinas centrales de la fe cristiana cada año. Igual que Pablo hubo de exponer más de una vez el significado de la muerte de Cristo por los cristianos y utilizar vívidas imágenes que fueran efectivas para su tiempo, así los predicadores y maestros de hoy han de exponer reiteradamente el significado de este misterio.

Tendemos a ser más avezados para atacar a otros que para justificar nuestra fe ante ellos o formar a los creyentes en la fe. En esta sección de advertencias a los colosenses, Pablo no se limita simplemente a combatir el error con un ataque mordaz contra la oposición. De hecho, puesto que el apóstol invierte más tiempo subrayando la suficiencia y supremacía de Cristo que reprendiendo a la oposición, se hace difícil identificar con precisión a los oponentes.

Podemos aprender de este acercamiento. Pablo sostiene que Cristo es superior a todo poder y autoridad, y el pasaje concluye con una imagen de su procesión triunfal, con sus prisioneros, derrotados y desarmados, en la retaguardia del cortejo. El apóstol reafirma esta verdad a los colosenses, que podrían estar comenzando a albergar dudas de su victoria en Cristo. Pablo afirma también que los creyentes han alcanzado ya la plenitud en Cristo y están siendo vivificados por la vida de resurrección. Schweizer sostiene:

> En nuestro tiempo hay también que decírselo a un mundo que ya no está en ningún modo convencido de la absoluta e indiscutible superioridad de la Iglesia, sino más bien de lo contrario, a saber, de la superioridad de todas las demás clases de poder. Hay que decírselo a un mundo para el que el Cielo está cerrado a cal y canto, un mundo en peligro de perder el Cielo. Y hay que decírselo con completa certeza.[70]

---

70. Schweizer, *Colossians* [Colosenses], 152–53.

Pablo se sirve también en esta sección de gráficas y coloridas imágenes literarias para transmitir la verdad de lo que significaron la muerte y resurrección de Cristo. Habla de una abducción, de la muerte de Cristo como una circuncisión, de un despojo de la carne, del bautismo como sepultura, de la cancelación de un pagaré, de clavar un acta de acusaciones a una cruz, y de incorporar a un grupo de cautivos derrotados a la comitiva de un desfile triunfal. Estas imágenes, que en el contexto del primer siglo eran tan nuevas y convincentes, pueden frustrar al intérprete moderno puesto que el paso del tiempo ha enturbiado su transparencia. Sin embargo, la capacidad persuasiva de ésta imaginería en su contexto original nos proporciona un modelo a quienes hemos de comunicar esta verdad en nuestro tiempo. Siempre deberíamos estar en sintonía con metáforas que cautiven a nuestros contemporáneos y transmitan fielmente lo que la muerte y resurrección de Cristo significan, de modo que el mensaje del Evangelio hable de nuevo a cada generación y cultura.

Por consiguiente, hemos de encontrar formas de hacer que el significado de la muerte y resurrección de Cristo sea tan vívido y significativo como lo fue en el tiempo de Pablo para sus primeros lectores. Esta tarea no es fácil. ¿Cómo podemos expresar que hemos sido circuncidados, «no por mano humana» en un lenguaje comprensible para las personas de nuestro tiempo? Las personas con una mentalidad más literal no quieren algo así. Sin embargo, es posible que en lo profundo de su ser sientan la necesidad de cierta expiación a su favor. Puede que reconozcan que necesitan algo de Dios que no pueden conseguir por sí mismos. Pueden, pues, entender que, por nosotros, Jesús padeció la muerte más horrible para que podamos ser liberados de la servidumbre del pecado y la muerte.

Además de entender el significado de la muerte y resurrección de Cristo para nuestras vidas, el texto nos demanda dos cosas: que sigamos viviendo en Cristo y que abundemos en acciones de gracias. Si la verdad de lo que significan la muerte y resurrección de Cristo penetra en lo profundo de nuestro ser, viviremos con más expresiones de gratitud, y despediremos cualquier temor o preocupación que puedan generar estas fuerzas desconocidas, invisibles y, por lo visto, implacables. Sin embargo, la falta de entendimiento de esta gran verdad solo generará ansiedad e insatisfacción con la vida y nos hará susceptibles a todo tipo de fraudulentas promesas.

El atractivo de las falsas ideologías. Albert Camus escribió en una ocasión: «La verdad, como la luz, ciega. La falsedad, por el contrario, es una hermosa penumbra que realza los objetos».[71] Pablo advierte contra el peligro de unos persuasivos oponentes que rebajan las reivindicaciones

---

71. Albert Camus, *La caída,* Madrid: Alianza, 1982.

cristianas de verdad con errores nebulosos. Cada generación de cristianos ha de hacer frente a nuevos ataques sobre su fe. Sin embargo, estos desafíos son solo un serio problema para quienes no están completamente fundamentados y creciendo en la fe. Aquellos que están inseguros en la fe pueden ser presa fácil de verdades a medias, tergiversaciones de los hechos, fábulas piadosas, e incluso de mentiras completas. Tales personas se hacen también vulnerables al depender de sus inclinaciones personales, ante cualquier cosa que pueda pasar por ser una sabiduría más elegante, más nítida, más profunda, o más esotérica.

Pannenberg sostiene que, en nuestra cultura secularista de hoy, muchos desestiman el cristianismo por considerarlo una religión convencional, y esta percepción ayuda a explicar el extendido entusiasmo por las «religiones alternativas».[72] Muchas personas, entre ellas algunas procedentes de círculos cristianos tradicionales, están buscando en otros lugares acercamientos más novedosos y estrategias más modernas para hacer frente a la vida. Siguen raídas «filosofías» que prometen descubrirles los secretos de casi todo. Compran los cedés y los libros y asisten a las conferencias. Algunos llegan incluso a viajar hasta Egipto para sentarse dentro de una pirámide y absorber sus presuntos poderes mágicos. Todos van en busca de ese algo extra que, esperan, les proporcionará una experiencia fuera de lo corriente. Pero la mayoría de las respuestas que atraen a las gentes de nuestro tiempo no presentan una doctrina del pecado humano —aunque sea débil— y por tanto no tratan el verdadero problema que asedia a las personas, ni sus adherentes experimentan una verdadera redención.

Vivimos también en una era en que muchos buscan su realización personal. Las personas rechazan la plenitud ofrecida en Cristo y buscan otras formas de llenarse a sí mismos. Por regla general, el resultado de tales esfuerzos es una glorificación del egoísmo. Esta exacerbación del egoísmo lleva a un extremo la idea de que fuimos creados a imagen de Dios y pasa por alto que hemos sido corrompidos por nuestros pecados y somos culpables de ellos. Convierte al yo en dios, y el propósito último de la vida se convierte en alcanzar el nivel máximo del propio potencial y satisfacer los propios deseos.[73] No obstante, quienes solo se llenan de sí mismos, siguen estando vacíos. Aquellos que están llenos de Cristo no sienten ninguna insatisfacción crónica ni ningún sentido de inseguridad con la vida, y anhelan solo agradar a Dios y derramar sus vidas por los demás. Pueden incluso gozarse en medio del sufrimiento y las aflicciones (Col 1:24).

---

72. Wolfhart Pannenberg, «How to Think About Secularism» [Qué pensar del secularismo], *First Things* 64 (junio/julio 1996): 31.
73. Vitz, *Psychology As Religion: The Cult of Self-Worship* [La psicología como religión: el culto de la propia adoración], 2ª ed. (Grand Rapids: Eerdmans, 1994).

184 Colosenses 2:6 – 15

Muerte y bautismo: beneficios de la circuncisión de Cristo. En el tiempo de Pablo, los varones gentiles se hacían prosélitos judíos mediante la circuncisión, un baño ritual, y, si era posible, la ofrenda de un sacrificio en el templo de Jerusalén. Pablo toma estos tres elementos de la iniciación judía y los redefine para asegurar a los colosenses cuál es su nueva posición como miembros de pleno derecho del pueblo de Dios. Su redefinición se centra en la muerte de Cristo. La muerte de Cristo es nuestra circuncisión, y hemos sido bautizados (lavados) en su muerte. Su muerte expiatoria sustituye todos los sacrificios cancelando para siempre las acusaciones que nos situaban en el corredor de la muerte. Davis afirma:

> La Cruz es el momento escogido del tiempo en el que todo el mal en el tiempo y el espacio, todo desafío contra Dios puede concentrarse en una acción visible y decisiva contra él. La Cruz es la sabiduría de Dios para elegir este momento a fin de dar a conocer este intento y derrotarlo. La Cruz es el poder de Dios para absorber en sí mismo la furia ignorante y ciega de la Humanidad y evitar sus letales consecuencias.[74]

Aunque el bautismo marca el tiempo de nuestra entrada en la Iglesia, cuerpo de Cristo, tiene un significado mucho más amplio que el de mero rito inicial. (1) En el Nuevo Testamento, el bautismo está más vinculado a la muerte que al lavamiento.[75] En Marcos 10:38–39, Jesús utiliza la imagen del bautismo para hablar de su muerte y dice que se trata de algo que sus discípulos pueden compartir y compartirán. El bautismo se convierte en una activa ayuda visual en la que, simbólicamente, rememoramos la muerte y resurrección de Cristo.[76] En el bautismo, aceptamos voluntariamente el juicio de Dios sobre nuestro pecado y pena de muerte (Ro 6:3–5; 2Co 5:14), sin embargo no morimos solos, sino con Cristo, quien murió por nosotros. En su «Hymne to God My God, in My Sicknesse» [Himno a Dios, mi Dios, en mi enfermedad], John Donne expresa poéticamente el pensamiento de Pablo:

> Pensamos que el Paraíso y el Calvario,
> La Cruz de Cristo, y el árbol de Adán, estaban todos en un
>   mismo lugar;
> Mira, Señor, y ve que ambos Adanes en mí se encuentran;
> Como el sudor del primer Adán me empapa el rostro,
> Que mi alma abrace también la sangre del postrer Adán.[77]

---

74. Henry Grady Davis, *Design for Preaching* [Diseño para la predicación] (Filadelfia: Fortress, 1957), 103.
75. Moule, *Colossians and Philemon* [Colosenses y Filemón], 96.
76. Caird, *Paul's Letters from Prison* [Las cartas de Pablo desde la prisión], 188.
77. John Donne, *The Complete Poetry and Selected Prose of John Donne and the Complete Poetry of William Blake* [Obra poética completa y prosa selecta de John Donne y

(2) El bautismo señala una ruptura con el pasado. Morimos a lo antiguo (la antigua forma de vivir, las antiguas alianzas, los antiguos poderes que en otro tiempo dominaban nuestras vidas. En el bautismo repudiamos nuestros miembros pecaminosos (3:5). Esta renuncia es más efectiva que nuestros endebles intentos de inhibir la «indulgencia sensual» por medio del poder de nuestra voluntad y «severo trato del cuerpo» (2:23). La razón por la que es más efectivo es porque se lleva a cabo con Cristo.

(3) El bautismo no es solo el sepulcro del «viejo ser»; es también la sala de partos del «nuevo» (cf. 3:9–10). Proclama la muerte del antiguo orden y el antiguo estilo de vida, pero no «permanecemos en el agua bautismal». El bautismo proclama también la inauguración del nuevo orden.[78] Cualquiera que esté en Cristo es una nueva creación (2Co 5:17).

La transformación, sin embargo, no es mágica. En la película *Gracias y favores*, un famoso intérprete de música *country* cuya carrera ha sido destruida por el consumo de alcohol, acaba trabajando en un motelucho propiedad de una viuda que vive con su hijo. Con el tiempo se casan, y el hijo y su nuevo padrastro se bautizan el mismo día. En el viaje de vuelta a casa en su camioneta, el hijo reflexiona en su experiencia y le dice a su padrastro, «Todo el mundo me dijo que me sentiría como una persona cambiada. Es verdad que me siento un poco distinto, pero no mucho. ¿Y tú?» «Todavía no», fue la respuesta. El hijo continúa, «Tú no pareces nada distinto. ¿Piensas que yo sí?» «Todavía no», fue de nuevo la respuesta.

El «todavía no» pone de relieve que no siempre hemos de esperar que la transformación de la conversión sea instantánea ni drástica. En algunos casos lo es; pero en otros no. Braaten cita al obispo Bergrav de Noruega, quien dijo: «En el Bautismo tomamos al viejo hombre y lo sumergimos. Sin embargo, no hay duda de que sabe nadar».[79] No obstante, la sentencia de muerte del «viejo hombre» ha sido pronunciada, y las semillas de nuestra transformación han echado raíces. Jones nos recuerda:

> El bautismo ofrece la iniciación en la historia del amor perdonador y reconciliador de Dios, que se encarnó definitivamente en la vida, muerte y resurrección de Jesús de Nazaret. En respuesta, se llama a las personas a encarnar el perdón desapren-

---

obra poética completa de William Blake], (Nueva York: The Modern Library, 1941), 271–72.

78. Bruce, *The Epistles to the Colossians, to Philemon, and to the Ephesians* [Las epístolas a los Colosenses, a Filemón, y a los Efesios], 105.

79. Carl E. Braaten, *Christ and Counter Christ* [Cristo y contra Cristo] (Filadelfia: Fortress, 1972), 84.

diendo patrones de pecado y luchando por la reconciliación dondequiera que haya quebrantamiento.[80]

Algunos experimentan un cambio completo, drástico e inmediato cuando Cristo entra en sus vidas, sin embargo el proceso de desaprender años de hábitos pecaminosos requiere, aun así, tiempo y lucha. La necesidad de esta lucha constante explica la razón por la que Pablo añade la exhortación ética que sigue a 3:1–4:6. Sin embargo, puesto que se nos ha impartido un poder nuevo y divino, la lucha no es ya solo nuestra. El «todavía no» se hará realidad a medida que el amoroso poder de Dios actúe en y a través de nosotros, y que vayamos rindiendo cada vez más aspectos de nosotros mismos a Dios.[81] El bautismo da fe del comienzo de nuestra transformación.

(4) El bautismo señala la derrota de los poderes que en otro tiempo nos dominaban. Aquellos que han muerto con Cristo y resucitado con él no viven ya bajo el antiguo régimen, en el que las autoridades y poderes ejercían su dominio. El bautismo es la señal al mundo de que Cristo es nuestro propietario, protector, y vigorizador. Los cristianos no deben ninguna lealtad a las autoridades y poderes de este mundo y, por su parte, las autoridades y poderes no tienen control sobre nuestras vidas.

Nuestra muerte simbólica en el bautismo nos libera de unos temores y unos poderes verdaderos. Sin embargo, este mensaje no siempre se comunica claramente. El punto de vista del bautismo que expresa un niño en la novela *Hoy no morirán cerdos* puede coincidir con la opinión que algunos adultos sostienen secretamente. Una tía amonesta a su joven sobrino con respecto a sus errores gramaticales y le dice que si fuera un «bautista temeroso», le iría mejor en inglés. El asustado muchacho pensó para sí:

> ¡Qué miedo me dio! Mi corazón casi dejó de latir. Había oído
> a la madre de Jacob Henry hablar de los bautistas. Según ella,
> los bautistas eran un grupo muy extraño. Te metían en el agua
> para ver lo santo que eras. Te zambullían tres veces. Lo de
> menos es si sabías nadar o no. Si no salías del agua, te morías
> y tu alma mortal se iba al infierno. Pero si conseguías salir era
> aún peor. Entonces tenías que ser un bautista.[82]

El bautismo representa más que nuestra muerte: proclama nuestro triunfo con Cristo. Somos resucitados con Cristo, que es cabeza sobre todo poder y

---

80. L. Gregory Jones, *Embodying Forgiveness: A Theological Analysis* [Encarnar el perdón: un análisis teológico], (Grand Rapids: Eerdmans, 1995), 5.

81. Las imágenes de dar frutos (un proceso lento) y crecer en conocimiento (ver 1:10) encajan en esta idea de constante transformación.

82. Robert Newton Peck, *Hoy no morirán cerdos*, Valencia de Concepción, SE: Renacimiento, p, 56 del original en inglés.

autoridad (2:10), ha desarmado a todos estos poderes (2:15), y está sentado, triunfante, a la diestra de Dios (3:1).

Liberación de las fuerzas dominantes. La mayoría de las personas de nuestra cultura no viven aterrorizadas por las estrellas o por los dioses cósmicos que regulan nuestros destinos. Sin embargo, aun quienes descartan a estos espíritus elementales como mitos absurdos pueden considerar este mundo como una cámara de horrores. Muchos viven bajo el temor del carácter aleatorio del mal —la violencia gratuita, las tormentas, o los accidentes del azar— lo cual produce en sus vidas un sosegado pánico. La mayoría quiere tener algún control de lo que les sucede, y son víctima de toda clase de autoengaños y estafas. Podemos divisar algo de los espíritus elementales del mundo cuando las personas consultan a los astrólogos, a los practicantes de la quiromancia, echadores de cartas del Tarot, médiums y videntes, y cuando intentan comunicarse con antiguos espíritus, purificar sus auras con cristales, o hacer peregrinajes a centros y emplazamientos de convergencia armónica para sincronizarse con las poderosas fuerzas de la Tierra. MacLeod conecta también estos antiguos recelos con las ideas modernas en el sentido de que

> nuestro carácter, personalidad y conducta no están determinados por decisiones de carácter moral, sino por la específica combinación de genes, hormonas, y secreciones glandulares que hacen que cada cuerpo humano individual sea lo que es. Respecto a este tipo de idea, antigua o moderna, tanto el sentido de culpa como la experiencia del perdón se esfuman con la convicción perdida de la libertad y responsabilidad moral.[83]

Long llega a decir que el test de Myers-Briggs, tan popular cuando se trata de revelar nuestro tipo de carácter, puede utilizarse de un modo erróneo y se acerca peligrosamente a lo que podríamos llamar «galletas de la suerte del movimiento del potencial humano».[84] DeMaris critica la obra de Mary Daly llamándola «misteriosa» como la filosofía colosense (según él la reconstruye).[85] Esta autora pide a las mujeres que usen eficazmente su fuerza elemental, para reclamar su «capacidad de recibir inspiración, verdad de los elementos del mundo natural». MacLeod señala que cual-

---

83. MacLeod, «The Epistle to the Colossians: Exposition» [La Epístola a los Colosenses: exposición], 192.
84. Tomás G. Long, «Myers-Briggs and Other Modern Astrologies» [Myers-Briggs y otras astrologías modernas], *TToday* 49 (1992): 294.
85. DeMaris, *The Colossian Philosophy* [La filosofía colosense], 149, citando a Mary Daly, *Pure Lust: Elemental Feminist Philosophy* [Pura pasión: filosofía feminista elemental], (Nueva York: HarperCollins, 1984), 8–9, 11, 19, 155, 169, 178–81, 291–93.

quier búsqueda de la armonía con las fuerzas del poder pasa por alto que «el poder que subyace tras el Universo es un poder moral, que ama la justicia y aborrece la iniquidad».[86]

En nuestro mundo «biologizado», el ADN y las rígidas leyes de la genética han ocupado también el lugar del tiránico gobierno de los poderes y autoridades en nuestro entendimiento de los factores causativos de nuestras vidas. Scott sostiene que «Seguimos viéndonos a nosotros mismos como seres que viven bajo la servidumbre de fuerzas implacables, leyes inexorables, ante las cuales todas nuestras luchas y aspiraciones son inútiles».[87] Muchos se han convencido de que éstos son meros productos de las fuerzas de la Naturaleza sobre las cuales no tienen control o remedio. Cosas como la delincuencia, las adicciones, la orientación sexual o la propia timidez se entienden más en términos de destino genético que de elección personal. Este hecho produce un sentido de impotencia y una falta de responsabilidad moral que afirma: «no puedo evitar ser como soy».

Aunque la mayoría no cree que su destino esté escrito en las estrellas, muchos siguen considerando que no toman decisiones morales, sino que se limitan a expresar ciertos rasgos genéticos inalterables. Si las explicaciones biológicas nos llevan a creer que no podemos evitar ser como somos, es menos probable que intentemos hacer frente a la conducta destructiva y más posible que sucumbamos a ella. La fe cristiana ofrece el único remedio a esta malsana concepción espiritual del mundo. En Cristo encontramos liberación de cualquier tipo de atadura.

Podemos ver también a estos espíritus elementales en acción cuando la meta de la vida es la prosperidad según la define el mundo, en lugar de la verdadera espiritualidad que requiere Dios. Recientemente recibí un anuncio publicitario que ofrecía varios incentivos para estimular mi suscripción a una revista. El editor prometía mandar un folleto que contenía «los secretos de la salud y de una vida mejor», «los secretos de una inteligente gestión del dinero», «los secretos para ser un consumidor más sagaz», «los secretos para ganar en casi cualquier concurso», y un libro titulado: *Cómo hacerlo todo bien*. Según parece, aprender todos estos secretos conducirá a lo que ellos definen como una vida próspera. Sin embargo, no conducirá a la salvación. MacLeod va de nuevo por buen camino cuando dice:

> La salvación moral consiste en la respuesta de la voluntad moral
> al justo propósito y amor perdonador del Dios vivo. Se les imparte

---

86. MacLeod, «The Epistle to the Colossians: Exposition» [La Epístola a los Colosenses: exposición], 193.
87. Scott, *The Epistles to the Colossians, to Philemon, and to the Ephesians* [Las epístolas a los Colosenses, a Filemón, y a los Efesios], 50.

a aquellos que son introducidos a una relación vital con Cristo, que primero aprenden de él, y después comprometen sus vidas con él.[88]

Pablo afirma que todos los que han sido sepultados en el bautismo con Cristo han sido liberados de los poderes personales, impersonales (o ambas cosas) que supuestamente gobiernan el Universo. Hemos sido liberados de todas estas cosas que nos esclavizarían, ya sean principios (visiones mundanas de lo que constituye el éxito) o principados (otras fuerzas mundanas o terrenales). Una canción cristiana procedente de la antigua provincia sudafricana de Transvaal recoge lo esencial del argumento de Pablo:

Jesucristo es vencedor;
con su resurrección venció a la muerte,
con su resurrección venció todas las cosas:
venció a la magia,
venció a los amuletos y hechizos,
venció a la oscuridad de la posesión diabólica,
venció al temor.
Cuando estamos con él,
nosotros también vencemos.[89]

Puede ser un ejercicio provechoso para todos nosotros hacer una lista de todos nuestros temores, sean los que sean. En Cristo, podemos tacharlos uno por uno.

---

88. Ibíd.
89. Citado por Antonie Wessels, *Images of Jesus: How Jesus Is Perceived and Portrayed in Non-European Cultures* [Imágenes de Jesús: cómo se percibe y describe a Jesús en culturas no europeas], (Grand Rapids: Eerdmans, 1986), 94.

Colosenses 2:16–23

Así que nadie los juzgue a ustedes por lo que comen o beben, o con respecto a días de fiesta religiosa, de luna nueva o de reposo. 17 Todo esto es una sombra de las cosas que están por venir; la realidad se halla en Cristo. 18 No dejen que les prive de esta realidad ninguno de esos que se ufanan en fingir humildad y adoración de ángeles. Los tales hacen alarde de lo que no han visto; y, envanecidos por su razonamiento humano, 19 no se mantienen firmemente unidos a la Cabeza. Por la acción de ésta, todo el cuerpo, sostenido y ajustado mediante las articulaciones y ligamentos, va creciendo como Dios quiere. 20 Si con Cristo ustedes ya han muerto a los principios de este mundo, ¿por qué, como si todavía pertenecieran al mundo, se someten a preceptos tales como: 21 «No tomes en tus manos, no pruebes, no toques»? 22 Estos preceptos, basados en reglas y enseñanzas humanas, se refieren a cosas que van a desaparecer con el uso. 23 Tienen sin duda apariencia de sabiduría, con su afectada piedad, falsa humildad y severo trato del cuerpo, pero de nada sirven frente a los apetitos de la naturaleza pecaminosa.

Sentido Original

Pablo pasa de su certeza en la absoluta suficiencia de Cristo y la humillante derrota de los poderes y autoridades por medio de la Cruz, a expresar una advertencia específica contra la «filosofía». Esta polémica directa es el pasaje clave para identificar el amenazador error de Colosenses. Pablo repite y refuerza su evaluación negativa (ver 2:8). Es «vana» porque consiste en «nociones anodinas» (2:18 NVI «razonamiento humano»); es «engañosa» porque de sabiduría solo tiene la apariencia y es incapaz de producir lo que promete (2:23). Sus tabúes dependen de la tradición humana (2:22) y de los espíritus elementales (2:20). Los nuevos bloques de información sobre la «filosofía» contienen un oscuro vocabulario que ha confundido a los intérpretes. La dificultad consiste en decidir cuál de los muchos contextos religiosos posibles y verosímiles iluminan mejor los significados de estas palabras.

El párrafo presenta una estructura triple que consta de otras dos advertencias y una pregunta retórica.

Segunda advertencia (2:16–17; ver la primera advertencia en 2:8)

   A Que nadie les condene (2:16a)

   B Las cuestiones utilizadas para esta condenación de los demás (introducidas por la preposición *en*): comida, bebida, fiestas, lunas nuevas, sabats (2:16b)

  C Evaluación de Pablo: ¿Por qué carecen de sentido estas cuestiones?: Son solo sombras de una realidad (el cuerpo de Cristo) que ya está aquí (2:17)

Tercera advertencia (2:18–19)

  A Que nadie les descalifique (de manera arbitraria) (2:18)

  B Los asuntos que se utilizan para descalificar a otros (introducidos por la preposición en): humillación voluntaria, adoración de los ángeles, y visiones (2:18b)

  C Evaluación de Pablo: El resultado de estos asuntos:

    - Conducen al envanecimiento de la mente carnal (2:18c)

    - Nos separan de la cabeza, la fuente de todo crecimiento del cuerpo (2:19)

Pregunta retórica y respuesta (2:20–23)

  A Puesto que ustedes murieron con Cristo a los espíritus elementales del mundo, ¿por qué sujetarse a sus reglamentaciones como si estuvieran bajo su control? (2:20)

  B Un muestreo de las reglamentaciones: No tomes en tus manos, no pruebes, no toques (2:21)

  C Evaluación de Pablo: estas reglamentaciones son inútiles:

    -Son cosas destinadas a perecer (2:22)

    -En última instancia conducen a la gratificación de la carne (2:23)

Las quejas esenciales contra la «filosofía» son que pertenece a este mundo, que está destinado a perecer, mientras que los colosenses forman parte del mundo superior (3:1–4), que desprecia la obra de Cristo, y que está básicamente vinculada a poderes subordinados.

Que nadie les condene (2:16–17)

Puesto que las advertencias comienzan con la expresión «así que», lo que sigue explica la relevancia de la plenitud de la deidad que habita en Cristo (2:9), la unión del cristiano en su muerte, sepultura y resurrección (2:10–13), y la victoria de Dios sobre los gobernantes y autoridades (2:14–15). Ningún autoproclamado árbitro de la realidad divina tiene derecho a juzgar a los creyentes, o a decidir quién reúne las condiciones para participar en la herencia de los santos (1:12). Únicamente Cristo puede ser su juez (ver Ro 14:4; 1Co 4:1–5; 2Co 5:10), y él es su libertador.

En Romanos 14-15 Pablo trata los problemas de las cuestiones alimentarias, la observancia de los días y la tentación de juzgar a los demás (comparar 1Co 8–10). En estos pasajes el apóstol expresa su convicción de que los cristianos son libres para hacer lo que les dicte su conciencia: comer o no comer, observar o no los días sagrados. Advierte a los excesivamente escrupulosos sobre el peligro de imponer su régimen a los demás y anima a los fuertes a ser especialmente sensibles con los escrúpulos del débil: «Todo alimento es puro; lo malo es hacer tropezar a otros por lo que uno come» (Ro 14:20). Todos han de ser conscientes de que el reino de Dios «no es cuestión de comidas o bebidas sino de justicia, paz y alegría en el Espíritu Santo» (14:17).

En contraste, Colosenses condena de modo categórico a quienes utilizan la comida y la bebida, y la observancia de los días de fiesta para juzgar a los demás. Pablo conecta estas reglas con la mentalidad de la carne (2:18; NVI, «razonamiento humano», (i.e., la mente sensual o una manera de pensar humana), los espíritus elementales del mundo (2:20), y mandamientos y enseñanzas humanos (2:22). Las diferencias entre el argumento de Romanos y el que encontramos en Colosenses sugiere que este último no tiene que ver con una controversia interna entre los cristianos. Pablo refuta a los advenedizos que están utilizando estas cuestiones para menospreciar a los cristianos. Según parece, estos oponentes se han arrogado el papel de determinar quién forma parte del pueblo escogido de Dios y quién no. Éstos utilizan la observancia de las leyes alimentarias y los días sagrados como parte de sus criterios para decidir esta cuestión.

Pablo no rechaza categóricamente estas prácticas como idolatría, pero sí insiste en que son solamente una sombra de las cosas futuras. El esquema sombra/esencia fue un tema popular en el platonismo intermedio, y el término sombra no tenía la connotación despectiva que puede tener para nosotros hoy.[1] En este sistema griego, dicho esquema hace referencia a un indicio objetivo y concreto de lo que es verdaderamente real, el arquetipo.[2] Pablo lo modifica para darle un enfoque escatológico y cristológico añadiendo las expresiones «las cosas que están por venir» y «se halla en Cristo».

Pablo utiliza el contraste entre sombra y realidad para hablar de promesa y cumplimiento. Puesto que Pablo nunca describiría los rituales paganos como una sombra o contorno de lo que había de venir en Cristo, el tema de la promesa y el cumplimiento es más apropiado como una evaluación del judaísmo. Los festivales religiosos y las lunas nuevas se relacionan con los

---

1.   Ver Filón, *Confusión de Lenguas* 190; *¿Quién es el heredero?* 72–73, 112; *La migración de Abraham* 12. El autor de Hebreos describe el tabernáculo como «copia y sombra del que está en el cielo» (Heb 8:5) y la ley como «sombra de los bienes venideros, y no la presencia misma de estas realidades» (10:1).

2.   Hebreos 10:1 ofrece un paralelismo: «La ley es sólo una sombra de los bienes venideros, y no la presencia misma de estas realidades. Por eso nunca puede, mediante los mismos sacrificios que se ofrecen sin cesar año tras año, hacer perfectos a los que adoran».

sacrificios del templo. Caird observa, «una vez que vemos la plenitud del sacrificio en la Cruz, entendemos lo que perseguía la adoración veterotestamentaria a través de los sacrificios».[3] La expresión «las cosas que están por venir» conecta también estas prácticas con las esperanzas escatológicas judías para la nueva era (ver Is 9:6; Mt 12:32; Ef 1:21).[4] La implicación está clara: Cristo cumple todos los sacrificios y esperanzas judíos.[5] El futuro anhelado por los profetas ha irrumpido en el presente.[6]

El acento de que la realidad se encuentra en Cristo retoma las ideas de 1:15–20 en el sentido de que Cristo es la imagen del Dios invisible y la cabeza del cuerpo.[7] Quienes están en el cuerpo de Cristo participan también en la realidad de la reconciliación y serán presentados a Dios santos e irreprensibles (1:20, 22). Por consiguiente, la conclusión de Pablo es: ¿por qué jugar en el mundo de las sombras cuando has experimentado lo verdadero?

Que ningún autoproclamado y presuntuoso juez les descalifique de manera arbitraria (2:18–19)

Acerca de 2:18, Francis comenta que «se ha cuestionado la interpretación de casi todas las palabras o frases».[8] Conceder una minuciosa atención a las varias perspectivas con sus diferentes combinaciones es una magna tarea más apropiada de una monografía que para acometerla en una obra como ésta. Vamos, por tanto, a dejar que sea la traducción de la NVI la que establezca la línea de nuestra interpretación, y sobre la marcha iremos señalando aquellos puntos en que diferimos de ella.

---

3. G. B . Caird, *The Language and Imagery of the Bible* [El lenguaje y la imaginería de la Biblia] (Filadelfia: Westminster, 1980), 53.

4. O'Brien, *Colossians* [Colosenses], 140, observa que el término *sombra* no tiene el sentido platónico de copia intemporal y metafísica de la «idea» celestial y eterna. Se utiliza en el sentido de prefiguración de lo que ha de venir. La añadidura de la expresión «las cosas que están por venir» despoja claramente a la frase de cualquier estático dualismo platónico y la convierte en una expresión de la esperanza escatológica judía (ver también la obra de Dunn, *The Epistles to the Colossians and to Philemon* [Las epístolas a los Colosenses y a Filemón], 176).

5. La NVI recoge este significado al traducir «las cosas que están por venir», dejando claro que tales cosas se han hecho realidad con Cristo.

6. Un pensamiento similar se expresa en Gá 3:23–25, utilizando la imaginería del encarcelamiento y la minoría de edad: «Antes de venir esta fe, la ley nos tenía presos, encerrados hasta que la fe se revelara. Así que la ley vino a ser nuestro guía encargado de conducirnos a Cristo, para que fuéramos justificados por la fe. Pero ahora que ha llegado la fe, ya no estamos sujetos al guía».

7. La expresión que la NVI traduce «la realidad. . . se halla en Cristo» dice literalmente, «el cuerpo de Cristo».

8. Fred O. Francis, «Humility and Angelic Worship in Col 2:18» [Humildad y adoración angélica en Colosenses 2:18] en *Conflict at Colossae*, ed. Fred O Francis and Wayne A Meeks, 163.

La expresión «no dejen que [...] ninguno de esos que se ufanan en» traduce el participio griego *thelon* («anhelando», «deseando»), y esta traducción da por sentado que la expresión de Pablo refleja un hebraísmo.[9] Pablo describe al oponente como alguien que persigue la «humildad» como su meta. Dicho oponente insiste a continuación, «Mi camino es superior al suyo; consigue metas que ustedes no podrán alcanzar».[10] Esta interpretación ha sido adoptada por un amplio sector, sin embargo no parece probable que Pablo recurriera aquí a un inexpresivo biblicismo para expresarse.

El participio *thelon* puede también modificar al verbo «descalificar«: «Que nadie les descalifique deliberadamente».[11] Beare lo traduce: «Que nadie les descalifique según sus criterios [no los de Dios], en cuestiones de... ».[12] Esta lectura tiene la ventaja de preservar el paralelismo con 2:16, donde las cuestiones que utilizan los propagadores del error para condenar a los colosenses son introducidas con la preposición *en* («en»; NVI, «con respecto a»).[13] Los oponentes declaran ineptos a los colosenses porque no consiguen dar la talla en cuestiones de humildad, adoración de ángeles, y visiones.

El verbo que la NVI traduce «privar de esta realidad» (*katabrabeuo*) es una palabra fuera de lo común.[14] La mayoría de los comentaristas asumen que el término retiene el significado principal del verbo *brabeuo*, que significa actuar como juez que decide o reglamenta, y concede premios en ciertas competiciones (ver 3:15). Estos autoproclamados árbitros se pro-

---

9. El verbo *thelo* no significa «deleite», sin embargo en hebreo sí se utiliza la expresión *h.apas. b^e* («deleitarse en», «tomar placer en», o «tener el deseo de»; ver 1S 18:22; 2S 15:26; 1R 10:9; 1Cr 28:4; 2Cr 9:8; Sal 111:1; 146:10; *Testamento de Aser* 1:6). Algunos sostienen que este modismo hebraico subyace tras el texto griego. Dunn, *The Epistles to the Colossians and to Philemon* [Las epístolas a los Colosenses y a Filemón], 178, sostiene que la expresión alude a «lo que el otro se pone como su *propia* meta o disfruta como medio para conseguirla, no una meta o un medio de lograrla que plantea delante de los cristianos colosenses o desea imponerles».
10. Ver la obra de James D.G. Dunn, «The Colossian Philosophy: A Confident Jewish Apologia» [La filosofía colosense: una confiada apología judía], *Bib* 76 (1995): 171. Ver Gottlob Schrenk, «qe,lw(ktl,» *TDNT*, 3:46, n. 13.
11. A. Fridrichsen, «*Thelon* Col. 2:18», *ZNW* 21 (1922): 135–37. El verbo puede mirar hacia adelante a la «adoración de la voluntad» (NVI «afectada piedad») en 2:23; Pablo lo conecta con la fuerza de voluntad individual. Houlden, *Paul's Letters from Prison* [Las cartas de Pablo desde la prisión], 197.
12. Beare, «The Epistle to the Colossians» [La Epístola a los Colosenses]», 202.
13. El paralelismo puede apreciarse en esta traducción literal:
    «Que nadie les condene en [*en*] comida, bebida, festividades, lunas nuevas, sabats» (2:16b).
    «Que nadie les descalifique deliberadamente [o de manera arbitraria] en [*en*] humildad [humillación voluntaria], adoración de ángeles, y visiones» (2:18b).
14. Ver además, Arnold, *The Colossian Syncretism* [El sincretismo colosense], 225. El verbo sin la preposición (*brabeuo*) aparece en 3:15 («gobierne»).

nuncian en contra de los creyentes y les roban su merecido galardón (ver 1Co 9:24; Fil 3:14).[15] Los propagadores del error son jactanciosos y tienen la desfachatez de negar la salvación de los cristianos.

La NVI presenta a estos oponentes del Evangelio ufanándose «en fingir humildad», («se deleitan en falsa humildad», NIV) En el texto griego de 2:18 o 2:23 no aparece el adjetivo «falsa». No está claro a qué se refiere exactamente la palabra «humildad». En un contexto tan peyorativo como el nuestro, es razonable asumir que Pablo la utiliza con cierta ironía. Es posible que esté tratando de decir que es una «falsa humildad», especialmente puesto que produce su «envanecimiento». Por otra parte, la palabra «humildad» podría estar vinculada gramaticalmente a los ángeles, de modo que Pablo podría tener en mente la humildad y adoración de los ángeles, que practican los oponentes.[16] Otra opción es interpretarla como una referencia a una específica forma de humildad, a saber, el ayuno.[17] En 2:23, este sustantivo está relacionado con el «severo trato del cuerpo», de modo que las expresiones «mortificación» o «humillación voluntaria» podrían ser una mejor traducción. El ayuno podría haber formado parte de los preparativos para las visiones y revelaciones celestiales. En este caso, para los oponentes de Colosas, dicha humildad pretendería ser una forma de purificación de las escorias de este mundo que agobiaba al alma y les impedía remontarse espiritualmente.[18] Ciertas formas de ascetismo, no obstante, pueden convertirse en una retorcida forma de autoexaltación.

---

15. Es posible que los oponentes no pretendieran despojarles del premio; esta es la lectura que Pablo hace de la situación y sería el resultado de cualquier capitulación a sus puntos de vista.

16. Francis, «Humility and Angelic Worship in Col 2:18» [Humildad y adoración angélica en Colosenses 2:18], sostiene que los propagadores del error colosense ven la humildad de los ángeles en sus visiones. Christopher Rowland, «Apocalyptic Visions and the Exaltation of Christ in the Letter to the Colossians» [Visiones apocalípticas y la exaltación de Cristo en la carta a los Colosenses], *JSNT* 19 (1983): 75, sostiene que Pablo no está haciendo referencia a un «ayuno llevado a cabo por seres humanos y seguido de una devoción dirigida a exaltados seres angélicos, sino completamente preocupada con los ángeles del cielo». Rowland afirma (81, n. 24), «Toda la sección tiene más lógica si se considera la humildad, no como una referencia a los preparativos rituales para las visiones realizados por los hombres (p. ej., el ayuno) sino como parte del contenido de las propias visiones». Ver también Craig A. Evans, «The Colossian Mystics» [Los místicos colosenses] *Bib* 63 (1982): 195–96.

17. Podría ser una traducción griega del hebreo *som*, que puede significar «ayuno» y «aflicción». Ver Sal 35:13; 69:10; Is 58:3, 5; Judit. 4:9; Salmos de Salomón 3:8.

18. El ayuno se asocia con la revelación celestial de Daniel 10:2–3; 4 Esdras 5:13, 20; 6:35; *2 Apocalipsis de Baruc* 5:7; *Apocalipsis de Abraham* 9:7–10; *Testamento de Isaac* 4:1–6; 5:4; *Apocalipsis Griego de Esdras* 1:2–7; Filón, *Sobre los sueños* 1,35–37; *Vida de Moisés* 2,67–70. Hermas, *Visiones* 3.10.6; *Semejanzas* 5.3.7 conecta el ayuno con la recepción de visiones: «Toda búsqueda requiere humildad; ayunen por tanto, y recibirán lo que piden al Señor».

La expresión «adoración de los ángeles» es el siguiente nudo que hemos de deshacer. La palabra que se traduce como «adoración» (*threskeia*) puede significar «religión» (Hch 26:5, «nuestra religión»), la práctica de la religión (Stg 1:26–27), o la adoración de algo (Sabiduría 14:18, 27). La expresión podría aludir a la religión institutida por los ángeles (un genitivo de fuente). No obstante, normalmente, el objeto de veneración religiosa está en genitivo. Esto significaría que Pablo acusa a los oponentes de adorar a los ángeles (genitivo objetivo). Algunos han afirmado que los propagadores del error colosense entendían que estos ángeles estaban implicados en la Creación y el gobierno del mundo, y les adoraban como a una especie de mediadores de Dios. A estos ángeles podía considerárseles como seres malévolos que requerían ser apaciguados o como entes benevolentes que impartían bendición. Puede que su «adoración» implicara únicamente algún acto de propiciación para protegerse de sus destructivos efectos o de ruegos para invocar su protección.[19]

Otros han argumentado que esta expresión alude a una adoración ofrecida por los propios ángeles (genitivo subjetivo). Los ángeles participan del oficio más elevado de todos los seres creados, la adoración de Dios. Las frases «humildad y adoración de ángeles», «lo que no han visto», y «hacen gran alarde» pueden considerarse conjuntamente como haciendo referencia a cierta ascensión celestial.[20] La «filosofía» en cuestión no estaría, en tal caso, abogando a favor de la adoración de los ángeles, sino que expresaría la aspiración de entrar al cielo para adorar como lo hacen ellos.[21] Aunque se trata de un punto de vista ampliamente aceptado, los problemas que plantea lo hacen poco verosímil. En primer lugar, no existen ejemplos en los que un sustantivo en genitivo vinculado al término «adoración» funcione como genitivo subjetivo. En segundo lugar, la «adoración autoimpuesta» (NIV. Gr. *ethelothreskia*. NVI, «afectada piedad») que se menciona en 2:23 describe algo ofrecido por los humanos y considerado como algo dudoso.[22]

Arnold argumenta que Pablo no tiene en mente a un grupo sectario organizado que adoraba a los ángeles con alabanzas, oraciones y sacrificios

---

19. En el mundo antiguo existían cultos paganos dirigidos a los ángeles; ver A. R. R. Sheppard, «Pagan Cults of Angels in Roman Asia Minor» [Los cultos paganos a los ángeles en Asia Menor romana] *Talanta* 12–13 (1980–81): 77–101.
20. Rowland, «Apocalyptic Visions» [Visiones apocalípticas], 75, observa que «en la literatura apocalíptica había bastante interés en la adoración de la corte celestial».
21. Rowland (Ibíd., 77) sugiere que, al igual que en Qumrán, los «oponentes de Colosas podrían haber considerado que las actividades de los ángeles no eran solo de interés para el visionario, sino importantes también como paradigma para el justo». Por consiguiente, lo que preocupaba a Pablo «era que los colosenses no estaban interesados en Cristo como centro de su experiencia religiosa, sino en las actividades de los ángeles como patrón para la vida que podía quitarle valor al ejemplo de Cristo».
22. Ver Arnold, *Colossian Syncretism* [El sincretismo colosense], 92–93.

como se reverenciaba normalmente a los dioses. La palabra griega *threskeia* puede utilizarse para denotar invocación o conjuro. Arnold sostiene que Pablo hace referencia a la invocación mágica de ángeles para protegerse del mal y cree que esta práctica tenía sus raíces en creencias y hábitos populares hondamente arraigados. Algunas evidencias locales confirman que los ángeles desempeñaban un importante papel en la vida religiosa del pueblo. Independientemente de cuál fuera su principal orientación religiosa, los habitantes de aquella zona invocaban normalmente a los ángeles para demandar su protección y ayuda, el éxito en los negocios, la destrucción de los enemigos, o la eliminación de los efectos de una maldición.[23]

En el mundo antiguo, la atmósfera espiritual de la magia impregnaba por igual las vidas de ricos y pobres, cultivados e indoctos, y es posible que hubiera seguido ejerciendo su efecto sobre los creyentes colosenses aun después de su conversión. Conjuraban a los ángeles, como los poderosos agentes de Dios (ver Mt 27:53), para que les protegieran de los poderes maléficos (identificados como *ta stoicheia tou kosmou*, los gobernantes y autoridades, tronos y señoríos, y cualquier otro poder invisible) que, potencialmente, pudieran causarles algún daño. Es también posible que invocaran a los ángeles para que les ayudaran a prosperar o se vengaran de sus enemigos.[24]

En el polémico contexto que expresa el desprecio de Pablo por la arrogancia de la «filosofía», la referencia a «la adoración de los ángeles» bien podría ser una sesgada descripción de sus prácticas. Si los difusores del error estaban real y activamente adorando ángeles, cabría esperar que Pablo

---

23. Arnold retoma y desarrolla una sugerencia de A. Lukyn Williams, «The Cult of Angels at Colossae» [El culto de los ángeles en Colosas], *JTS* 10 (1909): 413–38, quien afirmaba que se refiere a una veneración de los ángeles situada en la periferia del judaísmo en conexión con los exorcismos y la magia.

24. Arnold, *The Colossian Syncretism* [El sincretismo colosense], 20, muestra que los textos mágicos sí reflejan una «gran consideración por los 'ángeles' y otros seres sobrenaturales que eran invocados por los practicantes de estos cultos. . . Los 'ángeles' conocidos en el judaísmo figuran de forma perceptible en los papiros mágicos». La magia era sincretista, y quienes la practicaban utilizaban cualquier nombre e intermediario que prometiera poder. La mayoría asumía que, considerados como poderosos asistentes de Dios, los ángeles podían ayudar a conseguir las mismas cosas que Dios llevaba a cabo, con la diferencia de que éstos podían ser manipulados con mayor facilidad para que hicieran lo que uno quería. A los ángeles se les asociaba también con las estrellas y los planetas, considerados activos en el control del destino humano. Por consiguiente, muchos invocaban a los ángeles para que les protegieran de los malos espíritus, para convertirse en instrumentos de la magia profética y oráculos de sueños (dar respuestas a preguntas), y para asegurar la prosperidad y el éxito en cualquier empresa. Puede citarse un ejemplo de los papiros mágicos griegos (4.3165–76): «Concédeme todo el favor, todo el éxito, porque el ángel que trae el bien, que está junto a [la diosa] Tyche, está contigo. Por tanto, da prosperidad [y] éxito a esta casa».

profiriera una denuncia mucho más apasionada de tal idolatría. A juzgar por su relativa calma en este asunto podemos inferir que no estaban involucrados en una verdadera adoración o invocación de seres angélicos. Por tanto, puede que Pablo esté solo caricaturizando despectivamente las preocupaciones rituales de la «filosofía» y su atención a las lunas nuevas como adoración de ángeles.[25] Esta forma de denigración conectaría desfavorablemente la «filosofía» con la familiar práctica pagana de invocar a los ángeles.[26]

Tales burlas tienen paralelismos modernos. Es posible que quienes han crecido en círculos protestantes conservadores hayan oído a alguien acusar a los católicos romanos, por ejemplo, de «adorar a María» o de «mariolatría». Otros quizá hayan oído la acusación de adorar la Biblia o «bibliolatría» dirigida a ciertos sectores del cristianismo conservador. Una indebida veneración de María o de la Escritura se presta a los ataques de los críticos. En mi opinión, Pablo descarta el sistema de valores de la «filosofía»

---

25. Caird, *The Language and Imagery of the Bible* [El lenguaje y la imaginería de la Biblia], 26, sugiere que «adoración de ángeles» era la expresión peyorativa y emotiva de Pablo para aludir a una práctica que el apóstol deseaba ridiculizar y que los oponentes se habrían tomado a mal. Wright, *Colossians and Philemon* [Colosenses y Filemón], 122, sostiene que tanto el tono como el contexto sugieren que Pablo está utilizando «una aguda ironía: Las personas a las que se opone invierten tanto tiempo en especulaciones sobre los ángeles, o en celebrar el hecho de que su ley les fue impartida por medio de ellos, que están de hecho adorándoles a ellos en lugar de a Dios. . .». Es una «referencia despectiva» a su adoración que, aunque puede parecer «de orientación celestial y superespiritual» estaba en realidad «rayando en idolatría». Ver también la obra de Michael Mach, *Entwicklungstadien des jüdischen Engelglaubens in vorrabbinischer Zeit*, Texte und Studien zum Antiken Judentum (Tubinga: J. C. B . Mohr [Paul Siebeck], 1992), 294.

26. Hemos defendido que un grupo local de judíos que rechazaba la esperanza cristiana estaba en la raíz del problema colosense; si éstos estaban realmente adorando ángeles, se trataría entonces de una forma de judaísmo muy sincretista. Rimmon Kasher, «Angelology and the Supernal Worlds in the Aramaic Targums to the Prophets» [La angeleología y los mundos celestiales en los targúmenes arameos de los profetas] *JSJ* 27 (1996): 168–91, se compara el tratamiento de los ángeles en el Targum de Jonatán y en el de Toseftot. El Targum de Jonatán, más fuertemente influenciado por las perspectivas de los videntes rabínicos, adoptó un acercamiento más prudente y reservado hacia los ángeles, sin concederles nunca un poder independiente. El Targum de Toseftot no fue nunca aceptado como una traducción oficial, y sus traducciones íntegras nos ofrecen una «valiosa evidencia de los conceptos y convicciones populares judías tal y como éstas se han desarrollado en las sinagogas de la Antigüedad». Este Targum tenía una idea positiva de los ángeles (menciona sus nombres e introduce su participación en los acontecimientos de la Tierra y los Cielos). Pero aun aquí los ángeles no eran seres independientes que habían de ser adorados o invocados, y no tomaban parte en la oración. Sin embargo, cuando se leen algunos textos judíos relativos a los ángeles, es fácil imaginar que esta elaborada angeleología podía caricaturizarse como una forma de adoración de ángeles. Como sucede en nuestro tiempo, los creyentes con una formación teológica menos sofisticada podrían haberles mostrado una reverencia indebida.

como algo que no es mejor que «la adoración de los ángeles». Cristo, por otra parte, creó a estos seres y reina sobre ellos (1:16).

La siguiente frase de 2:18 no es menos difícil de descifrar: «los tales explican con gran lujo de detalle lo que han visto» (La NVI traduce: «los tales hacen alarde de lo que no han visto»). El verbo que se traduce como «explican con gran lujo de detalle» (*embateuo*) tiene una amplia gama de usos que podrían encajar en este contexto.[27] Podría ser una palabra técnica para aludir a la última etapa de la iniciación en las religiones mistéricas locales, en las que el iniciado traspone el divino umbral del lugar más sagrado del santuario y recibe la nueva vida ofrecida por el dios.[28]

El verbo puede significar también «entrar en posesión de algo», en este caso, la esfera celestial como parte de un cierto viaje místico.[29] De ser así,

---

27. Algunos manuscritos (que siguen la KJV y nuestra RV60) tienen «lo que *no* ha visto», según lo cual Pablo negaría la realidad de estas visiones.

28. William M. Ramsay, *The Teaching of Paul in Terms of the Present Day* [La enseñanza de Pablo en términos de hoy], 2ª ed. (Londres: Hodder y Stoughton, 1914), 285–305. Martin Dibelius, «The Isis Initiation in Apuleius and Related Initiatory Rites» [La iniciación a Isis en Apuleyo y rituales de iniciación relacionados], en *Conflict in Colossae*, ed. Fred O. Francis and Wayne Meeks, Sources for Biblical Study 4 [Fuentes para el estudio bíblico 4], (Missoula: Scholar's Press, 1973), 61–121, desarrolló sus ideas de que esta expresión alude a la iniciación en una religión mistérica a partir de inscripciones vinculadas al templo de Apolo en Claros, a corta distancia de Éfeso.

 Apuleyo, en *Las metamorfosis (El asno de oro)*, 11.19–23, describe este viaje visionario en el que Lucio, el protagonista, procede a distintos niveles en su iniciación a la diosa Isis y ve a las deidades más elevadas y a las más bajas sujetas a ella. Lucio aprende la secreta y venerable tradición y se prepara para su iniciación absteniéndose de ciertos alimentos y vino, sometiéndose a ciertos rituales purificadores, y obedeciendo varias prohibiciones muy difíciles. Se viste una túnica de lino y entra en el santuario más interior («la frontera de la muerte»). Hacia la medianoche experimenta una visión: «Vi al sol resplandeciendo con una luz intensísima» y «estuve frente a frente con los dioses de abajo y los dioses de arriba y les reverencié muy de cerca» (11.23). Lucio atraviesa los «elementos» (11.23) y con ello adquiere inmunidad de los poderes hostiles y autoridad sobre ellos.

 Arnold, *The Colossian Syncretism* [El sincretismo colosense], 231, plantea la posibilidad de que los líderes de los oponentes hubieran experimentado una iniciación ritual al menos en una de las sectas frigias antes de su conversión. Éstos «consideraban su pasada experiencia visionaria como algo que les daba una comprensión verdadera y útil del mundo sobrenatural». Lo que habían visto les daba «una base parcial para su pretensión de sabiduría y entendimiento en estas cuestiones» y para denigrar a los demás. En mi opinión, la existencia de estos paralelismos no requiere que Pablo se refiera a tales visiones iniciáticas; se trata solo de una posibilidad. Si alguien estuviera ensalzando su iniciación en alguna de las sectas frigias como una experiencia que le confería mayor sabiduría espiritual y más protección de los poderes, Pablo no hubiera respondido de un modo tan dócil. Pablo no les llama a rechazar de nuevo su pasado pagano.

29. F. O. Francis, «The Background of *embateuein* (Col 2:18) in Legal Papyri and Oracle Inscriptions» [El trasfondo de *embateuein* (Col 2:18) en los papiros legales e inscripciones de los oráculos], en *Conflict at Colossae*, ed. F.O. Francis y Wayne Meeks, 199.

el cielo deviene el objeto elíptico del verbo. Si este es el significado que hay que asumir aquí, podría traducirse la frase como «entrando en las cosas que han visto». Wright sostiene que podría tratarse de un irónico rechazo de su afirmación en el sentido de que «entran en la adoración del mismo cielo». A decir verdad, en lo único que están entrando es en sus propias visiones, a saber, «lo que han visto». «Todo lo que han descubierto en sus tan cacareadas experiencias místicas es una serie de fantasías imaginarias».[30]

El verbo *embateuo* puede también significar «investigar» o «examinar en detalle» (2 Mac 2:30) y puede aludir a una explicación detallada de las visiones extáticas para aportar discernimiento en las cosas divinas. La NIV adopta esta interpretación con su traducción «explican con gran lujo de detalle». Como afirman Barth y Blanke, los falsos maestros de Colosas estaban «absortos en sus experiencias religiosas».[31] Pablo no tiene necesidad de dar a los colosenses una descripción objetiva de las creencias y prácticas de los oponentes y solo quiere bajarles los humos poniéndoles en entredicho por medio del sarcasmo. Sus exageradas visiones no son sino espejismos, mucho ruido y pocas nueces. Su arrogante altivez es completa insensatez.

El resultado final de estas experiencias, fueran las que fueren, está claro, y esto es lo que irrita a Pablo.[32] Hinchan el «razonamiento humano» del adorador (lit., «la mente de su carne») con frivolidades. Para Pablo, la mente de la carne es algo que se contrapone a Dios (Ro 8:6–7) y que carece de verdadera iluminación espiritual. MacLeod resume con gran precisión la antipatía de Pablo hacia la «filosofía» en cuestión: era «alborozo emocional, hinchazón del ego, y lo peor de todo, represión a los hermanos».[33]

La raíz del error es su fracaso de mantener el vínculo con la cabeza (2:19).[34] El verbo «sostener» (*krateo*) aparece en la crítica que hace Jesús de las tradiciones de los fariseos: Estaban «aferrados a la tradición de los ancianos» y «de los hombres» y «desecha[n] los mandamientos divinos» (Mr 7:3, 4, 8; ver también 2Ts 2:15; Ap 2:14–15). Pablo comenzó esta sección de Colosenses con un verbo que se utiliza para aludir a la transmi-

30. Wright, *Colossians and Philemon* [Colosenses y Filemón], 123. Pablo se mostraba reticente con respecto a sus experiencias visionarias. Cuando las mencionó a los corintios, lo hizo en tercera persona del singular, explicando que de lo que vio en el cielo no le era permitido describir nada, y que tales visiones fueron la causa de su aguijón en la carne (2Co 12:1–10).

31. Barth y Blanke, *Colossians* [Colosenses], 349. Esta interpretación explica mejor el tiempo presente del participio.

32. Dunn, *The Epistles to the Colossians and to Philemon* [Las epístolas a los Colosenses y a Filemón], 182, afirma que lo que Pablo encuentra «reprensible» es «la actitud de desdeñosa superioridad» engendrada por el interés en la adoración angélica, no el interés en sí.

33. MacLeod, «The Epistle to the Colossians» [La Epístola a los Colosenses], 205.

34. Ver Barth y Blanke, *Colossians* [Colosenses], 350.

sión de la tradición, «recibieron a Cristo Jesús como Señor» (2:6). Ahora, en 2:19, es posible que esté subrayando el contraste entre los cristianos colosenses y sus antagonistas, quienes no se aferran a Cristo u observan su enseñanza. Se «agarran» a algo que no es Cristo. Y dejar de lado a Cristo, la cabeza (1:18; 2:10), hará que se desmoronen y perezcan.

La metáfora de la cabeza y el cuerpo que aparece en 2:19 asume que la cabeza suministra nutrición a todo el organismo y hace posible que éste crezca. Literalmente, el texto dice que «crece el crecimiento de Dios» (cf. 1:6, 10). El crecimiento depende de un estrecho vínculo con Cristo, aunque Dios es quien lo produce (cf. 1Co 3:6–7). Todos los que no se aferran a Cristo y a sus enseñanzas se cortan a sí mismos de la única fuente de vitalidad y unidad. La Iglesia es el cuerpo de Cristo (1:18; 3:15) al confesarle como cabeza, morir con él y ser vivificada en él (2:11–13).[35] Por tanto, Pablo recuerda de nuevo a sus lectores la supremacía de Cristo sobre todas las cosas cosas y su total dependencia de él. No encontrarán crecimiento o plenitud en prohibiciones terrenales, observancias celestiales, «adoración de ángeles», o visiones estelares. Estas cosas solo consiguen hinchar a los seres humanos con el ardiente aire del orgullo vacío y romper las cadenas que les amarran a Cristo.

¿Por qué permitir que una falsa sabiduría ponga las reglas? (2:20–23)

El verbo que se traduce «someten» (*dogmatizo*, 2:20) alude a reglamentaciones decretadas por alguien y recuerda al sustantivo dogma en 2:14 (NVI, «requisitos»). En este texto Pablo afirma que el pagaré que había contra nosotros con sus requisitos ha sido abolido por la muerte de Cristo.

---

35. Jerome Murphy-O'Connor, *Tradition and Redaction in Col 1:15–20* [Tradición y redacción en Colosenses 1:15–20] RB 102 (1995): 240, cuestiona el punto de vista muy difundido de que la visión que Pablo tiene de la iglesia como «cuerpo» se deriva de las reflexiones filosóficas griegas sobre el Estado como cuerpo político. Murphy-O'Connor considera muy poco convincente y «psicológicamente imposible» que Pablo adopte un término utilizado para describir las características de una sociedad civil «desgarrada por las divisiones» (Gá 3:28; 5:19–20) y lo aplique a la iglesia, cuya unidad estaba arraigada en el amor de Cristo (1Ts 4:9). Sugiere más bien que esta imagen era una reacción a uno de los sorprendentes rasgos de los templos dedicados a Asclepio que estaban «ampliamente diseminados a lo largo del Mediterráneo oriental: a saber, las representaciones cerámicas de las partes del cuerpo que había sido curado». Este autor arguye:

> La visión de unas piernas que no eran piernas, o de unas manos que no eran manos, hizo que Pablo entendiera que una pierna solo lo era verdaderamente cuando formaba parte de un cuerpo. Los creyentes, deducía el apóstol, solo estaban verdaderamente «vivos» cuando «pertenecían» a Cristo como miembros suyos (2:6, 13; 3:4). La «muerte» del aislamiento egocéntrico ha sido sustituida por la «vida» de la existencia compartida.

La NVI puede implicar que los colosenses se han sometido ya a tales reglas, sin embargo, Pablo no les reprende por ello, sino que solo les advierte para que no lo hagan. No tienen por qué vivir sobre la base de tales decretos.[36]

(1) En 2:20, Pablo resume la idea principal de 2:11–15. Al morir con Cristo los creyentes han escapado del control de los espíritus elementales.[37] Aparece de nuevo la expresión *to stoicheia tou kosmou* (ver exposición al respecto en 2:8). La NVI la traduce de nuevo como «los principios de este mundo». Sin embargo, los cristianos colosenses han muerto a algo mucho más malévolo y aterrador que meros «principios»; han muerto a colosales poderes que ahora no pueden ejercer ningún control sobre ellos. Del mismo modo que Cristo triunfó sobre estos gobernantes y poderes (2:15), también vencieron ellos cuando murieron con él.

Puesto que los cristianos han sido puestos en libertad de la tiránica esclavitud de tales gobernantes y poderes, ¿qué razón tendrían para plantearse siquiera conceder a estos poderes nueva vida sujetándose a sus fastidiosas e irrelevantes prohibiciones? El bautismo en Cristo significa morir a su dominio (2:11; 3:3), aunque esta realidad no significa que ahora estemos libres de todas las reglas. En el contexto, las normas que se citan son aquellas que pertenecen a este mundo no espiritual y nos separan de Cristo. Los colosenses siguen viviendo en el mundo, sin embargo, no tienen que vivir como si tales poderes tuvieran algún control sobre ellos, y no tienen que dar consideración alguna a sus reglas. Esta afirmación se aplica a cualquier reconstrucción histórica del problema en Colosas.

(2) La muestra de prohibiciones que encontramos en 2:21 («No tomes en tus manos, no pruebes, no toques») podría encajar en distintas situaciones. Es posible que tales prohibiciones afecten no solo a la comida y la bebida, sino también a las relaciones sexuales, que, según algunos, eran una fuente de contaminación ritual. Las personas se abstenían de ambas cosas por una serie de razones y en una variedad de contextos: para la iniciación en las religiones místicas, para participar en rituales mágicos o, dentro del

---

36. Morna Hooker, «Were There False Teachers in Colossae?» [¿Había falsos maestros en Colosas?], en *Christ and Spirit in the New Testament*, ed. Barnabas Lindars y Stephen S. Smalley (Cambridge: Cambridge Univ. Press, 1973) 317, ofrece la traducción «¿Por qué someterse?». Dunn le sigue en este planteamiento, *The Epistles to the Colossians and to Philemon* [Las epístolas a los Colosenses y a Filemón], 188. El verbo traducido «se someten» (*dogmatizesthe*) puede estar en voz media o pasiva. Si se traduce con el sentido pasivo, «¿Por qué han de permitirse a ustedes mismos estar sujetos a sus reglas?» (KJV), queda más claro que todavía no han cedido. Wright, *Colossians and Philemon* [Colosenses y Filemón], 125, sostiene que debería entenderse como una oración pasiva porque no se trata de «una represión por una caída» sino de «una advertencia por un peligro». Ver también Barth y Blanke, *Colossians* [Colosenses], 354.
37. La implicación es que los oponentes viven todavía bajo su dominio.

judaísmo, para recibir visiones místicas.[38] Sin embargo, en esta sección la secuencia de lo que son sin duda cuestiones judías (circuncisión, lunas nuevas, Sabat), apunta a una crítica de las leyes alimentarias judías.[39] Pablo ridiculiza estas asfixiantes restricciones.[40]

(3) En 2:22–23 Pablo extrae cuatro implicaciones negativas de estas prohibiciones. (1) La serie de «noes» da a entender que para evitar la contaminación hay que abstenerse prácticamente de todo, y envolverse a uno mismo en una coraza de pureza.[41] Tales prohibiciones contrastan de forma significativa con el consejo de Pablo a los corintios: «Coman de todo lo que se vende en la carnicería, sin preguntar nada por motivos de conciencia, porque del Señor es la tierra y todo cuanto hay en ella» (1Co 10:25–26). Cuando se come y bebe para la gloria de Dios, lo que se ingiere no perjudica (10:31). Por consiguiente, Pablo les dice a los romanos, «todo alimento es puro» (Ro 14:20). Lo que importa es pertenecer al Señor (14:8), honrar y dar gracias a Dios en cualquier cosa que comamos o bebamos (14:6), obrar en amor (14:15), servir a Cristo (14:18), y edificar a nuestro prójimo (15:2), de modo que podamos «glorificar al Dios y Padre de nuestro Señor Jesucristo» (15:6).

(2) Tales prohibiciones se dirigen solo a realidades fugaces que «perecen con el uso».[42] Jesús nos da una evaluación más prosaica de estas cosas. La

---

38. Filón (*Vida de Moisés II*, 68–69) afirmaba que Moisés se purificó a sí mismo de las demandas de la naturaleza mortal (comida, bebida y relaciones sexuales) cuando inició su tarea como profeta, de modo que podía estar siempre preparado para recibir los oráculos.

39. Ver Romanos 14:5–6, que agrupa las observancias de días especiales junto con la comida y la bebida. Dunn, *The Epistles to the Colossians and to Philemon* [Las epístolas a los Colosenses y a Filemón], 172, señala que los «judíos tradicionales» adjudicaban una gran importancia a las leyes alimentarias e insistían acaloradamente en el «mantenimiento de su práctica como prueba vital de la identidad judía y la fidelidad al pacto de Dios con Israel». Ver Lv 7:26–27; 11:1–23; Dt 12:16, 23–24; 14:3–21; Dn 1:3–16; 10:3; Tob 1:10–12; Judit 12:2, 19; Añadido a Ester 14:17; *José y Asenat* 7:1; 8:5. Por todo el mundo antiguo eran muy conocidos los escrúpulos judíos relativos a la comida.

Los judíos de la Diáspora vivían normalmente con sus vecinos gentiles en un estado de respeto mutuo. ¿Qué razón tendrían para denunciar a los cristianos por no observar tales reglas? Dunn (174) sostiene que los cristianos habían asumido las reivindicaciones y privilegios judíos, y esto habría suscitado sus iras. No podían tolerar sus pretensiones de haber sido redimidos por el Dios de Israel al tiempo que rechazaban los indicadores de identidad que apartaban al pueblo de Dios de las hordas impuras.

40. Beare, «The Epistle to the Colossians» [Las Epístolas a los Colosenses]», 206, cita el comentario de Crisóstomo: «Vean cómo se burla de ellos».

41. Caird, *Paul's Letters from Prison* [Las cartas de Pablo desde la prisión], 200. Houlden, *Paul's Letters from Prison* [Las cartas de Pablo desde la prisión] 199, afirma que el apóstol se burla de ellos «por su quisquillosa escrupulosidad».

42. Esta expresión es difícil y dice literalmente: «cosas que son todas para corrupción con el uso».

comida «no entra en su corazón sino en su estómago, y después va a dar a la letrina» (Mr 7:19). Desde la perspectiva de Pablo, ésta es también la esfera de las prohibiciones que imponen los oponentes. Lo que éstos ofrecen tiene que ver solo con cosas perecederas, y sus reglas únicamente les vinculan más a esta presente era de maldad. Por el contrario, lo que Cristo ofrece a los creyentes les vincula a lo que es eterno, y él les libera del poder de la oscuridad. Por tanto, han de ignorar las objeciones de quienes solo se preocupan por lo que son vacías extravagancias religiosas sin efectos eternos.

(3) Pablo repite que estas prohibiciones se basan en costumbres humanas (ver 2:8; también Is 29:13; Mr 7:7).[43] A primera vista puede parecer que esta rigurosa disciplina y elevada expresión de sentimiento piadoso ha de poseer una gran sabiduría, sin embargo es mera sabiduría humana.

(4) Estas restricciones, no solo no consiguen lo que publicitan, sino que hacen que las personas caigan más firmemente en las garras de la carne. Moule refleja la desesperación de muchos comentaristas que desde el tiempo de Teodoro de Mopsuestia lamentan que nunca conseguiremos descifrar el significado de 2:23: «Existe un consenso común en el sentido de que este versículo es desesperanzadoramente oscuro (bien por cuestiones de corrupción textual, o porque hemos perdido la clave para entenderlo)».[44] La NVI toma la expresión *plesmone tes sarkos* (lit., «gratificación de la carne») en un sentido peyorativo como «los apetitos de la naturaleza pecaminosa». Es, no obstante, posible darle un mejor sentido a la frase puntuándola de manera distinta. La cláusula principal podría ser: «Tales reglamentaciones [lit., lo cual] . . . conducen a la gratificación de la carne». Una cláusula subordinada concesiva la interrumpe, «aunque tienen reputación de sabiduría en [las áreas de] una adoración autoimpuesta, humildad [mortificación], y severo trato del cuerpo». La expresión «sin ningún valor» (u «honor») está subordinada a esta cláusula concesiva.[45] La puntuación de esta compleja oración gramatical sería, pues: «Tales reglamentaciones

---

43. Dunn, *The Epistles to the Colossians and to Philemon* [Las epístolas a los Colosenses y a Filemón], 193–94, afirma que este texto aporta más pruebas de que los oponentes eran judíos: «La alusión a una reprensión a Israel sería solo efectiva si llegara como una reprensión a quienes se veían a sí mismos como el pueblo de Israel. Estas reglamentaciones a las que los judíos colosenses (¿cristianos?) daban tanta importancia eran las mismas 'órdenes y enseñanzas' contra las que Isaías había ya advertido mucho tiempo atrás».

44. Moule, *Colossians and Philemon* [Colosenses y Filemón], 108.

45. Bruce Hollenbach, «Col. II. 23: Which Things Lead to the Fulfillment of the Flesh» [Col. II. 23: cosas que conducen a la gratificación de la carne], *NTS* 25 (1978–79): 254–61. La expresión «tales cosas [LBLA]» (*hatina*) se refiere a los «preceptos, basados en reglas y enseñanzas humanas» (2:22) y a la enumeración de 2:23: afectada piedad, falsa humildad y severo trato del cuerpo (ver Arnold, *The Colossian Syncretism* [El sincretismo colosense], 200).

—aunque tienen reputación de sabiduría en [las áreas de] una adoración autoimpuesta, humildad [mortificación], y severo trato del cuerpo, [son, no obstante] sin ningún valor— conducen a la gratificación de la carne».

Esta explicación de la gramática de 2:23 significa que los falsos maestros sufrieron la ley de las consecuencias involuntarias. Su objetivo religioso de servir a Dios y poner coto a la carne solo había servido para fortalecerla y desatar su poder.[46] En lugar de apagar la importancia de la carne, la adoración autoimpuesta, la humildad, y el severo trato del cuerpo la acentuaron (ver 2:11, NVI «naturaleza pecaminosa»). Estas cosas se convirtieron en disciplinas per se, y solo consiguieron hinchar la mente de la carne (2:18, NVI «razonamiento humano»), que primero las había concebido. Scott resume bien la crítica de Pablo: «Su claro objetivo es elevar a las personas por encima de la vida corriente, pero, de hecho, acaban sumergiéndoles más profundamente en ella (concentrando todo pensamiento y esfuerzo en cosas puramente materiales)».[47] Por consiguiente, esta «filosofía» acompaña a sus adherentes a su descalificación final.

Desde la perspectiva de Pablo todo es una farsa, aunque pueda impresionar a los observadores crédulos. La *Epístola a Diogneto* (siglo II) desacredita al judaísmo de un modo muy parecido al que —en mi opinión— lo hace esta sección de Colosenses. En primer lugar explica por qué los cristianos no adoran del mismo modo que los judíos y a continuación denigra como ridículos sus escrúpulos sobre la comida, la observancia del Sabat, el orgullo por la circuncisión, la devoción al ayuno, y la fiesta de la luna nueva. «Su atención a las estrellas y a la luna para la observancia de los meses y los días», dice, no es una «prueba de devoción» sino «más bien de necedad», «de estupidez general», y de «engaño».[48]

Pablo no es menos crítico. Las experiencias místicas y genuflexiones devocionales de los falsos maestros no conseguían nada espiritual ni tenían valor alguno. Pero fundamenta su crítica en la cristología. Toda su lucha virtual es sobrepasada por la resplandeciente luz de la victoria que Cristo ya ha ganado a nuestro favor. Los cristianos no tienen que tratar su cuerpo con severidad porque, en la circuncisión de Cristo, el cuerpo de la carne ha sido ya cercenado (2:11).

---

46. Hollenbach, «Col. II. 23: Which Things Lead to the Fulfillment of the Flesh» [Col. II. 23: cosas que conducen a la gratification de la carne], 261, nos recuerda la clara conexión causal en el pensamiento de Pablo entre el legalismo y la satisfacción de la carne (ver Ro 6:12–14; 7:5, 8–10, 21–23; Gá 3:21–22; 5:17–21).

47. Scott, *The Epistles to the Colossians, to Philemon, and to the Ephesians* [Las epístolas a los Colosenses, a Filemón, y a los Efesios], 61.

48. *Epístola a Diogneto*, 4.1, 5–6.

El ascetismo es un esfuerzo inútil por derrotar a la carne y no puede compararse con la Cruz. Ascender a las regiones celestiales y contemplar visiones no tiene punto de comparación con la ascensión celestial de Cristo, quien ahora se sienta a la diestra de Dios. El perdón, la reconciliación con Dios, la nueva vida, y la derrota de los espíritus y poderes elementales solo pueden encontrarse en Cristo.

Construyendo Puentes Las dificultades para determinar con precisión la clase de «filosofía» contra la que Pablo dirige su fuego en esta sección hace que sea más difícil construir puentes hacia nuestro contexto. Aunque hemos de tomar alguna decisión —al menos cuando se escribe un comentario sobre este pasaje— lo exiguo de los datos de que disponemos aumenta el margen de error. Cuando intentamos pontear los contextos, surge la cuestión: ¿Estamos cruzando por el lugar adecuado?

Muchos eruditos sostienen que el problema original era una cierta mezcolanza sincretista de creencias y prácticas paganas, judías y cristianas. Si este punto de vista es correcto, sería fácil trasladar la situación a nuestra cultura, que en este momento está experimentando un resurgir de las creencias sincretistas. Algunas sectas modernas intentan pasar por cristianas porque han adoptado ciertas creencias selectas del cristianismo, sin embargo son de hecho un batiburrillo de varias ideas. Existe un peligro real de que el cristianismo se convierta en una amalgama de distintas creencias y prácticas, puesto que las modas intelectuales y espirituales de nuestro tiempo ejercen su constante influencia.

Stewart habla de un sincretismo menos reflexivo y más popular que continúa asediándonos. Lo llama «un vago teísmo, unido a una imagen liberal y humanista de Jesús, más una pizca de legalismo judaico, todo ello combinado con una cierta conciencia cultural, una considerable infusión de benevolencia humanitaria, y quizá hasta una secularización del reino de Dios». Stewart cita a John Baillie, quien calificó este mosaico de creencias como «una especie de religión esperántica».[49] Cuando esta confusión se infiltra en las creencias y prácticas de las iglesias, apaga por completo el celo misionero y hace que los cristianos parezcan vestir una ropa prestada, y que les sienta mal.

En la Introducción de esta obra he defendido que la «filosofía» que Pablo refuta era un judaísmo local que cuestionaba la esperanza de los cristia-

---

49. James S. Stewart, «A First-Century Heresy and Its Modern Counterpart» [Una herejía del primer siglo y su contrapartida moderna] *SJT* 23 (1970): 422–23.

nos colosenses. Si los oponentes eran judíos, nuestro contexto histórico ha cambiado tanto que estaría fuera de lugar conectar de alguna manera el texto con el judaísmo moderno. La persecución de que han sido objeto los judíos a manos de los cristianos a lo largo de muchos siglos debería hacernos extraordinariamente sensibles cuando se trata de presentar al judaísmo como el malo de la película. Hay que observar que Pablo no demoniza a los oponentes, aunque sí les critica por denigrar la esperanza cristiana.

La principal táctica de Pablo, más que derribar la fe de quienes se oponen, es edificar la certeza de los cristianos colosenses subrayando de nuevo la verdad que ellos ya han aceptado y experimentado en su bautismo. El apóstol sostiene que los oponentes viven en un mundo de sombras y todavía no se dan cuenta de que la satisfacción de todas sus esperanzas es ya una realidad en Cristo. Pero Pablo no ve que su tarea sea exclusivamente denigrar sus prácticas y creencias, sino más bien edificar la confianza de los colosenses en su fe de modo que puedan resistir sus agresiones. Cuando los colosenses reconozcan que, en Cristo, han recibido todo cuanto necesitan, también reconocerán más claramente que sus rivales no tienen nada que ofrecerles, excepto una vuelta a la esclavitud de sus antiguos amos.

En un tiempo como el nuestro en que varias ideologías compiten por nuestra lealtad, los cristianos deberíamos emplear esta misma táctica. Cada vez más los cristianos están sucumbiendo a las seducciones de «filosofías» contemporáneas, a veces sin saberlo. Cautivan a las gentes con la promesa de exaltadas experiencias y maneras más fáciles de explicar y controlar las incertidumbres de la vida. Cuando los cristianos sean capaces de identificar lo que han recibido en Cristo, podrán reconocer con toda claridad las fraudulentas «filosofías» y sus engaños, y rechazarlas.

La «filosofía» que Pablo refutó rebajaba la primacía, centralidad, y suficiencia de Cristo. No era ni la primera ni la última en hacerlo. Hasta el fin del tiempo, habrá ideologías rivales que seguirán cuestionando a los cristianos y sus creencias y compitiendo por la supremacía. Al aplicar este texto a nuestra cultura, puede que sea más seguro describir la «filosofía» a grandes rasgos. Podemos, pues, marcar los paralelismos con cualquiera de las ideologías contemporáneas que se postulan como competidoras de Cristo.

Esta «filosofía» que pone en tela de juicio (o contamina quizá) la fe cristiana adquiere las diez características siguientes:

- Juzga, excluye, o descalifica a otras personas de acuerdo con criterios arbitrarios y humanos.
- Genera una tiranía religiosa sobre las personas, que se basa en estos criterios humanos y arbitrarios. Intenta hacer que las personas

rindan pleitesía a los poderes sobrenaturales, autoridades terrenales, o reglas antes que a Cristo, quien nos ha liberado de todas estas cosas.

- Halaga el orgullo y el egocentrismo humanos y produce envanecimiento y arrogancia, actitudes que son características de una mente que no es espiritual. Esto lo hace promoviendo cosas como la euforia mística, el ritualismo y el rigorismo ascético.

- Subrayando desmesuradamente las experiencias místicas, los rituales, y el rigor ascético convierte estas cosas en fines en sí mismas.

- Confiere una importancia excesiva a lo que es efímero o perecedero, cosas que pasan.

- Separa a las personas de Cristo poniendo alguna otra cosa como sustituto de una profunda relación personal con él. Puede adquirir un aspecto piadoso insistiendo en la obediencia a un código de conducta particularmente rígido, una estricta adhesión a ciertas doctrinas, o una devoción a ultranza a una determinada institución religiosa. El resultado, no obstante, es que el compromiso con estas cosas «basado en mandamientos y enseñanzas humanas» reemplaza al compromiso con Cristo.

- Separa a las personas del cuerpo de creyentes en Cristo.

- Pretende ofrecer una sabiduría mayor que la que encontramos en la Cruz de Cristo. Su sabiduría gira en torno a la satisfacción del yo en lugar de dar la propia vida a Dios y a otros.

- Pone límites a la eficacia de la obra de Cristo en todas las esferas de la vida o la rechaza por completo, sugiriendo que es inadecuada o que ha de ser complementada por medio de otras experiencias, otros instrumentos espirituales, o un régimen de observancias rituales o ascéticas.

- Es básicamente una religión hecha a medida del usuario y se niega a creer que todo cuanto podamos esperar alcanzar haya sido ya conseguido por Cristo.

Estas características continúan reproduciéndose en ideologías profanas y religiosas, y podemos por tanto encontrar muchos paralelismos en nuestro contexto moderno. Pablo profesa que el bautismo en la muerte de Cristo significa la muerte a todas estas cosas, independientemente del modo o lugar en que se manifiesten. La clave para la defensa de los cristianos contra tal error es permanecer unido a Cristo, «la cabeza», y reconocer que hemos muerto con él a los espíritus elementales que reinan sobre este mundo con sus distintas reglas y ordenanzas. Cuando reconocemos que estamos seguros en Cristo, los juicios de otras personas que pretenden, de algún modo, descalificarnos no nos dejarán en la cuneta.

Construyendo Puentes

Puede que no estemos absolutamente seguros de la naturaleza exacta de la «filosofía» que Pablo ataca en la carta a los Colosenses, sin embargo el texto sí nos ofrece advertencias contra algunos fenómenos «religiosos» o profanos, con similares características, que pueden volver a surgir en nuestro medio. De las diez características de la «filosofía» identificadas en la sección anterior, queremos proponer cinco de ellas como especialmente relevantes por su significado contemporáneo. Hemos de estar en guardia contra cualquier práctica religiosa o concepción del mundo que promueve alguna de las cosas siguientes:

- Cualquier ideología que juzgue, excluya, o descalifique a otros de acuerdo con criterios arbitrarios y humanos.

- Cualquier filosofía que sustituya las artificiales batallas del ascetismo por la lucha real con el pecado (3:5–11), que Cristo ya ha vencido por nosotros.

- Cualquier cosa que haga de los sentimientos subjetivos o estados místicos la norma por encima del acontecimiento histórico de la crucifixión y resurrección de Cristo.

- Cualquier cosa que conceda más importancia a los intermediarios divinos, como los ángeles, que a la realidad divina en Cristo.

- Cualquier cosa que separe a las personas de Cristo, la Cabeza, o de su pueblo, el cuerpo.

(1) El peligro de la religión que juzga y descalifica a los demás. Beare resume la afirmación de Pablo en 2:18: «No permitas que nadie te imponga sus normas arbitrarias de conducta cristiana; no te sientas inferior porque tu vida no esté gobernada según las normas que tal persona afirma ser necesarias».[50] En el caso del error colosense, el intento de los oponentes de sofocar los deseos carnales y establecer su pureza dejó suelta una tendencia pecaminosa más letal, a saber, el orgullo.[51] Muchos grupos cristianos quieren trazar un círculo de aceptabilidad cada vez más ajustado alrededor de ellos mismos, rechazando a otros por no adaptarse de algún modo a su estrecha visión de la verdad. Solo toleran o aceptan a sus clones religiosos. Reivindican la elevada posición de una excepcional devoción, o una

---

50. Beare, «The Epistle to the Colossians» [La Epístola a los Colosenses], 201.
51. David H. Stern, *Jewish New Testament Commentary* [Comentario judío del Nuevo Testamento] (Clarksville, Md.: Jewish New Testament Publications, 1992), 612.

ortodoxia ejemplar para, desde ahí, lanzar un bombardeo de críticas contra otros que también profesan ser cristianos.

Wall comenta sobre un ejemplo de este fenómeno:

> A fin de trazar con mayor precisión los límites sociales que distinguen a los ortodoxos de todos los demás, los creyentes evangélicos tienden a elaborar credos de creencias ortodoxas y códigos de conducta aceptable que les obligan a abstenerse de ciertos alimentos (como el alcohol) y prácticas (como el baile o ciertas formas de vestir extravagantes) que la mayoría de los creyentes consideran espiritualmente inofensivas. Los evangélicos consideran que las expresiones ascéticas y austeras de la propia devoción a Cristo son útiles para dar testimonio del cristianismo como una alternativa a los valores y creencias del orden secular que les rodea. Y hasta cierto punto es una idea correcta.[52]

El problema es que podemos llegar a adorar a nuestras reglas o nuestras estructuras teológicas en lugar de a Cristo. Este proceso produce inevitablemente una engreída y nada grata arrogancia, y agudiza las divisiones entre nosotros en lugar de promover la reconciliación. Wall sostiene, con razón, que los cristianos solo tienen un distintivo social, su «fe en que Jesucristo es el Señor».[53] Yo añadiría otro: nuestra conducta de acuerdo con esta fe. Quienes han sido capacitados por su bautismo en la muerte expiatoria de Cristo no pueden ser descalificados por autoproclamados jueces cegados por sus prejuicios.

(2) El peligro de una religión a medida. Pablo no se burla de un genuino interés por mantener normas morales. Lo que hace es poner en tela de juicio el método de los oponentes para conseguir la conducta moral. Su sistema no funciona. La obediencia a rigurosas reglas puede llevarnos a ganar una buena reputación de santidad, sin embargo, en última instancia es ineficaz para tratar con la pecaminosidad humana. Nuestras «necesidades morales son demasiado graves como para poder ser satisfechas por un sistema de reglas que se empeña simplemente en regular la antigua vida y controlar sus anárquicos impulsos».[54]

(a) Alguien ha dicho: «Tener reglas en la cabeza no es sustituto para la obediencia de corazón». Las reglas no crean la moralidad, sin embargo pueden tener un gran atractivo para los humanos, que pueden pensar erróneamente que sí lo hacen. Baggott comenta: «El 'régimen de ordenanzas', 'no tomes en tus manos, no pruebes, no toques' siempre poseerá un pode-

---

52. Wall, *Colossians and Philemon* [Colosenses y Filemón], 120.

53. Ibíd.

54. Caird, *Paul's Letters from Prison* [Las cartas de Pablo desde la prisión], 203.

roso atractivo para los hombres, especialmente para los reformadores con prisa».[55] Al parecer, la «filosofía» del tiempo de Pablo tenía su encanto, puesto que proporcionaba una clara serie de reglas y directrices que hacía que la vida santa pareciera mucho más sencilla y mensurable. Presentaba cosas específicas que hacer y no hacer. Un poema recoge la actitud esencial:

> Era toda mofletes y reglas,
> aquella mujer; como si
> los motivos de Dios
> fueran verdadero-falso,
> preguntas tipo test
> o perogrulladas.[56]

Con una lista de reglas, los adeptos pueden experimentar una mayor sensación de seguridad. Las reglas actúan como las ruedas accesorias de una bicicleta en el sentido de que pueden evitar que zozobremos. Sin embargo, también nos limitan, ya que nos impiden vivir en libertad. Las reglas también nos ayudan a calibrar si estamos o no haciendo algún progreso en nuestra tarea espiritual. Este es el problema. Nos llevan a considerar nuestras obligaciones con Dios como una lista de control, que, cuando hemos completado, nos lleva a creer erróneamente que hemos hecho todo lo que Dios requiere de nosotros. Pablo describió a los filipenses su antigua vanidad religiosa basada en esta mentalidad de la lista de control. Afirmaba ser irreprensible según la justicia derivada de la obediencia a la Ley (Fil 3:6).

Podemos confeccionar una enumeración de observancias —cosas que creemos que Dios requiere o admirará— y cumplir con ellas al pie de la letra. Sin embargo, tal obediencia no nos hace más consagrados a Dios. Por rigurosa que sea, la disciplina personal no es apta para doblegar la voluntad humana, que se resiste crónicamente a la voluntad de Dios. La Ley no puede producir motivación interior. Ésta solo puede ser generada por el Espíritu. La automortificación no puede expulsar a los demonios que nuestro pecado invita a entrar.[57] Caird señala que:

> El cristianismo ofrece una solución más radical y efectiva para
> los problemas éticos y espirituales del hombre que el lega-
> lismo ascético. Permite morir a la vieja naturaleza humana,

---

55. Baggott, *A New Approach to Colossians* [Un nuevo acercamiento a Colosenses], 86.
56. Bill Stadick, «Regarding a Co-Worker's Kindergarten Report Card» [Sobre la libreta de calificaciones del parvulario de un colaborador], *First Things* 64 (junio/Julio 1996): 32.
57. Rebecca Owanikin, «Colossians 2:18: A Challenge to Some Doctrines of Certain Aladura Churches in Nigeria» [Colosenses 2:18: un desafío a algunas doctrinas de ciertas iglesias Aladura de Nigeria], *African Journal of Biblical Studies* 2 (1987): 89–95, informa sobre cierto grupo de iglesias que «somete a todos sus miembros a flagelaciones periódicas con látigos como proceso de penitencia».

con sus ingobernables pasiones y mala conciencia, clavada a la Cruz de Cristo, de modo que pueda resucitar con él a una nueva vida.[58]

Según Colosenses, lo único que producirá e inspirará un crecimiento y una conducta moral es estar en Cristo y aferrarse a él, la Cabeza.

(b) La abstinencia podría tener su atractivo puesto que en la santidad que ven en los demás muchos confunden causa y efecto. El ascetismo de Juan Bautista, por ejemplo, no hacía de él un hombre santo, sino solo en lo relativo a su reputación. Su santidad procedía de su completa devoción a Dios al anunciar la venida del reino. Puede que esta devoción le llevara a su sobrio estilo de vida, sin embargo la austeridad de su dieta no era la causa de su santidad. Algunos, no obstante, pueden creer erróneamente que separándose del mundo material y asfixiando sus apetitos conseguirán acercarse más a Dios o estar mejor preparados para recibir la iluminación divina. Deducen equivocadamente que la vía negativa es el único camino a Dios. Estas cosas pueden, sin embargo, llevarnos de hecho más lejos de Dios y producir falsas ilusiones. Solo podemos acercarnos a Dios a través de Cristo, no mediante un régimen de ejercicios espirituales.

(c) Una religión hecha a medida sitúa al «yo» en el centro y por consiguiente está condenada al fracaso. Si nuestras metas son la autodisciplina, la autoconciencia, la autorrealización, la autoestima, o la autoayuda, probablemente acabaremos en la autoadoración.[59] Tales aspiraciones se centran en el «aquí y ahora» y convierten en ídolos los propósitos y deseos humanos. Si el objetivo es derrotar a la carne, lo que hace realmente es darle un nuevo poder. Puede dar la impresión de que la negación de uno mismo refrena los deseos de la carne, sin embargo puede ser simplemente otra forma de abandonarse a ella. Frye observa:

> Sin embargo, los esfuerzos del hombre sacrificándose por sí mismo no le aportan la libertad final que tanto busca, puesto que tales esfuerzos implican una creciente dependencia de sí mismo y es precisamente de su autodependencia de lo que el hombre ha de ser liberado. . . De hecho, el intento de ganarse el favor —sea el de Dios o el propio— representa una forma del mismo problema, y no su solución.[60]

58. Caird, *Paul's Letters from Prison* [Las cartas de Pablo desde la prisión], 201.
59. Ver la obra de Paul C. Vitz, *Psychology As Religion: The Cult of Self-Worship* [La psicología como religión: el culto de la propia adoración], 2d ed. (Grand Rapids: Eerdmans, 1994).
60. Roland Mushat Frye, *Perspective on Man: Literature and the Christian Tradition* [Perspectiva del hombre: literatura y tradición cristiana] (Filadelfia: Westminster, 1961), 117–18.

La carta a los Colosenses afirma que Cristo ya ha conseguido por nosotros todo lo que podamos intentar ganarnos por nuestros débiles esfuerzos. Los oponentes dependen de los logros humanos; los cristianos dependen de la expiación de Cristo. Francis comenta:

> El ascetismo es de este mundo en el sentido de que su propio rigor presupone la realidad del mundo. Si uno ha muerto al mundo con Cristo entonces estos disciplinados esfuerzos no vienen al caso. Cristo ha conseguido ya para los santos lo que los ascetas se esfuerzan por lograr.[61]

(3) El peligro de una religión visual. En el mundo de Pablo muchos tenían una insaciable aspiración hacia lo trascendente y eran cautivados por quienes eran capaces de fabricar vívidas visiones de ello. Meyer observa que en las antiguas religiones mistéricas la experiencia de la visión era esencial. La adoración se orientaba literalmente hacia experiencias de iluminación. A uno de los sacerdotes se le llamaba *hierofante*, es decir, el que muestra las cosas sagradas; y al iniciado en el misterio se le conocía como *contemplador*. Los adherentes escenificaban ceremonias de iniciación por la noche de modo que «el contraste entre la luz y la oscuridad, hacía que la primitiva experiencia de iluminación fuera mucho más vívida a los ojos y las emociones».[62]

Independientemente de cómo identifiquemos la naturaleza de la «filosofía», Pablo se oponía a ella como algo que se centraba en visiones ilusorias e inspiradoras de una petulancia vacía. Las preciadas visiones que, según ellos, abrían el mundo divino a los humanos eran poco más que el imaginario viaje de Alicia a través del espejo.

> «Nadie en el camino», decía Alicia. «¡Cómo me gustaría tener unos ojos así!» Observó el rey en tono irritado. «¡Ser capaz de ver a Nadie! ¡Y desde tan lejos, además! ¡Para mí ya es un lujo ver a personas reales con esa luz!»[63]

Esta religiosidad se orienta hacia el interior y hacia arriba y solo produce un narcisista egoísmo. La búsqueda de tales experiencias puede convertirse en una obsesión que mina nuestro compromiso con Cristo. Pablo no «se posicionó en sus visiones místicas, sino en el mensaje de la voz de

---

61. Fred O. Francis, «The Christological Argument of Colossians» [El argumento cristológico de Colosenses], en *God's Christ and His People: Studies in Honor of Nils Alstrup Dahl*, ed. Jacob Jervell y Wayne Meeks (Oslo/Bergen/Troms: Unversitetsforlaget, 1977), 204.
62. Marvin Meyer, *The Ancient Mysteries: A Sourcebook* [Los misterios de la Antigüedad: un libro de consulta], (San Francisco: Harper & Row, 1987), 5.
63. Lewis Carroll, *A través del espejo y lo que Alicia encontró al otro lado* (Madrid: Alianza Editorial, 2007), p. 277 del original en inglés.

Dios para su vida, que le dirigía y guiaba por caminos de obediencia moral y amoroso servicio».[64] Pablo reconoce que la dirección del cristianismo es hacia abajo en la Encarnación y hacia afuera en una sacrificada actividad en bien de los demás.

En nuestro tiempo, los cristianos han de hacer frente a una «filosofía» más insidiosa que se infiltra en nuestros hogares y subconscientes: la cultura de los medios audiovisuales con su acento en el sonido envolvente y los portentos visuales. Puede que esto no parezca una amenaza evidente puesto que, por regla general, no se presenta como una religión rival ni difama abiertamente la salvación ofrecida por Cristo. En un discurso que pronunció en 1996 en el Gordon College, Michael Medved, un famoso crítico cinematográfico, advirtió acerca de la corrosividad moral del cine y la televisión. Medved aseveró que la televisión y, en general, todos los medios de comunicación «contradicen los mensajes fundamentales de la tradición judeo cristiana de las siguientes formas»:

• Subrayan lo nuevo y lo último en lugar de lo que es verdadero y eterno. Solo la verdad nueva es verdadera. Las verdades antiguas solo pueden ser anticuadas y obsoletas.

• Machacan implacablemente la cuestión de la gratificación material, lo cual hace que sea muy difícil que sus adictos se den cuenta de que no siempre pueden conseguir lo que quieren. «Solo existe este minuto y esta hora; apetitos que colmar y deseos que satisfacer». El mensaje es «adelante con el placer»; «tú lo mereces»; «consíguelo a tu manera»; «Tómalo mientras queda». El sacrificio se convierte en algo ridículo.

• Lo visual y superficial embellecen lo que no es hermoso. El que personas atractivas hagan cosas horribles o inmorales en entornos suntuosos tiende a hacer que tales actividades parezcan atractivas.

• «Todo el acento de los medios de comunicación está en los ojos: en los ojos que conectan con el corazón, con las emociones». Apela a los sentidos, pero no sustenta el alma. Medved concluye: «la religión no nos pide que sigamos a nuestro corazón o que seamos dirigidos por nuestros ojos. Nos manda que miremos por debajo de la superficie; que creamos lo que es cierto, no simplemente lo que se ve».

Una religión visual nos deja obnubilados; sin embargo cuando el ensueño ha terminado, no queda nada. Pablo reconoce esta verdad, lo cual podría explicar por qué nunca dio demasiados detalles de sus visiones o siquiera las mencionó hasta que se vio forzado por la situación de la iglesia de Corinto. Pero incluso cuando habló de sus visiones tras ser arrebatado al

---

64. MacLeod, «The Epistle to the Colossians» [La Epístola a los Colosenses], 206.

tercer cielo, lo hizo de un modo tan ambivalente que estas gloriosas experiencias parecían cosas nimias comparadas con el conocimiento de que la Gracia de Dios es suficiente para vencer cualquier aguijón en la carne (2Co 12:1–10). Nuestro peligro es que queramos seguir el ritmo de nuestra cultura del ocio y su enfoque en lo visual convirtiendo nuestra adoración en un espectáculo religioso. Hemos de situarnos en una línea muy delgada que separa lo que es una adoración interesante y atractiva de una mera y ostentosa actuación, una adoración que tiene profundidad, pero que no se hace tediosa e insípida.

Tenemos gloriosas riquezas que ofrecer en Cristo, pero «están escondidas» (Col 2:3). Puesto que vivimos en una sociedad habituada a llamativas presentaciones y a la gratificación instantánea, muchos están expuestos a la seducción de quienes ponen ante ellos atractivas riquezas que pueden hacer suyas en aquel mismo instante. El envoltorio puede engañarnos. Por ejemplo, es posible que cuando compramos un sofá, la estructura, materiales, y hechura oculta debajo de lo que ven nuestros ojos, no jueguen un papel importante en la decisión. Puede que lo compremos por el mero hecho de que tiene un buen aspecto y es cómodo. Algunas personas eligen su fe del mismo modo. Van en busca de algo que tenga buen aspecto y sea cómodo. La Cruz no tendrá atractivo para ellos. Sin embargo, la Cruz es lo único que puede salvarles.

(4) El peligro de una religión que llena el vacío entre nosotros y Dios con intermediarios divinos. He defendido que Pablo se opone a un judaísmo local que ha objetado contra los cristianos colosenses como herederos de las promesas de Israel, y que la referencia a «la adoración de ángeles» es un desdeñoso rechazo de sus convicciones y prácticas. Sin embargo, teniendo en cuenta el renovado interés en los ángeles que se ha producido en nuestro tiempo, la advertencia acerca de reverenciar a los ángeles tiene también una aplicación contemporánea.

La Iglesia Primitiva tenía problemas con algunos que ponían a los ángeles en un pedestal espiritual demasiado exaltado, que hacía que los creyentes les veneraran de un modo desmedido.[65] Algunos datos procedentes de decretos eclesiales de los primeros siglos revelan que los cristianos estaban implicados en indecorosas prácticas ocultas y en veneración de ángeles. Escribiendo en la primera mitad del Siglo V, Teodoreto comentaba sobre Colosenses 2:18: «[Esta enfermedad] permaneció por largo tiempo en Frigia

---

65. Houlden, *Paul's Letters from Prison* [Las cartas de Pablo desde la prisión], 165, cita a Justino Mártir mostrando un excesivo aprecio por los ángeles. En su *Primera Apología* 6, Justino afirma que los objetos de la devoción cristiana son «El Padre de justicia. . . y el Hijo que de él procede. . . y el ejército de los otros ángeles buenos, que le siguen y son conformados a su semejanza, y el Espíritu profético».

y Pisidia. Se dedicaron capillas al arcángel Miguel». Teodoreto explica que este problema motivó el sínodo del Siglo IV que se celebró en Laodicea de Frigia para redactar su trigésimo quinto canon, que «prohibía mediante un decreto la ofrenda de oraciones a los ángeles; y hasta el tiempo presente pueden verse entre ellos y entre sus vecinos oratorios dedicados al santo Miguel».[66] Las advertencias hechas a Juan de no adorar al ángel que le guiaba en su recorrido celestial (Ap 19:10; 22:8–9) seguían siendo relevantes.

Esta curiosidad y obsesión por los ángeles tan extendida en el paganismo, judaísmo y cristianismo del mundo antiguo se ha intensificado en nuestro contexto contemporáneo. McColley sostiene que «en los medios de comunicación populares los ángeles tienden a ser sentimentales, cómicos, o incluso vulgares, y la angeleología ha sido en gran medida sustituida por explicaciones estrictamente profanas y alegóricas, psicológicas y antropológicas que las vacían drásticamentede de poder espiritual».[67] Esta renovada fijación por los ángeles cruza la línea de lo religioso y lo secular. Los argumentos de muchas películas y series de televisión giran en torno a ángeles que intervienen constantemente en las vidas de algunas personas. Las librerías están llenas de lustrosos libros y deslumbrantes calendarios sobre ángeles. La superabundancia de tales publicaciones sugiere que la industria de los ángeles es bastante rentable.

¿Qué es lo que los hace tan atractivos? Bush propone que «los ángeles parecen más asequibles que Dios, y más atractivos. Y mientras que solo hay un Dios, existen muchos ángeles: tantos que cada uno de nosotros puede tener un ángel privado consagrado a nuestro bienestar».[68] Este interés refleja un anhelo de lo espiritual y milagroso y de una cierta señal de que a Dios le importamos lo suficiente como para intervenir directamente en nuestras vidas. Los comentarios de Nora Ephron, autora y directora de la película *Michael* [Miguel], la historia de un ángel peculiar que actúa como Cupido y que fomenta la atracción entre amantes imposibles y hasta resucita a un perro, son reveladoras:

> Lo que las personas no pueden soportar es [la indiferencia], todo el mundo quiere creer que Dios se fija en ti, que nota los detalles de las cosas. . . La horrible verdad es que probablemente no es así. Tiene cosas más importantes que hacer. Sin

66. Citado por Lightfoot, *Saint Paul's Epistles to the Colossians and to Philemon* [Las epístolas de San Pablo a los Colosenses y a Filemón], 68, n. 2.
67. Diane McColley, «Angels» [Ángeles] en *A Dictionary of Biblical Tradition in English Literature*, ed. David Lyle Jeffrey (Grand Rapids: Eerdmans, 1992), 41.
68. Trudy Bush, «On the Tide of the Angels» [En la marea de los ángeles], *Christian Century* 112 (1995): 237.

embargo, los ángeles sí se fijan en los detalles. Hacen que la grúa pase por ahí cuando acabas de tener un pinchazo.[69]

Estos sentimientos populares sobre los ángeles halagan nuestro egocentrismo al afirmar que «un ángel me observa». Las personas desean ardientemente la atención y ayuda de seres angélicos benefactores dedicados a nuestra felicidad y bienestar personal. Por el contrario, los ángeles bíblicos, no dicen gran cosa; únicamente imparten información privilegiada sobre la actividad divina que de otro modo sería inaccesible para los humanos, y no están mucho entre los humanos. Algunos autores de obras de divulgación insisten en que los ángeles vienen para nuestra bendición, para jugar con nosotros, para protegernos, sanarnos, «y procuran siempre darnos lo que queremos».[70] Es, por tanto, probable que la explicación del renovado interés en los ángeles se encuentre aquí: los ángeles nos dan lo que queremos sin exigir a cambio mucho compromiso religioso o sacrificio.

Los ángeles que aparecen en las postales y cabalgatas navideñas han dejado también la impresión de que todos ellos son serviciales, serenos y amigables: heraldos de buenas noticias. Muchas personas ignoran o han olvidado el papel más aterrador que desempeñan los ángeles en la Escritura (ver Gn 19:1–29; 2S 24:15–17; 2R 19:35; 2Cr 32:21; Sal 78:49; Is 37:36; Hch 12:23). Sin embargo, los ángeles de nuestro tiempo no tienen nada que ver con la lucha contra la maldad o el pecado; se limitan a ayudarnos para evitar que nos sucedan cosas desagradables. Nos sirven a nosotros, no a Dios, y trabajan para mejorar nuestra vida aquí y ahora. Las gentes no caben en sí de gozo pensando en ángeles que nos rozan suavemente con sus alas y nos susurran al oído dulces pamplinas religiosas como, «¡No te preocupes! ¡Sé feliz!». Estos ángeles nunca nos retan a preocuparnos por los demás, a batallar con el pecado de nuestra vida, o a luchar con la maldad y la injusticia del mundo.

Los papiros mágicos de la Antigüedad reflejan una postura similar hacia los ángeles. Estos registros del paganismo antiguo muestran a los suplicantes dando mandamientos directos a varios ángeles: «Protégeme, presérvame, óyeme, dáme, ven a mí, dime, satisfáceme».[71] Esta actitud se corresponde con los lemas de los pins que vi a la venta en una librería. Había cinco distintos personajes beatíficos con confiadas descripciones de sus roles angélicos. A uno de ellos se le presentaba como el ángel de la protección, que «protege y dirige». Otro era el ángel del éxito que «proporciona la energía para prosperar». El ángel de la felicidad provee «buenos ratos, y alegría».

69. James Sterngold, «A Fellowship of Angels and America» [Una confraternidad entre los ángeles y los Estados Unidos] *New York Times* (6 de abr de 1997), H 41.
70. Ibíd.
71. Arnold, *The Colossian Syncretism* [El sincretismo colosense], 31.

El ángel del amor imparte «idilios, amor, grandes relaciones personales». El ángel de la sabiduría procura «conocimiento y nos ayuda a tomar decisiones acertadas». Estos modernos amuletos pueden tener alguna forma de «efecto placebo» sobre quienes los llevan, sin embargo no son muy distintos de los antiguos fetiches que generaban en sus portadores expectativas de buena suerte y protección de los malos espíritus. Tienen el efecto negativo de disuadirnos de buscar la ayuda y dirección de Cristo.

Otra cosa que hace que los ángeles sean tan atractivos en nuestro tiempo es que no son patrimonio de ninguna denominación (transcienden los credos, religiones y filosofías). Ofrecen un mensaje genérico e inspirador con poco o ningún contenido religioso. Puesto que los ángeles son también espíritus incorpóreos y se supone que funcionan como intermediarios entre Dios y los humanos, muchos asumen que son espiritualmente avanzados. En las religiones de la Nueva Era, algunos mantienen que podemos ascender con los ángeles que son espíritus puros y desarrollar su misma «conciencia». Pope escribió:

> A los hombres les gustaría ser ángeles y los ángeles querrían ser Dios.
> Aspirando a ser dioses, los ángeles cayeron,
> Aspirando a ser ángeles, los hombres se rebelaron.[72]

El problema es que Dios no creó a los seres humanos para que se convirtieran en ángeles, ni a los ángeles para que fueran dioses.

Esta preocupación con los ángeles es una señal de seria confusión espiritual. La referencia que encontramos en nuestro texto a la «adoración de los ángeles» y la preocupación de Pablo en el sentido de que ésta menoscaba la supremacía de Cristo proporciona una oportunidad ideal para afrontar este fenómeno, que promueve serios errores teológicos. Muchos han intentado llenar el vacío que sienten entre ellos y un Dios oculto y distante por medio de intermediarios divinos como los ángeles.

En Israel, las especulaciones sobre los ángeles florecieron durante el exilio y el dominio extranjero posterior, cuando muchos judíos se sentían abandonados por Dios. En el pensamiento judío, este fue también un tiempo en el que Dios se hizo más exaltado y consecuentemente más distante. Cuanto más trascendente se hacía Dios a ojos del pueblo, más necesaria se creía la presencia de servidores celestiales que cantaran su gloria y comunicaran sus mensajes al mundo. No podían describir directamente a Dios, pero sí a sus siervos, los ángeles.

72. Alexander Pope, *An Essay on Man* [Un ensayo sobre el hombre], ed. Maynard Mack (Londres: Methuen, 1950), 31.

Cuando los humanos sentimos que Dios está apartado de nuestro mundo, nos sentimos más atraídos hacia emanaciones de la deidad más asequibles, más útiles, y más fáciles de utilizar. El grave peligro es que estos personajes divinos se conviertan en poco más que funcionarios a quienes doblegar a placer; y peor aún, que lleguen a ser rivales de Cristo. Que las personas vayan a ellos en lugar de a Cristo para que les protejan, ayuden, y les den seguridad. Nuestro interés en unos intermediarios divinos a quienes podemos controlar y manipular con más facilidad mediante rituales y ensalmos puede desplazar fácilmente los requisitos más exigentes de nuestra relación con Dios y con Cristo. Pablo afirma que nuestra relación con Cristo es lo único que importa. Hemos de guardarnos contra la invasión de cualquier supuesto mediador de la salvación que rivalice con él. Cuando los cristianos conocen a Cristo como el Señor resucitado que está entre nosotros para siempre (Mt 28:20), la importancia del ministerio de los ángeles decrece.

En Colosenses, Pablo nos recuerda que aunque Cristo y los ángeles son agentes de Dios, solo Cristo es su Hijo amado (1:13) y la plena encarnación de la deidad y de los propósitos divinos (1:19, 2:9). Solo en él tenemos acceso al reino de la luz, la redención, el perdón de los pecados (1:13–14; 2:13–14), y la esperanza de gloria (1:27). Únicamente en Cristo somos reconciliados con Dios (1:22), porque solo Cristo murió por nosotros (1:20; 2:11). Solo Cristo reina supremo sobre todas las cosas; los seres creados, visibles e invisibles (1:16; 2:10). Solamente en Cristo triunfamos sobre todos los poderes y autoridades, que fueron derrotados en la Cruz (2:15; ver Ro 8:38–39; 1P 3:22). Únicamente Cristo ofrece la promesa de una vida resucitada y el poder para vivir moralmente en esta etapa (Col 3:1–3).

La directora cinematográfica que antes hemos citado hizo referencia a la terrible idea de que Dios nos ignora. Lo horrible es, sin embargo, todo lo contrario: somos nosotros quienes hemos ignorado a Dios, y nuestros pecados los que llevaron a la Cruz a su Hijo. El mensaje cristiano proclama que Dios ha reparado en nosotros lo suficiente como para mandar a su Hijo a nuestro oscuro gueto para que él consiga nuestra reconciliación y redención. La aterradora verdad es que muchas personas siguen rechazando esta oferta de amor y se vuelven a dioses de su propia hechura.

(5) El peligro de perder conexión con la Cabeza. El Nuevo Testamento afirma que no podemos experimentar verdaderamente a Dios o su salvación sin Cristo. Pablo refuerza este punto con la metáfora de la cabeza y el cuerpo en 2:19. La cabeza imparte al cuerpo todo lo necesario para la vida; sin ella, el cuerpo se marchitaría y moriría. Igual que ningún miembro de un cuerpo físico puede vivir por su cuenta, ningún individuo puede vivir sin el cuerpo de Cristo.

Los propagadores del error colosense se equivocaban al creer que podían acceder a la esfera celestial sin Cristo. Pablo afirma que la Iglesia es el lugar donde la autoridad de Cristo sobre el Cosmos debería ser más evidente, precisamente porque la Iglesia es la que está más completamente «enchufada a la fuente de suministro y crecimiento».[73] «La presencia vivificadora de Cristo determina la diferencia entre un desarrollo vacío y un verdadero crecimiento, como el que Dios quería cuando creó el mundo».[74] Por consiguiente, solo podemos experimentar nuestra salvación y crecer en ella dentro de la Iglesia, en la medida en que dependemos de Cristo como «Cabeza» y fuente de nuestra alimentación y nos relacionamos los unos con los otros (ver Jn 15:4–5). Lewis escribe: «Somos convocados desde el principio para combinarnos como criaturas con nuestro Creador, como mortales con el inmortal, como pecadores redimidos con el impoluto Redentor».[75]

La conexión con Cristo es decisiva para el crecimiento. Pero la utilización que Pablo hace de la imagen del cuerpo muestra que el apóstol no tiene solo en mente una unión con Cristo de carácter individualista. Solo podemos conocer a la Cabeza como miembros de su cuerpo. Cuando estamos unidos a Cristo como parte de su cuerpo, estamos también unidos a otros miembros. El Nuevo Testamento afirma también que nuestra experiencia de Dios y de la salvación no nos llega independientemente de la Iglesia. No podemos crecer por nosotros mismos, sin Cristo; no podemos crecer por nosotros mismos, sin interactuar con otros cristianos. Por tanto, si creemos que podemos encontrar el significado, propósito y relevancia de nuestra vida para Dios por medio de una aislada contemplación de verdades religiosas, solo nos estamos engañando a nosotros mismos. Esto solo puede suceder en el marco de una comunidad de creyentes unidos a Cristo y los unos a los otros. Jones señala que para vencer los hábitos pecaminosos, necesitamos desarrollar amistades alentadoras en la Iglesia, y recibir enseñanzas que nos ayuden a desaprender nuestros hábitos destructivos y a cultivar los santos.[76]

Lee registra el gran número de estadounidenses modernos que «consideran el tipo de cristianismo que está inextricablemente vinculado a una comunidad física como una etapa más pueril de la fe, en comparación con

73. Dunn, *The Epistles to the Colossians and to Philemon* [Las epístolas a los Colosenses y a Filemón], 187.

74. Scott, *The Epistles to the Colossians and to Philemon* [Las Epístolas a los Colosenses a Filemón y a los Efesios], 56.

75. C. S. Lewis, *Transpositions and Others Addresses* [Transposiciones y otros discursos] (Londres: Geoffrey Bles, 1958), 38.

76. L. Gregory Jones, *Embodying Forgiveness: A Theological Analysis* [Encarnar el perdón: un análisis teológico], (Grand Rapids: Eerdmans, 1995), 76.

el cristianismo como forma de pensamiento». Prefieren, dice, «el incorpó-
reo espíritu del cristianismo» sin el cuerpo eclesial que lo obstaculiza. Lee
escribe:

> Los gnósticos de todos los periodos observan a la Iglesia y se
> dicen a sí mismos, «¿Crees que se trata de esto? ¿Quieres decir
> que esto es todo lo que hay? ¿Únicamente lo que esta ingenua
> mujer o aquel adolescente son capaces de entender; solo lo que
> está diciendo ese predicador con una formación mediocre?»[77]

Bellah llama a esta tendencia de la espiritualidad norteamericana
«Sheilaismo». El nombre deriva de una mujer a la que entrevistó acerca de
Dios y que le dijo: «soy religiosa, pero no voy a la iglesia. Creo que Dios
está dentro de mí; es mi pequeña voz personal». Para ella, ser religiosa no
significa estar conectada con nadie más. Se trata de la huida del solo al solo.
Los sociólogos nos dicen que, en los Estados Unidos, nueve de cada diez
personas creen en Dios, pero solo una mínima parte le adora regularmente
con otros creyentes. Si tales personas son miembros de una iglesia, pueden
considerarlo «en términos individualistas» como un lugar en el que descubrir su concepción personal de la fe. La Iglesia se convierte en poco más
que un gimnasio, al que uno va a ejercitarse para conseguir una cierta mus-
culación o pérdida de peso.

En cambio, la Iglesia ha de ser el lugar en que se desarrollan las metas de
Dios para la Creación. Cuando nos separamos de Cristo y de su comunidad,
estamos asegurando nuestra desnutrición espiritual. Si pudiéramos visuali-
zar físicamente las almas de aquellos que están separados de la Cabeza, nos
parecerían dolorosas imágenes de cuerpos debilitados y escuálidos, camino
de la inanición.

---

77. Philip J. Lee, *Against the Protestant Gnostics* [Contra los gnósticos protestantes]
(Nueva York/Oxford: Oxford Univ. Press, 1987), 192.

Colosenses 3:1-17

Ya que han resucitado con Cristo, busquen las cosas de arriba, donde está Cristo sentado a la derecha de Dios. 2 Concentren su atención en las cosas de arriba, no en las de la tierra, 3 pues ustedes han muerto y su vida está escondida con Cristo en Dios. 4 Cuando Cristo, que es la vida de ustedes, se manifieste, entonces también ustedes serán manifestados con él en gloria. 5 Por tanto, hagan morir todo lo que es propio de la naturaleza terrenal: inmoralidad sexual, impureza, bajas pasiones, malos deseos y avaricia, la cual es idolatría. 6 Por estas cosas viene el castigo de Dios. 7 Ustedes las practicaron en otro tiempo, cuando vivían en ellas. 8 Pero ahora abandonen también todo esto: enojo, ira, malicia, calumnia y lenguaje obsceno. 9 Dejen de mentirse unos a otros, ahora que se han quitado el ropaje de la vieja naturaleza con sus vicios, 10 y se han puesto el de la nueva naturaleza, que se va renovando en conocimiento a imagen de su Creador. 11 En esta nueva naturaleza no hay griego ni judío, circunciso ni incircunciso, culto ni inculto, esclavo ni libre, sino que Cristo es todo y está en todos. 12 Por lo tanto, como escogidos de Dios, santos y amados, revístanse de afecto entrañable y de bondad, humildad, amabilidad y paciencia, 13 de modo que se toleren unos a otros y se perdonen si alguno tiene queja contra otro. Así como el Señor los perdonó, perdonen también ustedes. 14 Por encima de todo, vístanse de amor, que es el vínculo perfecto. 15 Que gobierne en sus corazones la paz de Cristo, a la cual fueron llamados en un solo cuerpo. Y sean agradecidos. 16 Que habite en ustedes la palabra de Cristo con toda su riqueza: instrúyanse y aconséjense unos a otros con toda sabiduría; canten salmos, himnos y canciones espirituales a Dios, con gratitud de corazón. 17 Y todo lo que hagan, de palabra o de obra, háganlo en el nombre del Señor Jesús, dando gracias a Dios el Padre por medio de él.

Sentido Original

Después de explicar que los colosenses han sido liberados de los poderes, Pablo expone ahora que lo han sido para vivir una vida moralmente irreprochable. El siguiente párrafo (3:1-4), con su *leitmotiv* «con Cristo», sirve como transición de las advertencias negativas a una exhortación más positiva. Han sido resucitados «con Cristo» en el pasado (3:1), están escondidos «con Cristo» en el presente (3:3), y serán manifestados «con Cristo» en el futuro (3:4).

En 3:5-14 se presenta un catálogo de vicios y virtudes. Como hace en la lista de las obras de la naturaleza pecaminosa y el fruto del Espíritu en

Gálatas 5:19–23, Pablo enumera primero los vicios de la antigua moralidad, a los cuales han de renunciar (3:5–9a). A continuación enumera las
virtudes de la nueva moralidad, que han de ser adoptadas (3:12–14).[1] En
3:9b–11 una afirmación sobre la nueva creación establece un puente entre
los vicios y las virtudes: unas virtudes posibilitadas porque Dios ha creado
en Cristo una nueva humanidad que se va «renovando en conocimiento a
imagen de su Creador».

La nueva creación hace posible la nueva moralidad, lo cual, a su vez,
conduce a la nueva adoración en 3:15–17. Esta sección culmina con una
acción de gracias, que es uno de los puntos que se subrayan en la carta (1:3,
12; 2:7; 3:15, 17; 4:2).[2]

Nueva vida con Cristo (3:1–4)

La primera afirmación que se consigna en 3:1, «Ya que (*ei*) han resucitado con Cristo», es análoga a la de 2:20, «Si (*ei*) con Cristo ustedes ya han
muerto».

Morir con Cristo simboliza la drástica ruptura con la antigua vida (3:2)
y forma parte esencial de la advertencia de Pablo contra las reglas de una
filosofía hueca y engañosa. Ser resucitados con Cristo subraya la nueva
posición de los creyentes, una posición que requiere una nueva forma de
vida.[3] Resucitar con Cristo alude a la fuente de energía para vivir la nueva
vida. Este párrafo transicional reafirma el argumento teológico anterior y
establece el fundamento para las siguientes amonestaciones éticas.

---

1. Craig A. Evans, «The Colossian Mystics» [Los místicos colosenses] *Bib* 63 (1982): 194.
2. Lars Hartman, «Code and Context: A Few Reflections on the Parenesis of Col 3:6–
    4:1» [Código y contexto: algunas reflexiones sobre la exhortación de Colosenses
    3:6–4:1] en «*Understanding Paul's Ethics»: Twentieth Century Approaches* (Grand
    Rapids: Eerdmans, 1995), 189–90, señala que, en la sección anterior, Pablo establece
    contrastes con la descripción de la «filosofía». El catálogo de vicios y virtudes iden-
    tifica en términos negativos y positivos el modo en que los cristianos hemos de rela-
    cionarnos con nuestros semejantes. Difiere de la solitaria «humildad», «adoración de
    ángeles», y «visiones» místicas de la «filosofía» en cuestión. La adoración cristiana
    que se describe en 3:16 difiere de las observancias de 2:16, que están determinadas por
    el movimiento de los cuerpos celestiales. La enumeración de tareas domésticas que se
    consigna en 3:18–4:1, con su enfoque realista, difiere de las prohibiciones de tomar en
    las manos, probar y tocar que encontramos en 2:23.
3. Pablo se refiere a nuestra resurrección con Cristo como algo del pasado. En todas sus
    cartas el apóstol se refiere a la resurrección como un acontecimiento futuro, a excep-
    ción de Ef 2:5–6. Algunos han apelado a esta aparente contradicción argumentando
    que Colosenses no pudo haber sido escrita por Pablo. El «ya» de 3:1, sin embargo, está
    equilibrado por el «todavía no» de 3:4, donde nuestra manifestación junto con Cristo
    se dirige hacia el glorioso futuro. En 3:1 Pablo no se refiere a la resurrección final (ver
    2Ti 2:18), sino a una resurrección espiritual de entre los muertos (2:12).

(1) La nueva vida se pone en marcha con una nueva orientación cuando los cristianos ponen sus corazones en (lit., «buscan») las cosas de arriba. El sentido de «las cosas de arriba» se explica con la expresión «donde está Cristo sentado a la derecha de Dios».[4] Esta afirmación resuena de nuevo como una nota clave de la carta, y Pablo extraerá ahora sus implicaciones éticas.

(a) Puesto que los creyentes están en Cristo, ya forman parte del mundo de arriba, donde él está. Lincoln comenta algunas cuestiones interesantes al respecto:

> El reino celestial se centra alrededor del resucitado y, puesto que él está en la posición de autoridad a la diestra de Dios, nada puede impedir el acceso a este reino y a la presencia de Dios, ni puede haber ninguna inseguridad importante por lo que respecta a la salvación que poseen en él y su resultado final.[5]

(b) Los cristianos ya conocen este reino por medio de la fe (2:12) y no acceden a él utilizando otros mediadores, siguiendo atracciones visionarias de poca monta, sujetándose a decretos legalistas, o mortificando el cuerpo.[6]

(c) Puesto que Cristo no es un mero ángel, sino que reina sobre todas las cosas, todos los aspectos de nuestras vidas deberían ser gobernados por él. Todo pensamiento, objetivo, valor, aspiración y lucha han de ponerse bajo su señorío.

(2) La segunda afirmación de Pablo es que la vida del creyente está «escondida con Cristo en Dios»; con ella sella las anteriores advertencias al tiempo que expresa también ciertas implicaciones éticas.

---

4. Después de la expresión «donde está Cristo» habría que insertar una coma. La expresión «sentado a la diestra de Dios» tiene un significado separado y recuerda al Sal 110:1, el pasaje del Antiguo Testamento que más se cita en el Nuevo. El que Cristo esté sentado a la diestra de Dios (Sal 110:1) expresa la convicción escatológica de la Iglesia en el sentido de que la era venidera se había iniciado con Cristo. Pablo hace un llamamiento a los creyentes para que permitan que sus vidas sean dirigidas por las cosas de arriba, donde está Cristo. Estas son las cosas definitivas y trascendentes y se contrastan con la dependencia de la «filosofía» de «los principios esenciales de este mundo» (2:8, 20), las «tradiciones humanas» (2:8), y las cosas «que van a desaparecer con el uso» (2:22).

5. Andrew T. Lincoln, *Paradise Now and Not Yet: Studies in the Role of the Heavenly Dimension in Paul's Thought with Special Reference to His Theology* [Paraíso ya y todavía no: estudios sobre el papel de la dimensión celestial en el pensamiento de Pablo con especial referencia a su teología], SNTSMS 43 (Cambridge: Cambridge Univ. Press, 1981), 125.

6. Tampoco lo conseguirán por medio de la Astrología. Tolomeo, el famoso astrónomo y astrólogo escribió: «Sé que soy criatura de un día; sin embargo, cuando busco en las multitudinarias espirales giratorias de las estrellas mis pies no descansan ya en la Tierra, sino que, hallándome junto al propio Zeus, me sacio de ambrosía, la comida de los dioses» (*Greek Anthology* [Antología griega], «Epigrams» 9 § 577).

(a) La vida del creyente en Aquel que reina sobre todo el Cosmos tiene aún que hacerse claramente evidente a todos los observadores (ver 1Jn 3:2); nuestra gloriosa manifestación con Cristo está en el futuro. Esta realidad explica por qué quienes se aferran a esta «filosofía» y basan sus apreciaciones únicamente en las cosas visibles, han rechazado y ridiculizado la esperanza del cristiano.[7] Pablo reconforta a los colosenses explicándoles que en Cristo lo poseen ya todo, sin embargo la plena manifestación de este hecho aguarda al regreso de Cristo. Por consiguiente, pueden quitarle importancia al desafío que les plantean sus oponentes.

(b) Una vida escondida en aquel que se sienta a la diestra de Dios es totalmente segura. Ningún poder enemigo puede jamás producir daños perdurables a dicha vida. No tienen ninguna necesidad de aplacar a estos poderes.

(c) El acento sobre la incorporación de los creyentes en la vida de Cristo (ver Gá 2:20; Fil 1:21) conduce a la exhortación ética que sigue. La nueva vida de obediencia no depende de su débil determinación moral sino de su unión con él.

La antigua moralidad (3:5–9a)

Pablo da fe de que, o se está muerto en el pecado (2:13) o se está muerto a él (3:5). Los creyentes, sin embargo, siguen siendo obras en desarrollo, lo cual explica la necesidad de los mandamientos a hacer «morir todo lo que es propio de la naturaleza terrenal [lit., los miembros sobre la Tierra]» (3:5) y abandonar «también tales cosas» (3:8).[8] Los «miembros» del creyente pueden ser ofrecidos al pecado como instrumentos de maldad o a

---

7. Caird, *Paul's Letters from Prison*, [Las cartas de Pablo desde la prisión], 202, comenta: «La vida cristiana es un proceso en el que, mediante una constante comunión con el Cristo resucitado y por la operación de su Espíritu, el creyente es transformado a su semejanza, de un estadio de gloria a otro (2Co 3:18). Sin embargo, es un proceso secreto, invisible tanto para el intruso como para el propio creyente, conocido solo para la fe». Caird apunta a la evidencia en 2 Corintios de que este proceso invisible hace incluso que los cristianos saquen conclusiones erróneas sobre la realidad de esta transformación. Los corintios juzgaban a Pablo por las apariencias (2Co 4:18), y su aspecto maltrecho no coincidía con su ideal de un verdadero apóstol. Pablo confiesa que antes de su conversión él mismo utilizaba las mismas normas superficiales y externas para juzgar equivocadamente a Cristo, pero su conversión había cambiado su perspectiva sobre todas las cosas (2Co 5:16).

8. La expresión «hagan morir» es un imperativo aoristo. Los gramáticos distinguen por regla general el imperativo aoristo del imperativo presente afirmando que el primero ordena, «comienza a hacer tal cosa», mientras que el segundo insta a seguir haciéndola. K. L. McKay, «Aspect in Imperatival Constructions in New Testament Greek» [El aspecto de las construcciones imperativas en el Nuevo Testamento griego], *NovT* 27 (1985): 203–8, pone en tela de juicio esta suposición. Mckay arguye que el imperativo aoristo insta a una actividad como una acción completa «sin detenerse en sus detalles internos», mientras que el imperativo presente insta a una actividad continua «sin cen-

Dios como instrumentos de justicia y santidad (Ro 6:13, 19). Éstos (los miembros) pueden también ser cautivados: «Pero me doy cuenta de que en los miembros de mi cuerpo hay otra ley, que es la ley del pecado. Esta ley lucha contra la ley de mi mente, y me tiene cautivo» (Ro 7:23).

Las restricciones antes enumeradas, «¡No tomes en tus manos, no pruebes, no toques!» (2:21), eran un inútil intento de proteger a los propios miembros de la dominación del pecado; sin embargo, tales esfuerzos no conseguían llegar a la raíz del problema, a saber, las pasiones y obsesiones interiores. De hecho, ni siquiera lograban arañar la superficie del problema. Una casa de madera afectada por las termitas puede masillarse y pintarse, sin embargo, a no ser que toda ella sea fumigada a conciencia y se cambien todas las tablas deterioradas, la casa está condenada al colapso. Pablo demanda el completo «exterminio de la antigua forma de vida».[9] El peligro de una recaída ética permanece si no se borra lo antiguo. Caird compara la situación de los creyentes con los inmigrantes que se han trasladado a un nuevo país pero no se han habituado todavía a las nuevas formas de vida.[10] Pablo insiste en que los cristianos han de erradicar cualquier persistente marca del antiguo estilo de vida pagano: sus valores, costumbres, y prácticas.

En el mundo antiguo, las listas se utilizaban comúnmente en las exhortaciones éticas, y las coincidencias existentes entre las listas del Nuevo Testamento y las exhortaciones morales del mundo grecorromano ponen de relieve que los paganos reconocían que ciertas clases de conducta eran degradantes (ver Ro 2:14–15) y otras, dignas de elogio.[11] Deben observarse, no obstante, algunas diferencias clave. (1) El interés de Pablo no es meramente consignar ideales éticos dignos de reflexión. El apóstol espera realmente que los cristianos abandonen plenamente los vicios y vivan las virtudes. (2) Fundamenta su exhortación en la cristología. Los cristianos están siendo transformados conforme a la imagen de Cristo (3:10). Puesto que esto es así, se les pide que hagan un ejercicio de honestidad consigo mismos.

Pecados de naturaleza sexual. Entre los vicios que menciona Pablo hay un fuerte acento en los pecados de naturaleza sexual: «inmoralidad sexual, impureza, bajas pasiones, malos deseos». Pablo considera pecaminosas las relaciones sexuales fuera del matrimonio, y el término inmoralidad sexual

---

trarse en su progreso o desarrollo». La expresión «hagan morir» hace referencia a una acción completa.

9. Caird, *Paul's Letters from Prison* [Las cartas de Pablo desde la prisión], 205.
10. Ibíd., 204. Lohse, *Colossians and Philemon* [Colosenses y Filemón], 137, comenta que significa «Que el viejo hombre, que ha muerto ya en el bautismo, muera».
11. Ver Ro 1:29–31; 1Co 6:9–10; Gá 5:19–23; 1Ti 1:9–10; 6:4–5; 2Ti 3:2–5; Tit 3:1–3.

cubre todo el espectro de los actos sexuales prohibidos. Las frecuentes advertencias de Pablo contra estas cosas en sus cartas (ver 1Co 5:1, 9–10; 6:9; 2Co 12:21; Gá 5:19; Ef 5:3; 1Ts 4:3) sugiere que las negligentes costumbres y convenciones sexuales de aquella sociedad no se desarraigaban fácilmente de los hábitos de los convertidos en sus iglesias. El deseo sexual es un elemento inherente a la psique humana y no es intrínsecamente malo. Pero la indiferencia moral de esta era da pábulo a pasiones eróticas descontroladas, deseos sexuales mal encauzados, y fomenta los excesos sexuales.

La lista culmina con la «avaricia, que es idolatría». La mención de la avaricia alude a la idea arrogante e implacable de que todo, incluso las demás personas, existen para la propia diversión y propósitos personales. Esencialmente convierte los propios deseos en ídolos. Es el arrogante deseo de poseer cada vez más cosas, aunque conseguirlas implique atropellar a otras personas. Es precisamente la disposición contraria a dar a los demás sin tener en cuenta el coste para mí. La avaricia puede desear intensamente a otras personas y nunca se sacia de sus conquistas: siempre desea más.

En la literatura helenista judía, todos los pecados del mundo pagano se compendiaban con alusiones a su inmoralidad sexual e idolatría (ver Ro 1:18–32), y ambas cosas estaban interrelacionadas. La idolatría tenía como principal propósito conseguir ciertas ventajas materiales de los dioses, y quienes adoraban a los ídolos intentaban manipularles con este fin. La pasión por poseer cosas de este mundo arroja rápidamente a Dios del centro de nuestras vidas a medida que va cautivando nuestra lealtad más absoluta. No podemos servir a Dios y a las riquezas, y quienes sirven a las riquezas no pueden servir a Dios (Mt 6:24). No es Dios, sino nuestros deseos los que se sientan en el trono de nuestros corazones.

Pablo concluye esta primera lista de vicios dando fe de que tal conducta incurrirá en la santa ira de Dios (Ro 1:18–32; Ef 5:6).[12] Moule cita la lista de pecados de 1 Corintios 6:9–11, más atroz si cabe, y comenta que ésta «pone de relieve la clase de vida de la que el cristianismo rescataba a las personas».[13] Vivían de este modo porque este estilo de vida era normativo para su sociedad. Las personas tienden a vivir del mismo modo que quienes les rodean, adoptando sus normas, valores y formas de pensar. La inflexible moralidad del judaísmo y el cristianismo atrajo probablemente a muchos

---

12.   La ira de Dios (NVI «castigo de Dios») se manifiesta de distintas maneras en nuestras vidas, sin embargo estas expresiones no han de confundirse con los vengativos arrebatos típicos de las deidades paganas. El verbo «viene» no tiene por qué apuntar a un futuro lejano (ver Ro 2:5, 8; 3:5; 9:22; 1Ts 1:10; 5:9). En Ro 1:18–32, Pablo sostiene que las consecuencias de la ira de Dios están ya en acción. La frase «sobre los que son desobedientes» (ver nota marginal en la NVI) es una variante textual, y podría haberse insertado en el texto de Ef 5:6.

13.   Moule, *Colossians and Philemon* [Colosenses y Filemón], 117.

gentiles que sentían repulsión hacia la corrupción moral de su sociedad.[14] El cristianismo demanda que los seguidores de Cristo vivan de un modo digno de él. Si los cristianos no se conducen de manera distinta a la cultura que les rodea, traicionan su llamamiento y denigran su fe.

Pecados de ira. A continuación, Pablo vuelve la vista hacia varias manifestaciones de la ira, que destruyen a la comunidad: «enojo, ira, malicia, calumnia y lenguaje obsceno». El término «enojo» se refiere a un sentimiento crónico en contraste con el carácter esporádico de los arrebatos de «furia». Las expresiones más sutiles de la ira rezuman en la «malicia» que albergamos hacia otras personas y en las rencorosas murmuraciones que denigran sus reputaciones. La expresión «lenguaje obsceno» no alude simplemente a las palabrotas e imprecaciones. Denota el lenguaje abusivo que utilizamos para hacer daño a los demás. El lenguaje cristiano no está únicamente determinado por el criterio de si algo es verdadero o falso, sino también por el principio de si ayuda o perjudica al otro.[15]

Sorprendentemente, el último elemento de la lista es «Dejen de mentirse unos a otros».[16] Adlai Stevenson, senador y candidato a la presidencia de los EE.UU., dijo en una ocasión: «la mentira es una abominación ante el Señor y una buena ayuda en los problemas inmediatos». En Efesios 4:25 el hecho de despojarnos de lo falso y hablar la verdad se vincula con ser «miembros de un cuerpo», y las raíces de la mentira se relacionan con el deseo de situarse en una posición ventajosa sobre los demás. Por consiguiente, está enfrentada con el amor cristiano, aunque a menudo los cristianos han urdido mentiras para engañar a otros (ver Hch 5:1–11). Esta clase de engaño revela una falta de confianza mutua, menoscaba el sentido de comunidad, y engendra ira.

La nueva humanidad (3:9b–11)

La imagen de despojarse de las antiguas ropas repulsivas para vestirse de unas nuevas (ver Gá 3:28; Ef 4:20–25; cf. Job 29:14; Is 61:10) marca la transición de la lista de vicios a la de virtudes. Nos ayuda a mirar más allá

---

14. Dunn, *The Epistles to the Colossians and to Philemon* [Las epístolas a los Colosenses y a Filemón], 218.

15. Wright, *Colossians and Philemon* [Colosenses y Filemón], 137, comenta apropiadamente acerca del daño que producen las palabras maliciosas. Éstas «no se limitan a transmitir información, o a ser un medio para el desahogo. Cambian situaciones y relaciones personales, a menudo de manera irrevocable. Pueden tanto herir como sanar. Como plantas salvajes movidas por el viento, las palabras generadas por el rencor y la amargura dispersan sus semillas por todas partes, dando a luz más ira dondequiera que aterrizan».

16. Me pregunto si en la raíz del problema de Onésimo no habría alguna forma de mentira, que le llevó a huir.

de las amonestaciones éticas individuales para entender la base de nuestra transformación moral. Los vicios hacen que la imagen de Dios en una persona sea imperceptible. ¿Cómo es posible ver esta imagen en quienes hacen una mala utilización de la sexualidad o dañan a los demás dando rienda suelta a una ira maligna? Los cristianos han abandonado las antiguas solidaridades y sus conductas asociadas como un conjunto de ropas harapientas y se han unido a una nueva solidaridad, que renueva la imagen de Dios en ellos y crea nuevas conductas.

La fraseología original de 3:10, «lo nuevo que está siendo renovado en conocimiento» (lit.), transmite las siguientes ideas. (1) Significa que la nueva vida no es el resultado de nuestra victoria en la cotidiana batalla con la tentación. Por el contrario, la nueva vida establece el punto de partida.[17] Pablo no insta a los colosenses a mejorar como personas, reformar sus caminos, o llevar a cabo modificaciones menores en el modo en que dirigen sus vidas. Como señala Schweizer, el meollo del asunto es una nueva creación (cf. 2Co 5:17), «no es una mera cuestión de abandonar algunos vicios y aceptar algunas virtudes».[18] La propia naturaleza ha de ser reemplazada, no solo remodelada.

(2) Puesto que lo nuevo «*se va* renovando», siempre necesitamos más renovación (ver Ro 12:2); la utilización que hace Pablo del participio presente sugiere una mejora continua (ver 2Co 3:18; 4:16–17; Fil 3:21). Los comentarios de Moule son útiles: este proceso requiere «una constante "mortificación" de lo que, en realidad, está ya muerto, una constante actualización de una nueva creación ya existente».[19] Esta permanente evolución explica el uso del imperativo. El creyente «ha pasado a ser propiedad de Cristo» y ha sido «puesto en marcha», sin embargo cada uno de nosotros ha de correr la carrera incansablemente por sí mismo.[20] Los indicativos teológicos son la base de los imperativos éticos: «Ya eres, por lo tanto, ¡sé!»

(3) La voz pasiva indica que esta renovación no es fruto de nuestros esfuerzos personales. La persona renovada deviene la creativa obra artesana de Dios. La nueva naturaleza es un don de Dios, no el resultado de nuestra afectada piedad (ver 2:23), el poder de nuestra voluntad, o nuestra realización personal. Lo que hemos de hacer es desarrollar la salvación que Dios ha llevado a cabo en nuestro interior (Fil 2:12–13).

(4) El conocimiento de Dios, de su Hijo, y de sus caminos son cruciales para vivir una vida que agrada a Dios. Esta plenitud de conocimiento es

---

17. Wright, *Colossians and Philemon* [Colosenses y Filemón], 131.
18. Schweizer, Colossians [Colosenses], 197.
19. Moule, *Colossians and Philemon* [Colosenses y Filemón], 120.
20. Victor Paul Furnish, II Corinthians [II Corintios] (AB; Nueva York: Doubleday, 1984), 290.

un subproducto de nuestra renovación. Radford cita a Dawson Walker: «A medida que vamos siendo más como Él, le entendemos mejor».[21]

(5) La renovación procede de nuestra unión con Cristo, quien es la imagen del Dios inmortal (1:15–16), en quien hemos sido creados.[22] No hay ningún sistema de normas externas que pueda crear la imagen de Dios en los seres humanos.[23]

El versículo 11 proclama que la nueva humanidad creada de nuevo en Cristo borra todas las antiguas divisiones pecaminosas que segregaban entre sí a las personas. Los dos primeros pares de la lista, «no hay griego ni judío, circunciso ni incircunciso» (ver 1Co 7:18–19; Gá 5:6; 6:15), eliminan rotundamente la división judío/gentil, que era principalmente una distinción religiosa.[24] La presencia de estos pares contrastados se explica mejor por el hecho de que algunos de los oponentes judíos habían menoscabado la certeza de la congregación cuestionando que los colosenses pertenecieran por completo al pueblo de Dios.

Los segundos pares, «culto ni inculto [lit. escita ni bárbaro], esclavo ni libre», eliminan las distinciones culturales. El prejuicio contra los bárbaros se basaba en cuestiones de cultura, no de «sangre» o «raza». La palabra «*barbaroi*» aludía inicialmente a quienes hablaban lo que a los griegos les parecía un galimatías.[25] En nuestra cultura, el término bárbaro tiene connotaciones peyorativas, pero en el tiempo de Pablo no siempre era así. En 1 Corintios 14:11, Pablo afirma que la utilización de un lenguaje incomprensible en la adoración hace que el oyente «sea como un extranjero [bárbaro] para el que me habla, y [que él lo sea] para mí». Este término podría aplicarse también a los habitantes nativos de una región

---

21. Radford, *The Epistles to the Colossians and to Philemon* [Las epístolas a los Colosenses y a Filemón], 268.
22. En otras cartas, Pablo describe al Espíritu como aquel que imparte el poder para vivir esta nueva vida.
23. El uso del término «imagen» recuerda a la creación de Adán, formado a imagen de Dios (Gn 1:27). Cristo es el nuevo Adán, la imagen del Dios invisible (Col 1:15) y en quien habita permanentemente la plenitud de la deidad (1:19; 2:9). Moule, *Colossians and Philemon* [Colosenses y Filemón], 120, comenta que cuando «Dios crea de nuevo al hombre, lo hace *según el patrón de Cristo*, quien es imagen de Dios de un modo absoluto». Esta semejanza se restaura en ellos cuando son bautizados en Cristo.
24. Ver también 1Co 12:13, «judíos o griegos, esclavos o libres»; Gá 3:28, «Ya no hay judío ni griego, esclavo ni libre, hombre ni mujer». Dunn, *The Epistles to the Colossians and to Philemon* [Las epístolas a los Colosenses y a Filemón], 225, sostiene que «la distinción entre judío y griego, que establecía la circuncisión, ha sido extirpada por Cristo; los privilegios que el pueblo judío ostentaba en exclusividad en relación con las demás naciones han sido abiertos a los gentiles por el Mesías judío».
25. Es un término onomatopéyico que imita con sorna su lenguaje (a los griegos el sonido bar-bar-bar les sonaba a refunfuño).

(Hch 28:2, 4) o a los gentiles de una cultura no griega. Pablo dice a los romanos que está en deuda con «griegos y [bárbaros]» (Ro 1:14), que la NIV traduce correctamente como «no griegos». El apóstol nunca estropearía la prudente introducción de su carta, insultando a sus receptores con un término que connotara vileza e incultura.

Aunque este término no tiene siempre un significado peyorativo, sí refleja la tendencia de los grupos humanos a aglomerar a todos los extranjeros y tiene un fuerte matiz de chovinismo cultural.[26] Para los griegos, el resto del mundo era bárbaro. Para los judíos, que creían ser la nación, el resto del mundo eran «las naciones» (trad. lit. del término que en el Nuevo Testamento se traduce como «gentiles») o «la incircuncisión», que es la eufemística traducción de un término que significa literalmente «prepucio».

Los «escitas» eran nómadas mongoles dedicados al pastoreo que, según las estaciones, se movían con sus ganados por las vastas estepas del Norte en busca de pastos. La mayoría de los eruditos asume que los términos «bárbaro» y «escita» no suponen un contraste, sino que el segundo término intensifica la idea del primero. Puesto que encontramos estereotipos literarios de los escitas como un pueblo especialmente bruto y salvaje, «escita» podría representar una forma peor de brutalidad (o «una clase especialmente extraña de bárbaro»).[27] La TEV llega a traducir el término como «salvajes». Sin embargo, la palabra «bárbaro» no tiene aquí una connotación negativa; por otra parte, plantear una disposición complementaria estropea el patrón de contraste y es algo que no sucede en ningún otro pasaje paulino.[28]

Campbell resuelve el problema sugiriendo que la enumeración de los grupos encaja en una estructura quiásmica:

---

26. Se dice que Tales de Mileto dio gracias a Fortuna por haber nacido humano y no bruto, hombre y no mujer, griego (supremacía cultural) y no bárbaro (Diógenes Laercio 1.33). Entre los judíos, se recitaba cada día una oración similar que se le atribuye a R. Judá ben El'ai: «Bendito seas porque no me hiciste un *goy* (gentil, pagano), bendito seas porque no me hiciste mujer, bendito seas porque no me hiciste un boor (hombre ignorante; variante, esclavo)» (*t. Ber.* 7:18; *y. Ber.* 9.2, 13d; *b. Menah.* 43b).
27. Josefo dice: «Éstos se deleitan en matar personas y son poco mejores que animales salvajes» (*Contra Apión* 2.37 § 269). Ver también 2 Mac. 4:47; 3 Mac. 7:5; 4 Mac. 10:7. Otto Michel, «Σκύθης», *TDNT*, 7:448, observa que el término «escita» adoptó forma verbal con el sentido de «comportarse como un escita», lo cual sugería crudeza, beber en exceso, o afeitarse la cabeza (de la práctica de quitar el cuero cabelludo a sus enemigos).
28. Troy Martin, «The Scythian Perspective in Col 3:11» [La perspectiva escita en Col 3:11] *NovT* 37 (1995): 249–61, reconoce el problema, pero intenta relacionarlos con supuestos oponentes cínicos de manera poco convincente.

> griego
> > judío
> > circunciso
> incircunciso
> bárbaro
> > escita
> > esclavo
> libre.[29]

En esta estructura, el término «escita» se correlaciona con «esclavo». Campbell sostiene que nuestra interpretación del término ha quedado sesgada por los limitados datos literarios. Este autor aporta datos para afirmar que el término «escita» se utilizaba para «denotar a los esclavos destinados a la prostitución y procedentes del norte del Mar Negro».[30] Pablo podría estar aludiendo a la herencia escita de algunos cristianos colosenses. Si esto fuera correcto, Pablo estaría rompiendo el cliché racista de que los escitas eran salvajes, monstruosos e indómitos. Por el contrario, el apóstol menoscaba «la antítesis social entre esclavos y propietarios» que proceden de «diversos trasfondos geográficos y culturales».[31] Pablo sitúa a los esclavos en la misma posición que a los amos, ante Cristo, por cuanto ambos están juntos en él.[32] Esta afirmación tiene significativas implicaciones para la carta a Filemón.

El Evangelio derriba los muros levantados por los hombres. No clasifica a las personas por cuestiones de raza, tribu, nacionalidad o clase; ni calcula su valor mediante las diferentes combinaciones de estas divisiones. Judíos, griegos, circuncisos, incircuncisos, bárbaros, escitas, esclavos y libres quedan todos subsumidos bajo la palabra «hermanos» (1:2). En Efesios 2:11-22 Pablo explica esta idea enérgicamente y en profundidad. Aunque puedan seguir existiendo ciertas diferencias culturales □«Los judíos piden señales milagrosas y los gentiles buscan sabiduría» (1Co 1:22)□ cada grupo

---

29. Douglas Campbell, «Unravelling Colossians 3:11b» [Desentrañando Colosenses 3:11b] *NTS* 42 (1996): 120–32; especialmente 127–28.

30. Ibíd., 129–31.

31. Ibíd., 132. Filemón, como frigio que era, pertenecía a la categoría de los bárbaros. Campbell (132, n. 39) ofrece la atractiva sugerencia de que Onésimo era escita, sin embargo es algo que no puede demostrarse y cae por tanto en el ámbito de la especulación.

32. Pablo rechazaría sin duda la teoría de la «esclavitud natural» propuesta por Aristóteles (*Política* 1.13). Según Aristóteles, los esclavos lo eran por naturaleza por una cierta inferioridad inherente. En consecuencia, los inferiores bárbaros, que eran esclavos por naturaleza, tenían que ser esclavos de los superiores griegos. En nuestro tiempo, hay aún quien cree que, igual que en una manada de lobos existe siempre un macho alfa que la dirige, hay también una raza «alfa» destinada a gobernar a los demás, que han de someterse a ella.

merece el mismo respeto (10:32). Estas distinciones, que de manera arbitraria enfrentan entre sí a los seres humanos, se evaporan cuando alguien se une al cuerpo de Cristo. El Evangelio hace añicos cualquier mentalidad de enfrentamiento. Pulveriza también la presunción de poseer derechos especiales, lo cual explica por qué tantos de quienes ya poseen privilegios reaccionan con tanta hostilidad.

La conclusión de Pablo es que lo único que importa es estar en Cristo, no ser de una determinada raza o clase. Dunn comenta: «Si "Cristo es todo en todos," entonces nada puede empequeñecer o menospreciar la posición de algún humano en relación con otro o con Dios».[33] Podemos percibir cómo se expresa esta igualdad en la enumeración que hace Pablo de sus colaboradores en 4:7–12 y en Filemón 1, 11. Entre ellos hay un rico padre de familia, un esclavo, un médico, judíos («de la circuncisión») y gentiles. Por lo que a Pablo se refiere, son colaboradores, compañeros de prisiones, compañeros de yugo, y todos hermanos en Cristo.

La nueva moralidad (3:12–14)

A continuación, Pablo enumera cinco virtudes que cubren una conducta cristiana especialmente importante para las relaciones personales dentro de la comunidad. Si consideramos que la carta a Filemón pudo haber acompañado a Colosenses, es posible que la enumeración de virtudes complemente deliberadamente la petición de Pablo a Filemón por Onésimo. No se trata de etéreos ideales éticos, puesto que Pablo pide a Filemón que los ponga en práctica en la situación concreta que se le presenta con el retorno de su esclavo Onésimo.

En primer lugar, Pablo se dirige a los colosenses como «escogidos de Dios, santos y amados». La imagen de ser «escogidos» les recuerda que su elección es una iniciativa de Dios, que les ha abrazado con el don de un favor inmerecido. El amor de Dios confiere valor a los escogidos, sin embargo la idea de la elección puede malentenderse si no somos conscientes de que hemos sido elegidos para el servicio, no para nuestro beneficio personal. Los cristianos han sido escogidos en Cristo (Ef 1:4), que es el Escogido (Lc 9:35; 1P 2:4, 6); y, como Cristo, han sido escogidos para el beneficio del «mundo cuyo bienestar han de procurar».[34]

Esta imagen adopta también términos de la identidad judía. En el Nuevo Testamento aparecen expresiones veterotestamentarias para aludir a Israel

---

33. Dunn, *The Epistles to the Colossians and to Philemon* [Las epístolas a los Colosenses y a Filemón], 227.

34. Radford, *The Epistles to the Colossians and to Philemon* [Las epístolas a los Colosenses y a Filemón], 277. Ver además, Klyne Snodgrass, *Comentario de Efesios*, Biblioteca Teológica Vida, tomo 4, ed. Vida. Miami, Florida, 2009 (pp en la edición inglesa: 48–50, 57–59).

como por ejemplo, escogidos, santos y amados (Dt 4:37; 7:6–8; 14:2; 26:18–19; Sal 105:43; 135:4; Jer 2:3) e incluyen a los cristianos gentiles. Los judíos y gentiles en Cristo representan lo que Dios pretendía que fuera Israel. El lenguaje les recuerda a los colosenses que son socios de pleno derecho en la herencia de Israel, un Israel sin divisiones raciales ni étnicas. Pero ser el pueblo escogido de Dios conlleva responsabilidades éticas (ver Éx 19:5–6; Dt 7:6–10). Como escogidos por Dios, han de elegir su conducta. Han de ser anuncios vivos de lo que la Gracia de Dios hace en las vidas humanas.

Las gracias que se enumeran son parecidas al «fruto del Espíritu» (ver Gá 5:22–23). Todas estas cualidades caracterizaron la vida de Jesús, y son vitales para vivir una vida armónica con nuestros semejantes. La «compasión» (NIV. Ver Ro 12:1; 2Co 1:3) es aún más crucial cuando las sociedades se obsesionan en la carrera por aventajar a los demás y se insensibilizan a las necesidades de los indigentes.

La «bondad» (tolerancia, bondad; ver Ro 2:4; 11:2) es una generosa sensibilidad hacia los demás provocada por una genuina preocupación por sus sentimientos y deseos.

La «humildad» (ver Fil 2:8) refrena la incesante búsqueda de honor y de ascender dentro de la estructura social. En el mundo antiguo, se consideraba que el honor —que en nuestro tiempo equipararíamos con el prestigio y la dignidad— era un bien escaso. Las personas competían sin cesar con los demás para alcanzar una gloria escurridiza y participaban en un constante juego para ponerse por encima de los demás. Esta búsqueda de honor estimulaba las expresiones externas de egotismo y arrogancia. Se consideraba, por ejemplo, que la jactancia era un acto de honor; no obstante, la petulancia crea discordia y, en la Iglesia, debería considerarse como un acto de deshonra. La humildad nos permite servir a los demás, se vea o no nuestro servicio.

La «amabilidad» (cortesía, mansedumbre; ver 2Co 10:1) anuncia una disposición a hacer concesiones a los demás. Lindemann la define como el poder que, en una situación de conflicto, nos capacita para censurar la conducta del hermano de un modo que se perciba como una ayuda, no como condenación.[35]

La «paciencia» (Ro 2:4; 9:22) hace que nos abstengamos de vengarnos o de tomar represalias contra los enemigos, y está dispuesta a soportar las ofensas.

Estas virtudes llevan a las acciones de soportar y perdonar (3:13; ver Ef 4:2–3). Al soportar y sostener al hermano o la hermana que pecan, demos-

---

35. Andreas Lindemann, *Der Kolosserbrief, Zürcher Bibelkommentare* (Zurich: Theologischer Verlag, 1983), 60–61.

tramos ese amor y obediencia a la ley de Cristo (cf. Gá 6:2).[36] El que Pablo pida a los creyentes que se perdonen los unos a los otros revela que no es un utópico soñador. El apóstol reconoce que los cristianos no son perfectos y van a pecar. Han de ser conformados a Cristo en todos los aspectos de sus vidas, pero especialmente en la disposición a perdonar a los demás.

La última virtud de la lista es el «amor»: «Como amados de Dios que son, también ellos han de amar a los demás». La última expresión de 3:14 dice literalmente: «que es el vínculo de la perfección», y se presta a toda una serie de traducciones. Puede interpretarse con el sentido de «el vínculo que es perfección» (ver Ef 4:3, «el vínculo que es paz»), «el vínculo perfecto» (el que conecta todas las otras virtudes, la opción escogida por la NVI), o «el vínculo que completa o produce perfección». Si el amor se presenta como un vínculo (segunda opción), su efecto es aunar estas otras virtudes. No podemos expresar verdadero afecto entrañable, bondad, humildad, amabilidad y paciencia sin amor. El amor «mantiene el equilibrio, pero lleva a cada una de las demás virtudes a la perfección».[37]

Sin embargo, la principal preocupación de Pablo no es que estas virtudes se unan en una perfecta unidad. La preocupación del apóstol es que diversos individuos —griegos, judíos, bárbaros, escitas, esclavos y libres— se unan en una comunidad. Por tanto, la mejor es la última opción. El amor aúna a la comunidad de creyentes en el cuerpo donde reina la paz (3:15) y lleva a la perfección de éstos (ver Ef 4:13).[38]

Armonía y gratitud (3:15–17)

La palabra clave de todas las oraciones gramaticales del último párrafo de esta sección tiene que ver con Cristo: «la paz de Cristo» (3:15), «la palabra de Cristo» (3:16), «el nombre del Señor Jesús» (3:17).

---

36. E.D. Martin, *Colossians and Philemon* [Colosenses y Filemón], 158, observa que este llamamiento a la tolerancia es algo bastante distinto de la demanda formulada por otra persona para «que se tenga paciencia conmigo». Tales personas están pidiendo de hecho que nos adaptemos a su forma de actuar y les dejemos tranquilos. Jesús hubo de «soportar» a aquella generación incrédula (Marcos 9:19), sin embargo ello no significaba que no les enfrentara a sus pecados, les instara al arrepentimiento, y les ofreciera un nuevo camino.

37. Caird, *Paul's Letters from Prison* [Las cartas de Pablo desde la prisión], 207. Schweizer, Colossians [Colosenses], 207, comenta: «El amor no es meramente un elemento más que se coloca junto a los demás; se trata más bien de la fuente de la que derivan su existencia todas las cualidades mencionadas hasta este momento».

38. O'Brien, *Colossians and Philemon* [Colosenses y Filemón], 204, sostiene que Pablo se preocupa de la vida colectiva de los lectores, y la perfección que pone ante ellos no es algo estrictamente individual. Solo se consigue cuando los cristianos, en comunión, se muestran amor los unos a los otros. El cuerpo de Cristo es edificado por este amor, que es una de las gracias que él imparte.

En la expresión «que gobierne en sus corazones la paz de Cristo», el verbo «gobernar» recuerda a la metáfora atlética del árbitro que se utiliza en 2:18. Los oponentes han tomado una decisión contraria a los cristianos (*katabrabeuo*, «descalificar»); la paz de Cristo, que derribó el muro de separación de la hostilidad (Ef 2:14), decide por ellos (*brabeuo*). Tiene dos consecuencias. (1) La paz de Cristo ha de caracterizar las relaciones personales dentro de su cuerpo (ver Ro 14:19; 1Co 7:15; 2 Ts 3:16; ver Jn 14:27).[39] La armonía interna de la Iglesia es crucial. (2) La paz de Cristo produce acción de gracias. Los creyentes deberían estar tan agradecidos como los refugiados que han escapado de la sombría servidumbre de una cultura represiva y han hallado asilo en un territorio de libertades y oportunidades.

La paz de Cristo gobierna donde habita la palabra de Cristo. La expresión «la palabra de Cristo» alude al mensaje sobre Cristo. Contiene las riquezas de la sabiduría de Dios, que han de guiar la enseñanza y amonestación de la Iglesia. Los creyentes no tienen necesidad de visiones especiales para mejorar la sabiduría que ya tienen en la palabra de Cristo. Deberíamos observar que Pablo no asume que él o Epafras sean los únicos que puedan enseñar y amonestar (1:28). La responsabilidad recae en toda la iglesia (no se menciona ninguna jerarquía de maestros).

Aflora de nuevo la acción de gracias a Dios, que se expresa a través de «salmos, himnos y cánticos espirituales». Cualquier distinción que se establezca entre estas tres palabras (ver Ef 5:19) es mera conjetura, puesto que no tenemos datos directos.[40] Estos tres términos dan fe de la «variedad y

---

39. Esto no alude a una cierta emoción sentimental. El corazón era el centro de la vida interior y asiento de los sentimientos y las emociones, deseos y pasiones, pensamientos y reflexiones, decisiones morales e inclinaciones religiosas (Johannes Behm, «kardiva ktl», TDNT, 3:611–13; ver más sobre 2:2).

40. La palabra griega que se traduce por «salmos» se utiliza en 1Co 14:26; en Hechos 16:25 y Heb 2:12 se consigna la que se vierte «himnos»; y en Ap 5:9; 14:3; 15:3, el término traducido como «canciones espirituales». Lohse, *Colossians and Philemon* [Colosenses y Filemón], 151, n. 148, cita a Gregorio Niceno (En Salmos 2:3): «Porque un salmo es una melodía producida por un instrumento musical, una canción es una melodía cantada con palabras [...] un himno es una canto de alabanzas dirigido a Dios por las bendiciones que nos ha dado». Una «canción espiritual» puede ser aquella inducida por el Espíritu (1Co 14:16).
Filón describe a los terapeutas en Egipto a comienzos del siglo I afirmando que estos componían «himnos y salmos a Dios en toda clase de metros y melodías que escriben en ritmos solemnes lo mejor que pueden» (*De la vida contemplativa* 28–29; LCL lectura marginal). También describe su adoración:

> A continuación, el que preside la reunión se levanta y canta un himno compuesto como una oración dirigida a Dios; puede tratarse, bien de un himno nuevo de su propia creación o de uno antiguo, compuesto por los poetas de tiempos pasados que dejaron tras ellos himnos de muchas medidas y melodías, hexámetros y yambos, letras adecuadas para procesiones o en libaciones

riqueza de los cantos cristianos» y de lo central que esto era para su ado-ración.[41]

La última amonestación de esta sección: «Y todo lo que hagan, de palabra o de obra, háganlo en el nombre del Señor Jesús» (3:17),[42] recuerda el comienzo en 2:6, «de la manera que recibieron a Cristo Jesús como Señor, vivan ahora en él». Prepara al lector para la siguiente serie de instruccio-nes de 3:18–4:1, que menciona al «Señor» (*kyrios*, trad. «amos/amo» en 4:1) siete veces. La adoración comunitaria no es la única ocasión en que los cristianos hacen cosas en el nombre del Señor y expresan su gratitud a Dios. El canto y la gratitud deberían ser los rasgos característicos de toda la vida de los cristianos. Vivimos bajo el nombre de Cristo y estamos inmer-sos en su muerte y resurrección. Por consiguiente, en todo lo que hacemos deberíamos ser conscientes de su llamamiento, mandamientos, promesas y sostenimiento.

Construyendo Puentes Las enumeraciones éticas son relativamente fáciles de trasladar a nuestra cultura, puesto que el pecado y la virtud no han cambiado, aunque sí lo han hecho las percepciones que tenemos de ellos. Consideraremos lo que significa concentrar nuestra atención (mente) en las cosas de arriba, los problemas al interpretar listas de características éticas, y el significado de la ira de Dios.

Concentrar la atención en las cosas de arriba. Pablo ha utilizado el término «cielo» en 1:5 («la esperanza reservada para ustedes en el cielo») y ahora

---

y en los altares, o para el coro, para estar en pie o bailando, con cuidadosos preparativos métricos para que encajen en las diferentes evoluciones [...] Todos ellos elevan sus voces, hombres y mujeres por igual (*De la vida con-templativa* 80).

Filón relata que se forman coros, uno de hombres y otro de mujeres, y a continua-ción «se cantan himnos a Dios de muchas medidas y melodías, salmodiando a veces juntos, a veces de manera antifonal, llevando el compás con las manos y los pies» (*De la vida contemplativa* 83–89). Cantan hasta la aurora. Esta descripción de los Terapeutas puede también arrojar luz sobre la adoración de los primeros cristianos, que posiblemente hacían cosas parecidas.

41. Wright, *Colossians and Philemon* [Colosenses y Filemón], 145.
42. El hecho de que la expresión veterotestamentaria «el nombre del Señor», que alude a Dios, pueda ser ahora para los cristianos una referencia al Señor Jesucristo repre-senta una notable transformación (ver Hans Bietenhard, «'o;noma», TDNT, 5:259–61). Los cristianos creen que «Dios ha compartido su papel de Soberano con Cristo» (Dunn, *Colossians and Philemon* [Colosenses y Filemón], 240). La expresión «háganlo todo en el nombre del Señor Jesucristo» (ver Ef 5:20), podría tener un aspecto apologético e implicar «y no por medio de cualquier otro supuesto media-dor, ni siquiera angélico».

se sirve de una palabra de naturaleza espacial, «arriba», como un sinónimo (ver Ez 1:26; Gá 4:25–26, «la Jerusalén de arriba»).[43] Nuestra cultura está familiarizada con la idea del mundo divino en términos espaciales como una esfera situada «arriba». No obstante, la expresión de Pablo, presenta un giro idiomático distinto, que requiere cierta explicación. Para Pablo, el mundo de arriba tenía también una dimensión escatológica. El apóstol traza un contraste entre las eras presente y futura utilizando un lenguaje de carácter espacial, los mundos superior e inferior. Cuando les dice a los colosenses que pongan su atención «en las cosas de arriba» y que hagan morir «los miembros de la tierra» (NVI, «la naturaleza terrenal»), Pablo está pidiéndoles que su visión moral sea controlada por la realidad divina que está por venir.

Existen tres escollos para interpretar este mandamiento en nuestro contexto. (1) Hemos de tener cuidado de no introducir alguna idea potencialmente gnóstica en el sentido de que el mundo de arriba es la esfera pura y que la dimensión terrenal de nuestras vidas es de algún modo impura, mala o inútil. Pablo no quiere decir que nuestro espíritu haya de escapar de nuestra naturaleza terrenal y ascender a las alturas espirituales. Los comentarios de Lincoln nos ofrecen una provechosa advertencia: «El carácter celestial de la existencia cristiana no significa que la vida real esté en alguna otra esfera y que la vida humana en la Tierra esté condenada a ser una existencia sombría y falsa». Si esto fuera cierto, Pablo no dedicaría tanta atención a «los aspectos personales, domésticos, comunitarios y sociales de la vida cristiana». Los creyentes viven en el Cristo exaltado y él en ellos; les llama, por tanto, a vivir dentro de las estructuras y relaciones humanas terrenales «la vida del cielo dentro de ellos».[44] Los cristianos no son llamados a huir del mundo, sino a ser obedientes a Dios en él, permitiendo que la dimensión trascendente en la que Cristo reina sea la que establezca las prioridades de nuestras vidas.

(2) No hemos de subrayar excesivamente el otro mundo. Pablo no nos llama a un escapismo espiritual ni alienta a los creyentes a estar siempre soñando con el cielo. El comentario que Lightfoot hace de este pasaje recoge el pensamiento de Pablo: «No solo tienes que buscar el cielo, sino también pensarlo»; sin embargo, son palabras que fácilmente pueden malentenderse cuando se expresan hoy.[45] En nuestra cultura muchas personas están predispuestas a rechazar el compromiso religioso como algo demasiado centrado en el otro mundo, y tienden a considerar que las perso-

---

43. Colosenses 3:1 es el único lugar en que Pablo utiliza esta palabra como sustantivo; contrástese con Gá 4:26; Fil 3:14.
44. Lincoln, *Paradise Now and Not Yet* [Paraíso ya y todavía no], 130 – 31.
45. Lightfoot, *Saint Paul's Epistles to the Colossians and to Philemon* [Las epístolas de San Pablo a los Colosenses y a Filemón], 207.

nas devotas desarrollan una mentalidad excesivamente celestial. Pablo no aboga por un retraimiento monástico del mundo que nos lleve a vivir con la cabeza en las nubes. El desdén de Bonhoeffer por esta clase de actitud está bien fundamentado:

> Cuando la vida comienza a hacerse opresiva y problemática, tal persona se limita a saltar en el aire dando un atrevido puntapié, y surca los cielos, aliviada y libre de trabas, por los llamados campos eternos. Brinca sobre el presente. Mira con desprecio a la Tierra; él/ella es mejor que todo eso. Al fin y al cabo, junto a sus derrotas temporales puede poner sus victorias eternas, y éstas son muy fáciles de conseguir. Esta mentalidad centrada en el otro mundo hace también que sea fácil predicar y pronunciar palabras de consuelo [...] No obstante, Cristo no quiere ni pretende esta debilidad; su deseo es más bien fortalecer a las personas. No conduce al hombre a una religiosa huida de este mundo a otros, sino que lo devuelve a la Tierra para que le sea un hijo leal.[46]

El objetivo de un corazón establecido en Dios es evitar el engaño de las seducciones y enredos del mundo. Pero vamos por mal camino si creemos que podemos o debemos librarnos de los deberes de la vida práctica. El siguiente segmento de la exhortación de Pablo trata nuestro proceder en el mundo cotidiano del hogar, una preocupación muy práctica. Por consiguiente, cuando habla de poner la mente «en las cosas de arriba», se refiere a nuestra orientación en la vida, la dirección hacia la que se dirigen nuestras vidas. Scott está en lo cierto: el Evangelio aspira a «elevar completamente a los hombres por encima de los más bajos intereses y hacer de ellos participantes de una clase de vida más elevada».[47] Nuestra adhesión a Cristo ha de supervisar todas nuestras preocupaciones y apegos terrenales y es muy importante que no perdamos nuestro equilibrio espiritual.

(3) La última trampa es la de compensar excesivamente las críticas de los refinados despreciadores del cristianismo ajustando nuestro lenguaje religioso para que se adapte a la opinión profana. Pannenberg sostiene:

> Sin duda, la peor forma de reaccionar al reto del secularismo es adaptarse a las normas profanas en nuestro lenguaje, pensamiento y forma de vida. Si los miembros de una sociedad secularista se vuelven por poco que sea a la religión, lo hacen porque están buscando algo que no han encontrado en su

---

46. Dietrich Bonhoeffer, «Thy Kingdom Come» [Venga tu Reino] en Preface to Bonhoeffer, ed. J. D. Godsey (Filadelfia: Fortress, 1965), 28–29.

47. Scott, *The Epistles of Paul to the Colossians, to Philemon and to the Ephesians* [Las epístolas a los Colosenses, a Filemón, y a los Efesios], 61–62.

cultura. Es contraproducente ofrecerles una religión al gusto secular cuidadosamente recortada a fin de no ofender sus sensibilidades profanas.[48]

Los cristianos no han de rehuir el hecho de que nuestras vidas se centran en cosas divinas. Ofrecemos una manera distinta de entender la realidad y de vivir, que va contracorriente de lo que la sociedad moderna ofrece como la norma. Tampoco hemos de rehuir las referencias a la ira de Dios contra el pecado humano aunque en nuestro tiempo una mayoría ignore esta cuestión, dude de ella, o dore la píldora con engaños al respecto.

La ira de Dios. Un sondeo sobre la madurez de la fe entre los cristianos puso de manifiesto que la mayoría de ellos cree que Dios es perdonador (97%) y amoroso (96%), pero muchos menos creen que Dios vaya a juzgar al hombre (37%) o que castigue a quienes hacen el mal (19%).[49] Estos cristianos dudan probablemente de que un Dios tan amoroso pueda juzgar con una ira tan inflexible. Es posible que también retrocedieran con aprensión ante un punto de vista antropomórfico de Dios que, en un estallido de ira, arremete contra los pecadores como un progenitor exasperado y frustrado que azota a un niño ingobernable. El famoso sermón de Jonathan Edwards, «Pecadores en manos de un Dios airado», tropezaría hoy en oídos escépticos.

Conversations With God [Conversaciones con Dios], el superventas de Neale Donald Walsch, representa la opinión actual sobre la ira de Dios.[50] En este libro se describe a un Dios amigable que trata el pecado con condescendencia, puesto que no existe ningún bien ni mal objetivos. Según Walsh, Dios sonríe a todo lo que hacemos y solo nos pide que hagamos lo que podamos. La mención de la «ira de Dios» por parte de Pablo presenta una oportunidad para ayudar a las personas a reconocer esta realidad y aclarar los tan comunes malentendidos que se producen al respecto.

En 3:6, Pablo describe la ira de Dios como una reacción a los pecados que acaba de enumerar; en Romanos 1:18, el apóstol afirma que esta ira está ya siendo revelada. Romanos 1:18–32 es el único pasaje del Nuevo Testamento donde se trata con detenimiento esta cuestión de la ira de Dios. Este texto deja claro que no hemos de proyectar la emoción de la ira humana sobre Dios. Dios no es como los dioses del Olimpo, que de un modo petulante

---

48. Wolfhart Pannenberg, «How to Think About Secularism» [Qué pensar del secularismo], First Things 64 (junio/julio 1996): 31.

49. Eugene C. Roehlkepartain, *The Teaching Church: Moving Christian Education to Center Stage* [La iglesia enseñante: llevar a un primer plano la educación cristiana] (Nashville: Abingdon, 1993), 44.

50. Neale Donald Walsch, *Conversations With God: An Uncommon Dialogue. Book 1* [Conversaciones con Dios: un diálogo poco común. Libro 1], (Nueva York: G. P. Putnam's Sons, 1996).

y caprichoso castigaban a los humanos por las ofensas más nimias. Pablo no describe a un Dios encendido por la ira que arremete contra los pecadores y les fuerza a pagar por sus pecados. Esta imagen, sin embargo, está muy arraigada en la conciencia popular por las tiras cómicas que plasman a Dios lanzando rayos persecutorios contra los pecadores. Esta imagen tan común no tiene nada que ver con lo que dice el Nuevo Testamento sobre la ira de Dios.

En Romanos, Pablo la describe como la entrega de los pecadores a sus propios deseos y recursos. Tres veces repite el apóstol el verbo «les entregó» (*paredoken*).[51] «Por eso Dios los entregó a los malos deseos de sus corazones, que conducen a la impureza sexual, de modo que degradaron sus cuerpos los unos con los otros» (Ro 1:24). «Por tanto, Dios los entregó a pasiones vergonzosas» (1:26). «Además, como estimaron que no valía la pena tomar en cuenta el conocimiento de Dios, él a su vez los entregó a la depravación mental, para que hicieran lo que no debían hacer» (1:28). La triple repetición de este verbo por parte de Pablo, sugiere que el apóstol ve este «entregar» como una deliberada acción de Dios. Los seres humanos han abandonado deliberadamente a Dios, quien, a su vez, les abandona a sí mismos; Dios permite que se autodestruyan.

Si elegimos el caos para nuestras vidas, la ira de Dios permite que éste se produzca.[52] Por consiguiente, ninguna conducta pecaminosa escapará de su ira. Dios no interfiere con nuestra libre elección y sus consecuencias, sino que nos entrega a nuestros deseos y pecado cuando decidimos ir por libre. Si alguien quiere beber veneno, puede hacerlo. Dios no irrumpe para decir: «No puedo permitir que lo hagas». Dodd añade un corolario a Hebreos 10:31: «¡Terrible cosa es caer en las manos del Dios vivo!» Este autor observa que también es algo terrible caer de las manos del Dios vivo, «ser entregado a uno mismo en un mundo en que la elección del mal lleva consigo su propia retribución».[53]

---

51. Ver C.H. Dodd, *The Epistle of Paul to Romans* [La epístola de Pablo a los Romanos], Moffat New Testament Commentary (Nueva York: Harper & Row, 1932), 21–23; G. H. C. Macgregor, «The Concept of the Wrath of God in the New Testament» [El concepto de la ira de Dios en el Nuevo Testamento], NTS 7 (1960–61): 101–9.

52. Caird, *Paul's Letters from Prison* [Las cartas de Pablo desde la prisión], 85, expresa la opinión de muchos comentaristas sobre la ira de Dios:
    El principio de retribución [está] integrado en la estructura de Dios ordenada en el Universo. Puede operar por medio de las funciones del Estado (Ro 13:4), a través de los desastres políticos (1Ts 2:16), o mediante el deterioro moral que sigue al rechazo de Dios (Ro 1:18–32; Ef 4:17–19). Sin embargo, su esencia es que Dios permite que los hombres cosechen los resultados de su propia desobediencia.

53. Dodd, *Romans* [Romanos], 29.

Este concepto pone de relieve que la doctrina del pecado de muchas personas es demasiado superficial. Piensan que el problema del pecado es solo que Dios tomará represalias: «No te pases con Dios, o verás». Por ello tienden a tratar el pecado como algo terrible solo si es detectado. Tienen temor de que les descubran y esperan que Dios no esté mirando, o que quizá pueda ser propiciado de algún modo para evitar la retribución. Pero el pecado es como el cáncer que crece de manera descontrolada y destruye otras partes saludables de nosotros mismos. Lo letal es el cáncer, no su detección. Solo cuando el cáncer ha sido diagnosticado puede comenzar el tratamiento. Los problemas surgen cuando éste no se detecta ni se trata. Igual que el cáncer, el pecado lleva consigo una intrínseca fuerza destructiva. Es algo que destruye la vida. Deforma y aniquila nuestras relaciones humanas y nuestra relación con Dios.

Lo sorprendente de la concepción que Pablo presenta en Romanos de la ira de Dios es que la inmoralidad y la estupidez son el castigo, no solo su causa.[54] La perversión moral y la polución mental son el fruto de la ira de Dios, no su razón.[55] Esto significa que somos castigados con los mismos pecados que cometemos. Si cerramos los ojos a la luz, acabamos siendo ciegos; si decidimos cerrar los oídos a la verdad, ensordecemos. Si cambiamos al Dios verdadero por uno falso, llegamos a ser como los dioses a los que servimos.

La perversión de nuestra relación con Dios conduce a una perversión de todas las relaciones humanas, y nos lleva a una clara deshumanización. Si no nos parece conveniente que el Dios verdadero influya en nuestro conocimiento, acabaremos con mentes desajustadas. Esta clase de mentes llega a corromperse hasta tal punto que ya no puede pensar con claridad y es completamente indigna de confianza como guía para las decisiones morales. Esta situación conduce a una religión basada en falsedades, un cuerpo contaminado, y una sociedad en la que el odio y la guerra campan a sus anchas. El inevitable precio de salirnos con la nuestra en relación con Dios es la pérdida de prerrogativas y facultades espirituales (pobreza, ceguera, sordera), y el desenfreno de nuestras pasiones.

Al mismo tiempo, Pablo indica también que la ira de Dios es redentora en su intención. Cuando comparamos al pecado con el cáncer, somos conscientes de que detestamos el cáncer, pero no a la persona que lo padece. Dios aborrece el pecado, no al pecador. El recordatorio de Pablo a los colosenses de que todas aquellas cosas «las practicaron en otro tiempo, cuando vivían en ellas» (3:7), pone de relieve que esta clase de conducta

---

54. Ernst Käsemann, *Commentary on Romans* [Comentario de Romanos] (Grand Rapids: Eerdmans, 1980), 38.
55. Ibíd., 47.

no provoca automáticamente una encolerizada maldición (ver Ef 2:3). Dios desea redimirnos de nuestros caminos pecaminosos y destructivos, y nos permite hacer lo que queremos en la esperanza de que, finalmente, nuestra desdicha nos hará despertar.

Una vez más, la parábola de Jesús del hijo pródigo nos ayuda a ver esta verdad. Cuando el hijo informó a su padre de que quería marcharse con su herencia, el padre no llamó a la policía y le puso bajo vigilancia para mantenerle en casa y evitar que destruyera su vida en un país lejano. El muchacho no quería vivir con el padre ni adoptar su forma de vida, y no había nada que éste pudiera hacer para forzarle a obedecer como un hijo amante. Le permitió disponer de su libertad, aunque ello acabara llevándole a una pocilga. Sin embargo, en aquella porqueriza el chico acabó recobrando el sentido: «Por fin recapacitó» (Lc 15:17).

Los seres humanos son más difíciles de reparar que las máquinas. Cuando un motor no funciona, puede repararse, aunque ello signifique cambiar todas las piezas. No podemos abordar de este modo la envidia, la lujuria y la avaricia humanas. Más de una vez, las personas han tenido que caer en picado hasta las profundidades de la degradación antes de despertar de su condición y volverse a un Padre amante y perdonador.

Esta concepción de la ira de Dios subyace tras Colosenses 3, pero este texto nos dirige a otra dimensión. Apunta a algo que va más allá del hecho de que vivimos en un universo moral y que nuestros pecados tienen consecuencias inevitables. Pablo deja claro que los pecadores habrán de dar cuentas a Dios en un juicio final. En 1 Pedro 4:3-5 se esboza esta idea:

> Pues ya basta con el tiempo que han desperdiciado haciendo lo que agrada a los incrédulos, entregados al desenfreno, a las pasiones, a las borracheras, a las orgías, a las parrandas y a las idolatrías abominables. A ellos les parece extraño que ustedes ya no corran con ellos en ese mismo desbordamiento de inmoralidad, y por eso los insultan. Pero ellos tendrán que rendirle cuentas a aquel que está preparado para juzgar a los vivos y a los muertos.

Una vez más, hemos de esforzarnos en comunicar que Dios no se complace en castigar a los pecadores. Cranfield señala que la ira de Dios es una expresión de su bondad. Los humanos que no se indignan ante la injusticia, la crueldad y la corrupción no pueden ser completamente buenas personas.[56] Si Dios es santo, no puede tolerar la transgresión intencionada, la

---

56.   C.E.B. Cranfield, *A Critical and Exegetical Commentary on the Epistle to the Romans* [Un comentario crítico y exegético de la Epístola a los Romanos] (ICC; Edimburgo: T. & T. Clark, 1975), 1:109.

indiferencia a la ley moral, o los abusos cometidos hacia los semejantes. Dios honra nuestra libertad de tomar las decisiones erróneas, sin embargo tendremos que pagar el precio de desairar su amor y misericordia. Eliminar de nuestra fe la santa ira de Dios, despoja de cualquier significado a la amorosa Gracia divina. Es necesario que las personas oigan algo más que el sedante mensaje de que Dios te cuida y «te bendecirá mucho». Dios también juzgará.

Ética cristiana. El deseo de Dios no es juzgar, sino reconciliar todas las cosas consigo en Cristo (1:19–20). En la sección anterior (2:6–15), Pablo pone de relieve el generoso acto divino por el que Dios hace posible que los humanos lleguen a la plenitud en Cristo, experimenten la vida juntamente con él, y reciban el perdón de sus transgresiones (ver también 1:12–14, 21–23), al margen de sus éxitos o fracasos morales o religiosos. Este Evangelio de la Gracia motivó una acusación contra Pablo como instigador de una insidiosa indiferencia moral entre sus convertidos (Ro 3:8; 6:1–2, 15). Si Dios perdona todos los delitos y justifica a los impíos al margen de su carácter moral, el bien y el mal ya no parecen ser importantes.

En las secciones éticas de sus cartas, las exhortaciones del apóstol dejan claro que, para él, el bien y el mal, y el carácter moral del cristiano eran muy importantes. La conducta pecaminosa tendrá que vérselas con la ira de Dios. (3:6). Cristo nos reconcilió en su cuerpo para presentarnos ante Dios «santos, intachables e irreprochables delante de él» (1:22). Pablo difiere, por ejemplo, de los propagadores del error colosense en determinar cómo nos hacemos santos ante Dios. Nuestra santidad no procede de nuestros intentos triviales de cumplir con una lista arbitraria de observancias y prohibiciones. Nuestra piedad no se mide por las cosas que no hacemos. Es una consecuencia de estar en Cristo, morir con él, y ser con él resucitados. Es importante observar que su instrucción ética comienza con la confesión de que Cristo ha sido resucitado de los muertos y está sentado a la diestra de Dios (3:1), y con la confiada certeza de que reaparecerá en gloria (3:4). La ética de Pablo emana de la persona de Cristo y nuestra unión «con [él]» (3:1, 3–4; ver 2:6–7, «arraigados y edificados en él»).

Cuando interpretamos pasajes de naturaleza ética, corremos el peligro de acercarnos a estos asuntos igual que los propagadores del error en Colosas: estableciendo mandamientos, desarrollando estrictas reglamentaciones, y lanzando diatribas para poner coto a la inmoralidad. Sin embargo, la exhortación ética de Pablo se produce precisamente después de refutar este tipo de acercamiento. El apóstol ridiculiza las estrechas limitaciones de la lista de «prohibiciones» planteadas por los oponentes (2:20–22). Rebate esta afirmación con el argumento de que estar unidos a Jesucristo es el fundamento de la nueva vida y lo que posibilita los cambios de nuestra conducta. Cuando Cristo se convierte en nuestra vida (3:4), Pablo cree que no solo morimos a los preceptos y doctrinas humanas (2:22); morimos al pecado. Nuestra motivación para pecar cambia totalmente porque tenemos un nuevo motivador en nuestras vidas.

Pero no somos transformados meramente para poder ser ciudadanos moralmente honrados. Cristo nos pone bajo una norma inconmensurablemente más exigente, a saber, la del amor (3:14; ver Ro 13:8–10; Gá 5:14). Los códigos legales no pueden producir los frutos del Espíritu (Gá 5:22–23) o las virtudes que se enumeran en Colosenses 3:12–13. Un árbol, pongamos por ejemplo, no produce fruto por decreto gubernamental. Forma parte de la naturaleza de un buen árbol frutal producir un buen fruto. Del mismo modo, no conseguiremos vivir según el modelo establecido por Cristo por medio de demandas. Dicha vida es el fruto de una nueva naturaleza que Dios nos da por medio de Cristo. Por consiguiente, lo que hace Pablo no es darnos un «detallado código de lo que constituye una conducta propia o impropia».[57] La vida que agrada a Dios se produce de manera espontánea cuando nos vestimos de Cristo. Quienes están siendo renovados según la imagen de Cristo se conducirán como Cristo porque ésta es ahora su nueva naturaleza.

Haríamos bien en seguir el ejemplo de Pablo en lugar del de sus oponentes con sus registros y listados de prohibiciones. Hill reconoce con sagacidad que Pablo «habla de lo que es el creyente más que sobre lo que éste debe hacer. En un sentido, la ética del apóstol es más descriptiva que prescriptiva, es decir, lo que hace es animar a los lectores a actuar de manera consistente con su posición en Cristo».[58] La conducta ética es un subproducto de mortificar la antigua y vivir en Cristo, no de seguir sumisamente una estricta serie de reglas.

Schweizer comenta apropiadamente acerca de este pasaje: «En el Evangelio, el llamamiento a la obediencia se produce porque la persona ya ha sido salva y creada de nuevo, mientras que en la ley tiene lugar para que lo sea».[59] ¡Pablo está diciéndoles a los colosenses que vivan en su conducta aquello que ahora son en Cristo! Los creyentes han de poner sus corazones en las cosas de arriba, hacer morir las de la tierra, liberarse de las perversas prácticas del pasado, y vestirse de las nuevas. Han de desarrollar la salvación que Dios ha obrado en nosotros (Fil 2:12–13).

57. Alexander D. Hill, «Christian Character in the Marketplace: Colossians and Philemon and the Practice of Business» [El carácter cristiano en el mercado: Colosenses y Filemón y la práctica comercial], Crux 30 (1994): 30.
58. Ibíd.
59. Schweizer, *Colossians* [Colosenses], 172.

Nuestro peligro al aplicar este texto es hacer de las listas de Pablo un programa de requisitos, y convertirnos en santurrones que sermonean a los demás sobre sus deplorables vicios, al tiempo que ignoramos los nuestros. E. D. Martin ha titulado una sección de su comentario sobre este pasaje «La enseñanza moral no pasa de moda», y con ello reconoce que «estos elementos son de naturaleza genérica más que culturalmente específicos».[60] Muy a menudo, cuando abordamos los pecados de naturaleza sexual, por ejemplo, nos perdemos en cuestiones periféricas (la longitud de las faldas, la prohibición de bikinis o bañadores escasos, el uso de maquillaje, etc.). Las reglas y políticas pueden ser necesarias para frenar los excesos, sin embargo jamás hemos de olvidar que la moralidad es más que obedecer reglas. Y una mayor cantidad de reglas no hace que las personas sean más virtuosas. Al contrario, Pablo da fe de que la introducción de reglas puede crear un mayor deseo de quebrantarlas (Ro 5:21; 7:7–8).

Una tradición rabínica enseñaba que si un hombre quiere concentrarse en la ley, no ha de andar por un camino detrás de una mujer, aunque sea su esposa.[61] Este consejo ignora el hecho de que, aunque pudiéramos irnos solos a la luna o hacer que todo el mundo llevara ropas hasta los pies no conseguiríamos resolver el problema de la lujuria que está profundamente arraigado dentro de nuestro corazón. La mirada lujuriosa comienza en los ojos de la mente. La verdadera solución para la lujuria de los hombres no radica en que éstos eviten a las mujeres, las segreguen, o hagan que se cubran, sino en transformar totalmente el modo en que las miran. En una mujer los hombres han de ver a una persona por la que Cristo murió, no un objeto para su gratificación física. La misma solución se aplica a la lujuria femenina.

Wall sostiene que si definimos la moralidad por medio de ciertas reglas de conducta, vemos entonces a las personas que obedecen dichas reglas como morales. En la parábola de Jesús del hijo pródigo, el hermano mayor refuta esta suposición. Se quedó en casa con su padre, trabajó fielmente en la hacienda, y nunca desobedeció ni uno solo de los mandamientos de su padre (Lc 15:29). Sin embargo, no era menos pródigo que su hermano menor, que se había marchado a un país lejano y desperdiciado su herencia con su estilo de vida disoluto. El hermano mayor se quedó en casa, sin embargo su corazón quería estar en el país lejano, de fiesta con su amigos, y se resentía por la alegría de su padre por la recuperación de su hijo perdido. Wall sostiene correctamente que «la enseñanza ética de Pablo fluye de una visión moral más que de reglas. El apóstol está menos interesado en "confeccionar" códigos de reglas, aunque lo hace, que en "ser cristiano"». Sigue

---

60. E.D. Martin, *Colossians and Philemon* [Colosenses y Filemón], 167.
61. b. 'Erub. 18b; b. Ber. 61a. El texto continúa: «Quienquiera que cruce un río detrás de una mujer no tiene parte en la vida venidera».

diciendo: «la cuestión moral, pues, no es si se cumple o no con un cierto código prescrito sino si se es o no la clase de persona que puede ser moral. Si alguien tiene carácter moral, actuará de un modo moralmente apropiado».[62]

Un campesino de Tennessee dijo en una ocasión: «Por regla general, lo que sube en el cubo es lo que hay en el pozo». En la lista de Pablo, la inmoralidad sexual, los arranques de ira, y el lenguaje repulsivo son, todo ello, indicios de maldad interior. Ninguna sombría enumeración de prohibiciones conseguirá jamás cambiar esta maldad; dicha lista solo conseguirá suprimir las maneras en que nos expresamos abiertamente. La maldad interior sigue estando ahí y probablemente se expresará secreta o públicamente de formas que pueden ser más aceptables desde un punto de vista social, pero que no son menos malas. La única solución es cambiar lo que está en el pozo de nuestras almas. Únicamente si nos entregamos por completo a Cristo, permitiendo que su poder transformador fumigue e impregne nuestros pensamientos y acciones, se resolverá el problema del pecado en nuestra vida. Puesto que hemos sido resucitados con Cristo y renovados por él, el fruto de nuestra nueva naturaleza es vivir una vida que le agrade.

Significado Contemporáneo

La exhortación ética de Pablo se basa en la vida transformada del cristiano en Cristo. Es una vida escondida con Cristo y mortificada con él. Produce un estilo de vida totalmente cambiado que se despoja de antiguos vicios y se viste de nuevas virtudes. Los cristianos damos gracias a Dios por esta nueva vida en nuestra alabanza y adoración colectivas. Consideraremos cada uno de estos temas por separado.

Una vida escondida. A menudo se citan los comentarios de Bengel acerca de la afirmación de 3:3: «El mundo no conoce ni a Cristo ni a los cristianos, sin embargo, tampoco los cristianos se conocen realmente a sí mismos».[63] En el caso de algunos cristianos, su vida en Cristo está demasiado escondida del mundo. En el mejor de los casos son cristianos secretos. No es de extrañar que el mundo no sepa que pertenecen a Cristo, puesto que no actúan ni piensan como él. En ocasiones, sus «vidas no están ni siquiera a la altura de quienes no tienen pretensiones religiosas: hablan de la nueva vida, pero no parecen haber llegado ni tan solo a lo mejor de la antigua».[64] Pero Pablo se refiere aquí a la paradoja de que los cristianos

---

62. Wall, *Colossians and Philemon* [Colosenses y Filemón], 134.
63. Citado por Schweizer, *Colossians* [Colosenses], 176.
64. Ibíd.

afirman ser ahora aquello en que todavía han de convertirse.[65] Esta nueva realidad puede estar escondida de los demás.

A veces, los medios de comunicación se hacen eco de historias en que alguien muere dejando millones de dólares. Nadie tenía idea de que la persona en cuestión fuera tan rica, porque siempre había llevado una vida muy sencilla, evitando cualquier lujo. Esto mismo podría decirse sobre el glorioso futuro de los cristianos. Es posible que los que no son creyentes les confundan con personas débiles, insignificantes y necios por Cristo, sin saber que están unidos al gobernante del Universo y destinados a reinar con él en gloria.

Este carácter oculto de su identidad —la discrepancia entre las apariencias y la realidad— puede también causar tensión entre los cristianos. También ellos pueden dudar de la realidad del poder transformador de Dios en sus vidas. Como un atleta que ha sido sometido con éxito a una intervención quirúrgica en la rodilla pero sigue tratándola con cuidado porque se acuerda del dolor que ha soportado y tiene dudas de si está o no completamente recuperado, también los cristianos pueden avanzar por la vida con dificultad. Puede que no crean que Dios esté renovándoles, o puede que no estén dispuestos a permitir que su poder renovador haga su obra.

La nueva vida no es algo automático que tiene lugar sin ningún esfuerzo por nuestra parte. Como observa Moule: «El proceso de desvincularse completamente de lo antiguo y volcarse plenamente en lo nuevo sigue avanzando dolorosa y trabajosamente».[66] Sin embargo, ha de haber un «constante esfuerzo relajado y confiado.» Moule sostiene que si los cristianos no experimentan «dolores de crecimiento» en su nueva vida, «es dudoso que la nueva vida haya comenzado».

El relato que nos ofrece Pablo de su propia lucha es provechoso:

> No es que ya lo haya conseguido todo, o que ya sea perfecto. Sin embargo, sigo adelante esperando alcanzar aquello para lo cual Cristo Jesús me alcanzó a mí. Hermanos, no pienso que yo mismo lo haya logrado ya. Más bien, una cosa hago: olvidando lo que queda atrás y esforzándome por alcanzar lo que está delante, sigo avanzando hacia la meta para ganar el premio que Dios ofrece mediante su llamamiento celestial en Cristo Jesús. (Fil 3:12–14)

Pablo se ve a sí mismo en una carrera en la que ha recorrido con éxito las primeras etapas; sin embargo no hay razón para recrearse contemplando un

---

65. C.F.D. Moule, «The 'New Life' in Colossians» [La 'nueva vida' en Colosenses], RevExp 70 (1973): 481.

66. Ibíd., 483.

próspero comienzo hasta que la carrera haya terminado. Como corredor, el apóstol no se felicita por las vueltas que ha concluido, sino que se concentra en lo que queda por delante. Se niega a la autocomplacencia espiritual, a dormirse en los laureles de sus logros religiosos o a distraerse con otras cosas; su meta es acabar la carrera. Por otra parte, en el mundo del atletismo, cierto tipo de «esfuerzo» se ve con connotaciones negativas. Los atletas que tienen una mala racha pueden desanimarse y «esforzarse» de un modo obsesivo, lo cual solo les enfanga más en su bajón. La imagen de Pablo es la de un corredor en plena carrera que lo está dando todo; sin embargo, generalmente la forma de correr de los grandes atletas hace que sus zancadas parezcan muy fáciles y naturales; corren con alegría y sin inhibición.

Cuando Cristo toma posesión de nosotros y nosotros le entregamos por completo nuestras energías, sucede algo sin que nos demos cuenta: somos transformados. El relato corto de Dorothy Canfield Fisher, «The Pragmatist» [El pragmático], recoge la esencia de esta transformación escondida. Describe a un hombre en su lecho de muerte, que tiembla al reflexionar en su vida pasada. Había sido muy alabado por los demás, sin embargo él se daba cuenta de que su vida había sido una existencia de doblez ininterrumpida, en la que siempre había llevado una máscara. Pronto, pensaba, la muerte le haría ver quién era realmente y cómo le veía Dios. Lamentaba que siempre había fingido un valor que no poseía y una serenidad y una fe que no sentía, todo para ayudar a fortalecer a otras almas débiles y vacilantes. Había dirigido alentadoras arengas contra un enemigo que en su corazón creía invencible. Toda su vida, se lamentaba, era una telaraña de falsedades:

> Y ahora se estaba acercando el fin. Era impostor hasta la médula. El rostro mismo que se recostaba blandamente en la almohada no era realmente el suyo; éste, fruto de un prolongado hábito de esconder sus bajas y verdaderas pasiones, se había endurecido en una máscara de manso valor que ocultaba su corazón desfallecido y su alma débil y desesperada.

> Un funesto escalofrío le recorría la espalda. Aquello era el comienzo de la muerte, pensaba. Pronto la máscara le sería arrancada, y su verdadero rostro de dudas angustiosas se haría patente. En el despiadado espejo, que la muerte iba a poner en seguida delante de él, se vería por fin cómo era realmente [...] y se estremecía con un terror espantoso.

> [...] sin embargo, quienes estaban con él, dicen que al final
> clamó con una voz de alegría suprema.[67]

En ocasiones, son precisamente quienes viven más cerca de Dios los más
agudamente conscientes de lo lejos que están de su gloria. Siguen viéndose
a sí mismos como pobres y miserables pecadores. Los demás pueden ver
la presencia transformadora de Dios en sus vidas mejor que ellos mismos.
Nuestra certeza es que quienes están en Cristo están siendo transformados. La promesa del apóstol en 1 Juan 3:2–3 es muy oportuna para quienes
están luchando con sus debilidades humanas y concuerda con la verdad de
Colosenses:

> Queridos hermanos, ahora somos hijos de Dios, pero todavía
> no se ha manifestado lo que habremos de ser. Sabemos, sin
> embargo, que cuando Cristo venga seremos semejantes a él,
> porque lo veremos tal como él es. Todo el que tiene esta espe-
> ranza en Cristo, se purifica a sí mismo, así como él es puro.

Una vida entregada a la muerte. Pablo insiste en que la antigua naturaleza no puede renovarse o reformarse; ha de ser aniquilada. Esta vigorosa imagen significa que la renovación cristiana no es una cierta revisión
estética de nuestras pecaminosas personalidades. No nos limitamos meramente a añadir una delgada capa de valores cristianos que lamina nuestra
antigua naturaleza y su sistema de valores. Pablo no nos pide que nos pongamos la ropa nueva sobre la vieja; hemos de desnudarnos de los viejos
trapos y echarlos a la basura. Necesitamos algo más que algunas correc-
ciones de carácter menor y no podemos pasar por alto el elemento clave de
morir con Cristo.

Anne Lammot recuerda los comentarios de Marianne Williamson sobre
este proceso de muerte y renovación:

> Cuando le pides a Dios que venga a tu vida, crees que va a
> entrar en tu casa física, mirará alrededor, y verá que lo único
> que necesitas es un poco de limpieza, de manera que pasas los
> seis primeros meses pensando en lo hermosa que es la vida
> ahora que Dios está contigo. De repente, un día miras por
> la ventana y ves que fuera hay una grúa demoledora de una
> empresa de derribos. Resulta que Dios piensa que todo el fun-

---

67. Dorothy Canfield Fisher, «The Pragmatist» [El pragmático], en *The Questing Spirit*,
    ed. Halford E. Luccock y Frances Brentano (Nueva York: Coward-McCann, 1947),
    140–41.

damento de tu casa está en muy mal estado y vas a tener que comenzar de cero.[68]

El compromiso de despojarnos del pecado, da a entender Pablo, no puede conseguirse de un modo progresivo y con reparaciones de carácter menor. Todo el fundamento ha de ponerse de nuevo, y cuanto antes permitamos que Dios quite lo deteriorado e inicie el proceso de reconstrucción, antes evitaremos la catástrofe de que toda la casa se venga abajo cuando el peso del pecado se haga excesivo.

El problema es que quizá no queremos poner a un lado nuestros pecados todavía. Agustín admite que le había pedido a Dios: «Dame castidad, pero todavía no». Somos mucho más tolerantes con el pecado que contamina nuestras vidas que con las bacterias que contaminan el agua que bebemos. Nuestra familia se alojó por algún tiempo en una casita de montaña que tenía un pozo poco profundo. Un año, el agua no pasó el análisis bacteriológico; el nivel de bacterias estaba un poco por encima del aceptable. Sin embargo, los vecinos nos aseguraron que podíamos beber sin temor. A pesar de la seguridad que nos dieron, decidimos no beber de aquel agua para no correr el riesgo de que nos sentara mal.

Si tuviéramos la misma actitud con el pecado de nuestras vidas que con el agua que bebemos, probablemente no nos conformaríamos con pensar que el nivel de contaminación está solo un poco por encima del nivel aceptable. Ignoraríamos la seguridad que pretende darnos nuestra cultura de que un poco de pecado no perjudica. En Cristo hay tolerancia cero para cualquier contaminación, y hay que tomar medidas radicales para eliminar el problema. Jesús también utilizó una imagen literaria muy vívida para comunicarnos la seriedad del pecado:

> Si tu mano te hace pecar, córtatela. Más te vale entrar en la vida manco, que ir con las dos manos al infierno, donde el fuego nunca se apaga. Y si tu pie te hace pecar, córtatelo. Más te vale entrar en la vida cojo, que ser arrojado con los dos pies al infierno. Y si tu ojo te hace pecar, sácatelo. Más te vale entrar tuerto en el reino de Dios, que ser arrojado con los dos ojos al infierno, donde «su gusano no muere, y el fuego no se apaga» (Marcos 9:43–48).

La nueva vida demanda, por tanto, algo más que el abandono de algunos vicios y el incremento de nuestra vida espiritual mediante una asistencia regular a la iglesia. Tampoco se trata meramente de intentar portarnos mejor o de progresar poco a poco. Pablo dice claramente que lo que se

---

68. Anne Lamott, *Bird by Bird: Some Instructions on Writing and Life* [Pájaro a pájaro: algunas instrucciones para escribir y vivir] (Nueva York: Doubleday, 1994), 167.

«renueva» es la «nueva naturaleza», no la naturaleza terrenal (3:10). Por citar a E. D. Martin: «El proceso que se describe no es un cambio gradual de lo antiguo que se convierte en algo mejor, sino la actualización progresiva de la nueva creación que ya existe».[69]

El cristiano no puede situarse a voluntad dentro y fuera del señorío de Cristo dependiendo de que ello le parezca o no conveniente. Vivir en santidad rara vez es conveniente, y nunca hemos de olvidar la imponente ira de Dios, que conlleva castigo. Incluso cuando parece que nos hemos escapado sin castigo por nuestro pecado, éste se está gestando dentro de nosotros. Por consiguiente, insiste Pablo, nuestra mala conducta, que pertenece a nuestra antigua vida, ha de ser puesta a un lado como viejos harapos, o extirpada como un tumor canceroso antes de que nos destruya.

Podemos preguntarnos si esta clase de transformación es posible. ¿Podemos realmente hacer morir a la naturaleza terrenal? Podemos ver claras evidencias del proceso contrario, en que algunas personas han hecho morir al «afecto entrañable [la] bondad, [la] humildad, [la] amabilidad y [la] paciencia». Quienes han hablado en la cárcel con ciertos asesinos en serie y pedófilos han dado testimonio de que algo dentro de aquellas personas había muerto. Estaban muertos al amor, muertos a la empatía, muertos a la compasión por sus víctimas o sus familias. Si es posible que algunas personas den muerte a la virtud en sus vidas, ha de serlo también hacerlo con cosas como la lujuria, los malos deseos, la avaricia, la ira, la furia, la malicia, la calumnia y el lenguaje abusivo. Sin embargo, no lo conseguimos mediante el poder de nuestra voluntad, sino por medio del que procede de nuestra resurrección con Cristo y de aquel que le resucitó de los muertos. La irresistible inclinación hacia el pecado es sustituida por el irresistible poder de Dios.

Virtudes y vicios. La insistencia de Pablo con respecto a despojarnos del pecado y vestirnos con la nueva vida y sus virtudes concomitantes, era contraria a la corriente general de su cultura, y también lo es en la nuestra. Una censura de los pecados de naturaleza sexual, por ejemplo, se rechaza rápidamente como algo mojigato, puritano, o victoriano. La castidad se ve como algo anacrónico o forzado por una falta de atractivo físico. Un personaje de la obra de Oscar Wilde, *El abanico de Lady Windermere* afirma: «Un hombre que predica moral es por regla general un hipócrita, mientras que una mujer que lo hace es, invariablemente, fea». H.G. Wells afirmó sarcásticamente que la indignación moral no son sino celos con una aureola.

En nuestro tiempo muchos resisten cualquier llamamiento a una autoridad moral objetiva. Nuestra cultura cuestiona cada vez más las claras dis-

---

69.   E.D. Martin, *Colossians and Philemon* [Colosenses y Filemón], 152–53.

tinciones entre el bien y el mal que las generaciones precedentes asumían con naturalidad como presupuestos esenciales. Muchos asumen que como seres humanos independientes, somos libres de vivir con las normas que decidamos, y no nos gusta que nadie cuestione nuestro estilo de vida, aun en sus aspectos más nimios.

Nuestra sensibilidad moral ha sido anestesiada por la crudeza y la violencia, que forman parte de la dieta intelectual acostumbrada de muchas personas de nuestra cultura. En la película *Broadcast News*, un personaje expresa su repugnancia hacia un taimado compañero de trabajo. Éste pregunta: «¿Qué aspecto crees que tiene el diablo?» y en respuesta a su propia pregunta, dice que el diablo será atractivo para muchos y ejercerá una influencia sobre ellos «y, poco a poco, rebajará nuestras normas».

Los medios de comunicación populares parecen la mejor arma para rebajar las normas. En nuestra cultura, la fornicación, la impureza, las bajas pasiones, los malos deseos y la avaricia se consideran cosas relativas que tienen que ver con la «libertad de expresión». Ha llegado a ser más aceptable utilizar el nombre de Dios en blasfemias o exclamaciones que en oración. Despreciables vendedores de pornografía son aclamados como grandes defensores de la libertad de expresión amparada por la Constitución de los Estados Unidos. Quienes hablan contra sus repugnantes publicaciones se ven condenados al ostracismo y al escarnio. Muchos se enriquecen interpretando estas cosas en el cine, haciendo música sobre la violencia contra las mujeres, y lentamente, poco a poco, menoscabando nuestras normas de modo que muchos no son capaces de distinguir lo bueno de lo malo, lo puro de lo que no lo es, o los malos deseos de los buenos. Otros son encomiados por una conducta que, como alguien dijo, hace años «les hubiera costado la cárcel o ser encerrados en una institución psiquiátrica».

Tristemente, algunos productores inmorales ejercen una poderosa y sutil influencia sobre nuestros hijos. En los Estados Unidos, un niño normal pasa incontables horas delante del televisor, y la influencia ejercida por los tejedores de sueños seculares no puede contrarrestarse fácilmente con una o dos horas de enseñanza cristiana en la iglesia o en casa. Hanson deplora:

> Los vídeos populares, a los que las mentes más tiernas e impresionables pueden acceder fácilmente con solo pulsar un botón, se deleitan en lo escabroso y satánico. La violencia, la irreverencia y lo transitorio se convierten así en hábitos de la mente. Y del mismo modo que toda una economía ha llegado a fundamentarse sobre el principio de una obsolescencia inherente,

tendemos a tratar la realidad de las creencias y la moralidad con una impaciencia análoga.[70]

Esta impaciencia con la moralidad cristiana pasa por alto las abundantes evidencias del estado caído de la humanidad y asume erróneamente que la naturaleza humana es básicamente buena, y que cualquier cosa que hagamos está bien. Un personaje famoso de nuestro tiempo intentó justificar sus devaneos amorosos con su hijastra alegando que, «el corazón quiere lo que quiere». El problema es que el corazón se corrompe y degrada con facilidad, y a continuación la depravada mente humana justifica su libertinaje porque no puede distinguir lo bueno de lo malo.

En la tira cómica «Calvin y Hobbes» de Bill Watterson, Hobbes, un tigre de peluche, adquiere proporciones reales cuando está solo con Calvin, un niño de seis años. En una viñeta, Hobbes le pregunta a Calvin cómo le va con sus resoluciones de Año Nuevo. Calvin responde que no ha hecho ninguna determinación y explica:

> Para mejorarse a uno mismo, primero hay que tener alguna idea de lo que es «bueno». Esto implica tener también ciertos valores. Pero como todos sabemos, los valores son relativos. Cada sistema de creencias es igualmente válido y hemos de tolerar la diversidad. La virtud no es «mejor» que el vicio. Es simplemente diferente.

Hobbes, que es la encarnación de una sabiduría más elevada, replica que no cree poder «tolerar tanta tolerancia». El indomable Calvin permanece impávido: «Me niego a ser victimizado por nociones de conducta virtuosa». Calvin representa nuestros valores superficiales y relativistas.

Muchos creen hoy que cada persona debería tener la libertad de crear su propia moralidad escogiendo en el bufé de opciones igualmente válidas. En Colosenses, Pablo deja claro que existen normas objetivas que se espera que los cristianos cumplan. La Iglesia ha de reunir toda su energía para infundir estos valores a sus miembros. Martin lo expresa bien: «Estas enseñanzas constituyen un ineludible llamamiento a hacer que la ética del Salvador sea la ética de los salvados».[71]

Cuestiones relativas al estilo de vida de los cristianos. No hemos de confundir ser moral con ser cristiano, así como no podemos afirmar ser cristianos si ignoramos la moralidad. Una moralidad tibia no conseguirá apagar las abrasadoras llamas del paganismo. Nuestra conducta como cris-

---

70. Paul D. Hanson, «The Identity and Purpose of the Church» [La identidad y propósito de la Iglesia], TToday 42 (1985): 342.

71. E.D. Martin, *Colossians and Philemon* [Colosenses y Filemón], 161.

tianos se convierte en un anuncio de lo que significa estar en Cristo para la vida de una persona. En palabras de Lohse: «Es precisamente en la vida cotidiana del cristiano, donde éste se esfuerza y suda, donde está bajo el mandamiento de demostrar su lealtad al Señor».[72] Los no creyentes miran a los cristianos y se preguntan en qué se diferencian de los demás. Deberían ver una clara diferencia en el modo en que éstos expresan su sexualidad y su ira, en cómo tratan a quienes son distintos de ellos, y en su compromiso con el perdón y desprecio de la codicia.[73]

Los cristianos y la sexualidad. Si Malcolm Muggeridge está en lo cierto cuando dice que «el orgasmo ha sustituido a la Cruz como centro de los anhelos e imagen de la satisfacción», ello explica el enorme vacío de muchas vidas. Dios diseñó la unión sexual para fomentar el interés en el otro, la entrega y la intimidad; en todas las épocas, los seres humanos han pervertido lo que Dios creó para nuestro bien. Podemos ver esta perversión en la jerga coloquial moderna, que utiliza una terminología de lo más bajuno para referirse a la unión sexual, utilizando términos que aluden a la hostilidad, la agresión y los abusos. Esta degeneración podemos también observarla en nuestra descripción del sexo como un artículo de consumo, hablando de él como de algo que «tenemos» (En inglés se utiliza la expresión *to have sex,* literalmente "tener sexo," para aludir a la práctica de las relaciones sexuales. N. del T.). Y, en una sociedad consumista, estamos condicionados a querer «tener» lo «mejor» de algo y en el grado «más alto». Nuestra cultura ha desarrollado también la atrevida actitud de que todo vale siempre que no perjudique a nadie. Una perspectiva que no tiene en cuenta la ira de Dios. Los comentarios de Buechner son, en este sentido, oportunos:

> Puede que las heridas sean todas internas. Puede que pasen años antes de que las radiografías detecten algo. Puede que la única persona perjudicada seas tú.[74]

Hoy día se pone el acento en lo que se llama «sexo seguro», pero no hay profilácticos para el alma.

El Nuevo Testamento entiende que nuestra expresión sexual no es simplemente algo que hacemos, sino que refleja quiénes somos. Los cristianos son aquellos que siempre ponen en primer lugar los derechos y necesidades de los demás. Actúan por amor. Muchos descubren la diferencia entre la lujuria y el amor cuando ya es demasiado tarde. La lujuria busca una rápida

---

72. Lohse, *Colossians and Philemon* [Colosenses y Filemón], 153.
73. Respecto al significado del perdón, ver la sección «Significado contemporáneo» sobre Filemón.
74. Frederick Buechner, *Wishful Thinking: A Theological ABC* [Ilusiones: un ABC teológico], (Nueva York/Evanston/San Francisco/Londres: Harper & Row, 1973), 87–88.

satisfacción y se hastía con la misma rapidez. El amor requiere esfuerzo y se hace más hondo con el paso del tiempo. La lujuria se centra solo en los sentidos, sin embargo, el amor los utiliza para mimar al otro y nutrir el alma. En nuestro tiempo, las personas hablan de sus derechos individuales, sin embargo en el Nuevo Testamento el acento recae en la responsabilidad. Mitton comenta que la conducta sexual cristiana ha de estar controlada por la responsabilidad respecto al verdadero bienestar de la otra persona implicada en la relación, y el de cualquier niño que pueda nacer como consecuencia de esta unión. La idea cristiana que se desarrolló a partir de este profundo respeto por la vida personal del otro, y por las vidas de los no nacidos, ha llevado al modelo cristiano de conducta sexual que normalmente se resume como castidad antes del matrimonio y fidelidad dentro de él. El uso de la relación sexual para el puro placer o excitación sin ningún verdadero sentido de la responsabilidad degrada la propia vida y las relaciones personales.[75]

Los hábitos son cosas que hacemos de manera automática, inconsciente y cómoda. En nuestra cultura muchos se han habituado a mirar a otras personas del sexo contrario y a pensar en ellas como si fueran objetos para nuestra gratificación, y no personas. La Iglesia no ha de ignorar este problema, sino hablar con toda claridad contra estas tendencias y ofrecer una ayuda seria para que las personas puedan desaprender estos hábitos destructivos y ser librados de ellos.

Los peligros de la ira. Supuestamente, la Iglesia es un lugar distinto en un mundo donde los seres humanos están en guerra los unos con los otros. Ha de ser un lugar en que los destructivos efectos de la ira se desvanecen. Por tanto, hemos de aprender a aplacar nuestra ira antes de que ésta estalle y destruya nuestra comunión. La ira se vuelve peligrosa cuando se alimenta, justifica, estimula y crece. Corroe el alma como un cáncer y marchita nuestra gratitud a Dios y a los demás.

El peligro para los cristianos no es que éstos puedan indignarse. Puesto que son seres humanos y no plantas, se indignarán. La cuestión es si ges-

---

75. C. Leslie Mitton, *Ephesians* [Efesios], (NCB; Londres: Oliphants, 1976), 161. In the same vein, Helmut Thielicke, *Theological Ethics Volume 3: Sex* [Ética Teológica Volumen 3: Sexo], (Grand Rapids: Eerdmans, 1979), 201, escribe:

> Puesto que las relaciones sexuales prematrimoniales y extramatrimoniales se persiguen principalmente por cuestiones de placer y relajación de la tensión, como una satisfacción de la líbido, quienes las practican están generalmente poco inclinados a hacer los sacrificios correspondientes y a aceptar las responsabilidades que conllevan. En esta misma medida vemos aquí la negación de uno de los propósitos esenciales de la sexualidad, a saber, una relación personal diseñada para la permanencia y la disposición a aceptar la responsabilidad de ser padres.

tionamos nuestra ira de un modo constructivo o destructivo. Corremos el peligro de dar un mal uso a la ira y enzarzarnos en varias clases de guerra: guerra fría cuando nos negamos a hablar de los temas en cuestión; guerra de guerrillas cuando atacamos a la otra persona en público; guerra nuclear cuando la ira va manando por nuestro interior hasta que explota como una bomba atómica y todos los que están a nuestro alrededor son aniquilados por la lluvia radiactiva.

Schweizer enumera varios peligros que nos plantea la ira descontrolada.[76]

- Un enojo que nos corroe por dentro puede crear tensiones en las relaciones personales.
- La ira puede explotar, pasar por encima de cualquier restricción y expresar irreflexivamente unos sentimientos que después quedarán ahí.
- La malicia nos lleva a hacer y decir cosas que hacen daño a nuestro prójimo.
- La maldad nos lleva a ultrajar a las personas sin preocuparnos de la angustia que ello produce.
- Los chismorreos se extienden como un fuego incontrolado a espaldas de las personas. Frecuentemente es imposible controlar los daños que producen, de modo que hace la vida prácticamente insoportable para la víctima y la ira se extiende.

Una vida llena de gratitud por lo que Dios ha hecho por nosotros y por lo que ha prometido que será nuestro en Cristo echa fuera la ira producida por los intrascendentes desaires o por las amenazas que observamos.

Los peligros del prejuicio. Los cristianos creen que todas las personas tienen el mismo valor para Dios y que Dios ofrece la salvación a todos por igual. Como dice la canción infantil:

A los niños de este mundo
ama Cristo el Señor,
no importa su color
son objeto de su amor,
a los niños, todos, ama el Salvador.

Lo que creemos en teoría, sin embargo, no siempre lo vivimos en la práctica. Los prejuicios y recelos hacia quienes son distintos persisten y pueden adquirir formas virulentas. Nuestros obstinados corazones pasan por encima de nuestra mente iluminada. Aun la misma persona que redactó la Declaración de Independencia, afirmando que todos los seres humanos

---

76. Schweizer, *Colossians* [Colosenses], 202.

son creados iguales, fue capaz, más adelante, de escribir sobre la inferioridad racial de los negros.

Pablo dio su vida por proclamar un Evangelio que derribaba las mura-
llas de los antiguos prejuicios. No deberíamos engañarnos creyendo que
somos mejores o más favorecidos por Dios que los demás, o que Dios nos
pasará por alto en el juicio porque formamos parte de un pueblo escogido.
Colosenses 3:11 nos ofrece otra oportunidad de derrocar los prejuicios que
tenemos tantos de nosotros. El lugar en que hemos nacido, nuestra raza,
género, idioma, o clase social no son barreras para el Amor de Dios, y no
deberíamos permitir que lo sean para la amorosa comunión del pueblo de
Dios. Las contingencias específicas que acompañan a nuestro nacimiento
en este mundo no dejan de existir, no obstante, tales circunstancias no han
de definir lo que en última instancia significa ser humanos o poner límites
al Amor de Dios.

(1) Los prejuicios penalizan tanto a quienes los tienen como a los que
son objeto de ellos. La novela de Alan Paton, *Llanto por la tierra amada*,
ambientada en la Sudáfrica del *apartheid*, muestra con toda claridad que
esto es cierto. Dos padres, uno blanco y otro negro, pierden a sus hijos
dentro de un sistema brutal. La discriminación racial destruye por igual a
las víctimas y los verdugos del racismo.

(2) Los prejuicios endurecen las arterias del corazón y aniquilan la misericordia. Se cierran como un puño que nos ahoga y nos impiden tanto dar
misericordia como recibirla. En una de las novelas de Barbara Kingsolver,
en un capítulo titulado «Cómo se come en el Cielo», esta escritora describe
a la Sra. Parsons, uno de sus personajes, como una persona especialmente
mezquina. Si este mismo espíritu se expresara en un perro, dice el narra-
dor, «le regalarías el animal a alguien que tuviera una gran hacienda». Este
pensamiento se suscita a partir de varios comentarios despectivos de la Sra.
Parsons sobre los «extranjeros». Esta mujer participaba en una comida a
la que también estaban invitados dos salvadoreños que vivían ilegalmente
en los Estados Unidos. Con una intolerable falta de sensibilidad, la señora
Parsons se queja: «Dentro de poco todo el mundo estará aquí chapurreando
y farfullando hasta que no sabremos que estamos en los Estados Unidos».
Cuando una de sus compañeras la conmina con benignidad a tener cuidado
con su forma de hablar, Parsons dice: «¿Qué hay de malo en lo que digo?
Es la verdad. Deberían quedarse en sus miserables países, no venir aquí a
robarnos el trabajo».[77] Este tipo de crueldad y desprecio por los demás le
está prohibido al cristiano.

77.   Barbara Kingsolver, *The Bean Trees* [Árboles de judías] (Nueva York: HarperCollins,
       1988), 106–7.

(3) Los prejuicios representan la negación de nuestra justificación por la fe. Markus Barth afirma:

> La justificación en Cristo no es [...] un milagro individual que experimenta esta o aquella persona, algo que cada ser humano puede buscar o poseer por sí mismo. Por el contrario, la justificación por la Gracia es una unión de esta y aquella persona, de los que están cerca y de los que están lejos, de buenos y malos, de los de alta posición y los de baja, liberales y fundamentalistas. Es un acontecimiento social. Nadie está unido a Cristo sino en unión con un prójimo.[78]

Implica repetir: quienes han sido unidos a Cristo lo han sido también los unos a los otros. No tenemos, por tanto, base alguna para albergar odio o sentimientos de superioridad hacia los demás. Estos sentimientos han de ser borrados, como sucedió cuando Felicitas, una muchacha esclava, y su ama Perpetua hubieron de hacer frente juntas a la muerte en la arena de un circo romano, tomadas de la mano, hermanas en Cristo; como sucedió también, probablemente, cuando Filemón aceptó a Onésimo como a un hermano en Cristo.

El Evangelio se opone al uso de criterios humanos para excluir a los demás o para hacer de ellos personas de segunda clase. Se opone a la discriminación de los demás por distinciones externas y humanas que para Dios no tienen ninguna importancia: cosas como raza, sexo, denominación, clase social, educación, geografía, cultura, política o liturgia. Todas ellas son categorías de la «carne» y forman parte del antiguo orden que está bajo sentencia de muerte. Pablo no excluye a nadie sino solo por flagrantes violaciones éticas, lo que en el Antiguo Testamento se califica como pecar «con una mano en alto» (Nm 15:30, RSV; NVI, «deliberadamente»).

Cualquier grupo que niega la entrada a otras personas basándose en diferencias humanas no es de Dios. Aplicar estas distinciones para excluir a las personas de la salvación y catalogarlas de indignas hasta que cambien su condición es negar que Dios es imparcial, que somos justificados por la sola fe, y que la muerte de Cristo expía nuestros pecados. Tal actitud insiste en que Dios nos ama por lo que somos, no a pesar de ello. Todas estas distinciones fueron rechazadas por Cristo en su ministerio terrenal, cuando trataba a los pecadores, samaritanos y centuriones del mismo modo que a los llamados judíos justos.

---

78. Markus Barth, «Jews and Gentiles: The Social Character of Justification in Paul» [Judíos y gentiles: el carácter social de la justificación en Pablo], JES 5 (1968): 259.

Los peligros de la avaricia. La avaricia es el anhelo de poseer cada vez más.[79] Niebuhr afirmó:

> El sentido humano de dependencia de la naturaleza y su reverente gratitud hacia el milagro de su perenne abundancia, es destruido por su arrogante sentido de independencia y su avaricioso esfuerzo por vencer la inseguridad que generan sus ritmos y estaciones, almacenando en sus graneros con celo excesivo y más allá de los requisitos naturales. La avaricia es, en pocas palabras, la expresión de la desmesurada ambición del hombre por esconder su inseguridad en la naturaleza.[80]

Los seres humanos se aferran al poder y a una superabundancia de bienes en un vano intento de protegerse de la precariedad de la vida —inevitablemente a expensas de otra vida— o procurando llenar un vacío espiritual. Nos autoengañamos pensando que cuanto más tengamos, más seguros estaremos. Sin embargo, la avaricia no proporciona ninguna defensa contra las vicisitudes de la vida o la muerte.

No obstante, esta pasión parece ser el motor que dirige nuestras vidas en el hogar y en el trabajo. Hill pregunta: «¿Qué relevancia tiene la regla de oro y los mandamientos del amor *agape* de Jesús en un ambiente comercial que con frecuencia parece tan darwinista en su carácter?»[81] ¿Cómo afecta nuestro estar en Cristo a nuestras vidas en el mercado y entorno laboral? Algunos empresarios han confesado en público que los compromisos religiosos «ingenuos» e «idealistas» no tienen lugar en el implacable mundo de la competencia comercial. Los expertos del mundo de los negocios han defendido lo apropiado de una doble moralidad, por la que situamos en distintos compartimentos nuestras lealtades religiosas de nuestras operaciones comerciales y las separamos. Es perfecto ser honestos y amorosos en nuestra vida privada, dicen; sin embargo, en el despiadado mundo de los negocios, la meta es ganar a toda costa. Afirman que, hagamos lo que hagamos (léase mentir, fanfarronear, trampear, vender productos letales, etcétera), no somos moralmente culpables cuando procuramos incrementar las ventas de una empresa.

Pablo insiste, sin embargo, que para el cristiano no hay actividad alguna que pueda situarse fuera del señorío de Cristo. El ávido corredor de bolsa de Wall Street que afirma con jactancia «la avaricia es buena», se reiría del consejo de Pablo a los corintios: «¿No sería mejor soportar la injusticia?

---

79. E.D. Martin, *Colossians and Philemon* [Colosenses y Filemón], 168.
80. Reinhold Niebuhr, *The Nature and Destiny of Man* [Naturaleza y destino del Hombre] (Nueva York: Charles Scribner's Sons, 1964), 190–91.
81. Hill, «Christian Character in the Marketplace» [El carácter cristiano en el mercado], 27. Estoy en deuda con las reflexiones de Hill en la siguiente exposición.

¿No sería mejor dejar que los defrauden?» (1Co 6:7). La avaricia plantea una serie totalmente distinta de preguntas: «¿Por qué no defraudar a otros? ¿Por qué no jugar sucio?».

Las respuestas a estas preguntas se han hecho muy complicadas por la importancia que ha adquirido el éxito material en la escena contemporánea. Los modernos publicistas han hecho un excelente trabajo inoculándonos el deseo de cosas que de otro modo nos habrían dejado fríos, y haciéndonos creer que las necesitamos desesperadamente. Nos han convertido en «los espléndidos compradores». El grave peligro es que la dinámica de desear cosas y comprarlas puede convertirse en la fuerza impulsora de toda nuestra vida. Y lo que es peor, no es solo que nuestra sociedad materialista nos enseñe a calcular el valor de nuestro patrimonio a partir de nuestras posesiones, sino que utiliza el mismo criterio cuando se trata de nuestro valor como personas. Podemos ser consumidos por nuestra forma de vida consumista que nos lleva a querer más y mejor de todo.

Estos impulsos nos llevan a desear lo que no es nuestro, y los objetos de nuestra codicia pueden también llegar a ser personas que nos atraen sexualmente. El flagelo de la avaricia se plasma dolorosamente en titulares de prensa como el que informaba que una mujer contrató a un sicario para que matara a su yerno porque pensaba que no era lo suficientemente bueno para su hija, o el de otra mujer que intentaba asegurar un lugar para su hija en un grupo de coreografía para eventos deportivos haciendo asesinar a la madre de su rival, o el de un atleta que conspiró para mutilar a un competidor a fin de mejorar las posibilidades de ganar una medalla olímpica. Estos titulares reflejan la profunda idolatría que azota nuestro mundo y que sitúa al «yo» por encima de los demás, y por encima de Dios.

La siguiente descripción del compositor alemán Richard Wagner es un ejemplo perfecto de lo que Pablo tiene en mente cuando culmina la primera lista de vicios de 3:5 mencionando «la avaricia, que es idolatría»:

> Era mentiroso, deshonesto e hipócrita, sin la más ligera consideración por la ética, la moralidad, la generosidad, o el honor personal. No tenía sentido alguno de la responsabilidad. Pedía dinero prestado sin tener ninguna intención de devolverlo, y no dudaba en utilizar tales fondos para sus extravagancias (siempre vivió por encima de sus posibilidades, dándose aires regios). «El mundo me debe lo que necesito», decía con arrogancia, ya que estaba convencido de ser el mayor músico, dramaturgo y poeta que el mundo hubiera conocido, y una de sus mentes más profundas. Cortejaba a las mujeres sin pensar en las posibles consecuencias o sufrimientos que podía depa-

rarles; eran únicamente para su placer y necesidades. Era tan insensible al dolor de los demás como neuróticamente obsesionado hacia el suyo. Y estaba lleno de odio hacia todos los que le rodeaban puesto que se adoraba a sí mismo.[82]

Sin embargo, estos horrorosos ejemplos de avaricia pueden llevarnos a tener pretensiones de superioridad moral, y a pasar por alto nuestros propios deseos de tener más de lo debido, de utilizar a otras personas, y de convertir nuestras pasiones en la cosa más importante del mundo. Nos convencemos de que, a diferencia de otros que son avariciosos, nosotros necesitamos estas cosas o las merecemos. Justificamos también nuestra codicia convenciéndonos de que, puesto que «todos» los demás tienen las cosas deseadas, nosotros también tenemos derecho a ellas. No vemos que hemos convertido nuestras pasiones, aun las más triviales, en dioses tan avarientos como las fauces del propio infierno.

Adoración cristiana. La adoración es nuestra respuesta a lo que Cristo ha hecho y sigue haciendo. Da forma a nuestra fe y la hace relevante en nuestra vida diaria al responder al Dios que nos ha salvado y nos llama a ser su pueblo. La presencia de Cristo y nuestra unión al ofrecer oraciones y cánticos a Dios establece y fortalece nuestros lazos. Nuestra adoración aporta dirección a nuestras vidas, puesto que oímos la Palabra de Dios aplicada, nos hace conscientes de las necesidades de otras personas en nuestras oraciones de intercesión, y nos ofrece la oportunidad de expresar nuestro arrepentimiento. Nos prepara para las batallas espirituales que a menudo hemos de enfrentar solos durante la semana.

En el Nuevo Testamento hay pocos ejemplos que nos permitan ver cómo era la adoración de los primeros cristianos. Encontramos solo algunos indicios. Los cristianos de las primeras iglesias «se mantenían firmes en la enseñanza de los apóstoles, en la comunión, en el partimiento del pan y en la oración» (Hch 2:42). En Corinto, cada uno podía «tener un himno, una enseñanza, una revelación, un mensaje en lenguas, o una interpretación» (1Co 14:26). La preocupación de Pablo en 1 Corintios era que su adoración edificara a toda la iglesia, no los egos de aquellos que convertían su participación en una actuación. En Colosenses 3:16, el apóstol identifica dos elementos clave de la adoración: una instrucción y consejo que se centra en la palabra de Cristo, y en cánticos de alabanza. Esto lo une a dos normas para la adoración: sabiduría y acción de gracias.

---

82. Milton Cross y David Ewen, «Richard Wagner», *The Milton Cross New Encyclopedia of the Great Composers and Their Music* (ed. rev.; Garden City, N.Y.: Doubleday, 1969), 2:1104.

Instrucción y consejo en la palabra de Cristo. Pablo afirma que Cristo está entre ellos mediante el ministerio de la palabra. La adoración de los primeros cristianos concedía un lugar preeminente a la palabra hablada en contraste con los ritos superficiales o las ceremonias misteriosas. Las palabras son importantes. A través de ellas Cristo nos compromete, y aprendemos sobre su carácter y voluntad para nosotros. Crichton afirma:

> Las palabras desempeñan un papel especialmente importante (a diferencia de lo que sucede en la adoración primitiva, donde la acción es dominante y la palabra parece tener un papel insignificante), en primer lugar porque la fe viene por el oír —la palabra ha de ser proclamada—, y en segundo lugar porque la respuesta en palabras es el modo específicamente humano por el que el hombre se expresa a sí mismo y a los demás que ha recibido la palabra.[83]

Hemos de depender de la revelación de la Palabra de Dios en lugar de hacerlo de nuestras revelaciones.

Dawn critica incisivamente lo que ella llama «evangelización de pasatiempo», que se ha convertido en una tendencia inquietante dentro de la Iglesia. Su tesis es que hemos «simplificado» la verdad de Dios que revela el esplendor y la Gracia de Dios ante la depravación humana con falsos esfuerzos por sentirnos mejor con nosotros mismos.[84] Dawn observa: «Para atraer a las gentes de nuestra cultura, algunas iglesias cristianas dependen de la pompa, el espectáculo y los juguetes tecnológicos, en lugar de basarse en una sólida declaración de la Palabra de Dios y su autorizada revelación para nuestras vidas».[85] El peligro es que la adoración se convierte en mera actuación, una representación que se centra más en nosotros que en Dios. Los asistentes pueden recibir la falsa impresión de que el principal propósito de Dios es glorificar a los seres humanos y no al revés.[86]

Para muchos, la adoración se convierte en el momento en que Dios ha de suplir nuestras necesidades en lugar de la ocasión en que nosotros le damos a él la gloria. Si no cumple este propósito, no nos sirve para nada. La siguiente cita ilustra esta clase de actitud: «Cuando se trata de la distribu-

---

83. J.D. Crichton, «A Theology of Worship» [Una teología de la adoración], en *The Study of Liturgy*, ed. C. Jones, G. Wainwright, y E. Yarnold (Londres: SPCK, 1978), 10.

84. Marva J. Dawn, *Reaching Out Without Dumbing Down: A Theology of Worship for the Turn-of-the-Century Culture* [Alcanzar sin simplificar: una teología de la adoración para la cultura de finales de siglo], (Grand Rapids: Eerdmans, 1995), 91.

85. Ibíd., 50.

86. Robert Wuthnow, «Small Groups Forge New Notions of Community and the Sacred» [Los grupos pequeños forjan nuevas nociones de comunidad y de lo sagrado], *The Christian Century* 110 (Dic. 8, 1993): 1239.

ción de los recursos de tiempo, la religión no es muy eficiente. Hay muchas otras cosas que podría hacer un domingo por la mañana».[87]

La adoración no ha de girar alrededor de nosotros sino de Dios. La palabra es de Dios, la sabiduría es también suya, y solo él es merecedor de nuestra gratitud. Keck se lamenta:

> Hemos reventado globos, bailado por los pasillos, desfilado con pancartas; nos hemos vuelto al jazz y hemos cantado cantinelas cuyo contenido teológico hace que las canciones infantiles suenen a Tomás de Aquino. Pero no basta con hacer que las cosas sean más animadas, o poner música a nuestras aspiraciones y programas. Podemos hacer algo mejor que esto, y hemos de hacerlo, puesto que entonces la verdad de Dios, hecha tangible en Cristo y atestiguada en el Evangelio, suscita la verdadera alabanza de Dios. La adoración cristiana establece una alternativa al secularismo que de lo contrario nos embauca con sus promesas.[88]

Es posible que la adoración tipo circo de tres pistas atraiga a muchas personas y provoque muchas respuestas, sin embargo, es también posible que quienes respondan a ella solo tengan una relación superficial con Cristo. Esta superficialidad la expresa muy bien un personaje de la novela *Calle Mayor* de Sinclair Lewis:

> Creía en la iglesia, pero rara vez asistía a sus servicios. Creía en el cristianismo pero rara vez pensaba en él. Estaba preocupado por la falta de fe de Carol, pero no sabía muy bien lo que le faltaba.

Dawn se pregunta:

> Si las personas son salvas por un Cristo espectacular, ¿serán capaces de encontrarle en los torpes intentos de su propia vida devocional o en los humildes servicios de las pequeñas iglesias donde los pastores y organistas cometen errores? ¿Conseguirá acaso una deslumbrante y efectista descripción de Cristo cultivar en los nuevos creyentes su carácter de voluntario sufrimiento y sacrificada obediencia? ¿Podrá crear una conciencia de las idolatrías de nuestro tiempo y llevar al arrepentimiento? ¿Y acaso logrará un llamativo sonido de rock duro llevar a las

87. Walter Isaacson, «In Search of the Real Bill Gates» [En busca del verdadero Bill Gates], *Time* 149/2 (Jan. 13, 1997): 51.

88. Leander Keck, *The Church Confident* [La Iglesia confiada] (Nashville: Abingdon, 1993), 42, observación de Dawn, *Reaching Out Without Dumbing Down* [Alcanzar sin simplificar], 88.

personas a un Cristo que nos llama a apartarnos de la superficialidad del mundo, para meditar y reflexionar de un modo
más profundo?[89]

La adoración que se centra en la palabra de Cristo ha de conducir a una fe
más madura. Roehlkepartain aísla ocho características de la madurez de fe
que podemos utilizar como una guía para poner a prueba la «sabiduría» de
nuestra adoración y evaluar si ésta produce o no dicha clase de madurez.[90]

(1) Confiar y creer. Los cristianos maduros creen «las afirmaciones teológicas básicas: la humanidad y divinidad de Jesús, el amor incondicional
de Dios, su trascendencia e inmanencia, y la reconciliación del sufrimiento
humano y el amor divino». Estas verdades se comunican por medio de palabras, y requieren más que un asentimiento intelectual. Han de ser la guía
para nuestra vida diaria. Como dijo Dietrich Bonhoeffer: «Únicamente el
que cree es obediente, y solo el que es obediente cree».[91] Nuestra adoración ha de transmitir nuestra fe fundamental acerca de Dios y comunicarla
a los demás.

(2) Experimentar los frutos de la fe. Los cristianos maduros experimentan un sentido de bienestar, seguridad y paz. Nuestra adoración ha de estimular estos sentimientos aunque pueda parecernos que la vida se derrumba
sobre nosotros. El himno de Anna L. Waring expresa este espíritu:

Anclado en amor celestial, mi corazón no temerá a los cambios;
Y segura es tal confianza, porque nada cambia en él.
La tormenta puede rugir por fuera, y mi corazón turbarse
dentro de mí;
Pero Dios me rodea, y ¿puedo desfallecer?

(3) Integrar fe y vida. Los cristianos maduros filtran todos los aspectos de
la vida —lo que ven, oyen, y piensan; su familia, vocación, relaciones personales, finanzas, política y decisiones éticas— a través de su fe en Cristo.
No confinan su fe religiosa a un rinconcito de sus vidas para expresarla solo
de vez en cuando, sino que permiten que su fe en Cristo dé forma a toda la
realidad e informe todo lo que hacen.

(4) Buscar crecimiento espiritual. Los cristianos maduros dejan atrás las
ideas infantiles de la fe y «procuran crecer espiritualmente por medio del
estudio, la reflexión, la oración y el diálogo con otras personas». La ado-

---

89. Dawn, *Reaching Out Without Dumbing Down* [Alcanzar sin simplificar], 50.
90. Eugene C. Roehlkepartain, *The Teaching Church: Moving Christian Education
to Center Stage* [La iglesia enseñante: llevar a un primer plano la educación cris-
tiana] (Nashville: Abingdon, 1993), 36–37.
91. Dietrich Bonhoeffer, *The Cost of Discipleship* [El coste del discipulado], (Nueva
York: Macmillan, 1963), 69.

ración ha de conducir a una mayor comprensión de la verdad teológica. Si contrastamos la profundidad teológica del himno en prosa de Colosenses 1:15–20 con algunos ejemplos de modernos coritos de alabanza, podemos ver más claramente lo triviales e insustanciales que son algunas de las canciones e himnos que cantamos en nuestra adoración.

Naturalmente, los coritos de alabanza pueden beneficiar nuestra adoración puesto que, por regla general, se dirigen al Dios trino y glorifican su dignidad, nombre, y majestad. Pero hemos de tener cuidado de no renunciar a la profundidad intelectual y espiritual en nuestra música. Dawn afirma: «la música superficial forma personas superficiales».[92] La música produce impresiones muy profundas en nuestra mente. Algunos enfermos de Alzheimer que, tristemente, ya no pueden reconocer a sus seres queridos son capaces en ocasiones de recordar, sin embargo, sus himnos o canciones preferidas. Deberíamos llenar nuestras almas de himnos que transmitan toda la profundidad de nuestra grandiosa fe en Cristo.

(5) **Nutrir la fe en comunidad.** Los cristianos maduros dan testimonio de su fe y se alimentan los unos a los otros en comunidad. Muchos de quienes se llaman cristianos y no van a la iglesia se jactan de que pueden llevar una buena vida cristiana sin la «hipocresía» de ser miembros de una iglesia. Creen que Dios está en todas partes y que pueden adorarle perfectamente en casa. Emily Dickinson da expresión a su credo:

Algunos adoran a Dios yendo a la iglesia
Yo lo hago quedándome en casa
con un tordo arrocero por corista
y un jardín por trono.

Es probable que quienes así piensan asuman también que la fe cristiana es poco más que creer que Dios existe y respetar a Jesús y la regla de oro. Solos en su casa, es poco probable que oigan la Palabra que les informaría para que pensaran de otro modo. No sabrán lo que Dios está haciendo en nuestro mundo ni recibirán instrucciones para saber cómo han de vivir. Se perderán también las dimensiones comunitarias de la fe: las amistades alentadoras y la enseñanza de la iglesia que nos ayuda a desaprender nocivos hábitos de pecado y a desarrollar otros de santidad.

(6) **Posesión de valores que afirman la vida.** Los cristianos maduros creen que la vida es buena y debe afirmarse, y asumen responsabilidades para el bienestar de otras personas. Se preocupan de la difícil situación de quienes viven en lugares remotos o de aquellos que, aun viviendo más cerca de ellos, están, no obstante, escondidos en sombríos guetos.

---

92. Dawn, *Reaching Out Without Dumbing Down* [Alcanzar sin simplificar], 175.

(7) Abogan por los cambios sociales. Los cristianos maduros creen «que la fe demanda una preocupación mundial y que la Iglesia pertenece a la esfera pública». Luchan por ser proféticos y crear justicia para aquellos que no pueden hablar o actuar por sí mismos.

(8) Activos y serviciales. Los cristianos maduros no son meros abogados, sino que «se implican personalmente en el servicio». No dicen que están demasiado atareados y contratan a otros para que hagan sus tareas. Su círculo de interés es mucho más extenso que el de su familia y amigos, y entregan su tiempo para ministrar a quienes más lo necesitan y no podrán nunca devolverles lo que hacen.

Cantar alabanzas. La adoración cristiana debería caracterizarse por la presencia de gozo y gratitud. H.L. Mencken afirmó con sorna: «La principal aportación del protestantismo al pensamiento humano es su monumental prueba de que Dios es un pelmazo».[93] Este pensamiento se consignó en una recopilación de sus cuadernos titulados *Boletín Minoritario*; lamentablemente, puede que su antipática opinión no sea la de una minoría. Muchas personas han sido ahuyentadas por servicios monótonos y adustos, y congregantes fríos. Esta crítica puede explicar por qué tantas iglesias se han ido a otro extremo en un intento de dar más sabor a su adoración con una serie de reclamos.

Ciertas situaciones evocan una profunda tristeza. Los cristianos no han sido llamados a estar continuamente alegres, y la adoración que pasa por alto los dolores de la vida solo puede promover una fe superficial. En la vida todas las cosas no van siempre de maravilla. Nuestra adoración ha de reconocer que Dios es Dios aun en las penumbras del dolor, el sufrimiento y el fracaso. Pablo afirma que los colosenses cantan «salmos»; y si los Salmos del Antiguo Testamento son un ejemplo, hay mucho lugar para los lamentos amargos y las quejas.[94] Ciertas ocasiones requieren que nos arrepintamos con cilicio y cenizas. H. H. Farmer se lamentaba hace medio siglo de que con mucha frecuencia se oye el comentario: «Hemos disfrutado de la reunión». No hubiera sido mejor escuchar: «¡Ay de mí, que estoy perdido! Soy un hombre de labios impuros y vivo en medio de un pueblo de labios blasfemos, ¡y no obstante mis ojos han visto al Rey, al Señor Todopoderoso!» (cf. Is 6:5)? Farmer escribe:

> Para ellos la prueba suprema es si la hora que han pasado en la iglesia ha sido realmente agradable, si la música ha estado bien, el canto ha sido vigoroso, la decoración con buen gusto,

---

93. H.L. Mencken, *Minority Report* [Informe minoritario] (Nueva York: Alfred A. Knopf, 1956), 214.

94. Lamentablemente, la mayoría de los himnarios incluyen pocas lamentaciones o ninguna, para ayudar al adorador a expresar su dolor en un contexto de canto.

las sombras de las cortinas apropiadas, el edificio hermoso; cuando es así se van «sintiéndose» mejor. El sentido de que la verdad, la verdad salvífica, la verdad que libera, es a la vez infinitamente valiosa e infinitamente difícil de conseguir está casi totalmente ausente. A veces he llegado a pensar si no se conseguiría el mismo efecto con una simple aspirina.[95]

Por otra parte, el cristianismo ofrece buenas nuevas, y quienes se reúnen para adorar no estarán bien alimentados si reciben solo una constante dieta de melancolía. Dios ha irrumpido en nuestras tristezas y nos ha otorgado un destino tan glorioso que tendría que producir un gozoso estremecimiento. Nuestra adoración ha de reflejar las buenas nuevas de que hemos sido redimidos, y expresar nuestra más profunda gratitud a Dios. A algunos cristianos se les ha refrenado para que no expresen abiertamente su deleite en Dios, quizá porque piensan que una efusividad excesiva puede convertirse en frivolidad y ser susceptible de engaño. Es posible que algunos vean su tarea únicamente en términos de llevar a las personas por el camino apropiado, y temen que cualquier indicio de santa intoxicación hará que las personas pierdan el control. Las cartas de Pablo, que en las circunstancias más terribles rezuman esta clase de gozo, dejan claro que la fe cristiana infunde el deleite más profundo, y que en su adoración a Dios los cristianos han de expresarlo.

Dawn recuerda una conferencia pronunciada por James Nestigen basada en el Salmo 51:15: «Abre, Señor, mis labios, y mi boca proclamará tu alabanza», que mostraba que la presencia de Dios abre los labios para proclamar su gloria. Afirmó que «a veces, en estos días es difícil distinguir la alabanza de la cháchara». La verdadera alabanza se produce cuando abrimos nuestros corazones y clamamos: «Háblanos tu Palabra con tanta fuerza que no podamos oír nada más».[96] Jones observa:

> Todos los grandes avivamientos espirituales de la Iglesia cristiana han ido acompañados por la irrupción y desarrollo de una himnología cristiana, y este fenómeno fue una característica evidente en la primera etapa de la Historia de la Iglesia, con su vívido entusiasmo e incesante conciencia del asombro y deleite producido por los maravillosos triunfos del Espíritu de Dios.[97]

---

95. Herbert H. Farmer, *The Servant of the Word* [El Siervo de la Palabra] (Nueva York: Charles Scribner's Sons, 1942), 54.

96. Dawn, *Reaching Out Without Dumbing Down* [Alcanzar sin simplificar], 87.

97. Jones, *The Epistle of St. Paul to the Colossians* [La epístola de San Pablo a los Colosenses], 99.

Colosenses 3:18–4:1

Esposas, sométanse a sus esposos, como conviene en el Señor. 19 Esposos, amen a sus esposas y no sean duros con ellas. 20 Hijos, obedezcan a sus padres en todo, porque esto agrada al Señor. 21 Padres, no exasperen a sus hijos, no sea que se desanimen. 22 Esclavos, obedezcan en todo a sus amos terrenales, no solo cuando ellos los estén mirando, como si ustedes quisieran ganarse el favor humano, sino con integridad de corazón y por respeto al Señor. 23 Hagan lo que hagan, trabajen de buena gana, como para el Señor y no como para nadie en este mundo, 24 conscientes de que el Señor los recompensará con la herencia. Ustedes sirven a Cristo el Señor. 25 El que hace el mal pagará por su propia maldad, y en esto no hay favoritismos. 1 Amos, proporcionen a sus esclavos lo que es justo y equitativo, conscientes de que ustedes también tienen un Amo en el cielo.

Sentido Original

La ordenación de la vida doméstica no se consideraba un asunto trivial en el mundo antiguo, y la gestión de la familia era un tema de discusión entre filósofos.[1] Los cristianos hablaban probablemente de estos temas por el amplio interés social en el manejo del hogar y porque la familia era una parte vital de la vida de la Iglesia.[2] Puesto que afirmaban que todos los creyentes estaban ahora en una posición de igualdad en Cristo, se veían forzados a tratar la cuestión de cuál era el trato apropiado entre los miembros de la familia de distintas condiciones sociales, como por ejemplo amos, esclavos y libertos. Es también posible que desearan contrarrestar la opinión popular de que los cristianos fomentaban la agitación social.[3] Estas reglas

---

1   Aristóteles consideraba a la familia como la unidad esencial del Estado. «Por consiguiente, como parte de su buena ordenación, era necesario considerar el funcionamiento de sus relaciones más básicas» (*Política* I.1253b.1–14). En su obra «Del valor del consejo», Séneca reflexiona sobre el área de la Filosofía, que aconseja al marido cómo debería tratar a su esposa, a los padres sobre cómo criar a sus hijos, y a los amos acerca del gobierno de sus esclavos. Séneca concluye que necesitamos muchos preceptos para entender lo que hemos de hacer en la vida (*Epístolas* 94.1). En nuestro tiempo, el consejo sobre estas cosas no procede de los filósofos, sino de manuales populares sobre educación y de las secciones que los periódicos dedican a estos temas.

2.   James D.G. Dunn, «The Household Rules in the New Testament» [Las reglas domésticas en el Nuevo Testamento], *The Family in Theological Perspective*, ed. Stephen C. Barton (Edimburgo: T. & T. Clark, 1996), 53. Ver además D. Schroeder, «Lists, Ethical» [Listas éticas], *IDBS*, 546–47. En su *Catecismo Menor*, Martín Lutero llamó a estas instrucciones sobre las relaciones familiares *Haustafeln*, «reglas domésticas».

3.   Dunn, «Household Codes» [Códigos domésticos] 54–55, afirma que por su condición de religión extranjera, el cristianismo habría sido considerado con recelo por los no creyentes. Esta sospecha de que el cristianismo menoscababa el buen orden se habría

domésticas muestran que los cristianos no se oponían a las normas morales comúnmente aceptadas en su cultura en relación con una vida familiar bien ordenada.

Si comparamos estas instrucciones de Colosenses sobre las responsabilidades de esposas y maridos, hijos y padres, y esclavos y amos con el pasaje paralelo de Efesios 5:22–6:9 vemos enseguida que han sido considerablemente abreviadas. No obstante, la extensión de los mandamientos a esclavos y amos que encontramos en Colosenses es aproximadamente la misma que en el tratamiento de este tema en Efesios, y casi dos veces más larga que los mandamientos a maridos y esposas, y a hijos y padres. Este amplio tratamiento de la relación entre esclavos y amos se debe probablemente a la intercesión de Pablo por Onésimo, el esclavo evadido. La potencial reacción negativa que podría suscitar aquella intervención hizo que el apóstol dedicara una atención más extensa a la relación entre esclavos y amos en esta carta a dirigida a todas las pequeñas congregaciones domésticas de Colosas.[4]

Si, como creo, Pablo quería que Filemón le concediera la libertad a Onésimo para que éste pudiera seguir ayudándole en su servicio del Evangelio, el acento en la obligación del esclavo a obedecer al amo en todas las cosas desviaría cualquier crítica de que Pablo daba alas a la desobediencia entre los esclavos. Hacerse cristiano no invalida el requisito de mostrar respeto a la autoridad y cumplir con los deberes que ésta demanda. Quienes están bajo el señorío de Cristo sirven a los demás con mayor alegría y fidelidad.

Es posible que la situación suscitada por el caso de Onésimo fuera el telón de fondo inmediato que explica la inclusión de estas instrucciones

---

acentuado por la reivindicación de que en Cristo no había hombre o mujer, esclavo o libre (Gá 3:28), por el consentimiento de que las mujeres tomaran parte activa en el liderazgo (al menos en las iglesias, ver Ro 16:1–2, 3, 6, 7, 12; Col 4:13), y porque se fomentaba que los esclavos consideraran a sus amos como «hermanos» (Flm 16). Dunn afirma que este tipo de situación habría hecho irresistible el deseo de demostrar que entre los cristianos la gestión de la familia se llevaba a cabo de manera responsable. Ver además, David L. Balch, *Let Wives Be Submissive: The Domestic Code in 1 Peter* [Que las esposas se sujeten: el código doméstico en 1 Pedro], SBLMS 26 (Chico, Calif.: Scholars Press, 1981).

4. John Knox, «Philemon and the Authenticity of Colossians» [Filemón y la autenticidad de Colosenses], JR 18 (1938): 154–59, aísla ciertos paralelismos con la carta a Filemón que elogian este juicio. Es particularmente significativa la expresión, «el que hace el mal» (*adikeo*), en 3:25, que aparece en Flm 18, «si te ha perjudicado» (*adikeo*). Houlden, *Paul's Letters from Prison* [Las cartas de Pablo desde la prisión], 210, sostiene que «la inserción de esta enumeración de tareas domésticas que, según parece, no encaja bien, representa otro golpe en la campaña de la que Filemón es el principal ataque». Si este punto de vista es correcto, Pablo generalmente administra el golpe «indirectamente». Su idea principal sería que tanto los esclavos como los amos tienen sus deberes, y ahora se les presenta una oportunidad perfecta para ponerlos en práctica.

sobre la vida doméstica en las exhortaciones morales, sin embargo éstas tienen también una función dentro del argumento teológico de la carta. A primera vista, puede parecer que tales instrucciones están fuera de lugar como continuación, sin transición alguna, de la atmósfera más enrarecida de los consejos sobre la vida en la nueva era y los cánticos espirituales de la iglesia que adora. No obstante, la presencia de tales reglas domésticas en este contexto llama la atención a dos verdades.

(1) La secuencia sugiere que «la aplicación práctica de la era de la nueva vida comienza en el hogar».[5] El señorío de Cristo encuentra su expresión decisiva, día tras día, en las experiencias rutinarias de la vida. La paz de Cristo (3:15) también ha de gobernar en el hogar, y el mandamiento a hacer todas las cosas en el nombre del Señor Jesús (3:17) se aplica a la realidad diaria de la vida familiar, donde somos más proclives a mostrar la peor versión de nosotros mismos. Nada es más difícil que vivir en una familia donde las virtudes de la compasión, la bondad, la benevolencia, la paciencia, el perdón y las expresiones de amor (3:12–14) son puestas diariamente a prueba.

(2) Estas directrices rebaten cualquier interpretación espiritualista del Evangelio que persigue una vida desconectada de la realidad (3:1–2) o algún interés espurio en visiones y reglas ascéticas (2:18, 21). Deja claro que el llamamiento de los creyentes colosenses a poner su mente en las cosas de arriba (3:1–4) no significa que puedan dejar de lado sus obligaciones familiares que siguen.

Esposas y maridos (3:18–19)

La instrucción de que la esposa se sujete a su marido encaja en la norma de lo que se consideraba apropiado de parte de las esposas en la cultura de Pablo. Plutarco afirmaba: «Si [las esposas] se subordinan a sus maridos, éstos son elogiados, pero si quieren tener control ofrecen una imagen más penosa que las que se sujetan».[6] Los maridos se congratulaban por tener una esposa obediente.

Pablo no disputa abiertamente este presupuesto cultural. El cambio en la posición de las mujeres que se ha producido en nuestro tiempo y la sensibilidad moderna han hecho desear a muchos que lo hubiera hecho. El mandamiento de que las esposas se sometan no estaba, sin embargo, fuera de lugar en su contexto. (1) Refleja la situación legal. En su posición como *paterfamilias* (cabeza de familia), el marido era la única persona de la familia con capacidad legal completa y tenía poder sobre todas las propiedades, y una

5. Wright, *Colossians and Philemon* [Colosenses y Filemón], 145.
6. Plutarco, *Consejos para la novia y el novio* 33 [142E].

autoridad casi absoluta sobre todos los miembros. Todos estaban obligados a obedecerle, y Pablo no pone en tela de juicio el orden legal existente.

(2) El verbo «sométanse» (*hypotasso*) no transmite la idea de una inferioridad intrínseca, sino que se utiliza más bien para aludir a una conducta modesta y cooperadora que pone a los demás en primer lugar. Era algo que se esperaba de todos los cristianos sin tener en cuenta su rango o género (Mr 10:41–45; 1Co 16:16; Ef 5:21, 24; Fil 2:3–4; 1P 5:5). Según la carta a Aristeas 257, Dios acoge con agrado esta actitud, y «la raza humana trata bondadosamente a aquellos que están bajo sujeción». Por tanto, este mandamiento promueve una conducta que según se creía ayudaba a suscitar la bondad del marido.

(3) El mandamiento se dirige directamente a las esposas como «partes responsables desde un punto de vista ético».[7]

(4) La disposición no es unilateral; también se hacen demandas al marido.

Algunos matices pueden ayudar igualmente a mitigar la aspereza del mandamiento para los oídos modernos. En contraste con los mandamientos dados a hijos y esclavos, Pablo no manda a las esposas que «obedezcan» a sus maridos.[8] En los mandamientos a los niños y los esclavos, el apóstol utiliza el imperativo activo. Sin embargo, el verbo «sométanse» (*hypotassesthe*), está en la voz media y puede implicar una sumisión voluntaria. Convierte la sumisión de la esposa en una elección voluntaria, no en una ley universal que ordena el dominio masculino.

Pablo puntualiza también esta sumisión con la expresión, «como conviene en el Señor». Lohse comenta que lo que se considera «conveniente o apropiado» (*aneko*) está completamente determinado por las costumbres y tradiciones del contexto cultural. Quienes han vivido alguna vez en otra cultura aprenden pronto que lo que en su cultura es «conveniente», es indecoroso en otra. Pero Pablo no dice simplemente que sea oportuno o correcto desde un punto de vista cultural, sino «conveniente en el Señor». Es el Señor quien determina lo que es o no propio. Algunas cosas pueden ser culturalmente aceptables, pero cuando reflexionamos al respecto «en el Señor» nos damos cuenta de que son impropias para un cristiano. Este requisito reformula los términos de la sumisión de la esposa a su marido convirtiéndola en una cuestión de lealtad a Cristo (cf. Ef 5:22–24).

---

7. O'Brien, *Colossians, Philemon* [Colosenses y Filemón], 220.
8. Barth y Blanke, *Colossians* [Colosenses], 434 –35, comentan que Pablo no puede tener en mente una «obediencia ciega», puesto que el apóstol no excusaría a una esposa casada con un marido no cristiano que cediera a sus demandas de que venerara a sus dioses paganos.

A los maridos se les asigna una tarea mucho más exigente. (1) Se les pide que amen a sus esposas. Este mandamiento pone de relieve que Pablo no escribe para apuntalar la autoridad y derechos de los maridos, cosas que todo el mundo daba por sentadas. Lo que hace es recordar a los maridos sus obligaciones «en el Señor». En el mundo antiguo casi nadie esperaba que los matrimonios se fundamentaran en el amor. El matrimonio se consideraba un acuerdo —aunque desigual— entre un hombre y una mujer para la procreación de herederos legítimos. Sorano aseveraba: «Puesto que las mujeres se casan para tener hijos y herederos, y no para el placer y el deleite, es completamente absurdo inquirir sobre la calidad o rango de la línea familiar o sobre la abundancia de su riqueza, pero no interesarse en su capacidad para concebir hijos».[9] Veyne observa que «el amor en el matrimonio era un golpe de buena suerte; no la base de la institución». El gran número de epitafios consignando el cariño de un marido por su «muy querida esposa» dan fe de que existían relaciones de amor, sin embargo, en muchas otras de tales inscripciones los maridos se limitan a afirmar que la difunta esposa «nunca me dio razón alguna de queja».[10]

En un matrimonio cristiano, el marido se sabe entrañablemente amado por Dios (3:12) y se le ordena que ame a su esposa del mismo modo. No son sus derechos lo que ha de ejercer sobre su esposa, sino su amor, lo cual significa que nunca piensa en términos de derechos y está siempre dispuesto a renunciar a ellos. Caird afirma correctamente: «Si a una esposa se le pide que se someta, es al amor del marido, no a su tiranía».[11] En el contexto del Nuevo Testamento amar significa más que expresar cariño o sentimientos románticos hacia la esposa (ver la explicación más completa en Ef 5:25–33, donde Cristo es el modelo).

La NVI traduce el siguiente mandamiento con el sentido de que los maridos no han de ser «duros con [sus esposas]». Si esta es la traducción correcta, se excluye cualquier conducta autoritaria, tiránica o amenazadora hacia la esposa. Sin embargo, el verbo *pikrainesthe* está en voz pasiva

---

9. Sorano, *Ginecología* 1.34.1. Es interesante que las excepciones a esta actitud aparezcan en Musonio Rufo, quien defendía que el matrimonio había de llevar también a un perfecto compañerismo, a un amor recíproco entre marido y mujer, puesto que, junto con el deseo de tener hijos, esta era la razón por la que ambos querían casarse. Cada uno de ellos tenía que esforzarse para superar al otro en devoción. No tenían que mirar por sus intereses particulares y descuidar al otro, buscando fuera del matrimonio (Cora E. Lutz, *Musonius Rufus: «The Romans Socrates»* [Musonio Rufo: el Sócrates de los romanos] (New Haven: Yale Univ. Press, 1947), 88–89). No cabe duda de que el ideal del compañerismo matrimonial no es una invención moderna.

10. Paul Veyne, «The Roman Empire» [El Imperio Romano] en *A History of Private Life I. From Pagan Rome to Byzantium*, ed. Paul Veyne (Cambridge, Mass./Londres: Harvard Univ. Press, 1987), 40–41.

11. Caird, *Paul's Letters from Prison* [Las cartas de Pablo desde la prisión], 208.

y podría traducirse, «no actúen con amargura [o resentimiento] hacia ellas». Cualquiera puede abstenerse de tratar con aspereza a los demás; sin embargo, los cristianos han de ir más lejos. Han de controlar los accesos de furia o la petulancia cuando otras personas les tratan o responden de formas irritantes. Esta disposición se dirige a la eventualidad de que la esposa no sea siempre adecuadamente sumisa, lo cual probablemente suscitaría la amargura de su marido.

Sirach, que consideraba que una «esposa silenciosa» era «un don del Señor» (Eclo 26:14), aconseja: «Si no hace lo que le pides, sepárala de ti» (i.e., divórciate de ella; 25:26). El consejo de Pablo es completamente distinto. Ningún desafío o insolencia por parte de la esposa anula la absoluta obligación que el marido tiene de amarla.[12] Está estrictamente prohibido estar malhumorado, furioso, refunfuñar, o peor, los ataques verbales o la violencia física, al margen de si existe o no una provocación, real o imaginaria.[13] Pablo entiende que si la amargura consigue empañar la relación entre marido y mujer, toda la familia sufrirá.

Hijos y padres (3:20–21)

A los niños se les consideraba una propiedad legal de sus padres y, en teoría, su estatus era solo un poco mejor que el de los esclavos.[14] En una de las obras de Dión Crisóstomo, un esclavo responde a las burlas de un liberto: «Quizás no sepas que en muchos estados que tienen leyes sumamente buenas, los padres ... pueden incluso encarcelarles o venderles [a sus hijos]; y poseen un poder aún más terrible que cualquiera de estos; puesto que de hecho se les permite dar muerte a sus hijos sin llevarles a juicio o presentar acusaciones contra ellos».[15] Epicteto observa que el deber de un hijo es «tratar todo lo que es suyo como si perteneciera a su padre, ser obediente a él en todas las cosas, no hablar nunca mal de él a otra persona, ni decir o hacer nada que le perjudique, así como favorecerle y darle preferencia en todo, ayudándole en lo que esté en su mano».[16] Por tanto, el mandamiento a los hijos de obedecer a sus padres, forma parte de una expectativa universal.

---

12. Dunn, *The Epistles to the Colossians and to Philemon* [Las epístolas a los Colosenses y a Filemón], 249.
13. Sirach 25:16–26:4 enumera todas las características de una esposa que hacen que su marido sea desdichado o feliz, y éstas siguen aplicándose en nuestro tiempo. Sin embargo, a Sirach no le preocupaba demasiado el que los maridos pudieran hacer infelices a sus esposas.
14. El padre era quien decidía si un niño recién nacido sería criado o se le expondría a la muerte, el que concedía permiso para que sus hijos se casaran, decidía con quién podía casarse, y podía incluso forzar un divorcio.
15. Dión Crisóstomo, *Diálogos* 15.20.
16. Epicteto, *Discursos* 2.10.7.

Era, sin embargo, anormal dirigirse directamente a los niños, como si fueran personas responsables e independientes. A los hijos se les dice aquí que obedezcan «a sus padres en todo», una variación del mandamiento de honrar al padre y a la madre (Éx 20:12). Este mandamiento asume que los padres no pedirán nada indecoroso a sus hijos (cf. Mr 6:24–25). El mandamiento da también por sentado que los padres desean en su corazón lo mejor para sus hijos. Cuando les piden pescado, no les darán piedras (Mt 7:7–9; Lc 11:11–13).

Pero este deber de los hijos de obedecer a sus padres se transforma en obediencia «en el Señor».[17] Pablo subraya que los hijos han de agradar al Señor, no solo a sus padres; a quien deben obediencia por encima de todo es al Señor. La relación independiente que el hijo tiene con el Señor supera a su relación con los padres, y el modelo para la primera lo establece la obediencia de Cristo al Padre en todas las cosas.

El siguiente mandamiento se dirige a los padres (progenitores varones), no a las madres o a los progenitores en general, puesto que el padre tenía un control absoluto sobre la vida de sus hijos aun cuando ya fueran adultos o estuvieran casados. Dionisio de Halicarnaso observó:

> Los legisladores romanos daban prácticamente un poder absoluto a los padres sobre los hijos para encarcelarles, azotarles, encadenarles, ponerles a trabajar en los campos, o darles muerte; y todo ello aunque el hijo fuera funcionario público, estuviera entre los magistrados de rango más elevado, o fuera célebre por su celo patriótico.[18]

Este poder solo terminaba cuando el padre emancipaba a su hijo o fallecía.[19]

Como sucede en nuestro tiempo, también en el mundo antiguo las actitudes sobre la disciplina de los hijos eran muy diversas. Para algunos la norma era la mano dura. Quintiliano, sin embargo, aseveraba: «el castigo físico inflige vergüenza» y «rompe el corazón».[20] Otros se quejaban —como ha venido sucediendo a lo largo de la historia— de la permisividad que permite a las generaciones más jóvenes una excesiva libertad.[21]

Pablo se identificaba como padre de los corintios y tenía que enfrentarse a su arrogante desobediencia (1Co 4:14–21). En este pasaje, el apóstol establece un contraste entre el tutor de los esclavos (*paidagogos*) y el padre,

---

17. El texto griego dice literalmente: «porque esto es agradable en el Señor».
18. Dionisio de Halicarnaso, *Antigüedades romanas* 2.26.4.
19. Gayo, *Instituciones* 1.55.
20. Quintiliano, *Instituciones* 1.2.7.
21. Ver, por ejemplo, Tácito, *Un diálogo sobre los oradores* 29.1–3.

diciéndoles que aunque tuvieran «miles de tutores en Cristo» solo tenían un padre. El *paidagogos* era un esclavo digno de confianza encargado de supervisar la vida y la moralidad de los muchachos de clase alta. Este tutor llevaba al niño a la escuela y lo recogía brindándole protección en los itinerarios. Se convirtió en un arquetipo cómico caricaturizado por su severidad como supervisor. En las imágenes que decoraban los jarrones griegos se le reconoce frecuentemente por la vara que llevaba en la mano, y en las obras teatrales griegas se le describe con frecuencia como severo y estúpido. Pablo retoma esta imagen contrastando la proverbial y despiadada disciplina del guardián con la más benigna del padre. «¿Qué prefieren? ¿Que vaya a verlos con un látigo, o con amor y espíritu apacible?» (1Co 4:21). Como padre, Pablo esperaba obediencia, sin embargo, el apóstol creía que la disciplina del padre debía templarse con amor, compasión, bondad y paciencia (ver Col 3:12).

Por tanto, Pablo se acerca más a la idea de Quintiliano sobre la disciplina, y advierte a los padres sobre el peligro de distanciarse de sus hijos siendo demasiado austeros. Las causas susceptibles de provocar el resentimiento de un hijo son incontables, sin embargo, las más comunes son, por regla general, el hostigamiento, el menosprecio y los castigos excesivamente severos. Plinio escribió a un amigo advirtiéndole sobre la severidad con que reprendía a su hijo:

> Este ejemplo de excesiva severidad me hizo escribirte, como a un amigo, no sea que en alguna ocasión trates a tu hijo de un modo excesivamente duro y estricto. Recuerda que es un muchacho, y que también tú lo fuiste en otro tiempo, y lleva a cabo tu deber de padre recordando siempre que eres un ser humano y padre de un ser humano.[22]

Lo que preocupa a Pablo es que unos padres excesivamente severos y autoritarios puedan apartar a sus hijos de la fe.

Esclavos y amos (3:22–4:1)

El mandamiento a los esclavos de que obedezcan en todo a sus amos enerva a quienes consideran que la institución de la esclavitud era algo abominable. Sin embargo, en el siglo I era una realidad firmemente arraigada que los primeros cristianos no podían cambiar ni ignorar. Con estos mandamientos, Pablo no santifica la esclavitud pero menoscaba sutilmente sus premisas al tiempo que alienta la obediencia como expresión de la lealtad al grupo familiar.[23]

---

22. Plinio, *Cartas* 9.12.
23. Véase también la exposición sobre la esclavitud en la sección «Construyendo puentes» del comentario sobre Filemón en este volumen.

(1) Pablo se dirige a los esclavos como seres humanos responsables en un tiempo en que la mayoría consideraban a los esclavos como poco más que maquinaria animada (ver comentario a Filemón). No se imponen obligaciones morales a los animales o aperos de labranza. Al adjudicarles deberes morales, Pablo les trata como a individuos moralmente responsables. Una de las cosas de que carecían los esclavos era lo que Vincent llama «el primer elemento de la humanidad, a saber, respeto por sí mismos».[24] Al dirigirles mandamientos, el apóstol les asigna una medida de respeto: soy objeto de un mandamiento; luego, soy.

(2) En general se asumía que los esclavos eran moralmente incapaces de decidir hacer el bien. Se daba por sentado que éstos eran irremediablemente controlados por sus pasiones y estaban llenos de maldad. Por consiguiente, había que tratarlos como a niños carentes de entendimiento. Pero Pablo trata a los esclavos cristianos como a individuos moralmente independientes, completamente capaces de integrar las virtudes cristianas. Dios no pasa por alto sus malas acciones por el hecho de que sean esclavos y supuestamente no responsables de sus actos, puesto que lo son.[25] Estar en la desdichada condición de la esclavitud, o incluso ser víctima de injusticias no es excusa para devolver mal, o desdén, por mal.

(3) Crouch señala los contrastes con textos afines de aquel tiempo que se limitaban a aconsejar a los amos sobre el mejor modo de tratar a los esclavos.[26] Puesto que Pablo comienza con los mandamientos a los esclavos y a continuación se dirige a los amos, no muestra interés en ayudar a los amos a tratar a sus esclavos de manera más eficiente. Lo que desea es realzar la solidaridad recíproca que ha de existir entre esclavos y amos.

La expectativa de que los esclavos obedecieran a sus amos se ajustaba a las normas sociales. Sin embargo, la expresión «en todo», complica las cosas. No todos los esclavos tenían amos cristianos, y con frecuencia se convertían en impotentes víctimas de lo que en nuestros días llamamos acoso y abuso sexual.[27] El mandamiento de Pablo asume que los requeri-

---

24. Vincent, *A Critical and Exegetical Commentary on the Epistles to the Philippians and to Philemon* [Un comentario crítico y exegético de las Epístolas a los Filipenses y a Filemón], 163.

25. Scott, *The Epistles of Paul to the Colossians, to Philemon and to the Ephesians* [Las epístolas a los Colosenses, a Filemón, y a los Efesios], 81.

26. Crouch, *The Origin and Intention of the Colossian Haustafel* [El origen y propósito de las Haustafel colosenses], 116–17.

27. Salviano expresa el problema: «Es fácil de imaginar lo atroz de esta inmundicia cuando los impúdicos propietarios no les permitían a las mujeres ser castas, aunque ellas lo quisieran» (*El Gobierno de Dios* 7.4.17–20, citado por Thomas E. J. Wiedemann, *Greek and Roman Slavery* [La esclavitud griega y romana] (Baltimore: Johns Hopkins Univ. Press, 1981], 179).

mientos del amo eran razonables y apropiados; no obstante surge la pregunta: ¿Cómo puede servirse a dos amos, uno humano, y el otro Señor del Cielo y la Tierra? Los siguientes mandamientos aluden a conductas que podrían suscitar las iras del amo, pero también mantienen a la vista de todo el mundo la mayor obligación para con el Señor.

(1) A los esclavos se les pide que no «sirvan al ojo» (trad. lit.; cf. Ef 6:6). Esta expresión puede aludir al desempeño de tareas solo de un modo superficial, realizando únicamente aquella parte de la tarea que se ve, es decir, haciendo ver que se sirve. Podría también aludir a hacer las cosas únicamente para que lo vea el amo, es decir, para agradar a quienes están en autoridad. O es también posible que aluda a la idea de trabajar solo cuando alguien está mirando («no solo cuando ellos los estén mirando», NVI). Esta forma de actuar merece el informe de aptitud: «Trabaja bien bajo constante supervisión».

(2) Los esclavos no han de engañar a sus amos («como si quisieran ganarse el favor humano», lit., «agradando al hombre»). Este mandamiento prohíbe la realización del trabajo con motivos ulteriores y ayuda a los esclavos a no actuar con hipocresía, adulando a sus amos. Los cristianos, sea cual sea su condición social, han de prestar siempre un servicio sincero y entusiasta.

(3) De manera positiva, los esclavos han de servir «por respeto al Señor» (lit., «temiendo al Señor»; ver 2Co 5:11; 7:1; 1P 2:18). Pablo transforma los motivos de su servicio. Si los cristianos han de hacer todas las cosas en el nombre del Señor (3:17), entonces los esclavos cristianos han de trabajar para sus amos terrenales como para el Señor. Los amos no son sustitutos del Señor, sin embargo a los esclavos se les anima a trabajar «como» para el Señor. Por consiguiente, su deferencia a sus amos terrenales se eleva a obediencia a Cristo, a quien han de obedecer y servir de todo corazón (Ver Dt 6:5). La tarea más humilde del esclavo se convierte, pues, en un elevado llamamiento y beneficia a Dios.[28]

Las tres órdenes que se dan a los esclavos van unidas a una promesa de recompensa y a una advertencia. Los esclavos estaban más habituados a oír hablar de retribuciones en términos de castigo; Pablo habla, sin embargo, de la promesa de una recompensa, una herencia.[29] A los esclavos, que no tenían ningún derecho legal y no podían heredar según las leyes de este

---

28. El telón de fondo de esta afirmación es el debate de Séneca sobre si un esclavo puede o no conceder un beneficio.

29. En la sociedad romana, muchos esclavos domésticos recibían la libertad en el testamento de sus amos. Wiedemann, *Greek and Roman Slavery* [La esclavitud griega y romana] Baltimore, 101, consigna un testamento fechado en el año 156 d.C., en el que un amo deja libres a algunos de sus «cuerpos esclavos» «por la buena voluntad y el amor que han mostrado hacia mí». Pablo no les anima a ser buenos esclavos por sí

mundo, se les promete una herencia otorgada por el Señor del Universo, la misma esperanza que tienen todos los cristianos (1:12).

La NVI interpreta el siguiente comentario de Pablo a los esclavos como una afirmación: «ustedes sirven a Cristo el Señor», que repite básicamente lo que se ha dicho en 3:23. El verbo puede ser también un imperativo y la oración gramatical podría puntuarse como una orden: «¡Sirvan a Cristo el Señor!»[30] Esta alternativa explicaría mejor el «porque» (*gar*) que sigue (omitido por la NVI) y haría de la frase un paralelismo del imperativo «trabajen» que aparece en 3:23. Les recuerda a los esclavos quién es el verdadero Amo, a saber, Cristo, y conduce a la advertencia de 3:25: «El que hace el mal pagará por su propia maldad», una forma de medida por medida.[31] La expresión «el que» puede solo referirse a los esclavos o tanto a ellos como a los amos. Puesto que en 4:1 se alude concretamente a los amos, lo más probable es que se refiera a los esclavos. El mero hecho de que la sociedad pueda considerar que los esclavos son moralmente incompetentes o que éstos puedan considerarse a sí mismos como víctimas de la opresión, no les absuelve de ninguna mala acción.

Una comparación de estas instrucciones dirigidas a los esclavos en Colosenses con la sección paralela de Efesios 6:5–9 pone de relieve varias diferencias. (1) En Colosenses está más claro que los esclavos han de temer al Señor, no a sus amos. (2) La recompensa que van a recibir es la «herencia del Señor». (3) Es al esclavo, no al amo, a quien se le recuerda que Dios no hace favoritismos. En Efesios, por el contrario, el asunto de recibir medida por medida se expresa positivamente: «El Señor recompensará a cada uno por el bien que haya hecho, sea esclavo o sea libre» (Ef 6:8).

---

con ello pudieran ganarse el favor de sus amos y su posible emancipación. La motivación para su obediencia se sitúa en un nivel más elevado.

30. Se corresponde también con el mandamiento de Ro 12:11, «sirvan al Señor».

31. Literalmente, «él devolverá aquello que hizo mal». El mismo verbo (*adikeo*) aparece en Flm 18: «Si te ha perjudicado [*adikeo*] o te debe algo, cárgalo a mi cuenta». Alan Watson, *Roman Slave Law* [La ley romana sobre la esclavitud] (Baltimore: Johns Hopkins Univ. Press, 1987), 1, escribe:

La esclavitud es la forma más extrema concebible de explotación de un ser humano por otro, sin embargo esta explotación no siempre procede de una sola dirección. Como colectivo y como individuos, los esclavos son siempre objeto de explotación. Sin embargo, frecuentemente, el esclavo está en una buena posición para vengarse de su amo con un bajo rendimiento de su trabajo, o con timos, robos, con el perjuicio de sus propiedades, haciéndole responsable de los daños causados a las propiedades de otros, formalizando contratos desastrosos en su nombre, hablando mal de él, explotándole sexualmente, e incluso agrediéndole o asesinándole. Además, siendo como es explotado, el esclavo tiene las razones más claras para explotar a su amo.

Esta fraseología puede parecernos más lógica a nosotros. ¿Por qué hay que advertir a los esclavos que Dios no muestra parcialidad? Knox sostiene que «los esclavos no están habituados a esperar favor o parcialidad. Sin duda parecería más oportuno decirles, "aquel que actúa con buena voluntad recibirá su recompensa, y no habrá discriminación contra ustedes porque sean esclavos"»[32] Por consiguiente, esta afirmación puede parecer más apropiada como una advertencia para quienes están en una posición superior, los amos. Los esclavos, por el contrario, necesitan ánimo.

Sin embargo, las diferencias se explican mejor por el reciente asunto relativo a Onésimo. La declaración deja claro que el hecho de que alguien se haga cristiano no rescinde sus errores pasados contra los demás; los errores han de compensarse. En el caso de Onésimo, Pablo da por sentadas las obligaciones debidas a su amo: «Si te ha perjudicado o te debe algo, cárgalo a mi cuenta» (Flm 18). Es posible que con estas instrucciones Pablo quisiera anticiparse a cualquier desasosiego que pudiera producirse entre otros esclavos al malinterpretar la indulgencia mostrada a Onésimo. Si Filemón cedía a la petición de Pablo, podría parecer que darse a la fuga acababa beneficiando al evadido. Con la advertencia del versículo 25, Pablo disuade a cualquier esclavo de intentar aprovecharse de la longanimidad y disposición a perdonar de los amos cristianos.[33]

En el contexto de las antiguas leyes sobre la esclavitud, el mandamiento a los amos es sorprendente. Pablo demanda que los esclavos sean tratados de un modo «justo y equitativo» (4:1). Otros filántropos instaban a los propietarios de esclavos a ser buenos amos y moderados en sus castigos. La mayoría de los expertos aconsejaban a los propietarios de esclavos los mejores métodos para sacar el máximo partido de sus esclavos. Jenofonte consigna una supuesta conversación de Sócrates sobre el modo en que los dueños han de tratar a los esclavos «que no reportan beneficio alguno a sus dueños» y refleja el modo normal en que se trataba a los esclavos.

> ¿No es acaso apropiado que éstos [los amos] controlen las inclinaciones hacia lujuria haciéndoles pasar hambre? ¿O que para disuadirles de robar cierren con llave los lugares de los que éstos podrían llevarse cosas? ¿Impedir que huyan sujetándoles con cadenas? ¿Quitarles la pereza con el látigo?

Arístipo, su interlocutor, está de acuerdo que como dueño inflija a sus esclavos inútiles toda clase de castigos para conseguir que le sirvan adecuadamente.[34]

---

32. Knox, *Philemon Among the Letters of Paul* [Filemón entre las cartas de Pablo], 37.
33. Beare, «The Epistle to the Colossians» [La Epístola a los Colosenses], 228–29.
34. Jenofonte, *Memorabilia* 2.1.15–16.

El esfuerzo y devoción del esclavo cristiano debía evitar tales castigos. Sin embargo, Pablo limita específicamente el dominio del amo sobre sus esclavos. Aristóteles había dicho que era irrelevante hablar de justicia en la relación amo/esclavo puesto que no puede haber ninguna injusticia en relación con aquellas cosas que le pertenecen a uno.[35] Todo el mundo asumía que la justicia no tenía nada que ver con el modo en que tratamos nuestras pertenencias. Pablo se atreve a discrepar de la opinión general y defiende los derechos de los esclavos, que no tenían derechos legales: hay que tratarles con justicia y equidad. Es decir, los amos no están cualificados para establecer sus propias normas sobre cómo tratar a los esclavos; han de hacerlo según los criterios de lo que cualquier persona consideraría «justo y equitativo». La palabra que se traduce como «equitativo» (*isotes*) se relaciona con la igualdad (ver 2Co 8:13) y sugiere «un tratamiento imparcial y ecuánime».[36]

La dimensión teológica, «conscientes de que ustedes también tienen un Amo en el cielo», explica la peculiaridad cristiana. La perspectiva cósmica impregna toda la carta, y los amos en particular han de recordar que nadie está exento de la obligación de dar cuentas al Amo del Cielo, sea cual sea su condición social. Esto implicaba que la amenaza pone un contrapunto a cualquier presunción de superioridad en la relación amo/esclavo (ver 3:11). Si los amos son conscientes de que Dios no ha tratado con ellos según un estricto criterio de equidad y justicia, sino por Gracia, serán más perdonadores y benevolentes hacia quienes están bajo su responsabilidad (¡ver 3:13!). Los mandamientos a amos y esclavos intentan minimizar los males más terribles del sistema.

| *Construyendo Puentes* | Caird identifica un problema clave al abordar la tarea de aplicar este material a nuestra situación contemporánea: |

Es posible que los lectores modernos experimenten una sensación de frustración por el hecho de que los elevados principios éticos de Pablo puedan reducirse a unas instrucciones tan monocordes, y puede que les sea difícil cuadrar este pasaje con la arrolladora afirmación de que en Cristo, «no hay judío ni griego, esclavo ni libre, hombre ni mujer» (Gá 3:28).

En nuestro tiempo podemos sentir una especial aprensión hacia las demandas dirigidas a las llamadas partes «más débiles» de los pares, las esposas y los esclavos. A muchos, estas reglas no solo les parecen anti-

---

35. Aristóteles, *Ética a Nicómaco* 5.1134b.
36. Lightfoot, *Saint Paul's Epistles to the Colossians and to Philemon* [Las epístolas de San Pablo a los Colosenses y a Filemón], 230.

cuadas sino también anticristianas. Pedir a los esclavos que obedezcan a sus amos es apoyar los intereses de sus propietarios, y parece otorgar la sanción divina a una institución odiosa y opresiva. Los modernos logros en el ámbito de los derechos legales de las mujeres y en las relaciones entre marido y mujer hacen también que el llamamiento a la esposa a sujetarse a su marido parezca trasnochado, si no descabellado.

Los tiempos han cambiado. La observación legal de Eclo William Blackstone sobre el matrimonio en el sentido de que «marido y mujer son una sola persona ante la ley; es decir, el mismo ser o existencia legal de la mujer queda en suspenso durante el matrimonio», ya no se asume en nuestro tiempo como algo real.[37] Muchos, que ya presuponen un cierto machismo o hasta misoginia por parte de Pablo, consideran sus consejos sobre la familia con ciertos prejuicios o incluso incomodidad. Quienes se toman estos mandamientos en serio pueden ser despreciados por querer llevarnos de vuelta a los días en que se esperaba que las esposas fueran sumisas parásitas, bajo el yugo de la autoridad del marido.

La cultura de Pablo y la nuestra. Nuestra cultura es completamente distinta de la de Pablo. En nuestro tiempo, la esclavitud es ilegal; y la mayoría de las esposas modernas no asumen que deban a sus maridos una obediencia absoluta e incondicional, como sí sucedía en el siglo primero. Las esposas asumen que entran al matrimonio como iguales de sus maridos. Un pastor da testimonio de que cuando planea la ceremonia matrimonial con las parejas, muchas novias insisten: «No quiero que en mis votos matrimoniales aparezca nada sobre obedecer a mi marido».[38] Pablo no les dice a las esposas que obedezcan a sus maridos; sin embargo, por regla general, se le culpa de ello. En una cultura que glorifica los derechos individuales, su llamada a la sumisión recibe también un sonoro abucheo.

La pregunta para nosotros es: ¿Tiene Pablo algo pertinente que decir sobre la vida familiar a personas que viven dos milenios más tarde y con normas sociales distintas? ¿Cómo se aplica esto a los matrimonios en los que ambos cónyuges desarrollan una carrera profesional, lo cual se ha convertido en norma para la mayoría de las familias estadounidenses? ¿Está Pablo demasiado desfasado? ¿Están acaso sus consejos excesivamente condicionados por las costumbres patriarcales del siglo primero para que puedan ser útiles en nuestros días? ¿O transmite realmente las perennes intenciones de Dios para las relaciones familiares que siempre tendrán relevancia?

---

37. William Blackstone, *Commentaries on the Laws of England* [Comentarios sobre las leyes de Inglaterra], (Nueva York: W.E. Dean, 1849), 2:355.
38. Brian J. Dodd, *The Problem with Paul* [El problema con Pablo], (Downers Grove, Ill.: InterVarsity, 1996), 59.

Lohse representa a aquellos comentaristas de Colosenses convencidos de que las instrucciones de esta sección pueden ignorarse sin perjuicio alguno:

> Tales disposiciones no son la expresión de leyes eternamente válidas, ni otorgan dignidad intemporal a una orden en particular. Como sucede con los tiempos, también la opinión general de lo que es oportuno y adecuado va cambiando. La exhortación cristiana, sin embargo, ha de transmitir con renovada fuerza a las nuevas generaciones la admonición a ser obedientes al *Kyrios*. El modo en que esta obediencia ha de expresarse concretamente en un momento dado, siempre tendrá que valorarse y decidirse en cada caso.[39]

Según este punto de vista, tales reglas de duración limitada no pueden trasladarse a nuestra disímil situación. Elizabeth Schüssler Fiorenza va aún más lejos y afirma que solo podemos predicar sobre los códigos familiares «de un modo crítico, a fin de ponerlos en evidencia como textos promotores de la violencia patriarcal».[40]

Melick, por otra parte, representa a quienes no ven ningún problema con las palabras de Pablo en estos versículos. Este autor pregunta: «¿cuál es la norma con que han de evaluarse las culturas?», y concluye: «el resultado final es una autoridad [la de la Biblia] que en realidad no lo es, puesto que en cualquier lugar donde la cultura difiere de los expresos mandamientos bíblicos, la Biblia se percibirá como secundaria a ella».[41] Melick plantea una importante cuestión: ¿Es «la aceptabilidad cultural» una clave hermenéutica aceptable?

Antes de intentar responder a estas preguntas, hemos de cruzar al lado del puente donde está Pablo a fin de entender el contexto cultural en que el apóstol dio estas reglas. La cultura es en muchos sentidos como el agua. Por regla general, no nos damos cuenta de que el agua que bebemos cada día tenga sabor. Solo cuando vamos de viaje a algún otro lugar nos percatamos un tanto sorprendidos de que el agua tiene un sabor «raro». Cuando percibimos el sabor de estos mandamientos sobre la vida familiar, procedentes de una cultura extraña de la que nos separan dos mil años, inicialmente podemos encontrarlo raro o desagradable. No es propio, sin embargo, echarle la culpa a Pablo por haber vivido en una cultura distinta

---

39. Lohse, *Colossians and Philemon* [Colosenses y Filemón], 157. .

40. Elizabeth Schüssler Fiorenza, *Bread Not Stone: The Challenge of Feminist Biblical Interpretation* [Pan no piedra: el desafío de la interpretación bíblica feminista], (Boston: Beacon, 1984), 145

41. Richard R. Melick Jr., *Philippians, Colossians, Philemon* [Filipenses, Colosenses, Filemón] (Nashville, Broadman, 1991), 309.

de la nuestra, y hemos de entender que, en su contexto, estas instrucciones eran perfectamente apropiadas.

(1) Por regla general, en el tiempo de Pablo las mujeres no recibían ninguna clase de educación formal, sino en las habilidades domésticas. Por consiguiente, se veían forzadas a depender de sus maridos en una amplia gama de situaciones.[42] Sin embargo, en una cultura en la que los cónyuges han recibido una educación similar y tienen una misma posición legal, las cosas pueden ser considerablemente distintas.

(2) La jerarquía patriarcal estaba profundamente arraigada. En el *Digesto* de Ulpiano se define a la familia del modo siguiente: «en su estricto sentido legal llamamos *familia* a algunas personas que están por nacimiento o por ley sujetas a la *potestas* [poder] de un hombre» (50, 16.195).[43] El deber legal del padre era velar por el bienestar de aquellos que estaban bajo su autoridad —su esposa, hijos, y esclavos— y el deber de ellos, por su parte, era mostrarle una total obediencia y deferencia.

Shelton señala que, la palabra latina que se usaba casi siempre para expresar esta relación familiar es *pietas*, que alude al deber combinado con cariño: «De los romanos se esperaba que fueran dedicados y sumisos a su familia, amigos, conciudadanos, país y dioses».[44] En una cultura como la nuestra, que es más egocéntrica, se piensa más en los derechos individuales y en lo que el resto de la familia me debe a mí. En el mundo de Pablo, la pregunta se encuadraba de manera distinta: ¿Cuál es mi deber para con la familia? La familia era la base principal de la producción económica, y Pablo da una lista de obligaciones mutuas que cada miembro tenía que realizar para mantener el buen funcionamiento de la institución.

(3) En contraste con lo que nosotros llamamos en nuestro tiempo «familia nuclear», la familia del primer siglo estaba integrada por el padre, la madre y los hijos biológicos, además de los hijos adoptivos, los esclavos, los parientes solteros, los libertos o los inquilinos. En ocasiones vivían juntos bajo un mismo techo varios hermanos con sus familias. Hemos de tener en cuenta «que para los romanos eran dignas de admiración las familias grandes administradas sobriamente por un inflexible *paterfamilias*».[45]

---

42. Musonio Rufo reivindicaba que las mujeres estudiaran también filosofía y que las hijas recibieran la misma educación que los hijos (Lutz, Musonio Rufo, 38–49).
43. Citado de la obra de J.F. Gardner, y T. Wiedemann, *The Roman Household: A Sourcebook* [La familia romana: un libro de consulta] (Londres: Routledge, 1993), 3–4.
44. Jo-Ann Shelton, *As the Romans Did: A Sourcebook of Roman Social History* [Como hicieron los romanos: un libro de consulta de la historia social romana], (Oxford: Oxford Univ. Press, 1988), 4.
45. Suzanne Dixon, The Roman Family [la familia romana], (Baltimore/Londres: Johns Hopkins Univ. Press, 1992), 31.

Estos grupos necesitaban alguna forma de ordenación para que la convivencia no derivara en un anárquico caos, y el patrón que se aceptaba universalmente era que todos estuvieran bajo la autoridad del padre de la familia (*paterfamilias*).

Pablo no tenía intención de poner este mundo patas arriba.[46] Lo que hacía era concentrarse en cómo vivir dentro de la propia estructura cultural en obediencia a Cristo. Si leemos la Escritura con una actitud abierta, utilizando una hermenéutica de confianza, no de recelo, veremos que el señorío de Cristo desbarata sutilmente los antiguos hábitos de dominación y explotación. Estas instrucciones no solo reproducen las convenciones sociales de la cultura, sino que actúan de un modo creativo sobre ellas. Las normas culturales son filtradas a través de un tamiz cristiano, que las critica y las transforma. Por otra parte, si uno lee la Escritura con manifiesta hostilidad o con ideas e intenciones preconcebidas, es posible que rechace los consejos de Pablo o se burle de ellos.

¿Un objetivo apologético? Aunque estamos en la parte del puente que descansa en el tiempo de Pablo, conviene recordar lo extraña y amenazadora que resultaría esta nueva fe cristiana a los contemporáneos del apóstol. El historiador Tácito denigraba a los judíos como un pueblo sedicioso y fuente de problemas: «Quienes se convierten a sus caminos siguen sus mismas prácticas, y la primera lección que se les enseña es la de menospreciar a los dioses, repudiar a su país, y tener en poco a sus padres, hijos y hermanos».[47] Estas mismas acusaciones se hacían también contra los cristianos. Tácito les acusaba de «odio contra la raza humana», una acusación basada en la suposición de que los cristianos volvían la espalda a sus obligaciones familiares y sociales.[48]

La lealtad a Cristo creó problemas domésticos para algunos que estaban casados con personas no creyentes (ver 1Co 7:12–16). Las esposas, niños

---

46. Los cristianos no tenían como objetivo principal la transformación de la sociedad. Baggott, *A New Approach to Colossians* [Un nuevo acercamiento a Colosenses], 111, sostiene que «las revoluciones modernas (incluso en Rusia) pueden ponerlo todo patas arriba y, hasta cierto punto, vengar los agravios infligidos a un proletariado escandalosamente subyugado y ofendido; sin embargo, por sí mismas, no pueden crear el nuevo mundo que propugnan de igualdad y justicia absolutas, ni siquiera ofrecer una adecuada compensación por toda la crueldad y derramamiento de sangre que han producido». Solo Dios puede transformar la sociedad y traer verdadera justicia. Hasta que esto se haga realidad, afirma Pablo, toda la creación está sujeta a la frustración y aguarda la final manifestación de los hijos de Dios, cuando esta sea finalmente «liberada de la corrupción que la esclaviza, para así alcanzar la gloriosa libertad de los hijos de Dios» (Ro 8:18–21). Mientras tanto, los cristianos han de esforzarse en expresar un buen orden en su vida familiar

47. Tácito, *Historias* 5.5.

48. Tácito, *Anales* 15.44.

(que seguían bajo la autoridad del padre tras llegar al estado adulto), y esclavos cristianos no consentían en hacer ciertas cosas que iban en contra de su fe. Sus escrúpulos religiosos y los maliciosos chismorreos de sus antagonistas se combinaban para dar al cristianismo una siniestra reputación de exacerbar las tensiones familiares y de destruir hogares.[49]

Hoy nos preocupa la disolución de la familia nuclear como una señal segura de la decadencia de nuestra civilización. En el siglo I sucedía lo mismo, y no se veía de manera favorable nada que se percibiera como una amenaza para el tejido familiar que cohesionaba la sociedad. En la medida en que se creía que el movimiento cristiano era perturbador para la familia, que según Aristóteles era la unidad y el patrón esencial de todo el orden político, se presagiaba lo peor para ella y su mensaje.[50]

La vida familiar era también mucho más pública en los tiempos bíblicos, especialmente en las inmediaciones del edificio familiar. Puesto que todo el mundo compartía la misma serie de pautas, todos sabían quiénes eran las «buenas» esposas y los «buenos» maridos y quiénes eran también los «malos». Una familia bien ordenada donde reinaba el amor era un persuasivo testimonio y, por ello, constituía también un importante foco de interés para Pablo.

Algunos han argumentado que las instrucciones del apóstol sobre la vida familiar tenían un objetivo apologético. Si el cristianismo no se percibía como un elemento perturbador de la unidad básica de la sociedad, la población estaría más dispuesta a escuchar el Evangelio.[51] Encontramos este tipo

49. Dunn, «Household Codes» [Códigos domésticos] 54–55, comenta que en el siglo primero los cristianos vivían en un contexto en que las religiones extranjeras se veían con recelo. El que colectivos como las esposas y los esclavos abrazaran esta nueva religión solo contribuiría a aumentar estos recelos. El cristianismo parecía una amenaza para el buen orden, con su manifiesto de que en Cristo no existe diferencia entre esclavos y libres, hombres y mujeres (Gá 3:28), con las mujeres asumiendo posiciones de liderazgo en las iglesias (Ro 16:1–2, 3, 6, 7, 12; Col 4:15), y a los esclavos permitiéndoseles considerar a sus amos como «hermanos» (Flm 16). Él concluye que tales presiones harían irresistible el deseo de «demostrar un manejo responsable de la familia». Ver además, David L. Balch, *Let Wives Be Submissive* [Que las esposas se sometan].
50. Wayne A. Meeks, *The Moral World of the First Christians* [El mundo moral de los primeros cristianos], (Filadelfia: Westminster, 1986), 113.
51. Dunn, «Household Codes» [Códigos domésticos], 58, sostiene que la preocupación para que hubiera hogares bien ordenados era «una parte integral de la identidad de la iglesia y de un testimonio eficaz a la sociedad». Obsérvese que en la actualidad la gente se encoge de hombros con respecto a sectas que practican patrones familiares heterodoxos, como por ejemplo lo que se ha dado en llamar matrimonios abiertos (Esta expresión alude a matrimonios en que los cónyuges aceptan la participación en relaciones sexuales extramatrimoniales sin que ello se considere infidelidad. N. del T.).

de acercamiento en Tito. A Tito se le dice: «Enseña a los esclavos a someterse en todo a sus amos, a procurar agradarles y a no ser respondones. No
deben robarles sino demostrar que son dignos de toda confianza, para que
en todo hagan honor a la enseñanza de Dios nuestro Salvador» (Tit 2:9–10;
ver también 1P 3:1–2). La conducta se convirtió en una herramienta misionera puesto que los cristianos se esforzaban en persuadir a los demás por
medio de una conducta irreprochable. Puede que los cristianos adoraran
en exclusividad a un Señor distinto, pero no incitaban a la insubordinación, la deslealtad, o el desorden y, sin duda, no alteraban la estabilidad de
la familia.

Aunque es cierto que Pablo podría haber tenido en mente un propósito
apologético, ciertamente éste no era el factor clave de estas instrucciones.[52]
Si había algún propósito apologético, es más probable que se dirigiera
contra el ascetismo y etéreo misticismo de los oponentes (2:16–23). Por
consiguiente, no es adecuado tratar, y quizá desestimar, estas instrucciones
como un mero intento apologético de mostrar que el cristianismo no era un
terreno resbaladizo que haría deslizarse a la familia hacia el caos. Pablo no
estaba dando a los colosenses consejos sobre cómo controlar la crítica, sino
diciéndoles lo que era oportuno en Cristo. Más importante era su convicción de que una familia armoniosa y bien dirigida prometía una iglesia de
iguales características. Como ha señalado Lampe: «La Iglesia primitiva no
existía como un cuerpo independiente de los hogares, sino exclusivamente
en ellos».[53] La Iglesia, fundada sobre ideales igualitarios, necesitaba ciertas
reglas para guiar las relaciones personales.[54]

Al construir puentes entre contextos, deberíamos ser sensibles a las
impresiones contemporáneas sobre cómo afecta la fe cristiana a la vida
familiar. El cristianismo sigue teniendo oponentes que pretenden vilipen-
diarlo. En nuestros días, en lugar de acusarle de debilitar los fundamentos
del orden familiar con su igualitarismo, de lo que se le acusa es de perpe-
tuar la sujeción y el maltrato de las mujeres. Deberíamos tener cuidado de
no interpretar estos textos como si quisiéramos regresar al sistema patriarcal del siglo primero. También deberíamos tener cuidado de no rechazar
o ignorar la sabiduría que contienen estos versículos y que es aplicable a
las relaciones personales dentro de cualquier patrón social. Estos textos no
prescriben una jerarquía ni respaldan el patriarcado o la esclavitud, pero sí
prescriben actitudes que deben gobernar las relaciones personales del cristiano en la familia.

---

52. Ver Balch, *Let Wives Be Submissive* [Que las esposas se sometan], 81–116.
53. Peter Lampe, «'Family' in Church and Society of New Testament Times» ['Familia'
    en la iglesia y la sociedad del periodo neotestamentario], *Affirmation* 5 (1992): 13.
54. Schweizer, *Colossians* [Colosenses], 213 – 14.

Cómo se aplican a nosotros estas instrucciones. Estas órdenes responden a actitudes que crean disputas y alienación en las relaciones personales: la insubordinación de las esposas y la amargura de los maridos, que conducen a la brutalidad y los malos tratos; la desobediencia de los hijos y la severa disciplina de los padres; las conductas fingidas e hipócritas de los esclavos y la cruel injusticia de los amos. Los principios que subyacen tras estas instrucciones —la sumisión, el amor, el servicio, la obediencia, el trabajo concienzudo y la equidad— trascienden los límites culturales y son aplicables en cualquier tiempo.

(1) Estas instrucciones muestran una especial preocupación por los miembros más débiles o impotentes de cada par: esposas, hijos y esclavos. Las reglas citadas no se limitan a reforzar las prerrogativas de maridos, padres, y amos, puesto que a las partes más fuertes se les da deberes además de derechos. Por su parte, a quienes se espera que se sometan u obedezcan se les dan derechos y no solo deberes. Por consiguiente, los mandamientos reconocen que existe una reciprocidad, de modo que los derechos no están todos en uno de los lados y las obligaciones en el otro. Schweizer observa que en otra literatura las instrucciones de este tipo se dirigen por regla general solo a los hombres adultos y libres. Comenta: «la idea de que las mujeres, hijos y esclavos pudieran actuar también de un modo éticamente responsable apenas si se plantea. De hecho, cuando se recomienda a los amos que traten bien a sus esclavos es solo en bien de su propio interés».[55]

El Evangelio donde no hay griego o judío, esclavo o libre, varón o mujer reconoce a cada individuo como a una persona completa y se preocupa por proteger los derechos de todos ellos, no a forzar su subordinación. A las esposas hay que tratarlas con amor, a los hijos con sabiduría, y a los esclavos como seres humanos merecedores de equidad en un momento en que a éstos no se les consideraba legalmente como humanos. Estos mandamientos tratan también a las esposas, hijos y esclavos como seres responsables y morales, miembros del cuerpo de Cristo de pleno derecho. Las instrucciones en cuestión reconocen la autoridad de maridos, padres y amos; sin embargo, aquellos que tienen poder han de ejercerlo con amor, sensibilidad

---

55. Las dificultades que podían surgir de la relación entre esclavos y amos en el marco de las iglesias reunidas en hogares en el siglo primero, pueden compararse con las que pueden suscitarse entre oficiales militares y personal voluntario del ejército en las iglesias. Los cristianos han de poder amonestar a sus hermanos en la fe cuando éstos son sorprendidos en un pecado (Gá 6:1). ¿Cómo podía un esclavo amonestar a un amo (ver 1Ti 6:2; Tit 2:9)? De manera similar ¿cómo puede un soldado raso amonestar a su superior? ¿Cómo pueden un amo o un oficial seguir las instrucciones de Gálatas 5:14 «háganse esclavos unos de otros por amor» (nrsv) sin derribar totalmente la relación amo/esclavo, oficial/soldado raso?

y justicia, y han de estar dispuestos a considerar el papel de siervo, como lo hizo Cristo.

(2) La motivación para la conducta llega a ser característicamente cristiana. El texto no fundamenta su consejo en el orden creado, la ley natural, o la razón. El argumento no es: «Así son las cosas en este mundo; acéptalas y vive en armonía con ellas». Tampoco dice que el marido sea el gobernante natural y la esposa la súbdita natural.[56] Pablo basa su llamamiento no en las leyes de la naturaleza, sino en «la ley de la nueva naturaleza: Cristo nos libera para que seamos verdaderamente humanos, y ahora hemos de aprender a expresarnos de acuerdo con el patrón divino, no de un modo presuntuoso y egocéntrico, sino abnegado y sacrificado».[57] El propósito de estos mandamientos no es decirnos cómo hemos de ordenar las familias sino más bien presentarnos la motivación cristiana que subyace tras nuestras relaciones familiares: cómo nos relacionamos con los demás. Cada miembro de la familia, no importa cual sea su posición, ha de permitir que el señorío de Cristo controle sus relaciones personales.

Pablo no tiene intención de oponerse abiertamente a todas las normas de la sociedad del primer siglo en que vivían los cristianos. Lo que hace es adaptar el patrón aceptado de los hogares del mundo mediterráneo de la Antigüedad aunque transformándolo mediante un llamamiento a la lealtad cristiana a Cristo como Señor. El término «Señor» (*kyrios* en griego) aparece siete veces en esta sección: Como conviene *en el Señor*. Esto agrada *al Señor*. Obedezcan [...] por respeto *al Señor*. Trabajen de buena gana, como *para el Señor* y no como para nadie en este mundo. Conscientes de que *el Señor* los recompensará con la herencia. Ustedes sirven a Cristo *el Señor*. Conscientes de que ustedes también tienen un *Amo* [*Señor*] en el cielo. La motivación que subyace tras cada uno de los mandamientos de Pablo viene determinada por la expresión «en el Señor». El señorío de Cristo se impone en todos los aspectos de nuestras vidas. Stern comenta que el Señor se convierte en un tercer cónyuge: «Como un imán actúa sobre las limaduras de hierro, él orienta las cosas en la dirección correcta».[58]

---

56. Josefo nos ofrece un ejemplo de esta forma de pensamiento: «La mujer dice [la ley], es en todas las cosas inferior al hombre. Por consiguiente, que sea obediente, no para su humillación, sino para que pueda ser dirigida; porque la autoridad Dios se la ha dado al hombre» (*Contra Apión* 2.24 §201). En 1616, William Whateley argumentaba de manera similar: «Dios ha hecho de tu marido tu gobernador y mandatario» (*A Bride Bush* [Un sermón de bodas], 192; citado por Anthony Fletcher, «The Family, Marriage and the Upbringing of Children in Protestant England» [La familia, el matrimonio y la crianza de los hijos en la Inglaterra protestante], en *The Family in Theological Perspective*, ed. Stephen C. Barton (Edimburgo: T. & T. Clark, 1996], 110).

57. Wright, *Colossians* [Colosenses], 147.

58. David H. Stern, *Jewish New Testament Commentary* [Comentario judío del Nuevo Testamento] (Clarksville, Md.: Jewish New Testament Publications, 1992), 591.

Por tanto, la clave hermenéutica para contextualizar estas instrucciones es la expresión «como conviene en el Señor». Esta expresión no es un tópico piadoso que se adjunta al patrón cultural reinante para dar la bendición al *status quo*. Poner nuestras relaciones personales familiares bajo el microscopio de lo que conviene en el Señor siempre las desafía y las renueva. Nuestro modelo es el modo en que Cristo se sometió a Dios.[59]

Algunos rechazan una lectura del texto tan positiva y comprensiva. Horrell, por ejemplo, sostiene que esta sección contiene una ideología implícita de la dominación y la explotación. Según él, el pasaje pretende «convencer al dominado y al subordinado, de que es correcto y adecuado, o inevitable, o para el bien de todos que ellos permanezcan voluntariamente y de buena gana en su lugar y que cumplan con sus deberes». Horrel sostiene que «la expresión "para el bien de todos" puede significar, de hecho, "para el bien de la clase gobernante"».[60] Es decir, que esta ideología legitima la jerarquía, la dominación y la explotación.

Si alguien decide leer el Nuevo Testamento de esta manera, es posible que acabe rechazando por completo los códigos domésticos. Sin embargo, puesto que nuestro mundo, familias incluidas, necesita alguna forma de ordenación, a no ser que aceptemos el «todo vale», ¿qué orden pondremos en su lugar? Los datos relativos a la familia moderna con el vertiginoso ascenso de las estadísticas del divorcio y la infidelidad conyugal, o el creciente número de parejas que viven en concubinato sin formular compromisos de ninguna clase, no ofrecen ninguna solución atractiva. Gilley cita las primeras palabras de la novela de Tolstoi, *Ana Karenina*, que trata la cuestión del adulterio: «Todas las familias felices se parecen bastante entre sí, pero las infelices lo son de un modo muy propio y peculiar». Gilley interpreta estas palabras en el sentido de que podemos ir mal de muchas maneras, «pero hay solo una forma de ir bien».[61] Los cristianos solo pueden funcionar bien en sus familias cuando están sujetos a Cristo, cuando la familia se convierte en un lugar en el que se vive y cultiva la fe, y en el que cada uno de los miembros se sujeta al señorío de Cristo.

Los seres humanos necesitan instituciones y alguna forma de orden para distribuir el poder entre las personas. La doctrina cristiana del estado caído del hombre nos recuerda que nuestra pecaminosidad corromperá cualquier

---

59.　Wall, *Colossians and Philemon* [Colosenses y Filemón], 156.

60.　David G. Horrell, «Theological Ideology in Paul» [Ideología teológica en Pablo], en *Modelling Early Christianity: Social-Scientific Studies of the New Testament in Its Context* (Londres/Nueva York: Routledge, 1995), 232–33.

61.　Sheridan Gilley, «Chesterton, Catholicism and the Family» [Chesterton, catolicismo y la familia], en *The Family in Theological Perspective*, ed. Stephen C. Barton (Edimburgo: T. & T. Clark, 1996), 147.

orden que pueda establecerse y creará el desorden. C. S. Lewis escribe: «Desde la caída, ninguna organización o forma de vida, sin excepciones, tiene una tendencia natural a funcionar bien».[62] Seguir estas instrucciones de Colosenses al pie de la letra no nos hará automáticamente santos o felices. Siempre acecha el peligro de los egoístas que, abusando de estas palabras, puedan decir: «servirme a mí equivale a servir a Cristo». El siguiente principio descarta esta perversión.

(3) La dominación de otras personas está prohibida. No podemos eliminar el ejercicio del poder de las relaciones humanas ni la necesidad de directrices en ellas. La premisa esencial es que cada miembro cristiano de una familia es un receptor de la Gracia de Dios, lo cual le convierte en parte de la familia de Dios. Sin embargo, algunos tienen distintos roles y poder. Alguien ha de asumir un papel de liderazgo como un necesario dique de contención contra la turbulencia. Otros han de ceder su libertad de elección. Las partes subordinadas entregan el poder, no les es arrebatado. La familia en la que todos van por libre y cada cual hace sus cosas, negándose a dar o asumir poder cuando es necesario, con el tiempo se desintegrará.

El Nuevo Testamento tiene ideas específicas sobre cómo ha de utilizarse el poder. Cada serie de instrucciones trata sobre el uso del poder por la parte dominante y prohíbe cualquier injusticia, explotación o malos tratos. La ética que controla el Evangelio es que el mayor ha de ser siervo de todos, el que toma la jofaina, se ciñe la toalla y se encorva para lavar los pies de los demás (Mr 10:42–45; Jn 13:1–17; 1Co 9:19; Fil 2:3–11). Pablo era un modelo de esta clase de servicio. En su trato con las diferentes congregaciones domésticas que el apóstol había fundado por todo el Imperio, el apóstol asumía el papel de *paterfamilias* (1Co 4:15; 1Ts 2:11), sin embargo no se enseñoreaba de ellas (2Co 1:24). También representaba su relación con ellos mediante la imagen de una madre (1Co 3:2; Gá 4:19), una nodriza (1Ts 2:7) y un esclavo (2Co 4:5).

Las instrucciones de Pablo no mencionan al marido como jefe supremo de su esposa. Los padres no han de dominar y aplastar el espíritu de sus hijos. El consejo que se da a los amos no está orientado a que optimicen la gestión de sus esclavos y saquen el mayor provecho posible de ellos. La clave es el amor, la justicia y la equidad. El antiguo patriarcado no tenía nada que ver con el amor o la justicia.

Cualquiera que lea el Nuevo Testamento descubrirá rápidamente todo lo que supone el amor. Lo que significa amar a la esposa se explica de

---

62. C.S. Lewis, «The Sermon and the Lunch» [El sermón y el almuerzo], en *Undeceptions: Essays on Theology and Ethics*, ed. Walter Hooper (Londres: Geoffrey Bles, 1971), 235.

un modo más completo en Efesios 5:25–33: Los maridos han de imitar el sacrificado amor de Cristo. Esta clase de amor no ama a los demás por el placer o utilidad que nos aportan. El amor de Cristo era tan profundo que ya nos quería cuando ninguno de nosotros lo merecía. Su amor no era una cierta emoción sentimental; era tan grande que estuvo dispuesto a sufrir la pena capital y expresó su amor sufriendo la muerte de un esclavo, la insondable tortura y humillación de la crucifixión. El amor es un poder capaz de penetrar en el corazón más hermético, sin embargo es también impotente porque no puede hacer nada sino por el consentimiento del otro. Amar significa estar más preocupado por el ser amado que por uno mismo. El amor no es nunca coercitivo y nunca pretende herir, humillar ni dominar al otro.[63]

Significado Contemporáneo

El libro de los Proverbios asume que «el principal lugar de formación moral y deber social» es la familia, no el templo.[64] El hogar llega a ser incluso más importante como centro de la crianza y la educación cristianas cuando la sociedad circundante se vuelve tan perversa que acepta la inmoralidad y hasta la promueve. Estos textos no tratan la cuestión de quién tiene el poder y autoridad para dirigir a la familia; son más bien una afirmación de que la familia es el contexto principal para la formación y experiencia de la propia fe. El modo en que vivimos en nuestra familia dice mucho sobre nuestra fe.

El consejo de Pablo en esta sección es más bien escaso, lo cual deja claro que no tiene la intención de ofrecer un manual de asesoramiento sobre las relaciones familiares. El apóstol está declarando que la familia es el lugar en el que primeramente vivimos nuestra nueva vida como «escogidos de Dios, santos y amados» (3:12). En la sección anterior, Pablo recitó de un tirón una lista de virtudes (3:12–15), sin embargo, tales virtudes no son sino palabras vacías a menos que las expresemos en las estructuras y relaciones personales de la vida cotidiana.

La nueva vida comienza en el hogar.[65] Schweizer observa que la sabiduría e instrucción cristianas no se ponen siempre a prueba en tiempos de sufrimiento, lo cual requiere una respuesta heroica, sino en las situaciones cotidianas de la vida, como en el hogar. «El mundo real es, según esta carta,

63. Ver C.S. Lewis, *The Four Loves* [Los cuatro amores], (Nueva York: Harcourt, Brace, Jovanovich, 1988), 44.

64. Stephen C. Barton, «Biblical Hermeneutics and the Family» [Hermenéutica bíblica y la familia] en *The Family in Theological Perspective*, ed. Stephen C. Barton (Edimburgo: T. & T. Clark, 1996), 4.

65. Pablo rechaza la filosofía que expresa la frase «no toques». Si esto se hubiera reconocido antes, la Iglesia de hoy no se vería lastrada por una larga historia de denigración del matrimonio como un mal necesario para la procreación de la raza humana.

antes que nada, nuestro marido o esposa, nuestros hijos o padres, nuestros empleados o jefes. Solo si nos tomamos este mundo en serio podemos ser llamados a servir a nuestro Señor en un nivel más extenso».[66] Es posible librar heroicas batallas en la palestra pública, pero perder la guerra en la privacidad del hogar.

La familia es el lugar donde, bajo el señorío de Cristo, aprendemos a controlar la ira, el enfado, el lenguaje abusivo y la mentira para que la paz pueda reinar. Es en la familia donde primero aprendemos a practicar los valores del afecto entrañable, la bondad, la humildad, la amabilidad y la paciencia (3:12). No hay lugar más difícil donde ejercitar estas virtudes día tras día que en el hogar. La nueva vida hace posible la sumisión que pone a los demás en primer lugar, el amor que se niega a albergar amargura, la obediencia, una paternidad comprensiva y alentadora, una devoción por hacer bien el trabajo, y la equidad y justicia en nuestro trato con los demás.

Matrimonio. En la mayoría de los cuentos de hadas el príncipe acaba casándose con la princesa, y este tipo de relatos acaban invariablemente con las palabras, «vivieron felices y comieron perdices». Después de que el héroe ha rescatado a la heroína, el matrimonio del príncipe con la princesa se convierte en un anticlímax. Pero este no es el punto de vista cristiano del matrimonio. El día de la boda con arroz y confeti no es el final feliz con que termina la narración; sino solo el comienzo. La boda es el comienzo de una aventura que dura toda la vida. Es un viaje por mares desconocidos, que explica por qué tantos matrimonios de nuestro tiempo acaban naufragando. Todos conocemos los problemas, pero muchos no creen que la Biblia ofrezca ayuda alguna para resolverlos.

Algunos interpretan los consejos de Pablo acerca de las relaciones entre marido y mujer como que la esposa ha de pasar por el aro y rendir homenaje a su marido, que asciende a un cierto trono matrimonial. Esta clase de relación fue satirizada en la legendaria serie de televisión de Archie Bunker. En uno de los episodios, Edith quería experimentar con una cocina más sofisticada y le preparó a su marido un *soufflé* en lugar de los habituales huevos con tocino. Ni que decir tiene que Archie hizo una mueca de desagrado ante un plato cuyo nombre no podía pronunciar y pidió sus huevos con tocino. Gloria, la hija, contempló con incredulidad cómo su madre tiraba el *soufflé* a la basura y se desvivía intentando apaciguar la ira de su marido. Gloria gruñó con indignación: «Someterse a él... esto es lo que está haciendo. Someterse a su gobernador... su señor y dueño.» Archie responde: «¡Qué manera tan bonita de expresarlo!».

---

66. Eduard Schweizer, «Christ in the Letter to the Colossians» [Cristo en la carta a los Colosenses], RevExp 70 (1973): 466.

Desde hace mucho tiempo, las mujeres han respondido a la colérica e irrespetuosa dominación de los varones con sutiles manipulaciones. Un proverbio griego afirma que el marido puede ser la cabeza, pero la esposa es el cuello que decide a que lado se volverá la cabeza. Las bromas de los hombres sobre el matrimonio a lo largo de los siglos ponen de relieve una cuestión interesante: muchos sienten que les sentencia a una existencia aprisionada, en la que éstos son gobernados y regulados por sus esposas. Por ello nos reímos del estudiante que metió la pata diciendo que Sócrates murió de una sobredosis de vida conyugal (confundió la palabra *wedlock* «vida conyugal», con *hemlock*, «cicuta». N. del T.). En la novela *El hombre del traje gris*, una esposa se venga con sutileza de su próspero marido por un sentimiento de falta de valor. «Ella había desarrollado un verdadero arte para bajarle los humos y hacerle sentir débil, con una rápida frase, inocente en apariencia [...] Era, de hecho, una genio sembrando en él certezas de su inferioridad».[67]

Los matrimonios fracasan cuando las parejas pierden el control en sus forcejeos por el poder y uno de ellos quiere dominar al otro, ya sea abiertamente o de formas más sutiles. Comentando el pasaje de Génesis 2:4b–3:24, Vogels afirma: «Lo que mata a la relación es el deseo de poseer, de mantener a ultranza la propia opinión, de sentenciar, de dominar, o de aplastar al otro».[68] Tanto el que domina con agresivas amenazas como el que manipula con sutiles chantajes domésticos están igualmente motivados por su egoísmo, y ambos están equivocados. Tratan al matrimonio como si la meta fuera la conquista del otro.

Cuando Pablo demanda sumisión, nuestra «liberada» cultura responde bruscamente: «¿Cómo se atreve a pedirle a alguien que se sujete a otra persona?» La sumisión está obsoleta, aunque por nuestro pecado, los seres humanos siempre hemos sido reacios a ella. El discurso de nuestro tiempo es: «Exprésate. No te reprimas». Los votos matrimoniales, considerados en otro tiempo irrevocables, en lo bueno y en lo malo, en la salud y en la enfermedad, se han convertido en disposiciones limitadas, contingentes y temporales. El compromiso con mi bienestar personal suplanta al compromiso con el bienestar de otras personas. El valor adjudicado a la libertad e independencia individuales ha convertido estas cosas en valores innegociables; de modo que, cuando una relación se vuelve problemática, se pone punto final y se acabó. No queremos ceder el control de nuestras vidas o decisiones a otras personas o ponernos a su disposición.

---

67. Sloan Wilson, *El hombre del traje gris*, Barcelona: Círculo de Lesctores, 1971.
68. Walter Vogels, «The Power Struggle Between Man and Woman (Gen 3,16b)» [La lucha por el poder entre el hombre y la mujer (Gn 3,16b)], *Bib* 77 (1996): 209.

El problema es que, cuando los cónyuges quedan atrapados en el pensamiento obsesivo, «lo primero son mis necesidades», ninguno de los dos quedará satisfecho. El resultado es el divorcio, en especial si nos hemos identificado con el moderno mantra de la mercadotecnia que nos apremia a actualizarnos constantemente a nuevas y mejores versiones de lo que tenemos. El incalculable perjuicio que tales actitudes ocasionan a nuestros hijos, familia y sociedad se considera menos importante que el dolor que puede generar la relación. Nos hemos apegado excesivamente a los conceptos de la propia afirmación y realización personal para apreciar la belleza de la disposición a servir y la distinta clase de alegrías que la acompañan. Es posible que tengamos temor de confiar nuestra felicidad a otra persona, y por ello mantenemos nuestro compromiso incondicional con nosotros mismos.

Burtchaell rememora una adaptación de la historia de Pinocho, el egoísta títere de madera a quien le fue dada una nariz que crecía para curarle de su egotismo y llevarle al arrepentimiento. Cuando esto no funcionó, se le llevó de visita al infierno con la esperanza de que el terror le motivara a la virtud. Allí vio a una bailarina de ballet y a un carpintero, tan ensimismados en su tarea que nada de lo que Pinocho hizo atrajo su atención. «Fue entonces cuando Pinocho vio, de repente, que en el infierno a todo el mundo se le deja a su aire para que solo hagan lo que quieren sin tener en cuenta a nadie más».[69] El consejo de Pablo ofrece una forma de salir de este infierno.

Las instrucciones a esposas y maridos pretenden ayudarles a vivir juntos de un modo responsable, no a satisfacer sus necesidades. En nuestro contexto, el término «sumisión» puede connotar débil conformidad, cobarde humillación, servilismo degradante y pasiva resignación. Pero Pablo no consigna a las esposas a una servil esclavitud por debajo de sus maridos, ni espera que se conviertan en sus felpudos, o que se esfuercen en agradarles de manera compulsiva, aunque así es cómo se ha interpretado (erróneamente) este concepto a lo largo de los siglos.[70] La sumisión no es una especie de sumersión en la que nuestra personalidad se sumerge e integra en la de otro. La entrega desinteresada puede llevarse demasiado lejos y convertirse en algo perjudicial. La verdadera sumisión solo puede llevarse a cabo con un saludable sentido del propio ser. Wall comenta:

---

69. James Tunstead Burtchaell, *Philemon's Problem: The Daily Dilemma of the Christian* [El problema de Filemón: el dilema cotidiano del cristiano], (Chicago: Foundation for Adult Catechetical Teaching Aids, 1973), 70.

70. Ver además, Diana S. Richmond Garland y David E. Garland, *Beyond Companionship: Christians in Marriage* [Más allá del compañerismo: los cristianos en el matrimonio], (Filadelfia: Westminster, 1986).

Por ejemplo, si una esposa se ve a sí misma como supeditada a su marido, permitirá que él la domine e incluso que abuse de ella. Si, no obstante, se ve a sí misma como una discípula de Cristo e igual a su marido en Cristo, su concepción de la sumisión cambiará: se someterá a su marido como Cristo se sometió a Dios [...] Esta igualdad en Cristo alterará radicalmente el modo en que dos discípulos se relacionan el uno con el otro como marido y mujer. El resultado será la elevación de la mujer dentro del hogar cristiano y el fin de sus abusos [...] y esto será, a su vez, un testimonio a un mundo misógino.[71]

Lo contrario de la sumisión no es un espíritu cobarde, sino la creencia de que yo y mis necesidades aparentes somos más importantes que los demás. Se manifiesta de distintas formas:

- Falta de consideración por los demás
- Indiferencia hacia las necesidades de los otros
- Altivez
- Auto engrandecimiento, utilizando al otro para conseguir lo que quiero
- Vivir solo en el presente y no comprometernos a nada en el futuro

Por otra parte, la sumisión es:

- Poner toda nuestra vida y sus posibilidades en manos de otro
- Querer el bien de la otra persona (no solo que supla nuestras necesidades)
- Preocuparnos por el bienestar último de la otra persona sin intentar controlarle o ser alabado por tal sacrificio
- Aceptar lo que exige dicha relación sin amargura y no llevar la cuenta de los esfuerzos y sacrificios para saber cuándo hemos hecho ya nuestra parte
- Aceptar la responsabilidad de cuidar a la otra persona, y sus problemas como nuestros
- Escuchar a la otra persona

Los ejemplos de esta santa sumisión son abundantes. Cuando la esposa de C. S. Lewis se estaba muriendo de cáncer, él tenía la convicción de poder transferir a su cuerpo por medio del amor cristiano el dolor de su esposa e hizo todo lo posible por hacerlo.[72] La sumisión del samaritano a las necesidades del extranjero herido y desamparado junto al camino expresa muy

---

71.   Wall, *Colossians and Philemon* [Colosenses y Filemón], 155 – 56.
72.   Perry C. Bramlett, *C. S. Lewis: Life at the Center* [C. S. Lewis: vida en el centro], (Macon, Ga.: Peake Road, 1996), 46, citando a John Lawlor, «The Tutor and the Scholar» [El profesor y el erudito], en *Light on C. S. Lewis*, ed. Jocelyn Gibb (Nueva York: Harcourt, Brace, 1965), 63.

bien lo que significa sumisión. Los ladrones actuaron según el principio de que «lo tuyo es mío y voy a llevármelo». El sacerdote transeúnte obró conforme al principio de que «lo mío es mío y me lo guardo para mí». El samaritano, por su parte, practicaba el principio de que «lo mío es tuyo, y lo voy a utilizar para restaurar tu vida».

Vivimos en una cultura violenta, que durante demasiado tiempo ha tolerado en silencio los abusos contra las mujeres en el hogar, en el lugar de trabajo, y por medio de la pornografía. No hemos de permitir que este texto se utilice incorrectamente para forzar a las esposas a soportar a maridos que abusan de ellas o de sus hijos en el plano emocional, sexual o físico. Estos textos no pretenden que las esposas acepten malos tratos sin quejarse. Debería permitírseles expresar su ira y su dolor, y puede que tengan que adoptar posturas firmes para enfrentar a sus maridos con las consecuencias de su conducta abusiva (lo que en nuestro tiempo se conoce como «amor duro»). Los maltratadores necesitan tratamiento; sus esposas e hijos, protección. Esta clase de acción puede ser la mayor prueba de amor. Wall pregunta:

> ¿Debería una esposa cristiana seguir sometiéndose pasivamente a su marido si ello le lleva a alguna forma de maltrato (los vicios de 3:5–9) y no a la madurez espiritual (las virtudes de 3:12–15)? Creo que no. ¿Debería considerarse el criterio para valorar el amor de un marido que éste contribuya a fortalecer la devoción de su esposa por el Señor Jesucristo y a lograr que se cumplan los intereses de Dios (no los del marido) para su vida? Creo que sí. En Cristo, Dios no muestra favoritismo; Dios está a favor tanto del marido como de la mujer, y en igual medida.[73]

En nuestro tiempo, somos también más conscientes de la violencia doméstica, y hemos de reconocer que Pablo expresa aquí un principio general y no enumera posibles excepciones. La sociedad moderna crea nuevas y distintas presiones para las relaciones matrimoniales. No deberíamos descuidar el tratamiento de factores estresantes, como por ejemplo el desempleo, ambientes con altos índices de delincuencia, presiones económicas, y aislamiento, que puede inducir a alguna forma de maltrato doméstico cuando tenemos menos recursos dentro de nosotros mismos para resistir tales presiones. William Aikman (1682–1731) dijo sabiamente:

> La civilización cambia con la familia, y la familia con la civilización. Sus logros más elevados y completos se producen donde predomina el cristianismo ilustrado; donde la mujer

---

73. Wall, *Colossians and Philemon* [Colosenses y Filemón], 158–59.

es exaltada a su verdadero y elevado lugar como igual con el hombre; donde marido y mujer son uno en honor, influencia y cariño, y donde los hijos representan un vínculo común de atención y amor.

Pablo habla de equidad y justicia en el trato con los esclavos. Pero la equidad y la justicia se aplican también a las esposas. La familia es el lugar en que los hijos aprenden estas cosas, y cualquier maltrato del cónyuge menoscaba la disciplina y formación moral de los hijos.

El matrimonio próspero se basa en el amor. Puesto que amar es un mandamiento, no se trata de un mero sentimiento. Es posible que el amor romántico conduzca al matrimonio, pero no lo sustenta por mucho tiempo. Es mucho más fácil sentir amor romántico por alguien cuando no vives con esa persona. El amor que Pablo manda a los maridos para con sus esposas es algo que depende de la volición. Esta clase de amor no es sentimiento sino acción. Pone siempre en primer lugar el bienestar de la esposa y sus necesidades. Nunca busca el poder o el control.

La disciplina de los padres. El consejo que nos ofrece Sirac sobre la disciplina de los padres difiere considerablemente del de Pablo. Dice que el padre que ama su hijo le azotará a menudo (Eclo 30:1). También nos dice «Doblégale en su juventud, y azótale en los flancos mientras sea joven (Eclo 30:12)».[74]

Las palabras de Sirac reflejan la extendida suposición en el mundo mediterráneo de que la obediencia no surge automáticamente y solo puede impartirse por medio de castigos corporales y dura disciplina (Eclo 22:6; ver Pr 3:11–12; Heb 12:7–11). Solo piensa en términos de que el hijo con-

---

74. Filón dice que «los padres tienen el derecho de regañar a sus hijos y amonestarles con severidad, y si no se sujetan a las advertencias de palabra, tienen derecho a pegarles, y envilecerles y atarles con cadenas» (De las Leyes Especiales 2.232). John Pilch, «'Beat His Ribs While He Is Young' (Eclo 30:12): A Window on the Mediterranean World» ['Dale en las costillas mientras es joven' (Eclo 30:12): Una ventana al mundo mediterráneo], *BTB* 23 (1993): 101–13, aporta un valioso resumen que muestra que el acercamiento del mundo antiguo a la educación de los hijos difiere del patrón predominante norteamericano. Sirach se centra solo en el hijo porque el padre puede enorgullecerse de él y suscitar la envidia de sus enemigos, y gloriarse en él en presencia de sus amigos (Eclo 30:3). A su muerte, puede consolarse de que no está muerto porque deja tras sí a «uno como él mismo» (30:4), vengador de sus enemigos y benefactor de sus amigos (30:6). Las hijas son un flagelo, porque el padre se preocupa sin cesar de que puedan hacer algo que le deshonre, como perder su virginidad, quedarse soltera, divorciarse, ser infiel a su marido. La solución:

Controla estrictamente a la hija testaruda,
para que no haga de ti el hazmerreír de tus enemigos,
comidilla de la ciudad y notorio entre el pueblo,
y te avergüence ante la gran multitud (42:11).

sentido y mimado, que se vuelve terco y obstinado, traerá vergüenza a su padre (Eclo 22:3). La solución está en quebrantar la voluntad del hijo a fin de prepararle para una fiel obediencia a un Dios exigente. Sirach encuentra su contrapartida espiritual en el puritano inglés, Bartholomew Batty, quien defendía que Dios creó especialmente las nalgas para que los niños reciban su justa corrección con azotes y golpes sin que ello les produzca daños corporales serios.[75]

Aunque es posible que Pablo estuviera de acuerdo con el acercamiento a la disciplina característico de su cultura, el apóstol no dice esto. El apóstol refleja aquí las nuevas reflexiones que encontramos en el Nuevo Testamento, que tienen en cuenta el punto de vista del niño y sus sentimientos.[76] El apóstol se preocupa más por el niño descorazonado, aquel que ha sufrido tanto castigo que está emocionalmente destrozado. Conoce el peligro de que aquel que tiene la autoridad para pronunciar la última palabra «en todo», pueda utilizarla mal con efectos destructivos. Lo que le preocupa no es que, cuando crezcan, estos hijos avergüencen a sus padres con su desobediencia, sino que éstos puedan entorpecer la educación de sus hijos por medio de una disciplina desequilibrada.

Una dieta de críticas y reprimendas constantes puede ser tan destructiva como la ausencia total de estas cosas, y puede destruir el sentido de valor personal de los niños. Las azotainas son contraproducentes y tienden solo a enseñar a los niños que la violencia física es un medio apropiado de tratar los conflictos. Pueden también producir daños psicológicos.[77] Avergonzar a los niños casi garantiza que éstos expresarán su ira mediante alguna forma de violencia. Los padres han de disciplinar a sus hijos de maneras que les estimulen y conduzcan a vidas valientes y esperanzadas. Los padres han de esforzarse por encontrar la mejor manera de hacer estas cosas y ajustar sus acercamientos a medida que el niño crece en entendimiento y responsabilidad.

La investigación de Wuthnow orientada a entender cómo aprenden los jóvenes a cuidar a otras personas —no solo a los miembros de sus familias

---

75. Citado por Fletcher, «The Family, Marriage and the Upbringing of Children» [La familia, el matrimonio y la crianza de los hijos], 120.

76. Ver James Francis, «Children and Childhood in the New Testament» [Niños e infancia en el Nuevo Testamento], en *The Family in Theological Perspective*, ed. Stephen C. Barton (Edimburgo: T. & T. Clark, 1996), 65–85.

77. Fletcher, «The Family, Marriage and the Upbringing of Children» [La familia, el matrimonio y la crianza de los hijos], 127–28, sostiene que no es algo casual que los burdeles donde se practicaban flagelaciones aparecieran primeramente en Londres allá por la década de 1670 como un legado de las humillantes y habituales flagelaciones físicas que llevaban a cabo todos los todopoderosos maestros.

y amigos— llevó a interesantes conclusiones.[78] La preocupación por otras personas no es algo innato, sino aprendido, y lo aprendemos en nuestra vida familiar de nuestros padres y de sus pequeñas acciones cotidianas de bondad: el modo en que se tratan el uno al otro, a sus hijos, y a los demás. Estas pequeñas acciones muestran a los niños que la bondad no es algo excepcional sino una parte natural de la vida. Los jóvenes relacionan la bondad de sus padres con su condición de seres humanos; es solo una parte de quienes son. En un mundo cada vez más indiferente y descortés, los padres han de inculcar a sus hijos el espíritu de bondad y compasión por medio de su buen ejemplo, comenzando con el modo en que los disciplinan a ellos.

El entorno laboral. El consejo de Pablo a los esclavos y amos no tiene significado contemporáneo en nuestra cultura, que ahora considera que la esclavitud es algo intolerable. En las sociedades democráticas, la relación entre empleados y empresarios es tan distinta de la que existía en el siglo primero entre amos y esclavos que hemos de ser extremadamente prudentes a la hora de trazar cualquier correspondencia. No podemos establecer una comparación directa, en la que los esclavos se equiparan a los empleados y los amos a los empresarios. Hemos de considerar otros pasajes del Nuevo Testamento para encontrar ayuda sobre estas cosas, sin embargo existen ciertos principios en estas instrucciones que se aplican en cualquier escenario, incluido el entorno laboral. La declaración de 3:17: «Y todo lo que hagan, de palabra o de obra, háganlo en el nombre del Señor Jesús», es la clave hermenéutica para entender cómo aplicar esta exhortación a nuestro mundo.

(1) Muchos justifican su falta de honradez, negligencia o la pésima calidad de su trabajo alegando un trato desconsiderado por parte de los empresarios. Asumen que, como objetos del maltrato de sus empleadores, tienen derecho a conducirse de un modo deshonesto o a utilizar formas pasivas o agresivas de devolver el golpe. Un observador afirma que muchas personas consideran sus trabajos como una actividad intrascendente, aburrida e improductiva. Cuando se sienten abrumados por jefes abusivos que les agobian con políticas absurdas y estrategias incoherentes, viven pensando solo en el fin de semana. En su puesto de trabajo van haciendo lo mínimo para llegar al final de la semana

Una popular tira cómica ridiculiza la estupidez colectiva de los Estados Unidos, presentando al jefe como un diablillo con cuernos, y a los cariacontecidos trabajadores llevando su estado de ánimo en diminutos dedales.

---

78. Robert Wuthnow, *Learning to Care: Elementary Kindness in an Age of Indifference* [Aprender a cuidar: bondad elemental en un tiempo de indiferencia] (Nueva York: Oxford Univ. Press, 1995).

Su popularidad sugiere que muchos se identifican con este malestar laboral. Según este punto de vista, puesto que el jefe es un presuntuoso zopenco, y las políticas empresariales injustas, onerosas y ridículas, es normal que los empleados aprovechen cualquier oportunidad para holgazanear. La ética cristiana requiere un acercamiento completamente distinto a nuestros deberes. Si se esperaba que los esclavos cristianos trabajaran de todo corazón por reverencia al Señor, todos los cristianos hemos de hacer lo mismo independientemente de cuáles sean las circunstancias. La tentación puede ser realizar el trabajo para que se nos vea, o funcionar según la ley del mínimo esfuerzo. En contraste, el cristiano ha de trabajar de un modo sincero y entusiasta bajo toda circunstancia, puesto que todo lo que hacemos es para el Señor. Nos esforzamos en la confianza de que lo que hacemos no será inútil, sino algo que Dios tendrá en cuenta y llevará a una próspera culminación.

(2) Quienes están en una posición de control sobre los demás han de esforzarse siempre por preservar la dignidad, la equidad y el respeto, y no tratar a las personas como instrumentos desechables. La frecuente suposición de que el mundo de los negocios es un campo de batalla en el que los competidores libran una guerra atenta contra esta meta. Los empresarios no suelen honrar a los empleados como personas, sino que les tratan como meros subordinados. Algunos gerentes utilizan lo que alguien ha llamado una «filosofía de gestión My Lai.». La aldea vietnamita de My Lai fue destruida por la soldadesca norteamericana, y su población vilmente masacrada como parte del esfuerzo de guerra para «salvar» Vietnam. Algunos gerentes, de empresas e instituciones tanto seculares como religiosas, creen que han de destruirlas para salvarlas. No parecen dar ninguna importancia a la cuestión de la equidad o la justicia, ni preocuparse por los efectos que tienen sus tácticas de mano dura sobre quienes las sufren.

No obstante, aquellos que son cristianos han de sujetarse a normas diferentes. Quienes han de tomar decisiones administrativas que afectan a las vidas de otras personas han de tener muy presente el principio bíblico de que la medida con la que medimos es la que se nos aplicará a nosotros. Cuando estamos siempre esforzándonos en incrementar el saldo de ventas puede llevarnos a cruzar la línea de lo que es moral y justo.

Colosenses 4:2-18

Dedíquense a la oración: perseveren en ella con agradecimiento 3 y, al mismo tiempo, intercedan por nosotros a fin de que Dios nos abra las puertas para proclamar la palabra, el misterio de Cristo por el cual estoy preso. 4 Oren para que yo lo anuncie con claridad, como debo hacerlo. 5 Compórtense sabiamente con los que no creen en Cristo, aprovechando al máximo cada momento oportuno. 6 Que su conversación sea siempre amena y de buen gusto. Así sabrán cómo responder a cada uno. 7 Nuestro querido hermano Tíquico, fiel servidor y colaborador en el Señor, les contará en detalle cómo me va. 8 Lo envío a ustedes precisamente para que tengan noticias de nosotros, y así cobren ánimo. 9 Va con Onésimo, querido y fiel hermano, que es uno de ustedes. Ellos los pondrán al tanto de todo lo que sucede aquí. 10 Aristarco, mi compañero de cárcel, les manda saludos, como también Marcos, el primo de Bernabé. En cuanto a Marcos, ustedes ya han recibido instrucciones; si va a visitarlos, recíbanlo bien. 11 También los saluda Jesús, llamado el Justo. Éstos son los únicos judíos que colaboran conmigo en pro del reino de Dios, y me han sido de mucho consuelo. 12 Les manda saludos Epafras, que es uno de ustedes. Este siervo de Cristo Jesús está siempre luchando en oración por ustedes, para que, plenamente convencidos, se mantengan firmes, cumpliendo en todo la voluntad de Dios. 13 A mí me consta que él se preocupa mucho por ustedes y por los que están en Laodicea y en Hierápolis. 14 Los saludan Lucas, el querido médico, y Demas. 15 Saluden a los hermanos que están en Laodicea, como también a Ninfas y a la iglesia que se reúne en su casa. 16 Una vez que se les haya leído a ustedes esta carta, que se lea también en la iglesia de Laodicea, y ustedes lean la carta dirigida a esa iglesia. 17 Díganle a Arquipo que se ocupe de la tarea que recibió en el Señor, y que la lleve a cabo. 18 Yo, Pablo, escribo este saludo de mi puño y letra. Recuerden que estoy preso. Que la gracia sea con ustedes.

Sentido Original

Las instrucciones finales de 4:2–6 se dividen en dos unidades con dos imperativos: «Dedíquense a la oración» (4:2a) y, «compórtense [lit., anden] sabiamente con los que no creen en Cristo» (4:5). Ambos bloques tienen que ver con la obra misionera. Pablo quiere que los colosenses oren para que él encuentre una puerta abierta para predicar el Evangelio y también para que ellos mismos sepan aprovechar todas las oportunidades y responder a quienes les interpelen sobre su fe. Tanto el apóstol como los colosenses están bajo un sentido del «deber«: «para que yo lo anuncie con claridad, como debo [*dei*] hacerlo» (4:4); «como deben [*dei*] responder» (4:6; la NVI omite esta palabra).

En los saludos finales (4:7–18), Pablo introduce a los portadores de la carta, Tíquico y Onésimo (4:7–9), y manda saludos a la iglesia de parte de sus colaboradores (4:10–14). Después les pide que manden saludos a la iglesia de Laodicea y que intercambien las cartas que les ha mandado (4:15–17). Concluye el apóstol escribiendo los saludos de su puño y letra y pidiéndoles que se acuerden de sus cadenas (4:18).

Dedicarse a la oración (4:2–4)

El imperativo «dedíquense a la oración» es modificado por un participio («velando»; NIV «perseveren en ella») y una frase preposicional («con agradecimiento»). Con otro participio, Pablo les dirige a orar por él y sus colaboradores a fin de que el Señor abra una puerta delante de ellos.

La devoción a la oración nos lleva a recordar a los discípulos en los días posteriores a la resurrección (Hch 1:14; 2:42, 46; 6:4; ver también Ro 12:12; 1Ts 5:17). Implica una persistencia sin tregua.[1] La idea de «ser vigilante» podría estar relacionada con lo desconocido de la hora del regreso del Señor y el fin del mundo. Tal actitud impedirá que los colosenses sean tomados por sorpresa o desprevenidos (ver 1Ts 5:4–6). Sin embargo, lo más probable es que Pablo les esté advirtiendo sobre la dejadez espiritual para que puedan rechazar las tentaciones que podrían cernirse sobre ellos. Este mandamiento rememora las palabras de Jesús a sus discípulos en Getsemaní: «Quédense aquí y vigilen» «Vigilen y oren para que no caigan en tentación». (Mr 14:34, 38).[2] La oración vigilante aporta la fortaleza espiritual para mirar de frente a la tentación.[3]

Pablo sabe que depende de Dios y solicita la intercesión de los colosenses, del mismo modo que él ha orado sin cesar por ellos (1:9–11).[4] No les pide que oren por nada que vaya a reportarle algún beneficio personal a él; su visión sigue completamente fija en el llamamiento de su misión (1:25). Por consiguiente, les pide que oren para que Dios abra una «puerta para nuestro mensaje» (lit., «la puerta de la palabra»).[5] Este tipo de oportunidades existen aun en la cárcel. A los filipenses les dice que su encarcela-

---

1. Beare, «The Epistle to the Colossians» [La Epístola a los Colosenses], 230, cita como ejemplo la lucha cuerpo a cuerpo de Jacob con el ángel en Génesis 32:26.
2. Dunn, *The Epistles to the Colossians and to Philemon* [Las epístolas a los Colosenses y a Filemón], 262, sostiene que los relatos de Getsemaní serían probablemente «familiares en todas las iglesias cristianas antiguas».
3. El llamamiento a la gratitud aparece por toda la carta (1:2, 12; 2:7; 3:15, 17; 4:2).
4. Ver 2Co 1:10–11; Ef 6:19–20; Fil 1:19; 1Ts 5:25; 2Ts 3:1–2; Flm 22.
5. La imagen de una puerta abierta aparece en Hechos 14:27; 1Co 16:8–9; 2Co 2:12; Ap 3:8.

miento ha ayudado al avance del Evangelio. Las noticias de que el apóstol está encarcelado por la causa de Cristo han llegado a toda la guardia de palacio, y sus cadenas han dado una milagrosa confianza a los creyentes de manera que éstos «se han atrevido a anunciar sin temor la palabra de Dios» (Fil 1:12–14).[6]

Pablo no teme al encarcelamiento (ver Hch 21:23–24), aunque la posibilidad de su liberación (ver Filemón 22) es importante para él porque le abrirá oportunidades misioneras ilimitadas. Su petición puede así ser paralela a la de 2 Tesalonicenses 3:1–2: «Por último, hermanos, oren por nosotros para que el mensaje del Señor se difunda rápidamente y se le reciba con honor, tal como sucedió entre ustedes. Oren además para que seamos librados de personas perversas y malvadas, porque no todos tienen fe». Según una observación de MacLeod, es posible que Dios respondiera a la oración de un modo distinto del que Pablo esperaba: «Las cartas que el apóstol escribió desde la cárcel son Sagradas Escrituras y, hasta el día de hoy, éstas han encendido incontables llamas de devoción cristiana».[7]

Pablo alude de nuevo al contenido de su mensaje como «el misterio de Cristo» (4:3; cf. 1:26, 27; 2:2), a saber, que el propósito de Dios es reconciliar al mundo por medio de Cristo y acoger en él a los gentiles.[8] Predicar el Evangelio no siempre sirve para ganar amigos e influir a las personas. Puede también suscitar una enorme hostilidad y esta animosidad es precisamente lo que ha provocado su encarcelamiento actual. Por regla general, Pablo acota las referencias a sus cadenas con algún comentario acerca de su compromiso con el Evangelio (ver Fil 1:7, 12; Flm 13). Esto notifica sutilmente a sus lectores que la proclamación del misterio de Cristo crucificado abrirá más probablemente la puerta de una cárcel que la del éxito económico y social (ver 1:24).[9] Los comentarios expresados en 2 Timoteo 2:8–9 van en esta dirección:

---

6. No obstante, su petición a Filemón, «Además de eso, prepárame alojamiento, porque espero que Dios les conceda el tenerme otra vez con ustedes en respuesta a sus oraciones» (Flm 22), sugiere que posiblemente esperaba también su liberación (ver Hch 12:5–19).

7. MacLeod, «The Epistle to the Colossians» [La Epístola a los Colosenses], 231.

8. Lightfoot, *Saint Paul's Epistles to the Colossians and to Philemon* [Las epístolas de San Pablo a los Colosenses y a Filemón], 231, sostiene que el misterio de Cristo a la admisión de los gentiles es lo que provocó la oposición de los judíos: «El apóstol dio con sus huesos en la cárcel, puesto que luchaba por la libertad de los gentiles, y ofendía de este modo los prejuicios de los judíos». Ver Ef 3:1, «prisionero de Cristo Jesús por el bien de ustedes los gentiles».

9. Markus Bockmuehl, «A Note on the Text of Colossians 4:3» [Una nota sobre el texto de Colosenses 4:3], *JTS* 39 (1988): 489–94, ofrece un atractivo argumento para leer *dio kai* en 4:3 («como de hecho») en lugar de *di ho kai* («por el cual» o «a causa del cual»). Bockmuehl traduce 4:3–5 del siguiente modo: «Y orad para que Dios nos abra

No dejes de recordar a Jesucristo, descendiente de David, levantado de entre los muertos. Este es mi evangelio, por el que sufro al extremo de llevar cadenas como un criminal. Pero la palabra de Dios no está encadenada.

Los últimos versículos del libro de los Hechos (28:30-31) confirman estas palabras. Pablo permanecía bajo arresto domiciliario, pero el Evangelio se proclamaba «sin obstáculos» (NVI, «sin impedimentos»).

La traducción de la NIV, «Oren para que yo lo anuncie con claridad» (Col 4:4), sugiere que Pablo tiene la responsabilidad de proclamar la palabra de manera que las personas no malinterpreten el mensaje, es decir, que éste sea claro para todos. Esta traducción podría inducir al error, puesto que algunos permanecerán ciegos a la verdad por muy clara o sencillamente que ésta sea proclamada. Éstos entienden erróneamente o malinterpretan el mensaje de manera deliberada. El verbo «proclamar» (*phaneroo*, «hacer manifiesto») solo quiere decir que Pablo anuncie este misterio revelado en Cristo de un modo inteligible. La expresión «como debo hacerlo» alude a la adecuación del mensaje a los receptores, pero implica también un sentido de lo que es moralmente correcto. Una mejor traducción puede ser: «como estoy obligado a hacer». Pablo está más atado por su comisión a predicar el Evangelio (1Co 9:16–23) que por sus cadenas.

Ser sabio para alcanzar a los no creyentes (4:5–6)

El imperativo siguiente aconseja a los colosenses sobre cómo han de proceder hacia quienes están fuera de sus círculos en la vida diaria. Como minoría en un entorno hostil, los cristianos estaban preocupados por las impresiones que causaban a sus vecinos. No estaban resentidos por el rechazo de su sociedad. Creían que «en él, que es la cabeza de todo poder y autoridad, [habían] recibido esa plenitud» (2:10), y ello les llevaba a ver a los paganos que les rodeaban como personas «que se encontraban fuera», ajenos al reino de Dios (ver Mr 4:11; 1Co 5:12–13; 1Ts 4:12; 1Ti 3:7).[10] Este punto de vista teológico puede ser peligroso si conduce a un falso sentido de privilegio que cierra la puerta a los que no son creyentes en lugar de abrirles las puertas de par en par. Los colosenses comparten la misma responsabilidad de evangelizar a los no creyentes que los misioneros iti-

---

una oportunidad para la proclamación, de modo que podamos seguir predicando el misterio de Cristo. Ya que he sido encarcelado precisamente por eso, para poder manifestarlo, como de hecho estoy obligado a hacer» (492). Bockmuehl sostiene que Pablo ve una conexión intrínseca entre su encarcelamiento y su manifestación apostólica del misterio. En Filipenses 1:12–14, sus cadenas se han convertido en un visible testimonio de Cristo (cf. Ef 4:1; 6:20).

10. Beare, «The Epistle to the Colossians» [La Epístola a los Colosenses], 231–32.

nerantes. Han de mezclar sabiduría (1:9, 28; 2:3; 3:16; ver Ef 4:5) con un sentido de temeraria urgencia que agota todas las oportunidades de alcanzar a los no creyentes.[11]

Pablo no quiere que los colosenses tengan temor, se sientan amenazados, o se aíslen. Quiere que hablen abiertamente con los demás y menciona tres características que han de gobernar sus palabras. (1) Sus palabras han de estar siempre impregnadas de gracia.[12] La cortesía y la gracia pueden vencer los recelos de nuestros semejantes y hacerlos más receptivos al mensaje. El lenguaje dirigido por la gracia establece un marcado contraste con los pecados verbales que se enumeran en 3:8–9 y la engreída arrogancia de los oponentes que pretenden denigrar la fe de los cristianos.[13]

(2) El lenguaje de los colosenses ha de ser sazonado con sal. En español, decir que alguien es salado suele aludir a que tal persona es graciosa, aguda o chistosa, y a menudo esto incluye el uso de recursos humorísticos profanos, pero evidentemente este no es el sentido que Pablo le da a esta palabra. La frase «sazonada con sal» se utilizaba para referirse a un lenguaje ingenioso, entretenido, inteligente y divertido.[14] Esta manera de hablar impedirá que se les ignore como aguafiestas irrelevantes.

(3) Puesto que los creyentes viven en un contexto hostil, han de tener respuestas para quienes ponen en tela de juicio su fe o tienen curiosidad por conocerla (ver 1P 3:15–16). Para ello han de estar bien fundamentados en la fe (Col 1:9–10; 4:12).

---

11. El verbo que se traduce como «aprovechando al máximo» (*exagorazomai*) significa «comprar la parte» o «comprar todas las existencias.» Ver R.M. Pope, «Studies in Pauline Vocabulary: Of Redeeming the Time» [Estudios sobre el vocabulario paulino: redimir el tiempo], *ExpTim* 22 (1910–11): 552–54. La frase «momento oportuno» traduce el término *kairos*. Los creyentes han de comprar el tiempo como decididos buscadores de gangas, a fin de que las oportunidades no se les escapen. El pasaje paralelo de Ef 5:16, «aprovechando al máximo cada momento oportuno», nos da la razón para tal actitud, a saber, «los días son malos». Puede que esta sea la idea que subyace también aquí. El presente ha caído bajo el dominio del mal y ha de ser rescatado con urgencia.

12. La traducción de la NVI, «conversación» (lit., «palabra»), puede transmitirnos la idea de conversación privada, sin embargo Pablo tiene también en mente nuestra proclamación pública («palabra» alude de nuevo a «mensaje» [lit., «palabra»] en 4:3).

13. El discurso de Pablo en el Areópago de Atenas proporciona un buen ejemplo (Hch 17:22–31).

14. El pasaje paralelo de Ef 4:29 respalda la posibilidad de que la sal pueda tener una función purificadora: «Eviten toda conversación obscena. Por el contrario, que sus palabras contribuyan a la necesaria edificación y sean de bendición para quienes escuchan».

Introducción de los portadores de la carta: Tíquico y Onésimo (4:7–9)

La enumeración que en sus cartas hace Pablo de sus colaboradores pone de relieve varias cosas sobre su ministerio. (1) Era «un trabajo de equipo».[15] Posiblemente, Pablo no hubiera podido hacer todo lo que hizo sin la ayuda y el apoyo de otras personas, y no tienen ningún reparo en reconocer a tales colaboradores y darles las gracias. Es muy sorprendente que a dos de las personas que aparecen en la lista, Lucas y Marcos, se les considera los autores de dos de los Evangelios (ver 2Ti 4:11; Flm 24).

(2) Pablo inspiraba amor y lealtad, y cualquier imagen de él como persona solitaria controvertida y amargada es errónea. Dunn hace la interesante observación de que las personas impulsadas por una «ardiente convicción y sentido de trascendencia» son a menudo «compañeros incómodos». Es posible que muchos alberguen la sospecha de que Pablo era este tipo de persona. Sin embargo, la larga enumeración de colaboradores que presenta Pablo sugiere que el apóstol «era evidentemente capaz tanto de mantener un buen equilibrio como de inspirar en otros una enorme lealtad y compromiso».[16] Rapske muestra que, permaneciendo junto al apóstol, estos colaboradores arriesgaron su seguridad personal. Hubieron de hacer frente al peligro de ser intimidados por los rudos personajes a quienes se les encomendaba la custodia de los prisioneros, de vincularse estrechamente a alguien considerado una amenaza para la seguridad nacional, y de ser traicionados por los espías de la cárcel.[17] Su presencia física y ayuda habrían animado emocional y espiritualmente al apóstol durante los oscuros días de su reclusión y la larga espera de su sentencia.

(3) Los primeros cristianos dependían mucho de una red de amigos. Sin el apoyo de colaboradores y compañeros de todo el mundo, los cristianos nunca hubieran conseguido llevar el Evangelio más allá de las fronteras nacionales. Todos los cristianos necesitan una comunidad de amigos y colaboradores. El mantenimiento de estas redes por todo el Imperio requería una costosa inversión de tiempo y medios en peligrosos viajes. La variedad de colaboradores enumerados por Pablo —un esclavo, un médico, judíos («de la circuncisión»), y gentiles— muestra que el Evangelio llegó a todas las esferas de la vida para alistar a misioneros comprometidos. Para los colosenses, la enumeración de nombres muestra que la interpretación que hace Pablo del Evangelio no es idiosincrásica. Otras personas (inclui-

---

15. Dunn, *The Epistles to the Colossians and to Philemon* [Las epístolas a los Colosenses y a Filemón], 271.
16. Ibíd., 264.
17. Bruce M. Rapske, «The Importance of Helpers to the Imprisoned Paul in the Book of Acts» [La importancia de los ayudantes para el Pablo encarcelado en el Libro de los Hechos], *TynB* 42 (1991): 1–28.

dos los de la circuncisión) sostienen el mismo Evangelio y trabajan con él para promoverlo.[18]

Tíquico, como portador de la carta, es el primer colaborador que se menciona (ver Ef 6:21–22). Aparece en Hechos 20:4 junto a Trófimo, como nativo de la provincia de Asia.[19] Se le menciona de nuevo en 2 Timoteo 4:12, «A Tíquico lo mandé a Éfeso», y en Tito 3:12, «tan pronto como te haya enviado a Artemas o a Tíquico, haz todo lo posible por ir a Nicópolis a verme, pues he decidido pasar allí el invierno». Puede que acompañara a Onésimo a su regreso, llevando una carta circular junto con la epístola a los Colosenses. Recibe la alabanza más elevada que un cristiano puede recibir: «Nuestro querido [lit., amado] hermano Tíquico, fiel servidor y colaborador en el Señor» (ver 1:7). Tíquico viene para animar a los colosenses con noticias de Pablo y su equipo (ver 2:2).

Es posible que Pablo considerara demasiado arriesgado divulgar en la carta alguna información sobre sus circunstancias que pudiera suponer algún peligro para el proceso judicial a que estaba sometido. De modo que transmite únicamente algunos detalles inocuos; Tíquico y Onésimo les contarán los pormenores de su situación.[20] Nos habría gustado que Pablo hubiera consignado más información sobre él en sus cartas de modo que también nosotros pudiéramos saber más de sus circunstancias, pero Pablo no era de los que pensaba que todo giraba a su alrededor. Por consiguiente, el apóstol no está muy predispuesto a contar cómo le van las cosas personalmente, a menos que sea algo directamente relacionado con cuestiones de la carta.

Pablo identifica a Onésimo simplemente como un «querido y fiel hermano» (cf. Flm 16) y como «uno de ustedes», sin mencionar ningún

---

18. Al enumerar todos estos nombres, Pablo no pretende dar respaldo a su ministerio a los colosenses, como algunos han argumentado. En 4:8, por ejemplo, Tíquico y Onésimo vienen a informar sobre cómo les va a Pablo y a sus amigos. Lo que se subraya no es la confirmación de estos colaboradores sino el consuelo que los colosenses reciben con sus noticias.

19. Puesto que los acusadores de Pablo identifican a Trófimo como el gentil que el apóstol introdujo ilegalmente en la zona del templo (Hch 21:29), es posible que Tíquico hubiera también acompañado a Pablo a Jerusalén para entregar la recaudación. Lightfoot, *Saint Paul's Epistles to the Colossians and to Philemon* [Las epístolas de San Pablo a los Colosenses y a Filemón], 234, especula que Trófimo es «el hermano que se ha ganado el reconocimiento de todas las iglesias» a quien Pablo elogia en 2 Corintios 8:18.

20. Quienes creen que esta carta no es obra de Pablo han argumentado que la expresión de 4:7, *ta kat'eme* («les contará en detalle cómo me va»), alude a «información relativa a la posición e importancia del apóstol» (Pokorný, *Colossians* [Colosenses], 190). Pero esta misma expresión aparece en otros pasajes para referirse a su encarcelamiento y proceso legal (Hch 24:22; 25:14; Fil 1:12; ver Ef 6:21). Tíquico no visita Colosas para confirmar la autoridad de Pablo, sino para dar noticias sobre su situación e impartir consuelo al respecto (4:9).

papel ministerial específico. No ofrece ninguna explicación de cómo había contactado con él. Solo podemos plantear conjeturas. ¿Es posible que la carta a Filemón hubiera sido ya redactada? Cuando Onésimo se convirtió, Pablo le envió a Filemón; Filemón accedió a la petición del apóstol y le envió de vuelta para que le ayudara; ¿puede ser que ahora Onésimo regresara de nuevo a casa? Si este panorama fuera correcto, cabría esperar que Pablo explicara por qué le enviaba de vuelta, como lo hizo con los filipenses cuando envió a Epafrodito (Fil 2:25–30). Pablo explica la razón de la visita de Tíquico pero no de la de Onésimo. Si Onésimo fuera un esclavo evadido que regresara a casa, la razón sería muy evidente. La carta a Filemón, de la que Onésimo es portador, completa el resto de la narración. Personalmente, me inclino a creer que ésta es la primera ocasión en que regresa a Colosas después de su huida y conversión.[21]

Onésimo no es todavía un «fiel servidor y colaborador» como Tíquico, pero sí un cristiano. Esta es su nueva identidad en Cristo, lo que le identifica no es ya ser esclavo de Filemón. En todo el Nuevo Testamento no se identifica específicamente a ningún individuo como esclavo de nadie excepto en el caso de Pablo que se llama a sí mismo esclavo de Cristo (Ro 1:1; Gá 1:10; Fil 1:1) o de Dios (Tit 1:1). Aun lo que se dice sobre Onésimo en la carta a Filemón es suficientemente ambiguo como para que algunos argumenten que éste no era de hecho esclavo de Filemón, sino que tenía algún otro tipo de relación con él (ver exposición al respecto en la introducción a Filemón). No se le describe como activo en el ministerio o como colaborador de Pablo, sino que tanto él como Tíquico son portadores de noticias.

Saludos de los colaboradores de Pablo (4:10–14)

A Aristarco se le menciona en Hechos 19:29 como a un macedonio de Tesalónica que arrostró con Pablo el alboroto de la multitud en Éfeso. También con Pablo viajó a Jerusalén (20:4, ¿en calidad de delegado de Tesalónica?) y después a Roma (27:2). Es posible que fuera uno de los otros prisioneros (27:1). Pablo le identifica aquí como a un «compañero de cárcel» (ver Ro 16:7). Este podría ser un título honorífico que utiliza una metáfora militar, «cautivo de Cristo», parecido a «colaborador» (1:7; 4:7) y «compañero de lucha» (Fil 2:25; Flm 2). En Filemón 23, Pablo aplica la

---

21. Calvino, *Commentaries on the Epistles of Paul the Apostle to the Philippians, Colossians and Thessalonians* [Comentarios a las epístolas del apóstol Pablo a los Filipenses, Colosenses y Tesalonicenses], 227, no piensa que se trate del mismo Onésimo que es esclavo de Filemón, «considerando que el nombre de un ladrón y fugitivo habría sido susceptible de oprobio». Calvino pierde de vista el asunto de la restauración de Onésimo. Scott, *The Epistles to the Colossians and to Philemon* [Las Epístolas a los Colosenses, a Filemón y a los Efesios], 87, va mejor encaminado al afirmar: «El apóstol le introduce simplemente igual que podría hacerlo con cualquier otro amigo cristiano de cuya honorabilidad no hay dudas».

expresión «compañero de cárcel» a Epafras (cf. Col 4:12), no a Aristarco. Si se tratara de un título honorario, ello podría explicar por qué Pablo lo aplica ora a uno de sus colaboradores, ora a otro.

Por otra parte, en 4:3, 18 Pablo se refiere a su cautividad actual de modo que uno da por sentado que el apóstol hace también referencia a un encarcelamiento real y actual de sus colaboradores. Podría ser que, voluntariamente, Aristarco y Epafras fueran turnándose para alojarse en el cuartel de Pablo y por ello compartieran también su cautividad, aunque no estuvieran acusados de ningún delito. Esta participación alterna en la cautividad de Pablo explicaría por qué el apóstol alude de esta manera a ellos.[22]

A Marcos se le identifica como «el primo de Bernabé», quien al parecer era un personaje bien conocido en la iglesia antigua, en especial para los gálatas (Gá 2:13) y los corintios (1Co 9:6). Esta relación probablemente añade relevancia a Marcos y hace factible que se trate del mismo Juan Marcos que encontramos en el libro de los Hechos (Hch 12:12, 25; 13:5, 13; 15:36–41; ver también 2Ti 4:11; Flm 24; 1P 5:13). De ser así, Onésimo no sería el único que habría cambiado para bien.[23] Marcos no es ya motivo de disputa (Hch 15:36–41), sino que se ha convertido en fuente de consuelo como colaborador. No conocemos el contenido de las «instrucciones» o de quién procedían. Las palabras de Pablo no indican que éste pretenda estar enviando a Marcos como controlando sus movimientos. Puede visitarles o no.

A Jesús, llamado el Justo, se le menciona junto con Aristarco y Marcos como «los únicos judíos» (lit., «de la circuncisión») entre sus compañeros de trabajo. No está muy claro quién encaja en esta categoría ni cómo puntuar la frase.[24] Si significa que son los únicos judíos convertidos entre

---

22.   William M. Ramsay, *St. Paul the Traveller and Roman Citizen* [San Pablo el viajero y ciudadano romano], (Londres: Hodder y Stoughton, 1895) 311, 316, observó que a los reclusos respetables se les permitía gozar de los servicios de dos esclavos como ayudantes personales, y Aristarco y Epafras podrían haber desarrollado esta función durante su encarcelamiento. Brian Rapske, *The Book of Acts in Its First Century Setting. Volume 3. Paul in Roman Custody* [El Libro de los Hechos en su contexto del siglo primero. Volumen 3. Pablo bajo custodia romana], (Grand Rapids: Eerdmans, 1994), 374, pone en tela de juicio su lectura de las fuentes principales y el que los romanos hubieran tolerado tal ficción legal. Luciano, Sobre la muerte de Peregrino 12–13, se refiere a los cristianos que hacen grandes esfuerzos para apoyar a los creyentes encarcelados, llevándoles comidas, leyéndoles sus libros sagrados, y sobornando a los guardias para poder dormir dentro con el prisionero.

23.   Dunn, *The Epistles to the Colossians and to Philemon* [Las epístolas a los Colosenses y a Filemón], 276, cree que Marcos fue «uno de los pocos personajes que actuaron efectivamente como puentes entre las distintas corrientes de la temprana misión cristiana (siendo quizá una de las víctimas de los desacuerdos más tempranos)».

24.   El nombre de Jesús, llamado el Justo, refleja la tendencia de los judíos con nombres semíticos a tener un segundo nombre griego o latino (ver Hch 1:23; 13:9; 18:7).

sus colaboradores, ello parecería excluir a Timoteo, coautor de la carta. Posiblemente la expresión «de la circuncisión» se refiere al partido de la circuncisión (ver Hch 10:45; 11:2; Gá 2:12) y significa que son los únicos de este grupo que le han sido de consuelo. Si alude a estos tres como judíos, podría ser un lamento (ver Ro 9:1–3), es decir, son los únicos. No obstante, en el contexto de la oposición judía en Colosas, lo más probable es que Pablo quiera recordarles que algunos judíos, a quienes conocen de manera personal o indirecta, han estado dispuestos a renunciar a sus derechos religiosos por causa del Evangelio donde no hay judío ni griego, circuncisión o incircuncisión. Éstos le ayudan también en su misión entre los gentiles.

A Epafras, como a Onésimo, se le identifica como «uno de ustedes». Pablo le otorga también el título de «siervo de Cristo Jesús», un título que utiliza para sí mismo en Romanos 1:1 y Filipenses 1:1 (donde incluye también a Timoteo). En nuestro lenguaje, el término «siervo» connota un servicio voluntario, sin embargo, el sentido de la palabra griega *doulos* se transmite mejor con el término «esclavo». Ser «esclavo de Cristo» significa que todas nuestras posesiones, aspiraciones y tiempo le pertenecen totalmente. Cristo es su propietario y, por consiguiente, el servicio de Epafras no se limita únicamente a aquellas ocasiones en que le apetece servir o le sobra tiempo para hacerlo.

Pablo les recuerda de nuevo a los colosenses el vínculo de oración que existe entre los cristianos diciéndoles que Epafras «está siempre luchando en oración por ustedes». Si Epafras había fundado la congregación, no se olvidó de ella cuando abandonó la ciudad, sino que siguió orando por todos ellos, sufriendo quizá con el mismo tipo de preocupación por el bienestar de la iglesia que incomodaba a Pablo (2Co 11:28). Es posible que el verbo «luchar» (*agonizomai*) aluda a la lucha en oración de Cristo en Getsemaní (ver Lc 22:44), sin embargo, en 1:29 Pablo utiliza esta palabra para referirse sencillamente a su labor misionera (cf. 1Co 9:25; 1Ti 6:12; 2Ti 4:7). Pablo conecta la oración con la frase «se preocupa mucho por ustedes», y la metáfora de la lucha describe la oración como una lucha. Epafras no espera a que las situaciones lleguen a ser graves para entonces interceder por ellos; sus oraciones son constantes, día tras día (ver 2:1).[25]

---

25. La intensa preocupación de Epafras por los colosenses a que se hace referencia en (4:13) tiene relación con su trabajo por el Evangelio, no con su supuesta recaudación de fondos entre los cristianos ricos de Roma para paliar los desastrosos efectos del terrible terremoto, como algunos han especulado (ver 1:29–2:1). La mención de «Ustedes [...] los que están en Laodicea y en Hierápolis» es una enumeración de las ciudades en su orden geográfico desde el oeste de Colosas. Pablo omite la mención de Hierápolis en 2:1 (ver la variante textual) y 4:16. Es posible que las descripciones positivas de la comunidad de Colosas no se aplicaran a ellos, o que los vínculos entre Laodicea y Colosas fueran más estrechos.

La meta de Epafras para los creyentes colosenses no es distinta que la de Pablo: «que puedan mantenerse firmes maduros y con plena confianza en toda la voluntad de Dios» (4:12c, trad. lit.; ver 1:9–14; 2:2).[26] Esta oración encaja con nuestra reconstrucción de la situación de los colosenses. Desde fuera los oponentes están atacando la fe de los colosenses, y éstos han de mantenerse firmes. La «voluntad [*thelema*] de Dios» no se refiere aquí a lo que Dios quiere que hagan, sino al divino plan salvífico: «A éstos Dios se propuso [*ethelesen* en griego, «quiso»] dar a conocer cuál es la gloriosa riqueza de este misterio entre las naciones, que es Cristo en ustedes, la esperanza de gloria» (1:27; ver 1:9). Igual que Pablo, Epafras quiere también que los colosenses estén más firmes en su comprensión de todo lo que Dios ha hecho en Cristo de modo que no sean presa fácil de las falsas doctrinas que tienen una «apariencia de sabiduría» (2:23).

Los saludos de Lucas y Demas se consignan en último lugar, y Pablo no menciona sus tareas misioneras específicas. A Lucas se le identifica solo como «el médico amado» (nrsv).[27] A Demas únicamente se le menciona, sin ningún elogio, lo cual podría insinuar una incipiente actitud conducente a su futuro abandono de Pablo (2Ti 4:10). No demostró ser fiel en Cristo. No tenemos información sobre las razones de su deserción o de lo que sucedió a continuación.

Saludos a otros cristianos de la zona (4:15–17)

En esta carta Pablo extiende también sus saludos a los cristianos de Laodicea y especialmente a la iglesia que se reúne en casa de Ninfas (4:15).[28]

---

26. La traducción de la NIV coloca las palabras «maduros» y «plenamente establecidos» después de la frase preposicional «en toda la voluntad de Dios», pero en el griego aparecen antes de ella (La NVI construye la frase de un modo ligeramente distinto, pero mantiene el orden del texto griego: «para que, plenamente convencidos, se mantengan firmes, cumpliendo en todo la voluntad de Dios». N. del T.). Pablo aplica a Abraham el verbo *plerophoreo* con el sentido de «completamente seguro», «completamente convencido», «cierto» en Ro 4:21, afirmando que estaba «plenamente convencido de que Dios tenía poder para cumplir lo que había prometido». Ver también Ro 14:5: «Cada uno debe estar firme en sus propias opiniones».

27. Lightfoot, *Saint Paul's Epistles to the Colossians and to Philemon* [Las epístolas de San Pablo a los Colosenses y a Filemón , 241–42, sostiene que el primer pasaje en primera persona del plural del libro de los Hechos (16:10) describe los acontecimientos del tiempo de la dolencia de Pablo mencionada en Gá 4:13–14. Lightfoot deduce de este hecho que Lucas podría haberse unido a Pablo «profesionalmente». Lohse, *Colossians and Philemon* [Colosenses y Filemón], 174, n. 41, descarta de plano esta especulación.

28. En el siglo primero las iglesias no tenían edificios especiales para sus reuniones y los cristianos se congregaban en casas, patios, o terrazas de alguno de los miembros que fuera lo suficientemente grande para albergar al grupo (ver Hch 12:12; 16:40; Ro 16:3–5, 23; 1Co 16:19; Flm 2).

En griego, si al acusativo *Nimfan* se le pone un acento circunflejo en la última sílaba, el nombre sería masculino (de *Nymfas*). Con un acento agudo sobre la primera sílaba, sería femenino (de *Nymfa*). En los textos originales y en los más antiguos no se utilizaban signos de acentuación, de manera que la clave para decidir el género del nombre es el pronombre personal que modifica a la casa, sin embargo el texto se ve afectado por tres variantes. En algunos textos se lee «su (de él)», en otros «su (de ella)», y están también los que tienen «su (de ellos)», lo cual incluiría a los «hermanos».

La lectura femenina es la que explica mejor cómo podrían haberse desarrollado las demás.[29] Es más verosímil que algunos escribas de un periodo posterior consideraran imposible que Pablo hablara de una iglesia congregada en casa de una mujer (lo cual implicaría cierto liderazgo por su parte) que pensar que éstos confundieron la casa de un hombre por la de una mujer. Éstos sabrían que el padre de familia ofrecía mucho más que un simple espacio físico para que la iglesia se reuniera, y por ello alteraron el texto. La referencia a que la iglesia se reunía «en su casa [de ella]» no alude a este hecho como una circunstancia poco común o algo digno de especial comentario. Es probable que se tratara de una mujer soltera o viuda. En el mundo antiguo, cualquiera de estos dos estados le habría dado más independencia y flexibilidad como cabeza de su familia que si estuviera casada y bajo la autoridad legal de un marido.

Los saludos asumen que los colosenses se desplazarán a Laodicea con su carta y recogerán una copia de la que les ha sido enviado a ellos (4:16). Sin embargo, la referencia de esta carta a Laodicea plantea un intrigante rompecabezas: ¿Quién la escribió? ¿Qué sucedió con ella?

Pablo no dice que la carta vaya dirigida «a» Laodicea (como traducen algunas versiones, entre ellas la NVI. N. del T.), sino que fue redactada «desde» (*ek*) esta ciudad. Algunos sostienen que fue escrita por los laodicenses a Pablo, a la iglesia de Colosas, o a Epafras.[30] Otros sugieren que se trata de una carta escrita por Epafras.[31] Teniendo en cuenta que Pablo conoce la existencia de la carta y está en condiciones de decidir quiénes

---

29. Uno de los principios esenciales de la crítica textual con respecto a las lecturas variantes es adoptar la lectura que mejor explica cómo pudieron desarrollarse las demás.

30. La falsa carta a los Laodicenses formada con retazos de expresiones paulinas (que hoy existe solo en latín) apareció a partir del siglo IV y produjo daño en las iglesias. Lightfoot, *Saint Paul's Epistles to the Colossians and to Philemon* [Las epístolas de San Pablo a los Colosenses y Filemón], 275, reconoció, correctamente, que los motivos que subyacen tras la interpretación de que la carta en cuestión sea de los laodicenses están relacionados con el deseo de debilitar el apoyo de esta carta apócrifa sin tener que argumentar que una carta escrita por Pablo se había perdido.

31. C. P. Anderson, «Who Wrote 'The Epistle from Laodicea'?» [¿Quién escribió 'la Epístola de Laodicea'?] *JBL* 85 (1966): 436–40.

han de leerla, podemos asumir con seguridad que fue el apóstol quien la escribió. La expresión «la carta de (desde) Laodicea» refleja un estilo epistolar que contempla las cosas desde la perspectiva de los colosenses.[32]

Si esta referencia no es la añagaza de algún falsificador que redactó Colosenses para explicar la súbita aparición de la carta, se han propuesto tres candidatas de entre las epístolas canónicas para identificar esta carta desconocida: Hebreos, Filemón y Efesios.[33] Esta carta hubiera podido perderse mucho antes de que las cartas de Pablo fueran recopiladas, destruirse en el terremoto que se produjo entre los años 61–62 d.C., o ser olvidada por una iglesia «tibia». Si esto es lo que sucedió, surgen algunas preguntas: ¿Cuántas más de las cartas de Pablo se perdieron? ¿Por qué se habría perdido la Carta a los Laodicenses, si se produjo un intercambio, en el que la carta compañera de Colosenses no se extravió?

El argumento de Lightfoot en el sentido de que la carta en cuestión era la canónica Efesios sigue siendo digno de consideración.[34] Efesios era una carta circular sin saludos específicos o consejos personalizados para un trasfondo específico.[35] Tíquico era portador de una copia de la carta a las iglesias del valle del Lico; la referencia a él que se consigna en Efesios 6:21–22 coincide casi exactamente con la de Colosenses 4:7–8. El apóstol planeaba visitar Colosas después de Laodicea. Llevaba también con él a Onésimo y la carta especial dirigida a Filemón. Al parecer, Pablo no pensaba que la carta circular con sus consideraciones más generales y su lenguaje poético fuera adecuada para resolver las cuestiones planteadas en 2:8–23, ni que las cuestiones tratadas en la carta a los Colosenses fueran adecuadas para una carta circular. Por consiguiente, Pablo escribió una carta distinta a los colosenses para que pudieran hacer frente a sus problemas específicos.[36]

---

32. Dunn, *The Epistles to the Colossians and to Philemon* [Las epístolas a los Colosenses y a Filemón], 287.

33. Filemón es una carta hasta cierto punto privada. Lightfoot, *Saint Paul's Epistles to the Colossians and to Philemon* [Las epístolas de San Pablo a los Colosenses y Filemón], tiene razón: «La demanda de publicación habría anulado de un plumazo el tacto y la delicadeza de la súplica del apóstol a favor de Onésimo».

34. Lightfoot, *Saint Paul's Epistles to the Colossians and to Philemon* [Las epístolas de San Pablo a los Colosenses y Filemón], 244; 272–300. J. P. Rutherford, «St. Paul's Epistle to the Laodiceans» [La epístola de San de Pablo a los Laodicenses], *ExpTim* 19 (1907–8): 311–14. Marción fue el primero en establecer esta conexión dándole a nuestra canónica Efesios el título «A los Laodicenses» en su Canon apostólico. Es posible que no tenga otra base histórica para dicha conexión aparte de la conjetura de que su copia de Efesios careciera de dirección de destino.

35. Es posible que la ausencia de saludos explique la petición de Pablo a los colosenses para que estos transmitan sus saludos.

36. Wright, *Colossians and Philemon* [Colosenses y Filemón], 161, razona que «'Efesios' podría verse como si el autor diera un paso atrás, por así decirlo, desde Colosenses y contemplara en adoración las grandes verdades que ha estado subrayando. (De

Aunque Pablo dirigió sus cartas a situaciones específicas, es evidente que su intención era que sus cartas tuvieran una circulación más amplia.

Pablo concluye sus saludos con un críptico comentario sobre el ministerio de Arquipo: «Díganle a Arquipo que se ocupe de la tarea que recibió en el Señor, y que la lleve a cabo» (4:17). ¿Cómo hemos de considerar esta frase, como una advertencia (cf. la expresión de 1Co 16:10) o como una palabra de ánimo y apoyo? En la construcción original, el encargo de Pablo a su colaborador en 2 Timoteo 4:5, «cumple con los deberes de tu ministerio», se parece mucho a esta frase de Colosenses. En el caso de Timoteo, se trata de «la evangelización». Este paralelismo hace más probable que la intención de Pablo con esta exhortación sea recordar a Arquipo sus responsabilidades de un modo muy positivo.

La naturaleza del trabajo (lit., «ministerio») de Arquipo es algo que solo podemos conjeturar, sin embargo la expresión es paralela a lo que Pablo utiliza acerca de sí mismo en 1:25. Pablo escribe: «de ésta [la iglesia] llegué a ser servidor [*diakonos*] según el plan que Dios me encomendó para ustedes: el dar cumplimiento a la palabra de Dios» (lit., «dado a mí para ustedes para cumplir [infinitivo aoristo de *pleroo*], la palabra de Dios»). De manera similar, Arquipo ha recibido en el Señor un ministerio (*diakonia*) para que lo «cumpla» (presente de subjuntivo de *pleroo*).[37] Solo nos es posible suponer lo que era sin embargo hemos de observar que «a todo el cuerpo de creyentes en Colosas se les pide que compartan la responsabilidad de su ejecución».[38] En esta comunidad, ministerio y autoridad son obligaciones compartidas (3:16).

Saludo final del puño y letra de Pablo (4:18)

Pablo firma su carta con una última y escueta petición de que recuerden que está «preso.» Normalmente el apóstol dictaba sus cartas, sin embargo tomaba la pluma para consignar el último saludo. Es posible que su breve

---

manera inversa, Colosenses podría verse, claro está, como una versión centrada de un modo más específica en ciertos temas de 'Efesios')». Muchos eruditos asumen que Efesios se redactó más tarde que Colosenses. Dejando aparte la cuestión de la paternidad literaria, Ernest Best, «Who Used Whom? The Relationship of Ephesians and Colossians» [¿Quién utilizó a quién? La relación entre Efesios y Colosenses], *NTS* 43 (1997): 72–96, muestra que ambas cartas se escribieron a la vez, o en periodo muy cercano.

37.   Algunos interpretan dicho ministerio como algo relacionado con Onésimo. Arquipo es el propietario de Onésimo, y Pablo le pide en una carta comunitaria que acceda a su petición con respecto a Onésimo, sometiéndole a la influencia de una presión pública. Véase la exposición al respecto en Filemón.

38.   Beare, «The Epistle to the Colossians» [La Epístola a los Colosenses], 240.

bendición aluda a las dificultades de escribir con las muñecas atadas por unas esposas o grillos.[39]

Su petición de que recuerden sus cadenas no es una triste invocación de compasión por parte de un apóstol apesadumbrado y descorazonado. Lo que solicita no es conmiseración. El apóstol está contento de poder sufrir por Cristo (1:24) y sus cadenas son las del Evangelio (Flm 13). Es mejor considerar este llamamiento como una nota de ánimo para aquellos que puedan también sufrir persecución por su fe así como otra petición de apoyo en oración. Teodoro de Mopsuestia lo interpretó en este sentido: «Sigan mi ejemplo y no se avergüencen de sufrir por la verdad».[40] Seguir el ejemplo de Pablo requiere algo más que un «compromiso» poco entusiasta con el Evangelio. La propia carta se convierte en un medio por el que los creyentes pueden ver y experimentar la Gracia de Dios aun cuando las cosas se hagan difíciles.

Construyendo Puentes

Resulta tentador ignorar los saludos y bendición finales de las cartas de Pablo considerando la serie de nombres como un epílogo insignificante tras el sustancioso material teológico que encontramos en el cuerpo. Sin embargo, en estos pasajes se nos da una instantánea del cuarto de máquinas del Nuevo Testamento, con la mención de aquellos que están desarrollando una serie de tareas en distintos lugares del campo misionero. Estas pizcas de información que nos llegan con los nombres son muy tentadoras, y deberíamos tener cuidado de no llevar demasiado lejos el contenido de las referencias y abstenernos de plantear imaginativas teorías escasamente sustanciadas por la evidencia. Existe el peligro de desarrollar románticas reconstrucciones a partir de las breves alusiones, y puede que yo haya caído en ello al identificar la carta a los Laodicenses con nuestra epístola a los Efesios. Hemos de tener cuidado de no quedarnos atrapados en la telaraña de nuestros barruntos históricos, pasando por alto los indicios de carácter teológico y práctico que nos ofrecen estos saludos finales.

Significado Contemporáneo

Las palabras finales de Pablo muestran su vigorosa preocupación por el avance del Evangelio en todo el mundo. El apóstol no

---

39. Dunn, *The Epistles to the Colossians and to Philemon* [Las epístolas a los Colosenses y a Filemón], 290, sugiere que las palabras son pocas porque «fueron redactadas en una situación bastante difícil, de modo que solo pudo consignarse una bendición muy esencial».

40. Observación de Beare, «The Epistle to the Colossians» [La Epístola a los Colosenses], 241.

les pide que oren por su liberación, sino para que su obra pueda ser aún más efectiva. No sabemos cómo respondió Dios a tales oraciones, pero lo que sí está claro es que su encarcelamiento forzó a Pablo a escribir unas cartas que han bendecido a muchas más vidas de las que hubiera podido alcanzar de haber tenido la libertad de hablar en persona.

Directrices para el avance del Evangelio. La exhortación y saludos finales de Pablo tienen relevancia contemporánea para el progreso del Evangelio en el mundo y la extensión de nuestro testimonio del misterio de Dios revelado en Cristo. E. D. Martin observa que Pablo no les pide que oren para que Dios «salve a los perdidos», sino para que se abran «nuevas oportunidades» de dar testimonio.[41] Pablo da directrices para sacar el máximo partido de tales ocasiones.

(1) Orar de todo corazón. Una nueva técnica para incrementar la eficacia en la fabricación de automóviles consiste en ir produciendo los materiales a medida que se van necesitando. Es posible que esta táctica funcione en el ámbito de la industria, pero no procede cuando se trata de la oración. Si esperamos que nuestra vida de oración tenga algún efecto en nuestras vidas y en nuestro mundo, ésta no puede ser esporádica o improvisada. No podemos recurrir solo a la oración cuando creemos necesitarla; hemos de dedicarnos a ella de un modo sistemático (ver Hch 1:14; 6:4; Ro 12:12).

La oración requiere seria disciplina. Pablo describe la infatigable oración de Epafras por los colosenses como algo parecido a un combate de lucha (Col 4:12). Epafras oraba por ellos con toda su fuerza, dándolo todo en ella. Si los cristianos oraran con el mismo celo que exhiben algunas personas para mantenerse en forma y vivir vidas más largas y saludables, verían distintos resultados en la vida y testimonio de su iglesia. El himno de William Cowper expresa con claridad este concepto:

Y Satanás tiembla cuando ve
de rodillas al más débil de los santos.

Una iglesia de una zona rural de los Estados Unidos ha experimentado un fenomenal crecimiento cuantitativo y cualitativo, que los creyentes atribuyen al Espíritu Santo y a su ministerio de oración. El co-pastor dice: «Dios está haciendo cosas increíbles en Buck Run porque su pueblo se atreve a abrir el canal para que fluya el poder del Espíritu [...] están pagando el precio en oración».[42]

---

41. E.D. Martin, *Colossians and Philemon* [Colosenses y Filemón], 198.
42. Thom S. Rainer, *Eating the Elephant* [Comer el elefante], (Nashville: Broadman & Holman, 1994), 115; un libro impactante sobre el efecto que la oración puede tener en una iglesia es *Fresh Wind, Fresh Fire* [Nuevo viento, nuevo fuego], de Jim Cymbala, (Grand Rapids: Zondervan, 1997).

(2) Cultivar un sentido de urgencia. La metáfora de «aprovechar el tiempo» implica que los creyentes han de capitalizar todas las oportunidades y utilizar al máximo cada momento. El éxito en la evangelización requiere un sentido de urgencia. Scott afirma: «Si los hombres han de ser ganados para Cristo antes de que él venga para el juicio han de serlo ahora».[43]

Lamentablemente, este sentido de urgencia se ha apagado. Con demasiada frecuencia hemos desperdiciado las oportunidades cuando han surgido. Alguien lo ha expresado diciendo que, mientras el mundo se ha multiplicado, la Iglesia solo ha conseguido «sumar», de hecho, en ocasiones «restar». Es posible que algunos miembros de las iglesias que han experimentando un decrecimiento en su membresía se pregunten a dónde han ido todas esas personas y estén preocupados por el declive. Pero no parecen preocuparse lo suficiente como para hacer algo al respecto. No se dan cuenta de que ello requiere una acción inmediata ni se sienten constreñidos a alcanzar a los no creyentes.

La parábola de Jesús del administrador astuto (Lc 16:1–8) es una ilustración de alguien que actuó con decisión cuando lo demandaba la urgencia del momento. Sorprendido por una desesperada situación que amenazaba con llevarle a una ruina completa, este administrador actuó con astucia y rapidez para asegurarse el sustento material. Cuando todo estaba en juego, lo arriesgó todo en una atrevida decisión. Este hombre representa el cuidado que ponen las personas mundanas para responder a sus crisis con presteza y osadía. Esta parábola plantea un contraste intencionado entre «los de este mundo» y «los que han recibido la luz.» Si las personas como el administrador de la parábola actúan con tanta sagacidad en un momento de crisis para proteger sus intereses personales, ¿acaso no deberían, quienes han recibido la luz, aprovechar cada ocasión y actuar con sagacidad en pro de sus intereses en el mundo futuro?

En Colosenses podemos aplicar la lección de la parábola de un modo ligeramente distinto. Otros («los de este mundo») han de enfrentar la crisis, y el tiempo es corto. Sin embargo, «los que han recibido la luz» se sientan indolentemente, mano sobre mano, como si quienes viven en la oscuridad tuvieran todo el tiempo del mundo para decidirse por Cristo. Si los cristianos sintieran la misma urgencia para alcanzar a otros con el Evangelio que la que tienen por conseguir su bienestar material, nuestras iglesias verían resultados sorprendentes.

---

43.   Scott, *The Epistles to the Colossians, to Philemon, and to the Ephesians* [Las epístolas a los Colosenses, a Filemón, y a los Efesios], 85.

(3) Actuar con sabiduría. Pablo insiste en que los colosenses han de actuar no solo en el momento oportuno, sino también de un modo correcto.[44] El mensaje de los cristianos es claro: Jesucristo encarna los buenos propósitos de Dios para la Creación. La Creación ha sucumbido y es esclava de los poderes satánicos y la pecaminosidad humana, sin embargo la muerte de Cristo en la Cruz derrotó a estos poderes y liquidó la deuda del pecado. Dios le resucitó de entre los muertos y le exaltó, y ahora, por medio de él, la salvación está al alcance de todo ser humano. Sin embargo, en ocasiones las personas escuchan nuestro mensaje más con los ojos que con los oídos. Su claridad se ve oscurecida por nuestra falta de sensibilidad, nuestro mal carácter, y nuestros desmanes. Pablo es muy consciente de que los no creyentes están observando lo que hacemos los cristianos, y el Nuevo Testamento nos advierte muchas veces sobre el peligro de desacreditar el Evangelio o confirmar los recelos de los no creyentes sobre el cristianismo con nuestra conducta (ver 1Co 10:32–11:1; 1Ts 4:11–12; 1Ti 3:7; 6:1; Tit 2:5; 1P 2:12, 15; 3:1).

En el mundo de Pablo, el cristianismo era una enseñanza nueva y distinta. En nuestro mundo de hoy, las naciones que en otro tiempo eran abrumadoramente cristianas tienen ahora una mayoría que afirman ser agnósticos, ateos, o seguidores de otra fe religiosa. El cristianismo se está convirtiendo cada vez más en una enseñanza desconocida y extraña. Muchos miran con escepticismo a los cristianos y su fe, y algunos escándalos ampliamente divulgados por los medios de comunicación en que se han visto implicados prominentes cristianos han sustanciado estas sospechas. Pokorný reconoce: «en el secularizado mundo de nuestro tiempo, cuando ser cristiano no es ya algo natural, la propia conducta cristiana adquiere de nuevo una función misionera».[45]

Causar una buena impresión no lo es todo, pero tampoco carece de importancia. El propósito de actuar con sabiduría no es meramente conseguir que quienes están fuera de los círculos cristianos tengan una buena opinión de nosotros, sino que ello ayude a ganarles para Dios. El mensaje del Evangelio ha de tener siempre el apoyo de una vida coherente de parte de los creyentes. La silenciosa fuerza de una vida justa consigue hablar con gran intensidad, y los evangelistas más productivos son los cristianos que viven diariamente su fe entre los que no creen. Puede hacer que quienes tienen dudas o se sienten indiferentes lleguen a ser más receptivos al mensaje verbal del amor de Dios. Puede llevarles a preguntarse por qué los cristianos viven como lo hacen, y la respuesta ha de señalar a Cristo.

---

44. E.D. Martin, *Colossians and Philemon* [Colosenses y Filemón], 200.
45. Pokorný, *Colossians* [Colosenses], 186–87.

Los cristianos han de presentar el Evangelio en todo momento, especialmente sin palabras.

(4) Ser generosos. La experiencia de la Gracia ha de hacernos benevolentes y generosos. Los cristianos han de contraer un inflexible y atrevido testimonio con la cortesía, la benevolencia, la bondad y el buen humor. Antes de poder hacer discípulos, hemos de ser capaces de hacer amigos y desarrollar un buen grado de entendimiento mutuo. Amos Starkadder, un personaje de la novela *Cold Comfort Farm*, es la caricatura de un hosco fanático religioso que nos sirve como un ejemplo perfecto de lo que no hemos de hacer si queremos alcanzar a otros. El siguiente diálogo recoge su filosofía de la predicación: «"Todos arderán en el infierno," añadió Amós, con un deje de satisfacción en su voz, "y te aseguro que mi boca lo proclamará"». Cuando su prima Flora quiere ir a oírle predicar a su pequeño rebaño de hermanos, Amós replica:

> «Sí […] puedes venir […] pobre, desdichada y rastrera pecadora. Quizás pienses escapar de los fuegos infernales si vienes conmigo, y te arrodillas y te estremeces. Pero te digo que no. Es demasiado tarde. Tú también arderás con los demás. Tendrás tiempo de nombrar tus pecados, pero nada más».

Cuando ella le pregunta si tendrá que confesar sus pecados en público, Amós le responde groseramente: «Sí, pero no esta noche. No, esta noche va a haber demasiada gente diciendo sus pecados en voz alta; el Señor no tendrá tiempo de escuchar a una oveja nueva como tú. Y quizás el Espíritu no se moverá en ti».[46] Probablemente no, donde hay esta clase de actitud. Amós comienza su sermón con burlas:

> «Ustedes, rastreros y desdichados gusanos, ¿están pues aquí de nuevo? ¿Han venido como Nimsi, hijo de Roboam, secretamente de sus condenadas casas para escuchar cuál será su suerte? ¿Han venido, viejos y jóvenes, enfermos y sanos, matronas y vírgenes (si es que hay alguna virgen entre ustedes, lo cual no es nada probable, teniendo en cuenta el impío estado en que se encuentra el mundo), ancianos y muchachos para escucharme hablar, oh, de las ingentes y crepitantes llamas de los fuegos infernales?»[47]

Es posible que este acercamiento sea «sazonado con sal», pero ¿dónde está la Gracia? Hacemos bien en recordar cómo eran las cosas cuando en

---

46. Stella Gibbons, *Cold Comfort Farm* (Nueva York: Penguin, 1994), 86. La novela fue llevada al cine como película en español en 1995 con el título *La hija de Robert Poste*.
47. Ibíd., 97–98.

otro tiempo estábamos alienados de Dios. ¿Qué es lo que necesitábamos oír? ¿Qué es lo que tocaba nuestros corazones? Si miráramos a quienes consideramos «pobres y desdichados pecadores» del mismo modo en que entendemos que Cristo nos miró cuando estábamos perdidos en la oscuridad de nuestro pecado nuestro acercamiento sería mucho más apropiado. Hemos de respetar a los demás y tratarles como seres humanos sensibles y reflexivos capaces de decidir por sí mismos. La clave está en sazonar nuestro testimonio con generosas dosis de las virtudes ordenadas en 3:12–17: compasión, bondad, humildad, mansedumbre, paciencia, amor, sabiduría y gratitud.

Por otra parte, podemos irnos al otro extremo de querer ser tan benevolentes que nunca compartimos el Evangelio con los demás. Esta actitud no es menos problemática. Algunos cristianos han desarrollado una posición tan hipersensible con respecto a ofender a los no cristianos que nunca les presentan su visión de la verdad de Dios de un modo claro y directo. Muchas personas nunca franquean la puerta de una iglesia porque jamás se les ha invitado. No mostramos compasión o amor si decidimos guardar un manso silencio y no compartir nunca la verdad sobre Cristo con quienes necesitan escucharla desesperadamente.

La incisiva reflexión de Helen Keller sobre su ceguera y sordera se parece mucho al modo en que se sienten muchos que no tienen limitaciones físicas para ver y oír:

> En ocasiones, cuando me siento sola y espero ante la puerta cerrada de la vida, es cierto, me envuelve un sentido de aislamiento como una niebla fría. Al otro lado hay luz, y música y dulce camaradería; pero yo no puedo entrar.[48]

La causa de su aislamiento eran ciertas barreras físicas. Puede que otros que tienen tanto vista como oído físicos sientan un aislamiento parecido inducido por su alienación espiritual de Dios. Para tales personas, los cristianos tienen buenas noticias. Cristo ha derribado las barreras del pecado que se elevan ante la presencia de Dios, aislándonos de los demás, y encarcelándonos en nuestro propio pequeño infierno. Cristo invita a cada ser humano a entrar en su luz y dulce compañerismo, pero lo hace a través de nosotros. Los cristianos no han de olvidar nunca que el propósito de la Gracia que se nos ha dado es que la pasemos a otros (ver Ef 3:2).

(5) Ser entusiastas (sazonados con sal). Muchos creen que la obediencia a Dios es algo «tedioso, aburrido y pesado»; y muchos creyentes «hacen su parte para confirmar esta actitud siendo tediosos, aburridos y pesados, sin

---

48.   Helen Keller, *The Story of My Life* [La historia de mi vida], (Nueva York: Grosset & Dunlap, 1905), 130.

sal ni aceite».[49] Las exposiciones del Evangelio tediosas, monótonas, deslucidas e insípidas han causado un daño incalculable a su causa. La piedad no es sinónimo de falta de imaginación. Las fórmulas monótonas y los discursos tópicos no expresan el entusiasmo del Evangelio. Éste ha de hacerse apetitoso con una sabrosa combinación de encanto e ingenio.

El peligro es que, en nuestros intentos de ser entretenidos, podemos irnos a un extremo. Las presentaciones animadas pueden ser tan vacías como los «buenos argumentos».[50] No deberíamos subrayar lo atractivo a expensas de comunicar lo esencial de la fe. El comentario de Scott sobre 4:6 ofrece una valiosa puntualización: «La sal con la que han de sazonar su forma de hablar no es la de las citas literarias y los epigramas, sino con el espíritu del Evangelio».[51] Todo aquello que no está de acuerdo con este espíritu debería evitarse.

Lo que las personas consideran «animado» depende por regla general de su trasfondo cultural. Puede que algunos encuentren desagradables ciertos estilos de oratoria o escritura, mientras que otros los consideran cautivadores. Independientemente del estilo que utilicemos, si hemos de comunicar con efectividad nuestro mensaje, éste habrá de estar «sazonado» con imágenes que conecten la verdad teológica con la vida cotidiana. Como saben la mayoría de los predicadores, por regla general, las personas recuerdan las ilustraciones, pero olvidan los detalles del argumento.

Jesús proporciona un clásico ejemplo de esta clase de «sal» en sus parábolas, expresando profundas verdades teológicas en sencillos relatos que han capturado la imaginación de un sinnúmero de personas a lo largo de muchas generaciones. Pablo también entretejía sus ideas con distintas imágenes de la vida cotidiana. La mayor parte de sus metáforas, tan familiares y concretas para sus primeros oyentes, se han hecho oscuras para nosotros porque la distancia temporal ha disipado su poder o porque las hemos tratado tanto desde un punto de vista teológico que ni siquiera reconocemos que está utilizando imágenes literarias de la cotidianidad. Por ello ya no nos fascinan igual que a sus primeros receptores.

Antes hemos mencionado que en 2:6–23 Pablo utilizó vívidas imágenes (el secuestro, la muerte como circuncisión, el bautismo como sepultura, la cabeza y el cuerpo, la liquidación de un pagaré, clavar acusaciones a una cruz, y la incorporación de cautivos derrotados a un desfile triunfal) para transmitir la verdad de que hemos muerto en la muerte de Cristo, hemos triunfado en su victoria, y nuestros delitos nos han sido perdonados. La

49. David H. Stern, *Jewish New Testament Commentary* [Comentario judío del Nuevo Testamento] (Clarksville, Md.: Jewish New Testament Publications, 1992), 614.

50. Wall, *Colossians and Philemon* [Colosenses y Filemón], 167–68.

51. Scott, *The Epistles to the Colossians, to Philemon, and to the Ephesians* [Las epístolas a los Colosenses, a Filemón y a los Efesios], 85.

mayoría de los predicadores y maestros efectivos reconocen que comunicar el mensaje de la verdad intemporal requiere que esta sea presentada con imágenes literarias actualizadas que exciten la imaginación y abran los ojos de la mente y el corazón para ver la verdad de un modo más claro.

(6) Estar bien fundamentados. Pablo les dice a los colosenses que han de estar preparados para responder a las preguntas y desafíos de los no creyentes. La clave aquí es que ellos mismos son sus preguntas. Demasiado a menudo nos armamos con respuestas fáciles a preguntas sobre pormenores teológicos y debates que las personas no preguntan nunca. Las personas no responden bien a los mensajes enlatados y, por regla general, son lo suficientemente sofisticadas como para darse cuenta de aquello que no es sino inteligente propaganda. Cuando nos interrogan sobre las cuestiones que realmente les inquietan, nos toman por sorpresa y solo acertamos a balbucear confusas respuestas. Si alguien pregunta, por ejemplo: «¿Por qué crees que el cristianismo es mejor que cualquier otra religión?», muchos cristianos no saben qué decir y contestan con piadosos clichés aprendidos en sus experiencias infantiles de la escuela dominical. Algunos son incapaces de responder sus propias preguntas espirituales, no digamos a las que plantea el mundo en relación con los últimos descubrimientos científicos, las crisis personales o los dilemas morales.

Los cristianos han de estar bien fundamentados y preparados de antemano para responder las preguntas de los demás cuando éstos se las planteen. Cuando el eunuco etíope le preguntó a Felipe por el sentido de Isaías 53, el evangelista no le pidió algún tiempo para ir a casa, estudiar el tema y volver más tarde. De haberlo hecho habría perdido la oportunidad para siempre. Tenía que darle la respuesta en aquel momento; y para hacerlo tenía que saber lo que decía la Biblia y su significado. En nuestro tiempo muchas personas ni siquiera saben cómo plantear sus inquietudes. Necesitamos sensibilidad para alcanzarles donde están y sabiduría y conocimiento para darles respuestas.

(7) Cultivar redes (y unidad). En todas estas observaciones finales Pablo menciona que los cristianos han de orar los unos por los otros. La oración vincula a los individuos y a las iglesias dentro de redes superpuestas (ver Ro 15:30–32). Este tipo de oración impide que nos centremos solo en nuestro grupo inmediato y sus preocupaciones. Si Epafras fundó la congregación de Colosas, no la olvidó cuando se marchó, sino que siguió orando por ella. ¿Cuántos pastores siguen orando por las congregaciones a las que en otro tiempo sirvieron cuando se trasladan a nuevos —y por regla general más verdes— pastos? ¿Cuántos cristianos siguen orando por las iglesias en las que se han reunido después de trasladarse a otras? Vemos el valor que Pablo da a que los amigos trabajen y oren juntos, preocupándose por lo que sucede en sus vidas, y ofreciéndose apoyo mutuo.

Es evidente que Pablo no se creía autosuficiente; necesitaba la ayuda de todos aquellos a quienes menciona, y valoraba y afirmaba la aportación de cada uno. Nadie trabaja solo. El acento está en

- La cooperación, no en la independencia o la competitividad
- La oración por las oportunidades misioneras de los demás, no solo por las propias
- La oración por las oportunidades misioneras en todo el mundo, no solo en nuestro pequeño rincón
- La oración para que todo cristiano en toda circunstancia tenga la sabiduría y el valor para comunicar el Evangelio con audacia y claridad.

Igual que Pablo, nunca hemos de perder de vista que Dios nos ha llamado a servirle a él y a los demás. Todos necesitamos las oraciones y el apoyo de los demás.

(8) Estar dispuestos a aceptar las consecuencias de la predicación en un mundo hostil. Pablo prefería ser liberado de sus cadenas para llevar el Evangelio a regiones más lejanas (ver Ro 15:23–24; 2Co 10:15–16). Sin embargo, en aquel momento aceptaba sus cadenas y seguía predicando el Evangelio y escribiendo cartas de ánimo a las iglesias. A lo largo de los siglos tales cartas han bendecido a quienes las han estudiado. Por esta razón, es posible que el encarcelamiento de Pablo haya contribuido más al avance del Evangelio que su libertad. Paradójicamente, el sufrimiento puede favorecer nuestra misión, y hemos de estar dispuestos a aceptarlo con benevolencia.

Will Willimon consigna un diálogo con el obispo Emilio de Carvalho de la Angola marxista. Las tensiones debidas a la opresión gubernamental hicieron que su iglesia se fortaleciera:

> El gobierno hace lo que tiene que hacer. Y la Iglesia también. Si por ser Iglesia hemos de ir a la cárcel, iremos a la cárcel. La cárcel es un lugar maravilloso para la evangelización cristiana. Nuestra iglesia consiguió algunos de sus logros más dramáticos durante la revolución cuando muchos de nosotros estábamos en la cárcel. En la cárcel, todo el mundo está allí, en un solo lugar. Tienes tiempo de predicar y enseñar. Es cierto que veinte mil de nuestros pastores metodistas fueron asesinados durante la revolución, sin embargo, cuando salimos de la cárcel éramos una iglesia mucho más numerosa y mucho más fuerte.

Willimon observó que el obispo se dio cuenta del sentido de las preguntas que le planteaban sus oyentes y respondió:

No se preocupen por la iglesia de Angola; A Dios le va bien con nosotros. Francamente, me sería mucho más difícil ser pastor en Evanston, Illinois. Aquí tienen tanto. Tantas cosas. Ha de ser difícil ser Iglesia en este lugar.[52]

Superar fracasos. Si interpretamos los nombres que aparecen en el último saludo de Pablo según la postura mayoritariamente aceptada por los eruditos, descubrimos tres nombres que en el Nuevo Testamento están vinculados a fracasos personales: Marcos, Onésimo y Demas. Juan Marcos acompañó a Pablo y a Bernabé en su primer viaje misionero para ayudarles (Hch 13:5). Por razones desconocidas, abandonó la misión y regresó a Jerusalén (13:13). Después de esto, en el libro de los Hechos se consigna una diferencia de opinión entre Bernabé y Pablo acerca de si llevar o no a Marcos en un nuevo viaje misionero (15:36–40):

> Algún tiempo después, Pablo le dijo a Bernabé: «Volvamos a visitar a los creyentes en todas las ciudades en donde hemos anunciado la palabra del Señor, y veamos cómo están.» Resulta que Bernabé quería llevar con ellos a Juan Marcos, pero a Pablo no le pareció prudente llevarlo, porque los había abandonado en Panfilia y no había seguido con ellos en el trabajo. Se produjo entre ellos un conflicto tan serio que acabaron por separarse. Bernabé se llevó a Marcos y se embarcó rumbo a Chipre, mientras que Pablo escogió a Silas. Después de que los hermanos lo encomendaron a la gracia del Señor, Pablo partió y viajó por Siria y Cilicia, consolidando a las iglesias.

Es evidente que Pablo abrigaba recelos con respecto a Marcos. Sin embargo, esta fisura entre Pablo y Bernabé no obstaculizó el avance del Evangelio. Significó más bien el desarrollo de dos misiones en lugar de una. Sin embargo, al redactarse Colosenses, la situación entre Marcos y Pablo se había resuelto, y el sobrino de Bernabé estaba prestando un útil servicio al ministerio del apóstol (ver también 2Ti 4:11).

Trataremos la fascinante y conmovedora historia de Onésimo, el esclavo evadido, en el comentario a Filemón. También éste era culpable de deserción; sin embargo, al convertirse por medio de Pablo, las cosas habían cambiado drásticamente. Pablo le recomienda cariñosamente a su dueño como a un hermano en Cristo que le había servido en el Evangelio durante su cautiverio.

Pablo menciona a la tercera persona, Demas, sin ninguna recomendación. Puede que esto sea indicio de que su alejamiento era inminente: «Demas, por amor a este mundo, me ha abandonado y se ha ido a Tesalónica» (2Ti

52.   Will Willimon, «Set Us Free» [Libéranos] *Pulpit Resource* 23/2 (1995): 38.

4:10). En el *Progreso del Peregrino* de Bunyan, Demas aparece como un cristiano poco entusiasta que hace señas a los peregrinos para que se vuelvan de su camino y se entretengan en una mina de plata. Es posible que el juicio que hace el cristiano de Bunyan acerca de Demas sea demasiado fuerte:

> Ya te conozco; tuviste por bisabuelo a Giezi y por padre a Judas, y has seguido sus huellas. Es una trampa infernal la que nos tiendes; tu padre se ahorcó por traidor, y no mereces mejor tratamiento.

Al fin y al cabo, Pablo solo dice que Demas le abandonó a él, no a Cristo. No conocemos el resto de la historia; sin embargo sí sabemos que Dios puede perdonar y restaurar los fracasos, incluidos los de quienes abandonan a su Señor y le niegan con maldiciones (cf. Jn 18:15–18, 25–27; 21:15–19). La clave para superar los fracasos está en volverse a Dios con arrepentimiento y confiar en él para ser renovados.

Los relatos de estos fracasos personales ofrecen al predicador la oportunidad de investigar la naturaleza del fracaso. El fracaso es una realidad, sin embargo no tiene por qué ser definitivo. Quienes los han superado o han seguido adelante a pesar de ellos, reconocen haber sufrido un fracaso, o puede que muchos; sin embargo, ellos no han sido personas fracasadas. Los fracasos pueden ser meros pasos subterráneos que conducen al éxito. C. S. Lewis escribió:

> Aunque podamos caer muchas veces, las caídas no nos destruirán si nos levantamos cada vez. Naturalmente, llegaremos a casa llenos de barro y harapos. Pero los baños están dispuestos, las toallas colgadas, y la ropa limpia en el armario. Lo único fatal es perder los estribos y abandonar. Cuando notamos la suciedad es precisamente cuando Dios está más cerca de nosotros; es la señal misma de su presencia.[53]

Por nosotros mismos nunca conseguiremos llegar. Las buenas nuevas del Evangelio nos dicen que no tenemos por qué caminar solos. Vivimos en Cristo y triunfamos por medio de él.

---

53.   W.H. Lewis, ed., *Letters of C. S. Lewis* [Cartas de C. S. Lewis] (Nueva York: Harcourt, Brace and World, 1966), 199.

Introducción a Filemón

Lightfoot expresa la opinión de muchos de quienes se deleitan en esta breve carta: «Como expresión de sencilla dignidad, refinada cortesía, gran compasión, y cálido afecto personal, la Epístola a Filemón es inigualable».[1] Knox la ensalza como «una de las cartas más encantadoras que jamás se hayan escrito».[2] Guthrie dice que «está impregnada de la elevada ternura del apóstol»,[3] y Jewett la llama «una de las cartas más sutiles de la historia de la Humanidad, una expresión del estilo de Pablo en su papel de embajador».[4]

Aunque Filemón es una carta ciertamente reconfortante, no deja de deparar ciertas frustraciones para el intérprete. Nos deja a oscuras sobre varias cuestiones que nos gustaría saber a fin de entender de un modo más completo las circunstancias que subyacen tras esta carta. Leer Filemón es como llegar a una película cuando ya ha transcurrido la mitad, con la consecuente necesidad de ponerse al corriente sobre quiénes son los personajes y qué es lo que ya ha sucedido, para después tener, además, que abandonar la sala antes de que termine el filme. Pablo no nos dice dónde está encarcelado, cuál es su situación, o, más concretamente, cómo es que Onésimo estuvo bajo su influencia el tiempo suficiente para convertirse. Tampoco nos dice por qué abandonó Onésimo a su dueño, si es que realmente se dio a la fuga. Dada la ambigüedad de la carta sobre este punto, algunos han argumentado que Onésimo había sido enviado por su dueño con un recado para Pablo, y había prolongado en exceso su estancia con el apóstol. Pablo no expresa tampoco exactamente lo que quiere que el amo de Onésimo haga con él aparte de que ahora le considere como un hermano en Cristo. Un estudioso de las cartas de la Antigüedad en papiros, observa que no conoce ningún otro documento en este soporte que sea tan extenso como éste, o «tan indirecto y titubeante que se hace difícil determinar qué es, exactamente, lo que pide Pablo».[5]

1. Lightfoot, *Saint Paul's Epistles to the Colossians and to Philemon* [Las epístolas de San Pablo a los Colosenses y a Filemón], 319.
2. Knox, *Philemon Among the Letters of Paul* [Filemón entre las cartas de Pablo], 7.
3. Donald Guthrie, *New Testament Introduction* [Introducción al Nuevo Testamento], (Downers Grove, Ill.: InterVarsity, 1973), 638.
4. Robert Jewett, *Paul: The Apostle to America: Cultural Trends and Pauline Scholarship* [Pablo: Apóstol a los Estados Unidos: tendencias culturales y erudición paulina], (Louisville, Ky.: Westminster/John Knox, 1994), 64.
5. John White, «The Structural Analysis of Philemon: A Point of Departure in the Formal Analysis of the Pauline Letter» [Análisis estructural de Filemón: un punto de partida para el análisis formal de esta carta paulina], SBLASP (Missoula, Mont.: Scholars Press, 1971), 35–36. John M. G. Barclay, «Paul, Philemon and the Dilemma of

La carta solo nos permite saber con seguridad que Onésimo se había convertido por el testimonio de Pablo durante su reclusión (v. 10), pero no hay indicios de que Onésimo estuviera también encarcelado con el apóstol. Sabemos también que Onésimo le había sido útil a Pablo y que le sirvió (vv. 11, 13), y que antes de ello había sido «inútil» para su propietario (v. 11) y que pudo haberle «perjudicado» de algún modo (v. 18). Pablo le envía de nuevo (v. 12) con la esperanza de que Filemón reaccionará bien (v. 14) y le recibirá generosamente como a un hermano en Cristo (vv. 12, 17). Sin embargo, expresa también la confianza de que hará incluso más de lo que el apóstol le pide (v. 21). Al interpretar la carta, hemos de rellenar las lagunas de información y asumir ciertas cosas sobre la situación. Hay dos importantes cuestiones que requieren respuestas: ¿Qué fue lo que llevó a Onésimo a Pablo? y, ¿qué es lo que Pablo le pidió a Filemón?

¿Qué fue lo que llevó a Onésimo a Pablo?

Un esclavo evadido. El punto de vista tradicional es que Onésimo era un esclavo evadido.[6] Desde tiempos inmemoriales los esclavos han tenido el hábito de huir de sus amos (ver 1S 25:10). Onésimo huyó de su dueño, Filemón, y de algún modo —de manera voluntaria o accidental—, acabó encontrándose con el apóstol Pablo, quien pudo ganarle para la fe; ahora el apóstol envía a Onésimo de vuelta con su dueño. Durante el siglo XX, los eruditos han cuestionado este panorama tradicional. Han subrayado que, dentro de la carta, no hay ninguna mención explícita de que Onésimo hubiera huido, de su posterior arrepentimiento, o de la necesidad de que su dueño le perdonara por su ofensa. Observan también que habría sido una sorprendente coincidencia que durante su encarcelamiento un esclavo fugitivo conociera a Pablo, precisamente alguien que conocía a su amo.

El que un esclavo se diera a la fuga era un grave delito que las autoridades se tomaban muy en serio. Como ciudadano romano, Pablo habría estado sujeto a una forma menos estricta de reclusión. A un esclavo evadido que hubiera sido detenido se le habría esposado y encadenado bajo vigilancia en una cárcel para esclavos y no se le hubiera permitido tener contacto con Pablo.[7] ¿Cómo, pues, pudo haber sido de tanta ayuda para Pablo (v. 13)?

Christian Slave Ownership» [Pablo, Filemón y el dilema de la propiedad de esclavos por parte de los cristianos], *NTS* 37 (1991): 175, concluye a partir de la falta de claridad de la carta que Pablo ha dejado deliberadamente abierta la petición porque el apóstol no está seguro de lo que ha de recomendar.

6. Este punto de vista ha sido defendido muy recientemente por John G. Nordling, «Onesimus Fugitivus: A Defense of the Runaway Slave Hypothesis in Philemon» [Onesimus Fugitivus: una defensa de la hipótesis del esclavo evadido en Filemón] *JSNT* 41 (1991): 97–119.

7. Brian M. Rapske, «The Prisoner Paul in the Eyes of Onesimus» [El prisionero Pablo a ojos de Onésimo], *NTS* 37 (1991): 191. Si Onésimo había sido capturado habrían

Si Onésimo no hubiera estado en la cárcel y hubiera tenido libertad de movimientos, entonces sí habría podido hacer mucho por Pablo.
Sin embargo, ¿cómo y por qué habría tenido contacto con el encarcelado
Pablo? Lightfoot hace un gran esfuerzo imaginativo para explicar las circunstancias que podrían haber llevado a Onésimo junto a Pablo:

> ¿Fue acaso un encuentro fortuito con su paisano Epafras en las
> calles de Roma lo que propició su entrevista con el apóstol?
> ¿O quizá la presión de la necesidad lo que le indujo a buscar
> ayuda en aquel cuya generosa caridad era bien conocida en
> la familia de su amo? ¿O fue que la memoria de las solemnes
> palabras que había alcanzado a oír en aquellas reuniones sema-
> nales en la sala de Colosas, le perseguía en su soledad, hasta
> que, cediendo a la fascinación, se sintió constreñido a descar-
> garse en un hombre que podía sosegar sus terrores y satisfacer
> sus aspiraciones?[8]

Por lo que sabemos de la naturaleza humana, estas suposiciones entran
dentro de lo verosímil; sin embargo Caird sostiene que no hemos de «intentar conjeturar la razón o contingencia por la que, en Roma, Onésimo se
unió a Pablo».[9] No es tan fácil zanjar este problema, y ello ha llevado a
otros a plantear una situación de perfiles bastante distintos. Lo que llevó a
Onésimo a Pablo no fue un evento fortuito.

Un siervo comisionado. Winter sostiene que Onésimo no había huido.
Estaba con Pablo en la cárcel porque su propietario (probablemente
Arquipo) le había enviado en nombre de la iglesia de Colosas.[10] Había sido
comisionado para brindar a Pablo ayuda práctica y económica. No obstante, la sugerente tesis de Winter no soporta un examen cuidadoso. Si

---

sido las autoridades, no Pablo, quienes le hubieran devuelto a su propietario. ¿Cómo
pensó Pablo, un prisionero, que tenía la autoridad de mandar de regreso a un esclavo
evadido (v. 12)?

8. Lightfoot, *Saint Paul's Epistles to the Colossians and to Philemon* [Las epístolas de
San Pablo a los Colosenses y a Filemón], 312–13.

9. Caird, *Paul's Letters from Prison* [Las cartas de Pablo desde la prisión], 214.

10. Sara C. Winter, «Methodological Observations in a New Interpretation of Paul's Letter
to Philemon» [Observaciones metodológicas en una nueva interpretación de la carta
de Pablo a Filemón] *USQR* 39 (1984): 203–12; «Paul's Letter to Philemon» [Carta
de Pablo a Filemón], *NTS* 33 (1987): 1–15. Ver también Craig S. Wansick, *Chained
in Christ* [Encadenado en Cristo], 175–99. Bruce, *The Epistles to the Colossians, to
Philemon, and to the Ephesians* [Las epístolas a los Colosenses, a Filemón y a los
Efesios], 197, permite esta posibilidad. Houlden, *Paul's Letters from –Prison* [Cartas
de Pablo desde la prisión], 226, expresa su sincera duda de que sepamos algo firme
sobre el modo en que Onésimo llegó a Pablo, sin embargo sospecha que «había sido
enviado para ayudar a Pablo durante un periodo difícil. Y la razón de la delicadeza
de Pablo es simplemente que el apóstol desea retener por más tiempo sus servicios».

Onésimo no era cristiano antes de encontrarse con Pablo y se le considera «inútil» (v. 11), es poco verosímil que la iglesia hubiera confiado tal responsabilidad a una persona así. ¿Por qué permitir que un esclavo que no es de fiar ande suelto por el campo? ¿Por qué encargar a un no cristiano una misión espiritual tan importante? ¿Acaso era él el único a quien podía encomendarse esta tarea?

Es cierto que su propietario habría podido enviar a Pablo un esclavo poco valioso con un coste bajo para él, para que ayudara al apóstol, o más bien, con la esperanza de que el contacto con Pablo pudiera servir para que se enmendara. Pero ambas opciones parecen muy poco probables. Lo que falla en este punto de vista es la discreta mención por parte de Pablo de su disposición a indemnizar al propietario por cualquier perjuicio que Onésimo hubiera podido causarle (vv. 18–19) y su diplomática descripción de la separación de Onésimo de su dueño: «se alejó de ti por algún tiempo» (v. 15). Si Onésimo hubiera sido enviado por la iglesia, Pablo podría mencionar sencillamente su condición de enviado y describirle en los mismos términos encendidos que utilizó para aludir a Epafrodito, emisario de los filipenses, «a quien ustedes han enviado para atenderme en mis necesidades» (Fil 2:25).

En los versículos 15-16 de la carta a Filemón, parece como si Pablo estuviera buscando cautelosamente algún eufemismo para referirse a algo más relacionado con una huida que con una comisión. Solo lo menciona para insinuar que podría haber alguna razón divina tras la partida de Onésimo: «para que ahora lo recibas para siempre, ya no como a esclavo, sino como algo mejor: como a un hermano querido». Si Pablo podía encontrar tal razón, ello le absolvería hasta cierto punto de la culpa por haberse quedado con Onésimo durante tanto tiempo.

Las dudas de Pablo para expresar su deseo en el versículo 13: «yo hubiera querido retenerlo para que me sirviera en tu lugar mientras estoy preso por causa del evangelio» son también inexplicables si la iglesia había enviado a Onésimo para que le ayudara. Si lo que quiere el apóstol es que Onésimo se quede con él durante más tiempo, ¿por qué entonces ha de mandarle en un peligroso viaje de vuelta a fin de obtener permiso para que siga prestándole sus servicios, dando a continuación media vuelta y regresando de nuevo a Pablo si le es concedido? ¿Por qué no mandar a Tíquico con una carta expresando la petición por escrito y seguir contando con los servicios de Onésimo mientras espera la respuesta? Y lo que es más importante, ¿por qué se preocupa Pablo por el modo en que Onésimo será recibido (v. 17)? Lo que parece inquietar a Pablo no es que su propietario no vaya a permitir que Onésimo siga sirviéndole, sino que no abrace a su esclavo como a un hermano en Cristo.[11]

Este punto de vista se basa en un argumento de silencio que no tiene en cuenta las razones retóricas por las que Pablo no menciona explícitamente la mala acción de Onésimo. En esta carta el apóstol utiliza muchísimo tacto. Barclay observa: «De hecho, el acercamiento extraordinariamente diplomático que Pablo adopta a lo largo de esta carta es una clara indicación de que reconoce estar tratando una delicada situación en la que era bien posible que Filemón reaccionara con poco acierto».[12] No obstante, Pablo no deja de aludir a problemas pasados que probablemente eran un importante obstáculo para cualquier futura reconciliación. Onésimo ha hecho algo malo que podía suscitar las iras de su amo, y Pablo ha de interceder.[13]

Un hermano pródigo. La ambigüedad de la carta y la elevada sensibilidad que existe en nuestro tiempo a la aprobación implícita de la esclavitud por parte de Pablo, han inducido a Callahan a proponer un trasfondo radicalmente distinto para este documento.[14] Sus argumentos suscitan una cuestión que hay que tratar. ¿Por qué no aplica Pablo el Evangelio a la situación que le ocupa para atacar la inherente injusticia de la esclavitud? No es solo que Pablo no condene la esclavitud en el ámbito de los cristianos, sino que habla con entusiasmo de un miembro de la clase que se sirve de los esclavos y trata la huida de Onésimo como un perjuicio para su dueño que requiere restitución (v. 19).

Callahan observa lo problemático de esta imagen para aquellos afroamericanos que hubieron de soportar la tiranía y humillación de la esclavitud, y señala también que sigue siendo un asunto delicado para sus herederos de nuestros días. Cita el ejemplo del diario de Charles Colcock Jones, un ministro presbiteriano blanco que predicó sobre Filemón a los esclavos de Georgia y se sorprendió de su amarga reacción ante su sermón:

---

11. Nordling, «Onesimus Fugitivus», 119, se lamenta de que esta interpretación convierte una sincera petición «en una transacción económica, no teológica, y más bien desapasionada entre Pablo y el propietario de Onésimo. No obstante, dudo que de ser efectivamente un retazo de correspondencia comercial hubiera llegado a formar parte del Nuevo Testamento canónico».

12. Barclay, «Paul, Philemon and the Dilemma of Christian Slave Ownership» [Pablo, Filemón y el dilema de la propiedad de esclavos entre los cristianos], 164.

13. Barclay (Ibíd., 164) observa que Pablo admite que Onésimo había sido inútil (v. 11) y que es posible que le deba algo a Filemón (v. 18). Barclay concluye: «Es casi inconcebible que Pablo mencionara estos detalles negativos de su protegido a no ser que fueran un obstáculo fundamental en la relación entre Filemón y Onésimo».

14. Dwight Allen Callahan, «Paul's Epistle to Philemon: Toward an Alternative Argumentum» [La epístola de Pablo a Filemón: hacia un argumentum alternativo] *HTR* 86 (1993): 357–76; «Brother Love» [Hermano Amor], *Harvard Divinity Bulletin* 22 (1993): 11–16.

> Cuando insistí en la fidelidad y la obediencia como virtudes cristianas para los siervos y, basándome en la autoridad de Pablo, condené la práctica de escapar, la mitad de mis oyentes se levantaron y se fueron, y los que se quedaron parecían cualquier cosa menos satisfechos con el predicador o su doctrina. Después del servicio, se produjo un gran revuelo entre ellos; algunos afirmaban solemnemente que en la Biblia no había ninguna epístola como aquella; otros, que no tenían ningún interés en escucharme predicar de nuevo.[15]

Callahan resuelve este dilema moral arguyendo que Onésimo no era un esclavo, sino un hermano menor de Filemón con quien éste se enemistó, y que fue a entrevistarse con Pablo para que el apóstol mediara en la disputa familiar. Este autor señala que en ninguna parte de la carta identifica Pablo a Filemón (o a Arquipo) como a un amo.[16] Callahan argumenta que la petición de Pablo para que acoja a Onésimo «ya no como a esclavo, sino como algo mejor: como a un hermano querido» (v. 16) no alude a una condición literal de esclavitud por parte de Onésimo. Es más bien una referencia a su posición virtual a ojos de Filemón.[17] El término «esclavo» era una apropiada metáfora para alguien que estaba muerto socialmente, que no tenía «ningún vínculo de sangre formal, con valor legal».[18] Pablo quiere simplemente llevar a cabo una reconciliación doméstica, lo cual explica el rico vocabulario familiar que encontramos en la carta. Callahan sostiene: «Si Filemón es hospitalario para con sus hermanos en el Señor, cuánto más le corresponde serlo con alguien que no solo forma parte de la familia de la fe sino también de la natural». Debería ser capaz de perdonar las flaquezas de su hermano en la carne. Lo que Pablo pide en el versículo 16 no es que Filemón acepte a Onésimo como a un hermano, sino que lo haga de un modo entrañable.

Esta tesis, bien argumentada por Callahan, resulta útil, puesto que plantea cuestiones que requieren análisis y muestra que el asunto del perdón constituye el meollo de la carta, aunque no se mencione de manera explícita. Sin embargo, se trata de una argumentación que pasa por alto las evidencias des-

---

15. Albert J. Raboteau, *Slave Religion: The «Invisible Institution» in the Antebellum South* [Religión de esclavos: la «institución invisible» en el sur prebélico de los Estados Unidos] (Oxford: Oxford Univ. Press, 1982), 139, citado por Callahan, «Brother Love» [Hermano Amor], 14.

16. Callahan traza la interpretación tradicional hasta la «imaginativa e ingeniosa hipótesis de Juan Crisóstomo», que se oponía a un sector abolicionista del cristianismo.

17. Callahan, «Paul's Epistle to Philemon» [Epístola de Pablo a Filemón], 362, arguye que en el v. 17 Pablo le pide a Filemón que reciba a Onésimo «como a mí mismo», es decir, como la presencia virtual de Pablo. Callahan considera que el «como» del v. 16 es similar: no ha de tratar a Onésimo prácticamente como a un esclavo.

18. Ibíd., 370.

favorables a fin de evitar el desagradable hecho de que Pablo consideraba la huida de Onésimo como un acto más erróneo que la esclavitud en sí. Pablo no identifica específicamente a Filemón como amo de Onésimo, porque no quiere reforzar la relación amo/esclavo al pedirle que acepte a Onésimo como a su hermano en el Señor. Por consiguiente deberíamos leer el versículo 16 literalmente, dándole el sentido de que Onésimo era un esclavo.[19]

Un esclavo que solicita la intercesión de Pablo. Existe una cuarta opción que ofrece una convincente explicación del hecho que Onésimo se uniera a Pablo y de la razón por la que este último no dijo nada de su huida. Onésimo había buscado deliberadamente a Pablo, con la esperanza de que este influyente y compasivo amigo de su amo intercediera a su favor. Considerando la precaria situación del esclavo, se hubiera considerado una insolencia que él mismo pidiera clemencia para sí. Veyne señala que el perdón era un acto libre:

> Puesto que la concesión del perdón no era un deber, no podía ser solicitado por el propio esclavo, sino solo por una tercera parte, que fuera libre de nacimiento, como el amo. El intermediario se honraba a sí mismo persuadiendo al padre para que sustituyera la clemencia por severidad. Al mismo tiempo y de manera general honraba la autoridad de los amos sobre los esclavos.[20]

La ley romana, consignada en el *Digesto* de Justiniano 21. 1. 17. 1–16, argumentaba de manera consistente a lo largo de los años que la actitud mental del esclavo decidía si éste era o no un fugitivo.[21] Un esclavo que no tenía intención de huir, sino que se ausentaba para pedirle a un amigo de su amo que mediara en la situación, no era considerado un fugitivo.[22] Según

---

19. El nombre de Onésimo era característico de los esclavos. Ver la evidencia recopilada por Lightfoot, *Saint Paul's Epistles to the Colossians and to Philemon* [Las epístolas de San Pablo a los Colosenses y a Filemón], 308–9. Callahan, no obstante, apunta a las pruebas presentadas en G. H. R. Horsley, *New Documents Illustrating Early Christianity* [Nuevos documentos que ilustran el cristianismo primitivo], (North Ryde: Macquarie, 1982), 4:96, que muestra que este nombre se daba también a personas libres y no era necesariamente una indicación de estatus servil.

20. Paul Veyne, «The Roman Empire» [El Imperio Romano] en *A History of Private Life I. From Pagan Rome to Byzantium*, ed. Paul Veyne (Cambridge/Londres: Harvard Univ. Press, 1987), 65. Ovidio llegó incluso a animar a los amantes inteligentes a que utilizaran a un esclavo para que éste suplicara a la matrona a fin de que ésta intercediera, a su vez, ante el amo a su favor por lo que iba a hacer de todos modos, como un ardid para convencerles. Esto le daba a ella el papel de tía bondadosa, y a él el de padre severo.

21. *The Digest of Justinian* [El Digesto de Justiniano], ed. Theodor Mommsen and Paul Krueger, trad. Alan Watson; (Filadelfia: Univ. of Pennsylvania Press, 1985), 2:606.

22. Ver Heinz Bellen, *Studien zur Sklavenflucht im römischen Kaiserreich* (Wiesbaden: F. Steiner, 1971), 78–79. Peter Lampe, «Keine 'Sklavenflucht' des Onesimus», ZNW 76 (1985): 135–37, cita la idea de Próculo (siglo primero) en el sentido de que

esta teoría, Onésimo habría provocado de algún modo a Filemón y merecía un castigo. Onésimo se apresuró a entrevistarse con el apóstol, padre espiritual de su amo cristiano, para rogarle que intercediera ante él y aplacara su ira. Si éste fuera el trasfondo de la carta, explicaría la razón por la que Pablo piensa que su intercesión tiene tantas probabilidades de éxito.

En otras palabras, el apóstol no estaría defendiendo a un esclavo fugitivo, sino en apuros, y que pretende conseguir la mediación de Pablo ante su amo. Los versículos 10–13 implican que Onésimo había estado con Pablo el tiempo suficiente como para que éste le hubiera llevado a los pies de Cristo y estuviera afectuosamente dedicado a su bienestar. Hospedar a un esclavo evadido era un delito importante.[23] Pablo no se hubiera ganado el favor de Filemón de haber albergado a su esclavo evadido durante este periodo.

Si lo que motivó la huida de Onésimo no era un atrevido intento de obtener la libertad, es imposible saber qué es lo que la indujo. Puede conjeturarse que se vio implicado en una transacción comercial para su amo que por alguna razón salió mal (ver Lc 16:1–8). O es posible que Onésimo hubiera hecho algo que llevó a Filemón a desdecirse de un acuerdo para su emancipación —una recompensa por un servicio leal— y quería que Pablo actuara como mediador. No tenemos datos al respecto.

Conclusión. Las mejores opciones para explicar la situación que subyace tras la carta son la primera y la última. O bien Onésimo había intentado escapar de las cadenas de la esclavitud y, por alguna extraña circunstancia, acabó encontrándose con Pablo, o bien el esclavo se propuso deliberadamente encontrar al apóstol con la esperanza de que este influyente amigo aplacara las iras de su amo.[24] Es difícil de decidirse entre estas dos posibi-

---

no se considera que un esclavo sea un evadido si éste huye a la casa de un amigo de su amo para intentar persuadirle de que no le castigue por algo (*Digesto* 21.1.17.4). Otros ejemplos se refieren a un esclavo que pide refugio a la madre de su amo para que interceda a su favor (Digesto 21.1.17.5). En Digesto 21.1.43.1 el criterio es: «Un esclavo que huye a un amigo de su amo para procurar su intercesión no es un fugitivo; de hecho, aunque su pensamiento fuera que en el caso de no recibir la ayuda que pide, tampoco regresaría a casa, éste no sería todavía un fugitivo, puesto que la huida requiere no solo la intención de huir, sino también el acto»; y en 21.1.17.12 encontramos esta opinión: «Un esclavo que hace lo que se juzga permisible hacer en público no es un fugitivo».

23. En el *Digesto* de Justiniano 11.4.1 se consigna esta opinión: «Cualquiera que haya ocultado a un esclavo evadido es culpable de robo». Acto seguido, registra un decreto del Senado donde se afirma que cualquiera que devuelva a un esclavo evadido a su propietario o le lleve a las autoridades, dentro de un plazo de veinte días, es exonerado. Todo aquel que detenga a un fugitivo ha de mostrarle en público, y entonces las autoridades asumirán la responsabilidad de custodiarle, normalmente lo harán mediante el uso de cadenas.

24. Otro enfoque de la situación opina que Onésimo estaba pidiéndole asilo a Pablo. Pensar que la ley ateniense se aplicaría en este caso o que Pablo, si estuviera bajo

lidades. Los esclavos huían frecuentemente, pero por regla general ello se debía a que habían sido objeto de alguna forma de maltrato, habían provocado la ira de sus amos, iban a ser vendidos próximamente,[25] o no tenían perspectivas de emancipación.

Podemos asumir que, aun en una familia cristiana de aquel tiempo, hubieran podido darse malos tratos, igual que en un hogar cristiano de nuestra época pueden darse el abuso sexual y la violencia. Sin embargo, el modo en que Pablo alaba el amor y compasión de Filemón (vv. 4–6) y su confianza de que éste accedería a su petición (v. 21) nos deja la impresión de que Filemón no era la clase de cruel tirano que llevaría a un esclavo a una situación conducente a la desesperada acción de darse a la fuga.

Por otra parte, si se sostiene que el lugar de encarcelamiento de Pablo es Roma, parece poco verosímil que un esclavo viajara los 2100 kilómetros que separaban esta ciudad de Colosas solo para buscar un mediador que suavizara la disputa con su dueño. Si esto fue lo que llevó a Onésimo a Pablo, es entonces mucho más probable que el lugar del encarcelamiento de Pablo fuera Éfeso, ya que esta ciudad solo distaba unos 180 kilómetros de Colosas.

En mi opinión, parece más probable que Onésimo fuera un esclavo evadido que fue llevado providencialmente al ámbito de Pablo. Esto significa que Pablo escribe a favor de un esclavo evadido, algo completamente insólito en el mundo antiguo.[26] Esta extraordinaria situación requería una enorme delicadeza y explica mejor que el llamamiento de Pablo difiera tanto de la intercesión más explícita y directa de Plinio a favor de un amigo liberto que había ofendido a su patrón.[27]

En su llamamiento Pablo utiliza eufemismos y tiene mucho cuidado de no rebasar ningún límite legal («sin tu consentimiento», v. 14).[28] Su carta es probablemente la primera noticia que Filemón tiene sobre Onésimo desde su partida. Es comprensible que el apóstol no quisiera mencionar lo inmencionable —la deserción de Onésimo— que produjo la vergüenza y pérdida

---

arresto, estaba en condiciones de ofrecer asilo a alguien es forzar las cosas.

25. En la obra de Mark Twain, *Huckleberry Finn*, Jim, el esclavo de la Sra Watson, se da a la fuga porque, por casualidad, oye a su dueña decir que le va a vender río abajo, en Nueva Orleans.

26. Pablo cree que es él quien le envía de regreso, no las autoridades. Es posible que no se descubriera que Onésimo era un esclavo fugitivo, y Pablo no revelara el asunto a los magistrados con la esperanza de evitarle maltrato y castigo cuando regresara a casa con la carta intercesora de Pablo en su posesión.

27. Ver la copia de la carta en el Apéndice a esta introducción.

28. Nordling, «Onesimus Fugitivus», 99, sostiene: «Pablo ha minimizado deliberadamente los pasados delitos de Onésimo contra su amo y suavizado el lenguaje terriblemente severo que normalmente se asocia con el delincuente esclavo evadido».

económica de su amo.[29] Cuando alude a Onésimo (un nombre que significa «útil») el apóstol se sirve de un juego de palabras al afirmar que en otro tiempo era «inútil» (v. 11). En lugar de decir claramente que Onésimo había huido, Pablo expresa su ausencia en voz pasiva, sugiriendo que la mano de Dios estaba tras todo el asunto: «se alejó [lit., fue alejado] de ti por algún tiempo» (v. 15). El apóstol menciona la cuestión de las pasadas malas acciones de Onésimo con una oración gramatical condicional, «si te ha perjudicado o te debe algo» (v. 18). Pablo no le pide explícitamente a Filemón que perdone a su esclavo, pero el tono general de la carta asume que debería adoptar una actitud perdonadora.

Dunn sugiere que el carácter vacilante y comedido de la petición de Pablo puede atribuirse a la necesidad de que la carta consiguiera la aprobación del censor carcelario. Pablo no quería que entre los poco amistosos funcionarios se suscitaran sospechas de que estaba a favor de los esclavos fugitivos o de que consentía este tipo de conducta, y por ello el apóstol evita cualquier referencia al delito de Onésimo al utilizar un «lenguaje codificado cristiano».[30]

Wilson, no obstante, ofrece una explicación más probable para el carácter indirecto de la carta.[31] Desde un punto de vista cultural, los norteamericanos están más habituados a ir directamente al grano sin andarse con muchos rodeos. Puede que pensemos que si Pablo quiere que su amigo haga algo, deberían pedírselo abiertamente. A fin de cuentas, es un apóstol. Pero las costumbres y convenciones sociales hacían necesario que utilizara estrategias de cortesía para reducir el coste del perdón de Onésimo por parte de Filemón.[32] Este acercamiento conciliatorio requería que Pablo sorteara con delicadeza los sentimientos de Filemón (que probablemente se sentía

---

29.　Era una causa de desprestigio para el amo, ya que le hacía aparecer como alguien incapaz de controlar a sus esclavos, o tan brutal que les llevaba a intentar algo desesperado. Significaba también un coste económico, puesto que le obligaba a comprar o alquilar a un sustituto y posiblemente a contratar los servicios de un rastreador de esclavos. También perdía estatus. Si alguien aspiraba a alcanzar una alta posición en la sociedad romana, tenía que tener un séquito suficientemente numeroso de esclavos que desempeñaban tareas cada vez más especializadas. Apuleyo hubo de defenderse ante los tribunales de las acusaciones de haber utilizado la brujería para conseguir que una mujer rica se casara con él. El fiscal intentó manchar su reputación acusándole de desmesura por haber emancipado a tres esclavos en un solo día, de ser indigno de confianza y de carecer de honor por haber traído a un solo esclavo consigo a la vista (Defensa 17).

30.　Dunn, *The Epistles to the Colossians and to Philemon* [Las epístolas a los Colosenses y a Filemón], 324.

31.　Andrew Wilson, «The Pragmatics of Politeness and Pauline Epistolography: A Case Study of the Letter to Philemon» [La Pragmalingüística de la cortesía y la epistolografía paulina: un estudio de la carta a Filemón], *JSNT* 48 (1992): 107–19.

32.　Ibíd., 116.

traicionado e irritado), para establecer un nivel de consuelo recíproco que evitara el desprestigio público de Filemón y facilitara el entendimiento entre ambos.[33] Es cierto que la petición de Pablo para que Filemón perdone a Onésimo puede «considerarse piadosa según criterios cristianos o estoicos», sin embargo, para Filemón habría sido costosa, ya que «podía también interpretarse como una muestra de debilidad tanto por la sociedad como por otros esclavos al entender que se minimizaba el riesgo de la huida».[34]

Utilizando la estructura de la hipótesis de la retórica y cortesía interpersonal de Geoffrey Leech, Wilson sostiene que el modo en que Pablo expresa sus pensamientos y hace su petición está fuertemente motivado por las siguientes estrategias de cortesía:

- La máxima de la generosidad: minimizar el beneficio propio y maximizar el coste personal
- La máxima de la aprobación: minimizar las censuras a los demás y maximizar su alabanza (en la acción de gracias)
- La máxima de la modestia: minimizar la alabanza de uno mismo y maximizar la propia censura (en la salutación y el v. 10)

Pablo utiliza estas estrategias para aplicar bálsamo sobre el resentimiento y disolver las reticencias. El apóstol reconoce que no se puede ir por ahí juzgando al siervo de otro; «que se mantenga en pie, o que caiga, es asunto de su propio señor» (Ro 14:4). En nuestros días la mayoría de padres se sentirían incómodos si otra persona —aunque fuera un amigo íntimo— se atreviera a dar consejos sobre la disciplina de sus hijos sin habérselo pedido. En el siglo primero, todo el mundo aceptaba como inalienable el derecho de los amos a hacer lo que les placiera con los esclavos de su propiedad.[35] La reacción automática ante cualquier intromisión en esta relación sería de irritación. La estrategia de cortesía de Pablo alivia la tensión y reduce el coste de ceder a sus deseos. No hay vergüenza en aceptar la propuesta de un amigo que sirve a Dios pagando para ello un elevado precio.

Pablo no se limita a utilizar tácticas inteligentes para reducir la tensión de una situación cambiante y conseguir que Filemón vea las cosas a su manera. Su propósito está envuelto en una convicción teológica básica

---

33. Ibíd., 108. Dunn, *The Epistles to the Colossians and to Philemon* [Las epístolas a los Colosenses y a Filemón], 332, comenta: «Era importante no provocar un enfrentamiento, en el que Filemón tuviera que elegir entre aceptar la autoridad de Pablo (y perder prestigio en su círculo de personas influyentes y de buena posición) o mantener su posición social al precio de una ruptura con Pablo».

34. Wilson, «The Pragmatics of Politeness» [Pragmalingüística de la cortesía], 112.

35. Los esclavos se sentían de un modo muy parecido porque existen pruebas abrumadoras de que cuando estos eran liberados, trataban a sus esclavos con la misma falta de consideración.

sobre lo que significa estar en Cristo. En la carta a Filemón, la expresión clave es «en Cristo» (vv. 8, 20, 23); en los versículos 16 y 20 aparece «en el Señor», y en el versículo 6 «en Cristo» («de Cristo», NVI). Esta carta muestra cómo aplica Pablo de manera concreta este concepto abstracto y místico al mundo real de las relaciones personales.[36] El sistema de castas y honor que regulaba las relaciones sociales era contrario a la ética cristiana. Si Filemón aceptara la petición de Pablo e hiciera más de lo que éste le pide, mostraría con ello que la verdad del Evangelio derriba las barreras sociales y desbanca el adoctrinamiento cultural.

¿Qué es lo que Pablo quería que hiciera Filemón?

La siguiente pregunta es: ¿qué es lo que Pablo quiere que haga Filemón? Más que servirse del peso de su apostolado para rendir la voluntad de Filemón a la suya, Pablo hace su llamamiento basándose en su nueva relación con Onésimo, su antigua relación con Filemón, y la potencialmente redefinida relación entre Filemón y Onésimo. Filemón es libre para hacer lo que le dicte su conciencia; no obstante, el Evangelio y su relación con Pablo la informan.

En la presentación de su propuesta, Pablo subraya en primer lugar su profundo cariño por Onésimo. Es su hijo (v. 10), su corazón va con él (v. 12), y es también su hermano querido (v. 16). Onésimo le ha servido durante un periodo difícil en el que se ha visto obstaculizado por las cadenas (v. 11). A continuación, el apóstol apela a su íntima relación con Filemón. Como Onésimo, también él es un entrañable hermano, pero más aún. Pablo le describe como un colaborador (v. 1., NVI «compañero de trabajo»), compañero (v. 17), y alguien que debe a Pablo su propia vida (v. 19). Por último, el apóstol menciona la redefinida relación entre amo y esclavo suscitada por la conversión de Onésimo. Como hermano en Cristo e igual ante Dios, Onésimo tiene ahora un valor eterno para Filemón (v. 15).

La única petición específica de Pablo es que Filemón reciba a Onésimo como si fuera él mismo (v. 17). Pablo quiere que Filemón acepte a su esclavo, antes problemático, como si fuera su querido amigo, que ahora está encarcelado por el Evangelio; el apóstol solo da a entender que Filemón ha de extender el mismo amor perdonador a Onésimo que él había recibido de Dios (ver Col 3:13). Su reconciliación es tan importante que pasa por encima del deseo de que Onésimo, que se ha convertido ahora en alguien muy valioso, se quede con él para ayudarle. Pablo apela a la obligación de que los amigos correspondan a los favores recibidos, encuadrando el asunto como un trato comercial: aunque tú estás en deuda conmigo, yo te

---

36. Sobre la expresión «en Cristo», ver M. A. Seifrid, «In Christ» [En Cristo] *DPL*, 433–36.

compensaré por lo que hagas (vv. 18–19). El apóstol sabe, no obstante, que, como cristiano que es, la respuesta positiva de Filemón surgirá de su identidad en Cristo y su experiencia de la comunión del Espíritu (Fil 2:1–2).

¿Acaso Pablo quiere solo que Filemón permita a Onésimo regresar a casa sin recibir un castigo? Puesto que Pablo no menciona explícitamente que Onésimo huyera o estuviera muy arrepentido, y teniendo en cuenta que el apóstol no solicita la indulgencia y misericordia de Filemón, John Knox concluye que Pablo no quiere la mera readmisión de Onésimo. Este autor afirma que Pablo plantea una petición indirecta al propietario para que éste le conceda seguir contando con la ayuda de Onésimo mientras se encuentra en la cárcel. Lo que hace, pues, no es interceder a favor de Onésimo, sino solicitar a Filemón sus servicios (v. 10).[37]

Según la reconstrucción que Knox hace de la situación, Arquipo sería el verdadero propietario de Onésimo y principal destinatario de la carta.[38] Pablo introduce a Filemón en el asunto porque él mismo no conocía personalmente a Arquipo. Como amado colaborador de Pablo, tras la partida de Epafras, Filemón se había convertido posiblemente en el supervisor de las iglesias del valle del Lico y, según Knox, estaba radicado en Laodicea.

El punto más débil del argumento de Knox es su conclusión en el sentido de que la carta a Laodicea que se menciona en Colosenses 4:16, es la carta a Filemón. Knox piensa que Filemón recibió esta carta en Laodicea, y se esperaba que éste ejerciera su influencia sobre Arquipo en Colosas. Teniendo en cuenta que se trata de una carta casi legal, Pablo estaría emplazando también a la iglesia a intensificar la presión sobre Arquipo a fin de que éste acceda a su petición. La carta de Pablo a los Colosenses fue enviada al mismo tiempo, y en parte fue diseñada para suscitar un apoyo mayor para la petición de Pablo. Según Knox, el mandamiento de recordar a Arquipo a ocuparse de la tarea que recibió en el Señor, y llevarla a cabo (Col 4:17) alude a la petición de la carta a Filemón.

Pocos han aceptado la reconstrucción de Knox. La mayoría de los intérpretes asumen que el principal destinatario de la carta es la primera persona que se menciona en el saludo, no la última. Por otra parte es poco verosí-

---

37. Knox, *Philemon Among the Letters of Paul* [Filemón entre las cartas de Pablo], 22–23, interpreta que el uso de la preposición *peri* en el v. 10 pretende expresar el contenido de la petición.
38. El antecedente de «tu» en el v. 2, «la iglesia que se reúne en tu casa», es un tanto ambiguo. Knox sostiene que alude a Arquipo, que es el nombre propio más cercano. Lamar Cope, «On Rethinking the Philemon-Colossians Connection» [Una nueva reflexión sobre la conexión entre Filemón y Colosenses], *BibRes* 30 (1985): 46, apela a la regla gramatical de que el pronombre concuerda con su antecedente más cercano a no ser que el contexto dicte lo contrario.

mil que Pablo hablara de una carta, hasta cierto punto privada, dirigida a Filemón en Laodicea, como la carta a los laodicenses (Col 4:16). La utilización de la segunda persona del singular a lo largo de toda la carta, particularmente en la acción de gracias (Flm 4–7) y en su petición culminante (vv. 21–22a), indican que el apóstol se dirige a un amigo de confianza que tiene el poder de concederle su extraordinaria petición.

Sin embargo, Knox sí nos ayuda a ver que Filemón es una carta personal que la iglesia alcanza a oír.[39] Knox nos señala también un propósito más profundo de esta carta que se esconde entre líneas. La críptica afirmación de Pablo en el versículo 21 «te escribo confiado en tu obediencia, seguro de que harás aún más de lo que te pido», nos invita a preguntarnos qué significa este «aún más». La confianza de Pablo sugiere que el apóstol desea algo más que reconciliar a un amo y a un esclavo enemistados o conseguir que el primero abrace al segundo como a su hermano en el Señor. El que Pablo manifieste cuánto le habría gustado que Onésimo se quedara a su lado para ayudarle (v. 11), permite que Filemón entienda lo valioso que Onésimo ha llegado a ser en el servicio del Evangelio.

Posiblemente, Pablo quiere que Onésimo obtenga permiso para regresar y poder seguir ayudándole en sus necesidades, como sostiene Knox.[40] Pero el interés de Pablo nunca se centra en sus propios beneficios materiales (ver Fil 4:10–20), sino en los del Evangelio. Esta preocupación general por la causa del Evangelio dirige su petición sobre Onésimo, y el apóstol nunca identifica la causa del Evangelio con sus necesidades personales.[41] Pablo quiere que Filemón deje libre a Onésimo para que éste pueda llevar a cabo un mayor servicio en el Evangelio, ya sea que regrese junto a Pablo para servirle o no. Esto es el «aún más» (v. 21) y la «buena cosa» (v. 14; NVI «favor») que Pablo espera, pero que no se atreve a pedir.

El «corazón» de Pablo será reconfortado en Cristo cuando Filemón reciba a su (antes) insubordinado esclavo como a un hermano en el Señor (v. 20b). Sin embargo, únicamente recibirá un beneficio en el Señor si Filemón deja libre a Onésimo para el servicio del Evangelio.[42] Dados los convencionalismos y costumbres de la sociedad del tiempo de Pablo, y la forma tan res-

---

39. Sobre su significado, ver el comentario sobre el v. 2.
40. Knox, «Philemon: Introduction and Exegesis» [Filemón: introducción y exégesis], 557.
41. Esto plantea algunas preguntas sobre lo que Pablo habría hecho si Onésimo no se hubiera convertido en cristiano. Es muy poco probable que se hubiera referido a él como su corazón (v. 12) o su representante (v. 17), sin embargo solo podía pedirle a Filemón que fuera ecuánime (Col 4:1).
42. Que Filemón le readmitiera como esclavo no ofrecería ningún beneficio real para Pablo «en el Señor». El apóstol solo lo tendrá verdaderamente si Onésimo queda libre para servir al Evangelio, no solo a su amo.

petuosa en que Pablo se acerca a todo el problema, este objetivo está por encima y más allá de cualquier cosa que pudiera expresarse en voz alta. El que no exista ningún otro ejemplo de intercesión a favor de un esclavo evadido muestra lo notable de que Pablo interviniera en este caso.

Barclay sostiene que Pablo deja deliberadamente las cosas abiertas, puesto que la situación era muy extraña. Si Filemón se sentía obligado a liberar a un esclavo que se había dado a la fuga y había regresado como cristiano, ¿cuál sería entonces el mensaje para los demás esclavos? ¿Acaso no serían estimulados a procurar su libertad siguiendo su ejemplo? ¿Y qué sucedía con aquellos esclavos que ya eran cristianos y seguían siendo esclavos? ¿Es que acaso la incongruencia fundamental entre ser un hermano en Cristo y vivir como un amo y un esclavo significaba que todos debían recibir su libertad?[43] Barclay, no obstante, concluye: «atrapado en este dilema, Pablo no puede sino plantear una serie de sugerencias distintas, ninguna de ellas con la certeza de una clara instrucción, y todas dejando sin resolver la tensión central de la presente posición de Onésimo como esclavo y hermano de Filemón».[44] El dilema es real por las inevitables restricciones sociales, y Pablo hace todo lo posible por facilitar el coste que implicaba perdonar a un esclavo evadido.

Leyendo entre líneas, tengo la impresión de que a Pablo le gustaría que Onésimo fuera más que un querido hermano (v. 16) y un esclavo útil para Filemón (v. 11). El apóstol quiere que Onésimo se sume al grupo de sus colaboradores (vv. 1, 23–24). En Colosenses, Pablo deja claro que ha autorizado a Onésimo junto con Tíquico para dar a conocer a los lectores la situación de Pablo (Col 4:7–9). En otras palabras, Onésimo tiene la misma responsabilidad que Tíquico, a quien se identifica como «querido hermano [...], fiel servidor [*diakonos*] y colaborador [*syndoulos*, lit., esclavo juntamente] en el Señor». A Onésimo solo se le llama «fiel y querido hermano», pero por la carta a Filemón sabemos que ha servido (*diakoneo*) fielmente a Pablo (v. 11). Pablo dice también que Onésimo ha de ser recibido como embajador suyo («como a mí mismo», v. 17). Para que Onésimo pueda convertirse en colaborador de Pablo necesita una libertad completa de su condición de esclavo, no solo su emancipación para servir a Filemón como liberto.[45] Era posible ser esclavo y cristiano, pero no ser esclavo y misionero cristiano, que ha de hablar con denuedo y moverse libremente.[46]

43. Este tipo de cuestiones relacionadas con la esclavitud en el mundo antiguo se tratarán en la sección «Construyendo puentes».
44. Barclay, «Paul, Philemon and the Dilemma of Christian Slave Ownership» [Pablo, Filemón y el dilema de la propiedad de esclavos entre los cristianos], 183.
45. Ver más adelante la cuestión de la emancipación.
46. Desde el siglo cuarto encontramos el siguiente consejo de los Cánones Apostólicos (82) sobre la ordenación de esclavos (citado en la obra de Joseph Cullen Ayer, Jr., *A Source*

Este objetivo mitiga una parte de los problemas sociales que según Barclay suscitaría la liberación de Onésimo. Sin embargo, Pablo solo puede plantear esta petición sin precedentes en un lenguaje codificado. La carta a Filemón pone de relieve la tierna y humanitaria preocupación de Pablo por un hermano en Cristo, y la importancia que el apóstol concede a la reconciliación entre los cristianos. Este documento revela también que su deseo de propagar el Evangelio al mundo (ver Col 4:3–4) domina su pensamiento, aun en una carta hasta cierto punto privada sobre un esclavo que se ha enmendado y que está reclamado por su amo.

¿Qué sucedió después?

Lo que sucedió a continuación es algo que solo podemos conjeturar, sin embargo, puesto que esta carta fue incluida en el canon, podemos asumir que Filemón respondió positivamente a los deseos de Pablo. Si Filemón no hubiera accedido a la petición de Pablo, la carta probablemente hubiera sido omitida.

No obstante, nos gustaría saber más. Desarrollando una teoría planteada anteriormente por Goodspeed, Knox propuso la cautivadora hipótesis de que Onésimo obtuvo la libertad y, con el tiempo, se convirtió en el obispo de Éfeso que menciona Ignacio en su carta a los Efesios (1:3; 2:1; 6:1–2).[47] Ignacio fue un obispo de Antioquía que los romanos arrestaron y llevaron a Roma para ser arrojado a las fieras en la arena del circo. Tradicionalmente, este suceso se sitúa en el año 110 d.C. Camino de Roma, sus escoltas le permitieron reunirse con otros cristianos. En Esmirna, Ignacio se encontró con emisarios de las iglesias de Éfeso, Magnesia y Trales, y les entregó cartas para sus respectivas congregaciones. Si Onésimo tenía veinte años en el momento de redactarse Filemón, podría tener setenta en aquel momento.

Book for Ancient Church History [Un libro de referencia para la Historia de la Iglesia Antigua], [Nueva York: Charles Scribner's Sons, 1949], 388):

> No autorizamos que los esclavos sean ordenados a la clerecía sin el consentimiento de sus amos; puesto que ello perjudicaría a quienes son sus poseedores. Porque esta práctica ocasionaría la subversion de las familias. Pero si en cualquier momento un siervo parece digno de ser ordenado al ministerio eclesiástico, como Onésimo parece haberlo sido, y si su dueño se lo permite, y le da la libertad, y le despide libre de su casa, que sea entonces ordenado.

47. Knox, *Philemon Among the Letters of Paul* [Filemón entre las cartas de Pablo], 71–108; Ver también P. N. Harrison, «Onesimus and Philemon» [Onésimo y Filemón], *ATR* 32 (1950): 290–93. Moule considera posible esta teoría, *The Epistles to the Colossians and to Philemon* [Las epístolas a los Colosenses y a Filemón], 21; Peter Stuhlmacher, *Der Brief an Philemon*, EKKNT, 2d. ed. (Zurich/Neukirchen: Neukirchener Verlag, 1981), 19; F. F. Bruce, *The Epistles to the Colossians, to Philemon, and to the Ephesians* [Las epístolas a los Colosenses, a Filemón, y a los Efesios], 200–2.

Para defender su hipótesis, Knox localiza muchos paralelismos verbales entre la carta de Ignacio a los Efesios y la de Pablo a Filemón. Este autor concluye que Ignacio conocía la carta a Filemón y que aludió a ella deliberadamente, aunque nunca la cita de manera literal. Knox infiere que aquel que otrora fue un esclavo evadido se había convertido en obispo de una de las principales iglesias de Asia. Onésimo podría haber participado en la recopilación de las cartas de Pablo, y con ellas habría incluido esta pequeña perla, el preciado fuero de su libertad.[48]

Sentimos una curiosidad natural por conocer el desenlace de la historia y queremos creer que la intercesión de Pablo no solo fue sabia y justificada, sino que obtuvo también resultados gloriosos. La conmovedora historia de un esclavo rebelde que vio la luz espiritual por medio de un apóstol encarcelado, que se convirtió en un amado dirigente de la Iglesia, y que se encargó de recopilar y publicar las cartas de Pablo casi nos hace desear que ésta sea cierta, aunque no lo sea. No obstante, hemos de tener cuidado de que una interesante hipótesis no se convirtiera en una piadosa novela romántica cuyo poder de convicción esté en su capacidad para hacer que las lágrimas asomen a nuestros ojos. Onésimo era un nombre muy común, especialmente en Éfeso, y el mero hecho de que lo lleven tanto el obispo como el esclavo no indica necesariamente que se trate de la misma persona.[49] Martens ha mostrado que los vínculos lingüísticos entre Filemón y la carta de Ignacio a los Efesios, que es el eje de la hipótesis de Knox, no son nada sólidos cuando se los somete a un examen meticuloso. Ignacio nunca cita directamente de la carta, y los vínculos verbales son claramente fortuitos puesto que van reapareciendo a lo largo de todo el corpus ignaciano.[50]

Lo que sucedió después, como tantas otras cosas que nos gustaría saber al estudiar el Nuevo Testamento, se ha perdido en las brumas de la Historia. Sin embargo, este breve llamamiento revela algo mucho más importante: El poder del Evangelio transforma las vidas y las relaciones personales.

Procedencia

La ciudad en la que Pablo estaba confinado cuando redactó esta carta (Roma, Éfeso, o Cesarea) afecta a dos cuestiones de Filemón: a la distan-

---

48. F.F. Bruce, «St. Paul in Rome. 2. The Epistle to Philemon» [San Pablo en Roma. 2. La Epístola a Filemón], *BJRL* 48 (1965): 97.

49. El obispo podría haber tomado el nombre de Onésimo para venerar al Onésimo de la carta o por razones simbólicas (Lightfoot, Saint Paul's Epistles to the Colossians and to Philemon [Las epístolas de San Pablo a los Colosenses y a Filemón], 308–9).

50. John W. Martens, «Ignatius and Onesimus: John Knox Reconsidered» [Ignacio y Onésimo: considerar de nuevo a John Knox], *Second Century* 9 (1992): 73–86.

cia que Onésimo podía haber llegado desde el hogar de su amo en Colosas, y a la petición de Pablo a Filemón para que éste le prepare alojamiento.[51]

Quienes defienden Éfeso como lugar de redacción señalan que esta ciudad está solo a unos 180 kilómetros de Colosas y que habría sido mucho más fácil para Onésimo llegar hasta ahí que hasta Roma, a casi dos mil quinientos kilómetros de distancia, un viaje mucho más costoso y arriesgado. Como destino más cercano es mucho más lógico, en especial si Onésimo huyó a Pablo para suplicarle que intercediera ante su amo. Si esta carta se redactó durante un encarcelamiento anterior en Éfeso, Pablo no hubiera tenido que cambiar sus planes misioneros de dirigirse a España regresando hacia el Este, al valle del Lico (Ro 15:23–29).

Por otra parte, si Onésimo era un esclavo fugitivo, Roma habría sido el mejor lugar donde esconderse y cambiar de identidad, puesto que estaba abarrotado de personas de todo el Imperio. Los esclavos no se distinguían de los ciudadanos libres por su raza, forma de vestir o profesión, y era relativamente fácil mezclarse con la multitud. En *el Digesto* de Justiniano (1. 14. 3) se consigna el caso de un esclavo evadido que no solo fue capaz de pasar desapercibido, sino que ganó las elecciones como magistrado de Roma antes de ser descubierto. Si se conecta Filemón con las cartas de Pablo a los Colosenses y a los Efesios, Roma se convierte en un lugar de redacción mucho más probable que los demás.

Sentido contemporáneo de Filemón

Podemos acercarnos al significado contemporáneo de esta carta preguntándonos por qué una carta tan corta, que solo tiene 335 palabras, fue incluida en el canon. Los eruditos piensan que Pablo escribió otras muchas notas personales; ¿por qué fue preservada ésta en particular?[52] No es especialmente relevante para el desarrollo doctrinal, puesto que no contiene ninguna enseñanza teológica fenomenal. Jerónimo y otros defendieron su inclusión en el canon contra quienes consideraban que el tema estaba por

---

51. Los argumentos tradicionales los presentan G. S. Duncan, *St. Paul's Ephesian Ministry* [El ministerio de San Pablo en Éfeso], (Londres: Hodder & Stoughton, 1929), 72–73; «The Epistles of the Imprisonment in Recent Discussion» [Las Epístolas desde la cárcel en el debate actual], *ExpTim* 46 (1935–36): 296, que defienden la posición de Éfeso, y C. H. Dodd, «The Mind of Paul, II» [La mente de Pablo, II], en *New Testament Studies* (Manchester: Manchester Univ. Press, 1953), 95, que está a favor de Roma.

52. Lightfoot, *Saint Paul's Epistles to the Colossians and to Philemon* [Las epístolas de San Pablo a los Colosenses y a Filemón], 303, dice que fue «rescatada [...] de la destrucción de una correspondencia grande y diversa».

debajo de la dignidad de un apóstol, sin embargo su defensa fue más bien tibia.[53] Lightfoot explica:

> En el siglo cuarto había un fuerte prejuicio contra ella. El «espíritu de aquel tiempo» no sintonizaba ni con el tema ni con el modo de tratarlo. Igual que sucedió en épocas posteriores, se imponía un espíritu enamorado de su propia estrechez de miras que, paradójicamente, confundía con una amplitud que no le permitía descender a trivialidades como las que aquí se tratan. Su máxima parecía ser: *De minimus non curat evangelium* [«El Evangelio no presta atención a lo insignificante»]. ¿Qué trascendencia podía tener la suerte de un insignificante esclavo, muerto y enterrado tiempo atrás, para quienes tenían entre manos una virulenta batalla por el establecimiento de los credos? Esta carta no les enseñaba nada sobre cuestiones de interés teológico o disciplina eclesiástica, y por tanto no le concedían el más mínimo interés.[54]

Preiss sostiene que esta carta se preservó, pues, por una o más de las tres razones siguientes: (1) Los dirigentes de la Iglesia veneraban tanto al apóstol que querían conservar todo lo que éste había escrito; (2) Reconocieron que era «un modelo incomparable de dirección espiritual, de tacto y de amor»; (3) «Concedieron un gran valor a la manera nueva y lúcida en que Pablo se acerca y decide un asunto delicado que surge entre un amo y un esclavo cristianos».[55] Estas dos últimas alternativas son especialmente sugerentes para el significado contemporáneo de la carta.

La carta de Pablo a Filemón sirve de modelo para la compasión cristiana. En muchos sentidos, es análoga a la parábola del hijo pródigo en la que Jesús expresa el Evangelio en pocas palabras. La carta habla de fracaso, necesidad de intercesión, reconciliación, perdón y restauración. Cuando la leemos junto con la carta a los Colosenses, descubrimos que las relaciones personales son tan importantes como la doctrina. Si somos verdaderos discípulos de Cristo, nos relacionaremos con nuestros hermanos con gracia, perdón y ánimo.

Las atrocidades que se cometieron en los enfrentamientos entre hutus y tutsis en Ruanda y países limítrofes durante la última década del siglo XX son horribles y difíciles de entender. Hay una estadística sorprendente

---

53. Así fue también la de Crisóstomo y Teodoro de Mopsuestia.
54. Lightfoot, *Saint Paul's Epistles to the Colossians and to Philemon* [Las epístolas de San Pablo a los Colosenses y a Filemón], 316–17.
55. Theo Preiss, «Life in Christ and Social Ethics in the Epistle to Philemon» [La vida en Cristo y la ética social en la Epístola a Filemón], en *Life in Christ* (Chicago: Alec R. Allenson, 1954), 32.

que hace de este holocausto algo más difícil, si cabe, de comprender: «El noventa por ciento de los ruandeses son cristianos profesantes». John D. Roth expone que un responsable de InterVarsity en la región explicó que «los misioneros predicaron un evangelio que subrayaba la importancia de una correcta relación con Dios, pero no necesariamente los unos con los otros. "Esta es la razón por la que es posible formar parte del 90 por ciento de cristianos y al mismo tiempo matar en nombre de una identidad étnica," dice».[56] Filemón nos ayuda a poner las cosas en una perspectiva adecuada con su extraordinario acento en unas relaciones personales basadas en el amor y el perdón. Algunas personas creen que el cristianismo solo ha de cambiar sus creencias. Esta carta deja claro que también ha de cambiar el modo en que tratamos a las demás personas.

Esta carta, maravillosa pero desatendida, puede también darnos una nueva apreciación de Pablo como ser humano. Sitúa a Pablo en una perspectiva bastante distinta del punto de vista preponderante que ve al apóstol como un irascible y severo custodio de la verdad del Evangelio, siempre listo para combatir al infractor teológico. Vincent comenta:

> Estamos habituados a concebir al apóstol como alguien que vivía permanentemente en pie de guerra, blandiendo el acero de la lógica y rezumando siempre acalorados argumentos. Es delicioso encontrarle a gusto, capaz por un momento de relajarse, de participar en este amigable diálogo, tan lleno de libertad y hasta de jocundidad.[57]

En esta carta Pablo es, como lo expresa Johnson, «inesperadamente diplomático, urbano, hasta ingenioso», capaz de elegantes juegos de palabras.[58] El amargo sarcasmo que expresa en Gálatas 5:12 difiere drásticamente de la amable compasión del juego de palabras de Filemón 11. Dodd afirma por tanto: «Su interés principal [el de la epístola] está en la luz que arroja sobre el propio Pablo en un momento en el que éste no es ni el predicador, ni el polemista, ni el teólogo, ni la autoridad eclesiástica, sino meramente un hombre que escribe a un amigo para el bien de otro amigo».[59]

---

56. John D. Roth, «The Mennonites' Dirty Little Secret» [El pequeño y sucio secreto de los menonitas] *Christianity Today* 40/11 (7 de octubre de 1996): 48.

57. Marvin R. Vincent, *A Critical and Exegetical Commentary on the Epistles to the Philippians and to Philemon* [Un comentario crítico y exegético de las Epístolas a los Filipenses y a Filemón], 169.

58. Luke Timothy Johnson, *The Writings of the New Testament: An Interpretation* [Los escritos del Nuevo Testamento: Una interpretación], (Filadelfia: Fortress, 1986), 354.

59. C. H. Dodd, «Philemon» [Filemón], en *The Abingdon Bible Commentary*, ed. F. C. Eiselen, E. Lewis, y D. G. Downey (Nueva York/Nashville: Abingdon, 1929), 1292.

La imagen de Pablo como alguien siempre dispuesto a batirse el cobre, decidido a borrar a sus oponentes del mapa teológico, un elefante en una cacharrería eclesiástica es, ciertamente, distorsionada. En esta carta tenemos un atisbo más claro del verdadero Pablo, que sin duda está más en sintonía con las sensibilidades norteamericanas. No transmite la imagen del apóstol perfectamente sabio y autoritario que la gente piensa que es. No plantea exigencias y hace lo imposible por ayudar a otros a obrar correctamente, sin ofenderles.

Jewett llega al extremo de argumentar que nuestra imagen de Pablo como guerrero intelectual se debe a un legado europeo que ha proyectado su propio estilo erístico (el gusto por la disputa) sobre Pablo. Le llama «el Pablo *eurocéntrico*: pintado con sangre».[60] Esta actitud interpreta todas las cartas de Pablo como «expresiones de combate teológico», caracterizado por un estilo de lucha «sin concesiones ni misericordia». Pero esta imagen, que ve la intensa disputa de Gálatas en casi todas las cartas de Pablo, reduce o ignora ciertos datos que muestran a un Pablo que intenta encontrar un terreno común, tolera distintos puntos de vista, es tierno como una nodriza (1Ts 2:7; ver 1Co 4:20; Gá 4:19–20), y es considerado por algunos como excesivamente manso (2Co 10:1).[61] En la carta a Filemón encontramos a un Pablo que ve lo mejor en un esclavo evadido y en un airado amo y que sabe que el Evangelio echa raíces y se extiende cuando las personas se unen en Cristo.

---

60. Jewett adopta sus imágenes literarias de Stuart Miller, a quien cita (*Paul: The Apostle to America* [Pablo: apóstol a los Estados Unidos], 7; citando a Miller *Painted in Blood*: Understanding Europeans [Pintado en sangre: entender a los europeos], [Nueva York: Atheneum, 1987], 224):

>   «Una y otra vez he descubierto que bajo las refinadas apariencias de la cultura, si se escucha con suficiente atención es fácil oír entre los europeos el crujido de las armas contra los escudos, el estrépito de la egotista maza sobre el pesado peto, el cruel astillarse de una lanza y los jadeos de las tropas en sus repliegues: el trasiego del conflicto armado de los egos sociales que pugnan incesantemente buscando espacio y dominación».

61. Jewett, *Paul: The Apostle to America* [Pablo: el apóstol a los Estados Unidos], 3–12.

Apéndice

Dados los paralelismos entre la carta de Plinio el Joven a Sabiniano y la carta de Pablo a Filemón, es habitual que los comentarios a Filemón incluyan la intercesión de Plinio el joven ante Sabiniano por el liberto que había recurrido a él para pedirle su intervención. Plinio tuvo una próspera trayectoria legal y administrativa durante los reinados de Domiciano, Nerva y Trajano. Es famoso por sus cartas personales cuidadosamente estructuradas, que nos revelan las costumbres, perspectivas y actividades de la clase alta romana:[62]

> A Sabiniano
>
> Tu liberto, de quien últimamente me dijiste que te había desagradado, ha estado conmigo; se arrojó a mis pies y se agarró a ellos expresando la misma sumisión que te habría mostrado a ti. Me pidió de todo corazón, con muchas lágrimas, y hasta con la elocuencia de una silenciosa angustia, que interceda por él; en pocas palabras, me convenció por todo su comportamiento, de que se arrepiente sinceramente de su falta. Y estoy convencido de que está completamente reformado, porque parece del todo consciente de su delito.
>
> Sé que estás indignado con él, y sé también que tienes buenas razones para ello; sin embargo, nunca puede la clemencia ejercerse con mayor mérito, que cuando el resentimiento está más justificado. En otro tiempo tuviste un aprecio por ese hombre y, espero, que se lo tendrás de nuevo: entretanto, permíteme solo insistir en que le perdones. Si en el futuro vuelve a incurrir en tu desagrado, tendrás tanta más razón para tu enfado, si ahora te muestras más condescendiente para con él. Ten en cuenta su juventud, sus lágrimas, y tu benignidad natural de carácter: no le dejes en su inquietud por más tiempo, y añadiría también, que tampoco tú sigas en tu desasosiego; un hombre de tu benevolencia de corazón no puede indignarse sin sentir un gran malestar.
>
> Temo que si uniera mis súplicas a las suyas, parecería presionarte más que suplicarte que le perdones. Pero no me importaría hacerlo; y lo haría sin dudas y con toda libertad, puesto que le he reprendido con mucho rigor y severidad, amenazándole positivamente con no volver a interceder de nuevo a su favor. Sin embargo, aunque era propio decirle

---

62. Ver Plinio, *Epístolas* 9.21 (encontrado en LCL 2:220–23).

esto, para poner en él un mayor temor de ofender, no te lo digo a ti. Puede que de nuevo tenga ocasión de suplicarte por él, y obtener de nuevo tu perdón; suponiendo, quiero decir, que su error requiera mi intercesión, y tu perdón.
Adiós.

La respuesta a esta exhortación fue favorable, y Plinio escribe de nuevo a Sabiniano para expresar su satisfacción:[63]

Apruebo en gran manera que, guiado por mi carta, hayas recibido de nuevo a tu familia y favor a un liberto a quien en otro tiempo admitiste para que compartiera tu satisfacción. Ello te reportará, no tengo duda, una gran satisfacción. Ciertamente, al menos ha sido así para conmigo, porque lo que has hecho es una prueba de que puedes dejarte guiar en tu enfado, y también un ejemplo de la consideración que me tienes, ya sea para obedecer mi autoridad o para rendirte a mis súplicas. Acepta, pues, al mismo tiempo tanto mi enhorabuena como mi gratitud. Por otra parte, he de aconsejarte que en el futuro seas misericordioso para con los siervos descarriados, aunque no haya nadie que interceda a su favor. Adiós.

La exhortación de Plinio difiere de la de Pablo, primero, en que Plinio intercede a favor de un liberto, no un esclavo, que ha incurrido en la ira de su patrón. Existen otras diferencias. Plinio hace hincapié en la justificable ira que el amo siente hacia su liberto. Subraya la contrición del liberto y su abatimiento al pedir perdón. Plinio cuenta también la severidad con que reprendió al infractor y sus amenazas con un castigo futuro. El liberto fue puesto en su lugar dentro del sistema de castas. Por último, Plinio hace un llamamiento a la misericordia y el perdón.

Pablo hace un llamamiento sin precedente para un esclavo que, en mi opinión, se había dado a la fuga: una ofensa mucho mayor. Sin embargo, no dice nada de ira, penitencia, o amenazas. El apóstol no dice que Onésimo haya aprendido la lección y que ahora acepta su servil condición social en la vida y que a partir de ahora adoptará una actitud sumisa. Pablo insiste en que sea recibido como un hermano en Cristo y un igual para Pablo. Tanto Plinio como Pablo plantean llamamientos de carácter humanitario. Sin embargo, solo uno de ellos está gobernado por valores y motivos cristianos.

---

63. Plinio, *Epístolas* 9.24 (encontrado en LCL 2:228–31).

Bosquejo de Filemón

I.   Salutación (1–3)

II. Acción de gracias (4–7)

III. Cuerpo principal (8–18)

   A. La primera mención de Onésimo (8–12)

   B. El deseo no cumplido de Pablo de que Onésimo siga con él (13–14)

   C. Petición de recibir a Onésimo como a un hermano (15–16)

   D. Una petición respaldada por la solemne promesa de Pablo (17–18)

IV. Conclusión (19–25)[1]

---

1. Jeffrey A.D. Weima, *Neglected Endings: The Significance of the Pauline Letter Closings* [Finales descuidados: relevancia de las conclusiones epistolares paulinas], (Sheffield: JSOT, 1994), 231, sostiene convincentemente que la conclusión comienza con el autógrafo (ver Gá 6:11–18) y recapitula el propósito de la carta.

Bibliografía Selecta sobre Filemón

Nota: En la bibliografía de Colosenses hay una lista de Comentarios a Filemón que se combinan con Comentarios sobre Colosenses.

Buttrick, George A., «Philemon: Exposition» [Filemón: Exposición], en *The Interpreter's Bible*. Ed. G. Buttrick. Nashville: Abingdon, 1955, 11:555–73.

Dodd, C.H. «Philemon» [Filemón], en *The Abingdon Bible Commentary*. Ed. F.C. Eiselen, E. Lewis, y D.G. Downey., Nueva York/Nashville: Abingdon, 1929, 1292–94.

Donfried, Karl P., y I. Howard Marshall. *The Theology of the Shorter Pauline Letters* [La teología de las cartas paulinas más breves], Cambridge: Cambridge Univ. Press, 1993.

Kim, Chan Hie. *Form and Structure of the Familiar Greek Letter of Recommendation* [Forma y estructura de la carta griega de recomendación familiar] Missoula:, Mont.: SBL, 1972.

Knox, John. *Philemon Among the Letters of Paul* [Filemón entre las cartas de Pablo], Ed. Rev. Nueva York/Nashville: Abingdon, 1959.

_____. «Philemon: Introduction and Exegesis» [Filemón: Introducción y exégesis] en *The Interpreter's Bible*. Ed. G. Buttrick. Nashville: Abingdon, 1955, 11:555–73.

Peterson, Norman R. *Rediscovering Paul: Philemon and the Sociology of Paul's Narrative World* [Redescubrir a Pablo: Filemón y la sociología del mundo narrativo de Pablo], Filadelfia: Fortress, 1985.

Vincent, Marvin R., *A Critical and Exegetical Commentary on the Epistles to the Philippians and to Philemon* [Un comentario crítico y exegético de las Epístolas a los Filipenses y a Filemón], ICC. Edimburgo: T. & T. Clark, 1897.

Wansick, Craig S. *Chained in Christ: The Experience and Rhetoric of Paul's Imprisonments* [Encadenado en Cristo: experiencia y retórica de los encarcelamientos de Pablo], JSNTSup 130. Sheffield: Sheffield Academic Press, 1996.

Filemón 1-7

Pablo, prisionero de Cristo Jesús, y el hermano Timoteo, a ti, querido Filemón, compañero de trabajo, 2 a la hermana Apia, a Arquipo nuestro compañero de lucha, y a la iglesia que se reúne en tu casa: 3 Que Dios nuestro Padre y el Señor Jesucristo les concedan gracia y paz. 4 Siempre doy gracias a mi Dios al recordarte en mis oraciones, 5 porque tengo noticias de tu amor y tu fidelidad hacia el Señor Jesús y hacia todos los creyentes. 6 Pido a Dios que el compañerismo que brota de tu fe sea eficaz para la causa de Cristo mediante el reconocimiento de todo lo bueno que compartimos. 7 Hermano, tu amor me ha alegrado y animado mucho porque has reconfortado el corazón de los santos.

Sentido Original La breve carta de Pablo a Filemón sigue el típico formato de las cartas de la Antigüedad. Comienza con el nombre del escritor, seguido a continuación por el nombre de los destinatarios, y un saludo. Inmediatamente después le sigue el cuerpo de la carta. Al final, Pablo adjunta unos comentarios finales y más saludos, en esta ocasión de sus colaboradores, para terminar con otra breve salutación.

La salutación (1-3)

Pablo comienza su llamamiento a Filemón identificándose como prisionero de Cristo Jesús, la única ocasión en que el apóstol utiliza este epíteto en alguna de sus salutaciones. Es posible que simplemente pretenda informar a Filemón de su situación personal.[1] Pero es también posible que desee suscitar la compasión de sus lectores.[2] La carta contiene frecuentes menciones de su encarcelamiento (ver vv. 9, 10, 13, 23; ver también Ef 3:1; 4:1; Fil 1:7, 13, 14, 17; Col 4:18), y la imagen de un querido amigo encadenado con grilletes por la causa de Cristo habría tenido un efecto emocional.[3]

Algunos sostienen, no obstante, que Pablo utiliza la expresión «prisionero de Cristo Jesús» como título de honor, casi como si formara parte de su nombre. Sea o no correcto este último punto de vista, Pablo habría apreciado el doble significado de la expresión. Aunque el apóstol está ahora físicamente encadenado por causa de su trabajo por Cristo, no obstante, de

---

1. Ver, O'Brien, *Colossians, Philemon* [Colosenses y Filemón], 194.
2. Ver Dunn, *The Epistles to the Colossians and to Philemon* [Las epístolas a los Colosenses y a Filemón], 311.
3. Respecto al uso de cadenas en los encarcelamientos, ver la obra de Brian Rapske, *The Book of Acts and Paul in Roman Custody* [El Libro de los Hechos y Pablo en la custodia romana], (Grand Rapids: Eerdmans, 1994), 25-28, 31, 206-9.

manera metafórica, ha sido ya durante años prisionero de Cristo (ver 2Co 2:14–17; Fil 3:12–13). El amor de Cristo le constriñe mucho más que las esposas que ahora le inmovilizan. Es prisionero de Cristo, no de César.

Personalmente cuestionaría la idea de que, en su condición de prisionero, Pablo tuviera intención de apelar a algún alto cargo de la administración penitenciaria para dar mayor autoridad a su mensaje de que los receptores han de obedecerle.[4] Por el contrario, su encarcelamiento es algo que otros pueden considerar como causa de vergüenza (ver Fil 1:12–18; 2Ti 1:8).[5] Lo más probable es que el apóstol se identifique como prisionero para eliminar cualquier cuestión de poder antes de hacer su petición. Lutero defendió que Pablo no utiliza la fuerza o compulsión «a que tendría derecho; pero renuncia a sus derechos de coaccionar a Filemón para que abandone a los suyos».[6] El apóstol rebaja su propia posición y fomenta la de Filemón antes de pedirle algo que pueda amenazar el prestigio de su amigo ante la sociedad en general. Por su condición de preso, Pablo comparte la alienación social de los esclavos; por otra parte, sus cadenas le identifican también con los esclavos más levantiscos a quienes solía encadenarse para evitar que escaparan.[7] Por consiguiente, el apóstol apela a Filemón como a un amigo en circunstancias difíciles, no como a su guía espiritual.

Como primera persona que se enumera en la salutación, la mayoría asume que Filemón es el principal destinatario de la carta. Puesto que Onésimo procede de Colosas (Col 4:9), Filemón ha de vivir también en Colosas, y como anfitrión que acoge a una iglesia en su casa, ha de ser relativamente acomodado. No sabemos cómo conoció Pablo a Filemón. Es posible que fuera durante un viaje de negocios de Filemón a Éfeso. Sea como sea, Pablo le considera colaborador suyo, un título que otorga a quienes comparten la misma tarea misionera que Pablo.[8] Acerca de los términos, «querido amigo

---

4. Ver el trabajo de Lohse, *Colossians and Philemon* [Colosenses y Filemón], 189, quien sostiene que el coste personal de su encarcelamiento por el Evangelio «le permite hablar a la comunidad con una mayor autoridad». En mi opinión, esta forma de interpretación entiende mal la carta.

5. Al parecer, los escribas de un periodo posterior que enmendaron el texto para que dijera «apóstol» (D*) o «esclavo» (323, 945) no atribuyeron honor alguno al título, «prisionero de Cristo».

6. Martín Lutero, «Preface to the Epistle of Saint Paul to Philemon» [Prefacio a la Epístola de San Pablo a Filemón], en *Luther's Works* (Filadelfia: Fortress, 1960), 35:390.

7. Andrew Wilson, «The Pragmatics of Politeness and Pauline Epistolography: A Case Study of the Letter to Philemon» [La Pragmalingüística de la cortesía y la epistolografía paulina: un estudio de la carta a Filemón], *JSNT* 48 (1992): 113, sostiene que Pablo pretende «subrayar su situación como prisionero y de ahí, por analogía, su solidaridad social con Onésimo».

8. Entre los demás colaboradores de Pablo mencionados están Prisca y Aquila (Ro 16:3); Urbano (16:9); Epafrodito (Fil 2:25); Evodia, Síntique y Clemente (Fil 4:3); Aristarco, Marcos, y Jesús Justo (Col 4:11); y Epafras, Demas, y Lucas (Flm 24).

y colaborador» Teofilacto comentó con agudeza: «Como amado le concederá el favor; como colaborador, no retendrá para sí el esclavo, sino que lo enviará de vuelta para el servicio de la predicación».[9]

A Timoteo, coautor de la carta, se le identifica simplemente como «el hermano» (v. 1), y a Apia como «la hermana». Se trata de palabras que en el Nuevo Testamento se usan normalmente para aludir a los cristianos (ver Ro 16:1; 1Co 7:15; 9:5; Stg 2:15).[10] Es probable que Apia sea la esposa de Filemón. Como *paterfamilias*, Filemón tenía autoridad absoluta sobre las demás personas de su casa, y Pablo solo ha de tratar con él. Sin embargo, puesto que las esposas se encargaban de la gestión del hogar, Apia tendría algo que decir con respecto a su esclavo. Apia ha de ser también convencida de que este es el curso de acción correcto.[11]

La mayoría ha asumido que Arquipo es hijo de Filemón y Apia. Houlden descarta esta posibilidad como una leyenda que sirve para suplir la ausencia de evidencia histórica.[12] Si Arquipo no es miembro de la familia de Filemón, el título «compañero de lucha» sugiere que está activo en cierto ministerio para la Iglesia. Pablo utiliza el mismo término para referirse a Epafrodito en Filipenses 2:25, quien arriesgó su vida para cumplir su misión y ayudar a Pablo. La imagen alude más a cuestiones de «dedicación y disciplina» que a «una conducta feroz y belicosa».[13] Arquipo es un recluta que sirve a un Rey mucho más noble que los centinelas designados para custodiar a Pablo. Caird conjetura que Arquipo ejercía un papel de liderazgo en la iglesia, quizá como sustituto de Epafras, puesto que Pablo le menciona en Colosenses 4:17.[14] No podemos saberlo con certeza.

Pablo se dirige también a «la iglesia que se reúne en tu casa».[15] Esto significa que la carta no es una nota exclusivamente privada dirigida a

---

9. Citado por Vincent, *A Critical and Exegetical Commentary on the Epistles to the Philippians and to Philemon* [Un comentario crítico y exegético de las Epístolas a los Filipenses y a Filemón], 176.
10. El término «hermano» y «hermana» en griego solo se distinguen por la terminación (masculina, *adelphos*, o femenina, *adelphe*).
11. En la novela *La cabaña del tío Tom*, la muerte de su hija Eva llevó a Agustin St. Clare a leer la Biblia y a tomar la decisión de liberar a todos sus esclavos. St. Clare murió antes de poder poner en práctica sus planes, y su viuda no estaba dispuesta a llevar a cabo tal liberación. En lugar de ello, envió a Tom a la subasta de esclavos.
12. Houlden, *Paul's Letters from Prison* [Las cartas de Pablo desde la prisión], 228.
13. Dunn, *The Epistles to the Colossians and to Philemon* [Las epístolas a los Colosenses y a Filemón], 312.
14. Caird, *Paul's Letters from Prison* [Las cartas de Pablo desde la prisión], 214. Los tres términos *colaborador, hermana* y *compañero de lucha* no implican necesariamente el desempeño de distintas funciones en la Iglesia.
15. El «tu» en griego está en singular, «tu casa», y se refiere a Filemón. Se mencionan otras congregaciones domésticas en Hechos 5:42; Romanos 16:5; 1Corintios 16:19;

Filemón; en el llamamiento se incluye a toda la iglesia. ¿Por qué se dirige Pablo a toda la iglesia en algo que a nosotros nos parece un asunto privado? Podría argumentarse que al hacerlo Pablo intensifica sutilmente la presión sobre Filemón para que éste cumpla con su petición.[16] Personalmente creo que la explicación está en otro asunto. Pablo ve que se entrecruzan los dos hogares de Filemón, el natural y el espiritual. Por consiguiente, toda la iglesia, no solo su amo, ha de aceptar a Onésimo, especialmente si a Pablo le gustara que gozara de libertad de movimientos para el ministerio.[17] La huida del esclavo fue un acto de deslealtad y puso en peligro la armonía y el bienestar de la familia en que vivía; ahora necesita, pues, su perdón, bienvenida y apoyo espiritual. Por consiguiente, han de saber también lo que le ha sucedido desde su partida y aceptarle de vuelta como a un hermano.

En este contexto, las palabras del saludo de Pablo, «gracia [...] y paz», cobran nuevo sentido. Le recuerdan a Filemón que ha experimentado ya la Gracia de Dios por medio de Jesucristo. Ahora se espera que sea él quien extienda su gracia a un esclavo, hoy hermano en la fe, que le ha agraviado. Si lo hace, conocerá la paz de Dios y del Señor Jesucristo de un modo más completo. La paz no aparece como llovida del cielo; los cristianos han de construirla. Filemón tiene una oportunidad, excepcional, pero difícil, de hacer precisamente esto.

Acción de gracias de Pablo por Filemón (4–7)

Pablo invertía una importante cantidad de su tiempo diario en la oración, dando gracias por todas las iglesias, colaboradores y benefactores, e intercediendo por todos ellos. El apóstol hace saber a Filemón que ora por él, así como la base de su acción de gracias a Dios. En la frase «tu amor y tu fidelidad hacia el Señor Jesús y hacia todos los creyentes», el posesivo «tu» está

Colosenses 4:15. Véase Robert Banks, *Paul's Idea of Community: The Early House Churches in Their Historical Setting* [La idea de comunidad de Pablo: las primeras congregaciones en casas en su escenario histórico] (Grand Rapids: Eerdmans, 1980); y V. Branick, *The House Church in the Writings of Paul* [La iglesia doméstica en los escritos de Pablo] (Wilmington, Del.: Michael Glazier, 1989). Dunn, *The Epistles to the Colossians and to Philemon* [Las epístolas a los Colosenses y a Filemón], 313, sugiere que Pablo no se dirige a ellos como a «los santos en Colosas» (como en Col 1:2) porque la iglesia que se reunía en casa de Filemón no era la única de la ciudad, o porque la carta iba dirigida únicamente a ellos.

16. Ver la obra de Peterson, *Rediscovering Paul* [Redescubrir a Pablo], 99–102. Pero el enjuiciamiento de un esclavo evadido competía únicamente al tribunal doméstico de su amo. El propietario legal del esclavo presidía como juez soberano, y su decisión era ley.

17. Wall, *Colossians and Philemon* [Colosenses y Filemón], 215, observa que si Filemón responde como lo espera Pablo, Onésimo «pasará a ser miembro de la congregación, en igualdad de condiciones con todos los demás de la casa en la que otrora sirviera como esclavo».

en singular e indica que Pablo solo manda sus observaciones a Filemón, el único que tenía poder para concederle su petición. Pablo no está intentando ablandar a Filemón con elogios antes de sacar a colación el tema de la posición de Onésimo. Normalmente, el apóstol expresa acciones de gracias en sus cartas (Ro 1:8–9; 1Co 1:4; Fil 1:3–5; Col 1:3–4; 1Ts 1:2–3; 2 Ts 1:3–4; 2Ti 1:3–5). Su tributo a Filemón por su fe y amor es idéntico al elogio que dirige a todos los colosenses (Col 1:4).[18]

En el texto griego, el orden de las palabras del versículo 5 dice literalmente: «el amor y la fe que tienes por (*pros*) el Señor y para (*eis*) todos los santos». Estas forman un quiasmo:

A el amor
　B la fe
　　C que tienes
　B´ hacia el Señor Jesús
A´ y para con todos los santos

Puesto que esta manera de expresar los pensamientos no nos es familiar, la NVI toma la acertada decisión de aclarar que la fe se dirige a Jesucristo y el amor a los santos, evitando así la confusión que podría surgir.[19] No obstante, este quiasmo muestra lo estrechamente entretejida que está la fe en el Señor Jesús y el amor por los demás. La fe en Cristo es la fuerza para el amor hacia los demás, y ambas juntas hacen uno al cristiano. La ausencia de fe en Cristo o de amor hacia los demás convierten cualquier profesión cristiana en una letal mentira (ver 1Jn 3:10). Pablo observa que el amor de Filemón tiene como objeto a todos los santos. No hay discriminación, lo cual sugiere que los esclavos en Cristo no están excluidos de él.

En las cartas de Pablo la primera acción de gracias contiene siempre un bosquejo abreviado de lo que seguirá en la carta, y Filemón no es una excepción. Siete de las palabras consignadas en los versículos 4–7 reaparecen posteriormente en la carta: «amor» (vv. 5, 7, 9, 16); «oraciones» (vv. 4, 22); «compañerismo», «compartir» (vv. 6, 17); «lo bueno» (vv. 6, 14 [«favor», NVI]); «corazón» (vv. 7, 12, 20); «reconfortar» (vv. 7, 20); «hermano» (vv. 7, 20). Filemón tiene un expediente ejemplar por mostrar

---

18.　Dunn, *The Epistles to the Colossians and to Philemon* [Las epístolas a los Colosenses y a Filemón], 316, comenta: «Al menos en este caso la técnica retórica de las cartas paulinas [...] no parece ser ni artificial ni meramente manipuladora, sino una exagerada expresión de genuino respeto y consideración».

19.　Se corresponde con la acción de gracias de Colosenses, 1:4: «hemos recibido noticias de su fe en Cristo Jesús y del amor que tienen por todos los santos». Ver también Ef 1:15, «la fe que tienen en el Señor Jesús y del amor que demuestran por todos los santos». Otras opciones ignoran el quiasmo y entienden que «fe» significa «fidelidad» o «lealtad» hacia Cristo y los santos, o la entienden como «confianza» en Cristo y los santos.

amor y ayuda a sus hermanos en la fe, lo cual le da a Pablo la confianza para pedirle que lo haga de nuevo por otro cristiano.[20] Se trata de un creyente, Onésimo, que ha causado a Filemón un perjuicio personal. Sin embargo, también él se ha convertido en un hermano y, más aún, ha llegado a formar parte del «corazón» de Pablo (v. 12). Pablo languidece en su encarcelamiento, y su «corazón» necesita ahora el reconfortante bálsamo de su compañero, Filemón.

En el versículo 6 Pablo pasa de la acción de gracias a una oración intercesora.[21] Todas las cartas paulinas contienen versículos que dejan perplejos a los intérpretes, y lo que Pablo pretende decir en este versículo es bastante oscuro. Se ha propuesto una desconcertante serie de opciones, y algunos pierden cualquier esperanza de entender plenamente lo que Pablo quiere decir. El texto dice literalmente: «para que tu compartir de la fe ["tu" puede ir con "compartir" o con "fe"] pueda hacerse activo en el reconocimiento de todo el bien que está en nosotros hacia Cristo». Uno se pregunta si tras esta forma de expresarse tan imprecisa subyace el extremado cuidado de Pablo que conduce a la mención de Onésimo. Los problemas exegéticos se centran en el significado de las expresiones «el compartir [comunión] de tu fe» (*he koinonia tes pisteos sou*), «todo el bien/lo bueno» (*pantos agathou*), y «hacia Cristo» (*eis Christon*).[22]

Respecto a la frase «la *koinonia* de tu fe», Pablo utiliza en ocasiones el sustantivo *koinonia* para aludir a un caritativo don para los demás (2Co 9:13; Fil 1:5 [4:15–16]; cf. Heb 13:16). La expresión «el compartir de tu fe» podría entonces aludir a la generosidad de Filemón que surge de su fe. Por regla general, cuando a la palabra *koinonia* le sigue un genitivo que hace referencia a una persona, significa «comunión» (ver 1Co 1:9; 2Co 13:13).[23] La expresión podría aludir a la comunión creada por la fe. Sin embargo, cuando el término *koinonia* va seguido de un sustantivo impersonal en genitivo, normalmente quiere decir «participación» o «prorrateo» (ver 2Co 8:4; Fil 3:10). La traducción de la NIV recoge correctamente este significado.

---

20. ¿Es acaso posible que Pablo hubiera oído hablar a Onésimo del amor de Filemón hacia los santos?

21. En el texto griego no aparece la palabra «pido», pero se añade para mostrar que depende del versículo 4, no del 5.

22. Harald Riesenfeld, «Faith and Love Promoting Hope: An Interpretation of Philemon v. 6» [Fe y amor que fomentan la esperanza: una interpretación de Filemón v. 6], en *Paul and Paulinism*, ed. Morna D. Hooker y Stephen G. Wilson (Londres: SPCK, 1982), 251–57, ofrece una excelente exposición de las distintas opciones.

23. Filipenses 1:5 es una excepción, porque está determinada por la expresión «en el Evangelio», no por el pronombre.

Sin embargo, al traducir «para que puedas ser activo al compartir tu fe», la NIV transmite una idea errónea. Pablo no pide éxito para la tarea evangelizadora o pastoral de Filemón. La frase no alude a dar testimonio a quienes no tienen fe; su sentido es más bien compartir la misma fe con otros creyentes. A lo que Pablo hace referencia es a la «reciprocidad de la vida cristiana que brota de una común participación en el cuerpo de Cristo».[24] La NEB recoge mejor el significado: «tu comunión con nosotros en la común fe». La fe que compartimos en Cristo tiene un carácter vinculante y nos une a otros que comparten nuestra misma experiencia de la fe. Pablo está orando para que Filemón crezca en la fe que comparte con él y con los demás cristianos, entre ellos Onésimo. Esta fe compartida será la base de su llamamiento.

La expresión «sea activo [eficaz. NVI]» no presenta dificultades: participar en la fe significa llegar a ser productivo en la promoción de un conocimiento completo. La palabra conocimiento (*epignosis*) hace referencia al discernimiento moral, que sabe lo que es importante (ver Col 1:9–10; 2:2). Para que sea de algún valor, este conocimiento ha de traducirse en acción, no ser algo que meramente se posee.[25] La Iglesia conoce y confiesa que a «Dios le agradó habitar en él [Cristo] con toda su plenitud y, por medio de él, reconciliar consigo todas las cosas, tanto las que están en la tierra como las que están en el cielo, haciendo la paz mediante la sangre que derramó en la cruz» (Col 1:19–20). La Iglesia solo puede ser testimonio visible de la reconciliación del mundo con Dios efectuada por Cristo si sus miembros disciernen activamente la voluntad divina para sus vidas y la aplican a sus relaciones personales con los demás creyentes y con los seres humanos en general.

No obstante, existen varios factores sociales que pueden inclinar a Filemón a tomar una decisión errónea. Si claudica ante un esclavo evadido, incurrirá en el desprestigio de la sociedad. Es posible que Filemón gozara de cierta posición social, una posición que podía perder si se extendía su reputación de ser blando con los esclavos. También debería de soportar el coste económico de liberar a un esclavo y de enfrentarse a un posible alboroto de toda su familia por su extrema (y costosa) indulgencia. Tomar la decisión correcta requiere un extraordinario ejercicio de fe, amor y conocimiento.

La expresión «todo lo bueno» hace referencia a toda buena obra. Moule sostiene que, por regla general, lo bueno alude a algo «que se hace o lleva a

24.   Wright, *Colossians and Philemon* [Colosenses y Filemón], 175.
25.   Lightfoot, *Saint Paul's Epistles to the Colossians and to Philemon* [Las epístolas de San Pablo a los Colosenses y a Filemón], 336. Riesenfeld, «Faith and Love Promoting Hope» [Fe y amor que fomentan esperanza: una interpretación de Filemón v. 6] 253, comenta: «El resultado y recompensa de la fe manifestándose en obras del amor es un entendimiento cabal».

cabo (como en el v. 14), más que a una posesión u objeto de conocimiento».[26] En el versículo 14 Pablo clarifica lo que quiere decir con «lo bueno»: «Sin embargo, no he querido hacer nada sin tu consentimiento, para que tu favor [lit., bien] no sea por obligación sino espontáneo». En el contexto inmediato, entonces, Pablo relaciona lo bueno con la concesión de su petición con respecto a Onésimo.[27]

La NIV traduce la última expresión del versículo 6 como «todo lo bueno que tenemos en Cristo», haciendo referencia a lo que los cristianos tienen en sentido general. Es más probable que la expresión *eis Christon* exprese un objetivo «para Cristo» (ver nasb, nrsv, jb).[28] Cristo es el objeto último de la esperanza cristiana y la meta final de la vida del creyente.[29]

Con esta enigmática oración, que yo traduzco «pido que tu participación en la fe pueda ser activa en el conocimiento de todas las buenas obras que están en nosotros [que podemos realizar] para Cristo», Pablo prepara a Filemón para lo que va a pedirle. Pretende confiar la decisión sobre Onésimo al discernimiento moral de Filemón. Su comunión en la fe debe llevarle a expresar nuevamente su amor y generosidad recibiendo a Onésimo y emancipándole para la obra del Evangelio.

El versículo 7 nos da la razón de la acción de gracias y el optimismo de Pablo. La pasada benevolencia de Filemón para con sus hermanos, muestra que es un hombre lleno de compasión cristiana, y su pasada generosidad alienta a Pablo para plantear una audaz petición por Onésimo.[30] El apóstol

---

26. Dunn, *The Epistles to the Colossians and to Philemon* [Las epístolas a los Colosenses y a Filemón], 143.

27. Lohse, *Colossians and Philemon* [Colosenses y Filemón], 194, y Riesenfeld, «Faith and Love Promoting Hope» [Fe y amor que fomentan la esperanza: una interpretación de Filemón v», 255–56, Defiende enérgicamente que se refiere al contenido de la esperanza cristiana, la salvación que se ofrece en la predicación de que Dios está obrando en nosotros. Lohse comenta: «Si Filemón reconoce 'lo bueno' que Dios nos ha dado y que por consiguiente está 'en nosotros' […] también comprenderá la voluntad de Dios y prestará atención a la amonestación del apóstol […]» Riesenfeld ve el versículo 6 como un paralelismo con Ef 1:17–19. Entiende que «todo lo bueno que compartimos» se corresponde con «la riqueza de su gloriosa herencia entre los santos» (Ef 1:18) y observa la utilización de expresiones similares en Ro 8:28; Heb 9:11; 10:1 (p. ej., «los bienes venideros»).

28. La palabra «compartimos» (o «tenemos» NIV) pueden también aludir a Pablo y su obra, que es el sentido que adopta la nrsv: «Pido que la participación de tu fe pueda llegar a ser efectiva cuando te des cuenta de todo lo bueno que podemos llevar a cabo por Cristo». Véase Knox, «Philemon: Introduction and Exegesis» [Filemón: Introducción y exégesis], 564–65.

29. Riesenfeld, «Faith and Love Promoting Hope» [Fe y amor que fomentan la esperanza: una interpretación de Filemón v], 257.

30. Con el uso del tiempo perfecto se hace referencia a algo que el apóstol había hecho en el pasado y que tenía resultados permanentes.

se regocija porque confía en que alguien que ha demostrado un amor así e impartido tal gozo no se negará a conceder sus súplicas.

Construyendo **Por regla general, en el estudio y predicación de
*Puentes*** las cartas de Pablo las secciones que contienen
sus salutaciones y acciones de gracias se suelen
considerar con suma rapidez. Sin embargo,
éstas merecen una cuidadosa atención. La salutación de Filemón es particularmente instructiva, puesto que Pablo se dispone a pedirle a su querido
amigo que haga algo totalmente inaudito mostrando una generosidad sin
precedente.

La salutación y acción de gracias introductorias refuerzan la relación de
Pablo con Filemón y rememoran la vital relación de éste último con otros
hermanos y hermanas de la iglesia. Filemón tiene una bien merecida reputación de bondad y generosidad por haber reconfortado el corazón de los
santos. Pero la salutación revela también que Pablo cree que nuestra bondad
ha de ser estimulada por una solidaria comunidad de cristianos que creen
activamente. El apóstol dirige a toda la iglesia que se reúne en casa de
Filemón esta carta sobre un asunto cuya jurisdicción legal le atañe exclusivamente a él como amo. Pablo espera que la iglesia escuche también los
pormenores de esta petición de carácter privado. El apóstol entiende que
las decisiones morales individuales afectan a toda la comunidad de fe y al
parecer asume que el mejor modo de tomar decisiones éticas es en un contexto de fe comunitaria.

Al dirigir una carta aparentemente «privada» a toda la iglesia, Pablo
insinúa que esta tiene algo que decir en las relaciones personales y decisiones comerciales que podemos considerar como estrictamente particulares. Nuestra sociedad valora mucho el individualismo, y a la mayoría de
nosotros no nos gustaría que a nuestra iglesia se le permitiera oír el contenido de una correspondencia supuestamente personal que tratara sobre la
forma en que hemos de administrar nuestros bienes o reconciliarnos con
otra persona. Es muy probable que nos sintiéramos ofendidos por considerarlo una injerencia no deseada y una invasión de nuestra privacidad.
Nuestra cultura nos anima a considerar la religión como una cuestión puramente privada, que no tiene por qué tolerar ninguna interferencia o autoridad externa.

Pablo veía las cosas de manera distinta. Daba por sentado que los cristianos vivían y actuaban dentro de un contexto comunitario, y la iglesia
del primer siglo «funcionaba en cierto sentido como una extensión de la

familia».[31] La confianza y el respeto gobernaban la comunidad, y no debía esconderse nada de los demás (ver Hch 5:1–11). Dunn comenta sobre el versículo 6 que «El carácter colectivo de la fe compartida es algo central al pensamiento; Pablo no tenía ningún deseo de promover el ideal de la fe religiosa como algo privado, un compartimento que las personas disfrutan a solas y practican como individuos separados del resto».[32] Por tanto, en su oración el apóstol pide que la fe de Filemón en Cristo, que él comparte con otros creyentes, le ayude a apreciar «el importante papel que para su formación espiritual en Cristo desempeñan otros creyentes, entre ellos Onésimo».[33]

Significado Contemporáneo

Los cristianos no estamos solos. Cuando estamos unidos a Cristo, lo estamos también a otras personas. Reconocer que estamos unidos a otros que comparten nuestra fe nos lleva a una mayor comprensión de esta verdad y de otras personas. El reconocimiento de las bendiciones que todos hemos recibido libremente por gracia ha de estimular nuestro amor y perdón para con nuestros compañeros cristianos. Wall comenta con sagacidad que «el bienestar espiritual de la congregación se plasmará públicamente en el bienestar de sus relaciones sociales».[34] La reconciliación de un esclavo desleal con su dueño como hermanos en Cristo habla elocuentemente tanto a la comunidad cristiana como a la sociedad en general. Es una expresión de cómo la fe cristiana formula de nuevo todas las relaciones personales y de cómo Cristo reconcilia todas las cosas (Col 1:20). Esta carta proporciona «una oportunidad para instruir a toda una comunidad en el principio del cristianismo práctico».[35]

Lamentablemente, muchos cristianos han perdido el sentido de vinculación con otros y en general no ven la interconexión entre lo que hacen en su familia privada y su membresía como parte de una familia espiritual. Insisten en que son libres para el manejo de sus propias vidas sin plantearse en lo más mínimo lo que otros cristianos puedan pensar o cómo pueden afectarles a ellos sus decisiones. En nuestra cultura se ve más bien a la Iglesia como «una voluntaria asociación de personas que resultan tener las mismas

---

31. Dunn, *The Epistles to the Colossians and to Philemon* [Las epístolas a los Colosenses y a Filemón], 313.
32. Ibíd., 319.
33. Wall, *Colossians and Philemon* [Colosenses y Filemón], 199.
34. Ibíd., 212–13.
35. F. Forrester Church, «Rhetorical Structure and Design in Paul's Letter to Philemon» [Estructura retórica y diseño de la carta de Pablo a Filemón], *HTR* 71 (1978): 34–35.

ideas religiosas».[36] Pablo, no obstante, consideraba que ser miembro de la
Iglesia era mucho más que esto, y en esta carta muestra cómo se interrela-
cionan las dos familias, la natural y la espiritual. El apóstol entendía que
lo que Filemón decidiera hacer con su esclavo —una cuestión puramente
privada en la que él tenía la última palabra—, tendría consecuencias para
toda la iglesia que se reunía en su casa. Pablo permite que sea Filemón
quien tome por sí mismo la decisión de lo que va a hacer, pero espera que
tenga en cuenta el modo en que su decisión afectará a la comunidad de la
fe. Puesto que la iglesia se reúne en su hogar, sus decisiones éticas tendrán
repercusiones inmediatas para toda la iglesia.

En este sentido, las cosas no han cambiado. El modo en que los dirigentes responden a las demandas del amor en las decisiones de cada día tiene
un efecto directo en la salud espiritual de toda la congregación. La iglesia
se verá en gran manera afectada por cuestiones como que muestren amor
o desdén hacia los demás, que reconforten o desalienten los corazones de
los santos, que sus acciones emanen de un profundo conocimiento espiritual o de un superficial analfabetismo espiritual, que sus acciones estén
motivadas por el egoísmo o por actitudes desinteresadas. La reputación de
la causa de Cristo se ha visto oscurecida por muchos que no han tenido en
cuenta el efecto que sus decisiones comerciales tendrían sobre la Iglesia.

Podría ser muy útil que hubiera miembros de nuestra iglesia que nos
aconsejaran en algunas decisiones morales que ahora consideramos como
cuestiones privadas. Si nos aislamos, lo más probable es que tomemos la
decisión ética equivocada. Si nos rodeamos de personas que están compro-
metidas con Cristo y que oran juntas, hay una mayor probabilidad de que
elijamos la voluntad de Dios. Nuestros hermanos en la fe serán probablemente más tenaces para ayudarnos a poner el amor de Dios en práctica en
nuestras vidas.

---

36. R.H. Strachan, *2 Corinthians* [2 Corintios], Moffatt New Testament Commentary
     (Londres: Hodder and Stoughton, 1935), 62.

Filemón 8-25

Por eso, aunque en Cristo tengo la franqueza suficiente para ordenarte lo que debes hacer, 9 prefiero rogártelo en nombre del amor. Yo, Pablo, ya anciano y ahora, además, prisionero de Cristo Jesús, 10 te suplico por mi hijo Onésimo, quien llegó a ser hijo mío mientras yo estaba preso. 11 En otro tiempo te era inútil, pero ahora nos es útil tanto a ti como a mí. 12 Te lo envío de vuelta, y con él va mi propio corazón. 13 Yo hubiera querido retenerlo para que me sirviera en tu lugar mientras estoy preso por causa del evangelio. 14 Sin embargo, no he querido hacer nada sin tu consentimiento, para que tu favor no sea por obligación sino espontáneo. 15 Tal vez por eso Onésimo se alejó de ti por algún tiempo, para que ahora lo recibas para siempre, 16 ya no como a esclavo, sino como algo mejor: como a un hermano querido, muy especial para mí, pero mucho más para ti, como persona y como hermano en el Señor. 17 De modo que, si me tienes por compañero, recíbelo como a mí mismo. 18 Si te ha perjudicado o te debe algo, cárgalo a mi cuenta. 19 Yo, Pablo, lo escribo de mi puño y letra: te lo pagaré; por no decirte que tú mismo me debes lo que eres. 20 Sí, hermano, ¡que reciba yo de ti algún beneficio en el Señor! Reconforta mi corazón en Cristo. 21 Te escribo confiado en tu obediencia, seguro de que harás aún más de lo que te pido. 22 Además de eso, prepárame alojamiento, porque espero que Dios les conceda el tenerme otra vez con ustedes en respuesta a sus oraciones. 23 Te mandan saludos Epafras, mi compañero de cárcel en Cristo Jesús, 24 y también Marcos, Aristarco, Demas y Lucas, mis compañeros de trabajo. 25 Que la gracia del Señor Jesucristo sea con su espíritu.

Sentido Original

Pablo comienza el cuerpo de la carta con una delicada referencia al regreso de Onésimo como recién convertido a Cristo (vv. 8–12). El apóstol pone de relieve el gran valor que Onésimo tiene para él mencionando que nada le hubiera gustado más que retenerle consigo (vv. 13–14). A continuación plantea su petición formal a Filemón de que reciba a Onésimo como a un hermano (vv. 15–16) y la apoya con la promesa de compensarle por cualquier perjuicio que Onésimo hubiera podido ocasionarle (vv. 17–18). Después de esto, Pablo concluye su breve misiva (vv. 19–25) recordando de nuevo a su buen amigo los entrañables vínculos que les unen, y expresando su confianza de que hará aún más de lo que le ha pedido específicamente. La carta concluye con unos saludos finales de los colaboradores de Pablo y una bendición.

El regreso de Onésimo (8–12)

Pablo introduce su primera referencia a Onésimo mencionando su franqueza en Cristo para ordenar lo que hay que hacer. Muchos comentaristas equiparan esta franqueza con su autoridad como apóstol. Lightfoot parafrasea este versículo del modo siguiente: «Mi oficio me confiere autoridad para imponerte tu deber con claridad, sin embargo el amor me pide que suplique como un postulante».[1]

Si esto es realmente lo que afirma Pablo, entonces estaría afirmando sutilmente su autoridad apostólica al decir que se está absteniendo de ejercerla. En tal caso, esta afirmación aparentemente inocente contendría una velada amenaza: «Haz lo que te pido libremente, pero si no lo haces, te lo mandaré». El apóstol estaría encubriendo su postura autoritaria con un fino velo de cortesía. Según este punto de vista, su actitud de humilde postulante sería únicamente una fachada y Pablo tendría toda la intención de adoptar una postura enérgica en el caso de que Filemón no acceda a su petición. Esta interpretación es errónea por tres razones. La palabra «franqueza» no es sinónimo de «autoridad».[2] Pablo llama compañero a Filemón (v. 17) y le trata como a un igual. En tercer lugar, mostrarle mano de hierro en humilde guante de seda socavaría todas las estrategias de cortesía que el apóstol utiliza para evitar el menor indicio de obligación.

Wilson entiende la afirmación de Pablo de manera muy distinta:

> Normalmente, una petición de Pablo tendría de entrada la fuerza de un mandamiento apostólico. Si Pablo quiere genuinamente reducir la fuerza de mandamiento, y convertirlo en una petición entre amigos, el apóstol ha de formular un nuevo principio pragmático, y esto solo puede hacerlo describiendo las nuevas «reglas».[3]

Y lo hace dejando claro que su petición es de hermano a hermano. El apóstol hace lo imposible por evitar cualquier indicio de autoritarismo, y por tanto no hemos de imponérselo al texto. No abusa de su autoridad ni da órdenes, sino que «ruega» humildemente (vv. 9–10) y ofrece una garantía financiera personal como socio en igualdad de condiciones (v. 18). Pablo no quiere forzar en modo alguno la decisión de Filemón ni arrinconarle de modo que sufra desprestigio en caso de concederle su petición.

---

1. Lightfoot, *Saint Paul's Epistles to the Colossians and to Philemon* [Las epístolas de San Pablo a los Colosenses y a Filemón], 337. Ver también la obra de Lohse, *Colossians and Philemon* [Colosenses y Filemón], 198; Ulrich Wickert, «Der Philemonbrief — Privatbrief oder apostolisches Schreiben?» ZNW 52 (1961): 230–38.
2. En el Nuevo Testamento, la palabra «denuedo» (*parresia*) no tiene el sentido de «autoridad», sino que significa más bien «franqueza» (ver 2Co 7:4), «valor», o «audacia».
3. Wilson, «The Pragmatics of Politeness» [Pragmalingüística de la cortesía], 115.

La palabra «franqueza» (La NIV traduce audacia, osadía. N. del T.) alude al derecho de hablar libremente, con franqueza y valor, lo cual es algo que cualquier cristiano puede hacer. El derecho que Pablo tiene de hablar con candor y de ordenar no deriva de su oficio apostólico sino de estar «en Cristo». Cualquier cristiano, apóstol o no, obispo o no, puede decirle a un hermano o hermana en Cristo que haga lo que debe hacer. Tales personas pueden obedecer movidos por deferencia a la autoridad del que manda o por temor al castigo (desprestigio o pérdida de posición). Pablo prefería más bien que los cristianos hicieran el bien motivados por la fe y el amor, porque saben que esto es lo que les define como seguidores de Cristo (vv. 5–7).

Muchos han observado la reticencia de Pablo en esta carta, que solo llega a insinuar en diferentes lugares lo que desea que haga su amigo. El versículo 9 explica la razón. Desea que Filemón haga lo correcto, pero no quiere mandárselo; él mismo ha de sacar sus conclusiones y tomar su decisión sobre lo que es oportuno en Cristo. Pablo entiende que interferir directamente en la relación de un amo con su esclavo es tan impertinente como cuando, en nuestro tiempo, alguien da órdenes acerca de los hijos de otra persona o se entromete en el modo en que éstos deberían ser disciplinados. La mayoría de padres no recibirían de buen grado consejos sobre la crianza o disciplina de sus hijos sin haberlos pedido; en el mundo antiguo, a los amos no les gustaba que se les dijera lo que tenían que hacer con sus esclavos.

La cultura de Filemón le había condicionado para que viera a los esclavos como seres subhumanos, merecidamente consignados a su suerte por el destino, y se esperaba que se castigara a un esclavo que se había dado a la fuga. Sin embargo, lo que era permisible desde un punto de vista cultural en el trato con un esclavo evadido, estaba en tensión con lo que era aceptable en Cristo.[4] En el siglo primero, un esclavo que hubiera sido capturado tras haberse evadido podía esperar desde una brutal flagelación hasta ser marcado con un hierro candente, vendido para trabajar en una granja o serlo para dejarse la vida en las galeras o en las minas; otras opciones legales eran la crucifixión o servir de alimento a los animales salvajes en la arena de un circo romano.[5] Podía también obligársele a llevar un collar de

---

4. Este mismo término, *to anekon*, se traduce como «conviene» en Col 3:18.
5. Heinz Bellen, *Studien zur Sklavenflucht im römischen Kaiserreich* (Wiesbaden: Franz Steiner, 1971) 17–31. Una carta (que data del año 298 d.C.) de Aurelius Sarappamon a un amigo revela cómo se trataba normalmente con los esclavos evadidos:
    Mediante esta orden judicial te encargo que viajes a la famosa ciudad de Alejandría y busques a mi esclavo, llamado […] de unos 35 años de edad, conocido por ti. Cuando le encuentres, le pondrás bajo custodia; te confiero autoridad para encerrarle y flagelarle, y para presentar una queja ante las autoridades competentes contra cualquier persona que le haya albergado con una demanda compensatoria. (POxy 1643; vol. 14)

hierro grabado con el nombre y dirección del propietario y la leyenda «captúrame, porque he huido de mi amo».

El perdón no era la norma en el mundo de Filemón, pero es un requisito fundamental para los cristianos (Mt 6:14–15; 18:21–22). Pablo lo deja claro en Colosenses 3:12–14, donde el apóstol dice a sus receptores que los escogidos de Dios han de vestirse de compasión, bondad, humildad, benevolencia y paciencia, y ser tan perdonadores como el propio Señor. Pablo se esfuerza por activar la conciencia cristiana de Filemón, hacerle consciente de lo que se requiere de él en esa situación, y con su petición concreta la abstracta exhortación ética sobre la compasión, bondad, humildad, benevolencia y paciencia. El apóstol espera que, como cristiano que ha sido renovado a imagen de su Creador (Col 3:10), Filemón muestre amor y perdone el agravio de Onésimo, del mismo modo que el Señor le perdonó a él sus pecados.

El amor se convierte en la virtud que articula a la comunidad de los santos en una unidad perfecta y la piedra de toque de la conducta cristiana. El amor forma la base del llamamiento de Pablo. En su canto al amor de 1 Corintios, Pablo afirma que éste «no se comporta con rudeza, no es egoísta, no se enoja fácilmente, no guarda rencor» (13:5). «Todo lo disculpa, todo lo cree, todo lo espera, todo lo soporta» (13:7). Puesto que tenemos redención y perdón de pecados en Cristo (Col 1:14), Filemón ha de perdonar a su esclavo, ahora arrepentido y convertido, los agravios cometidos contra él y otorgarle su redención terrenal.

Lo que frecuentemente se pasa por alto es que Pablo espera también que Onésimo actúe por amor. Pablo le envía a casa con un resonante respaldo, pero no tiene ninguna garantía de que Filemón vaya a tenerlo en cuenta. Onésimo ha de estar dispuesto a aceptar de buen grado cualquier cosa que Filemón decida en su caso, lo cual podría incluir un severo castigo o ser vendido a otro amo.[6] Como el hijo pródigo que regresa al hogar, Onésimo solo puede ponerse a merced de la misericordia de su amo. Se ha convertido ahora en su hermano en Cristo, pero sabe sin duda que los hermanos no siempre actúan con amor los unos hacia los otros. Pablo hace su petición con confianza, puesto que en el pasado Filemón ha demostrado un espíritu de amor (vv. 5, 7), sin embargo Onésimo no puede esperar un árbitro

---

Puesto que los esclavos no podían ser penalizados despojándoles de su estatus, la única alternativa parecía ser infligirles severos castigos físicos. Según Hipólito (Refutatio 9.12.4), un amo cristiano del siglo tercero castigó a un esclavo evadido enviándole a una rueda de castigo.

6. El verbo enviar de vuelta (*anapempo*) se utiliza en Lucas 23:7, 11, 15; y Hechos 25:21 para aludir al envío de personas imputadas por algún delito (Jesús y Pablo) a un juez. En este caso, Pablo envía a Onésimo de vuelta a Filemón que es el juez que ha de tomar la decisión final.

imparcial que intervenga decisivamente a su favor. Regresa por amor y espera igualmente ser recibido en amor.

En el versículo 9b comienza una nueva oración gramatical (como señala la NVI), que subraya la sabiduría de la experiencia de Pablo y su sufrimiento y debilidad: «ya anciano y ahora, además, prisionero de Cristo Jesús» (v. 9), si bien Pablo no está intentando engrandecer su autoridad. La palabra «anciano» no significa que Pablo sea de edad avanzada o que tenga un pie en la tumba. Filón enumera las siete edades del hombre, según Hipócrates, y la ancianidad (*presbytes*) es la penúltima etapa de la vida humana (desde los 50 a los 56).[7] Lo que es importante para el argumento del apóstol es la implicación de que es mayor que Filemón. En Levítico 19:32 se manda «respeta a los ancianos, teme a tu Dios» (ver Eclo 8:6), y la habitual deferencia mostrada a los ancianos en las antiguas culturas da a Pablo más libertad de acción para hacer su extraordinaria petición.[8]

Pablo toca las fibras más sensibles del corazón de Filemón recordándole su cautividad por causa del Evangelio (ver v. 13) al tiempo que invoca el privilegio de un anciano. La petición a favor de Onésimo puede parecernos obvia y natural para quienes vivimos en sociedades que consideran la esclavitud como un horrible pecado contra la dignidad humana. No obstante, en la cultura de Pablo, pensar en reformas abolicionistas era tan inaudito como inconcebible un mundo sin esclavitud. La petición de Pablo a Filemón para que acogiera a Onésimo y sus insinuaciones de que se le concediera la libertad eran algo sin precedente. Por tanto, el apóstol suplica que se tenga paciencia con las rarezas de un anciano que está ahora encarcelado.

. Antes de plantear su verdadero llamamiento, Pablo allana el camino con cuatro hábiles toques.[9] (1) Hace saber a Filemón que Onésimo se ha convertido.[10]

---

7. Filón, *De la creación* 105. Según esta información puede conjeturarse que Pablo nació en algún momento de la primera década de la era cristiana.

8. Ver R.A. Campbell, *The Elders: Seniority Within Earliest Christianity* [Los ancianos: la vejez en el cristianismo primitivo], (Edimburgo: T. & T. Clark, 1994).

9. Knox, *Philemon Among the Letters of Paul* [Filemón entre las cartas de Pablo], 22–24, interpreta la fuerza de la preposición *peri* en el versículo 10 como una expresión del contenido de la petición (ver 2Co 12:8). Pablo está afirmando con tacto tener un cierto derecho sobre Onésimo; el apóstol desea que Onésimo siga a su servicio. La traducción de la NIV, «Solicito [sentido legal] a Onésimo» puede citarse como apoyo de esta teoría. Sin embargo, la preposición *peri* significa «en relación con él» en el sentido de «a su favor», no de pedir que me sea dado.

10. En la construcción griega, el nombre de Onésimo es la última palabra del versículo, de modo que Pablo no menciona su nombre hasta no haber afirmado que tras su huida se ha convertido.

(2) La imaginería padre/hijo que utiliza para relatar esta conversión transmite la estrecha relación que Pablo tiene con Onésimo.[11] Dice que le «engendró» (NVI, «quien llegó a ser hijo mío») en sus prisiones.[12] El encarcelamiento no detuvo la fecundidad del ministerio de Pablo por lo que a ganar convertidos se refiere (ver Fil 1:12–14).

A continuación, Pablo alivia más la tensión con un juego de palabras con el nombre de Onésimo, que en griego significa «útil».[13] Los esclavos llevaban los nombres que les ponían los tratantes para ensalzar su mercancía o sus amos para expresar sus esperanzas. La expresión, «en otro tiempo te era inútil, pero ahora nos es útil tanto a ti como a mí» (v. 11), contiene un juego de palabras que utilizan también otros escritores, pero que se hace más incisivo y memorable en esta situación.

Pablo lleva el juego de palabras aún a otro nivel. La palabra *achrestos* («inútil») y *achristos* («sin Cristo») se hubieran pronunciado exactamente igual.[14] ¡Antes Onésimo no era útil porque estaba sin Cristo![15] Cuando se convirtió, sin embargo, se hizo útil, *euchrestos*. Antes Onésimo no era útil porque estaba sin Cristo. Pero ahora que está en Cristo, se ha convertido verdaderamente en Onésimo, útil. El esclavo de Filemón regresa como esclavo de Cristo, después de encontrar su verdadera identidad.

(3) Pablo tiene cuidado de observar que Onésimo ya le había sido útil a él antes de enviarle de vuelta a Filemón (v. 11). Como prisionero, Pablo necesitaba que otros se ocuparan de sus necesidades, le prepararan la comida, hicieran los recados, y le hicieran compañía (ver Hch 24:23). Es posible que Onésimo tuviera capacidades especiales que le permitieran ofrecer a Pablo algo más que la realización de tareas de poca importancia. La amistad de Pablo con Filemón le permite dar por sentado que habría hecho todo lo posible para ayudarle.

Sin que Filemón lo supiera, Onésimo había ocupado su lugar sirviendo a Pablo en el Evangelio (v. 13). Como señala Scott, Pablo concede a Filemón todo el «mérito de esta fiel labor. Onésimo había estado representando a su amo, a quien le habría encantado, de haber estado cerca de Pablo, conso-

11. Pablo se refiere a los miembros de las iglesias por él fundadas como sus amados hijos u otras expresiones igualmente entrañables (1Co 4:14; Gá 4:19; 1Ts 2:11); el apóstol utiliza un lenguaje similar para dirigirse a sus colaboradores más cercanos, Timoteo (1Co 4:17; Fil 2:22; 1Ti 1:2, 18; 2Ti 1:2; 2:1) y Tito (Tit 1:4).
12. David Daube, «Onesimus» [Onésimo], *HTR* 79 (1986): 40, observa que en la literatura rabínica se compara a un prosélito con un «recién nacido» (b. Yebam. 22a).
13. «Útil» era un nombre deshonroso que podía ponerse a un animal de granja.
14. Sobre la pronunciación griega, ver la obra de Chrys C. Caragounis, «The Error of Erasmus and Un-Greek Pronunciation of Greek» [El error de Erasmo y la incorrecta pronunciación del griego], *Filologia Neotestamentaria* 8 (1995): 151–85.
15. Véase Lohse, Colossians and Philemon [Colosenses y Filemón], 200–1.

lar a su viejo amigo que estaba sufriendo por el Evangelio».[16] Del mismo modo que Filemón había reconfortado a los santos en numerosas ocasiones, Onésimo, su esclavo, había reconfortado a Pablo. Ambos habían servido a otros en el Señor.

(4) Pablo intensifica su petición afirmando que junto con Onésimo va su «propio corazón» (v. 12). El apóstol utiliza el término «corazón» (*splangchna*) en las tres secciones de la carta (vv. 7, 12, 20). Pablo ha alabado ya a Filemón por haber «reconfortado el corazón de los santos» (v. 7), haciendo referencia a una cierta benevolencia que elevaba sus espíritus, y no puede imaginarle insensiblemente indiferente a su corazón. En su conclusión, Pablo hará todavía otro juego de palabras con el nombre de Onésimo: «¡que reciba yo de ti algún beneficio [*onaimen*] en el Señor! Reconforta mi corazón en Cristo» (v. 20). De manera indirecta, el apóstol le pide a Filemón que reconforte su corazón como lo había hecho con el de otros cristianos, aunque ello pudiera implicar una generosidad económica por su parte; no debía penalizar a Onésimo.

La expresión «reconfortar el corazón» rara vez aparece en otros textos antiguos, y Clarke sostiene que su utilización por parte de Pablo (quizá él es el primero en usarla) subraya un importante rasgo del cristianismo. Mientras que las religiones grecorromanas no consideraban que reconfortar las vidas y espíritus de otros compañeros fuera algo vital para la piedad, la expresión de Pablo refleja su convicción cristiana de que «todas nuestras acciones deberían dirigirse al beneficio de los demás».[17]

El deseo no cumplido de Pablo de retener a Onésimo con él (13–14)

Pablo expresa su preferencia personal, «hubiera querido retenerlo para que me sirviera en tu lugar» (v. 13), sin embargo pone a un lado sus deseos movido por la consideración de los derechos y sentimientos de Filemón. El uso del tiempo imperfecto (*eboulomen*) puede implicar que Pablo se planteaba si era o no una buena idea mandar de vuelta a Onésimo, pero coloca en Pablo el peso de la responsabilidad por el retraso de Onésimo: el apóstol había retenido consigo al esclavo por su utilidad. Al enviar de vuelta a su hijo, y con él, su propio corazón —por lo útil que había llegado a serle—, Pablo ejemplifica «la misma clase de amor desinteresado que desea instilar

---

16. Scott, *The Epistles of Paul to the Colossians, to Philemon and to the Ephesians* [Las epístolas a los Colosenses, a Filemón, y a los Efesios], 108.

17. Andrew D. Clarke, «'Refresh the Hearts of the Saints': A Unique Pauline Context?» ['Reconforta los corazones de los santos': ¿Un contexto paulino único?] *TynB* 47 (1996): 277–300.

en Filemón».[18] El apóstol renunció a sus intereses por un sentido de deber para con Filemón. La implicación es que Filemón ha de hacer lo mismo por Pablo.

Hay dos razones por las que Pablo envía a Onésimo a casa. (1) Pablo no hará nada sin el consentimiento específico de Filemón (v. 14), ni tomará sus decisiones éticas por él. El apóstol se niega a abusar de su amistad con Filemón dando por sentado que a éste le encantará saber que su esclavo había sido una ayuda imprescindible durante su encarcelamiento y que debería quedarse con él hasta que pudiera prescindir de sus servicios. Pablo no permitió tampoco que la conversión de Onésimo desdibujara su sentido del deber asumiendo que para Filemón dicha conversión significaba ahora que lo pasado, pasado está. La realidad era que, si Filemón rechazaba su ruego, lo único que Pablo podía hacer, en todo caso, era romper su relación con Filemón y quizá influir para que otros también lo hicieran. El hecho de que el apóstol califique su petición de «buena obra» (v. 14, nrsv) es un reconocimiento de que tanto él como Onésimo están completamente a merced de la buena voluntad de Filemón. La buena voluntad no es algo que pueda ordenarse.[19] Filemón ha de decidir por sí mismo si va o no a hacer el bien.

La Ley del Antiguo Testamento también le habría permitido a Pablo brindar protección a Onésimo. «Si un esclavo huye de su amo y te pide refugio, no se lo entregues a su amo sino déjalo que viva en medio de ti, en la ciudad que elija y donde se sienta a gusto. Y no lo oprimas» (Dt 23:15–16). La ley romana, no obstante, condenaba enérgicamente a cualquiera que corrompiera a los esclavos o les ofreciera asilo cuando se daban a la fuga. Pero la ley no es un factor clave en la decisión de Pablo de mandar de vuelta a Onésimo. Dunn comenta con sagacidad: «Pablo deja claro que envía de vuelta a Onésimo, no por una cuestión de apremio legal, sino por su nuevo estatus: los agravios que tenían lugar entre hermanos tenían que categorizarse como tales (v. 16; cf. 1Co 6:1–8)».[20]

(2) La otra razón por la que Pablo envía a Onésimo a casa hemos de verla en el valor que el apóstol concede a la reconciliación cara a cara entre dos creyentes, un esclavo y un propietario. Por tanto, los deseos personales del apóstol han de supeditarse a este fin más importante. Lo que dice esen-

---

18. Church, «Rhetorical Structure» [Estructura retórica], 27.
19. Pablo instruye a los corintios: «Cada uno debe dar según lo que haya decidido en su corazón, no de mala gana ni por obligación, porque Dios ama al que da con alegría» (2Co 9:7). Dios ama también a los amos que perdonan con alegría a sus esclavos y les liberan para que puedan realizar un servicio mayor. En 1Co 9:16–17 y 1P 5:2 se da un valor parecido a lo que se ofrece voluntariamente.
20. Dunn, *The Epistles to the Colossians and to Philemon* [Las epístolas a los Colosenses y a Filemón], 329.

cialmente en estos versículos es: «me gustaría que Onésimo se quedara conmigo, pero su reconciliación contigo es más importante».[21]

En estos versículos veo dos indicaciones de que a Pablo le gustaría que Filemón dejara libre a su esclavo. (1) La primera es su referencia a la ayuda de Onésimo. El apóstol vincula ese servicio con el Evangelio («para que me sirviera en tu lugar mientras estoy preso por causa del evangelio»).[22] En todos los demás pasajes en que aparece el verbo «servir» (*diakoneo*) Pablo lo utiliza para hacer referencia al servicio cristiano (2Co 3:3; 8:19, 20), y en Colosenses usa la forma sustantivada (*diakonia*) para aludir al servicio en el ministerio del Evangelio (Col 1:7, 23, 25; 4:7, 17). A partir de esta declaración redactada con tanto tacto, Filemón podía inferir que a Pablo le gustaría que mandara de vuelta a Onésimo para que trabajara con él o se le permitiera quedarse con Pablo después de su visita. La necesidad que Pablo tenía de ayuda en su ministerio era mucho mayor de la que Filemón tenía de su esclavo. (2) La otra indicación procede de su utilización del término *to agathon* (lo «bueno») en el versículo 14. La traducción que se ha dado a esta palabra es variada: «tu buena obra» (nrsv), «tu bondad» (REB), «acto de bondad» (NJB). Estas opciones son mejores que la traducción de la NVI «tu favor», puesto que Pablo no está simplemente pidiéndole un favor a Filemón, sino que éste lleve a cabo algo «bueno» como hermano cristiano. Filón comenta la ley de la esclavitud consignada en Deuteronomio 18:12-85 y su requisito de que los esclavos fueran liberados tras seis años de servicio, y aplica la palabra «bueno» a este acto de liberación. Filón anima a que tal acción se lleve a cabo sin reservas: «Porque para un esclavo no puede haber dádiva mayor ["buena", *agathon*] que la libertad».[23] Lo «bueno» que Pablo quiere que Filemón lleve a cabo es liberar a su esclavo.

Petición de recibir a Onésimo como a un hermano (15–16)

Pablo sigue hablando con reservas e introduce su petición real con un «tal vez». El uso de la voz pasiva, «se alejó de ti» (lit. «fue alejado de ti») es un eufemismo para hacer referencia a la huida ilegal de Onésimo. Sin embargo, en el Nuevo Testamento la voz pasiva se utiliza también para denotar la agencia de Dios, y suaviza la seriedad de lo que Onésimo pudiera haber hecho al atribuirlo a los propósitos de Dios. Gnilka expresa la misma

---

21. Pablo envía a Onésimo de vuelta a casa para propiciar una reconciliación cara a cara entre amo y esclavo, pero la emancipación formal no podía hacerse por poderes. Para que Onésimo pudiera obtener la libertad, él y su amo tenían que comparecer en persona ante un magistrado de la provincia (ver Plinio, *Epístolas* 7.16).

22. En Col 1:23 Pablo utiliza la expresión «la esperanza del Evangelio»; aquí, «las cadenas del Evangelio». Paradójicamente, el Evangelio puede vincularse por igual a la esperanza o al encarcelamiento.

23. Filón, *De las Leyes Especiales* 2.84.

conclusión de muchos comentaristas: «Tras la formulación en voz pasiva ha de suponerse la actividad de Dios, que se supone en la situación».[24] A Pablo le gustaría que Filemón viera la mano de Dios en lo que sucedió al insinuar que en la huida de Onésimo podría haber un propósito divino.

Desde un punto de vista psicológico se trata de una inteligente manera de proceder. Nuestro enfado hacia quienes de algún modo nos han agraviado está directamente relacionado con el grado de malicia que atribuimos a sus intenciones. Al expresar la partida de Onésimo con la gramática de los propósitos de Dios, Pablo alivia el enfado que Filemón siente hacia su esclavo. La suposición esencial es que Dios es el autor de la transformación de Onésimo y que le «separó de Filemón durante un tiempo, a fin de llevar a cabo dicha transformación».[25]

Si esto es así, Filemón tendría entonces que ponderar cuál era la voluntad de Dios para Onésimo. ¿Cuál era el propósito de aquella transformación? ¿Era únicamente convertirle en un buen esclavo, o tenía acaso una intención más extensa para él como esclavo de Cristo? Cabe suponer que los esclavos que se convertían sinceramente servían a sus amos con mayor diligencia (ver Col 3:22–25). Pero Pablo no se deleita en la transformación de un esclavo inútil en útil, como si el único propósito de la conversión en estos casos fuera mejorar el servicio que los esclavos rinden a sus amos. Los propósitos de Dios, entonces, no serán completos hasta que Filemón le reciba como a un amado hermano y le libere para que sirva en el Evangelio, de ahí que Pablo utilice la cláusula «tal vez».[26]

Filemón ha perdido a un esclavo por un breve periodo de tiempo a fin de recibirle para siempre como a un hermano. Pablo enmarca este comentario como un acuerdo comercial de dimensiones espirituales al utilizar una palabra del argot contable que alude a los recibos (*apecho*; ver Mt 6:2, 5, 16; Fil 4:18). La traducción de la NVI «para que ahora lo recibas para siempre» es correcta (la versión inglesa, NIV consigna «para bien» en lugar

---

24. Joachim Gnilka, *Der Philemonbrief*, HTKNT (Freiburg/Basel/Vienna: Herder, 1982), 50. Podemos ver una buena aplicación de la divina pasiva en la traducción que la NVI hace de Col 1:9. El verbo pasivo en griego (*plerothete*), «para que podáis ser llenos», se traduce correctamente al castellano en voz activa del siguiente modo: «Pedimos que Dios les haga conocer plenamente su voluntad».

25. Marion L. Soards, «Some Neglected Theological Dimensions of Paul's Letter to Philemon» [Algunas dimensiones teológicas descuidadas de la carta de Pablo a Filemón], *Perspectives in Religious Studies* 17 (1990): 216.

26. Clarice J. Martin, «The Rhetorical Function of Commercial Language in Paul's Letter to Philemon (Verse 18)» [La función retórica del lenguaje comercial en la carta de Pablo a Filemón (versículo 8)] en *Persuasive Artistry: Studies in New Testament Rhetoric in Honor of George A. Kennedy*, ed. Duane F. Watson, JSNTSup 50 (Sheffield: JSOT, 1991), 328.

de «para siempre») y podría captar un importante matiz teológico. Lo que está diciendo Pablo no es que la nueva fe de Onésimo significa que ahora Filemón no tendrá que preocuparse de que su esclavo intente escapar de nuevo.[27] El apóstol alude a la nueva relación que existe entre ellos. Filemón recibe de vuelta a Onésimo como a un hermano junto a quien estará en la eternidad. Es como si Pablo le estuviera diciendo: «Onésimo será siempre tuyo, pero a otro nivel, no como una posesión, sino como tu hermano».[28]

Pablo habla desde un punto de vista teológico sobre la transformada relación entre Onésimo y Filemón basada en el perdón y el amor. La expresión del versículo 16, «como persona y como hermano en el Señor», traduce una ambigua expresión griega que dice literalmente: «tanto en la carne como en el Señor». Es posible que Pablo esté únicamente pidiendo que Filemón trate a Onésimo con amor como a un hermano. En la carne, Onésimo sigue siendo legalmente esclavo de Filemón; pero desde un punto de vista espiritual, debe considerarle y tratarle como mucho más que eso, como a un hermano. Su unión espiritual «en el Señor» trasciende a la relación terrenal amo/esclavo.

En otras palabras, Pablo afirma que Onésimo, el hombre, es mucho más que un mero artículo de su propiedad. Es un igual de Filemón delante del Señor. Veyne comenta sobre la relación amo/esclavo:

Los vínculos personales eran muy desiguales, y lo común a todos los esclavos era esta desigualdad, por distinta que fuera su condición en otros aspectos. Esta condición común —participación en una desigual relación personal con un amo— es lo que hace que la palabra «esclavitud» sea significativa. Ya fueran personas con cargos de gran responsabilidad o que desarrollaran las tareas más bajas, a todos los esclavos se les hablaba en el tono y los términos utilizados para hablarles a los niños y seres inferiores.[29]

Cuando el amor, el afecto, la atención y el respeto regulan nuestra forma de tratar a quienes están quizás en una posición inferior desde un punto de

---

27. Comparar Ex 21:2–6. No obstante, la ley hebrea no gobierna la discusión de Pablo con Filemón.

28. Lightfoot, *Saint Paul's Epistles to the Colossians and to Philemon* [Las epístolas de San Pablo a los Colosenses y a Filemón], 342, escribe: «Onésimo había obtenido vida eterna, y la vida eterna conlleva un eterno intercambio de amistad».

29. Paul Veyne, «The Roman Empire» [El Imperio Romano] en *A History of Private Life I: From Pagan Rome to Byzantium,* ed. Paul Veyne (Cambridge, Mass.: Harvard Univ, Press, 1987), 58. A los esclavos se les ignoraba por completo y se les trataba como si fueran invisibles, quizá una consecuencia de que amos y amas estuvieran siempre rodeados por los esclavos. Tener poder absoluto sobre la vida de otra persona puede producir un cierto desprecio por la vida. La violencia y la crueldad del mundo antiguo afectaban al trato de los esclavos, las esposas y los hijos. Los esclavos eran de manera especial víctimas de la tiranía física, psicológica y moral.

vida social, legal o económico, todas las categorías de la «carne» acaban desvaneciéndose.

Pablo pide a Filemón que considere a Onésimo de un modo distinto.[30] La pregunta es: ¿hasta qué punto es distinto? ¿Puede seguir considerándole como su esclavo y, al tiempo, como a su hermano? ¿Manda Pablo a Onésimo de vuelta en la condición de contrito esclavo que ahora retomará sus deberes con renovado vigor por ser cristiano? ¿O espera acaso que el cambio en su relación espiritual tenga un efecto directo sobre su relación social y legal? Pablo añade una nueva dimensión a la ecuación del versículo 16, bien parafraseado por Lightfoot: Onésimo es un querido hermano «sobre todo para mí, más que sobre todo para ti».[31] Con esta afirmación Pablo deja claro que esta cuestión no afecta únicamente a la relación entre Onésimo y Filemón.[32] Es una relación tridireccional entre Onésimo, Pablo y Filemón. Cristo reina sobre todos ellos y les une entre sí. Para que Pablo tenga algún beneficio en el Señor (v. 20), Filemón ha de ir más allá de lo que éste le pide específicamente (v. 21) y dejar libre a su esclavo.

La idea de recibirle, «ya no como a esclavo» (v. 16) es pues una invitación sutil, pero abierta de liberar a Onésimo. Puede tomarse literalmente: «Puesto que se ha convertido en amado hermano, no debe ya ser tu esclavo». Sin embargo, Pablo no puede pedir tal cosa de un modo directo, puesto que ello plantea a Filemón un práctico y delicado dilema. Casi todo el mundo habría considerado absurdo liberar a un esclavo evadido inmediatamente después de regresar con una carta de Pablo. Esta acción tendría dos efectos: empañaría seriamente la reputación de Filemón entre los demás propietarios de esclavos en una sociedad en que la reputación era muy importante;[33] por otra parte, tendría también un impacto negativo sobre los demás esclavos de su casa.[34] Esta forma de proceder asestaría un serio golpe al acercamiento de la recompensa y el castigo que caracterizaba las relaciones

---

30. S. Scott Bartchy, «Slavery [Greco-Roman]» [Esclavitud greco-romana], ABD 6:71, plantea que «Pablo enfrentó a Filemón con la elección de seguir considerándose como el propietario de Onésimo o convertirse en su hermano en una nueva realidad social».

31. Lightfoot, *Saint Paul's Epistles to the Colossians and to Philemon* [Las epístolas de San Pablo a los Colosenses y a Filemón], 343.

32. Dunn, *The Epistles to the Colossians and to Philemon* [Las epístolas a los Colosenses y a Filemón], 336.

33. Ateneo sostiene que «uno ha de castigar a sus esclavos como se merecen, no amonestarles como si fueran personas libres suscitando su arrogancia. Prácticamente, deberíamos dirigirnos a ellos solo con órdenes» (Deipnosophistai 6.265a). Este autor de la Antigüedad sigue diciendo que no disciplinar a los esclavos y bromear con ellos les convierte en siervos de pésima calidad y difíciles de gobernar.

34. Podemos asumir que, puesto que Filemón tenía una casa lo suficientemente grande como para albergar a la iglesia, contaba también con el servicio de otros esclavos.

con los esclavos. La emancipación no sería ya la recompensa a años de esfuerzo y laboriosidad sino un premio por huir.

Cuando se supiera que Onésimo fue liberado porque se había convertido, otros esclavos fingirían pronto la conversión. ¿Y qué sucedería en el caso de que algunos de sus otros esclavos fueran ya cristianos? ¿No esperarían acaso recibir el mismo trato que él?[35] Barclay concluye que la situación social era tan compleja que Pablo dejó deliberadamente las cosas abiertas, para que fuera Filemón quien tomara la decisión, puesto que el apóstol no sabía qué aconsejarle.[36] Barclay nos ayuda a ver lo radical que habría sido una petición de libertad para Onésimo y el alto coste que ésta habría tenido para Filemón. Es Filemón quien ha de tomar la decisión, pero Pablo le orienta sobre lo que debería hacer.

Una petición respaldada por la solemne promesa de Pablo (17–18)

El versículo 17 es el clímax de la carta: «recíbelo como a mí mismo».[37] Pablo no solo intercede por Onésimo, sino que se identifica con él. Onésimo, el esclavo evadido, regresa a casa como representante apostólico de Pablo. Nos sería difícil concebir que Filemón pudiera tratar a Pablo como a un esclavo, pero también que éste recibiera a Onésimo como a un embajador de Pablo revestido de su honor. Sin embargo, Pablo le pide a Filemón que reciba a su esclavo, no solo como a un hermano, sino como si fuera su compañero. Igual que el servicio de Onésimo a Pablo representaba el ser-

---

35. Emancipar a todos sus esclavos sería una carga económica para Filemón y le haría descender en el escalafón social. John M.G. Barclay, «Paul, Philemon and the Dilemma of Christian Slave Ownership» [Pablo, Filemón y el dilema de la propiedad de esclavos entre los cristianos], *NTS* 37 (1991): 176–77, señala: «Instar a los amos cristianos a liberar a sus esclavos era pedirles, no solo que se rebajaran, sino también que renunciaran a importantes medios por los que éstos podrían servir a otros cristianos». En nuestra cultura sería como pedirle a alguien que vendiera todos sus coches y dependiera del transporte público. Vivimos en un mundo en el que el automóvil o automóviles que conducimos es la indicación más clara de nuestra posición. Además, la mayoría de los norteamericanos viven en zonas en las que el transporte público es limitado y poco fiable, y una demanda así se consideraría completamente absurda e impracticable.

36. Barclay, «Paul, Philemon and the Dilemma of Christian Slave Ownership» [Pablo, Filemón y el dilema de la propiedad de esclavos entre los cristianos], 183. Barclay asume que ya que en otros pasajes Pablo pormenorizaba «las implicaciones prácticas del amor», su imprecisión en este texto se debe a que «no sabía lo que debía recomendar» (175).

37. Pablo utiliza el verbo «acoger» (*prosdechomai*) en Ro 14:1 y 15:7 (nrsv) para referirse a la aceptación recíproca de los cristianos. Quienes deseen considerar otras instrucciones para la recepción de las personas pueden ver Ro 16:1–2; 1Co 16:10–12, 15–18; Fil 2:19–30.

vicio de Filemón al apóstol encarcelado (v. 13), la recepción de Onésimo por parte de Filemón representaba su recepción de Pablo.

Una vez más, Pablo no intenta aprovecharse de su peso apostólico, sino que hace su petición como compañero y la enlaza con terminología del ámbito contable: «si te debe algo», «cárgalo a mi cuenta», «te lo pagaré».[38] Pablo anticipa cualquier posible indisposición de Filemón a recibir a Onésimo con los brazos abiertos, y lo hace asumiendo una deuda de honor por la que se compromete a reparar cualquier daño cometido por Onésimo. Esta promesa de carácter general es más que un mero recurso retórico «simplemente por decir algo».[39] Aunque Pablo plantea el asunto de un modo hipotético, la expresión «si te ha perjudicado o te debe algo», es hipotética «solo en la forma».[40] Pablo sabe muy bien que Onésimo ha cometido un delito contra su dueño y es posible que le deba una considerable suma de dinero.

Pablo es deliberadamente impreciso al hablar del agravio que Onésimo había cometido contra Filemón para no avivar desagradables recuerdos que apartarían la atención del impresionante cambio que se había producido en Onésimo. Los comentaristas, no obstante, intentan conjeturar cuál fue el agravio en cuestión. Una de las cuestiones que se observan es que, con frecuencia, los esclavos evadidos se marchaban con la plata y las joyas de sus dueños, quizá para conseguir llegar lo más lejos posible. Muchos, entre ellos Lightfoot, especulan que Onésimo habría robado una suma suficiente de dinero para llegar a Roma:

> Él [Onésimo] parece haber hecho exactamente lo que el emblemático esclavo de la comedia romana amenaza con hacer cuando se mete en un lío: «liar los bártulos y salir pitando». Roma era el destino natural de los desechos humanos. Entre las hacinadas multitudes de la metrópolis es donde tenía mejores posibilidades de pasar desapercibido. Entre la chusma arrabalera de la urbe encontraría la complicidad de espíritus afines.[41]

Callahan cuestiona vigorosamente esta clase de especulaciones por carecer de cualquier fundamento textual y apoyar «el estereotipo del esclavo ladrón e indolente que es parte de la mitología de todas las socie-

---

38. Es posible que, puesto que los esclavos se consideraban como una propiedad, todo el asunto tiene una dimensión comercial (Dunn, *The Epistles to the Colossians and to Philemon* [Las epístolas a los Colosenses y a Filemón], 336).

39. Como sostiene, por ejemplo, Martin, «Commercial Language» [Lenguaje comercial], 333–34.

40. Caird, *Paul's Letters from Prison* [Las cartas de Pablo desde la prisión], 222–23.

41. Lightfoot, *Colossians and Philemon* [Colosenses y Filemón], 310.

dades que se han servido de la esclavitud».[42] Lo único que podría apuntar a que Onésimo había robado a Filemón es que esto es lo que hacían a menudo los esclavos evadidos. Sin embargo, el mero hecho de escapar ya se consideraba como una forma de robo; el esclavo se robaba a sí mismo.[43] Su deserción, como cualquier otra forma de absentismo, tenía un coste para Filemón. No solo habría perdido el valor de todas las jornadas laborales perdidas, Filemón habría tenido que dar empleo a otro esclavo para que realizara las tareas de Onésimo, y puede que hasta hubiera tenido que contratar los servicios de esclavo para que le capturaran. Es posible que Onésimo también le hubiera ocasionado una cierta pérdida a su amo en alguna transacción comercial. Sea lo que sea, Pablo acepta la deuda como suya: cárgalo a mi cuenta.[44]

El compromiso que asume el apóstol es sorprendente cuando se considera el contexto histórico, y pone de relieve el estrecho vínculo que Pablo tiene con Onésimo. Pocos estarían dispuestos a asumir una responsabilidad total por las deudas que otra persona había contraído, y mucho menos las de un esclavo, puesto que la mayoría consideraban a los esclavos como seres moralmente irresponsables. La excepcional promesa de Pablo no debe rechazarse como algo vacío que cuenta con la reticencia de Filemón a aceptarlas.[45] La garantía que sigue en el versículo 19 es legalmente vinculante. La estrategia retórica de Pablo consiste en asumir «una buena parte del coste [que la huida de Onésimo ha] ocasionado a Filemón».[46] El apóstol facilita una respuesta positiva por parte de Filemón maximizando el coste para sí y minimizando el gasto de éste. Pero en esta solemne promesa Pablo también utiliza el lenguaje grecorromano característico de las deudas y créditos entre amigos para expresar sus obligaciones recíprocas.[47] Por utilizar un modismo moderno, Pablo le está diciendo a su amigo: «Te debo una».

---

42. Dwight Allen Callahan, «Paul's Epistle to Philemon: Toward an Alternative Argumentum» [La epístola de Pablo a Filemón: hacia un argumentum alternativo] *HTR* 86 (1993): 361.

43. Cf. *El Digesto de Justiniano* 47.2.60.

44. Normalmente, la pérdida se compensaría tomando la cantidad del *peculium* del esclavo, los pequeños ahorros que el esclavo podía haber acumulado para comprar su libertad.

45. Joachim Gnilka, *Der Philemonbrief,* 84, afirma que «Filemón se rió probablemente de la promesa de un hombre que, como prisionero, no tenía ni un céntimo en el mundo».

46. Wilson, «The Pragmatics of Politeness» [Pragmalingüística de la cortesía], 117.

47. Ver Peter Marshall, *Enmity in Corinth: Social Conventions in Paul's Relations with the Corinthians* [Enemistad en Corinto: las convenciones sociales en la relación de Pablo con los corintios], WUNT 2/23 (Tübinga: J. C. B . Mohr [Paul Siebeck], 1987), 160–64; Gordon Fee, *Paul's Letter to the Philippians* [Carta de Pablo a los Filipenses], NICNT (Grand Rapids: Eerdmans, 1995), 5–6, 423.

Conclusión (19–25)

Puesto que esta carta se va a leer en voz alta a la iglesia (v. 2), es necesario que Pablo notifique a sus oyentes, que no van a poder ver el cambio de letra, que el apóstol ha tomado la pluma para escribir de su puño y letra el pagaré.[48] Este pagaré es la misma clase de vínculo que Pablo menciona en Colosenses 2:14. Este vínculo añade un nuevo giro a la petición de Pablo. Pablo nunca pide específicamente el perdón para Onésimo (contrastar con la Carta de Plinio a Sabiniano), y Koester sostiene que el apóstol «se preocupa meticulosamente de no poner a Onésimo en una situación que en adelante le comprometa en una deuda de gratitud con la magnanimidad de su amo». La «garantía legal y comercial» libera a Onésimo de sus obligaciones personales para con su dueño.[49] Es también posible que Pablo esté expresando su disposición a cubrir el coste de la libertad del esclavo.

Con la expresión «por no decirte que», Pablo utiliza una táctica retórica por la que uno menciona lo que no quiere mencionar. El apóstol le recuerda sutilmente a Filemón cuál es la base de su relación y de su inaudita petición. De repente, Filemón deja de ser un acreedor, cuya deuda será plenamente liquidada, y se convierte en un deudor, que no puede en modo alguno responder por el precio de su vida. La expresión «tú mismo me debes lo que eres» quiere decir que su deuda, a diferencia de la de Onésimo, no es monetaria sino espiritual.[50] El Nuevo Testamento da por sentado que las obligaciones monetarias pueden reembolsarse plenamente, pero no sucede lo mismo con las obligaciones espirituales (ver Mt 18:23–35; Mr 8:37). Por tanto, esta deuda que tiene con Pablo sitúa a Filemón «bajo una obligación moral ilimitada para cumplir con las peticiones de Pablo».[51] Sin parecerlo, su carta demanda el pago de esa deuda.[52]

---

48. Lightfoot, *Saint Paul's Epistles to the Colossians and to Philemon* [Las epístolas de San Pablo a los Colosenses y a Filemón], 344, afirma que Pablo «escribió toda la carta de su puño y letra».

49. Helmut Koester, *Introduction to the New Testament. Volume Two: History and Literature of Early Christianity* [Introducción al Nuevo Testamento. Volumen Dos: Historia y Literatura del cristianismo primitivo], (Filadelfia: Fortress, 1982), 135.

50. Podemos conjeturar en qué consistía esta deuda espiritual. Es posible que Pablo hubiera «engendrado» a Filemón como a Onésimo (10), sin embargo aquí no utiliza esta metáfora ni alude a él como a su hijo. Es posible que, como apóstol a los gentiles (Ro 15:16; Ef 3:1–3), Pablo tenga en mente el hecho de que llevó el Evangelio a esta zona y su encarcelamiento «por vosotros los gentiles» (Ef 3:1). Puede que considerara el trabajo que Epafras llevó a cabo al establecer las iglesias en el valle del Lico como una tarea realizada como «fiel servidor de Cristo para el bien de ustedes» (Col 1:7).

51. Barclay, «Paul, Philemon and the Dilemma of Christian Slave Ownership» [Pablo, Filemón y el dilema de la propiedad de esclavos por parte de los cristianos], 172.

52. Peterson, *Rediscovering Paul* [Redescubrir a Pablo], 74–78.

El versículo 20 comienza con un enérgico «Sí». En el mundo antiguo, la amistad era una relación recíproca que continuaba con el intercambio de regalos, servicios y beneficios. La positiva respuesta de Filemón será un «beneficio» para Pablo que «reconfortará» su «corazón en Cristo». Pablo alivia la tensión suscitada por la imprevista «no mención» de la deuda de Filemón con otro informal juego de palabras con el nombre de Onésimo: «que reciba yo de ti algún beneficio en el Señor».[53] El hecho de que esta expresión fuera utilizada en otros lugares no significa que, en esta situación, el juego de palabras con el nombre no fuera intencionado.[54]

Como hebreo de hebreos, Pablo procede de un trasfondo en el que los juegos de palabras son muy corrientes y apreciados, y al decir que su corazón será reconfortado prosigue con su ingenio verbal. El apóstol ya ha elogiado a Filemón por reconfortar los corazones de los santos (v. 7) y ha identificado a Onésimo con su propio corazón (v. 12). Al conceder su petición, Filemón elevará el espíritu de Pablo y mitigará sus temores y preocupaciones sobre su hijo, Onésimo. No obstante, Pablo describe el beneficio como «en el Señor». Si se limita a readmitirle como esclavo, ello no representará un verdadero beneficio en el Señor para Pablo. Únicamente lo tendrá verdaderamente si Onésimo queda libre para servir al Evangelio, no solo a su amo.[55]

Las palabras de Pablo en el versículo 21 destilan confianza porque conoce bien a Filemón:[56] un querido colaborador (v. 1), hermano (v. 7), y compañero (v. 17), que ya ha mostrado su amor, fe (v. 5) y hospitalidad (v. 7).[57] No es solo un buen hombre, sino alguien que está en el Señor. Pablo sabe

---

53. El verbo es *onaimen* de *oninemi*, del que se deriva el nombre de Onésimo. Este es el único lugar del Nuevo Testamento en que aparece y lo hace en el poco frecuente modo optativo.

54. Jenofonte consigna una conversación de Sócrates con Arístipo: «¿Por qué estás tan seguro de que nadie te hará nunca esclavo? ¿Es acaso porque serías considerado la clase de esclavo que no proporciona ningún beneficio? Nadie quiere mantener en su casa a un hombre que no quiere hacer nada de provecho, pero practica un caro estilo de vida» (Memorabilia 2.1).

55. Ver Ernst Lohmeyer, *Die Briefe an der Kolosser und an Philemon, Meyer Kommentar* (Göttingen: Vandenhoeck & Ruprecht, 1961) 191; Knox, *Philemon Among the Letters of Paul* [Filemón entre las cartas de Pablo], 25.

56. Wilson, «The Pragmatics of Politeness» [Pragmalingüística de la cortesía], 118, la compara con la moderna expresión, «estoy convencido de que puedo contar contigo» que podría aparecer en la carta a un amigo.

57. Nordling, «Onesimus Fugitivus», 107, n. 2, cita el pertinente comentario de Lutero: «Nos complacemos en el honor que supone que las personas confíen en nosotros. Esto es un gran halago; sin embargo, es un halago santo, porque se hace como en Cristo. A quienquiera que alabo, le alabo como cristiano; por tanto ni le halago ni me siento desilusionado en él, porque es imposible excederse en alabar a Cristo. Si halago a un cristiano, no lo hago para su beneficio sino por el de Cristo, que habita

que obedecerá. No es obediencia a Pablo sino al Señor —a quien se acaba de referir en el versículo 20—, y al mandamiento del amor que fundamenta toda la carta.[58]

Pablo no ejerce su autoridad apostólica de un modo opresivo. Confía únicamente en el poder de la persuasión moral presentando con autoridad a Filemón las opciones de su decisión: «Esto es sin duda lo que debes hacer como mi compañero en Cristo guiado por el gobierno del amor, pero tú eres quien has de decidir». Pablo ha encuadrado con delicadeza sus súplicas a Onésimo planteando las cosas de modo que no es al apóstol a quien Filemón va a obedecer, sino a su Señor.[59] Espera que Filemón responda a la desobediencia de Onésimo hacia él, su amo, con su obediencia a un amo mayor (Col 4:1).[60] La obediencia es una cuestión de fe, y recuerda la agradecida oración de Pablo por la «fe en el Señor Jesús» de Filemón (vv. 5–6).

En esta carta Pablo solo le pide explícitamente a Filemón que acepte a Onésimo como a su hermano en Cristo y que le dé la bienvenida como al propio apóstol. ¿A qué, pues, se refiere el «aún más» del versículo 21? Podría ser simplemente una culminación con floritura retórica.[61] Podría aludir al deseo de Pablo de que se le devuelva «su corazón» de modo que Onésimo pueda continuar su servicio a él. Podría también implicar una solicitud de que Filemón conceda la libertad a Onésimo. Personalmente, opto por esta última alternativa. Pablo tiene la esperanza —más aún, la confianza— de que Filemón dejará libre a Onésimo para que el apóstol pueda dedicarse completamente al servicio del Evangelio.

Pablo hace una última petición relacionada con su esperada liberación de la cárcel y su posible visita. Pablo ha envuelto su ruego por Onésimo

---

en él; y a Él los cristianos han de honrar» («Lecture on Philemon» [Discurso sobre Filemón] *Luther's Works,* 29:98–99).

58. Ver Ro 1:5; 16:19, 26; 2Co 7:15; 10:5–6; 2Ts 1:8; contrastar e 2Ts 3:14. Algunos (Wickert, «Der Philemonbrief», 233; Lohse, *Colossians and Philemon* [Colosenses y Filemón], 206; y Peter Stuhlmacher, *Der Brief an Philemon*, EKKNT, 2d. ed: [Zurich: Benziger/Neukirchen: Neukirchener, 1981], 36–37) destacan el carácter apostólico de este escrito de modo que la obediencia de Filemón lo es a la palabra de Pablo. He defendido que esto es una interpretación errónea que impone al texto la cuestión de la autoridad y que Pablo ha evitado meticulosamente forzar a su amigo para que haga su voluntad, para que éste responda por amor a Cristo y no por mera obligación (v. 14).

59. Esta perspectiva mitiga el problema social que supone liberar a Onésimo. Sus conocidos paganos no entenderían por qué habría de tratar a su esclavo rebelde como a un hermano, sin embargo, sí verían la conveniencia de ceder ante un dios que había reivindicado su derecho sobre el esclavo en cuestión.

60. Pablo no hace ninguna amenaza específica sobre lo que hará si Filemón no obedece (contrastar 2Co 10:6).

61. Church, «Rhetorical Structure» [Estructura retórica], 30–32.

en una cautelosa oblicuidad. Ahora hace una petición directa: «Además de eso, prepárame alojamiento» (v. 22). En nuestra cultura, esto puede parecernos un poco agresivo, porque muchos ven la hospitalidad como una seria imposición. Esta actitud se refleja en el chiste de Benjamin Franklin (expresado de distintas formas a lo largo de los tiempos) en el sentido de que el pescado y las visitas huelen mal a partir de los tres días. Imaginemos la reacción de la esposa de un pastor después de que éste le informe de que un famoso evangelista ha llamado para decir que, posiblemente, pasará por la ciudad y planea quedarse con ellos durante un tiempo. El predicador no dijo cuándo llegaría, pero espera que el pastor y su esposa le tengan preparada una habitación. En nuestro tiempo, la mayoría no saltaría de alegría con la noticia y, por consiguiente, pocos tendrían el atrevimiento de una demanda de hospitalidad en estos términos.

En cambio, en la cultura de Pablo, una auto-invitación como ésta no representaría una seria imposición. Osiek nos recuerda que la casa

> no era el lugar donde uno escapaba del trabajo, sino más bien en el que se realizaba una buena parte de éste; no era el lugar en el que uno se libraba de su papel público, sino donde éste se realzaba por medio de la hospitalidad. La moderna idea de la sagrada privacidad del hogar no procede.[62]

Wilson sostiene que, puesto que conceder tal petición no era algo costoso o amenazador para Filemón, Pablo no tenía necesidad de expresarla con las mismas estrategias de cortesía que había utilizado para hacer su petición por Onésimo.[63] El apóstol podía pedirle sin ambages que le preparara una habitación, sin embargo, no podía hablarle con tanta naturalidad de sus deseos para con Onésimo.

La llegada de Pablo a casa de Filemón sería una benevolente respuesta a la oración. Pablo utiliza de nuevo la divina pasiva «os seré concedido» (ver v. 15 RV60), lo cual pone de relieve que el apóstol consideraría su liberación de la cárcel como una intervención de Dios. El plural «vuestras oraciones» nos recuerda que esta carta va dirigida a toda la iglesia. El apóstol da por sentado que sus oraciones por ellos (v. 4) serán correspondidas con las de ellos a su favor. Por tanto, este versículo no es una amenaza velada:

---

62. Carolyn Osiek, «The Family in Early Christianity: 'Family Values' Revisited» [La familia en el cristianismo primitivo: 'Los valores familiares' parte segunda], *CBQ* 58 (1996): 12. Puesto que en el mundo antiguo las posadas eran establecimientos notoriamente peligrosos y sórdidos, el alojamiento de los misioneros itinerantes era una práctica vital para la extensión del Evangelio en Palestina (ver Mt 10:40–41; Lc 10:5–10; Hch 9:43; 10:6; 21:8, 16) y en el mundo grecorromano en general (Hch 16:14–15, 33–34, 40; 18:2–3; 20:20; Ro 16:23; 3 Juan 5–8; *Did.* 11–12).
63. Wilson, «The Pragmatics of Politeness» [Pragmalingüística de la cortesía], 117–18.

«Vendré a visitarles, si Dios quiere, para ver cómo han respondido».[64] Si la obediencia de Filemón estuviera motivada únicamente por la amenaza de inspección del apóstol, entonces la carta no habría cumplido su cometido de motivarle a responder por amor.

Pablo se despide con saludos de Epafras, su compañero de prisiones, y de sus colaboradores. Probablemente, cada una de estas personas respondería por Onésimo y coincidirían con la petición de Pablo a su favor.

Construyendo Puentes A primera vista, puede parecernos que Filemón tiene poco valor práctico para el lector de nuestro tiempo, puesto que la esclavitud ha sido ya abolida en la mayor parte del mundo. Peor aún, esta carta puede ser un tanto incómoda, puesto que Pablo parece tolerar una institución que hoy consideramos un monstruoso atentado contra los derechos humanos. Pablo había escrito que en Cristo no hay esclavo ni libre (Col 3:11), y en esta carta tenía la oportunidad de denunciar la esclavitud como un gran mal.

Sin embargo, el apóstol no expresa ni un atisbo de protesta. De hecho, la carta parece únicamente reforzar el mandamiento de que los esclavos obedezcan en todo a sus amos terrenales (cf. Col 3:22). El apóstol parece halagar más que reprender a un miembro de la acaudalada clase tenedora de esclavos, y envía a uno de ellos de vuelta con su dueño para que éste pronuncie sentencia sobre un agravio, una sentencia que tiene la esperanza, pero no la garantía, de que será atemperada por el amor y el perdón. Para pontear la distancia cultural que separa el siglo I, en que la esclavitud era una institución firmemente arraigada, de nuestro tiempo en que se considera repulsiva e inmoral, hemos de explorar tres temas. En primer lugar es necesario explicar cómo funcionaba la esclavitud en el mundo antiguo. A continuación hemos de ver que esta difería de forma significativa de la esclavitud norteamericana, con la que estamos más familiarizados. Por último, hemos de analizar las razones por las que los primeros cristianos no hicieron una cruzada contra este flagelo.

La esclavitud en el mundo antiguo. La civilización romana se basaba en la esclavitud, y la economía imperial dependía de los esclavos para la realización de las labores básicas. Al principio, la población de esclavos estaba formada por los prisioneros de guerra y las víctimas de los secues-

---

64. Por ejemplo, Wall, *Colossians and Philemon* [Colosenses y Filemón], 217, sostiene que la visita «no es de carácter amigable o informal, sino apostólica y oficial (aunque ciertamente no por ello hostil o inoportuna)».

tros de piratas y bandidos.[65] El que los esclavos procedieran de estos tras-fondos llevó a los romanos a fantasear que toda la existencia de los escla-vos era un don de su amo, que le había salvado de la muerte.[66]

No obstante, en el siglo primero, la descendencia de los esclavos apor-taba un constante suministro de esclavos. También ingresaban a la esclavi-tud personas condenadas por delitos de sangre, niños vendidos por padres que no podían alimentarles, expósitos (niños abandonados en templos o al aire libre), y personas que, por varias razones (como por ejemplo evitar la inanición o el deseo de convertirse en administradores de alguna familia importante), se vendían a sí mismos. Algunos estiman que los esclavos constituían entre una cuarta parte y un tercio de la población en la zona centro y sur de la actual Italia. Séneca (que murió en el 65 d.C.) observa que una propuesta del Senado Romano para diferenciar a los esclavos de las personas libres haciéndoles vestir ropas especiales fracasó cuando los senadores expresaron sus temores de que los esclavos se sublevaran con rapidez al darse cuenta de cuán numerosos eran.[67]

Los esclavos desempeñaban distintas funciones en el mundo laboral, dependiendo de su suerte. Los esclavos imperiales realizaban las tareas administrativas cotidianas del gobierno, y muchos alcanzaron prominencia como libertos y se enriquecieron mucho.[68] Otros esclavos formaban parte de la plantilla de templos y ciudades y realizaban una gran variedad de tra-bajos, desde ocuparse de la tesorería hasta la realización de tareas de man-tenimiento. Algunos se desempeñaban incluso como agentes de policía.

Los esclavos domésticos de los centros urbanos tenían varias tareas. Existían principalmente para servir a la clase privilegiada, y sus propieta-rios esperaban que les hicieran la vida más cómoda y que incrementaran su prosperidad y prestigio. Incluso aquellos que tenían medios relativa-

---

65. El discurso de Eleazar, el dirigente rebelde, pronunciado durante los últimos días del sitio de Masada y consignado por Josefo, revela vívidamente que algunos habrían preferido la muerte a ser capturados y hechos esclavos (J. W. 7.8.6 §§ 323–36).

66. Thomas E.J. Wiedemann, «Slavery» [Esclavitud], en *Civilization of the Ancient Mediterranean: Greece and Rome*, ed. Michael Grant y Raquel Kitzinger (Nueva York: Charles Scribner's Sons, 1988), 1:578. Wiedemann observa que los escrito-res latinos derivaban normalmente la palabra *servus* de *servare* y definían al esclavo como a alguien que en la guerra había sido «salvado» en lugar de muerto.

67. Séneca, *De la Misericordia* 1.24.1.

68. Marco Antonio Félix, procurador de Judea entre los años 52/53 y 59/60 d.C. (ver Hch 23:24–24:27), era un esclavo liberto, probablemente de la madre del emperador Claudio, Antonia. Su hermano M. Antonio Pallas, liberado también por la madre de Claudio, fue famoso por su fabulosa riqueza. Ver además, R. P. C. Weaver, *Familia Caesaris: A Social Study of the Emperor's Freedmen and Slaves* [Familia Caesaris: un estudio social de los libertos y esclavos del Emperador], (Cambridge: Cambridge Univ. Press, 1972).

mente exiguos tenían dos o tres esclavos. En una era de evidente consumo, los ricos adquirían numerosos esclavos como un indicador de prestigio. A los esclavos se les asignaban tareas de limpieza, cocina, jardinería, servicio de mesa, conserjería, enfermería, correo, lavandería, costura, servicio doméstico, peluquería y eran también nodrizas, ayudas de cámara, secretarios, músicos y cuidadores de niños. Algunas mujeres eran concubinas. Quienes tenían una formación mejor desempeñaban deberes que requerían intelecto, competencia y cultura, trabajando éstos como secretarios, tesoreros, empleados de oficina, supervisores, alguaciles, capitanes de barco, arquitectos, artistas, músicos, escritores, bibliotecarios, médicos y tutores. A los esclavos podía encontrárseles realizando cualquier trabajo, excepto en el ámbito político o en el de las fuerzas armadas.

Los trabajos más duros eran los que se soportaban los braceros que llevaban a cabo tareas agrícolas y ganaderas, trabajando en granjas y haciendas, muchos de los cuales nunca llegaban a conocer a sus propietarios. En el extremo más bajo del escalafón estaban los esclavos procedentes del ámbito penitenciario, que trabajaban en las minas y en las galeras y morían en la esclavitud.

Posición legal de los esclavos. Todo el mundo daba por sentado que había dos categorías de seres humanos, a saber, libres y esclavos.[69] La ley consideraba a los libres como personas, pero no a los esclavos que, legalmente, eran cosas y, por tanto, susceptibles de ser catalogados como objetos de propiedad. Aristóteles clasificaba a los esclavos como herramientas vivas.[70] Catón aconsejaba al frugal labrador: «Vende los bueyes agotados, las reses y ovejas desmejoradas, la lana, los pellejos, los carros y herramientas vetustos, los esclavos viejos o enfermos, y cualquier otra cosa superflua».[71] Puede verse esta deshumanizante clasificación de los esclavos en los amargos lamentos de los crueles mercaderes que lloran ante la destrucción de Babilonia porque el mercado para sus mercancías ha sido destruido (Ap 18:11–13). El último elemento del inventario de mercancías es «cuerpos», un término utilizado comúnmente para hacer referencia a los esclavos. No obstante, las convicciones cristianas de Juan, le llevaron a modificar la frase, «es decir, almas de hombres» (trad. pers.).

Privado de cualquier derecho legal o humano, el esclavo experimentaba una especie de «muerte civil». Séneca caracteriza al esclavo como a

---

69. Gayo, *Instituciones* 1.9.
70. Aristóteles, *Política* 1.2.4; ver también la obra de Varrón, *De la agricultura* 1.17.1, que describe a un esclavo como a «una herramienta parlante». En nuestra cultura lo más cercano a un esclavo es el feto, al que tampoco se considera como una persona ni se confieren derechos legales.
71. Catón, *De la Agricultura* 2.7.

alguien que «no tiene el derecho de negarse a nada».[72] Como un artículo de propiedad, toda la vida del esclavo estaba totalmente a disposición del propietario. En su testamento el amo podía incluso imponer ciertas condiciones a los propietarios sucesores prohibiéndoles de manera expresa vender o conceder la emancipación a su esclavo. Los esclavos no eran dueños de su tiempo, trabajo, o hijos.[73] El propietario podía quedarse con los hijos de sus esclavos (que eran también esclavos) o venderlos en una subasta, como un campesino que vende sus terneros o lechones. Podían también abandonarles como quien ahoga una camada de gatitos no deseados.

Legalmente, los esclavos no podían contraer matrimonio ni tenían ninguna clase de parentesco. Si un amo quería casarse con su esclava, primero tenía que darle la libertad. Es probable que algunos esclavos acabaran siendo parejas de hecho, pero uno se pregunta hasta qué punto eran relaciones estables. La religión era la única esfera de la vida abierta a los esclavos. En ciertas sectas podían incluso ser sacerdotes. En *Agamenón*, la obra de Esquilo, Casandra es transportada a Grecia como esclava, y cuando va a profetizar, el coro comenta: «El don de Dios permanece aun en el alma de un esclavo» (1084).

Puesto que los esclavos representaban un importante activo e inversión, muchos entendían que tratarles bien era rentable porque ello hacía que su servicio fuera mejor y más dilatado. Los amos sensatos se preocupaban de sus esclavos, con la misma actitud con la que, en nuestro tiempo, alguien puede cuidar un automóvil caro. La atención al bienestar de los esclavos tenía por regla general un carácter utilitario y estaba motivada por intereses egocéntricos. Es particularmente elocuente que en sus *Instituciones*, Gayo no presente la compasión moral como motivo para intervenir en aquellos casos de excesiva y poco razonable brutalidad sino la «mala utilización de los derechos» por parte de quienes «desperdician sus propios bienes».[74] Como quienes nunca cambian el aceite del motor de su vehículo, algunos amos abusaban de sus esclavos. Tener poder absoluto sobre la vida de otra persona puede producir un cierto desprecio por la vida.

El trato de los esclavos. La violencia y la crueldad del mundo antiguo se desbordaba en la violación de los esclavos, esposas e hijos. Los escla-

---

72. Séneca, *De los Beneficios* 3.19.1.
73. Los esclavos podían alquilarse a terceros. Un contrato de alquiler que ha llegado hasta nuestros días estipulaba que si el amo necesitaba a la esclava durante la noche para hornear el pan, podía disponer de sus servicios sin ninguna deducción de la cuota de alquiler. Es evidente que tal esclava tendría que agregar a su jornada horas largas y agotadoras (citado por Jo-Ann Shelton, *As the Romans Did: A Sourcebook of Roman Social History* [Como los romanos: un libro de consulta de la historia social romana], (Oxford: Oxford Univ. Press, 1988], 169).
74. Gayo, *Instituciones* 1.55.

vos eran con frecuencia víctimas de la tiranía física, psicológica y moral. Algunos propietarios eran sádicos monstruos proclives a furiosos ataques de cólera.[75] Según Séneca, el sádico Vedio Polio ordenó arrojar a un esclavo que había roto un vaso de cristal a un estanque lleno de voraces lampreas.[76] El muchacho consiguió escapar y apeló al emperador Augusto para poder ser ejecutado de un modo menos salvaje. Indignado por tal injusticia, el emperador ordenó que el joven fuera liberado y que todos los vasos de cristal de Polio fueran destruidos junto con su estanque. El héroe de la novela *Las metamorfosis* de Apuleyo describe a los enflaquecidos y pálidos esclavos trabajando en un molino de harina, marcados en la frente con hierro candente, la piel adornada por cárdenos verdugones, y la espalda llena de las cicatrices de frecuentes latigazos, todo ello visible a través de unas prendas hechas jirones.[77] Los esclavos también podían ser maltratados por otros esclavos o alquilados por patronos que tendrían poca consideración por objetos de alquiler.

Todos los ingresos que generaba un esclavo (p. ej., por medio de operaciones comerciales) pertenecía legalmente al amo (ver Mt 25:14–30). Puesto que los esclavos no tenían identidad legal, no podían reclamar compensación alguna por daños o agravios recibidos. Si un esclavo era herido, cualquier indemnización se tasaba según una escala inferior a las que se aplicaban a personas libres y se le pagaban al propietario, no al esclavo. Los propietarios podían castigar la mala conducta como mejor les pareciera y, por regla general, no se les consideraba responsables de los daños que les infligieran. Los esclavos no tenían a su disposición ningún mecanismo legal para presentar sus quejas a las autoridades. Si intentaban protestar, podían ser severamente castigados. Si querían evitar los malos tratos, los esclavos tenían pocas opciones. Podían intentar quitar de en medio a sus amos por medio del asesinato, los conjuros mágicos, o podían intentar desaparecer ellos dándose a la fuga o buscando asilo en un templo.[78]

Huir era un riesgo que prometía poca recompensa. Tras su huida, un esclavo evadido podía unirse a alguna de las innumerables bandas de ladrones que plagaban las zonas rurales; sin embargo, la expectativa de vida en grupos de este tipo era corta. Podía venderse a algún tratante de escla-

---

75. Galeno describe los arrebatos de ira que les sobrevenían a los amos: «Otras personas no solo golpean a sus esclavos, sino que les dan de puntapiés, les sacan los ojos y les golpean con lo que tengan en la mano» *Las enfermedades de la mente*, 4). A continuación relata que el emperador Adriano le sacó un ojo con una pluma a uno de sus ayudantes en un arrebato de ira.

76. Séneca, *De la Ira* 3.40.1–5.

77. Apuleyo, *Las metamorfosis o «El asno de oro»* 9.12.

78. Thomas E.J. Wiedemann, *Greek and Roman Slavery* [La esclavitud griega y romana] (Baltimore: Johns Hopkins Univ. Press, 1981), 190.

vos con la esperanza de ser vendido de nuevo a un amo más bondadoso. Los esclavos que afirmaban haber sido maltratados podrían también huir a algún santuario religioso y hallar refugio. Tal alternativa no le procuraba la libertad, sino solo la posibilidad de encontrar un propietario más benevolente.[79] Sin embargo, cuando los esclavos evadidos eran capturados, podían ser severamente flagelados, marcados en el rostro, encadenados, forzados a llevar un collar de hierro como distintivo de alerta por si alguna vez intentaban huir de nuevo o, en ocasiones se les rompía las piernas. Podían también ser vendidos a las minas o sentenciados a muerte.[80] La legislación de periodos posteriores intentó proteger a los esclavos de los maltratos excesivos, pero ésta estaba llena de vacíos legales, y los poderes ejecutivos no velaban por su cumplimiento.

La gestión de los esclavos. La relación entre esclavos y amos estaba gobernada por la filosofía de la zanahoria y el garrote. A fin de contener a la enorme población de esclavos, los amos dejaban muy claro a sus siervos que cualquier ofensa iría acompañada de un rápido y severo castigo. Les mantenían a raya con tácticas de temor.[81] El temor, no obstante, actúa de un modo insidioso, y sus tentáculos tienen formas especiales de atrapar a quienes intentan utilizarlo contra otros. Tanto los amos como los esclavos vivían en temor. El esclavo temía los latigazos, antojos y mal carácter de su amo. A los amos, por su parte, les temblaban las carnes pensando en las posibles conspiraciones, actos de violencia, huidas o sortilegios de sus esclavos. Lightfoot menciona la expresión de Séneca, «tantos enemi-

---

79. Wiedemann, *Greek and Roman Slavery* [La esclavitud griega y romana], 195, cita un ejemplo: «Lo mejor que puedo hacer es correr hasta el Templo de Teseo para refugiarme, y quedarme allí hasta que pueda encontrar a alguien que me compre».

80. Un collar que ha llegado hasta nuestros días perteneció a un cristiano y llevaba la inscripción: «soy esclavo del archidiácono Félix: sujétame para que no escape.» G. H. R. Horsley, *New Documents Illustrating Early Christianity* [Nuevos documentos que ilustran el cristianismo primitivo], (North Ryde: Macquarie University, 1981, 1:140–41). Otro lleva grabadas las letras *ji* y *rho* (las dos primeras de la palabra Cristo [Xristos]) (citado por Nordling, «Onesimus Fugitivus», 106).

81. No hemos de dejarnos engañar por las observaciones de Séneca sobre la humanidad de los esclavos:

    «Son esclavos», dice la gente. En absoluto, son hombres. «¡Esclavos!» No, camaradas. «¡Esclavos!» No, sino amigos sin pretensiones. «¡Esclavos!» No, son nuestros compañeros de esclavitud, si pensamos que la Fortuna concede los mismos derechos a esclavos y a libres. (*Epístolas morales* 47.1). Wiedemann, *Greek and Roman Slavery* [La esclavitud griega y romana], 233, sostiene que Séneca no escribe sobre la esclavitud como defensor humanitario sino como experto. «Séneca está más interesado en escribir en un lenguaje lleno de emoción que en mejorar las condiciones de los esclavos de sus lectores».

gos como esclavos», como claro indicador de que la relación entre amos y esclavos estaba envenenada por una «desconfianza universal».[82]

El recuerdo de pasados alzamientos de esclavos sofocaba cualquier recelo moral sobre el modo de tratarles. Muchos se preocupaban también por la posibilidad de perder el control sobre un grupo tan numeroso y potencialmente explosivo. Para tener una mayor sensación de seguridad, los opresores se esforzaban por rebajar cualquier vínculo común entre sus esclavos y les incitaban a delatar cualquier plan para no ser acusados de complicidad en los delitos de otros esclavos. Por ejemplo, si un amo era asesinado por un esclavo, se ejecutaba no solo al asesino, sino a todos los demás esclavos del grupo familiar.

Tácito menciona un caso así en el que un prefecto de Roma fue asesinado por uno de sus esclavos. Se determinó ejecutar al resto de ellos, unos cuatrocientos esclavos. La idea de ejecutar a tantas víctimas inocentes suscitó una protesta masiva de la población y un debate en el Senado. En el debate, un senador argumentó que, teniendo en cuenta que los esclavos domésticos procedían ahora de muchas naciones distintas, con distintas costumbres y religiones:

> Nunca conseguiremos coaccionar tal mezcla de humanidad sino por el terror. «¡Pero algunas vidas se perderán!» Aun así, es la única opción; porque cuando la vara cae sobre cada décimo hombre del ejército derrotado, la suerte cae también sobre el valiente. Todos los grandes ejemplos llevan consigo algo de injusticia, una injusticia que se compensa, frente al sufrimiento individual, por el beneficio de la comunidad.[83]

Triunfó el temor; no hubo misericordia con los esclavos.

Epicteto, que creció en esclavitud, escribió: «La oración del esclavo es por su inmediata liberación».[84] La zanahoria que se ponía ante el esclavo era su posible emancipación como recompensa por un fiel servicio. A diferencia de la falsa promesa que se publicitaba a las puertas de los campos de

---

82. Lightfoot, *Saint Paul's Epistles to the Colossians and to Philemon* [Las epístolas de San Pablo a los Colosenses y a Filemón], 322. La cita procede de las *Epístolas morales* de Séneca 47. La preocupación expresada por Plinio de que uno de sus amigos pudiera ser asesinado en un viaje por uno de sus esclavos revela un silencioso temor de las conspiraciones de los esclavos (*Cartas* 3.14):

> ¿Te das cuenta de los peligros, daños y abusos a que estamos expuestos? Y nadie puede sentirse seguro, aunque sea un amo indulgente y bondadoso. Lo que destruye a los esclavos es su propia naturaleza perversa, no la crueldad de sus amos.

83. Tácito, *Anales* 14.44.
84. Epicteto, *Discursos*. 4.1.33.

concentración, *Arbeit macht frei* («El trabajo lleva a la libertad»), la libertad era una verdadera, aunque frágil, esperanza para los esclavos que trabajaban fielmente para sus amos. «Los esclavos nacidos en casa» tenían una evidente ventaja sobre los que trabajaban duramente en lejanas granjas y no vivían con sus propietarios. Éstos llevaban vidas más difíciles, y la mayoría de ellos morían siendo esclavos. Los siervos domésticos que vivían con la familia tenían bastantes probabilidades de obtener la libertad. Algunos amos regalaban propiedades, ganados, e incluso otros esclavos a sus siervos de confianza, así como pequeñas cantidades de dinero y de ropa. Con el tiempo, todos estos bienes podían acumularse hasta llegar a lo requerido para comprar su libertad, aunque legalmente seguía perteneciendo a su amo y este podía reclamarle en cualquier momento.

Todas estas provisiones respondían a un bien informado egocentrismo por parte de los amos. Los amos daban a sus esclavos algo que esperar para que éstos les sirvieran con mayor fidelidad. Por tanto, la emancipación se consideraba como la recompensa a un trabajo fiel, y un número regular de manumisiones servía para mantener bien engrasada la maquinaria de la esclavitud. Estimulaba a los esclavos a comportarse bien, trabajar con diligencia e incrementar su productividad. Es importante observar que, en el Nuevo Testamento, las amonestaciones a los esclavos nunca mencionan la perspectiva de la emancipación como motivación para la obediencia. Se condena una obediencia a los amos realizada únicamente «cuando ellos los estén mirando, como si ustedes quisieran ganarse el favor humano» (Col 3:22). Los esclavos cristianos no obedecen para ganarse una pronta liberación, sino para agradar al Señor.

A menudo, los amos eran generosos con sus esclavos para atraer el aprecio de sus compañeros y una gran multitud de dolientes en sus funerales.[85] Algunos amos concedían la libertad a sus esclavos cuando estos estaban próximos a la muerte para que pudieran tener «el consuelo de morir en libertad y ser sepultados como hombres libres».[86] Trimalción, el liberto fabulosamente rico, pero sumamente despiadado de la sátira de Petronio, anuncia jactanciosamente en su banquete que, en su voluntad, planea dejar libres a todos sus esclavos con cuantiosos regalos, como su dueño había hecho con él. Trimalción afirma: «La razón por la que te digo todo esto

---

85. Dionisio de Halicarnaso se lamentaba de la emancipación por razones erróneas (p. ej., esclavos que compraban su libertad con los beneficios de actos delictivos; amos que deseaban alcanzar popularidad y ponían en libertad a sus esclavos para ganarse el reconocimiento de otros) y lo relacionaba con el declive general de las normas morales (*Antigüedades romanas* 4.24.1–8).

86. Paul Veyne, «The Roman Empire» [El Imperio Romano] en *A History of Private Life I: From Pagan Rome to Byzantium*, ed. Paul Veyne (Cambridge, Mass.: Harvard Univ. Press, 1987), 86.

ahora es conseguir que los de mi casa me amen tanto ahora como si ya me hubiera muerto».[87]

Dionisio de Halicarnaso afirma: «Sé de algunos que han dejado libres a todos sus esclavos tras su muerte para que se les recuerde como buenos hombres y muchos sigan su féretro con su gorro de hombres libres».[88] En ocasiones los propietarios concedían la libertad a sus esclavos por egoístas razones económicas. El peculio del esclavo que se utilizaba para comprar su libertad era en ocasiones mayor que el coste de comprar un nuevo esclavo para sustituirle, o el dueño podía ahorrarse dinero utilizando los servicios del esclavo como hombre libre asalariado sin tener que alojarle, vestirle y alimentarle.

La emancipación no significaba que los esclavos quedaran libres de todas sus obligaciones para con sus propietarios y pudieran hacer lo que quisieran (ver la Carta de Plinio a Sabiniano sobre su rebelde liberto). Los libertos llevaban el nombre de la familia de sus amos y estaban obligados a mostrar la debida gratitud y rendirles frecuentes homenajes (*obsequium*). El antiguo dueño podía seguir esperando ciertos beneficios económicos de su liberto, que se comprometía a prestar un cierto número de días de servicio o trabajo cada año (*operae libertorium*), algo que era exigible por vía judicial.[89] Los amos podían también requerir dones (*munera*) de sus libertos. A cambio, el amo, convertido ahora en patrón, se ocuparía de los intereses de sus libertos, ocupándose de proveerles algo de comida, cuidar de su salud, y ofrecerles protección legal.[90]

Diferencias entre la esclavitud de la Antigüedad y la del Nuevo Mundo. El conocimiento de la esclavitud que tienen la mayoría de los norteamericanos se debe a una cierta idea de la esclavitud del Nuevo Mundo, aunque ésta proceda únicamente de las novelas llevadas al cine, como la de Margaret Mitchell, *Lo que el viento se llevó,* o la de Alex Haley, *Raíces.* La esclavitud puede traernos a la mente una imagen de hermosas plantaciones en los estados sureños combinada con repugnante racismo y duro

---

87. Petronio, *El Satiricón* 15.71.
88. Dionisio de Halicarnaso, *Antigüedades Romanas* 4.24.6.
89. Tácito habla de los dos tipos de emancipación. «Todos aquellos cuyo patrón no les había emancipado por la vara seguían estando, podría decirse, sujetos por el vínculo de la servidumbre» (*Anales* 13.27). Tácito recomendaba que el propietario fuera cauteloso en la concesión de cualquier libertad que no pudiera revocarse si el liberto actuara de manera inapropiada.
90. Por esta disposición, Dunn, *The Epistles to the Colossians and to Philemon* [Las epístolas a los Colosenses y a Filemón], 330, sostiene que si Filemón concediera la libertad a Onésimo, «este último tendría que permanecer casi con toda seguridad en un estado de dependencia económica con respecto a Filemón como cliente suyo ('lo recibas para siempre')».

trabajo en los campos de algodón. Esta imagen no debe proyectarse sobre la esclavitud del mundo del Nuevo Testamento. Cualquier forma de esclavitud carcome el espíritu de todas las partes implicadas; sin embargo, la esclavitud de la Antigüedad era menos brutal que la del Nuevo Mundo con su trata de esclavos.

No obstante, deberíamos tener cuidado de no describir la esclavitud de la Antigüedad como una institución benevolente y humanitaria,[91] porque no lo era. Gordon escribe: «El crecimiento del Imperio tuvo un trasfondo de sufrimiento humano de una intensidad y extensión inimaginables».[92] No sabemos lo que el esclavo normal experimentaba o sentía con respecto a su condición, puesto que no nos dejaron escritos al respecto. Vemos solo las cosas desde la óptica de sus propietarios; y, si la naturaleza humana es fiel a sí misma, éstos se veían probablemente como mucho más benévolos de lo que eran en realidad. El número de papiros que hablan de esclavos evadidos sugiere que la esclavitud no era precisamente una institución benigna. Quienes argumentan que la esclavitud de la Antigüedad no era tan mala, harían bien en considerar la observación de Abraham Lincoln: «Siempre que escucho a alguien defendiendo la esclavitud, siento enormes deseos de ver qué tal le iría a esa persona probándola personalmente».[93] No obstante, cruzar el puente al mundo del primer siglo nos hace conscientes de las diferencias esenciales entre la esclavitud del Nuevo Mundo y la que encontró Pablo.

(1) No deberíamos asumir que todos los esclavos del Primer Siglo recibían malos tratos y deseaban desesperadamente escapar de su situación. Los esclavos y libertos del mundo antiguo no estaban separados por una enorme sima económica y racial, como sí ocurría en el Nuevo Mundo. Algunos desdichados llegaban incluso a venderse a sí mismos a fin de mejorar su situación. Dión Crisóstomo observó que «se supone que grandes números de hombres que han nacido libres se venden a sí mismos como esclavos por contrato, en ocasiones en términos nada fáciles, sino en los más severos que podamos imaginar».[94]

Los esclavos del Nuevo Mundo, por otra parte, anhelaban desesperadamente la libertad. Sobre el canto de los esclavos, Frederick Douglass (1818–1895) escribió: «Cada nota era un testimonio contra la esclavitud,

---

91. Dale B. Martin, *Slavery as Salvation* [Esclavitud como salvación], (New Haven: Yale Univ. Press, 1990), 1.

92. Mary L. Gordon, «The Nationality of Slaves Under the Early Roman Empire» [La nacionalidad de los esclavos en el antiguo Imperio Romano] en *Slavery in Classical Antiquity*, ed. Moses I. Finley (Cambridge: Cambridge Univ. Press, 1960), 180.

93. Alocución a un regimiento de Indiana el día 17 de marzo de 1865.

94. Dión Crisóstomo, *Orationes* 15.23.

y una oración a Dios pidiendo la liberación de sus cadenas».[95] Este clamor por libertad estaba muy influido por las imágenes del Éxodo y sonaba en todos los espirituales:

Antes de ser esclavo,
Prefiero morir y ser enterrado,
Y marchar libre, a casa con mi Señor.

(2) La esclavitud de la Antigüedad no tenía matices de carácter racial. El origen étnico de las personas no era un factor relevante para determinar quiénes iban o no a ser esclavos, y éstos procedían además de todas las nacionalidades. Un mero paseo por las abarrotadas calles de la antigua Roma no nos permitiría distinguir a los esclavos de las personas libres. Los esclavos no eran de una raza específica ni vestían de un modo peculiar, podían tener una buena educación, y trabajaban en los mismos trabajos que las personas libres. La esclavitud del Nuevo Mundo era, en cambio, una institución racista. Los esclavos eran africanos. «Los propietarios de esclavos norteamericanos justificaban esencialmente su posición de autoridad y control calificando a los afroamericanos de seres subhumanos y adultos infantiles».[96]

Los propietarios de esclavos de la Antigüedad no inventaron teorías sobre la inferioridad racial para justificar la esclavitud. No veían ninguna necesidad de justificar la esclavitud; bastaba con decir que, inexplicablemente, la Fortuna había traído tal degradación sobre aquellos desdichados individuos. Asumían que aquella desgracia podía acontecerle a cualquiera, puesto que hasta los más nobles guerreros eran en ocasiones capturados en la batalla y convertidos en esclavos.

(3) Puesto que para los propietarios de la Antigüedad la educación mejoraba el valor de un esclavo, ésta era fomentada y valorada. Séneca se ríe del rico, pero desconcertado Calvisio Sabino, que quería parecer culto y «pagó cantidades fabulosas por algunos esclavos (uno que se sabía de memoria los textos de Homero y otro los de Hesíodo); también comisionó a un esclavo especial para cada uno de los nueve poetas líricos».[97] Éstos le apuntaban líneas para que las recitara en los banquetes, que por regla general era incapaz de repetir correctamente. En tono irónico, Séneca afirma que Sabino «era de la opinión que todo lo que sabía cualquier miembro de su

95. Frederick Douglass, *Narrative of the Life of Frederick Douglass an American Slave* [Narración de la vida de Frederick Douglass, un esclavo norteamericano], ed. Benjamin Quarles (Cambridge: Harvard Univ. Press, 1967), 37.

96. J. Albert Harrill, *The Manumission of Slaves in Early Christianity* [La emancipación de los esclavos en el cristianismo primitivo] (Tübinga: J. C. B . Mohr [Paul Siebeck], 1995), 52.

97. Séneca, *Epístolas* 27.5.

grupo familiar, también él lo sabía» (27. 7). En la época romana, los esclavos cualificados podían tener una significativa autoridad sobre otros esclavos e incluso sobre hombres libres. En la Antigüedad no todos los esclavos eran mano de obra para las onerosas tareas del campo o el trabajo duro de los hogares. Muchos estaban en importantes posiciones y llevaban a cabo trabajos de gran trascendencia. Naturalmente, a la mayoría se les asignaban las tareas más onerosas, pero podía también haber personas libres realizando la misma clase de trabajo.

En la esclavitud moderna, por el contrario, los propietarios de esclavos no querían que sus esclavos aprendieran demasiado o desarrollaran sus aptitudes técnicas, puesto que temían que ello pudiera menoscabar el control que tenían sobre ellos. «Con frecuencia las leyes mismas ordenaban el analfabetismo de los esclavos».[98] Todo se hacía para mantenerles bajo sujeción haciéndoles difícil sobrevivir por sí mismos o integrarse fácilmente en la sociedad si eran liberados.

(4) Puesto que la raza no les destinaba necesariamente a la esclavitud, la mayoría de los esclavos de la Antigüedad no creían que ésta fuera una condición permanente. Se les daban también ciertas propinas y remuneraciones, que éstos podían ahorrar para comprar su libertad. La emancipación, al menos en Roma, era algo normal; y la mayoría de los esclavos domésticos eran liberados cuando tenían treinta años. La esclavitud y la emancipación se consideraban como una forma de integrar a los extranjeros en la sociedad romana y proveer soldados para servir en el ejército.[99] Si sus amos eran ciudadanos romanos y realizaban las ceremonias adecuadas, los libertos de más de treinta años podían también convertirse en ciudadanos del Imperio.[100] El poeta Horacio era hijo de un liberto.[101] Este hecho muestra que la progenie de un esclavo liberto podía integrarse completamente en la sociedad romana durante la siguiente generación e incluso ser aceptado por la clase rica.

Por el contrario, en la esclavitud norteamericana, la emancipación era algo muy poco frecuente; y cuando los esclavos negros recibían la libertad, no se les consideraba ciudadanos. Muchos blancos seguían creyendo que

---

98. Harrill, *Manumission* [Emancipación], 47.

99. Wiedemann, «Slavery» [Esclavitud], 578–79, observa: «En Roma la liberación de los esclavos (emancipación) era tan frecuente que asombraba a los observadores griegos». Wiedemann explica que Grecia era un país pobre, que padecía de un exceso crónico de población, y que no podía permitirse la integración a la sociedad de su gran número de esclavos. Roma, no obstante, «necesitaba de soldados que lucharan en sus guerras; la élite romana necesitaba dependientes que les apoyaran en la lucha por el poder y estatus político». Los esclavos libertos dotaban de personal al ejército.

100. Ver Gayo, *Instituciones* 1.17.

101. Horacio, *Sátiras* 1.6.65–92.

no tenían ningún derecho. Por consiguiente, los negros liberados vivían en una especie de «limbo legal» entre la esclavitud y la libertad. El veneno de este tipo de racismo sigue causando estragos en la sociedad norteamericana. Después de más de un siglo de la emancipación, los afroamericanos siguen sintiendo los invisibles grilletes de la esclavitud. Aun aquellos que se han hecho famosos como personas célebres, empresarios, científicos y educadores han de hacer frente a situaciones en las que se les denigra como si fueran simples siervos. El sueño de Martin Luther King Jr. «que un día sobre las colinas rojas de Georgia los hijos de quienes fueron esclavos y los hijos de quienes fueron propietarios de esclavos serán capaces de sentarse juntos en la mesa de la fraternidad» sigue siendo solo un sueño para muchos.

(5) En contraste con los pobladores normales del mundo de Pablo, el sureño típico del Nuevo Mundo tenía poco contacto con esclavos. «El sureño normal solía ser un pequeño agricultor y no tenía esclavos». En el mundo antiguo la propiedad de esclavos no era «exclusivo dominio de los muy ricos, sino que llegaba a las partes bajas del escalafón social».[102] Incluso personas de pocos medios tenían esclavos, y a algunos de ellos podía dárseles autoridad sobre otros esclavos que, de hecho, se convertían en esclavos suyos (vicarios).[103]

Estos cinco contrastes muestran claramente que la esclavitud a que se enfrenta Pablo era sustancialmente distinta de la que podemos conocer a partir de nuestro pasado reciente. No deberíamos culpar a Pablo por no hablar de manera indignada y explícita sobre la injusticia que representa la esclavitud.

Esclavitud y cristianismo. En 1 Timoteo 1:10 encontramos la condenación de los tratantes de esclavos junto con otros pecados. Desearíamos sin embargo que Pablo hubiera sido más contundente en su recusación de la esclavitud. Es posible que varios atenuantes puedan ayudarnos a entender por qué no lo hizo.

(1) La esclavitud era una parte del tejido social que gozaba de un sólido arraigo y aceptación general. Wiedemann observa: «Puede que el trato de los esclavos hubiera sido más o menos severo en distintos periodos de la Antigüedad, la emancipación más o menos frecuente, y las tareas asignadas

---

102. Harrill, *Manumission* [Emancipación], 44, cita a Kenneth M. Stampp, *The Peculiar Institution: Slavery in the Antebellum South* [La institución peculiar: esclavitud en el Sur prebélico de los Estados Unidos] (Nueva York: Vintage Books, 1956), 30.

103. Wiedemann, *Greek and Roman Slavery* [La esclavitud griega y romana], 123–24, cita una inscripción en la que el encargado de la Hacienda del emperador Tiberio, que era un esclavo, fue acompañado en uno de sus viajes por dieciséis de sus esclavos.

a los esclavos de distinta naturaleza; pero a nadie, pagano o cristiano, se le ocurriría pensar que hubiera de acabarse con la institución como tal».[104] Las personas que vivían en este tiempo no podían ni siquiera imaginarse «una sociedad en la que todos fueran en teoría libres, y mucho menos comprender el valor de un sistema así».[105]

Desde la perspectiva de los antiguos, un mundo sin esclavos era un lugar encantado e imaginario en el que las herramientas y utensilios funcionaban solos, el pan se horneaba por sí solo, el pescado llegaba perfectamente preparado a los platos que luego, también por ensalmo, se lavaban solos.[106] En la Antigüedad, casi nadie podía concebir un mundo que funcionara sin esclavos, del mismo modo que, en nuestro tiempo, la mayoría no puede concebir una vida sin un automóvil, electricidad o televisión, a pesar de la contaminación que generan en el medio ambiente o en nuestra mente.[107] La esclavitud se aceptaba como una parte natural de la vida. Los esclavos que tomaron parte en las revueltas del pasado no tenían la intención de abolir la esclavitud, sino solo de establecerse como nuevos amos.

Es posible que Pablo, como la mayor parte de sus coetáneos, viera la esclavitud como un rasgo inmutable de este mundo caído. Varios siglos más tarde, Agustín aceptó la esclavitud como un castigo impuesto justamente al pecado humano.[108] Los terapeutas (Egipto) y los esenios (Palestina) fueron los únicos dos grupos de la Antigüedad que renunciaron abiertamente al uso de los esclavos.[109] Ambos grupos eran judíos y vivían en comunidades independientes y aisladas, en las que podían poner en práctica sin molestias su idealismo privado. Barclay sostiene: «Preguntarse por qué [Pablo] no abogó por la abolición total de la esclavitud es plantear quizá una pregunta anacrónica y fuera de lugar».[110] Los primeros cristianos no se retiraron para dar forma a una utopía aislada, sino que decidieron vivir en el verdadero mundo y hacer frente a sus males de la mejor manera.

---

104. Wiedemann, «Slavery» [Esclavitud], 588.

105. William J. Richardson, «Principle and Context in the Ethics of the Epistle to Philemon» [Principio y contexto en la ética de la Epístola a Filemón], *Int* 22 (1968): 307.

106. Ver *Ateneo Deipnosophistai* 6.267. Filón (*De las Leyes Especiales* 2.123) afirma: «Porque el curso de la vida contiene un enorme número de circunstancias que demanda las ministraciones de los esclavos».

107. Si alguien quiere desencadenar una seria disputa en los Estados Unidos, podríamos añadir a la lista la cuestión de las armas de fuego.

108. Agustín, *La Ciudad de Dios* 19.15.

109. Según Filón y Josefo. No obstante, sobre los esenios, ver las instrucciones con respecto a los esclavos en CD 11.12; 12.10–11.

110. John M.G. Barclay, «Paul, Philemon and the Dilemma of Christian Slave Ownership» [Pablo, Filemón y el dilema de la propiedad de esclavos por parte de los cristianos], *NTS* 37 (1991): 177.

En el mundo antiguo no se debatía si la esclavitud debía o no existir, sino cómo tenían que tratar los amos a sus esclavos. Al dar sus instrucciones sobre la relación entre esclavos y amos, Pablo asumió sin duda una perspectiva humanitaria. En palabras de Dodd, Pablo «acepta la situación en la que la ley y costumbres del tiempo habían puesto a Filemón y Onésimo y se pregunta cuál es, en esta determinada situación, el deber cristiano de Filemón. De hecho, su respuesta es que la relación entre ellos ha de ser por completo gobernada por el principio cristiano del amor o caridad».[111] Al parecer, este punto de vista era muy atractivo para los esclavos, que se unieron en masa a este nuevo movimiento religioso.

(2) Si Pablo hubiera arremetido directamente contra la institución de la esclavitud, tal ataque habría sido una causa quijotesca, completamente perdida, una lucha contra molinos de viento. Habría sido igual de efectivo que si un predicador de nuestro tiempo denunciara ardorosamente los males del «motor de explosión interna».[112]

(a) Los esclavos no tenían conciencia de clase, puesto que ni la raza, ni la ocupación, ni la forma de vestir eran indicativos de que uno fuera esclavo. Estos no constituían una clase inferior homogénea, sino que se «integraban en la clase de sus propietarios».[113] Su honor y situación económica dependía completamente del honor y situación económica de sus amos. Por ello, podía existir una importante discrepancia entre la posición económica y social de un esclavo y su posición legal. Probablemente, los esclavos urbanos que servían a los miembros de las clases superiores romanas no se identificaban demasiado con los braceros que trabajaban duramente en la agricultura, o los mineros que extraían mineral en los yacimientos. Los esclavos que pertenecían a las familias ricas e influyentes tenían más poder y disfrutaban de mayores privilegios que muchas personas libres, y sin duda más que los jornaleros o los pequeños granjeros. Esta incongruencia explica por qué algunos individuos se vendían para ser esclavos por el privilegio que suponía servir a los ricos o por una cuestión de seguridad laboral. Bartchy sostiene correctamente que «cualquier arenga en tér-

---

111. Dodd, «Philemon» [Filemón] 1292.

112. Wright, *Colossians and Philemon* [Colosenses y Filemón], 150.

113. Carolyn Osiek, «Slavery in the Second Testament World» [La esclavitud en el mundo del Segundo Testamento], *BTB* 22 (1992): 175. K.R. Bradley, *Slaves and Masters in the Roman Empire: A Study in Social Control* [Esclavos y amos en el Imperio Romano: un estudio sobre el control social], (Collection Latomus 185; Brussels: Latomus, 1984) 15, observa que «la clara división» entre esclavos y amos no significaba que los esclavos formaran una «rígida clase social en el moderno sentido de la palabra».

minos de: "¡esclavos del mundo, unámonos!" habría caído totalmente en oídos sordos».[114]

(b) La libertad no llevaba siempre a una vida mejor. En los Estados Unidos muchas personas asumen el ascenso social como algo normal y dan por hecho que la libertad habría sido preferible puesto que ello habría permitido que los antiguos esclavos controlaran su destino. Es verdad que en el mundo antiguo, los esclavos que conseguían su libertad adquirían una identidad legal, y los hijos que pudieran tener en el futuro nacían en libertad y podían heredar los bienes familiares. Pero la emancipación no siempre producía beneficios o eliminaba el sufrimiento humano; en ocasiones lo incrementaba. Aunque los libertos ricos se han convertido en personajes legendarios, la realidad era bastante distinta. La vida de los libertos no era fácil. La mayor parte de los que vivían en Roma, por ejemplo, estaban sin trabajo. Epicteto se imagina a un esclavo que se lamenta tras conseguir la libertad. Cuando se apaga la euforia inicial, se da cuenta de que no tenía dónde comer.

Busca entonces a alguien a quien adular, alguien que le ofrezca una casa donde comer. A continuación, o bien se gana la vida en la prostitución, y por ello ha de soportar cosas horribles, o si consigue un pesebre donde comer habrá caído en una esclavitud mucho más severa que la primera, o aunque se haga rico, siendo una persona vulgar se ha enamorado de una muchacha, y es desdichado, y se lamenta, y anhela de nuevo su esclavitud. «¡Qué miseria! Antes, mi amo me daba ropa, y calzado, tenía comida, y me cuidaba cuando estaba enfermo; solo le servía en algunas cosas. Pero ahora, desdichado de mí, ¡qué sufrimiento el mío, que soy esclavo de varios amos y no solo de uno!».[115]

Por otra parte, los esclavos bien situados, experimentaban una cierta seguridad. Pertenecían a una familia, la unidad esencial de producción del mundo antiguo, y tenían satisfechas sus necesidades físicas. A diferencia de los empresarios capitalistas de nuestro tiempo, que generalmente no se hacen responsables del bienestar de sus empleados fuera del entorno laboral, los propietarios de esclavos sí alimentaban a sus esclavos y se hacían cargo de ellos cuando por razones de enfermedad o de vejez no podían ya trabajar. Por tanto, es posible que algunos esclavos prefirieran seguir siendo esclavos, puesto que ello ofrecía una mayor seguridad económica que el empobrecimiento que implicaba la emancipación, un estatus que, si bien les daba la libertad, les obligaba también a seguir supeditados a sus antiguos amos.

114.　S. Scott Bartchy, «Slavery [Greco-Roman]» [Esclavitud greco-romana], ABD, 6:66.
115.　Epicteto, *Discursos* 4.1.35–37.

(c) Puesto que la esclavitud impulsaba la economía básica, se habría creado una conmoción social monumental si grandes cantidades de personas cambiasen de repente su posición y pasasen de esclavos a libres. En nuestro tiempo, la masiva emancipación de los esclavos podría compararse con una situación en la que millones de personas fueran despedidas de sus empleos. La perspectiva de un dislate económico de este tipo haría que cualquier petición de que se aboliera la esclavitud pareciera temeraria.

(3) En el siglo primero no solo habría sido inútil que los cristianos reclamaran la emancipación de los esclavos, sino también una acción suicida para la Iglesia por sus repercusiones políticas. Esta postura habría dado más motivos a los oponentes del movimiento cristiano para catalogarlo de subversivo, alegando que pretendía destruir los fundamentos de la sociedad y de fomentar la sublevación.[116] A diferencia de las democracias liberales modernas, en las que los grupos minoritarios pueden ejercer presión sobre los gobiernos sin temor de serias represalias aunque su protesta fuera un tanto estridente, en el mundo antiguo no existía esta posibilidad. Las realidades sociales y las estructuras del poder político hacían imposible que los cristianos pudieran reparar algún error social por medio de las protestas.[117]

Los cristianos no querían llamar la atención de la poco amable autoridad civil como vocingleros, alborotadores, ni hacer nada que hiciera más difícil que otras personas llegaran a la fe.[118] El consejo de Pablo a los colosenses en el sentido de que actuaran sabiamente para con los no creyentes (Col 4:5) era característico de su estrategia. Por consiguiente, a los esclavos se les anima a sujetarse a los amos en todo «para que en todo hagan honor a la enseñanza de Dios nuestro Salvador» (Tit 2:9–10). Se les dice que muestren respeto a sus amos, «así evitarán que se hable mal del nombre de Dios y de nuestra enseñanza» (1Ti 6:1).[119]

La opinión de Bousset es ciertamente acertada: «el cristianismo se habría hundido sin esperanza de recuperación junto con tales intentos revolucio-

---

116. Es irónico que hoy que la esclavitud ha sido ya abolida y se percibe como una abominación intolerable, se desacredite al cristianismo por no haber atacado en su día esta institución.

117. Tenemos algunas muestras de cuál habría podido ser la reacción a este mensaje en Hechos 16:16–24.

118. Allan Callahan, «Paul's Epistle to the Philemon: Toward an Alternative Argumentum» [Epístola de Pablo a Filemón: hacia un argumentum alternativo], HTR 86 (1993): 366–67, explica que Crisóstomo utilizó la carta a Filemón para rebatir al sector antiesclavista de la Iglesia. «Se posicionó firmemente junto a 'la ley y el orden' y estaba deseoso de disipar la reputación antisistema del cristianismo de su tiempo con respecto a los esclavos».

119. Ignacio advirtió sobre el peligro de dar a los gentiles algún pretexto para calumniar a la congregación de Dios (Tralianos 8.2).

narios; habría podido suscitar una nueva sublevación de los esclavos y habría sido aplastado junto con ella. No era el tiempo idóneo para la solución de estas difíciles cuestiones».[120] También Lightfoot estaba en lo cierto cuando afirmó: «Mientras la Iglesia seguía subyugada, la influencia moral y los proyectos privados eran sus únicas armas».[121] Lo vergonzoso es que cuando la Iglesia no estuvo ya políticamente amenazada o subyugada, no actuó bajo los principios que encontramos en esta carta.

El quietismo de los primeros cristianos no nos autoriza a ignorar la injusticia, ni tampoco a justificar una fácil alianza con un orden sociopolítico perverso. Al abordar la tarea de contextualizar este pasaje, hemos de plantearnos la pregunta: ¿Cuándo es el momento adecuado para la protesta? Puesto que los cristianos sí denunciaron —pagando un elevado precio por ello— la idolatría y la inmoralidad que consumían su cultura, hemos de preguntarnos también: ¿Qué cuestiones requieren especialmente nuestra protesta y cuáles no? ¿Qué criterios utilizamos para tomar este tipo de decisiones? ¿Qué medios podemos utilizar para producir los cambios sociales deseados?

(4) Pablo consideraba que el cristianismo era mucho más que lucha social. Muchas cruzadas revolucionarias han izado la bandera de la fraternidad universal de la Humanidad y lo único que han dejado tras sí ha sido un sangriento sendero de amargas divisiones. La Historia ha de hacernos conscientes de que la reforma de un mal social no resuelve el problema subyacente y profundamente arraigado del pecado humano. Los retoques sociales aquí y allí no redimirán a la Humanidad de la telaraña del pecado que nos asedia a todos: víctimas y maltratadores. Cuando en el sur de los Estados Unidos se concedió la emancipación a los esclavos, por ejemplo, la esclavitud fue sustituida por una segregación legalizada, bandas de presidiarios, contratos de aparcería y tribunales discriminatorios. Esta triste historia revela que los seres humanos y las sociedades que forman necesitan una transformación total.

Aunque es cierto que Pablo no cuestionó abiertamente la estructura social reinante, tampoco la santificó como parte del diseño divino. Se concentró en proclamar que la conversión transforma esencialmente las relaciones

120. Wilhelm Bousset, *Die Schriften des Neuen Testaments* (Göttingen, 1929), 2:10, citado y traducido por R. P. Martin, *Colossians and Philemon* [Colosenses y Filemón], 121.
121. Lightfoot, *Saint Paul's Epistles to the Colossians and to Philemon* [Las epístolas de San Pablo a los Colosenses y a Filemón], 327. Dunn, *The Epistles to the Colossians and to Philemon* [Las epístolas a los Colosenses y a Filemón], 253, sostiene que el «quietismo pragmático era el medio más efectivo para conseguir un espacio suficiente para desarrollar la clase de relaciones personales que establecerían y edificarían microcosmos (iglesias) de comunidades transformadas».

personales con los demás y con Dios. Estableció unos principios universales que, cuando se toman en serio, acaban abatiendo los fundamentos de la esclavitud. Johnson describe la carta a Filemón como un «testimonio cuidadosamente redactado para una cultura cristiana emergente, que muestra a la vez su poder para transformar símbolos y actitudes, y su lucha por trascender formas sociales».[122] Preiss afirma: «el Evangelio se introduce en sistemas y civilizaciones, pero nunca se identifica con ellas. En particular, es más realista que cualquier idealismo y supuesto realismo político: puesto que ataca la esencia de los problemas, el centro personal y las relaciones humanas».[123] Puso el fundamento de la futura transformación.

Hay otro factor que pudo haber influenciado el acercamiento de Pablo a la cuestión de la esclavitud. Richardson sostiene que «lo que se ha interpretado como indiferencia hacia los problemas sociales por parte de Pablo podría ser el reflejo de la prioridad de la misión en su modo de pensar, y de su distinción entre las esferas de acción definidas por la doble naturaleza de esta misión, a saber, la evangelización y la edificación».[124] Pablo mostró poca preocupación por cuestiones de tipo social más allá de los límites de la Iglesia. Para él, la principal misión de la Iglesia era confrontar al mundo pagano con la proclamación del Cristo crucificado y el Cristo que reina. Todos los demás asuntos estaban subordinados a éste.

Sin embargo, cuando se trataba de cuestiones internas de la Iglesia, era otra cosa. La misión en estos casos era ayudar a que los cristianos entendieran las implicaciones del Evangelio para sus vidas y relaciones personales. En su carta a Filemón, Pablo sí se inmiscuyó en algo sobre lo que los cristianos tenían control: el grupo familiar cristiano, que era el locus de la misión cristiana en el mundo.

En la sección «Sentido original», hemos demostrado que era inaudito que Pablo le pidiera a un amo que recibiera de nuevo a su esclavo evadido como a un hermano en Cristo y su igual ante Dios, y que le sugiriera que, en lugar de castigarle, debiera concederle la libertad. Todo el tejido de la esclavitud se basaba en el temor y la coacción, y la insistencia de Pablo en el amor y la fraternidad comienza a deshacerlo. Pablo afirma que las categorías legales, raciales y biológicas que dividen a la raza humana forman parte del antiguo orden y no tienen importancia para Dios (1Co 7:17–24;

122. Luke Timothy Johnson, *The Writings of the New Testament: An Interpretation* [Los escritos del Nuevo Testamento: una interpretación], (Filadelfia: Fortress, 1986), 354.

123. Theo Preiss, «Life in Christ and Social Ethics in the Epistle to Philemon» [La vida en Cristo y la ética social en la Epístola a Filemón], en *Life in Christ* (Chicago: Alec R. Allenson, 1954), 33.

124. William J. Richardson, «Principle and Context in the Ethics of the Epistle to Philemon» [Principio y contexto en la ética de la Epístola a Filemón], *Int* 22 (1968): 315–16.

12:13; Gá 3:28; Col 3:11).[125] En Cristo no hay distinción entre esclavo y libre. Todos son hermanos y hermanas en el Señor. Esclavos y amos por igual deben lealtad a un Amo celestial, y los amos terrenales darán cuenta de cómo tratan a sus esclavos. Cuando se espera que un amo trate a su esclavo como a un hermano en Cristo, como a un representante del apóstol Pablo, como a un igual, y como a un ser humano moralmente responsable que tiene derechos y no solo deberes (Col 4:1), la institución de la esclavitud está siendo cuestionada.

En otras palabras, aunque es cierto que en el Nuevo Testamento no encontramos un ataque frontal sobre la esclavitud, sí descubrimos las semillas que finalmente producirán su erradicación. Los esclavos pueden unirse a sus propietarios como iguales en la Mesa del Señor. La exposición de Pablo sobre la Cena del Señor en 1 Corintios 11:17-34 pone de relieve lo difícil que era superar unas convenciones sociales tan hondamente arraigadas. Sin embargo, cuando los cristianos se aceptan los unos a los otros como miembros iguales del cuerpo de Cristo, las estructuras sociales que nos separan comienzan a resquebrajarse.

Un esclavo cristiano de los Estados Unidos señalaba la incongruencia de ser hermano y esclavo:

¿Acaso no soy un hombre y un hermano?
¿No debería entonces ser libre?
No me vendáis el uno al otro.
No tratéis así mi libertad.
Cristo, nuestro Salvador
Murió por mí igual que por vosotros.[126]

La regeneración espiritual de los individuos pondrá en marcha reformas sociales. Si el propósito de Dios es producir una humanidad según la imagen de Jesucristo, entonces quienes piensan estar hechos conforme a esta nueva imagen deben pensárselo dos veces antes de asumir la propiedad de otro ser humano. La intención de Dios es que fuéramos libres; la humanidad caída desea que otros se conviertan en esclavos. Los propósitos de Dios prevalecerán.

---

125. Pokorný, *Colossians* [Colosenses], 176, señala que, en la lista de saludos que Pablo consigna en Romanos 16:21 - 23, los cristianos que tienen nombres de esclavos como Tercio y Cuarto, están al mismo nivel que el resto de los que se mencionan. Aporta pruebas de que dentro de la comunidad cristiana se relativizaban los órdenes sociales respectivos.

126. Austin Steward, *Twenty-Two Years a Slave* [Un esclavo de veintidós años] (Rochester, N.Y.: William Alling, 1857), 21; citado por Willard M. Swartley, *Slavery, Sabbath, War, and Women* [Esclavitud, Sabat, guerra y mujeres] (Scottsdale, Pa./-Kitchener, Ont.: Herald Press, 1983), 58.

(5) En nuestros días, algunos consideran que la falta de atención de Pablo a la injusticia social de la esclavitud es un deplorable punto ciego, sin embargo podría basarse más bien en su clara visión de que, en última instancia, estas cosas son insignificantes. El apóstol tenía plena consciencia de que el orden social que imperaba era profundamente deficiente (ver Ro 1:18–32), pero esperaba que pronto desaparecería (1Co 7:29–31). En el mejor de los casos, era únicamente provisional, esperando todavía la transformación del Reino de Dios. Mientras tanto, los cristianos vivían sus vidas en Cristo, quien está sentado a la diestra de Dios. Esta certeza significaba que vivían en una indoblegable devoción a su Señor, impertérritos ante temibles enemigos, invictos por sus condiciones en la vida, y firmes en su esperanza eterna.

Por ello, el significado de la esclavitud fue transformado. Los cristianos podían servir al Señor en cualquier situación o condición social en que se encontraran. Este Señor aceptó la posición de esclavo al morir en la Cruz (ver Mr 10:45; Jn 13:1; Fil 2:7). A diferencia de nuestro tiempo, en el que muchos creen que la libertad consiste meramente en hacer lo que quieres, los cristianos de los tiempos bíblicos entendían bien que experimentaban la verdadera libertad cuando el poder transformador del Espíritu les capacitaba para hacer lo que debían. El Nuevo Testamento reconoce también que los seres humanos pueden estar encadenados por una servidumbre interior que es mucho peor que cualquier esclavitud externa. La verdadera libertad solo existe cuando alguien está en Cristo, sea tal persona legalmente libre o no.

El epitafio sobre la lápida de John Jack recoge esta verdad: «Nativo de África, que murió en marzo de 1773, a los 60 años. Aunque en una tierra de esclavitud, nació libre». Pablo proclama que «el que era esclavo cuando el Señor lo llamó es un liberto del Señor; del mismo modo, el que era libre cuando fue llamado es un esclavo de Cristo» (1Co 7:22). Por consiguiente, la libertad que se ofrece en Cristo es mucho más valiosa incluso que la terrenal, aunque Pablo anima a los esclavos a aprovechar cualquier oportunidad de recibirla.[127] Puesto que la esclavitud se consideraba simplemente como un estado temporal de la carne que no podía compararse con las glorias eternas que aguardaban a los cristianos, algunos fueron motivados a venderse como esclavos para liberar a otros.[128]

---

127. Los cantos espirituales negros, compuestos bajo las condiciones más duras, ponen de relieve el triunfo del espíritu humano unido a Cristo. Las novelas de William Faulkner describen el decadente espíritu de los propietarios de esclavos y sus herederos. El mal de la esclavitud se manifiesta en los efectos morales que ésta tiene sobre la sociedad, y aún hoy seguimos afectados por ellos.

128. Clemente escribe a finales del siglo primero: «Somos conscientes de que muchos de entre nosotros se han vendido como esclavos para poder rescatar a otros. Muchos se han entregado a la esclavitud y proporcionado el sustento de otros con el precio

Perlas teológicas. La cuestión de la esclavitud es la característica más sobresaliente de Filemón, pero no hemos de ignorar las perlas teológicas que contiene esta breve carta. El extraordinario tacto de Pablo para hacer su petición a Filemón nos provee un modelo para el uso de la autoridad y para ayudar a otros a tomar decisiones morales correctas. Su petición implícita de que el amo perdone a aquel que le agravió con su conducta nos ayuda también a examinar los asuntos relacionados con el perdón en el contexto de un caso real. Por último, la delicadeza con la que Pablo describe la huida de la casa de Filemón por parte de Onésimo —«Tal vez por eso Onésimo se alejó de ti por algún tiempo, para que ahora lo recibas para siempre» (v. 15)— nos permite explorar la providencia de Dios en los asuntos humanos.

Significado Contemporáneo

A lo largo de los siglos los comentaristas se han dirigido a Filemón principalmente para transmitir lecciones morales sobre la vida cristiana. Esta carta revela el sublime espíritu de humildad y preocupación por los demás de Pablo, algo que podemos emular.[129] Calvino creía importante «notar las profundidades de su condescendencia al llamar hijo suyo a alguien que es esclavo, evadido y ladrón».[130] Por nuestra parte veremos más bien cómo se aplica esta breve carta a la toma de decisiones ante dilemas morales y cómo Pablo sirve de modelo para ejercer el liderazgo en la Iglesia. Después pasaremos a considerar sus implicaciones teológicas a fin de entender el milagro de la gracia, el perdón, y la misteriosa providencia de Dios.

Afrontar dilemas morales. Filemón estaba en una posición un poco extraña. Ha de «calmar a Pablo, mantener en sujeción a sus otros esclavos, preservar el patrimonio de su familia, dar un buen ejemplo de benevolencia a sus camaradas en la fe, y conservar la confianza de aquellos de sus vecinos que son también propietarios de esclavos: todo a la vez».[131] Es imposible. Algo ha de sacrificarse. Frecuentemente, los cristianos, tanto a nivel personal como colectivo, toman decisiones erróneas porque están

---

que han recibido por la venta de sí mismos» (1 Clem 55:2; ver *Pastor de Hermas: Mandatos* 8.10; *Símiles* 1.10).

129. Marion L. Soards, «Some Neglected Theological Dimensions of Paul's Letter to Philemon» [Algunas dimensiones teológicas descuidadas de la carta de Pablo a Filemón], *Perspectives in Religious Studies* 17 (1990): 209–10.

130. Juan Calvino, *The Second Epistle of Paul the Apostle to the Corinthians and the Epistles to Timothy, Titus and Philemon* [La Segunda Epístola de Pablo el apóstol a los Corintios y las Epístolas a Timoteo, Tito y Filemón], Calvin's Commentaries (Grand Rapids: Eerdmans, 1964), 397.

131. James Tunstead Burtchaell, *Philemon's Problem: The Daily Dilemma of the Christian* [El problema de Filemón: el dilema cotidiano del cristiano], (Chicago: Foundation for Adult Catechetical Teaching Aids, 1973), 31.

dirigidos por los deseos de la carne en lugar de ser guiados por el Espíritu. La injusticia florece y se arraiga tan profundamente que parece imposible de erradicar.

Buttrick va quizá demasiado lejos cuando dice que «esta carta es una semilla que, como una cuña, abrió finalmente la roca de la esclavitud».[132] La esclavitud siguió vigente durante muchos siglos. Según parece, el dilema moral que suponía reconciliar el que los amos poseyeran unos esclavos que eran al tiempo queridos hermanos o hermanas no hizo perder el sueño a muchos cristianos.[133] Se han encontrado collares de este tiempo, diseñados para impedir que los esclavos evadidos escaparan de nuevo, grabados con símbolos cristianos. Puesto que los cristianos no estaban de acuerdo con marcar a los esclavos en el rostro, Constantino decretó que las marcas se efectuaran en las manos y en las piernas.[134] No parece un gran avance humanitario. Veyne cita el Concilio de Elvira, que condenaba a las amas cristianas que «movidas por los celos golpeaban tan duramente a sus esclavas que éstas morían, siempre y cuando la muerte se produjera en un plazo de cuatro días desde la paliza».[135]

Algunos han argumentado que en la abolición final de la esclavitud intervinieron otros factores, aparte de la fuerza espiritual de los principios cristianos. La esclavitud comenzó su declive en el siglo II porque era un medio de producción caro e ineficaz. Para alcanzar beneficios óptimos, el temor y la coacción no eran tan productivos como los incentivos y la actualización de la tecnología.[136] Después de que la esclavitud desapareciera de Europa pasado el siglo XIV, con la importación de esclavos africanos, en los siglos XV y XVI se permitió el establecimiento de una forma más virulenta y perversa de esta institución basada en la raza. Esto sucedió cuando el cristianismo era la religión del Estado. Es posible que Filemón contenga la semilla capaz de resquebrajar y romper la roca de la esclavitud, pero los cristianos no siempre han permitido que dicha semilla germinase y madu-

---

132. Buttrick, «Philemon: Exposition» [Filemón: Exposición], 561.
133. Radford *The Epistle to the Colossians and the Epistle to Philemon* [La epístola a los Colosenses y la epístola a Filemón], 331, observa que Jerónimo, Crisóstomo, y Teodoro de Mopsuestia defendían el encanto y los méritos de la carta, pero no se dieron cuenta de que su mensaje tenía relación con la cuestión de la esclavitud. Reaccionaron conscientemente contra el sector radical de la Iglesia que defendía la abolición de la esclavitud.
134. *Código Teodosiano* 9.40.2.
135. Veyne, «The Roman Empire» [El Imperio Romano], 66.
136. Osiek, «Slavery in the Second Testament World» [La esclavitud en el mundo del segundo testamento], 178, citando a T.F. Carney, *The Shape of the Past: Models and Antiquity* [La forma del pasado: modelos y antigüedad], (Lawrence, Kan.: Coronado, 1975), 102–3; 214–15.

rase. Radford comenta: «la enseñanza cristiana no siempre ha sido fiel a sus principios».[137] ¿Qué podemos aprender de este turbulento pasado?

(1) Los cristianos juegan con fuego cuando invierten tanto tiempo haciendo teología sobre cuestiones morales que nunca encuentran tiempo para practicar la justicia y la misericordia. Radford explica que «Crisóstomo y Teodoro de Mopsuestia en Oriente y Ambrosiaster y Agustín en Occidente consideraban la esclavitud como una consecuencia del pecado, una disciplina providencial para el control y corrección de los hombres pecaminosos, aunque no era un aspecto original del ideal divino para la vida humana».[138] Es posible que este punto de vista haya contribuido a la indiferencia moral y la inercia. Cuando se infiltró una forma más siniestra de esclavitud basada en la raza, Radford sugiere que los cristianos estaban demasiado absortos en las batallas teológicas de la Reforma como para darse cuenta de ella o cuestionarla.[139]

(2) El triunfo de los principios esenciales cristianos es dolorosamente lento en nuestra vida personal, no digamos cuando se trata de sociedades enteras. El progreso moral avanza a trompicones con un paso hacia adelante y lo que parecen dos pasos hacia atrás. Dios permite que cada persona tome decisiones morales en su contexto social, igual que Pablo permitió que Filemón tomara las suyas. No obstante, la mayoría de nosotros no tenemos a un apóstol que nos escriba de manera personal para mostrarnos lo que hemos de hacer y estimularnos a hacerlo. Nuestros intereses personales son un lastre para aceptar el alto coste de la obediencia a la verdad del Evangelio. La presión para que hagamos lo más práctico y conveniente para nosotros es inmensa, y nuestra mente hace horas extra para encontrar formas de racionalizar nuestra desobediencia y salvar nuestra conciencia.

Aun aquellos que genuinamente mantienen principios cristianos tienen que luchar entre lo aceptado culturalmente y lo que su conciencia cristiana les dice que está mal. Vemos esta clase de lucha personal, por ejemplo, en la vida de John Woolman (1720–1772), que describió con dolor su participación en la esclavitud. En su diario consignó: «quienes conocen al único Dios verdadero, y a Jesucristo a quien él ha enviado, y están familiarizados con el misericordioso y benevolente Espíritu del Evangelio, entenderán por ello que la indignación de Dios se enciende contra la opresión y al ver la gran angustia de tantas personas encontrarán razones para afligirse».[140]

---

137. Radford *The Epistle to the Colossians and the Epistle to Philemon* [La epístola a los Colosenses y la epístola a Filemón], 342.
138. Ibíd.
139. Ibíd., 343.
140. John Woolman en *The Journal and Major Essays of John Woolman* [Diario y ensayos fundamentales de John Woolman], ed. Phillips P. Moulton (Nueva York:

Su complicidad en la redacción de una escritura de venta de un esclavo le
produjo una gran angustia:

> Aunque el pensamiento de escribir un instrumento de escla-
> vitud para una criatura como yo me hacía sentir inquieto,
> recuerdo sin embargo que había sido contratado por aquel año,
> que fue mi jefe quien me pidió que lo hiciera, y que fue un
> anciano, un miembro de nuestra Sociedad, quien la compró; de
> modo que, por debilidad accedí a su petición y redacté el docu-
> mento; no obstante, mientras lo hacía me sentí tan afligido en
> mi mente que dije delante de mi jefe y del amigo que consi-
> deraba que la práctica de la esclavitud era inconsistente con
> la religión cristiana. Esto mitigó, de algún modo, mi males-
> tar. Sin embargo cada vez que reflexiono en serio sobre ello,
> pienso que debería haber hablado con más claridad si quería
> ser excusado de tal tarea, como algo que va contra mi concien-
> cia, porque era precisamente esto. [141]

Otros no tienen ninguna clase de conflicto moral. Un candidato a un
cargo nacional afirmó: «Es evidente que quienes sienten amargura y odio
hacia la esclavitud sienten amargura y odio hacia Dios y su Palabra, puesto
que rechazan lo que Dios dice y abrazan lo que sobre esta cuestión afirman
simples seres humanos. Esta forma de pensamiento humanista es la que
abrazaron los abolicionistas». Esta afirmación evoca el amargo debate del
siglo XVIII entre los cristianos que estaban a favor de la esclavitud y los
abolicionistas.

Los cristianos dieron a la esclavitud un apoyo bíblico que permitió que
esta institución sobreviviera en los Estados Unidos durante mucho tiempo.
Mark Twain confesó en su autobiografía:

> En mis días de colegial, no sentía ninguna aversión contra la
> esclavitud. No era consciente de que hubiera algo malo en
> ella. Nadie me había presentado sus aspectos censurables; los
> periódicos locales no decían nada en contra; desde el púlpito
> local se nos enseñó que Dios la aprobaba [...] si por parte de
> los esclavos había alguna aversión contra la esclavitud, eran
> sabios y no decían nada. [142]

Las fuerzas a favor de la esclavitud argumentaban que Dios la aprobaba,
utilizando las Escrituras. Apelaban al ejemplo de los patriarcas, las leyes

---

Oxford Univ. Press, 1971), 66.

141.   Ibíd., 32–33.

142.   Samuel L. Clemens, *The Autobiography of Mark Twain* [Autobiografía de Mark
       Twain], (Nueva York: Harper & Row, 1959), 6.

mosaicas sobre la esclavitud (p. ej., Lv 25:44–46), y la ausencia de denuncias específicas contra ella por parte de Jesús o Pablo. Pablo no cuestionó la esclavitud que encontró en su mundo del mismo modo que lo hizo con su idolatría e inmoralidad. Su exhortación en el sentido de que los esclavos han de obedecer a sus amos en todas las cosas y estar contentos con su situación a no ser que por la vía legal consigan su liberación, confirma la legitimidad de la esclavitud ante sus ojos.[143]

La mayoría de los cristianos devotos de hoy considerarían que poseer a otro ser humano es moralmente reprensible y que la utilización de la Escritura que se hizo para defender la monstruosa esclavitud del Nuevo Mundo es más que embarazosa. Concuerdan con la opinión de Knox de que asumir que Pablo «habría sido igual de tolerante con la esclavitud de nuestro mundo, tan distinta de la del suyo que para el apóstol habría sido inimaginable, es ser increíblemente ignorante».[144] Las Escrituras se utilizaban para apoyar las posiciones de los propietarios de esclavos, sin embargo nutrían también los movimientos abolicionistas tanto en Norteamérica como en Inglaterra, que atacaban los males del comercio de esclavos.

El pasado conflicto plantea interesantes cuestiones. Sinceros cristianos sacaron conclusiones contradictorias de la Escritura sobre la esclavitud. En nuestro tiempo sucede algo parecido, cuando quienes representan posiciones enfrentadas en alguno de los debates sobre cuestiones de actualidad encuentran razones bíblicas para sus posiciones. Un análisis de la triste historia de la esclavitud en el Nuevo Mundo nos advierte de que no podemos resolver importantes dilemas morales mediante despreocupadas citas de pasajes individuales de la Escritura. Los fariseos tenían también sus justificaciones bíblicas. Swartley comenta: «eran muy cuidadosos en la observancia de cada mandamiento específico, y sin embargo se oponían frontalmente a la voluntad, intención y revelación de Dios en Jesucristo».[145]

Siempre corremos el peligro de colar los mosquitos y tragarnos los camellos, especializarnos en cosas secundarias e ignorar lo crucial, a saber, la justicia, la misericordia y la fe (Mt 23:23–24). Al abordar asuntos de actualidad, hemos de buscar aquellos principios generales que surgen de todo el contenido de la Escritura y tener cuidado de los condicionantes culturales que nos impiden reconocer el mal por lo que es. Podemos llegar a ser pri-

---

143. Ver Larry Morrison, «The Religious Defense of American Slavery before 1830» [La defensa religiosa de la esclavitud norteamericana antes de 1830] *The Journal of Religious Thought* 37 (1980–81): 19. Ver también la obra de Swartley, *Slavery, Sabbath, War, and Women* [Esclavitud, Sabat, guerra y mujeres].

144. John Knox, «Paul and the 'Liberals' » [Pablo y los 'liberales'] *Religion in Life* 49 (1980): 419.

145. Swartley, *Slavery, Sabbath, War, and Women* [Esclavitud, Sabat, guerra y mujeres], 61.

sioneros de nuestro tiempo y cultura, y esclavos de nuestro egoísmo, lo cual nos hace incapaces de distinguir las flagrantes injusticias que nos rodean.[146]

El problema moral de leer la Biblia de un modo selectivo se hace patente en la correspondencia entre una propietaria de esclavos, Sarah Loguen, y su esclavo evadido, Jarmain Wesley Loguen. La Sra. Loguen escribió a Jarmain para quejarse de las pérdidas que su huida había provocado a la familia.

Maury Co., Estado de Tennessee
20 de febrero de 1860

> A Jarm:
>
> […] Te escribo estas líneas para que conozcas la situación en que nos encontramos, en parte por tu huida llevándote a nuestra excelente yegua, Old Rock […] Aunque estoy inválida, me las arreglo para desplazarme. Todos los demás de la familia están bien.
>
> Aunque nos devolviste la yegua, nunca volvió a ser la misma después de que te la llevaras y, puesto que ahora necesito dinero, he decidido venderte. Si me mandas mil dólares y pagas el valor de la yegua renunciaré a cualquier derecho que tenga sobre ti […]
>
> Como consecuencia de tu huida, tuvimos que vender a Abe y a Ann, y doce acres de tierra; quiero que me mandes el dinero para poder redimir la tierra que tuve que vender por tu causa. Cuando reciba la suma de dinero en cuestión, te enviaré tu escritura de venta. Si no haces lo que te digo, te venderé […]
>
> Tengo entendido que eres un predicador […] Me gustaría saber si lees la Biblia. Si la lees ¿puedes decirme cuál será la suerte de los ladrones si no se arrepienten? Y, ¿cuál será la consecuencia si el ciego guía a otro ciego? […] Sabes que te criamos igual que a nuestros hijos; que nunca abusamos de ti, y que poco antes de tu huida, cuando tu amo te preguntó si te gustaría que te vendieran, dijiste que no le dejarías para irte con nadie.
>
> Sara Loguen
> Siracusa, N.Y., 28 de marzo de 1860

---

146. Albert J. Raboteau, *Slave Religion: The «Invisible Institution» in the Antebellum South* [Religión de esclavos: la «institución invisible» en el sur prebélico de los Estados Unidos] (Oxford: Oxford Univ, Press, 1978), 98–99, escribe que los propietarios de esclavos coloniales eran reticentes a permitir que se predicara a sus esclavos, no fuera que su bautismo hiciera necesaria su emancipación. En 1706 seis legislaturas coloniales habían aprobado leyes negando que el bautismo afectara a la esclavitud.

Sra. Sarah Loguen:

[...] Usted vendió a mi hermano Abe y a mi hermana Ann, y doce acres de tierra —dice— porque yo me di a la fuga. Y ahora tiene la indecible mezquindad de pedirme que regrese para convertirme en un desdichado objeto de su propiedad personal, o mandarle mil dólares para que pueda usted recuperar la finca, ¡pero no dice nada de redimir a mis pobres hermanos! Si yo le mandara dinero sería para liberar a mi hermano y a mi hermana, y no para que usted pueda comprar tierras. Menciona usted que está inválida, y lo dice sin duda para despertar mi compasión, porque sabe que estas cosas no me dejan indiferente. Ciertamente le tengo compasión [...] ¡Pobre mujer! Sepa usted que doy más valor a mi libertad y a la de mi madre, y mis hermanos, y hermanas que a todo su cuerpo; más la estimo que a mi propia vida; más que todas las vidas de todos los propietarios de esclavos y tiranos que existen bajo el cielo [...].

Dice usted, «¿Sabes que te criamos igual que a nuestros hijos?» ¿Acaso crió usted a sus hijos para el mercado? ¿Les crió para que se les azotara públicamente? ¿Les crió para que les transportaran encadenados de acá para allá? ¿Dónde están mis pobres y ensangrentados hermanos y hermanas? ¿Lo sabe usted? ¿Quién les llevó a los campos de azúcar y algodón para que se les diera de puntapiés, para ser encadenados y azotados; para gemir y morir allí donde ningún familiar puede oír sus gemidos, o ayudarles y compadecerse de ellos en su lecho de muerte, o acompañarles en su funeral?

[...] Dice usted que soy un ladrón, porque me llevé la yegua. ¿Sabía usted que yo tengo más derecho sobre la vieja yegua, como usted la llama, del que Manasseth Loguen tenía sobre mí? ¿Qué es más grave, que yo robara su caballo, o que él fuera a la cuna de mi madre y me robara a mí? Si usted y él deducen que por mi parte he perdido todos mis derechos para con ustedes, ¿acaso no he de inferir yo que ustedes han perdido todos sus derechos para conmigo? ¿No saben que los derechos humanos son mutuos y recíprocos, y que si ustedes se apropian de mi libertad y de mi vida, me están entregando el derecho sobre su libertad y su vida? ¿Existe, acaso, delante de Dios y de su Corte Celestial, alguna ley que lo sea para un hombre, pero no para todos los demás?

Si usted o cualquier otro especulador sobre mi cuerpo y derechos desean saber cómo considero mis derechos, solo tiene que venir aquí y ponerme la mano encima con la intención de llevarme cautivo [...] Aquí estoy entre personas libres que, gracias a Dios, se solidarizan con la defensa de mis derechos, y los de la Humanidad; y si sus emisarios y vendedores vienen por aquí, con la intención de llevarme cautivo de nuevo, y escapan del resuelto vigor de mis puños, estoy seguro de que mis valerosos y fuertes amigos de esta ciudad y Estado, serán mis rescatadores y vengadores.

Atentamente,
J. W. Loguen[147]

La carta de Sarah Loguen revela un quejumbroso egoísmo que solo consigue verse como parte agraviada. No es capaz de reconocer lo pecaminoso de la esclavitud y, por tanto, no ve que tiene parte en este mundo perverso por la que necesita ser perdonada.

En su estudio de Gerhard Kittel, Paul Althaus, y Enmanuel Hirsch, tres de los teólogos que vivieron en la Alemania de Hitler, Ericksen muestra que éstos se encontraron en la órbita del nazismo, apoyando su ideología y hasta ofreciendo un fundamento teológico para la opresión de los judíos. No eran excéntricos extremistas o dementes, sino cristianos escrupulosos que creían basarse en auténticos principios cristianos. Se encontraron luchando contra los males ocasionados por la crisis de la modernidad, la libertad individual y el pluralismo. Ericksen concluye:

En el mundo siempre ha habido injusticias: personas y naciones ricas y personas y naciones pobres. Las minorías y los pobres siempre han sido denigrados. Y los métodos de los ricos han sido a menudo los de los nazis, aunque normalmente no tan obvios. La Gran Bretaña del Siglo XIX abusó de la India para prosperar; y en este mismo periodo, los Estados Unidos hicieron lo mismo con los indios americanos. Solo recientemente han comenzado a retroceder en los Estados Unidos el racismo y las nociones de la supremacía blanca de clase media para darle cierto significado político a la frase «todos los hombres han sido creados iguales», con el cambio añadido de que en ocasiones también se reconoce a las mujeres. Sin embargo, los ajustes sociales y el dolor producido cuando los que «tienen»

---

147. Citado en Charles L. Blockson, *The Underground Railroad: Dramatic Firsthand Accounts of Daring Escapes to Freedom* [El ferrocarril subterráneo: dramáticos relatos de primera mano de osadas huidas a la libertad] (Nueva York: Berkley Books, 1987), 74–75.

conceden una verdadera libertad política a los «desposeídos» son intensos.[148]

En ocasiones, los males sociales nos abruman. Podemos oír las descripciones de necesidades urgentes, deplorables condiciones y situaciones desesperadas y sentirnos paralizados por una sobrecarga de compasión. Podemos también pensar para nuestros adentros: ¿Qué podemos hacer para mitigar tanto sufrimiento en tantos lugares? Craddock afirma: «Abrumados por la inmensidad de la tarea, la Iglesia puede fácilmente desatender como algo débil e ineficaz el vaso de agua, la hogaza de pan, la pequeña capilla, el altar familiar, la pandilla de niños escuchando un relato bíblico el domingo por la noche». A continuación cuenta una parábola:

> Hubo una vez un ministro que predicaba a su pequeño rebaño sobre «el mundo de hoy», «el siglo XX», y «la raza humana». Uno de sus feligreses se quejaba de que aquellos sermones no le llegaban, pero el ministro no aceptaba sus quejas y las rebatía alegando que el problema estaba en la estrechez de miras y el provincianismo. Al cabo de un tiempo, el ministro y el feligrés asistieron juntos a unas conferencias organizadas por una iglesia de una ciudad lejana. Cuando el ministro expresó su ansiedad por el temor de perderse en aquella enorme y atareada metrópolis, el feligrés le aseguró que no había razón para ello, y al tiempo que decía esto, sacó del asiento trasero del coche un globo terráqueo.[149]

Pretender abordar los grandes problemas del mundo a nivel de grupos pequeños o de individuos solitarios puede parecernos algo completamente inmanejable. La carta de Pablo a Filemón nos lleva a fijarnos en la persona que tenemos más cerca. Craddock señala que mientras Jesús colgaba de la Cruz, llevando los pecados del mundo, hizo el esfuerzo de decir, «cuida de mi madre».[150] Brian Dodd está sin duda en lo cierto cuando comenta lo que Pablo hizo en esta carta a Filemón: «Pablo no se enfrentó al poder de Roma oponiéndose a toda la esclavitud del Imperio, sin embargo, sí se puso al lado del esclavo Onésimo cuando éste le necesitaba».[151]

---

148. Robert P. Ericksen, *Theologians Under Hitler: Gerhard Kittel, Paul Althaus and Emmanuel Hirsch* [Teólogos bajo Hitler: Gerhard Kittel, Paul Althaus y Emmanuel Hirsch], (New Haven, Conn.: Yale Univ. Press, 1985), 200.

149. Fred B. Craddock, «From Exegesis to Sermon: 1Cointhians 12:4–6» [De la exégesis al sermón: 1Corintios 12:4–6], *RevExp* 80 (1983): 425.

150. Ibíd.

151. Brian J. Dodd, *The Problem with Paul* [El problema con Pablo], (Downers Grove, Ill.: InterVarsity, 1996), 109.

Puede que no seamos capaces de solucionar todas las injusticias del mundo, sin embargo, en nuestro barrio podemos estar junto a aquellos que son víctimas oprimidas y que necesitan un amigo y una mano amorosa. El Espíritu de Dios transformará el mundo en la medida que los individuos se abran a su poder. Willimon cuenta que en el Belmont Abbey Collage de Carolina del Norte, hay una pila bautismal que muestra que el Espíritu de Dios puede refundir algo malo y convertirlo en bueno. La pila en cuestión había sido tallada ahuecando una enorme piedra que se utilizaba para subastar, desde ella, esclavos negros al mejor postor. La inscripción dice: «Sobre esta piedra se vendía a los hombres para que fueran esclavos. Desde ella, ahora se les bautiza para que sean libres».[152]

Autoridad y liderazgo. Lohse observa que la obediencia «es la única respuesta apropiada que el destinatario puede dar a la palabra del apóstol. Por tanto, no se le deja decidir si está o no dispuesto a actuar por amor. Por el contrario, se le obliga a obedecer la palabra apostólica».[153] Estoy en total desacuerdo con este punto de vista. He mostrado en la sección «Sentido original» que Pablo no impuso a Filemón lo que pensaba que tenía que hacer. Pablo aconsejó a los corintios sobre cuestiones de sexualidad y matrimonio y deja claro que no pretendía forzarles a obedecer hablándoles ex cátedra (1Co 7:6, 25, 35, 40). Les aconsejó con autoridad, pero no de un modo autoritario. Los corintios tenían que tomar sus propias decisiones. El apóstol no tenía ningún deseo de enseñorearse de los demás (2Co 1:24); lo que quería era desarrollar en sus lectores un sentido de responsabilidad moral. Lo mismo se aplica a Filemón. Pablo entendió sabiamente que la mayoría de las personas no responden bien cuando alguien les ordena que hagan algo con una actitud condescendiente y paternalista.

En esta carta, Pablo no pretende hacer sentir a sus receptores todo su peso como apóstol o conseguir una obediencia por obligación. Lutero comentó la afirmación de Pablo en los versículos 8–9, «por eso, aunque en Cristo tengo la franqueza suficiente para ordenarte lo que debes hacer, prefiero rogártelo en nombre del amor», preguntando: «¿Cuándo ha actuado así el Papa?»[154] Anne Lamott ha expresado con gran acierto: «No siempre hemos de tajar con la espada de la verdad. Podemos también utilizarla como puntero para señalar».[155] Pablo no deja que Filemón le dé vueltas solo a lo que tiene que hacer; el apóstol le señala el camino. Nordling observa que «las peticio-

---

152.   William H. Willimon, *Remember Who You Are: Baptism, a Model for Christian Life* [Recuerda quién eres: el bautismo, un modelo para la vida cristiana], (Nashville: The Upper Room, 1980), 61.

153.   Lohse, *Colossians and Philemon* [Colosenses y Filemón], 206.

154.   Citado por Joachim Gnilka, *Der Philemonbrief*, 42.

155.   Anne Lamott, *Bird by Bird: Some Instructions on Writing and Life* [Pájaro a pájaro: algunas instrucciones para escribir y vivir] (Nueva York: Doubleday, 1994), 156.

nes de Pablo son realmente invitaciones, estímulos para que sus lectores decidan servir con corazones libertados por el Evangelio (cf. Ro 6:20–23; Ef 6:6; 1Ti 1:5)».[156] El apóstol se toma muy en serio su libertad.

Una vez más, el comentario de Wall es muy revelador: «Si nos empeñamos en posicionarnos para conseguir poder sobre los demás y no para capacitarles como instrumentos de la Gracia de Dios, nuestras congregaciones y familias no serán un testimonio de Dios en nuestro mundo».[157] Pablo no se impone o utiliza ningún tipo de coacción o intimidación para conseguir que Filemón haga a regañadientes lo que le pide. Jewett nos cuenta que un estudiante de teología de Zimbabwe le ayudó a ver las implicaciones éticas de la diplomacia de Pablo en esta carta. Si Pablo hubiera ordenado la liberación de Onésimo apelando a su autoridad como apóstol, habría validado el sistema de dominación que perpetuaba la esclavitud. Jewett escribe:

> La esclavitud es un sistema basado en la imposición. Si Pablo se hubiera impuesto a Filemón, probablemente éste se hubiera sometido y a regañadientes habría dejado libre a Onésimo, sin embargo el principio de dominación seguiría intacto. Y la esclavitud surgiría de nuevo dentro de la iglesia, en más de una manera. En lugar de ello, Pablo consigue derribar todo el sistema de dominación apelando a la libre decisión de Filemón de actuar en coherencia con la igualdad y el amor entre hermanos y hermanas en Cristo.[158]

El apóstol no utiliza el lenguaje del temor y la culpa, porque ello reduciría a Filemón al nivel de un esclavo.

En esta carta, Pablo escoge el camino más excelente. Espera que Filemón responda a Onésimo con amor, y por ello responde a Filemón con amor. El modo amable que utiliza para persuadir a Filemón es una clara aplicación de la reprobación de Jesús a sus enfrentados discípulos en el relato lucano de la última cena (Lc 22:25–27):

> Jesús les dijo: —Los reyes de las naciones oprimen a sus súbditos, y los que ejercen autoridad sobre ellos se llaman a sí mismos benefactores. No sea así entre ustedes. Al contrario, el mayor debe comportarse como el menor, y el que manda como el que sirve. Porque, ¿quién es más importante, el que está a la mesa o el que sirve? ¿No lo es el que está sentado a la mesa? Sin embargo, yo estoy entre ustedes como uno que sirve.

---

156. Nordling, «Onesimus Fugitivus», 112.

157. Wall, *Colossians and Philemon* [Colosenses y Filemón], 188.

158. Jewett, *Paul: The Apostle to America* [Pablo: el apóstol a los Estados Unidos], 68.

La manera en que Pablo trata con Filemón un tema tan delicado es un modelo para el liderazgo cristiano sobre cómo formar a los creyentes e influir en la conducta de los demás en la iglesia y en el hogar.[159] El apóstol quiere conseguir verdadera obediencia, no forzar un acatamiento de sus órdenes que es solo una superficial conformidad con lo que se espera de ellos («servir al ojo», Col 3:22). Pablo confía en la fe cristiana de Filemón y cree que ella guiará sus decisiones. Se niega a arrollar su responsabilidad moral dictándole lo que ha de hacer. Formar a los cristianos para que sean moralmente sabios es como enseñar a un niño a montar en bicicleta. El niño necesita ánimo, estabilización y orientación en la correcta dirección; pero al final los padres han de soltarle para que el niño aprenda a pedalear, maniobrar y mantener el equilibrio por sí solo. Para que los cristianos puedan crecer en Cristo, los dirigentes han de señalarles el buen camino, pero después han de dejarles para que ellos mismos decidan por sí solos la obediencia que Cristo requiere de ellos.

Muchas iglesias sufren a manos de dirigentes que no quieren soltar las riendas, sino controlarlo todo y dominar a los demás. Actúan sirviéndose de la fuerza y la intimidación para conseguir que los demás se adapten a su visión y deseos. Este esquema de liderazgo reduce el conflicto abierto, pero destruye la comunión. Es posible que tales dirigentes se engañen a sí mismos pensando que consiguen que otros obedezcan la voluntad de Dios. A decir verdad, este estilo de liderazgo solo concede un balón de oxígeno a los principios de dominación y explotación que rigen el antiguo Eón, y lo que es peor, convierten a sus hermanos y hermanas en Cristo en vasallos y esclavos. Por consiguiente, este estilo de liderazgo solo abre la puerta a Satanás y produce cristianos informes e inmaduros. Puede que sus acusaciones consigan lo deseado, pero por razones erróneas, puesto que el tipo de obediencia conseguido no es sino capitulación a la presión externa.[160]

(1) Los líderes cristianos sabios motivarán sus encargos creando un sentido de unidad: estamos en el mismo barco. Explicarán su visión de manera persuasiva, utilizando símbolos de nuestra fe compartida. Pablo permite que Filemón desarrolle lo que el amor le demanda, un amor del que sabe por lo que Dios ha hecho por él en Jesucristo y por su comunión en la comunidad de la fe. Esto significa que también le permite tomar decisiones erróneas. Esta posibilidad es la que expresa Barton en su imaginaria respuesta de Filemón a Pablo. Filemón podía haber contestado a Pablo con estas palabras:

---

159. E.D. Martin, *Colossians and Philemon* [Colosenses y Filemón], 268–69.
160. Caird, *Paul's Letters from Prison* [Las cartas de Pablo desde la prisión], 215, observa que «la generosidad no debe imponerse».

[...] ¿He de entender acaso que tu deseo es que le conceda la libertad a Onésimo? [...] Hermano Pablo, creo que no te das cuenta de lo que estás pidiendo. Perdona que dude de tu sabiduría. Pero lo que tú esperas va contra todas mis inclinaciones naturales.

[...] Después está el problema de los otros esclavos. ¡También ellos querrán su libertad! ¿Qué nos sucedería entonces a nosotros? Yo me convertiría en el hazmerreír de todos. ¿Quién ha oído hablar de un amo sin esclavos? Nadie en el ágora volvería a hacer tratos conmigo. ¡Pensarían que lo he arrojado todo por la borda y me he convertido en un cínico chalado!

Querido Pablo, ¿acaso no es importante mantener el orden? ¿Es que no es posible que Onésimo sea esclavo y hermano a la vez? ¿Es que no es posible que seamos uno en el Espíritu, pero amo y esclavo en el mundo?[161]

Pero Pablo confía que el amor es suficientemente ingenioso para encontrar el buen camino para conseguir el bien. Confía que la madurez de Filemón en el amor cristiano será suficientemente creativa para llevarle a hacer lo correcto.

(2) Los líderes cristianos sabios vivirán en la práctica lo que piden a los demás. Pablo hace su petición como alguien cuya devoción a Cristo se evidencia en su encarcelamiento. El apóstol no le pide a Filemón que haga un sacrificio mayor del que él mismo ha hecho.

(3) Los líderes cristianos sabios no permitirán que aquellas cuestiones que son potencialmente divisivas se conviertan en enfrentamientos con actitudes «yo gano, tú pierdes», sino que intentarán transformarlas en decisiones definidas por la actitud «tú ganas, todos ganamos». Pablo no amenaza con rechazar o castigar a Filemón si no hace lo que él quiere. El apóstol enmarca su petición de modo que Filemón pueda ver que su generosidad contribuye a la obra de Dios y a su propio bienestar.

El milagro de la Gracia. La convicción de que el más pobre y débil pecador puede convertirse en un querido hermano en el Señor forma el núcleo teológico del llamamiento de Pablo. En muchos sentidos, la carta a Filemón con su apelación, «este es tu hermano», representa una contrapartida de la parábola del hijo pródigo. «Pero teníamos que hacer fiesta y alegrarnos, porque este hermano tuyo estaba muerto, pero ahora ha vuelto a la vida; se había perdido, pero ya lo hemos encontrado» (Lucas 15:32). Lloyd

---

161. Stephen Barton, «Paul and Philemon: A Correspondence Continued» [Pablo y Filemón: continuación de una correspondencia], *Theology* 90 (1987): 99.

A. Lewis cita las elocuentes palabras de Samuel D. Proctor de su sermón «Finding Our Margin of Freedom» [Encontrar nuestro margen de libertad]:

> No importa dónde hayamos nacido, la clase de crianza que hayamos tenido, quiénes hayan sido nuestros amigos, qué clase de problemas hayamos experimentado, lo bajo que hayamos podido caer, o lo lejos que nos encontremos. Cuando lo juntamos todo, nos siguen quedando ciertas opciones, aún podemos tomar ciertas decisiones.[162]

Un esclavo desamparado puede convertirse en un heraldo del reino. Un granuja como Zaqueo puede ser redimido igual que un hijo de Abraham (Lc 19:9). Un inquietante Saulo, «respirando aún amenazas de muerte contra los discípulos del Señor» (Hch 9:1), puede convertirse en un «instrumento escogido para dar a conocer mi nombre tanto a las naciones y a sus reyes como al pueblo de Israel» (Hch 9:15). Un privilegiado propietario de esclavos puede aprender que el amor cristiano se extiende a todas las personas, y también a los esclavos.

Los relatos bíblicos de la redención confirman la verdad de lo que afirma Buttrick: «cada ser humano es un montón de infinito».[163] Esto se aplica por igual a los que se ha dado en llamar «nonpersons» (personas que no cuentan), y a los que sufren un rechazo explícito como desechos de la sociedad. La Gracia de Dios puede transformarlas en algo santo y útil. Del montón de estiércol surgen hermosas flores. Es en los pisoteados y oprimidos donde podemos ver las expresiones más grandiosas del amor y propósitos de Dios.

Muchas personas de nuestro mundo necesitan tener a alguien que transmita esta gracia a sus vidas. Stephen O'Connor comparte sus experiencias intentando enseñar a los niños de los barrios pobres metropolitanos a expresarse por medio de la escritura y cita un poema de Clara Ritos:

Soy un árbol
Al que se está fastidiando.
Soy un árbol,
Mi corazón se está partiendo por la mitad.
Soy un árbol
Que están cortando en pedazos.
Las personas me utilizan como leña

---

162.   Lloyd A. Lewis, «An African American Appraisal of the Philemon–Paul–Onesimus Triangle» [Una valoración afroamericana del triángulo Filemón–Pablo–Onésimo],en *Stony the Road We Trod: African American Biblical Interpretation* (Minneapolis: Fortress, 1990), 232.

163.   Buttrick, «Philemon: Exposition» [Filemón: Exposición], 567.

Que les calienta,
Y me usan para hacer
Mesas y sillas.
Soy un suelo de madera
Al que están pisoteando
Y arañando tan fuerte
Que lo siento
En mi corazón.[164]

La Gracia de Dios recoge al alma vejada e hidrata los espíritus resecos con una nueva esperanza. Anne Lamott comenta una famosa obra de Samuel Beckett: «Para Beckett la redención es algo tan pequeño: en el segundo acto de *Esperando a Godot*, el estéril y moribundo vástago de un árbol ha producido una hoja. Tan solo una hoja».[165] El hermano Lorenzo, un monje medieval, veía las cosas de manera muy distinta y dijo que Dios nos veía a todos nosotros como árboles invernales con poco que dar, sin hojas, color ni crecimiento, pero a quienes, de todos modos, Dios ama de manera incondicional. Él convierte árboles inútiles, improductivos y estériles en florecientes plantas arraigadas junto a corrientes de aguas, cuyas hojas no se marchitan y que dan su fruto a tiempo.

Una lección sobre el perdón. Pablo no le pide específicamente a Filemón que perdone a Onésimo; sin embargo, asume que si Filemón acaba aceptando a Onésimo como a un querido hermano en el Señor, será porque antes le habrá perdonado.[166] En el Padrenuestro, Jesús nos enseña a pedir el perdón de nuestras deudas según también nosotros hemos perdonado a otros (Mt 6:12).

> Nuestro perdón no depende de que primero hayamos perdonado a quienes nos han ofendido. Sin embargo, no deberíamos esperar que Dios nos dé a nosotros lo que no estamos dispuestos a conceder a los demás [...] Un espíritu perdonador es la mano extendida con la que recibimos el perdón de Dios (5:7). Cuando en lugar de abrirla la cerramos con fuerza, no damos nada, pero tampoco podemos recibir nada.[167]

---

164. Stephen O'Connor, *Will My Name Be Shouted Out? Reaching Inner City Students Through the Power of Writing* [¿Se gritará mi nombre? Alcanzando a los estudiantes de las zonas metropolitanas mediante el poder de la escritura] (Nueva York: Simon y Schuster, 1996), 46.
165. Lamott, *Bird by Bird* [Pájaro a pájaro], 200.
166. Puede que Pablo sepa que es muy irritante que alguien nos diga que hemos de perdonar a los demás.
167. David E. Garland, «The Lord's Prayer in the Gospel of Matthew» [El Padrenuestro en el Evangelio de Mateo], *RevExp* 89 (1992): 223–24.

C. S. Lewis ha dicho: «todos estamos de acuerdo en que el perdón es una hermosa idea hasta que nos toca practicarla». Perdonar a personas de carne y hueso que nos han hecho mucho daño es difícil. Requiere trabajo y oración. Lewis entendió que «hemos de perdonar a nuestro hermano setenta veces siete, no solo por 490 ofensas, sino por la primera».[168] Es, pues, posible que el perdón lleve su tiempo. Lewis escribió a un amigo:

> Sabes que hace solo unas semanas que me di cuenta, de repente,
> que al fin había perdonado al cruel profesor que tanto me
> amargó la infancia. Durante años lo había intentado [...] esta
> vez creo que es algo genuino [...] nuestra seguridad depende
> de que sigamos intentándolo.[169]

Nuestra inclinación natural nos lleva a ignorar nuestra obligación de perdonar siempre que ello conlleva un alto precio que pagar. En el caso de Filemón, recibir de nuevo a Onésimo como a un hermano y desistir de castigarle severamente podría muy bien haberle costado el ridículo público. Filemón habría parecido un hombre débil —blando con los esclavos— y una amenaza para todo un sistema que dependía del lubricante del temor y los castigos rápidos y seguros para que funcionara eficientemente. Este perdón iba contracorriente de todo lo que la sociedad aceptaba como normal.

En el Imperio Romano, el creciente número de esclavos inquietaba a la clase gobernante, siempre temerosa de que los esclavos pudieran asesinarles, sublevarse, o darse a la fuga. La típica solución romana era la amenaza de serias represalias como elemento disuasorio. Los propietarios de esclavos verían con malos ojos que se tratara con indulgencia a un esclavo granuja. Cualquier condescendencia en estas cuestiones acabaría produciendo una catástrofe en el futuro. Pero el perdón es la única forma de romper el ciclo del mal. Al perdonar a Onésimo, Filemón se une a Dios en su obra regeneradora y en la reclamación de un pecador.

Algunos lectores modernos de esta carta se ofenden ante cualquier insinuación de que Onésimo necesitara ser perdonado por haber intentado escapar de la opresión. Por el mero hecho de poseer esclavos, Filemón era un opresor. La víctima era Onésimo, no Filemón. El problema de esta

---

168. C.S. Lewis, *Reflections on the Psalms* [Reflexiones sobre los Salmos] (Londres: Geoffrey Bles, 1958), 27.

169. Clyde S. Kilby, ed., *C. S. Lewis: Letters to an American Lady* [C. S. Lewis: cartas a una señora norteamericana], (Grand Rapids: Eerdmans, 1967), 117. En una de sus cartas a Malcolm, su amigo ficticio, Lewis le dijo que tras levantarse de la oración, sintió que «había perdonado realmente a alguien a quien había estado intentando perdonar durante más de 30 años» (C.S. Lewis, *Letters to Malcolm: Chiefly on Prayer* [Cartas a Malcolm: principalmente sobre la oración], [Nueva York: Harcourt, Brace and World, 1964], 106).

actitud es que no toma en serio que todos —víctimas y maltratadores— estamos atrapados por igual en la telaraña del pecado. Un sistema perverso hace difícil que alguien pueda ser puro, haga el bien, y no perjudique a otras personas. Tendemos a vernos a nosotros mismos como los pobres inocentes y agraviados, sin darnos cuenta de que también hemos contribuido al problema. En nuestras disputas nos gustaría echar toda la culpa a una de las partes y considerar a la otra inocente.

En el contexto de la teología cristiana, tanto Filemón como Onésimo son pecadores; y podemos asumir con seguridad que Onésimo ha perdonado a Filemón cualquier agravio cometido contra él, porque ha decidido regresar a su casa. Lo que preocupa de verdad a Pablo no es quién es más culpable, sino cómo restaurar las relaciones personales. Antes de que pueda producirse la restauración, ambos han de arrepentirse y perdonar al otro cualquier agravio real o aparente.

El problema es que, en nuestro tiempo, el perdón se ha trivializado y convertido en algo excesivamente sentimental. El verdadero perdón no excusa el pecado. Ni tampoco se olvida de lo sucedido. Durante el día, podemos mantener a raya a los demonios del recuerdo, sin embargo éstos se desenfrenan a menudo justo antes de dormirnos, o en nuestros sueños. El pecado sigue proyectándose en nuestra memoria, y la ira se instala cada vez más honda en nuestra psique. Quizás creamos haber enterrado el hacha de guerra, pero hemos dejado el mango tan a mano que es muy fácil desenterrarla de nuevo con la siguiente ofensa. ¿Cómo podemos los cristianos absorber el mal sin pasárselo a otros, ni permitir que infecte nuestras almas? Para que haya perdón, hemos de hacerle frente al pecado y a la ira que ha producido.

Pablo no transmite a Filemón clichés sin sentido diciéndole que *lo pasado, pasado está*, o *bien está lo que bien acaba*. Su delicadeza al sacar a colación el tema de la restauración de Onésimo es un reconocimiento de que las ofensas, justificadas o no, habían producido la ira de Filemón y probablemente de otras personas.[170] Filemón cree haber sido agraviado, y Pablo no ignora este hecho ni corre un velo sobre el asunto. Aunque Dios había perdonado a Onésimo, era también cierto que Onésimo había pecado contra Filemón. La diplomática carta de Pablo anima a Filemón para que su bondad prevalezca sobre su ira y su relación con Onésimo no quede irrevocablemente destruida.

---

170. Sorprendentemente, Pablo no dice nada sobre la contrición de Onésimo (comparar con la intercesión de Plinio por el liberto de Sabiniano). Su contrición puede darse por sentada, sin embargo en el Nuevo Testamento el requisito para perdonar no está condicionado a su penitencia (Mt 6:14–15; 18:21–22). Nordling, «Onesimus Fugitivus», 101, n. 1) sostiene que la disposición que muestra Onésimo para regresar con su amo significa arrepentimiento.

Cuando alguien nos ha agraviado, la medida de nuestra ira hacia tal persona es directamente proporcional al grado de malicia que le atribuimos. Con gran sabiduría, Pablo se esfuerza en aligerar a Onésimo de cualquier propósito malicioso situando lo ocurrido dentro de los propósitos de Dios (v. 15) y con ello calma el enfado de Filemón, que puede estar latente bajo la superficie. El perdón, pues, no es «una cierta esperanza piadosa, sino algo valiente, de perfiles ásperos, un acto de la voluntad, un reconocimiento de dolor, una auténtica dádiva».[171] «No significa librar a la otra persona de su responsabilidad, sino renunciar a tu propio dolor».[172]

El perdón reconoce también que cualquier mala acción requiere un castigo justo y proporcional. Pablo deja claro al dirigirse a los esclavos en Colosenses que «el que hace el mal pagará por su propia maldad, y en esto no hay favoritismos» (Col 3:25). En esta carta el apóstol reconoce que Filemón merece una cierta compensación (vv. 18–19). En una familia, no obstante, la justicia ha de tener un carácter restaurador más que retributivo. Suchocki define el perdón como desear «el bienestar de víctima(s) y transgresor(es) en el contexto del conocimiento más exacto posible de la naturaleza de la transgresión».[173] Libera por igual a víctima y ofensor de la telaraña del pecado.

El perdón trae sanidad tanto a la víctima y al maltratador como a la relación que les une. Pablo plantea su petición explicando que perdonar a Onésimo traerá consuelo a su corazón y llenará más si cabe el de Filemón con el amor de Dios. Las parábolas de Jesús sobre el siervo que debía diez mil talentos (Mt 18:21–35) y la de los dos deudores, ambos insolventes y ambos perdonados (Lc 7:36–50), habrían sido apropiadas para la situación. La primera, sobre un siervo inmisericorde, revela que el perdón puede llegar a ser mucho más problemático cuando tiene que ver con cuestiones de dinero. Cuando hay dinero de por medio, podemos estar menos dispuestos a perdonar. El Evangelio, no obstante, pone las cuestiones económicas en una perspectiva adecuada. Pablo podía preguntarle a Filemón, ¿de qué le aprovechará a un amo recuperar los servicios de un esclavo si pierde su compasión en Cristo y en última instancia su vida? En la segunda parábola podemos comparar a Onésimo con el gran deudor a quien Dios ha perdonado mucho. ¿Recuerda acaso Filemón que él también es un deudor

---

171. Anne Borrowdale, «Right Relations: Forgiveness and Family Life» [Buenas relaciones personales: perdón y vida familiar] en *The Family in Theological Perspective*, ed. Stephen C. Barton (Edimburgo: T. & T. Clark, 1996), 209.

172. Ibíd., citando a J. Conway, *Adult Children of Legal or Emotional Divorce* [Hijos adultos del divorcio legal o emocional], (Eastbourne: Monarch, 1990).

173. Marjorie Hewitt Suchocki, *The Fall to Violence: Original Sin in Relational Theology* [Caída en la violencia: el pecado original en la teología relacional], (Nueva York: Continuum, 1995), 144.

insolvente a quien Dios ha perdonado? ¿Puede, pues, aceptar que Dios ha perdonado a Onésimo y aceptarle como a un hermano?

Esta situación también tiene paralelismos con otra de las parábolas de Jesús. Filemón es como el hermano mayor de la parábola del Hijo Pródigo. Pablo es como el padre, que arrostra el aire frío de la noche para suplicarle que perdone a su hermano y se una a la fiesta que celebra su restauración. «Este hermano tuyo estaba muerto, pero ahora ha vuelto a la vida; se había perdido, pero ya lo hemos encontrado» (Lucas 15:32). Si Filemón no accede a esta petición, mostrará que no es un hermano, ni un compañero, sino alguien que perdona a regañadientes las deudas de otras personas. Cuando forcejeamos con la exigente tarea de perdonar a otras personas, podemos descubrir que el resentimiento nos borra la memoria de lo mucho que Dios nos ha perdonado.

Nos es muy fácil predicar sobre lo importante que es el perdón para los demás sin aplicárnoslo a nosotros mismos. Pero Pablo sigue el ejemplo de la vida y enseñanza de su Señor Jesús. Sabemos por la correspondencia corintia que alguien ha dañado a Pablo (2Co 7:12). El apóstol no desea vengarse. Cuando su antagonista ha caído (2:5–11), el apóstol no se recrea en el hecho de que al final haya recibido su justo castigo, sino que pide a todo el mundo que se una para ayudarle. Pablo dice, «más bien debieran perdonarlo y consolarlo... les ruego que reafirmen su amor hacia él». Perdonar no significa que ignoramos lo que ha sucedido. Quiere decir que seguimos relacionándonos con la persona en cuestión a pesar de lo que ha sucedido, y también en vista de ello.

Los misteriosos caminos de la providencia de Dios. La clase acaudalada del tiempo de Pablo consideraba la ilícita huida de Onésimo como una flagrante desobediencia. Otros esclavos obedientes, temiendo quizá ciertas represalias y molestos por el trabajo añadido que ahora les caía, habrían también torcido el gesto en el momento de su huida. Incluso un compasivo amo cristiano se habría preocupado y estaría más que un poco perturbado. Si el pecado es algo que causa daño a terceros, podemos ver a Onésimo como a alguien que fue objeto del pecado de otros, pero también como a alguien que pecó.

Patzia nos ayuda a para ver la desobediencia de Onésimo desde una perspectiva distinta. «La acción de Onésimo fue deliberada; sin embargo, su huida no le sacó de la esfera de la Soberanía de Dios». Este autor observa que «¡Los fallos humanos se convierten a menudo en oportunidades de Dios! Tenemos aquí un caso en el que una pérdida temporal se convirtió en una ganancia eterna».[174] Hace ya mucho tiempo que Crisóstomo observó

---

174. Patzia, *Ephesians, Colossians, and Philemon* [Efesios, Colosenses y Filemón], 113.

ciertos paralelismos con la narración de José en Génesis 45:4–8; 50:15–21. José entiende que, cuando sus hermanos le traicionaron a él y a su padre vendiéndole como esclavo, los propósitos redentores de Dios se estaban llevando a cabo. José les dice: «Por eso Dios me envió delante de ustedes: para salvarles la vida de manera extraordinaria y de ese modo asegurarles descendencia sobre la tierra» (45:7). «Es verdad que ustedes pensaron hacerme mal, pero Dios transformó ese mal en bien para lograr lo que hoy estamos viendo: salvar la vida de mucha gente» (50:20).

En la narración de Onésimo podemos ver la misteriosa providencia de Dios en acción. Probablemente, nunca sabremos cómo se encontró Onésimo con Pablo tras conseguir huir. Solo podemos saber por el uso de la voz pasiva que «fue alejado de ti por algún tiempo», (v. 16. NVI, «se alejó»), que Pablo creía que la mano de Dios estaba tras lo que había sucedido. La escapada acabó de un modo distinto del que cabría esperar, por cuanto en última instancia, Onésimo huyó a los brazos de la Gracia de Dios. No podía escapar a la mirada de Dios. Nosotros no podemos enderezar las líneas de nuestros torcidos caminos en la vida, pero Dios sí puede. Dios puede tomar nuestras peores intenciones y convertirlas en algo bueno, sanando vidas y relaciones rotas. En la cultura de Onésimo, los demás solo podían ver a un esclavo, un inútil esclavo, y peor todavía, un esclavo evadido. Dios vio más que eso y tenía mayores planes para él.

Todo acabó siendo muy distinto de lo que amo o esclavo podrían haber imaginado. Dios estaba utilizando esta escapatoria para llevar a Onésimo a Pablo.[175] Pablo le envía de vuelta a su dueño como un hermano que —el apóstol confía— volverá a serle enviado para que sea colaborador suyo en el Evangelio. Por regla general, solo podemos ver el rastro de la mano de Dios en nuestras vidas de manera retrospectiva. La historia que subyace tras la carta puede ayudarnos a ver que aun nuestros peores momentos, nuestra desesperación más profunda y nuestra más siniestra desobediencia pueden tener cierto significado dentro de los propósitos de Dios. Todos formamos parte de un gran tapiz, pero por regla general solo podemos descifrar las hebras individuales.

---

175. El «quizá» del versículo 15 revela la entrada de la libertad humana en este proceso. Los propósitos de Dios se cumplen mediante la agencia de los seres humanos. Pablo podría haber rechazado a este esclavo evadido; sin embargo, le «engendró» en la fe (v. 11; NVI, «llegó a ser hijo mío»). Filemón es libre de mostrarse reacio con respecto a la petición de Pablo, pero el apóstol confía en que los propósitos de Dios para ambos prevalecerán.

NOTAS:

NOTAS:

NOTAS:

NOTAS:

NOTAS:

NOTAS:

NOTAS:

NOTAS:

NOTAS:

Nos agradaría recibir noticias suyas.
Por favor, envíe sus comentarios sobre este libro
a la dirección que aparece a continuación.
Muchas gracias.

Vida

Editorial Vida
Vida@zondervan.com
www.editorialvida.com